Paul Ricœur

シリーズ
宗教学再考

7

有限性と罪責性

『過ちやすき人間』／『悪のシンボリズム』

ポール・リクール
杉村靖彦◉訳

企画協力
南山宗教文化研究所

国書刊行会

〈シリーズ 宗教学再考〉刊行にあたって

宗教という概念を中心に据えて人間の営みを研究する学問が形を取ったのは、十九世紀後半のヨーロッパにおいてであった。爾来、百五十年以上にわたり世界各地で研究が続けられているが、宗教について考える際の基礎となる重要文献を、正確な翻訳で読めるようにしておきたいとの思いから始まったのが、二〇一三年より刊行を開始した〈宗教学名著選〉全六巻（国書刊行会）である。「宗教学」という名称の始まりとなったマックス・ミュラーの著作や、実証的研究の端緒となったタイラーの著作ほか、まさしく宗教学の名著を選定のうえ、現在の研究水準による解説を付して訳出している。

これを拡大する企画として、二〇二一年より本叢書〈シリーズ 宗教学再考〉が刊行されることになった。この新シリーズは、二十世紀後半における宗教研究の展開も対象に加えて、宗教学という枠組みそのものを問い直し、継承するための重要文献を集めた全九巻を予定している。長期にわたり参照され続ける基本書となることを願い、入念な翻訳作業をこころがけている。

これら二つの翻訳シリーズの刊行に際しては、一貫して南山宗教文化研究所の支援を受けている。南山宗教文化研究所は、外国語による日本宗教の研究成果発信によって海外では広く知られる研究機関であるが、日本国内での宗教研究にかんしても多方面でのゆたかな活動実績を有している。同研究所が本企画の意義を認め、出版助成事業として採択していただいたことで両シリーズの刊行は可能となった。このことをあらためてここに明記し、深甚なる謝意を表するものである。

編集委員一同

有限性と罪責性◎**目次**

第二冊『悪のシンボリズム』

第二章　罪　252

第三章　負い目　305

結論　隷属意思の概念における悪のシンボリズムの総括　357

第二部　始まりと終わりの「神話」

有限性と罪責性

『過ちやすき人間』／『悪のシンボリズム』

凡例

一、本文中の強調は、イタリックは傍点により、引用符は「……」により示した。
一、本文中、訳者による注記は〔……〕により示した。
一、引用文について、既訳を参照した場合、および必要に応じて改変した場合はそのつど脚注にて明記した。
一、引用文について、漢字遣い等に関しては、本文に準じて適宜変更した。引用文中の省略は……で示した。
一、本文中に現れる著作は、邦訳がある場合は書誌情報を注記した。
一、本文中に現れる人名は、初出時に人名註を挿入した。
一、聖書からの引用は、原則として、聖書協会共同訳を用いた。
一、書名、刊行年等の、底本における誤記は適宜修正した。

『有限性と罪責性』序言

本書は、一九五〇年に刊行された『意志的なものと非意志的なもの』に関する研究の続篇である。本書が一九五〇年の研究、すなわち企投、意志的運動、同意についての現象学的研究とどのような結びつきをもつかについては、すでに「意志の哲学」第一巻となる『意志的なものと非意志的なもの』の序論(訳1)（23-31）で明確に特徴づけておいた。そこで予告していたように、本書では、当時純粋記述として提示された分析を経験的に延長し、具体的な適用を行なうだけではなく、純粋記述の領域を画定するべく〈過ち〉と人間的悪の経験全体に施していた括弧を外すことになっていた。過ちの領域を括弧に入れていたときに描かれていたのは、人間のもっとも基礎的な諸可能性という中立的な領域、言うならば、無垢な人間も罪ある人間も区別なく同様に奏でることができる鍵盤であった。純粋記述のこうした中立性のゆえに、第一巻の分析はすべて、周到に選ばれた抽象的な調子を帯びていたのであった。本書が意図するのは、純粋記述による抽象を解除し、括弧に入れていたものを再び導入することである。だが、抽象を解除し括弧を外すというのは、純粋記述から帰結を引き出したり、結論を適用したりすることではない。それは新たな主題を現出させることであり、そのためには、新たな作業仮説と新たな接近法が必要となるのである。

この新たな主題と新たな方法論の性質は、第一巻の序論ではごく簡単にしか示されていなかった。そこで垣間見られていたのは、次の二つの指導理念のあいだの結びつきであった。第一の指導理念は、新たな記述は意志の経験論（empirique）でしかありえず、さまざまな具体的手がかりを集約することにより進められる、というものであった。それは、過ちのもつ不透明で不条理な性格のために、形相論（éidétique）、すなわち本質記述ではありえないのである。そこで述べられたのは、過ちは基礎的存在論の特徴ではなく、動機、能力、条件、限界等、純粋記述によって見出される他の諸要素と同質ではない、ということであった。過ちは、人間の形相論にとってはどこまでも異物なのである。第二の指導理念は、無垢から過ちへの移行には、経験的な記述も含めていかなる記述も接近できず、具体的な神話系（mythique）だけがそれに接近できる、というものであった。つまり、具体的な神話系を介して意志の経験論に接近するという構想はすでにできていたが、そのような迂路をとらねばならない理由が当時はよくわかっていなかったのである。実際、意志を触発する「情念」はなぜ神話系の暗号言語でしか語りえないのか。この神話系をいかにして哲学的反省へと再導入するのか。神話による中断のあとでいかにして哲学的言述を再開すればよいのか。本書はこうした方法上の問いに導かれてできたものである。

意志の経験論を神話系に結びつけるという計画は、次の三つの方向へと明確化され、肉づけされることになった。

最初に明らかになったのは、堕罪、混沌〔カオス〕、追放、神による盲目化という数々の神話は、比較宗教史学ならば直接接近できるが、哲学的言述に生《な》まの状態で挿入することはできず、その前にそれ自身に固有の言説世界に置き直されねばならない、ということであった。そうした言説世界を再構成するために、著者はいくつもの準備研究を行なってきた[1]。そこで明らかになったのは、神話は二次的な形成物としてしか理解できず、そこからさらに、私が告白の言語と呼ぶ、より基礎的な言語へと送り返される、ということであった。哲学者に過ちや悪について語るのは、まさしくこの告白の言語なのである。ところで、この告白の言語は、徹底して象徴的であることを特徴とする。それは穢《けが》れ、罪、負い目について語るが、直接的で文字通りの仕方ではなく、間接的で比喩的な仕方によってである。告白の言語を理解するとは、象徴の解釈を実行するということであり、そのためには解読の規則、すなわち解釈学が必要となる。こうして、悪しき意志の神話系という当初の構想は、悪の象徴系(symbolique)[訳2]の諸次元へと拡大されることになった。この象徴系においては、質料や身体、原罪のようなもっとも思弁的な象徴は、秩序の力と混沌の力との争い、魂の異他なる身体への追放、敵対する神による人間の盲目化、アダムの堕罪といった神話的な象徴へと送り返され、さらにこれらの神話的な象徴は、穢れ、罪、負い目という一次的な象徴へと送り返されるのである。

それらの一次的な象徴を解釈することが、人間の自己認識のうちにさまざまな神話を挿入するための準備となる。そして悪の象徴系によって神話が哲学的言説へと接近しはじめる。この悪の象徴系が本書の中間部をなすのであり〔本書第二冊『悪のシンボリズム』〕、そこでは言語の問題が重要な地位を占める。実際、告白の言語に特有のあり方が、徐々に自己意識のもっとも注目すべき謎の一つとして現れてきた。あたかも人間は、類比の王道を通ってでしかみずから自身の深みに接近できないかのように。そして結局のところ、自己意識は謎によってでしかみずからを表現できず、偶然ではなく本質的に解釈学を必要とするかのように。

悪しき意志の神話系についての考察が悪の象徴系へと展開したのと同時に、反省はもう一つの方向へと進んでいった。すなわち、悪の人間的な「場」、悪が人間的現実へと入り込む地点はどのようなものか、という問いである。この問いに答えるために書かれたのが、本書の最初に位置する哲学的人間学の素描である〔本書第一冊『過ちやすき人間』〕。これは、過ちやすさ、すなわち悪を可能にする人間の成り立ちの脆《もろ》さを中心主題とした研究である。悪の象徴系が諸々の神話を哲学的言説と接近させるのと同様に、過ちやすさという概念を経由して、哲学的人間学はいわば悪の象徴系へと合流するのである。この概念によって、人間をめぐる教説は、人間を通して悪が「世界に入り来たりえた」ことを理解できる知の可能性の限界にまで迫ることになる。この閾《しきい》を超えると、悪の出現という謎が始まる。それについては、もはや間接的で暗号的な言説しか存在しないのである。

悪の象徴系が『意志的なものと非意志的なもの』で提示されていた神話系を拡張するのと同じように、過ちやすさの理論は、より狭く意志の構造へと的を絞っていたこの書の人間学的展望を拡張するものである(2)。過ちやすさという概念を作り上げていくことは、人間的現実のさまざまな構造をより広く探究するための機縁となった。意志的なものと非意志的なものの二元性(3)は、有限と無限の不均衡や二極性、中間的なものや媒介といった観念を導きとするはるかに広大な弁証法のなかに置き直される。結局のところ、人間に固有の脆さと人間の本質的な過ちやすさは、有限性の極と無限性の極の媒介という構造のうちに探究されるのである。

悪の象徴系の前に過ちやすさという概念の解明を置いたことで本書は頭部をもったが、同時に、悪の象徴系を哲学的言説に挿入するという困難に直面させられることになった。第一冊の最後で、悪の可能性ないしは過ちやすさという概念にたどり着いた哲学的言説は、悪の象徴系から新たな衝迫を受け取り、その内容を大きく豊かにするのであるが、それは方法の転換という代償を払ってのことであった。この転換を表すのが、解釈学、すなわち象徴世界に適用される解読規則の援用である。さて、この意味での解釈学は、過ちやすさの概念に導いた反省的思考と同質のものではない。「象徴は思考を引き起こす」と題された本書第二冊の最終章は、悪の象徴系から新たなタイプの哲学的言説への移行を素描するものとなる。この章が本書全体の転回点となる。そこでは、象徴的表現世界の固有性を尊重すると同時に、象徴の「背後で」ではなく象徴「から」思考するにはどうすればよいのかが示されているのである。

本書の第三冊はのちに公刊される予定であるが(訳3)、こうして象徴から出発する思考へと全面的に関わるものとなる。そうした思考はいくつもの領域で展開されるが、主となるのは人間諸科学の領域と思弁的思考の領域である。今日では、隷属意志の経験論を、トマスやデカルト、スピノザの流儀による「情念論」の枠内に収めておくことはもはやできない。一方で、罪責性についての反省が数々の象徴的表現世界を正当化する場合、精神分析に出会うこと、精神分析に教えられ、それ自身の理解可能性や妥当性の限界を精神分析とともに論じることは不可避である。[4] 犯罪学や現代刑法の諸概念の進展も、悪の象徴系を意志の経験論へと延長しようという私たちの企てにとって無縁でありえない。政治哲学もまた、私たちの関心の外にとどめてはおけない。絶滅収容所での大虐殺、全体主義体制の恐怖、核の危険へと至ったこの恐るべき歴史に立ち会い、それに関与してきた私たちにとって、悪の問題系が権力の問題系をも経由すること、[5] ルソーからヘーゲルを経てマルクスに至る疎外の主題がイスラエルの古い預言者たちの告発となんらかの関わりをもつことは、もはや疑う余地のないことなのである。

しかし、象徴から出発する思考は、人間諸科学、精神分析、犯罪学、政治学の側で展開されないわけにはいかないが、同時に根本的な困難をめぐってつかみ直されねばならない。すなわち、堕罪、追放、混沌、悲劇的な盲目化といった神話的主題に対して、その思弁的等価物を見出すことに関わる困難である。そうした探究は、原罪、悪しき質料、無といった概念の批判を経て、思弁的な暗号の形成へと行きつかざるをえない。そうした暗号によって、悪を特殊な非存在、強力な措定とみなすような記述を、人間的現実の基礎的存在論に調和させることができるのである。隷属意思（serf-arbitre）の謎、すなわち、みずからを縛ると同時にすでに縛られたものとしてみずからを見出す自由意思（libre arbitre）の謎が、象徴が思考すべく与える究極の主題となる。このような悪しき意志の思弁的暗号は、なおどこまで「思考」されうるのであろうか。結局のところ、方法という観点からすれば、これが本書のもっとも困難な問いである。

＊　＊　＊

このように隷属意思という主題を示唆することで垣間見えてくるのは、ここまでたどってきた方法上の問題が、教説上の諸問題、作業仮説、哲学的狙いといったものとどれほど結びついているか、ということである。その哲学的狙いを言い表すために、本書の副題として、倫理的世界観の偉大と限界という表現を選んでもよかっただろう。実際、一方では、哲学的反省による悪の象徴系のこのような捉え直しは、まさしくヘーゲル的な意味での倫理的世界観へと向かうものであるように見える。しかし他方では、この倫理的世界観がもつさまざまな要求と含意をはっきりと区分すればするほど、倫理的世界観では人間と悪それ自体という問題系の全体をカバーできないということが、ますます避けがたくなるように思われるのである。

ここで言う倫理的世界観とは何を意味するのか。悪の問題をその定義の試金石とするなら、倫理的世界観とは、自由から悪を、悪から自由を、つねにより密接に結びつけて理解しようとする努力のことである。倫理的世界観の偉大さとは、この方向で可能なかぎり遠くまで行くことである。

自由から悪を理解しようとするというのは重大な決断である。これは、悪を最初から「人間的な、あまりにも人間的な」ものとしてとらえることで、狭き門から悪の問題に入るという決断である。だが、この決断の正当性を早まって斥《しりぞ》けてしまわないためにも、その意味を正しく理解する必要がある。この決断は、けっして悪の起源に関わるものではなく、悪が出現する場所、そこから悪が見られうる場所を描くものでしかない。実際、人間が悪の根元的な起源ではなく、絶対的に邪悪ではないというのは大いにありうることである。だが、悪が物事の根元的な起源と共時的ではないとしても、悪が人間存在を触発する仕方によってのみ顕現するものであることには変わりはあるまい。それゆえ、悪の問題に人間的現実という狭き門から入るという決断は、単に〔どこから悪を見るかという〕パースペクティヴの中心の選択を表すにすぎない。悪が人間へと別の源泉から到来し、そこから人間を汚染するものであったとしても、その別の源泉は、もっぱら私たちへの関係を通して、私たちを触発する誘惑、逸脱、盲目化といった状態を通して、私たちにとって接近可能なものとなるのである。いずれにせよ、人間の人間性が悪の顕現する場なのである。

このようなパースペクティヴの選択は恣意的であり、強い意味での先入見だという反論があるかもしれないが、けっしてそうではない。人間および人間の自由の側から悪に接近するという決断は、恣意的な選択ではなく、問題の性質自体に適ったものである。実際、悪の顕現する場はそれが認知されるときにのみ現れるのであり、それが認知されるのは、熟慮した選択によって採用されたときのみである。悪を自由から理解しようとするこの決断は、それ自体が悪をみずからに引き受ける自由の運動である。このパースペクティヴの中心の選択がすでに自由の宣言である。すなわち、みずからを責任ある者と認め、悪をみずからが犯した悪とみなし、自分次第では悪が存在しないこともありえたことを告げる自由の宣言なのである。この告白によってこそ、悪は単なるその出現の場としての人間ではなく、その作者としての人間に結びつけられる。悪の問題はこの引き受けるという働きによって作りだされる。人は悪の問題に行き着くのではなく、悪の問題から出発するのである。自由は悪の作者であっても悪の根元的起源ではないはずだが、それでも告白によって、悪の問題は自由の圏域に置かれるだろう。なぜなら、人間が悪の責任を負うのは、もっぱらみずからの自由よりもさらに根元的な悪の源泉へと身をゆだね、それへといわば逆向きに参与することによるのだとしても、人間がこの根元的起源に境を接することができるのは、なおみずからに責任があるという告白によることだからである。

　このような見方が初めて成熟に達したのは、カントとその根元悪論によってである。道徳的形式主義は、善き意志の唯一の格率を現出させることによって、悪しき意志の唯一の格率をも現出させる。形式主義は、悪を自由意思の格率に還元する方向に傾くのであり、それこそが倫理的世界観の本質なのである。

　だが、この倫理的世界観の偉大さは、逆に、それが自由そのものの理解に益することがわかって初めて完全なものとなる。悪の重荷を引き受ける自由、それは、特異な仕方で重い意味を背負った自己理解へと接近する自由である。この省察は先の省察と相関するものであるが、その豊かさを覗き見る前に、私はみずからがジャン・ナベール氏の著作に多くを負っていることを告げておきたい。[訳4]まさにナベール氏の著作のうちに、私は、自由の教説から悪の問題を照らすだけでなく、反対に、自由の教説がそのうちに捉え直した悪の刺激のもとで当の自由の教説をたえず拡大深化させるような反省のモデルを見出したのである。すでに『倫理のための要綱』[訳5]で、過ちについての反省は、私の一切の選択と一切の個別的な働きを越えたところで私を形づくる「根源的肯定」の意識化への行程に組み込まれていた。そこでは、過ちの告白が同時に自由の発見であるかのように見えていたのであった。

実際、過ちの意識において最初に現れるのは、過去と将来という二つの時間的「脱自」のあいだの深い一体性である。企投の前方への躍動は回顧の重荷を背負っている。逆から言えば、再生が可能だという確信には、後悔における過去の痛ましい回想が組み込まれている。記憶によって豊かにされた企投は、その躍動を悔恨へと跳ね返らせるのである。こうして、過ちの意識にあっては、将来は過去を巻き込み、意識化は捉え直しとして露わにされる。意識はみずからを厚みとして、濃さとして見出すのである。意識のこうした厚みと濃さは、企投の前方への躍動にしか注意を向けない反省には認知されないだろう。

だが、過ちの意識は、自由の中核で過去と将来という二つの時間的脱自を結びつけることによって、自我の個別的な働きを越えて、自我の全的で単一なる原因性を現出させもする。過ちの意識が私に呈示するのは、自我全体の証しとなる一つの働きのうちにいわば縮約され、そこに限定された私の原因性である。逆から言えば、私がしなければよかったと欲する働きによって、あらゆる限定された働きの背後で際限なく広がる悪しき原因性が暴露されるのである。企投にしか注意を向けない反省にとっては、このような原因性は細分化され、自我の非連続的な創出へと分散してしまうが、悔恨の回顧のなかでは、私はみずからのさまざまな働きを自我の単一の原因性に根ざすものとみなす。なるほど、あれこれの特定の働き以外にそうした自我への通路があるわけではない。だが、過ちの意識によって、あれこれの特定の働きのうちに、それらを越えて、私たちを形づくる統合性への要求が現れ出るのである。こうして過ちの意識とは、自我のさまざまな働きを越えた根源的自我への訴えだということになる。

結局のところ、過ちを通していかなる義務よりも深い要求とそれを裏切る働きとの隔たりを見出したナベール氏が過ちの意識において見てとったのは、非存在の不透明な経験であった。氏はこの経験を〔非存在への〕逆向きの参与のようなものと化すところまでいく。ナベール氏が言うには、自我のなんらかの働きが「それだけで過ちのうちにある非存在の全体を造りだすわけではない。自我の働きは、非存在の全体に限定を加えて自己化するのである。過ちの非存在は本質的な非存在に通じている。後者は個別の自我の諸行為を越えているが、だからといって意識にとっての重大さが緩和されるわけではないのである」(『倫理のための要綱』16)。ナベール氏が「根源的肯定」と呼ぶものにまで至る突破を果たそうとする反省は、このような〔非存在への〕逆向きの参与を見出し、横切り、超えていかねばならないのである。

したがって、倫理的な見方において真であるのは、自由が悪の根拠だということだけではない。同時に、悪の告白が自由を意識する条件にもなるのである。というのも、まさに悪の告白において、自由の中核における過去と将来、自我と諸作用、非存在と純粋活動との精妙な接合がとらえられるからである。倫理的世界観の偉大さとはそのようなものである。

とはいえ、倫理的な見方は悪を余すことなく説明できるだろうか。ナベール氏の最近作である『悪についての試論』[訳6]につねに潜んでいるのはこの問いである。悪が「正当化できないもの」だとした場合、悪のすべてを自由による告白のうちで捉え直すことができるだろうか。この困難に、私は悪の象徴系という別の道からあらためて出会うことになる。悪の象徴系の主たる謎は、神話世界自体がすでに分裂した世界だということである。堕罪神話は、人間的自由における悪の起源をめぐるその後のすべての思弁の母胎となるものだが、これだけが悪の唯一の神話ではない。この神話の外にはなお、混沌、悲劇的な盲目化、追放された魂といった豊かな神話系がある。哲学者が、みずからの責任を告げる自由の告白との親縁性のゆえに堕罪神話の優位性に賭けるとしても、そしてこの賭けによって、堕罪神話を参照の中心として他の全神話を集め直すことができるとしても、堕罪神話は他の諸神話を廃棄し削減するまでにはいたらない。加えて、堕罪神話の解釈から直接に、次の二つの意味のあいだに緊張が現れ出る。すなわち、悪が世界に入ってくるのは人間が悪を措定するかぎりにおいてだが、そもそも人間が悪を措定するのは〈敵対者〉の包囲に屈するからでしかない、という緊張である。堕罪神話のこの両義的な構造において、悪と世界についての倫理的な見方の限界がすでに意味されている。自由は悪を措定することによって、〈他なるもの〉に捕えられるのである。悪の象徴系からのこうした示唆を捉え直し、人間諸科学から隷属意思をめぐる思弁に至るまで、人間の意識のあらゆる領域へとそれを延長していくこと、これが哲学的反省の課題となるだろう。「象徴は思考を引き起こす」のだとすれば、悪の象徴系が思考させるのは、一切の倫理的世界観の偉大と限界に関わることである。なぜなら、悪の象徴系によって露わにされる人間は、罪ある者というだけでなく犠牲者でもあるように見えるからである。

原註

（1）そのうちの一つが以下の論文である。« Culpabilité tragique et culpabilité biblique », *Revue d'Histoire et de Philosophie religieuses*, 1953, n.4.

（2）この哲学的人間学の素描として、著者は次の二つの論文を発表している。« Négativité et affirmation originaire », in *Aspects de la dialectique*, *Archive de Philosophie*, 1956; « Le sentiment », in Edmund Husserl, *Recueil commémoratif*, *Phenomenologica*, 1959.

（3）« L'unité du volontaire et de l'involontaire comme idée-limite », *Bulletin de la Société Française de Philosophie*, janvier-mars 1951; « Méthodes et tâches d'une phénoménologie de la volonté », in *Problèmes actuels de la phénoménologie*, Paris, Desclée de Brouwer, 1952.

（4）まだ悪の象徴系のすべての含意が見えていなかった時期に、エスナール博士〔Angelo Hesnard 一八八六－一九六九。フランスの精神病理学者〕の著作『過ちの病的世界と罪なき道徳』（Angelo Hesnard, *L'Univers morbide de la Faute et Morale sans péché*, Paris, PUF, 1949）の書評を担当したことが、私にとってこの問題に直面する機会となった。« Morale sans péché » ou péché sans moralisme? », *Esprit*, septembre, 1954.

（5）この主題については、« Le paradoxe du pouvoir » *Esprit*, mai 1957 で素描しておいた。

訳註

（訳1）リクールの「意志の哲学」の当初の構想、およびその実際の展開とそのなかでの本書の位置づけについては、訳者による「解説」を参照されたい。ここで「序論」と言われるのは、『意志的なものと非意志的なもの』の冒頭に置かれた、「意志の哲学」全体に対する「全般的序論」のことである。そこで提示された構想は、次の段落で簡潔に要約されている。

（訳2）リクールは本文中で symbolique と symbolisme という二つの語を使用している。かならずしも明確に使い分けられているわけではないが、総じて前者の方が緩やかで広い意味を与えられている。それを反映するために、以後、前者は「象徴系」、後者は「シンボリズム」と訳出する。ただし、本書の第二冊の題名である *La symbolique du mal* については、理解しやすさを優先して、『悪のシンボリズム』という訳を採用した。

（訳3）この『有限性と罪責性』第三冊は、一九五〇年の時点で「意志の経験論」として構想されていた部分に対応し、本書（『有限性と罪責性』第一冊と第二冊）のなかでは「隷属意思の経験論」として予告されている。だが、結局この第三冊は刊行されることがなかった。その事情に関しては、巻末の「解説」を参照のこと。

（訳4）ジャン・ナベール（Jean Nabert 一八八一－一九六〇。フランスの哲学者）は、メーヌ・ド・ビラン（François Pierre Gontier Maine de Biran 一七六六－一八二四。フランスの哲学者）に淵源し、ラシュリエ（Jules Lachelier 一八三二－一九一八。フランスの哲学者）やラニョー（Jules Lagneau　一八五一－一八九四。フランスの哲学者）により展開された「フランス反省哲学」の末流に位置する哲学者。哲学的反省と悪の問いの深化を連動させる独自の思索を切り開いたこの無名の哲学者を、リクールは一貫してみずからの「師」の一人に数えている。

（訳５）Jean Nabert, *Éléments pour une éthique*, Paris, PUF, 1943.

（訳６）Jean Nabert, *Essai sur le mal*, Paris, PUF, 1955.（ジャン・ナベール『悪についての試論』杉村靖彦訳、法政大学出版局、二〇一四年）

第一冊『過ちやすき人間』

第一章　「悲惨」のパトス的表現と純粋反省

1　作業仮説

本書の第一冊は、もっぱら過ちやすさという概念を考察するものである。

過ちやすさはとは一つの概念である。こう主張することで、私は最初から次のことを前提している。それは、純粋反省によって、すなわち、イメージや象徴や神話によらず物事を理解し自己を理解するやり方によって、ある種の理解可能性の閾《しきい》に達することができる、という前提である。そこでは、人間的現実のもっとも内奥の構成に悪の可能性が刻まれているように見える。人間がその成り立ちからして脆《もろ》いものであり、過ちうるものであるという観念は、私たちの作業仮説によれば、全面的に純粋反省によって接近できるものである。この観念が指し示すのは、人間の存在の一つの特性である。デカルト〔René Descartes　一五九六－一六五〇。フランスの哲学者〕が「第四省察」の冒頭で言っているように、人間存在というのは、「きわめて多くのものが欠けているかぎりは、誤ってもなんら驚くにはあたらない」[訳1]〔『省察』AT54〕ものなのである。いかにして人間は過ちへと「さらされる」ことになるのか。それを理解させようとするのが過ちやすさという概念である。

だが、人間の過ちやすさというこの観念を、どのようにして現出させることができるのか。そのためには、一つひとつは部分的であっても、過ちやすさというこの存在論的特性が刻まれている人間的現実（あるいは人間的条件）全体の性格をそのつどつかめるような一連のアプローチを作り上げていく必要があるだろう。第二の作業仮説は、考察をどのような様式の合理性によって行なうかということだけでなく、その合理性の根底に何を見るかということに関わる。それは、人間的現実の全体は人間の自己自身とのある種の不‐一致により性格づけられる、という作業仮説である。自己の自己に対するこの「不均衡」が、過ちやすさの理由＝比（ratio）となるだろう。悪が人間とともに世界に入り来たったとしても「なんら驚くにはあたらない」のは、人間とは自己自身より大きくかつ自己自身より小さいという不安定な存在論的構成を示す唯一の実在だからである。

この作業仮説をさらに練り上げてみよう。私たちは不均衡のうちに過ちやすさを見てとろうとする。だが、どこに不均衡を探し求めるのか。ここで私たちに提示されるのが、有限‐無限なる人間というデカルトの逆説である。ただちに断っておきたいのは、デカルトはこの逆説を諸能力の心理学と結びつけるが、これはまったくもって人を迷わせるものだということである。有限な悟性と無限な意志というこの区別は、少なくともデカルト的な形ではもはや保持できないが、有限と無限をそれぞれなんらかの能力や機能に結びつけるという考えもまた、完全に放棄しなければならない。デカルト自身、「第四省察」の冒頭において、人間の逆説をもっと広くかつ徹底的な仕方でとらえる道を準備している。そこには、諸能力の戯れの底で暗黙裡に作動する存在と無の弁証法が見てとれるのである。

「また実際、私がこのようにひたすら、ひとり神のことだけを考え、私をまったく神に向けているあいだは、いかなる誤謬や虚偽の原因も思いあたらない。しかし、そのすぐあとで私の方に向き直ると、私はそれにもかかわらず無数の誤謬にさらされていることを経験する。その理由を調べてみると私は次のことに気づいた。つまり私においては、神の観念、すなわち最高に完全な存在者の実在的で積極的な観念が見出されるだけでなく、いわば無の観念、すなわちすべての完全性からこのうえなくかけ離れているものの、なんらかの消極的な観念もまた見出されること、そして私はいわば神と無の中間者、つまり最高存在者と非存在との中間者として置かれているということに気づいた。そして、そこで私が最高存在者によって創造されたかぎりは、私を誤らせたり誤謬へと導く何ものも私のうちにはないが、しかし私はまたなんらかの仕方で無すなわち非存在を分けもっているかぎりは、つまりは私自身は最高存在者ではなく、きわめて多くのものが私に欠けているかぎりは、私が誤ってもなんら驚くにはあたらないということにも気づいたのである」〔同 AT54〕。

言うまでもなく、ここではまだ人間のこのような存在論的特性を直接扱うことはできない。というのも、不均衡の観念に含まれる中間的なものという観念もまた、大きな誤解を招きかねないからである。人間は存在と無のあいだに位置づけられていると言うとき、すでに人間的現実を一つの領域として、存在論的な場所として、他のさまざまな場と並んである場の一つとして扱ってしまっている。だが、人間をこのような仕方で位置づける図式は大きな誤りのもとである。こうした図式は、人間を一個の対象として、複雑さや知性、自立性の度合いの異なる他の諸実在との比較において位置づけられる対象として扱うように仕向ける。人間は天使と獣のあいだにあるから中間的なのではなく、自己自身において、自己と自己の関係において中間的なのである。人間が中間的なのは混合（mixte）だからであり、混合であるのは媒介を行なうからである。人間が実存する働きとは、内外のあらゆる様態と水準の実在をさまざまに媒介する働きだということ、それこそが中間的という人間の存在論的特性なのである。それゆえ、私たちはデカルトをデカルトによって説明するのではなく、カント〔Immanuel Kant 一七二四－一八〇四。ドイツの哲学者〕やヘーゲル〔Georg Wilhelm Friedrich Hegel 一七七〇－一八三一。ドイツの哲学者〕、フッサール〔Edmund Husserl 一八五九－一九三八。ドイツの哲学者〕によって説明するつもりである。すなわち、想像力〔構想力〕の超越論的総合、〈感覚的〉確信と真理との弁証法、あるいは志向と直観、意義と現前、〈言葉〉と〈眼差し〉との弁証法によって初めて、人間の中間性が露わにされうるのである。要するに、人間にとって中間的であるとは媒介をなすことなのである。

私たちの作業仮説に新たな諸要素を導き入れる前に、以上述べたことをまとめておこう。私たちは有限－無限なる人間というデカルト的な主題をもちだし、それを全面的に解釈し直すところまではいかないが、ともかくそこから論を始めた。それによって私たちは、有限性を人間的現実全体の特性とする現代の趨勢から少しばかり距離を置こうとしている。なるほど有限性の哲学者といっても、弁証法的でない単純な有限性概念をもつ者は一人もいない。いかなる意味であれ、誰もが人間の超越ということを口にしている。他方でデカルトの方は、有限－無限の存在論を告知したあとで、神の無限性に対して人間の被造存在性を有限と呼んでいる。だとすれば、諸々の有限性の哲学と、はっきりと有限－無限なる人間から出発する哲学との相違を強調しすぎるのは不当だということになろう。しかし、強調点やトーンの違いでしかないとしても、両者の相違は小さなものではない。問題は、そこで超越と言われるものが、単に有限性の超越でしかないのか、あるいは無限性の方も同等の重要性をもつのか、ということである。のちほど明らかになるだろうが、私たちの見方によれば、人間は視点であると同様に言説であり、限定された性格であると同様に全体性の要求であり、欲望であると同様に愛である、ということになろう。私たちには、〔有限－無限という〕逆説を有限性から読み解く解釈が、その逆方向からの解釈に対して特権性をもっているとはまったく思えない。〔先の解釈では〕無限性が有限性の超越の指標であったのと同じように、逆方向からの解釈によれば、人間は無限性であり、有限性はこの無限性の制限を表す指標だということになる。人間は視点に縛られ、死に委ねられ、欲望に釘づけられているのと同様に、限定なき理性性、全体性、至福へと方向づけられているのである。有限－無限の逆説をめぐる私たちの作業仮説が含意しているのは、人間は有限であると同時に無限であるとも言えなければならない、ということである。ここまで私たちは、過ちやすさから不均衡、そして中間性へとさかのぼりつつ、それらの連関を示してきた。これらの概念を作り上げるためには、今述べた二極性を全面的に認めることが不可欠なのである。

だが、私たちの作業仮説はまだ十分に練り上げられていない。探査の方向を示しただけで、まだ研究プログラムを示してはいないのである。実際、どのように開始すればよいのか。過ちやすさを指導理念とする哲学的人間学は、出発点をどのように定めればよいのか。私たちが知っているのは、単一の項からは出発できず、有限－無限の関係という複合態から出発せねばならない、ということだけである。つまり、人間の全体から、ということは、人間が実存しているかぎりは作動する自己自身との不－一致、不均衡、媒介の全体像から出発しなければならないのである。そのような全体像を描くことで、叙述の進展や理由の順序が台無しになるおそれはないだろうか。だが、一連の視点やアプローチはそのつど全体性へと向かうものであり、それらのあいだには、叙述の進展や順序が形成されるのである。

ところで、哲学的人間学では、思考はけっして単純なものから複合的なものへとは進まず、つねに全体性自体の内部で進展する。だとすれば、思考の進展とは、全体像が哲学的に開明されるなかでの進展でしかありえない。それゆえ全体性は、哲学以前に、反省へと供される先行理解のなかで、なんらかの仕方で与えられていなければならない。ゆえに、まずは哲学以前という性格を帯びた意味の塊があり、哲学はその二次的な開明を通して進展するのでなければならない。これが意味するのは、哲学における方法という観念は、哲学の出発点という観念から全面的に切り離されねばならない、ということである。哲学は絶対的な意味では何も開始しない。哲学は非－哲学により担われ、反省されることなくすでに理解されていたものを糧として生きる。とはいえ哲学は、その源泉からみれば根源的な開始ではないとしても、方法からみれば根源的な開始である。こうして私たちは、非哲学的な先行理解と方法的な解明の開始のあいだには勢位（ポテンシャル）の相違がある、という作業仮説へと引き寄せられることになる。

では、過ちやすき人間の先行理解は、どこに探し求めればよいのであろうか。それは、「悲惨」のパトス的表現（pathétique）においてである。

「悲惨」というこのパトスは、不均衡と中間性を人間の存在性格とみなす哲学全体の母胎である。ただし、このパトスは、それがもっとも完全な姿を示すところでとらえる必要がある。哲学以前のものとはいえ、このパトス論は先行理解であり、それが先行理解であるのは、その次元と水準においては完全な言葉だということである。それゆえ私たちは、みずから自身を「悲惨」なものとみなす人間の先行理解を語る見事な表現のいくつかについて探究してみたいと思う。

この地点から出発する場合、開始の問題は新たな意味を帯びてくる。すでに述べたように、哲学における開始とは開明作業の開始でしかない。それによって、哲学は開始するというよりむしろ再開するのである。この方法的な開始を手がけるには、次章のはじめで行なうように、パトス的表現に対して還元を遂行しなければならないだろう。そうして、「超越論的」な様式の反省、すなわち、私からではなく私の前にある対象から出発し、そこから対象の可能性の制約へと遡行する反省によって、真に哲学的な人間学を起動しなければならないだろう。この「超越論的」な様式の特徴についてはそのときに語ることにして、ここでは、人間のもっとも根底的な不均衡を認識能力のうちに探究していくという決断に対して、私たちが何を期待しているかについてだけ述べておく。それは、認識能力を導きの糸として、中間的な人間の他のすべての様態を探査していくことである。パトス的な人間理解にとっては混合物[訳2]（mélange）であり悲惨であったものは、そこでは対象における「総合」と呼ばれ、中間的なものの問題は、カントが「超越論的構想力」と名づけ、対象に面しての（sur）反省によって到達される「第三項」の問題となるのである。この超越論的段階を抜きにしては、哲学的人間学は、パトス的表現からは脱しても、存在と無の空想的存在論に堕してしまうしかなくなるだろう。

哲学以前の開始と哲学による開始、パトスにおける開始と超越論的開始。この二重の開始から、私たちはさらに遠くへと動いてゆくことになる。超越論的なものは哲学的人間学の最初の契機でしかなく、悲惨のパトス的表現における先行理解の全体と等しくなることはない。パトス的なものと超越論的なものとの懸隔は、本書の過ちやすさの哲学に後続する考察全体を通して徐々に埋められてゆくだろう。そうして、対象を支えとする超越論的反省には入ってこない豊かな内実の全体が、哲学的に回収されてゆくことになるだろう。ということで、最初は「行為」についての、次には「感情」についての反省を通して、純粋反省と全体的理解とのあいだの懸隔を埋めてゆくことを試みたい。だが、これら二つの新展開においても、導きになりうるのはなお対象についての反省である。というのも、〈理性〉と〈感性〉の不均衡、あとで用いるより正確な言い方では、〈言葉〉と〈パースペクティヴ〉との不均衡を範型としてのみ、人間の自己自身との不一致が行為の次元や感情の次元で示す新たな形態が反省にもたらされうるからである。また同様に、超越論的構想力の媒介を範型にしてこそ、中間的で媒介的な機能が実践の次元や感情の次元でとる新たな形態が理解できるのである。

こうして、当初の「悲惨」のパトス的表現を純粋反省のうちへと徐々に回収していこうとすることは、理にかなっているように見える。本書〔『過ちやすき人間』〕の全運動は、超越論的な様式の立場から始めて、反省を徐々に拡大していこうとする努力のうちにある。その極限においては、純粋反省は全体的理解と化し、悲惨のパトス的表現と等しくなるだろう。

しかし、そのような極限に到達することはけっしてない。人間の先行的な自己理解のうちには、反省によっては追いつくことのできない意味の富があるからである。この意味の剰余のゆえに、第二冊〔『悪のシンボリズム』〕ではまったく異なったアプローチを試みなければならなくなるだろう。すなわち、もはや純粋反省ではなく、人間がみずからの自由意思の隷属性を告白する際の、種々の基本的象徴の解釈に拠らねばならなくなるのである。

この第一冊では、認識の不均衡から行為の不均衡、そして感情の不均衡へと、反省的様式をその極点まで導いてゆく。このような反省の拡張の極限において、過ちやすさという概念の内実が感得できるだろう。実際、この概念こそが、反省の厳密さを悲惨のパトス的理解の豊かさに追いつかせようとする思考の運動の統整的概念となるのである。

2　「悲惨」のパトス的表現

プラトン〔Πλάτων　紀元前四二七－紀元前三四七。古代ギリシアの哲学者〕とパスカル〔Blaise Pascal　一六二三－一六六二。フランスの哲学者・科学者〕、この二度にわたって、以上のようなパトス的省察は、哲学の周縁において、いわば反省の閾において姿を現した。この省察を、反省は厳密な真理として捉え直していくことになるだろう。混合物としての魂を語るプラトンのミュートスと、二つの無限をめぐるパスカルのレトリックのあいだにはある種の進展が見られるが、そこからさらにキルケゴール〔Søren Kierkegaard　一八一三－一八五五。デンマークの哲学者〕の『不安の概念』へと進むことになる。これはパトス的表現における進展であると同時に、「悲惨」の先行理解における進展でもある。だがそれは、あくまでイメージ、形象、象徴の内部での進展であって、悲惨のパトスからミュートスへの通路を開くものである。それはすでに言説への通路でもある。

「悲惨」の先行理解のすべては、すでに『饗宴』、『パイドロス』、『国家』の数々の神話〔ミュートス〕の内に存している。神話とは哲学にとっての悲惨〔苦境〕であるが、イデア――存在しかつ存在全体の尺度となるもの――ではなく人間を語ろうとするとき、哲学は「悲惨」についての哲学となる。というのも、魂の置かれる状況自体が悲惨なものだからである。魂はとりわけ中間の存在であり、そうである以上はイデアではない。せいぜい「イデアの種族に属し」、イデアに「より近い」ものである。とはいえ、魂は滅びうるものでもない。腐敗しうるものに「もっともよく似ている」のは身体の方である。魂とは感性的なものから叡智的なものへの運動そのものである。魂とはアナバシス、すなわち存在への上昇である。魂が悲惨であるのは、まずは困惑に追い込まれて探求するもの（ἀπορεῖν καὶ ζητεῖν）（『国家』524e）だからである。この魂の困惑、アポリア、探求は、アポリア的な対話篇の未完結性自体に反映されているが、そこで証示されるのは、存在をめぐって魂はつねに作業の途上にあるということである。魂は臆断し、誤りを犯す。魂はヴィジョンではない。少なくとも最初はヴィジョンではなく、指向である。少なくとも一挙に接触と所有に至ることはなく、傾向であり、緊張である。それは『テアイテトス』の言い方では、「時たっていろいろ多くの骨折りを重ねた結果」（『テアイテトス』186c）得られるものなのである。

このような魂について、過ぎゆくものと留まるもののあいだに位置する移行としての魂の体制について、いかにして語ることができるのか。〈学知〉の言葉、すなわち不変の存在に関わる不変の言論では語ることができない。ゆえに哲学者は、まずは寓意の言葉、次いで神話の言葉でこれを語ることになるだろう。

哲学において場所をもたない（ἄτοπος）この奇妙な生成について暫定的な静止像を提示するだけならば、寓意や類比で十分であろう。そうして『国家』の第四巻では、国家〔ポリス〕が魂の象徴とされ、国家が守護者、戦士、生産者という三つの階級からなるのと同様に、魂も三つの部分からなるとされる。だが、この静止像がイデアと善への跳躍を視野に入れて再び動態化されると、魂を存在と善へと連れ戻すアナバシス〔上昇〕を視野に入れて、多様なる統一の発生を語らねばならなくなる。そこで初めて、〔魂の三区分をめぐる〕このシンボリズムはミュートスを必要とすることになる。とはいえ、すでに静止像の段階でも、魂の「生成」をめぐる考察を透《す》かし見ることはできる。魂と国家の比較を始める際に、プラトンは次のように述べている。「国家が生まれてくる次第（γιγνομένην πόλιν）を言論のうえで観察するならば、われわれは国家の〈正義〉と〈不正〉とが生じてくるところ（γιγνομένην）もまた、見ることができるのではないだろうか[訳3]」（『国家』369a）。正義とは諸部分の運動における統一の形成にほかならない。正義とは本質的には「多から一への生成（ἕνα γενόμενον ἐκ πολλῶν）」（同443e）なのである。

だが、『国家』の第四巻は、この総合が実現されたと想定される終点へと一足飛びに向かっていく。すなわち、正しく作られた国家は完全に善きものであって、知恵、勇気、節制、正義を備えていると言う。国家の秩序は、最終的に完成した姿においては三層構造を示し、各層の徳がポリス〔国家〕のある「部分」に固定されるのである。

それゆえ、魂の諸部分もまた、ポリスの諸部分と同じく一定の機能をもった場所ということになる。つまり、魂の構造はこの三つの機能の均衡からなるのであり、この均衡は、ポリスが実現しているとされる正義を規範とするのである。正義とは、「これら三つのものすべてに力を与えて国家のうちに生じさせ、そしていったん生じたのちには、それらの徳を――そのものが内在するかぎり――存続させる働きをするもの」（同433b）なのである。

しかし、国家を形づくる運動の終点に想像のなかで身を置く代わりに、魂をそれが統一と秩序に向かおうとする動きにおいて眺めてみよう。そうすると魂のイメージは動き始める。均衡した構造に代わり、完結することのない運動、数々の緊張からなる系が露わになる。こうした移行がはっきりと感じ取れるのは、『国家』第四巻で右の引用に続く箇所である。そこでプラトンは、できあがったものとしてのポリスのイメージを離れ、私たちを「活動させる」力、私たちが「学び知り」、「気概をもち」、「欲望する」際に働く力を考察する。そこでは、魂は二重の引力を受ける力の場として現れる。すなわち、「命ずるもの（τὸ κελεῦον）」と呼ばれる理性と、「禁止するもの（τὸ κωλῦον）」とされる欲望の双方からの二重の引力である（同439c）。ここにおいて、プラトンがテューモス（θυμός）と呼ぶ第三項が謎めいたものと化す。もはやそれは層構造の一つの「部分」ではなく、理性と欲望の二重の引力を被る両義的な力なのである。テューモスは、ときには欲望から発する怒りや恐れとして欲望とともに戦い（ζύμμαχον）、ときには理性から発する憤りや忍耐として理性のために奉仕する。テューモスとは、「怒り」でも「勇気」であるような心情であり、すぐれて不安定で脆い働きである。この両義的な位置によって、テューモスは魂の「静力学」のうちにありつつも、中間者をめぐるすべてのミュートスを告知するものとなる。静力学では中間者は一つの「場」であり、他の二つの機能や部分の「あいだ」にあるが、動力学では中間者は一つの「混合物」となる。だが、そうなることで、静力学に適合していた寓意はミュートスへと向かわされる。ミュートスのみが中間者の発生を語りうるのである。

混合物というイメージが適用されると、魂の三部分からの構成という静的な主題に対して、物語という劇的な形態が与えられる。そうすると、混合物の生成過程を物語るためにミュートスが必要になる。それは、質料の結合という制作論的ミュートスとなることもあるが、二つの性の結合ないしは交合という生物学的なミュートスであることが多い。ゲネシス（γένεσις）〔生成〕とはゲンネシス（γέννησις）〔生殖〕である。混合というのは、結合や交合という形をとって、魂の始まりにおいて生じる出来事なのである。

『饗宴』と『パイドロス』を過ちやすさの人間学の非哲学的、ないしは前哲学的な形象の筆頭に置くのは、単にそれらが歴史的に先行するからではない。そこにおいて「悲惨」という主題が帯びる未分化な性格のためである。そこでは、悲惨はまだ根源的制限性と原罪とに分かれていない。これらの大いなるミュートスは、有限性の神話としても、罪責性の神話としても読むことができる。ミュートスとは反省が切り分けていくべき星雲のようなものである。悲惨な実存と堕落した自由とのこの混合態の神話的な背景については、のちほど悪のさまざまな神話を直接に考察する際に明らかにしていくつもりである。その際には、哲学者としてのプラトンは悪を身体的実存と混同したわけではないこと、プラトニズムには魂に固有の悪としての不正の悪もあることが見てとれるだろう。

混合物としての魂の神話をそれが語る通りに、宗教史学が再構しうるような背景を抜きにして、神話の分断の始まりとなる解釈を交えずに受けとめれば、それは「悲惨」を全体として語る神話だということになる。そして、制限性と道徳的悪との未分化状態を再建する省察は、いかなるものであれ悲惨という主題に立ち返ることになると言える。「悲惨」とは、厳密に倫理的な反省によって「身体」と「不正」へと性急に区別されるより前に、混合物の神話によって語られる未分化な不運のことなのである。

なるほど、巫女ディオティマが語るのは魂ではなく、半神でありダイモーンであるエロースである。しかし、エロース自身が、魂の形象、少なくとも魂のなかの魂たる愛知者〔哲学者〕の魂の形象である。愛知者の魂は、みずから自身が善ではないがゆえに善を欲する。エロースは母ペニアの刻印として、この原初的な傷をみずからのうちに抱えている。これこそが暗さの原理である。存在への憧憬を根拠づけるには、困窮の、存在の貧困の根となるものが必要である。愛知者の魂としてのエロースはすぐれて混交的《ハイブリッド》なものであって、〈富〔ポロス〕〉と〈貧窮〔ペニア〕〉の混交なのである。

デカルト、そしてとりわけカントが想像力〔構想力〕をめぐるより意味の通った言説において語っているのもまた、これと別種のことではない。直観なき悟性は空虚であり、概念なき直観は盲目である。想像力の光は両者を総合する。プラトンにおける混交は、身体によるものも魂によるものも一切の発生を包含しているという点で、カントの超越論的構想力を予告している。これは『ピレボス』では、より「ミュートス的」ではなく「弁証法的」な言葉によって γένεσις εἰς οὐσίαν――これは「存在となること」であると同時に「生成した本質」でもある――と呼ばれるものである（『ピレボス』26d）。一切の創造、一切のポイエーシスはエロースの効果である。「あなたの知っているように、創造（ポイエーシス）というのは広い意味の言葉です。言うまでもなく、いかなるものであれ非存在から存在へ移行する場合その移行の原因はすべて、創造です。したがってまた、あらゆる技術に属する製作は創造であり、それに従事する工作者は創造者であるわけです」[訳4]（同205b-c）。要するに、作品は豊かな〈意味〉と貧しい生《な》まの〈外観〉を合わせもつのであり、エロースとはそうした一切の作品を産み出す法則なのである。それゆえ、つねにより純粋になっていく愛の上昇的弁証法によって、美しい身体から美しい魂、そして美しい行為や美しい法制に至るまで、あらゆる度合いの作品が産み出されていく。作品はすべて欲望から生まれ、欲望はすべて豊かでありかつ貧しいのである。

しかし、ミュートスには反省のうちにあるよりも多くのものがある。規定や厳密さという点ではより少ないとしても、潜勢態においてはより多くのものがある。言うまでもなく、ポロスはカント的悟性以上のものであるが、意味が無尽蔵に貯蔵されているのはポロスの側だけではない。ペニアの側でも事情は同じである。

あらゆる貧窮はペニアであり、貧しさにはさまざまな様態がある。実際、『饗宴』のミュートスと『パイドロス』のミュートスを照らし合わせれば、『饗宴』のミュートスの無規定性、ないしは重層的規定性が顕在化してくる。すなわち、『饗宴』ではペニアという形象をとっていた存在の貧窮は、『パイドロス』では二つのミュートス的契機へと分断され、物語の二つの異なる局面に対応することになる。実際『パイドロス』では、脆さのミュートスが堕落のミュートスにつなげられている。一切の墜落に先行する脆さは、翼の生えた二頭立て馬車の脆さであり、天空を駆ける二頭立て馬車は人間の魂の形象化である。すなわち、墜落以前に人間の魂はすでに複合的であり、その複合的構成には二頭立て馬車自体の不調和なる一点が隠されているのである。「われわれ人間の場合、まず第一に、馭者が手綱をとるのは二頭の馬である。しかも次に、彼の一頭の馬のほうは、資質も血すじも、美しく善い馬であるけれども、もう一頭のほうは、資質も血すじも、これと反対の性格である」（『パイドロス』246b）。このように、地上の身体のうちへと墜落する前に、根源的な受肉が存している。この意味では、神々もまた身体をもっているのである。だが、神ならぬ魂たちの身体には、根源的な重さと御しがたさの原理が含まれている。そうして過ちやすさのミュートスは、薄明と曖昧さのなかで、墜落のミュートスへと転じていく。二頭立ての馬車はたがいに邪魔をしあい、渦のなかへと沈んでいくのである。上昇していた羽は挫《くじ》かれ、落下していく。そのとき、〈真理〉は忘却され、魂は暗くされる。その後の人間はドクサ〔臆見〕を糧に生きるのである。

脆さから眩暈《めまい》へ、眩暈から墜落へと滑り落ちていくこの動きによって、プラトンのミュートスはキルケゴールの省察を予告している。キルケゴールの省察もまた、無垢から悪が生まれてくる過程について、連続と非連続という二つの解釈のあいだを揺れ動く。だが、最終的には、悪は突如の出現、飛躍、措定であるという考えを選ぶであろう。この意味では、悲惨についてのプラトンのミュートスには脆さと堕落が星雲のように混在しており、両者は分離し始めているが、まだ不可分で未決定のままなのである。プラトンが「悪徳」や「忘却」、「顛倒」（同248c）と呼ぶのは、この星雲のことである。

いかにしてプラトンがミュートスから弁証法への移行を垣間見たかということ、限定と無限定とのピュタゴラス〔Πυθαγόρας　紀元前五八二－紀元前四九六。古代ギリシアの数学者・哲学者〕的な対立を転位し、実践理性を援用することによって、いかにして混合物（mélange）が混合（mixte）と化し、正しい尺度と化したかということ、それらについてはのちほど論じることにしよう。

パスカルのパトス的表現は、私たちに反省の第二の手がかりを与えてくれる。「二つの無限、中間」〔『パンセ』ブランシュヴィック版、断章六九〕あるいは「人間の不均衡」と題される有名な断章（同断章七二）は、その意図と調子の両面からして、別の次元に属するものである。[訳5] それらはミュートスではなく、レトリックの調子で書かれている。プラトン的な知の階梯と比べるなら、ここで問題になるのは、促し、弁明（アポロギア）、言いかえれば正しい臆見である。『パイドン』も促しから始まっており、その意味で「説得と論証」[訳6]（『パイドン』70b）という言い方さえしている。実際、パスカルはまさしくある種の説得によって、気晴らしを断ち、私たちの真の状況を隠す覆いを突破するように促すのである。ブランシュヴィック〔Leon Brunschvicg 一八六九―一九四四。フランスの哲学者〕が正しく見てとっていたように、二つの無限のあいだに位置する人間についての省察は、想像力と慣習という「欺瞞的諸勢力」の章（『パンセ』断章八三）から切り離されてはならない。この章は気晴らしの批判へとまっすぐに向かうのである。中間的な存在としての人間の地位を反省すること、それは「王であること、そして人間であることはなんであるのかを考える」（同断章一四六）ために、自我自身へと立ち戻ることなのである。

以上の省察が依然としてアポロギア〔弁明〕であり、パラミティア〔説得〕であるのは、諸事物のなかで人間が占める地位というまったく空間的な図式から出発するからである。このように人間を極大と極小のあいだの「場所」としてまったく想像的にイメージすることには、人々の心情に触れるという利点がある。このイメージは、宇宙の広大さを発見しつつあった世紀のコスモロジカルな感受性のうちに、直接的な反響を目覚めさせるものだったからである。「無限のうちにおいて人間とはなんであるのか」というように、想像力によって延長された視線こそが、「自分をこの自然の辺鄙な片隅に迷い込んでいるもののようにみなす」〔同断章七二〕人間の情動を養うのである。「もしわれわれの視線がそこでとどまるならば、われわれの想像力がさらに遠く進むがよい。自然が与えるのに疲れるより先に、想像力がそれを思い浮かべるのに疲れてしまうだろう」（同断章七二）。科学としての天文学は「私たちの想念をふくらませる」が、天文学が提示するのは想像力を越えたものであり、想像力はただ驚き、「その思考のなかに自分を見失ってしまう」ところまでいくしかない。こうして想像された無限は「深淵」となり、しかも二重の深淵と化す。無限という語自体、何かを意味するというよりも、むしろ表現するものである。この語は理性の理念を指さず、そもそも理念を指示しうるものではない。というのも、語られねばならないのは無限大と無限小であり、無限と無ではないからである。驚愕を伴うこの二つの語は、むしろ、倦むことなく想念を広げ、この驚異のうちにおのれを見失っていく想像力の驚きを示している。「なぜなら、そもそも自然のなかにおける人間というものは、いったいなんなのだろう。無限に対しては虚無であり、虚無に対してはすべてであり、無とすべてとの中間である」（断章七二）。

だが、二つの無限という空間的シンボリズムには人を目覚めさせる力が潜んでおり、その力は、不均衡という固有に実存的な図式へと向かって自身を乗り越えさせる点にある。「われわれはあらゆる方面において限られているので、両極端の中間にあるというこの状態は、われわれのすべての能力において見出される」（同断章七二）。この両極は、感性的なものと叡知的なものとの類比を呼び起こすプラトン的想起によるのと同じように、文字通りの意味を超えた意味を少しずつ充填していく。無限大のもの、端的な無限は、「すべてのものの目的」、すべてのものがそこに向かって「運ばれる」先と化す。無限小のものも無と呼ばれて、人間には隠された「原理」、「われわれがそこから引き出されてきた虚無」と化す。「すべてのものは、虚無から出て無限にまで運ばれていく」（同断章七二）。こうして今や人間は、時間的にも、因果的にも、また目的論的にも、起源と終末のあいだに位置づけられることになる。そして人間が不均衡であるのは、始原と終末を「把握」し包含するような「無限の能力」をもたないからだ、ということになるのである。

そして、自然は「自分の姿とその創造主の姿とをあらゆるもののなかに刻み込んだ」（同断章七二）のだから、すべてのもの自体がもつ二重の無限性は、諸学問においても繰り返し現れることになる。起源の無は諸学問の起点という問題に反映される。そして、諸学問の完成が私たちの手の届かないものであることは誰もが同意する点である。だが、数々の原理がある種の無限小であり、無でさえあることはそれほどよく知られてはいない。これは、起点は単純なものであるという私たちの信頼をひっくり返すものである。単純な観念、単純な存在、そこから出発できるモナド、そういったものはけっして存在しない。諸原理が悟性に対してもつ関係は、ある種の無である無限小が私たちの想像力の想念に対してもつ関係と同じである。そして、「虚無に達するためには、万有に達するのと少しも劣らない能力が必要である」（同断章七二）。ここには繊細の精神、および心に感知される原理という問題のすべてが関わってくるのである。

このような「悲惨」は、パルメニデス（Παρμενίδης 紀元前五二〇頃－紀元前四五〇頃。古代ギリシアの哲学者）の「詩」における死すべき者たちの彷徨や、プラトンの言う安定せずうつろいやすい臆見に比しうるものだが、これは人間の条件に刻まれた根源的な傷なのだろうか、それとも私たちが犯した過ちなのだろうか。制限性と悪とが混在した星雲は、『パイドロス』ではまだはっきりと区分されていなかったが、両者が切り分けられてゆくことになるのだろうか。

まだはっきりと切り分けられるわけではない。「悲惨」という主題はなお不分明なままである。実際、両極端のあいだにあるという人間の位置づけは、おのれの姿を隠すものとして描かれている。「それならば、われわれの限度をわきまえよう。われわれは、なにものかであって、すべてではない。われわれのもっている存在が虚無から生ずる第一原理の認識をわれわれから盗み去り、われわれのもっている存在の少なさが、無限を見ることをわれわれから隠すのである」（同断章七二）。以下の文章も同様である。「ところが、もっと突っ込んで考え、われわれのあらゆる不幸の原因を見つけただけでなく、その理由を発見しようとしたところ、私は、まさに有効な理由が一つあることを発見した。それは、弱く、死すべく、そして、われわれがもっと突っ込んで考えるときには、われわれを慰めてくれるものは何もないほどに惨めな、われわれの状態の、本来の不幸のうちに存するものである」（同断章一三九）。

とはいえ、気を紛らわせようとするのは私たちの過ちである。そうでなければ、どうして「われわれの限度をわきまえよう」などという促しが出てくることがあろうか。人間とは、「弱く」、「無力」で、「移り気」で、「馬鹿げた」ものであり、認めるべき自己のありのままの姿を認めることができない。「たしかに、欠陥に満ちているのは悪いことである。だが、欠陥に満ちていながら、それを認めようとしないのは、なおもっと悪いことである。なぜなら、それは、そのうえさらに、故意のまやかしを加えることになるからである」（同断章一〇〇）。それゆえ、気晴らしの理由を明らかにするためには、ある種の「真理に対する嫌忌」（同断章一〇〇）を引き合いに出す必要がある。この嫌悪は、「人間の心のなかに生まれつき根ざしている」（同断章一〇〇）ものだとしても、それと同時に周到に準備された営み、虚偽の戦術でもあって、悲惨な自分を見るという極めつけの不幸から身を守るための策略なのである。それゆえ、パスカルが「ひそかな本能」と呼ぶこの策略には、人間の悲惨な条件に対する生来の感情が包み隠されている。ただし、この感情は、意識するやいなやただちに追い払われるのである。「たえざる惨めさの意識」（同断章一三九）とパスカルは言っている。この「意識」自体の前提にあるのは、「私たちの最初の本性の偉大さのなごりであるいま一つのひそかな本能」（同断章一〇〇）である。この本能は、「彼らに対して、幸福は事実安息のうちにしかないのであって、激動のなかにはないということを知らせている。そして、これらの相反する二つの本能から、彼らのうちに一つの漠然とした企てが形成される。それは、彼らの魂の奥底にあって、彼らの目には隠されているが、立ち騒ぐことによって安息へと向かうように彼らをしむけるものである。そして、もしも彼らが当面するいくつかの困難を乗り越え、それによって安息への門を開くことができたあかつきには、現在彼らにはない満足が、彼らのところにくるだろうと思い込ませるのである」（同断章一〇〇）。

以上のように、パスカルの省察は、人間の空間的な不均衡をまったく外面的な形で想像するところから始まった。この不均衡は、諸事物に関する知の不均衡を見ることによって反省された。さらにこの知の不均衡は隠蔽という主題に内面化された。この主題は、人間の有限なる条件からひそかに生じてきて、始まりと終わりの問題へといわば滲み出ていく。そして最後に、この隠蔽自体が、自己欺瞞の逆説および悪循環として姿を現したのである。人間の条件は本性的にそれ自身の意味を隠蔽するが、それと同時に、またそれにもかかわらず、この隠蔽作用は気を紛らわせようとする営みでもある。二つの無限と中間というレトリックは、この営みを真実へと向け変える試みなのである。

悲惨のレトリックは、隠蔽しかつ隠蔽されるものであるこの人間の条件の逆説の先に進むことはできないように見える。促しやパスカル的な説得の次元では、この逆説はどこまでも両義的であり、悪循環という外観を一切失うことはないはずである。

今や、純粋反省という課題にとりかかるべきときである。すなわち、過ちやすさを理解し、それによって「悲惨」の混沌を区別された形象へと分節化するという課題である。

第二章　超越論的総合――有限なパースペクティヴ、無限な言葉、純粋想像力

悲惨のパトス的表現は、哲学にその省察の内実となるものを与えはするが、哲学の出発点を与えはしない。「混合物」の神話や「悲惨」のレトリックから哲学的言説へと、ミュートスからロゴスへと、いかにして移行すればよいのだろうか。

哲学への移行に必要な――しかし十分というわけではない――段階は、「超越論的」な段階である。このような様式の反省が哲学的人間学の要求を満足させないのはなぜかということ、そして、悲惨のパトスにおいて最初に先取りして表現された人間理解に比べれば、この反省の成果にはなおどれほど多くの不足があるかということ、この点についてはのちほど十分に語るつもりではあるが、そうした不十分性は、まず何よりも当の超越論的反省自身を通して示されるだろう。

「超越論的」反省のもつ力は二重である。第一に、その力は開始を選択することにある。超越論的反省の開始は認識能力自体の探査のうちに求められる。人間を認識作用へと還元することに対しては、非難しようと思えばいくらでもできるだろう。だが、この思い切った還元はけっして偏見によるものではない。これは、認識批判によって見えてくる特性を起点として、人間のすべての特性をしるしづけようという決断である。この決断のあとにも、なすべきことはすべてそのまま残っているが、それでも先に認識能力の吟味を行なうことで、実践の問いや

感情の問いといったすべての問いが、人間についての反省にふさわしい固有の光に照らされることになる。人間学の根本カテゴリーにはとりわけ行為や感情を特徴づけるものが含まれるが、最初に「超越論的」反省、すなわち認識能力の探査による批判という試練を受けないかぎりは、それらは〔哲学的〕人間学のカテゴリーにならないだろう。

　このような出発点の選択は、どこで本書の問題と関わってくるのだろうか。それは、哲学的に探究しうる最初の「不均衡」は認識能力が現出させる不均衡だという点においてである。人間のパトス的理解にとって「混合物」であり「悲惨」であったものは、ここでは「総合」と呼ばれることになる。こうして私たちは、批判主義の正統的立場を顧慮せずに言えば、超越論的想像力〔構想力〕に関するカントの理論に含まれる数々のモチーフをあらためて見出すことになるだろう。この理論はまさに、「第三項」についての、「媒介的なもの」についての反省なのである。混合物の神話と悲惨のパトス的表現から過ちやすさの哲学への移行は、「媒介的なもの」についての反省を第一段階とするのである。

　カント的な意味での想像力の媒介的機能についての反省が、いったいどこで過ちやすさの哲学に関係しうるというのか。そのような問いが出るかもしれない。そこでこそ「超越論的」な様式の反省がもつ第二の卓越性が見えてくる。それは、対象を起点とする反省、より正確には、事物を起点とする反省という点である。この反省は、事物に「面して」認識能力を吟味するのであり、まさしく事物に面して、受け取ることと規定することとのあいだでの認識作用特有の不均衡を発見するのである。

　この省察は、事物から出発するからこそ反省となり、超越論的なものとなる。自己の自己に対する不一致についての無媒介的な省察は、ただちにパトス的表現のなかに呑み込まれてしまうのであって、内観によってはそれに厳密な姿を与えることはできない。反省は内観ではない。反省は対象を迂回するのであり、対象に面してそこから還帰するのである。[訳7] まさにこの点において、反省は固有の意味で超越論的である。この反省によって、主体のうちで総合を可能にするものが、対象の上に現出させられる。対象としての構造を可能にする諸条件をこのような仕方で探究することで、パトス的表現が断ち切られ、不均衡と総合の問題が哲学的次元へと導き入れられることになる。しかし、反省のこうした力とともに、その限界もまた現れてくる。反省が露わにし探査する総合は、厳密には対象における総合、事物における総合にすぎないことになろう。すなわちそれは、単に志向的な総合、外へと、世界へと、みずからが可能にする対象性の構造へと投射された総合にすぎないのである。なるほど、カントとともにこの総合力を「意識」と呼び、総合を「意識」として語ることはできるかもしれない。だが、この「意識」は対自的なものではない。それはあくまで純粋な指向であって、それが向かいあうもののうちでしか形をとらないのである。続いて意識から自己意識へと移行するためには、別のタイプの省察が必要になるだろう。

1　有限なパースペクティヴ

中間者としての人間、および想像力の中間的な機能についての超越論的考察の出発点となるのは、反省が感性と悟性のあいだに導入する裂け目である。反省が介入するやいなや人間は分割される。反省とは本質的に分割し切断するものである。反省からすれば、事物の現存を受容することと、事物の意味を規定することとはまったく別である。受容とは直観によって事物の現存へと身をゆだねることであり、思考とは事物の現存を言説のうちで統御することである。言説とは、命名により区別し、分節化された表現により結びつける営みである。

反省における前進とは、すべて分割することによる前進なのである。

まずは、分割による前進に身をゆだね、分離された二つの部分を順に考察していくことにしよう。

事物に面したところで、私は受容の有限性と規定の無限性を発見する。規定するとは言うことであり、言おうとする－意味する（vouloir-dire）ことである。以下見ていくように、後者の営みは言葉－動詞[訳8]（verbe）において極まることになるだろう。

有限性に関する哲学的省察は、自己自身の身体についての考察から直接始められると思うかもしれない。たしかに、有限性の経験はすべて、私が自分の身体と結ぶ特異な関係を指し示すものである。だが、有限性の結節点としての身体が最初に現れるわけではない。最初にみずからを示し、現れるものは、世界の内にある諸事物であり、生き物であり、人格である。私はまずは世界へと向けられており、何かが本当に現れていると信じているが、この信念が異議申し立てと反駁によって揺らいだときに初めて、私の有限性が問題と化すのである。そのとき私の注意は、現れるものからそれが現れる人の方へと移動する。しかし、このように「〔現れる〕もの」から「〔そのものがその人に対して現れるところの〕人」へとさかのぼるだけでは、まだ私の有限性は露わにならない。私がみずからの身体の上に最初に読み取るのは現れの媒介としての意味であって、私の身体は有限ではなく、…へと開かれたものだ、ということである。この〈…へと開かれていること〉によって、私の身体は私と世界との「あいだ」の根源的な媒介者となる。外から見れば、私の身体は事物の領域にある一つの事物のように見えるが、皮袋のように私を閉じ込めているのではない。知覚されるものを現出させる場合でも、自分がもっていないものへの欲求を感じさせ、世界のどこにもないがゆえに欲望をかきたてるこのものに私を依存させる場合でも、私の身体とは私を世界へと開くものである。私を苦しみのなかで孤立させるときでさえ、私の身体は私を世界へと開いている。というのも、苦しみの孤独にはなお、私が無防備にさらされていると感じている世界からの数々の脅かしがつきまとっているからである。加えて、私の身体は他者たちへと開かれてもいる。それは表現するものとして内を外へと表し、自分を他人が解読できる表徴と化して、意識どうしの相互関係へと委ねるからである。最後に、私の身体は、それがなしうるすべてのことによって世界へと開かれている。すなわち、〈なしうる〉という能力によって、私の身体は、世界の道具性のうちに、行為によってかたどられるこの世界の実践的側面のうちに、仕事の産物や芸術作品のうちに含み込まれるのである。

まさに世界に面して、知覚されたもの、脅かすもの、近づけるものとしての世界の顕現を起点としてこそ、私は志向的意識の媒介となるみずからの身体の開在性を統覚するのである。

だとすれば、世界は身体を介してのみ現出するということが、私の有限性の意味となるのだろうか。これは誤りというわけではなく、有限性と受容性を同一視するカントは間違ってはいない。カントが有限と言うのは、みずからの表象の対象を創造するのではなく受容するような理性的存在者である。このテーゼを一般化して、「受容性だけでなく」身体の媒介性の他のすべての側面、すなわち、被る、欠乏する、表現する、なしうるといった側面に及ばせることもできよう。だが、厳密に言って、身体による媒介を有限なものにするのはなんであるのか。世界が現出する際に身体の媒介作用をとらえる周縁的な統覚によって最初に露わにされるのは、世界に対する身体の開在性なのではないか。私が最初に見るのは身体による媒介ではなく世界である、というだけではない。身体による媒介が最初に示すのは、みずからの有限性ではなく開在性なのである。別の言い方をすれば、世界とはまずもって私の実存の限界ではなく、私の実存の相関者である。『純粋理性批判』の「観念論論駁」が意味しているのはこのことである。

では、この開在性が有限な開在性となるのは何によってであるのか。

受容性を検討してみれば、身体的媒介のさまざまな様態への導きとして役立てられるだろう。なぜ受容性を選ぶかといえば、それが身体的媒介の第一次的な様態だからである。すなわち、受容性こそが何かを現出させるのであって、望ましいもの、恐ろしいもの、実行できるもの、役に立つものといった美学的・道徳的述語は、事物がまず現れたうえでそこにつけ加わるのである。そうした述語は、知覚されたもの自体よりも「主観的」なものなのではない。それらは知覚されたものを最初の土台として、「その上に設置される」のである。それゆえ知覚されたものから始めなければならない。

受容することの有限性はいかなる点に存しているのか。

それは、知覚がパースペクティヴによって限定されているという点に存している。〈見る〉とはいかなる場合でも、〈…に対する視点〉をとることである。だが、すべての視覚に内在しているこの視点としての性格は、私が直接気づくことはなく、反省によってのみ気づかれるものである。それゆえ、私がみずからの視点の有限性をとらえるには、受容の志向的相関者たる現れのある面を前にしなければならない。ものがある一面によって現れるというのは、ある側面からのみみずからを提示するという知覚対象の特性であり、この乗り越えがたい特性が私のもつ視点を指し示すのである。私はまずある面を、次いで他の面を知覚するしかなく、対象とはこうした射映の流れにおいて想定された統一性でしかない。それゆえ、私が知覚のパースペクティヴ的性格に気づくのは、対象を前にしてのことである。知覚のパースペクティヴ性は、知覚されたものの非十全性のうちに存している。十全ではないこと、すなわち、素描された意味が確証されることも弱められることもあり、想定とは別の仕方で現れうるということが、知覚の基本的な特性である。この特性の志向的分析を通して、私は対象からパースペクティヴの有限な中心としての自我へと送り返されるのである。

意味とは想定された一時的なものであり、意味のこのような性格に促された反省によって、私は意味の目指された統一性を、それが描かれる場となる数々の射映の流れへと分解する。対象自体なるものは、こうして別々の射映へと、すなわち「次に…、また次に…」という対象の現れへとほぐされるのである。

以上のようにして、対象の同一性のうちに射映の他性が反省的に透《す》かし見られ、身体の媒介性の気づかれていなかった面が私に示されてくる。すなわち、私の知覚する身体は、世界へと私を開く働きであるだけでなく、事物が「そこから」見られる「ここ」なのだ、ということである。射映の他性を知覚する身体の起点かつ視点としての性格へと立ち戻らせるこの遡行的分析について、さらに立ち入ってその諸契機に迫ってみよう。最初に指摘したいのは、身体からではなく対象から出発し、知覚されたものから知覚するものへとさかのぼることによって、私たちは、世界の内のある事物から別の事物へと、心理‐生理学が外から観察し科学的に認識するような対象‐

身体へと向かわされるのではない、ということである。この対象－身体は、それ自身なお知覚されたものである。知覚されたものの特性から私たちが選り分けるのは、ほかならぬ知覚する身体であって、これを解き明かすには特別な手続きが必要になる。というのも、知覚する身体は、まさしくみずからの媒介機能によって、知覚の終点においてはみずからを消去し無化するからである。知覚の終点に至るとき、対象を経めぐる数々の操作はいわばそこで砕け散るのである。

では、私の身体が方向づけの中心であり、原点であり、そこ「から」見えるものすべてを見る「ここ」であることに、私はどのようにして気づくことができるのだろうか。射映がそのつど異なるという他性と私の身体がつねにここにあることとのあいだに、さらに中間的な段階を考えねばならない。すなわち、私の身体の自由な動きという段階である。私は場所を変えることによって、対象の見える面を変えることができる。私の身体のある体勢に従い、知覚される存在は受動的に現れてくる。こうして、私の身体は現出の変化を条件づけるものとして告知される。キネステーゼ〔運動感覚能力〕の感覚に特有の志向的特性は、私の身体が知覚の行程を動機づける状況であることを示している。私が顔の向きを変え、手を延ばし、位置を変えると、それによって、事物はかくかくしかじかの仕方で現れる。このように、射映の流れはキネステーゼ的体験の流れに動機づけられている。だが、当然のこととして、直接意識においては、このキネステーゼ的流れの統覚はそれ自身を無化して射映の流れの統覚となり、さらに射映の流れの統覚は、それ自身を無化して事物の現れと化しているのである。

こうして、今や最終的な事柄が指示される。すなわち、私の自由な動きによって繰り広げられる〔射映の〕他性とは、そのつど絶対的な「ここ」となる初発的な定位を起点とするものだ、ということである。私は知覚の一時的な性格から射映の流れへと送り返されたのだったが、今度は射映の流れから私のそのつどの定位の流れへと、そしてそのつどの定位が開始する「ここ」へと送り返されるのである。もちろん、ここで言う「ここ」とは私の手や頭がある「ここ」ではなく、もっぱら実存する全体としての私の身体の「ここ」である。全体としての私の身体の移動によってのみ、場の変化が示され、それによって視点としての場の機能が示されるのである。これはたしかにそのとおりであって、視点が視覚や聴覚、触覚に特化される場合であっても、視点という概念は身体全体の運動によってのみ構成される。この特別な性格を理解するためには、以上の分析にさらに説明を付加する必要がある。対象の同一性を数々の相異なる射映へと分解し、さらにそれを身体の相異なる能動的・受動的定位へと分解するとき、同時に私はさまざまな作用の多様性を主観－極の同一性へと関係づけている。多様な射映は私へと現れるのであり、この私とは、射映の流れの背後、定位の流れの背後にある主観－極の統一性および同一性なのである。それゆえ、「ここから」は身体の全体的定位としての自己自身の身体に関わるのであり、個別の諸器官はこれを土台として、その上に定位されるのである。こうして、私自身は場所を変えずに、私の手が位置を変えることも可能になる。魂は全身体に結びついているという言い方で、デカルトが意味していたのはこのことである。魂は「いわば」身体とともに移動する。すなわち、すべての作用の同一極としての自我は、身体が全体とみなされているところにあるのである。

このように、私の志向作用のすべてに「…するのは私だ」が含まれているからこそ、〈ここ〉の構成においては、全体としての私の身体の定位がその手足の定位に先立つ。〈ここ〉というのは、私の眼がではなく、私がそこから見るところの起点なのである。見られた射映は私の眼の位置から始まるとしても、〈ここ〉とは私の眼の位置のことではない。私の眼が私であるのは、見る働きが私の見るものを指示する場合のみである。そして、〈私は見る〉の私が〈ここ〉となるのは、全体としての身体が定位し、そこからすべての知覚作用を作動させるかぎりにおいてである。

こうして私たちは、知覚されるものの諸性格を起点とし、そこから遡行していくことによって、受容性に固有の有限性を引き出した。この有限性は視点やパースペクティヴの概念と一致する。こうして見てとれるのは、人間の有限性は対象を受容することに存しているというのがいかなる意味で正しいかである。それは、知覚の本質は非十全性にあり、この非十全性の本質は知覚の一面的な性格を指示することにあること、事物の射映の一面性の本質は、事物がそこから現れる身体の初発的な定位の相違性にあることである。この本質法則は私の身体の自由な動きによって明らかにされるが、だからといって必然的でないわけではない。運動の自発性がある原点から発するというのはまさしく必然的なことである。ここから知覚するということは、何かを知覚することにまつわる有限性である。視点とは、私の世界への開《ひら》けが最初から不可避的にもつ狭さなのである。

　しかし、この必然性は外的な運命なのではない。それはある偽造によってのみ外的な運命と化すのだが、その行程は簡単にたどり直せる。私がこの狭さをみずからの開け自体から分かつのは、新たな遡行によって私の過去のすべての「移動」を超え進み、私の誕生の出来事と一致する最初の場所にそれを関係づけることによってのみである。私はある場所に生まれたのであり、「世界の内に置かれ」てからは、私は自分が選んだのではなく自分の記憶に回収できないこの場所を起点として、一連の変化や革新を通してこの世界を知覚することになる。そうして私の視点は私から分離し、私の生を外から支配する運命のようなものとなるのである。

　だがこの遡行は、私たちが知覚されたものを起点として行なった遡行とはまったく別種のものである。私の誕生とは他者たちにとっての出来事であり、私にとっての出来事ではない。私〔リクール〕がヴァランス〔フランス南東部の小都市〕に生まれたというのは、他者たちにとってのことである。私はここにいるのであって、他者たちは〈ここ〉に対して〈そこ〉に、別のところにいるのである。他者にとっての出来事たる私の誕生は、他者にとっての〈ここ〉である〈そこ〉に対して場所をもつのである。反対に、〈今ここ（hic et nunc）〉である絶対的な〈ここ〉を起点とする私は、みずからのもっとも古い「ここ」の痕跡を失っており、他人の記憶を借りてみずからの生誕地を知る。私の生誕地は私の人生を形づくる数々の「ここ」のあいだには現れず、それゆえそれらを産み出すこともないのである。

　以上、第一の分析の締めくくりとして、次のテーゼを提示しておきたい。根源的な有限性はパースペクティヴないしは視点のうちに存している、というテーゼである。この有限性は、世界に対する私たちの第一次的な関係、すなわち諸対象を創造するのではなく受容するという関係に影響を与える。それは「受容性」そのものとは同義ではない。受容性とは、私たちが世界へと開かれているということである。むしろそれは、いわば開けにおける狭さの原理、開在性における閉鎖性である。この有限なる開けは身体性そのものとも同義ではなく、身体性とは世界に対する私たちの開けを媒介するものである。開けの有限性はむしろ、身体の原点としての役割、原初の「ここ」に存するのであって、それを起点として世界の内にさまざまな場所が存在するのである。

開けとパースペクティヴとのあいだのこのような関係が、知覚に固有の「受容性」の特徴である。この関係は今後の考察の旋律核となるものであり、これを起点として、私たちは有限性の他の諸形態を組み立てていくことができるだろう。

2　無限な言葉

パースペクティヴという観念は、人間についてのあらゆる観念のうちでもっとも抽象的なものであり、この観念をもちだしても、批判的反省の抽象的と言われるさまざまな見方に対して具体的哲学が勝利を収めたことにはけっしてならないということ、このことを確認するためには、有限性を語る言説が存在するということだけで十分であろう。人間は有限である、という言明それ自体が、当の有限性の基本的特徴を露わにしている。それは、みずから自身の有限性について語るのは、まさしく有限な人間自身だということである。有限性に関する言表は、この有限性がみずから自身を知り、みずから自身を語るものであることを証示している。ゆえに、人間の有限性には、有限性を「視野に入れる」という条件のもとでのみみずからを感知できるということが属している。この支配的な眼差しは、すでに有限性の超出を開始しているのである。人間の有限性が見られ、語られるためには、有限であるという状況、条件、状態のうちに、当の有限性を超え出る運動が属していなければならない。つまり、いかなる有限性の記述も、有限性に関する言説そのものを可能にする踏み越えを説明することを怠るならば、抽象的なものに、すなわち切り離され不完全なものになってしまうのである。有限性に関する十全な言説とは、人間の有限性と無限性の両方に関わる言説である。

ある意味では、デカルトこそが、判断についての有名（で晦渋）な分析によって、この有限と無限の関係を哲学的人間学の中心に据えた最初の人物である。人間とは判断の力能であり、そのかぎりにおいて根源的な不均衡によって規定される。とはいえ、有限な知性と無限な意志との区別は、私たちにとって適切な出発点にはならない。第一に、この区別は諸能力の心理学という伝統的な枠組みに閉じこめられているように見える。なるほど、この伝統を超えたところにその意味を見出すことはできるだろうし、私たちものちほどデカルトの分析の再解釈を提示するつもりではあるが、知性の有限性というのは、無限という問題にアクセスするための最良の道ではない。加えて、有限と無限という概念に関するデカルト自身の用法が、「第四省察」を満足のいく仕方で解釈する道をふさいでいるように思われる。そこでは一見、有限と無限というのが量的な対立でしかないように見える。すなわち、少数の事物しか知らないのに、急いで多くの事物を肯定してしまう、という対立である。知性と意志のこうした量的性格は、私たちの知を無限に増大するものとみなし――今日ならば「学習（learning）」の進歩と言うところだが――、それを実無限と対置するデカルトの考察からも確認できる。増大するというのは大小があるということ、つまりは数があるということであって、「第四省察」もその方向に進んでいく。「おそらく世界には、私の知性のうちにはその観念がまったくないものが無数に存在しているだろう」[訳9]〔『省察』AT56〕。知性との対照で、意志もまた同じく量の様式で、際限のない「拡がり」や「能力」、「大きさ」をもつと言われている。知性と意志のこのような区別は、文字通り受け取るならば、『エチカ』第二部定理四九の備考におけるスピノザ〔Baruch De Spinoza 一六三二―一六七七。オランダの哲学者〕の批判[訳10]に屈することになるだろう。

有限をある能力に、無限を別の能力に配する諸能力の哲学へと舞い戻ることなしに、デカルトによる有限と無限の区別がもつ推進力を保持するためには、どのようにすればよいだろうか。そのためには、有限に関する反省の際と同じ出発点をとるべきである。

有限性が基本的には「視点」であるとすれば、有限性の経験とこの有限性を踏み越える運動とのもっとも基礎的な結びつきを露わにするのは、視点を視点として意識する私たちの働きや作用であろう。

これから私たちは、パースペクティヴという概念を一般化していくことによって、デカルトが諸能力の心理学の枠組みのもとで作り上げたこの弁証法の視界を少しずつ拡張していきたい。

いかなる知覚もパースペクティヴ的である。だが、私がなんらかの仕方でみずからのパースペクティヴを免れているのでないとしたら、知覚するという働きそれ自体において、いったい私はどのようにしてパースペクティヴを認識するというのだろうか。

どのようにしてか。なるほどその答えは、私のパースペクティヴなるものを、その原点としての性格を否定する他の可能な数々のパースペクティヴとの関係で位置づけることによってということになるだろう。だが、非−パースペクティヴ性というこの観念は、さまざまな視点をいわば俯瞰し、さまざまなパースペクティヴの中心を見渡すような新たな視点と化してしまわないだろうか。有限性が意味するのは、そのようにどこにも定位されずに見ることとしての見渡し（Übersicht）は現実には存在しない、ということである。視点に関する反省が視点でないとしたら、それはどのような働きなのだろうか。

私たちの新たな分析の出発点は、パースペクティヴという観念へと導いた出発点と別であってはならない。先に述べたように、私が知覚のパースペクティヴ的性格に気づくのは、事物そのものに面して、すなわち、まずはある面を、次に別の面をという仕方でのみみずからを与えるという対象の注目すべき特性に面してのことであった。私がみずからのパースペクティヴを踏み越えるのもまた、事物そのものに面してのことである。というのも、私は現に見えていないすべての面を語ることによって初めて、知覚のこうした一面性を語ることができるからである。私はそのつどある一面しか知覚していない。この命題で言い表される「しか…ない」という制限が反省にもたらされるのは、制限された状況に対応する制限の作用によってのみである。だが、知覚されたものの一面性についての反省から知覚作用のパースペクティヴ性に気づいたのと同じように、私がこの制限の作用に気づくのは、直接にではなく反省によってである。私が事物そのものを先取りするのは、私に見えているこの面を、見えてはいないが知っている他の面に結びつけることによってである。そうして事物の一面を超えて事物自体のなかに入っていくことで、私は事物そのものについて判断を下す。そのような越境を担うのが、意味するという志向である。この志向によって、私はいかなる場所からも、またいかなる人によってもけっして知覚されることのない意味へと向かってゆく。意味とは特権的な超視点でもなければ、まったくもって視点ではなく、一切の視点を普遍へと転ずるものなのである。

　意味するとは、言うことを意志する（vouloir-dire）ということだが、今このことに注目するならば、視点の越境とは、まさしく言うことの可能性としての、視点を視点として語る可能性としての発話（parole）にほかならない。したがって、私とは、単にある状況に位置づけられた眼差しではなく意味する意志であり、状況の志向的越境としての言うことである。私は発話するやいなや、事物をその知覚されざる面において、それらの面の不在において語る。それゆえ、有限な知覚は私に生きた現在のうちで生きた現前を与えるという志向をもつが、この志向がただそれだけで働くことはけっしてない。知覚の志向が満たされている場合も、それを横切り、文字通り貫通していくもう一つの指向をどの程度充実させているかは程度の差がある。その指向へと根源的に結びついているのが発話である。発話が指示するのは、言うことにおける言おうとする意志である。私は誕生するやいなや、みずからに先立ちみずからを包む言語世界へと入っていく。黙せる眼差しは言述のなかで捉え直され、この眼差しの意味は言述によって分節化される。意味のこうした言表可能性は、少なくとも志向としては、今ここで知覚されているものの知覚面をたえず乗り越えていくものなのである。

意味することと知覚すること、言うことと見ることとのこのような弁証法は、絶対的に原初的なものであるように見える。言うという契機を遠ざけ、言うことと見ることの相互性を壊してしまうような知覚の現象学は、結局は維持できない無謀な企てとなる。この点に関して、フッサールの『論理学研究』の第一研究とヘーゲルの『精神現象学』の最初のいくつかの章は、立場を同じくしている。

『論理学研究』の第一研究によれば、言語表現（Ausdruck）という意味での表現とは、私の言おうとすることを他人に知らせるという点で、意味しようとする告示である。だが、表現が他人に私の言おうとすることを告示するのは、ひとえにこの表現が意味するから、すなわち表象された内容としての意味を指示するからである。他人に知らせること、すなわち伝達することは、厳密な意味での言語の意味作用としての指示によってのみ可能になる。(1)ところで、意味するという機能によって言語が伝えるのは、私の知覚の有限なパースペクティヴではなく意味であって、この意味は志向において私のパースペクティヴを踏み越えるものである。言語が伝えるのは指向であって視覚ではない。各人がこの意味を知覚において生身の形で「充実」するのだが、それはある特定の視点からである。あるいはこの意味を想像のなかでしか充実しないことも、そもそもまったく充実しないことさえもある。意味を成就することと意味を付与することは異なるのである。語というものの驚くべき特性は、その音の響きを透明化し、生身の姿を消すことによって意味付与作用を生起させること、要するにみずからを記号〔表徴〕と化すことである。

人間のロゴスの超越性は記号のうちにある。語を最初に発するときから、私が指し示しているのは意味されたものの自己同一性、私の他の言説が反復できる妥当性の統一であって、私とは別の人も素早くつかんで対話のなかで私に送り返せるようなものである。「誤解」がどれほど大きくとも、「理解」はつねにすでに始まっており、誤解はそれにドラマを加えるだけである。この「理解」は誰かが創始したものではなく、人間が話し始めるやいなや万人が継続するものである。言われたもの、私のレゲイン（λέγειν）〔言うこと〕のレクトン（λεχτόν）〔言われたもの〕、あらゆるディクティオ（dictio）〔言うこと〕のディクトゥム（dictum）〔言われたもの〕は、意味の理念的単位として、単なる言表体験を超越するのである。

言うことがもつこの超越性は、充実に対しての剰余によって証される。これは逆説なしに言えることだが、この点についてもっとも多くのことを教えるのは、もっとも充実されない表現である。意味作用が極まるのは、それが原理的に充実できない場合、すなわち不条理な意味作用においてである(2)。私は不条理な意味作用をもたらすことができる。この力能によってのみ、私が充実された現前によって尽くされるのではなく、二重の志向性であることが証される。私とは、一方で空虚において意味する志向性、あるものをその不在において言うことのできる力能であり、他方で満たされた志向性、あるものをその現前において受容し見ることのできる力能なのである。だが、不条理な意味作用は、充実しえないという不可能性によって、現在の知覚の一切の充実を超過するという意味作用自体の特性を露わにするものでしかない。私が意味するとき、私は見えている以上のことを言うのである。

次のような反論があるかもしれない。知覚されたものにおいて、私が知っているのは事物の知覚可能性が縮約され堆積した結果であり、事物の知覚可能性とは、見える面から見えない面へ、ある感覚領域から別の感覚領域へ、たとえば色から音や味へと、かぎりない呼応の運動によってなされる記号指示なのではないか、と。だが、一つの現出が他のすべての現出を予示するこうした呼応と指示の活動が可能になるためには、すなわち、同一の感覚領域においてもそこから他の感覚領域への移行においても、まさに事物がこの記号系を統御するためには、言語が到来して身体を支援し、種々の感覚どうしを相互補完させる機関とならねばならない。すなわち、現出どうしを相互に補完し指示しあうようにする規則を、言語が名のうちに定位しなければならない。

たとえば木を「名示する」営みは、事物の現出の恒常的な中心を意味することによって、あらゆる現出を超越するが、それと同時に、緑は柔らかさを、柔らかさは葉擦《ず》れをというように、一つの現れが別の現れを指示する呼応の活動を通して検証される。名が意味するからこそ、私は一つの現出が他のすべてを意味すると言うことができる。言語は事物の感覚的現出のすべてを貫通するものであり、そのかぎりにおいて、知覚自体を意味あるものとするのは言語である。たしかに、身体がすべての感覚をたがいに補完させる組織的な根となっていなかったとしたら、この意味を検証することは不可能であろう。だが、知覚の一貫した流れにおいて充実が可能になることと、知覚の流れにおいて検証されるべき意味の統一性を提示することとは別の話である。視覚、触覚、聴覚といった諸感覚の担い手である身体によって、現出どうしの順列や補完が基づけられることは確かだが、身体の統一性はパースペクティヴ的統一でしかなく、意味作用によって秩序づけられた充実を統御するものでしかない。意味の妥当性の統一とは事物のパースペクティヴ的ではない統一であり、これを基づけるには「名」がなければならない。それは他人に対して告知され、他人によって理解されるものであり、今度はその他人が、みずからの場所から、収束していくさまざまな知覚の流れのなかでそれを検証するのである。そして、この検証の過程を起動させるべく、この他人の身体から別のパースペクティヴが与えられるだろう。それはさまざまな色、音、匂いの相互のあいだで働く意味作用の別の形態となるだろう。しかしながら、別のパースペクティヴにおいて検証されるのは、やはり同じ言われた意味作用なのである。

　こうして「名」と「パースペクティヴ」の弁証法は、まさしく無限性と有限性の弁証法となるのである。

　以上、フッサール現象学の用語で分析を行なってきたが、この分析をヘーゲルの『精神現象学』の用語でやり直し、補完することもできる。私たちはけっして、この私に対してこの〈今ここ〉がもつ確信のなかにのみあるのではない。私たちはつねにすでに真理の次元のうちにもある。私たちはまずは確信によって世界の諸事物のなかに置き入れられるが、すでにこの最初の段階において普遍的真理を語っているのであり、意識〔の展開〕を通してこの最初の確信を真理と等しくさせることが追究されるのである。この課題が『精神現象学』を方向づけ、

「始まりにおいてみずからの終わりを目標として」もたせている。それ自身との差異というのは、直接的なものという果実のなかでうごめく追い払えない虫のごときものであり、「直接性の知」という表現を弁証法化する、この「の」においてすでに現れている。意識の志向性を告示するこの「の」のうちには、すでに確信と真理との弁証法が隠されている。ところで、フッサールと同じくヘーゲルの場合でも、この弁証法を導き入れるのは言語である。「われわれは、このものを感覚的確信において思い込んでいるとおりのそのままには語っていない」。私たちが「今は夜である」を言葉の境域に置き入れるやいなや、新たな今が「夜でないようなものとして」現れる。語られ言葉のうちに保持された今は、「これではないもの」、「今ではないもの」と化したのである。現れの流れを私たちの語の永続性に対置させるこの否認において、普遍的なものが生まれる。「だが、われわれの見ているように、言葉の方が思い込みよりいっそう真実なるものである。言葉のなかでわれわれはみずから直接、われわれの思い込みを斥《しりぞ》ける。そして、一般的なものが感覚的確信の真であり、言葉はこの真だけを言い表すのであるから、われわれが思い込んでいるような感覚的存在を言い表わしうるなどということは、到底ありえない[訳11]」。

以上のように、確信と真理の隔たりは根源的なものである。この隔たりを証するのは、わずかな眼差しの充実と、もっとも単純な真理の欠乏とのあいだの差異である。まさに後者のような欠乏のうちで、パルメニデスの詩は「ある」と言い、洪水の光景に「驚き」言葉を失った大統領は[訳12]、「なんと多くの水、なんと多くの水」と言ったのである[3]。

このように意味作用が知覚を超越し、言葉がパースペクティヴを超越していることによって、視点を視点として反省することが可能になる。私は世界内存在であるといっても、意味し、言おうとするための距離をとれないほどに世界に密着しているわけではない。ここに言うことの原理がある。この距離は上位の視点を設置するのではなく、視点なき真理を指向するものであって、そうした仕方で距離をとることによって、私はみずからの〈ここ〉を、絶対的な場所から任意の場所へと、他のすべての場所に対して相対的な場所へと転じる。私の〈ここ〉

は、特別な位置などない幾何学的で社会的な空間のうちに置かれるのである。私がここにいることを私自身が知っているのは、単に私が原点だからではなく、そのことを反省するからである。まさにそのことによって、私は諸事物の現前がある視点から私へと与えられているのは、私があらゆる視点を超えて、事物をその意味において指向したからだということを知るのである。

だが、意味作用のこのような超越性は、真理への志向と現在の確信との隔たりによって証されるとはいえ、まだ言葉の無限性の契機を露わにし尽くしてはいない。知性の有限性と意志の無限性に関するデカルトのテーゼには、最初には現れてこない偉大な真理がある。それは、知性と意志は判断の力能において関わりあうということである。ここでデカルトは、言葉とパースペクティヴ、意味作用と知覚の二極性を現出させた還元のあとに、第二の還元へといざなうのである。この第二の還元によって、私たちが大ざっぱに意味作用の意味と呼んだものから、肯定という契機が現れ出てくるはずである[4]。

ここでもまた、主観、作用、ノエシスの側に向かうことを急ぎすぎてはならない。対象、内容、ノエマから出発して、反省的に進んでいかねばならない。

ここまで私たちは、『命題論』でのアリストテレス〔Ἀριστοτέλης 紀元前三八四－紀元前三二二。古代ギリシアの哲学者〕の言い方を用いれば、真の「意味する言葉」とは、まさにアリストテレスの言うロゴス、すなわち組み合わせた言表（『命題論』四章）、世界を文で表現したもの、判断のことだということを知らないふりをしてきた。ここでアリストテレスが受け継いでいるのは、『クラチュロス』や『テアイテトス』、『ソピステス』でのプラトンの発見である。そこで初めて、名詞と動詞との区別がその深い意味において認められ、人間の言述の礎石として据えられたのである。実際、パースペクティヴに対する言葉の超越をめぐる私たちの省察はすべて、動詞についての反省へと導くことになる。なぜ動詞の意味作用にこれほどの賭け金を託さねばならないのだろうか。

『命題論』における動詞の分析から出発しよう（同三章）。アリストテレスによれば、動詞とは、名辞的な意味に追加の意味を結びつけ――プロスセマイネイ（προσσημαίνει）――、さらには二重の追加意味を結びつけるものでさえある。一方では、動詞は時制を表示し、動詞の名辞的な意味作用を現在の存在へと置き入れる。「ソクラテス〔Σωκράτης　紀元前四七〇頃－紀元前三九九。古代ギリシアの哲学者〕は歩く」と言うことは、歩行の現在の存在を措定することであって、現在以外のすべての時制は現在の語尾変化でしかないことになる。こうして現在の存在が措定されることによって、動詞の名辞的な意味の全体は大きな影響を受ける。すなわち、それは主語に面する塊の全体となり、場合によっては繫辞と述語に分解されることになる。「ソクラテスは座っている」という文では、動詞は「座っている」という塊であり、その総体が時制を「合わせもつ」（聖トマス〔Thomas Aquinas　一二二五頃－一二七四。中世ヨーロッパの神学者〕の言い方では「ともに意味する（consignificat）」）のである。他方では、動詞はこのように現在の存在を肯定するだけでなく、みずからが名辞としてもっている意味に対して、さらに主語への帰属をつけ加える。動詞はみずからの言うことを、「別の何かに連関させて」言うのである。この第二の機能は、現在の存在は繫辞によって指示され、帰属は述語によって指示されるというように、言述の別の要素に固定されるのではない。二つの機能を担うのはあくまで塊としての動詞である。「ソクラテスは歩く」が意味するのは、歩行は「今存在して」おり、かつそれがソクラテス「について言われている」ということなのである。

　動詞がもつこの二重の志向によって、人間が語る文は、意味作用の統一性をもつと同時に、真と偽の能力をもつことにもなる。文を「とりまとめる」のは動詞である。というのも、動詞によって、主語に帰属される意味作用に、さらに追加の意味作用による帰属が結びつけられるからである。存在を言明することによって、動詞は人間が語る文を、真と偽の曖昧な領域へと導き入れるのである。

　アリストテレスによるこの見事な分析によって、私たちは決定的な反省の戸口に立つことになる。というのも、動詞の核になるのは、確言するという営み、すなわち諾か否かを言うことだからである。私たちが何かについて何かを肯定し、何かについて何かを否定するのは、動詞によってである[5]。そして、肯定と否定とともに超越が現れる。それはもはや、知覚に対する意味一般の超越というだけではない。それは動詞としての発話の、名詞としての意味内容に対する超越である。すでにアリストテレスは、同じ名辞的な意味によって、肯定と否定をなすだけでなく、偽の否定、偽の肯定、真の肯定、真の否定（これはアリストテレスが引いてくる順序通りだが、この順序が重要である）をもなしうるという基本的「可能性」に光を当てていた（『命題論』六章）。少し前に不条理な意味作用について省察したが、今必要なのは、数々の「名詞」の一次的な意味作用を、まずは否定によって、次には偽の否定によって倍加していく動詞のこの力能について省察することである。ここでアリストテレスは偽の否定の可能性から列挙を始めるのだが、この可能性は、単純な意味作用、すなわち意味され、獲得され、沈殿した意味作用としての「名詞」に対して「動詞」がもつ、以上のような超越を象徴しているのである。

動詞を通して露わになる判断の力能、その権能をめぐる以上の省察は、アリストテレス自身が行なったものではない。肯定したすべてのものを否定し、否定したすべてのものを肯定できるというこの「可能性」のうちで、アリストテレスの関心を引いたのは、人間の確言する営みがもつ恐るべきかつ驚くべき「力能」ではなく、同じ主語に同じ属詞を結びつける際の肯定と否定の対立そのもの、要するに矛盾の論理に接近することであった。

動詞がもつこの四重の力能について反省し、聖トマスからデカルトやマルブランシュ〔Nicolas de Malebranche 一六三八－一七一五。フランスの哲学者〕へと至る伝統とともに、そこに選択（electio）や自由意思（liberum arbitrium）を見出すこと、それは私たちの課題である。自由意思とは自由判断（liberum judicium）、すなわち相反するものへの力能、肯定と否定の力能であって、要するに、トマス以来の伝統において判断における「意志」と呼ばれてきたものである。(6) 確言するというこの積極的な力能と関係づけることで、名詞の一次的意味作用自体はそれ自身いわば魂の受動〔情念〕となり、想念は受け取られるものとなる。私たちの想念は諸感覚において受け取られるが、信頼によって措定される。信じるとは確言することであり、確言するとは「なす」ことなのである。こうして、人間はみずからの思考に支配を及ぼしその責任を負い、デカルトが『哲学原理』で言うように、「賞讃と批難に値する」

者となることが証示されるのである。というのも、意志が知性の光に「従う」場合でも、その光に注意を向け、考慮に入れ、それにみずからを委ねるかどうかは、なお意志にかかっているからである。

まさにこのようにして、知性と意志とのデカルト的弁証法は、先にはその文字通りの解釈を退けざるをえなかったが、今や地位を回復することになる。デカルト自身、「第四省察」について、有限と無限の量的でしかない意味を乗り越える第二の読解の道を示している。ガッサンディ〔Pierre Gassendi 一五九二－一六五五。フランスの哲学者〕はデカルトを反駁して、私たちはみずから観念をもたないような事物に意志を適用することはできない以上、知性は少なくとも意志と同じ外延をもっている、と述べた。これに対して、デカルトは次のように応答する。「実際このようなわけで、私は何かをなんらかの意味で〔それについて〕われわれの知解していないようなものを、なるほど何もわれわれは意志しはしない、ということを認めます。しかし、私は、われわれが知解することとわれわれが意志することとが範囲を等しくするということを、否定します。というのは、われわれは同じ一つの事物についてすこぶる多くのことを意志することができ、それでいて、ごくわずかのことしか知解することができないからです」(訳13)（第五答弁――「第四省察に対する反論について」項目3）。「同じ一つの事物についてすこぶる多くのことを意志すること」という形で、デカルトはアリストテレスが『命題論』の中心に置いた確言作用をあらためて見出したのである。つまり、同じ主語と属詞について、肯定することと否定することが可能なだけでなく、存在しないものを存在するとして肯定することも、存在するものを存在しないとして否定することも、存在するものを存在するとして肯定することも、存在しないものを存在しないとして否定することも、いずれも可能だということである。

さて、このように同じ事柄に対してさまざまな意志をもつというのは、知性の有限性を超え出る事柄である。この場合、意志作用の拡がりや広大さとはその独立性のことであり、この独立性は不可分の性質である。主体の選択に対して知性が明晰な観念を提示しない場合には、この意志の独立性は無差別という姿をとる。だが、無差別性を欠くならば、意志の独立性は強制性を欠くばかりか、ある意味では、なすこともなさないことも、肯定することも否定することも、追及することも逃避することもできるという力能、つまりは相反するものへの力能をも欠くことになる。デカルトのメラン神父〔Denis Mesland 一六一六－一六七二。フランスのイエズス会士〕宛の手紙が示しているのは、一切の無差別性を欠き、動機や理由における一切の相等性を欠くとすれば、意志はいかなる意味で「善い方を知りながら悪い方に従うという私たちの積極的な力能」を保持するのか、ということである。直観は「現在的」な性格をもち、私たちの注意力は弱く、疲れやすく、移ろいやすい。(7) そのため、真なるものへと注意を向けることにはなお効用があり、明証性はそれ自身一つの活動でもあるのだ。「新たに生起するものはすべて、一般に哲学者たちによって、それが生起する主体に関しては『受動』と呼ばれ、それを生起させる主体に関しては『能動』と呼ばれる」（『情念論』第一部第一項）。「第四省察」での意志と知性の区別は、魂の能動〔活動〕と受動〔情念〕の区別の特殊な例でしかない（同第一部第一七項）。というのも、確言し選択するのが魂の能動であるのに対して、「われわれのうちに見出されるあらゆる知覚あるいは認識は、これを一般に魂の受動と呼ぶことができる。なぜなら、それらを一般に知覚あるいは認識たらしめているのは多くの場合魂ではなく、また魂はすべての場合にそれらを、それらの表象しているものから受け取るからである」(訳14)（同第一部第一七項）。したがって、無限と有限の弁証法は、〈なすこと〉と〈受け取ること〉とのあいだで演じられるのである。

こうして、デカルトの分析によって私たちは、アリストテレスの『命題論』が動詞のうちに置き入れた確信の力能へと連れ戻される。聖トマスとデカルトは、この力能を意志的契機のうちに位置づけることを教えたのである。つまり、私たちが行なってきたすべての分析は、動詞と賛同、同意、選択（どのように呼んでもよいが）との同一性へと行きつくのである。ノエシス－ノエマ相関というフッサールの用語を取り入れるなら、動詞の追加意味作用とはノエシスに相関するノエマとなるが、今やこのノエシスが確言の意志的契機によって構成されるものとして現れてくるのだと言えよう。

賛同と動詞とのこのような相関によって、私たちは多くの誤解を避けることができる。そうした誤解のうち、私たち自身の分析に密接に関わる二つの誤解だけを考察しておこう。第一のものは、私たちがデカルトを用い、保持することを可能にした再解釈に関係する。デカルト的分析の危険は、有限と無限の区別を量として解釈することだけではなく、人間の無限性を真理要求から切り離してしまう点にある。すなわち、真理は観念の側にあるように見えるが、観念に賛同する私たちの営みのみが自由なのである。なるほど、デカルトが繰り返し訴え続けたのは、意志の最大の傾きは知性の最大の光から帰結すること、無差別の自由はもっとも低次の自由であることだった。だが、それによって、一方に自由と無限があり、他方に知性、真理、有限があるという区別、意志を発動させるこの区別が取り消されるわけではない。この二分法のうちには、主意主義のもつあらゆる危険が刻み込まれているのである。

さて、確言の主体的で意志的な契機を動詞の客体的でみずから意味する契機に結びつけるならば、無限な意志と有限な知性という二つの能力のあいだにはなんの区別もなくなる。確言する営みと動詞との相関、つまりは働きと意味作用、むしろ「追加意味作用」との相関とは、相関という言葉遣いを保つならば、意志と知性との相関である。意志は無限だからといって、知性の特権ではないような特権を有することはけっしてない。ゆえに、「意志と知性を二つの能力とみなすような」能力心理学はきっぱりと斥けて、代わりに意味作用の理論を据えた方がよい。この理論は、（1）名詞と動詞との根源的な区別を説明し、（2）確言の意志的契機を動詞に固有の意味作用に結びつけるのである。

だが、私たち自身のテクストのなかにも、同じような不調和を見出すことができる。人間がみずからの状況やパースペクティヴに対してもつ超越性を、私たちはまず意味するものとしての発話のうちに定位し、意味とは非ー視点である、と言った。そうして、真理への志向をフッサールの用語とヘーゲルの用語で解釈し、この志向が人間の無限性をなしているように見える、と述べた。それから意味作用を名詞と動詞に分割し、言述の超越性を動詞に集約した結果、動詞が言述の確言作用の魂を露わにすることになった。一般的ではあるが「名詞」として解されていた意味作用から動詞へと強調点が移るのに伴い、真理への志向から自由への志向へと強調点が移動したのである。

ここでもまた、真理と自由という二つの問題系の断絶を防ぐのは、賛同と言述固有の契機との相関である。動詞は追加的に意味するというのは、動詞はまずは名詞として意味し、この第一の意味志向の上にみずからを建てるということである。それゆえ、確言するという私たちの自由は、動詞に結びつけられたものとして、名詞的な意味作用にも根を下ろしている。加えて、追加意味作用が現在時の参照と動詞の主語への述語的関係という二重の側面をもつことにより、動詞が人間の確言作用を真理への志向に結びつける仕方も二重になる。というのも、現在時を参照させるのは存在の宣告としての動詞であり、主語を参照させるのは関係づけとしての動詞だからである。こうして動詞には、存在的次元と関係的次元という真理の二つの次元が含まれることになる。したがって、判断の自由は確言作用に存し、確言作用の志向的相関者は動詞であり、動詞は真理を指向するのであれば、自由と真理は人間の確言する営みを構成するノエシス－ノエマの組となるのである。

3　純粋想像力（訳15）〔構想力〕

事物に面しての反省によって最初の果実が産み出された。この反省は、誤謬の危険を冒《おか》して存在と真理を語る動詞〔としての言葉〕と、現出とパースペクティヴに縛られた眼差しとのあいだに、断絶と同時に「不均衡」を見出したのであった。この「不均衡」は、カント流の悟性と感性の二元性であると同時に、デカルト的な意味での意志と知性の二元性でもある。

この「不均衡」の発見から発してくるのが、中間項としての第三項の問題である。これは、後述するいくつかの理由によって、純粋想像力と呼ぶべきものとなるだろう。さて、驚くべきことに、この第三項は、感性がパースペクティヴの意識において反省され、動詞〔としての言葉〕が意味作用の意識、さらには確言作用の意識において反省されたのと違って、みずからを反省にもたらすことができない。驚くべきことに、この第三項はそれ自身としては与えられず、事物においてのみ与えられる。言いかえれば、単に超越論的な反省にとって、人間は志向においてしか自己自身を総合しないのである。さらに言いかえれば、総合する意識、あるいは意識としての総合ということが言えるとしても、その意識はなお自己意識ではなく、なお「人間」ではないのである。

　事物とは何か。それは、発話とパースペクティヴとが関わりあうなかですでに実現された統一のことである。すなわち、外においてなされたかぎりでの総合のことである。こうした関わり合いのうちにあるかぎりでの総合は、対象性という名前をもっている。実際、対象性というのは、現出と言述可能性との不可分なる統一にほかならない。事物は現れることができ、かつ言われることができる。けっして言われえないような現出、それ自身から言述世界全体を締め出すような現出、あるいはいかなる「意味」のうちにも先取されないような現出があるとしたら、それは文字通り、プラトンがけっして縛っておけないダイダロスの像にたとえたような、逃れゆく現れとなるだろう。縛りを解かれた現れは無に等しい。逆から言えば、私が縛るのは現れるもの以外の何ものでもない。発話とは現れを規定する営みである。このことが真であるがゆえに、事物の総合、事物に面しての総合を起点にしてこそ、反省は、射映の散乱とでも呼べそうな知覚の非十全性を見てとるかと思えば、他方でそうした射映の流れに対する意味の超越性を、さらには単に名詞的な意味に対する動詞の超越性をも見てとる。事物こそが、私たちを視点としての人間、発話としての人間へと送り返すのである。

　この点はいくら強調してもしすぎることはない。対象の対象性はけっして意識の「内に」あるのではなく、むしろ意識に面して、意識が関わるものとしてある。そのようなものとして、純粋自我がこの総合を意識する当の意識において、事物は導きの糸として、超越論的導きとして役立つことができる。それゆえ事物は、人間のみずから自身に対する実在的な統一については、いかなる予断も与えることはない。事物における総合とはまずは志向的なものである。意識は最初に事物の存在様式へとみずからを投じることによって、みずから中間的なものと化す。すなわち、諸事物の存在論的次元を描き、諸事物を意味と現前の総合と化すことによって、意識は無限と有限の中間者となるのである。事物が事物となるのは、ひとえにこのような総合的構成に適う場合、すなわち、事物が現れうると同時に言われうる場合、有限性において私を触発し、かつあらゆる理性的存在者の言述に適合する場合のみであって、意識とは事物をそのようにあらしめるもの以外の何ものでもない。それゆえ総合とは、知性的なものと感性的なものというよりも、むしろ意味と現れの総合であると言う方がよい。このように言うのは、対象の対象性は対象自体に面して構成されることを強調するためである。これで私たちが、どこでカントから遠ざかるかがわかるだろう。真のアプリオリな総合とは、諸「原理」において、すなわち物理的領域のあらゆる経験的命題に対して第一のものとなるような諸判断において表明されるものではない。カントはみずから発見したものの射程を、認識論の限定された次元に狭めてしまったのである。こうして対象の対象性は、諸学の歴史によって切り取られた一つの領域における諸対象の学的性格に還元されることになった。だが、批判は認識論以上のものであり、超越論的反省は諸学の対象の学的性格の探究以上のものである。真のアプリオリな総合は、第一なる言表自体において現れるものではない。それは事物の事物的（objectal）（対象的（objectif）が学問的と同じ意味なら対象的ではない）性格、すなわち、自我の前に投ぜられているという特性、私の視点に与えられていると同時に、すべての理性的存在者が理解できる言述によって伝達されうるという特性に存するものである。いかなる現れにも言表可能性が結びついているということ、それこそが対象の対象性なのである[8]。

　意識のうちに存するのでもなければ、学の諸原理のうちに存するのでもないこの対象性は、むしろ事物の存在様式である。これは厳密な意味で、私たちが事物と呼ぶ「存在者」の存在論的対象性である。コペルニクス的転回とは存在者的なものから存在論的なものへの転回だと言うとき、ハイデガー〔Martin Heidegger 一八八九－一九七六。

ドイツの哲学者〕の言うことは正しい（のちに私たちはハイデガーに従うことを拒むことになるが）。すなわちそれは、諸「存在者」の一つとしての「事物」（人々がおり、神々がいるのと同じ意味でさまざまな事物がある）から、存在者の存在論的構成への転回である。対象性が指示するのは、意味を現前に結びつけることとしてのこの総合的構成それ自体である。いかなる事物も、対象であるためにはこの総合的構成に適合しなければならない。「存在者的真理は必然的に存在論的真理に適合する。これがあらためてコペルニクス的転回の意味の正しい解釈である」(訳16)（『カントと形而上学の問題』）。

では、反省的な還帰によって、事物に面してこの総合を可能にする機能へと立ち戻ることにしよう。それは、対象の対象性、事物が現れかつ言われるようにする存在様式をあらかじめ企投することによって、この機能を可能ならしめるものである。

この反省が超越論的であって心理学的でないのは、事物の存在論的構成、すなわちその対象性が、主観的総合自体の意識化の手引きとして役立つからである。「魂」における有限と無限の総合の秘密は、少なくとも意図して理論的で厳密に超越論的な反省の段階では、この「魂」が対象としての総合を指示するものだという点にある。それゆえ私は、みずからが発話とパースペクティヴの総合と化すのは、対象性のこのような投射においてのことだと言うのである。だが、対象性の投射とはいったい何を意味するのだろうか。

カントの純粋想像力という観念に再び合流するための移行過程として、これまで何度も用いてきたイメージが役に立つだろう。すなわち、開在性〔開け〕というイメージである。パースペクティヴという観念を探究し始めたときから、私たちの身体は、そのパースペクティヴ機能が自覚される前から、原初的には世界に面しての開けである、と言ってきた。私たちがパースペクティヴの概念を形成できたのは、もっぱらこの開在性がもつある種の狭さとしてのことであった。もちろんこのイメージは、眼差しの記述から、さらには視点、視野、ゲシュタルト、地平の記述から借りてきたものである。このイメージの利点は、視点と意味の混合のようなものを示唆することである。というのも、視点が開在性のもつ性格としての狭さであるのに対して、開在性はすでに私の視点が乗り越えられていることを示しているからである。私は一つひとつの射映に閉じこめられているのではない。事物が次々と異なる射映のもとで現出することによって、私は言表可能性の空間へのアクセスを得るのである。

こうしてパースペクティヴとその踏み越えは、開在性という同じ一つの機能の二つの極であった。開在性というイメージは、すでに感性的触発と知性的規定との「混合」を示していたのであり、今私たちは、この「混合」を統覚しようとしているのである。

開在性のイメージは、明るさや光という別のイメージを呼び出す。これはプラトン的伝統やデカルト的伝統において出会われるイメージである。こうしたイメージが、物が見える場という観念を示唆していることに注目すべきである。私たちは光を見るのではなく光のなかで見るのであって、光とは現出の空間なのである。だが同時に、光とは理解可能性の空間でもある。開在性としての光は、現出と言表可能性の両方にとっての媒体なのである。

こうして私たちは、〔イメージによる〕類比を介して、純粋想像力というカント的な問題の諸前提を再構成した。本質的なことが直接的反省によってではなく、イメージという間接的な道によって見出された理由については、のちの考察で知ることになるだろう。

私たちの有限と無限の人間学が、展開のこの段階でカントに出会うのは偶然ではない。知覚の受容性は言述や体系に還元できず、また規定する思考は受容性に還元できないということ、この二つのことを同時に主張する哲学、要するに絶対的観念論と徹底的経験論をともに退ける哲学は、みずからの責任においてカント的問題を再発見する。すなわち、言表可能性の規則たる「カテゴリー」と現出の条件たる「純粋直観」との「純粋想像力」における総合という問題である。それゆえしばらくカントに同行することにしよう。

判断とは直観を規則に包摂することだとすれば、「一方においてはカテゴリーと、他方においては現象と同種的でなければならない第三者、現象へのカテゴリーの適用を可能にする第三者がなければならない。この媒介的表象は純粋（経験的なものをまったく含まない）でなければならないし、しかも一方においては知性的、他方においては感性的でなければならない。そのようなものは超越論的図式である」[訳17]（『純粋理性批判』A138, B177）。

超越論的想像力の理論において私たちの関心を引くのは、この第三項が対自態をもたないという点である。そのすべては対象性を存在させることに尽きるのであり、想像力による総合はそれ自身に対して暗いままである。図式性とは「人間の魂の深みに隠された技」であり、「この技のコツをわれわれが自然からいつか察知し、これを目前に露わに呈示することは難しいであろう」（同 A141, B181）。このカントの言明を悟性と感性の二元性から出発する哲学の挫折の告白に帰するならば、間違いを犯すことになるだろう。この言明が示しているのは、悟性と感性の二元性は対象においてどこかで乗り越えられているが、両者の統一性が全面的に反省にもたらされることはない、という深い発見である。対象の対象性がより明晰で明示的なものである――それは真の意味での自然の光〔lumen naturale〕である――のに対して、それに相関する超越論的想像力は謎であり続ける。それが謎であり続けるのは、私たちは受容し触発されるとはどういうことか、知性によって規定するとはどういうことかを理解しており、この二つの力能がそれぞれの機能を交換できないことを理解しているからである。「悟性は何も直観できないし、感官は何も思考できない」〔同 A51, B76〕のである。私たちは以上のすべてを理解しているがゆえに、悟性と感性の共通の根は「われわれには知られない」〔同 A15〕のであり、対象における明晰な総合から暗い「中間者」への移行は、「つねに容易ではない」のである。このように、光に満ちた視界の中心には盲点のようなものがあり、それはまさにカントが「不可欠とはいえ盲目的」〔同 A78, B103〕だという魂の機能である。要するに、この中間項に固有の理解可能性は存在しないのである。

たしかに、カントは総合の担い手たる中間項への遡行を推し進めて、時間へと、彼の言い方では「時間の超越論的規定」へとさかのぼることによって、「第三項」の謎を解決しようとした。時間とはすぐれた意味で混合態ではないか。一方で時間は、あらゆる生きられた多数性の条件、カントの多数性観念を自由に注釈すれば、一切の驚き、出会い、不首尾、刷新、現出、切断の条件ではないか。要するに、時間とは本質的に分散しているのであり、再びカントのように言えば、それによって「現象と同質」になるのではないか。しかし他方で、すべてのカテゴリーは図式という形で時間に根を下ろしている以上、時間とは悟性によって最高度に規定可能なものではないか。実際、図式化理論がまさしく天才的であるのは、各々のカテゴリーは時間を規定することによって直観できるものとなり、イメージの次元を受け取ることになる、とする点である。こうして、単一性を単一性に加えていくことで、私は時間を「継起」として規定する。カントに言わせれば、「私は時間そのものを直観の把捉において産出する」〔同 A143, B182〕のである。ところで、私は時間を規定することによって数をも生み出したのであり、数とは「一から一への継続的加算を総括する表象」〔同 A143, B182〕である。こうして私は純粋な量のカテゴリーに図式を与えたのであり、先には散乱した様相を呈していた時間が、今や継起としてすべての量の純粋なイメージとなるのである。したがって、時間とは、感性的なものと同質的で、散乱と弛緩という感性的なものの様式となる一方で、知性的なものとも同質的であり、「継起」と呼ばれる知性的規定に適合することで、知性的なものを直観させる条件となるものである。「多様」と「継起」との合致、これこそが時間の驚異なのである。

この驚異にさらにつけ加えることができる。というのも、時間は他のいくつかの点でも規定可能だからである。時間は満たされることも空っぽであることもありうる。その場合、時間は質の諸カテゴリーと同質であって、一つひとつの感覚は、同一の時間を「より多く満たすかより少なく満たすか」によって「度合い」をもつことになる。私はまた、時間の内に常住するものが時間の内にある他のものに規則的に後続する、あるいは二つのものが相互作用によって同一かつ唯一の時間の内に存在するという仕方で、時間を順序と考えることもできる。それゆえ、時間の順序ないしは順序としての時間は、関係の諸カテゴリーに対して、時間における常住、方向づけられた原因性、相互的な原因性といった依拠できる図式を与えるのである。

私たちは、ハイデガーの言うように、まさに時間のおかげで、「超越のもっとも内的な統一的構造の根源的な現象学的認識」[訳18]（『カントと形而上学の問題』二四節）への通路を開いたのではないだろうか。

実を言えば、より繊細なアプローチを通して逆説が先鋭化しただけである。時間は一切の多様性の形式であると同時に、悟性とそのカテゴリーによって規定される。時間は散乱させ順序づけるものであり、多様化し統一するものである。このように言うとき、私たちはなお二元性を表明している。時間は分散（distentio）と集中（intentio）であると、すでに聖アウグスティヌス〔Aurelius Augustinus 三五四－四三〇。ローマ帝国時代のキリスト教神学者〕は言っていなかっただろうか。時間はこの二元性の統一なのだと言うのは、困難に名前をつけ、そのありかを示すことであり、それ自体は無意味なことではないが、困難を解決することにはならない。第三項が固有の理解可能性をもつには、それが悟性と感性の「共通の根」であることを示せねばなるまい。だが、時間の超越論的規定を起点として、悟性の諸規則と直観を一から発生させること、つまりは図式からカテゴリーを発生させることは、どこまでもかなわぬ願いなのである。時間が時間系列、時間内容、時間順序、時間総体といった数々の関係にしたがって規定されるのは、時間を規定するのが純粋な諸関係、純粋に知性的な諸関係にほかならないからである。いかにして時間を考察するだけで分節化された概念秩序を引き出すことができるのか、それを示した者は誰もいない。ハイデガーとともに有限性の超越という言い方をしても、問題を排除するだけにしかならない。「そのようなものとして存在者に引き渡されており、そして存在者の受容に依存している有限なる存在〔人間〕が、いかにしてあらゆる受容に先立って、しかも存在者の『創造者』であることなしに存在者を認識すること、すなわち直観することが可能なのか」[訳19]。これは一面を切り取っただけの問いである。存在者を認識するとは、単にそれを現出させるだけのことではなく、存在者を知性的に規定し、秩序づけ、言葉にすることである。それゆえ、有限性の哲学では、超越する有限性として有限性を解釈したとしても、この問題に対して十分ではないのである。求められるのは、総合の哲学、有限と無限との総合の哲学である。総合の哲学が有限の哲学に置き換えられたのは、対象性の問題を現出の問題へと還元したからでしかない。悟性の極を排除して直観の極を残したために、この問題がもつ緊張、すなわち、対象性における合理性と直観性、思考することと見ることとのあいだの緊張が排除されてしまったのである。対象のドラマを正当に扱おうと思えば、開け、超越、対象を対象たらしめる、などといった表現には甘んじてはいられない。それらは困難を隠しはしないが、ただ困難を名づけただけである。こうした表現は目くらましであり、肝心な点を見えなくしてしまう。すなわち、直観に現れるものには概念的な秩序が適用されるのだ、という点である。カントが配慮したのはそうした秩序であり、対象の言表可能性自体が要求する論述性であった。だからこそ、現出の場にすぎず知性的秩序ではないような、未分節の漠たる超越には満足できなかったのである。ゆえにカントは、この秩序を時間そのものから引き出すことはできず、逆にカテゴリーによって時間を規定したのである。問題が顚倒されてしまうのは、理性に不可欠な分節された言述を排除するからにすぎない。カントにおいて、図式はどこまでもカテゴリーの現象への適用であり、カテゴリーの根源的起源とはみなせないのはこのためである。この点に関しては、『純粋理性批判』の第一版と第二版を区別する余地もない。「想像力の総合におけるすべての形式的統一はそうしたカテゴリーに基づいている」（『純粋理性批判』A125）と言い、さらには「図式はカテゴリーが表現する概念一般に従った規則に適合した純粋総合にすぎない」（同A142）と宣言するのは第一版の方なのである。加えて、想像の一般的手続きを表象しカテゴリーに像を与えることで、図式はカテゴリーの意味範囲に限定を加える。図式のうちにあるものはカテゴリーのうちにあるものよりも少ないのであって、カントはつねにこのことを意識していた。単一性・数多性・総体性、実在性・否定性・制限性、自存性・因果性・相互性、現実性・可能性・必然性というように、純粋概念の生成は三つ組で描かれているが（同B110-111）、このことが示唆しているのは、純粋諸概念の根元的生成は、むしろ「悟性の特殊な作用」に統制された、純粋に概念的な弁証法の側に探究すべきだということである（同B110-111）。だが、カントがそうした道を切り開くことはなかった。

それゆえ、問題自体を生み出すそもその二極性を尊重するなら、超越論的想像力の謎は依然としてそのまま残っている。この謎を指し示すには二重の要求によるしかない。上から下への方向では、規定し言表する力能たる思考は現出するものへと適用されることを求める、と言われるだろう。カントの用語では、統覚の統一は「総合を前提するか、あるいは総合を包括する」（同A118）のであり、「統覚に先立つ構想力の純粋（産出的）総合の必然的統一の原理は、すべての認識の、特に経験の可能性の根拠である」（同A118）とまで言われるのである。とはいえ、この原理が意識化されることはなく、この総合は「アプリオリに必然的なものとして表象」されると言うだけにしなければなるまい。というのも、われわれが知っているのは、この総合によって「可能的経験のすべての対象はアプリオリに表象されねばならない」ことだけだからである。事柄に逆方向から迫り、下から上と進むならば（同A119）、空間と時間のアプリオリな多様が統一へともたらされるのは、経験的想像力が諸知覚を連合する際になすことをアプリオリに行なうような総合の能力によってのみであることが示されるだろう。こうして経験的な連合との比較において、超越論的想像力に類比的な意味が与えられる。とはいえ「第三項」自体は、依然として暗く、隠され、見えないものであり続けるのである。

以上、理論的次元の媒介項である超越論的想像力について反省を進めてきたが、結論としては次のように言えば十分であろう。この媒介項による悟性と感性（私たちの用語では意味と現出、発話と眼差し）との総合は、意識ではあるが自己意識ではない、と。超越論的な段階での哲学が語る意識は、それ自身の外において、すなわち対象に面してのみみずから自身の統一を構成するのである。「対象が必然的なものにする統一は諸表象の多様の総合における意識の形式的統一以外の何ものでもありえない」（同A105）とカントが言うとき、逆に言えば、この形式的統一とは、先に対象における総合と呼んだものの可能性の条件にほかならないと解するべきである。先に私たちが超越論的総合は志向的でしかないと言ったのは、まさにそのような意味だったのである。今や私たちはそれが意味することを知っている。すなわち、意識はもっぱら意味と現前の統一を対象の「内に」基づけるべく働くのである。「意識」はまだ即自かつ対自的な人格の統一ではない。意識は一個の人格ではなく、誰でもないのである。私は考えるの「私」とは、任意の人、すべての人に対する世界の形式でしかない。それは意識一般、すなわち単なる対象の企投でしかないのである。

以上の反省から、超越論的な様式の哲学は形式的なものにすぎないから無益である、という結論を引き出すのは間違いであろう。それは哲学的人間学の第一段階である。この段階を飛び越えて一挙に人格の哲学を形成するならば、パトス的表現からは抜け出しても、存在と無の空想的存在論に陥ってしまうだけであろう。人間が存在と無の中間であるのは、まずは諸事物の内でさまざまな「媒介」を行なうからである。人間が中間的な地位を占めるのは、まずは事物の内で無限と有限とを媒介する働きを担うからである。こうして超越論的なものは、「混合物」の神話と「悲惨」のレトリックから哲学的言述へと向かうすべての移行にとっての条件となるのである。

しかしこの超越論的なものは、「不均衡」の哲学的理論の最初の契機を提供すると同時に、神話やレトリックがパトス的に理解させるような〔意味の〕実質的な豊かさをなお欠落させている。超越論的でしかない反省によっては理性の水準にもたらしえない超過分が存在するのである。

第三章　実践的総合——性格、幸福、尊敬

「不均衡」の人間学の第二段階を構成するのは、理論的なものから実践的なものへの移行である。これはどのような移行であり、何を求めるものなのか。私たちの進める「不均衡」の分析は、そこからどのような影響を受けるのか。

大まかに言えば、これは認識の理論から意志の理論への移行、〈私は考える〉から〈私は意志する〉への移行である。ちなみに、ここで言う意志には、〈私は欲する〉や〈私はなしうる〉といった特有の規定からなる全行程が含まれている。

この大まかな命題に細かなニュアンスを加えていく必要があるが、それは以後の分析で行なっていくことである。ここではむしろ、反省のこうした転回にどのような要求が対応しているかを述べておこう。

この転回が応えようとするのは、超越論的反省によっては満たされない全体性への関心である。このような人間的現実の全体性は、「混合物」の神話と「悲惨」のレトリックにおいて、ある仕方で予感されていたものである。それらのパトス的理解は、実質そのものを目指しそれを伝える力をもっていた。そのような充溢性を、私たちは反省へと再び組み入れていこうとするのである。

パトス的に先取りされたこの実質から見れば、超越論的反省は抽象的に見えるが、この抽象性は、当の反省が

みずからに与えた導き手の、導きの糸の抽象性である。超越論的反省とは、事物を起点とした反省であり、事物の対象性の可能性の条件をめぐる反省である。それがこの反省の力であり、また限界である。力であるのは、パトス的表現と縁を切り、哲学固有の次元での人間学を開始するからであり、限界であるのは、諸事物の宇宙はなお私たち生の世界の抽象的な骨格にすぎないからである。これらの事物が一つの世界となるために欠けているのは、事物に結びつきそれを魅力あるものや嫌悪すべきものとする情感的側面・実践的側面のすべて、価値や反価値のすべて、また、障害、方途、手段、用具、道具といった、世界を実践可能な場、あるいは実践不可能な、いずれにせよ困難な場とするもののすべてである。諸事物の複合体にとりわけ欠けているのは、ともに働き、争い、意を伝えあう人格との向かい合いである。人格は、諸事物を地平とし、価値と実用性をもつ諸対象を舞台装置として、把握、評価、行為といった主観性の別の極として立ち現れるのである。ところで、この諸人格の世界は諸事物の世界を介して自身を表現するが、その際に後者の世界に新たな事物を住まわせる。すなわち、人間の作品〔所業〕という事物である。

したがって、超越論的考察と全体化する考察との隔たりは、まずは対象において読み取られる。私たちが超越論的考察の導き手として選んだ対象は、内容に乏しく空虚であることが判明するのであり、この超越論的導き手を補完し、強い意味で十全なものにすることが求められるのである。

私たちの選んだ出発点を否定すべきだろうか。そうしたくなるかもしれない。認識理論は「純粋」受容性、「純粋」概念、「純粋」想像力といった「純粋」な想念を形成するが、そうした理論は、十全で具体的な世界に対する十全で具体的な人格の現前のあとにくるように思われるからである。だが、哲学の次元は、生や実存、実践といったもの、どのように呼んでもよいが、とにかくそうしたものの繰り返しではない。全体性とは、私たち一人ひとりがそれであり、かつそのなかで私たちが生きて行為している当のものであるが、この全体性が問題と化すのは、そこから分離した哲学にとってのみである。哲学は別の問いを立て、主観性に対して「純粋」な事物という別の支えを与えることで、みずからを全体性から引き離すのである。全体性が哲学的問題になるのは、そのような哲学にとってのことである。包含するものは除外され、包むもの自身は包まれない。そうして全体性は驚きを引き起こすものとなる。すなわち、隔たり、差異、残余となるのである。超越論的反省が、全体性の動きにおいてはあとから出てくるものだとしても、哲学固有の順序においては最初にこなければならないのはそのためである。まさしくこの反省によって全体性が問題と化し、それによって全体性の問いが哲学的問いと化すからである。

超越論的反省という手続きの利点はそれだけではない。超越論的様式で開始する哲学は、全体性を問題として開示するだけでなく、それへと接近していく終極として開示する。それは全体性に一気に到達するのではなく、段階を踏んで接近していくのである。同様の意味で、プラトンは『ピレボス』において、無限の深淵に突進するのでも一者の深淵に突き進むのでもなく、中間的なものにとどまることを学ぶように勧めている。すなわち、真の哲学者は「思慮し数える」[訳20]（『ピレボス』17e）者であり、「すぐに一の方へ向かうのではなくて、ここでもまたむしろなんらかの多をふくむそれぞれ何か一定の数をしかと知るようにし、最後にすべてから一に至ら」ねばならないのである（同 18a-b）。

プラトンが一者について述べたことを、私たちは全体性について言う。全体性の観念ほど人を欺《あざむ》きやすいものはない。全体性はここだ、あそこだ、精神だ、自然だ、歴史だ、などと言うのは拙速であり、暴力と隣り合わせである。まずは事実に対する暴力だが、全体性の哲学者がさらに人間に対して力を及ぼす場合には、これはすぐさま人間に対する暴力ともなる。

それゆえ私たちがとる方法は、全体性の観念をむしろ課題として、カント的な意味での指導理念として、つまりは全体化の要求としてとらえ、この要求を、第一段階の探究を支配していた徹底性と純粋性の要求と逆方向に働かせることとなる。

まさしくこのような全体性への段階的接近のもとで、意志の理論を援用することが必要となる。意志の理論は、「純粋」なものと「全体」的なものとのあいだにある主要な段階であって、抽象的なものを具体的なものに向かわせる屈曲点となる。この理論もまた最終的な段階とはならないのだが、その理由はのちほどわかってくるだろう。

この新たな反省の契機を導入するときにこそ、全体性の探究を否定しかねないように見える先の超越論的反省から引き出せる最大の利点が明らかになってくる。先に見たように、超越論的反省は、不均衡と中間者というさらに遠い由来をもつ主題に適用され、この主題をパースペクティヴ、意味、総合といった概念において反省することで哲学的なものに変えた。パースペクティヴ、意味、総合というこの三つ組は、今後の全展開の旋律核となるだろう。全体性としての人間的現実は、具体的になっていく二つの極のあいだで、また生に近づいていく媒介のうちで、ますます豊かな弁証法として立ち現れてくることになる。だが、私たちはあくまでパースペクティヴと意味という超越論的次元で形成された概念を支えとして、人間における他の形態の二極性と媒介性を理解しようと試みるだろう。それゆえ、人間が全体性へと向かう接近は、偶然と空想に委ねられているのではない。それは総合という超越論的主題に照らされ、それによって方向づけられているのである。

このように超越論的に導かれた接近によってこそ、過ちやすさの十全なる概念を手に入れることが期待できるのである。

したがって、これから私たちが述べるのは次のようなことになるだろう。

超越論的なパースペクティヴ概念を起点として理解できる「実践的」有限性の全側面は、性格という概念に要約できる。超越論的な意味概念を起点として理解できる「実践的」無限性の全側面は、幸福という概念に要約できる。対象へと投射された超越論的想像力による媒介を引き継ぐ「実践的」媒介となるのは、尊敬における人格の構成である。人格に対する尊敬が担うこの実践的媒介の脆さを示すこと、それが私たちの新たな分析の目指すところである。

この新たな段階で私たちの導きとなる対象は、もはや「事物」ではなく「人格」である。人格という対象は、先に事物の構成から超越論的想像力の総合へとさかのぼらせたのと同種の反省的遡行を生じさせる。まさしく尊敬を通して人格の内的な二元性が示されるだろう。だが、この倫理的な二元性の向こう側に、実践的不均衡の根となるものを再発見することが必要になるだろう。一切の頽落した倫理の向こうにある根源的な実践的契機に立ち返るために、私たちは、いかなる道徳的二元性よりも手前で、性格と幸福の「不均衡」を見出すことを試みよう。

1　性格

有限なパースペクティヴという超越論的概念を起点として理解できる「実践的」有限性の全側面は、性格という概念に要約できる。

しかし、この性格という概念自体には、段階を踏んで接近しなければならない。実際、性格というのは、有限性の諸側面の全体をそれ自身の仕方で表すものである。性格を事物や運命のようなものにしてしまわぬように、パースペクティヴの概念を起点として、その概念を忍耐強く組み立てていく必要がある。

(a) 情感的パースペクティヴ

パースペクティヴという概念がきわめて抽象的であるのは、第一に視点というまったく「純粋」な観念には情感的な数々の特徴が欠けているからである。視点とは、いわば「没関心的」なパースペクティヴであり、単なる視角、領野の狭さとして、「ここ」の限定性を表現するだけのものである。視点とは情感の面では中立化されたパースペクティヴである。それゆえ、まずはパースペクティヴの情感的側面を復元する必要がある。

この新たな狭さと閉鎖性の側面に注意を向けさせそれを浮かび上がらせる、私の反省の行程を再構成してみよう。私はみずからの情感的パースペクティヴへと向かうのではない。むしろ情感的パースペクティヴを起点として、事物が私の関心を引くものとして現れてくる。私は諸々の事物の上に、好ましいもの、惹きつけるもの、憎らしいもの、嫌悪を催させるものを把握するのである。加えて、事物のそうした情感的側面は、動機づけとして、それ自体私の意志の実践的な特性に含まれている。私の情感的生は、企投しみずからを投じる意志を養う動機を与えることによって、自然発生的な評価や反省された評価を展開する。好ましいものと憎らしいものとは、私たちが企投と呼ぶこの先取の運動における契機である。それゆえ、私はみずからの情感的パースペクティヴの狭さに注意を向けるのではなく、まずは丸ごとみずからの行為に帰属しており、そのみずからの行為はなすべきことへと向かう指向に組み込まれている。反省以前の素朴な状態においては、私はまずは企投された所産、すなわちプラグマへと向けられているのである。

それゆえ、企投に含まれている動機づけを取り出し、動機づけに含まれている情感的有限性を取り出さねばならない[9]。

動機づけとともに現れるのは、私の有限性が刻まれた新たな種類の「受容性」である。すなわち、もはや視覚や聴覚といった感官の受容性ではなく、特有の意味をもつ受容性が問題になるのである。それが意味するのは、私は根底的にはみずからの企投を無から産み出し、みずからの対象を創造的直観から産み出すのではなく、動機に傾けられて初めて活動を措定するということである。すなわち、私は〈…を〉（欲すべきもの、憎らしいものなどを）支えにすることによって初めて、〈…へと〉（「なすべきこと」に向かって）進んでいくのである。人間的自由とは、動機づけられた企投を通して前進する自由である。私が行為をなすのは、その理由を受け入れるかぎりにおいてなのである。

こうして私たちは、いかなる意味でパースペクティヴの分析が有限性の他のすべての側面に対して超越論的な導き手となるのかを看取する。感官の受容性は、それが超越論的な反省を容れる最初の受容性であることによって、他のすべての受容性に対して、そしてまずは動機づけの受容性に対して類比物として役立つ。すなわち、私はなぜ自分がそのように行為するかを「見る」のであり、欲すべきもの、好ましいものがみずからに投げかける呼びかけを「聴く」のである。

だが、知覚によって構成される「受容性」の領域から借りてきたメタファーによって、欲望の受容性がもつ新たな特徴が覆い隠されてはならない。後者は「実践的」な受容性であって、もはや「理論的」な受容性ではない。企投と同質の受容性であって、もはや視覚と同質のものではない。それゆえこれにふさわしいのは、古典的な強い意味での「傾動（inclination）」という語であり、強いることなく傾けるという〔ライプニッツの〕見事な定式が伝える名称である。傾動とは意志することに特有の「受動＝情念」である。傾けられ、動かされた意志だけが、みずから自身を規定することもできる。意志の能動性にはこのような特有の受動性が貫通しているのである。

では、欲望が受容性の一形式であり、知覚の受容性と類比的でありつつも別の新たな受容性だとした場合、欲望の有限性はいかなる点に存するのだろうか。

人間的な意志作用が有限であるのは、純粋な活動ではなく動機づけられた企投であり、能動－受動であるからだと言えるだろうか。知覚を話題にした際にも似たような問いが出たことを思い出そう。私たちが有限なのは、対象を形成するにはまず対象を受容しなければならないためなのか、という問いである。その際の私たちの答えは、感官の受容性はまずはみずからの開在性を露わにするのであって、有限性とはこの開在性のもつ狭さ、すなわち、触発されるという私たちの存在様式のパースペクティヴ的側面である、というものであった。

欲望の分析が提示するのは、同じく開在性と閉鎖性、世界への指向と視点との関係である。

欲望が私に対して露わにするのは、触発されるという私の存在様式ではない。欲望は欲望する自己自身へと私を閉じこめるのではない。欲望が私に語るのは、まずは私のことではない。というのも、欲望とはまずは私を感じる仕方ではなく、ましてや「内的感覚」などではないからである。欲望とは感じ取られた〈…の欠如〉であり、方向づけられた〈…への衝迫〉である。[10] 欲望において、私はみずからの外にある。私は欲すべきものの傍らにあり、その欲すべきもの自体は世界の内にある。要するに、欲望において、私はみずからを惹きつけたり斥《しりぞ》けたりする諸事物の情感的な特徴のすべてへと開かれている。事物自身の上で、あちらの場所、どこでもない場所でとらえられた魅力によって、欲望は〈…への開《ひら》け〉となる。欲望とは自身に閉じた自己現前ではないのである。

今、欲すべきものの内世界的な特徴から欲望する身体へとさかのぼるならば、またしても言わねばならないのは、欲望の肉体たるこの身体は、まずはみずからを閉じた形象としてではなく、実践的媒介として示すということである。要するに、先に知覚する身体と言ったのと同じ意味で、企投する身体としてみずからを示すのである。欲望する私の肉体は、それ自体が丸ごと先取であり、あちらの場所、どこでもない場所、みずからの外へと投げだされた把握である。欲望する身体は前方へと飛び出していき、その肉体の躍動を企投する身体に与えるのである。

以上のすべてにおいて、有限性はどこに存するのだろうか。

今や、晦渋なるものへの困難な転回によって欲望の指向から引き出すべきものは、知覚する身体にとってのパースペクティヴに情感のレベルで相当するものである。パースペクティヴとは知覚の志向的狙いに含まれるものであったことを思い出しておこう。見る働きは、まずは事物のこの面、次は別の面と継起するが、それらすべての原点になるのがパースペクティヴであった。欲望もまた、それと同様に志向的な諸側面から遡行することを促す。ここでは有限性とは、欲望の明晰さと言ってもよいあり方を曇らせる混乱であり、暗さのことである。

欲望の明晰さと言うと奇妙に聞こえるかもしれないが、それは欲望の志向性以外の何ものでもない。実際、欲望とは〈…の欠如〉、〈…への躍動〉である。「の」や「への」が示すのは、方向づけられ、選択するという欲望の性格である。「あれ」や「これ」を求めるものとしての欲望の固有性は、文字通りの意味で表象の光によって照らされるべきものだという点にある。人間の欲望がみずからの指向を照らすのは、不在の事物、道のり、および数々の障害を表象することによってである。イメージをもたらすそれらの形によって、欲望は世界へと向けられるのである。私はそれらの形のうちで喜びを見出し、それらのうちでみずからの外にある。イメージとはさらにそれ以上のものである。イメージは動作の知覚できる輪郭を先取りするだけではなく、快と苦痛を先取りする。すなわち、欲望された対象と結びつく快、そこから引き離される苦痛をも先取りするのである。イメージをもたらすこの情感性は、将来の快の代理や類比物となる情感的肖像によって支えられ、想像のうちで私を欲望の終点へと運ぶ。そこではイメージは欲望以外の何ものでもない。イメージは欲望にしるしを刻み、欲望を開き、欲望を照らす。イメージを通して欲望は動機づけの領野に入ってくるのであり、そうして価値の観点から他の諸動機と比較できるようになる。すなわち、犠牲にしたり、選好したり、是認したり、否認したりできるようになるのである。

情感性の光、欲望の明晰さというのは以上のような意味においてである。それは情感的な指向ということにほかならない。いわばそうした指向に貫かれることによって、私の身体はみずからを超えていく。私の身体は企投の媒介となるのであり、あるいはデカルトが言うように、欲望は「魂がみずからに適合すると想定するものを未来に向かって意志するようにさせる」(『情念論』第一部第八六項)のである。

だが、欲望は想像する〔イメージを形成する〕かぎりにおいては明晰だが、同時に不明瞭なものでもある。欲望の明晰さに内属するこの不明瞭さこそが、欲望の有限性の証しとなる。克服不可能な暗さ、像へと「移行」することのない暗さというものがある。それは、事物の像や、さまざまな通路、障害、手段の像へと移行できないだけでなく、欲せられた事物に「意志によって結びついている」ことの歓びを想像的に先取りすることも許さないような暗さである。

この情感的な暗さとはいったいどのようなものであり、開在性としての人間存在にとってどのような意味をもつのだろうか。欲望の志向性の裏側ないしは反対側、と言えばよいかもしれない。すなわち、指向において指向しないもの、選択において選択しないものである。それは心地よくまたは悪く「みずからを感じる」または「みずからを見出す」仕方である。この「みずからを感じる」仕方は、厳密には何も欲望せず、別のものや確たるものを欲望しない。これは私の身体全体を区別なく感じる経験であり、もはや世界へと向かういかなる指向にも横切られず、みずからのうちに再帰している。また、もはや媒介的ではなく、それ自身を感じている。キネステーゼ〔運動感覚能力〕とはそのようなものにほかならない。

以上の分析を先の分析に近づけるならば、先に知覚する身体との関係で視点、原点、パースペクティヴの中心と呼んだものが、ここでキネステーゼや不明瞭さと呼んでいるものにあたることがわかってくる。

このような仕方でみずからを感じること、みずからを「心地よくまたは悪く感じる」ことによって、知覚する身体たる視点に、ある種の厚みがもたらされる。この厚みは、実存の偽の深さ、身体の黙して語りえない自己現前となる。私の身体の「ここ」は、不透明な感情によって示され、その場で震えるのみである。この「深い」感受性が露わにするのは、またしても、私の身体はただ世界を通過させ、事物を通過させるだけではないということである。身体は純粋な媒介ではない。身体はそれ自身に対してはなお無媒介的であり、そうしてみずからの志向的な開在性をふさぐのである。

身体は純粋な媒介者ではなく、このようにそれ自身に対して無媒介的であるということ、そこに身体の情感的な閉鎖性がある。

この情感的な閉鎖性とともに、自我と一切の他者との原初的な差異があらためて見出される。みずからを心地よくまたは悪く感じるとは、みずからの単独性を言明も伝達もできないものとして感じることである。〔私が占めている〕場所が共有できないものであるのと同様に、私が身を置きみずからを感じている情感的状況は交換できないものである。ここでこそ悪徳としてのエゴイズムの機会が生じる。エゴイズムは差異を選好に変えるのである。だが、自己への選好はあらゆる性向に刻まれている。それはストア派の哲学者たちが自己愛着と呼んだもの、すなわち、自分自身によいものを欲するという生来の傾向、自己自身のあり方への愛着である。私はそれを視点としての自己愛と呼ぶことにしたい(11)。

ストア派の哲学者たちが正しく見てとったように、「何かあるものへの」欲望はすべて、「自己自身への感情と愛着」を含んでいる。この執着、自己自身への固着は、すべての情感的指向の通奏低音であり、その対象によって多種多様なこれらの指向を統一する絆である。先にすべての知覚の主観‐極と呼んでいたものが、自愛においては厚みをもってくる。すべての事物にとっての中心、すべての事物がそこから現れてくる中心となるのは、もはや単なる眼差しの原点ではなく、自己への執着である。あるものへの欲望にひそかに現存しているこの自己自身への愛着は、破局的な状況になると中心に現れ出てくる。私の生の全体が脅かされ、私が死の危険に瀕すると、世界の内に散らばっていた欲すべきものが逆流し、第一の欲すべきものへと立ち戻る。そのとき、暗黙の自愛であったそれは、生きようとする意志と化す。そうして、死ぬことへの私の恐怖、生き延びたいという私の欲望は、私に対してこう叫ぶのである。過ぎ去らないでくれ、愛しい、唯一無二の、かけがえのない視点よ、と。

情感的な有限性、自愛的な差異性とはこのようなものである。

(b) 実践的パースペクティヴ

「閉鎖性」というこの指標は、意志作用を掌握する数々の力能のうちにあらためて見出される。この場合もまた、私の諸能力の第一の特徴となるのは、頑なで言うことをきかない、変化に適応できないといった、通常は習慣的な行動に付与されるような性格ではない。有限性はつねに裏面であり、開在性こそが、世界の諸存在のあいだにある人間存在の第一かつ直接的な意味である。行為がなされているとき、私の身体は踏破されている。私の身体は行為の終項たるプラグマではなく、器官〔オルガノン〕である。行為に対する器官の関係は、外部の動作主に対する機械的道具の関係には還元できないものであり、それは柔軟かつ優美に遂行される人間の行為においてとらえられる。作られつつある所産から注意が離れるためには、抵抗との出会いという特殊な状況がなければならない。抵抗に出会うことで、身体が行為の軌跡からいわば引き離され、動かされる器官へと逆流する。そのとき、動かされた身体は、もとは行為する私と行為がなされる世界との媒介者であったのが、状況の中心へと現れ出て、その実践的有限性を明示するのである。

　いかなる能力も無力という裏面をもつ。一方では、習慣の獲得によって注意は役目を解かれる。行為は習慣的な組み立てに委ねられ、監視付き自動装置のように始動し展開するようになる。このように、身体とは数々の能力、運動的構造や情感的構造、移転可能な種々の方法の結節点であり、それらの自発性を意志は自由に用いることができる。私たちの慣れ親しんだ振る舞いが生動している様子をよく見てみるだけで、身体がどのように動きだし、試み、発明し、私たちの期待に応え、あるいは私たちから逃れていくかを見てとることができる。

　このような身体の実践的媒介は、厳密な意味での運動的習慣を超えて広がっている。私たちのもつさまざまな知識もまた、一種の身体、いわば心的身体である。文法や計算の規則を介して、社会的・道徳的な知識を介して、私たちは新たな知識を学びとり、形成していく。身体的であれ知性的であれ、学ぶという様式には、このように行為と動かされる身体との関係、意志と現動する力能との関係がかならず含まれているのである。

　さて、私のすべての意志作用の媒介となるこの実践的自発性こそが、私の能力を無力へと転じるものである。実際、すべての習慣は疎外の始まりであり、疎外は習慣の構造自体に、学ぶことと身につけることとの関係のうちに刻み込まれている。習慣づけが可能であるのは、生きている者にはみずからの行為によってみずから自身を変化させるという素晴らしい能力があるからである。だが、学ぶことによって、生きている者自身が触発を受けて変容する。その後の私の能力は、もはや開始の状況ではなく、継続の状況に置かれる。生は継続するものであり、開始することは稀である。このように私自身が継続的に触発され変容していくことによって、習慣的なものが生来のもの、生得的なものを模倣するという仕方で、ある種の人間的自然が誕生することになる。学ばれたものは獲得されたもの（habitudo）であり、獲得されたものは身につけられたものである。こうして、習慣が生においてもつ意味は情動とは反対のものとなる。情動とは、デカルトの『情念論』の見事な直観によれば、「驚き」において開始しまた再開するものである。習慣は私たちの趣味や素質を固定し、私たちが自由にできる領域を狭める。数々の可能性を開く扉は閉じられ、私の生は形をとってしまうのである。これは習慣の真の姿は自動運動だということではない。真の習慣はこのうえなく柔軟で別のものに移すことができ、図式や方法にもっとも近いものであって、ラヴェッソン〔Felix Ravaisson 一八一三－一九〇〇。フランスの哲学者〕が自由の自然への回帰と呼んだ事態をもっともよく表している。そうした可塑的な習慣は機械のような剛性をもたず、自由に行使できるものであるが、そうした性格を犠牲にすることで、硬化という逆方向のプロセスが展開するのである。したがって、私たちの習慣はきわめて両義的なものであり、対立する二つの解釈システムに身をゆだねたのは偶然ではない。すなわち、習慣は「学びゆく」生と「自動化する」生、自発性と惰性の双方から解釈されてきたのである。

図式の老化、生による事物の模倣というこの事態に促されて、私たちは生と意志の自発性に混入した原初的な惰性の側に、新たな様式の有限性を探究することになる。あたかも私たちは、みずからの身体によって、あらゆるレベルの現実性に現前する物質性の法則に服しているかのようである。ラヴェッソンが言うように、自由はみずからを自然化することによって、「存在の原本的な法則、かつもっとも一般的な形式、すなわち存在を構成する働きそのものを固執しようとする傾向」[訳21]を被るのである。実践的有限性とはこのような形での固執なのである。

この有限性の新たな側面は、先に論じた諸側面と同様に、不幸というわけではない。この惰性は私の力能の裏面である。能力なしに意志はなく、固定された形にならない能力はない。古い廃棄されたコギト、知識や所有物となり現働しなくなったコギトなしには、現働するコギトはない。自由に使用できる能力と固定された形とのこの弁証法が〈習慣〉のただなかで働く様子を、ラヴェッソンほどよく理解した人はいない[12]。

以上の主題を時間的な分析から出発して捉え直し、そこから同じ革新と沈殿の弁証法を提示することもできるだろう。

このように、有限性はまずはパースペクティヴ、次いで自己への愛着、さらには惰性態ないしは固執の形態ということになる。あるいは、パースペクティヴという観念について、その意味の核である知覚の現象学での用法を超えて一般化したいのであれば、自己愛および私の実存が「固める」慣れ親しんだ形象とが、私の実存の情感的で実践的なパースペクティヴということになるだろう。

(c) 性格

パースペクティヴ、自己自身への根源的な愛着、固執と惰性態、こういった有限性の多様な側面は、性格という概念に集約される。この概念がそれらにつけ加えるのは、ある全体性、私の実存の有限な全体性についての考察である。性格とは、私の実存の有限な開在性を全体としてとらえたものである。

だが、いかにして私はみずからの実存を有限な全体性とみなしうるのだろうか。このような制限性は、ある大きさの制限性と区別されるものであろうか。少なくとも、常識にとってはそうではないように思われる。常識的には、性格というのは、各人が他人に対してみずからの「肖像」をたどれるようにするものでしかない。肖像とは閉じた形象、囲われた輪郭として図を地から切り出したものであると同時に、他の観察者が提示する有限個の識別特徴の総体である。このような「肖像」のメタファーは、性格とそれがもつ有限性の型について、まったく不正確な考えを抱かせてしまう。性格学は、間違って理解された場合、衝動性、活動性、従属性といった有限個の単純な要素の多様な組み合わせから性格を再構成できるかのような錯覚を抱かせる恐れがある。だが、性格学的な定式によるこうした有限性は、抽象的な組み合わせ作業の無力さを表しているにすぎない。それが示しているのは、平均的な類型というものの貧しさである。そうした類型は「頭で考えたもの」であるが、実際にある人を認知し、その人の行動を予期するうえでは助けとなる。しかし、性格学的な定式の有限性と比べて、個人とは無限なものである。実際、そうした定式はなお分類的な思考に依存しており、カントが見てとったように、種別化の法則は類から種、そして下位の種へと終わりなき区分を要求する。いかなる種も、それ自体を最終的な種とみなすことはできないからである（『純粋理性批判』「純粋理性の理念の統制的使用について」A656）。

したがって、性格の有限性というのは、性格の科学における性格学的定式の有限性のことではない。ならばそれはなんであるのか。

ここにおいて、性格の観念をパースペクティヴや視点の観念から解釈してみる必要がある。後者の観念は、根源的に開在性の観念と結びついて登場したものである。こうすることでのみ、性格とは自己の身体の媒介機能に内属する限界であり、私の開在性が最初からもつ狭さであることが理解できるのである。

だが、どのようにすれば、パースペクティヴの観念から性格の観念へと移行できるのだろうか。私のパースペクティヴとは知覚に関わる有限性であり、事物の世界としての世界への私の開在性の有限な側面であった。それゆえ視点という概念は、一定の恒常的特徴の現出と相関するものであった。そうした特徴は、ヘーゲルが「静かな結果」と呼ぶものであり、生成がそこへと沈殿したものである。生成がさまざまに具体化し、数々の実在の中心を作るなかで、現出の流れは結び目を作っていく。私の意識の生はみずからを超えていき、そうした実在単位のなかに落ち着く。私の根源的な信憑はそうしたものに向けられるのである。

このように、パースペクティヴという概念が指していたのは、「事物」の事物性と相関する私の有限性であった。パースペクティヴとは事物に対する私の有限性なのである。

あらゆる点から見たときの私の有限性を語るには、どうすればよいのだろうか。

そのためには、外的な肖像や性格学的な定式から、スタイルの統一性、「一人称的な」人相学的価値へとさかのぼりうるのでなければなるまい。広い意味での「表現〔表情〕」がもつ開示力の大きさに注意を向けるならば、それは絶対に不可能なことではない。ベルクソン〔Henri Bergson　一八五九－一九四一。フランスの哲学者〕は、自由行為をめぐる有名な分析〔『意識に直接与えられたものについての試論』第三章〕のなかで、そうした行為や感情から哲学的反省が引き出せる最大限のものを見てとっている。すなわち、そうした行為や感情は、「その一つひとつのうちに魂の内実のすべてが映されているという意味で、それぞれが魂全体を表現している」〔DI109〕のである。ベルクソンに言わせれば、ある種の表現作用と「人格全体」のあいだには、「作品と芸術家のあいだに時折見出せるようなこの規定不可能な類似」〔DI129〕が存在するのである。ここで私たちの関心を引くのは、高次の表現力をもつこうした行為が本当に自由行為として探究されるものなのかという問題ではなく、そうした行為を通して開示される全体性に限られる。注目すべきは、性格とは一つの全体性であるが、その全体性は、表現による数々の告示を通してしか与えられないことである。ある種の感情はこのような意味で表現的なものである。「私たちはそれぞれみずからの愛し方、憎み方をもっており、この愛、この憎しみはみずからの人格全体を表現するものである」〔DI123〕。感情の「深さ」とはこのような全体的表現の力能にほかならない。「これらの感情は、十分な深さに達した場合には、それぞれが魂全体を表現する」〔DI124〕。性格――ベルクソンは人格と言うが――は、これらのうちのただ一つの感情においても、「それを選ぶ術《すべ》を知ってさえいれば」、全体として存在するのである。

適切に選ばれたただ一つの行為、ただ一つの感情によって顕現されるこの全体性は、動機づけの全体的領野と呼べるようなものである（ベルクソンは「幸福と名誉に関する私たちの個人的観念」〔DI128〕という美しい表現によってこれを示唆している）。動機づけの領野という観念はベルクソンの観念に比べると倫理的ではなく、より心理的な面をもっている。加えて、この観念には次のことを思いださせるという利点がある。すなわち、性格とは外側からたどることのできる肖像ではなく、高度に表現的な行為のなかの一つ、私自身のうちで生きられたり、他者のうちで理解されたりする深い感情のなかの一つと合致するなかで捉え直されるものだ、ということである。

その場合、性格の有限性とは何を意味するのであろうか。それは限定された事物ではなく、全体として見られた私たちの動機づけの領野の制限された開在性のことである。こうして私たちは、知覚のパースペクティヴに際して形成した開在性と有限性の弁証法を、表現を介して到達した動機づけの全体的領野へと適用する。性格について、別のところで私たちは自由の有限な様態と呼んだが、パースペクティヴの観念を迂回してきた今、性格は、全体として見られた私たちの動機づけ領域をパースペクティヴ的に方向づけるものして現れるのである。

開在性と閉鎖性が「魂全体」の次元でこのように結びつくというのは、次のように解しうる事柄である。私の動機づけの領域の開在性とは、私は原理的に、あらゆる人間があらゆる文化を通して形成してきたあらゆる価値にアクセスできるということである。私の動機づけの領野はすべての人間的なものへと開かれている。これが「およそ人間に関わることで私に無縁な事は一つもない」(訳23)という有名な言葉の意味である。私はどんな徳をなすことも、悪徳をなすこともできる。人間の用いる記号でまったく不可解なものはなく、まったく翻訳できない言語はなく、私の趣味がまったく及ばない芸術作品もない。私の人間性とは、私の外にある人間的なものに原理的にはアクセスできるということである。このことによって、すべての人間が私の同類となるのである。

私の性格とは、この人間性の反対物ではなく、ある場所から見られたこの人間性である。それは、一定の角度から見られた街の姿であり、偏った側からとらえた全体性なのである。アラン〔Alain（本名 Émile-Auguste Chartier）一八六八－一九五一。フランスの哲学者・評論家〕は人格における普遍的なものと特異なものの総合を誰よりもよく理解していたが、彼に言わせれば次のとおりである。「人間の身体においては、それがどのような身体であれ、あらゆる情念が起こりうるし、あらゆる誤謬が可能である。……ただしそれは、つねに各人の真似のできない生の方式によってである。悪人となる仕方、不幸である仕方は、地球上の人間の数だけある。だが、各人にとって、みずから自身の救いは、自分の肌の色、髪の色と同じく一つである」。(訳24)すべての人間はすべての価値にアクセスできると信じるべきであるが、それは各人に固有な側面からのことである。「各人」が「人間」だというのはこのような意味である。

それゆえ、私の性格自体を見てとることはけっしてできない。これは知覚の起点自体が知覚の対象にならないのと同じである。私が指向するのは、「みずからの」個人的な幸福観念、名誉観念ではなく、幸福「そのもの」、名誉「そのもの」である。「私の」性格は、私の動機づけの領野の原点として、私の特異なる実存の人間性のうちに含まれているのである。私はみずからの性格に外的な制限として出会うのでもない。私の性格とは私の生を外から支配する運命ではなく、人間としての自由を私が行使する独自の仕方のことだからである。私がみずからの性格を推察し指し示すのは、もっぱら暗示的な仕方で、自分はいかなる他人とも違うという差異の感情においてのことである。あるいはむしろ、私の同類とは違う、と言った方がよいかもしれない。他人とは私と似た人間でありつつ、私とは性格の異なる者のことだからである。私はある性格の特異性を、その普遍的人間性を抜きにしてとらえることができない。それは、知覚の視点がもつ狭さを、諸対象のパノラマへの開在性、さらにはその彼方の際限なき知覚可能性の地平への開在性から切り離せないのと同じことである。

性格とは、人間性へと開かれたこの「魂全体」の狭さのことである。私の性格と私の人間性が一体となることで、私の自由は、際限なき可能性と構成された偏向性を合わせもつのである。

この構成された偏向性という観念は、私たちが最後の一歩を踏み出すうえで助けとなるだろう。性格とは私を外から支配する運命ではない、と私たちは述べたが、それでもやはり、性格はある仕方によって運命である。まずは不変であること、次には受け取られ引き継がれたものであること、この二重の意味で、性格とは運命なのである。

性格を再び一つの事物へと還元することなく、この二つの「運命的」な側面を導入するにはどうすればよいのか。そのための助けとして、パースペクティヴという主題についての最後の反省を行なってみよう。

性格の不変性というのは、結局のところ、パースペクティヴの起点という観念のもっとも根底的で、いわばもっとも根源的な局面である。私たちは知覚の原点をみずからの視点と呼んだが、これはまだ真の意味での起点ではない。私はみずからのいかなる光景の起点をも変更することができる。そのためには動けばよいのである。しかし、私は場所を変えることはできても、性格を変えることはできない。私の動機づけの全体的領野の原点を変えるような運動はもはや存在しない。私のもっとも根本的な評価作用の起点を変える力をもつような精神の運動もまた存在しない。どれほど根底的な回心であっても、性格を変化させることはできないだろう。性格が変化するとしたら、私は「新たな存在」になるだけでなく、別の個人になってしまうからである。新たな星座を参照軸として、もはや通常の生に近い中間的な価値によって問い直されることのない新たな価値を核として、私の生が新たに方向づけられることはありうる。だが、それでもなお、アランが言っていたように、寛大になったり吝嗇《りんしょく》になったりするのは、同じ手と同じ髪をもつ私なのである。

こうして私は、私の視点の全変化の（本来の意味での）不動の起点、不変のパースペクティヴという観念に到達する。これが不変であるというのは、私がそこに「入る」こともできなければ、そこから「離れる」こともできないという意味である。まさにこのような意味で、私の性格は、私のすべての選択にとって、根底的に選択されることのない起点となるのである。

この不変なものとしての性格から、受け継がれたものとしての性格に移行することができる。

私は性格を変えることができず、みずからのパースペクティヴを選定することも否認することもできない。だとすれば、性格は不変であると言うだけでなく、私の実存という事実と区別できないと言わねばならない。みずからの性格を事実と呼ぶとき、私は何を言おうとしているのか。それは、私は記憶しているかぎり、すでにこのように人間の普遍的な条件への有限な開在性であった、ということである。意識に属し、私自身の選択において反復されるこの状況には、始まりというものはない。それは私が行なうあらゆる措定の措定されざる起点であり、すべての視点はそれを始点としている。私の性格はなんらかの措定に由来するものではないのである。

　ところで、私は生まれた者だと言うとき、私が言っているのもこれと別のことではない。私の誕生は、私の実存自体が一つの事実だという第一の事実を指している。私の誕生は、他の者たちにとっては一つの出来事であったが、私にとっては、みずからのもっとも遠い思い出よりもさらに手前へと逃れゆく極限である。それは、つねに先行する始まりであって、幼少期の私の言葉にならない記憶がそこへと沈んでいく先である。他の者たちには出来事であるものが、私自身に対しては、すでに生まれた者だというみずからの状態を示すのである。それゆえ、私の誕生は私の性格と別のものではない。私は生まれた者だと言うことは、私の性格をみずからが見出すこのようなものとして知らせることである。私の誕生が意味するのは「あったものであること〔ayant été〕」であり、それは現に実存している状態と一体になった過去を告示する。私の誕生とは、私の性格の〈すでに現にある〉というあり方なのである。

　この根源的な起点は、私がそれを私自身と対立させて対象として扱い、そのパースペクティヴの極《きょく》としての役割を忘れるならば、ただちに外的な運命性として、私の生に外からのしかかる取り消しえない命令という姿で現れてくる。そうして生まれるのが、先に肖像や性格学的方式と呼んだような性格の戯画である。しかし、運命そのものを一人称の実存の機能として発見するためには、性格をパースペクティヴとして解釈するという長い迂回路を経なければならなかったのである。

　だが、それに加えて、私の誕生が私に語るのは、受け取られたものとしての私の実存の姿である。すなわち、私の実存はそこに見出されるだけでなく、他の者たちによって与えられたものでもある。私は世界の内に置かれたのであり、私の両親から由来している。彼らは私の祖なのである。この贈与によって私はみずから自身の生を継承するのであるが、私はこれが何を意味しているのかを知らない。まさにここにおいて、対象化の眩暈《めまい》が私を襲う。自分の祖先たちをみずからの外にあるものと考えるとき、突如として、私の誕生は他の者たちのなかからの組み合わせとして現れるのである。そうして対象どうしの遭遇の領域に移されると、私の実存は、まずは偶然の、恣意的な、取るに足りない、ありそうにもないものとして現れ、次いでそのすぐあとには、あらゆる交叉の必然的結果、私の自由を全面的に疎外する遺伝的蓄積の担い手という姿をとる。遭遇の偶然性と結果の必然性との混合、それこそが誕生の運命となるのである。

しかし、みずからの自律的な企投のすべての起点に対する私の従属を告知するこの「遺伝性」は、先ほどの性格の場合と同じく、私がみずからの外に、またみずからの前に置くべきものではない。私の遺伝性とは他者から受け取られたものとしての私の性格であり、私の性格とは私の動機づけの全体的領野の根源的な方向づけであり、そして動機づけの領野とは人間性に対する私の開在性である。こうして、有限性のもっとも「運命的」な諸側面が、知覚のパースペクティヴを鍵として、狭さと自在性との弁証法において徐々に捉え直されるのである。

哲学的な理解は、客観的に認識されたものとしての遺伝性から出発して、知覚の光景の背後に主観的に見てとられたパースペクティヴへと進むのではない。それは、パースペクティヴの起点へと供せられ、開かれた光景から出発するのであって、この起点が情感的、実践的なすべての側面をまとって少しずつ豊かになっていった結果、不変かつ受け継がれたものとしての性格の概念に至るのである。そのとき、性格と遺伝性の運命はその意味を露わにする。すなわちそれは、人間存在の諸可能性の総体と開かれた私の自由に対して、事実的に与えられた狭さなのである。

2　幸福

ここまで意味とパースペクティヴ、言おうとすることと見ること、言葉と視点との「不均衡」を旋律核として、その変様と発展のすべてを追ってきたが、それらの到達点となるのが幸福と性格との「不均衡」である。そもそも「不均衡」自体は、反省の事実において証されていたものでしかないことを思い出しておこう。先に私たちは、人間の有限性とはそれ自体が認識され語られうるようなものであると述べていた。そして、それが語られうるのは、ひとえに発話自体がすでに視点を踏み越え、有限なパースペクティヴを踏み越えるものだからであった。

だが、パースペクティヴに対する発話の「不均衡」は、なお人間の不均衡の理論的な側面でしかなかった。今から私たちが表現しようとするのは、不均衡の全体的な性格である。

この全体化の試みにおいて、私たちは数々の中間的な行程を導きとすることができる。それらの行程は、有限性の諸側面を性格として全体化した際に私たちを導いたのと同じものである。

実際、幸福という術語によって私たちが指示するのは、踏み越えや人間的超越の一形態ではなく、踏み越えの全側面を全体としてとらえる指向である。アリストテレスは次のように告げている。「あらゆる技術およびあらゆる探究の道筋、同様にまた、行為と選択も、何か善いものを求めているように思われる。したがって、『それこそ善いものとは、すべてのものが求めているもの』と表明されてきたのもうなずける」[訳25]（『ニコマコス倫理学』第一巻第一章 1094a1-4）。だがその場合、人間の活動（τὸ ἔργον τοῦ ἄνθρωπον）（同 1097b24）を不可分な全体として問題にする必要がある。

さて、この「人間の活動」は、私が一挙に把握できないものである。〈意味〉という理論的な概念から出発して、これを徐々に組み立てていかねばならない。そうでなければ、私が幸福という名で指示するものは、「それを目指して残りのすべてのことを行なうもの」という最高善ではなく、「自分の全存在に途切れることなく伴っている生の快適」(訳26)〔『実践理性批判』A22〕（これはカントの言葉であるが、ここにこの言葉を引くのはいきあたりばったりではない）への漠然とした夢でしかなくなってしまう。要するに、幸福は全体性――意味と充足の全体性――ではなく単なる快の総和となり、カントの言う欲求能力の質料的原理となってしまうだろう。

それゆえ、幸福の全《まった》き意味を現し出させるためには、最初の素朴な幸福観念を還元しなければならない。この素朴な観念は、ばらばらに考えられた人間の諸活動を直接に分析した場合に出てくるものである。それらの活動が向かうのは、満足や苦痛の除去といった結果の意識であり、そこで行為は一次的な休息を見出す。この休息地点は彷徨する想像力によって際限なく延長される。想像力はこれを永遠化できると信じ、それを拡張し永続させるが、なお自己への愛着の際限なく有限なパースペクティヴのうちにある。幸福とはそれとはまったく別のものである。幸福とは有限な項ではなく、人間の指向の総体に対する幸福の関係は、知覚の諸指向に対する世界の関係と同じでなければならない。世界が事物の地平であるように、幸福はあらゆる点から見たときの地平である。世界はあらゆる点で地平となるわけではなく、事物に対する私の有限性や態度という一つの種類の有限性や態度に対応するものでしかない。世界という観念は一つの次元においてしか全体的ではない。それは事物という一つの種類における無限でしかないのである。しかし、「事物」とは実在全体から抽象されたものである。それゆえ、世界という観念を越えて、デカルトが意志について述べたように、私たちがそれ以上に広いものは思い浮かべることも経験することもできないような観念へと向かわねばならない。

この場合、反省の超越論的段階を省略し、人間の欲望可能性を直接に分析してもうまくいかない。そうした分析では、「人間の活動」が目指す完成の全体性を、成果を得た、計画をやり遂げた、困難に打ち勝ったというような、想像力によって延長された感情から区別することができない。それはアリストテレスによる幸福の分析からよくわかることである。アリストテレスは、幸福を人間の欲望の事実的な指向のうちに見る立場にとどまっている。彼は「幸福に関しては事実が原理となる」[訳27]と言うのである。だが、直接に心理的な反省を行なうだけでは、成就の全体性を単なる満足の総和から区別することができない。そこでは、「よく生きる」ことのうちになお、「もっとも好ましいもの」や「唯一の望ましいもの」が混在しているのである。

だからこそカントは、幸福を欲求能力の側に追いやり自愛と同一視して、道徳性の「原理」の探究から幸福を排除することから始めなければならなかった。「幸福とは、ある理性的〔存在〕者が、自分の全存在にとぎれることなく伴っている生の快適を意識することにほかならず、その幸福を意思〔選択意志〕の最高の決定根拠とする原理が自愛の原理である」(『実践理性批判』〔A22〕)。さらにまた、「幸福であるということは、理性的ではあるが、有限な〔存在〕者すべてが必然的に要求するところであり、それゆえこうした存在者の欲求能力の不可避的な決定根拠である」〔同 A25〕とも言われる。

だが、このように生の望ましい快適さと解された幸福をエポケーすることにより、成就の全体性としての真正なる幸福の問題が回復されることになる。

実際、問い尋ねるべきであるのは「欲求能力」ではなく、アリストテレスが人間の「活動〔エルゴン(ἔργον)〕」と呼んでいたもの、すなわち、不可分なものとみなされる人間の実存的企投である。人間の行為とそのもっとも広く究極的な指向を探究することによって、幸福とは個々の欲望を全うすることではなく、ある命運を全うすることだということが明らかになるだろう。この意味で、幸福とは全体であって総和ではない。この全体を地平として、数々の部分的な指向、私たちの生の個々の欲望が浮かび上がってくるのである。

だが、いかにして私は、総和という観念から全体という観念へと移行するのだろうか。部分的な志向の総和とは区別されたものとしての人間の活動をとらえ損ねるのは、その全体的な運動を理性の企投そのものへと、私のうちで全体性を要求するものへと結びつけられていないからである。[訳28] この全体性の要求としての理性〔同 A107〕によってこそ、私は最高善としての幸福を満たされた欲望の総和としての幸福から区別できる。「理性」が「求める」全体性とは、同時に人間の行為が「追求する」全体性でもあるからである。カントの verlangen（求める、要求する、請求する）はアリストテレスの ἐφίεσθαι（追求する、傾く、探す）の意味を超越論的に開示する。この「要求」は仮象のうちに見失われてしまうとカントは言う。だが、この仮象自体の管轄は、「事物の不変なるいっそう高次な秩序へのパースペクティヴ（Aussicht）であり、私たちは今やすでにその内にあり、今後は明確な諸指令によって、その内で理性の最高の使命に従ってみずからの実存を継続することができるのである」（訳29）〔同A107-108〕。この濃密で見事なテクスト——この「パースペクティヴ」、この「私たちがすでにその内にある秩序」、この理性の使命と指令に従った私たちの実存の継続——は、理性という意味の全体性の要求によって濾過されているが、幸福という名で私たちが探し求める充足の全体性ではなかろうか。たしかにカントはまだそれを幸福とは呼ばず、「純粋実践理性の全体的対象」〔同A108〕と呼んでいる。実践理性のこの「全体的対象」こそが、幸福の観念の取り戻しを要求するものである。道徳性の原理から排除された幸福の観念は、今や純粋実践理性の弁証論に属することになる。これは道徳性の完成と自由の終末論に属するということである。たしかにカント主義においては、幸福の観念が救いだされるのは、欲望の対象となる幸福としてではなく、それに値するものとしての幸福でしかない。この幸福の道徳化の重要性を過小評価せずに、幸福に値する徳によって幸福に付される道徳的な色合いよりも、徳だけでは理性の「全体的対象」に至らないことを示す理性の要求の方を際立たせることはできないだろうか。善が十全であり、完全であるためには、徳が幸福に値することよりも、徳に幸福が加わることを理性が要求することの方が重要である。「というのも、幸福を必要とし、また幸福に値しながら、にもかかわらず幸福に与《あずか》っていないことは、あらゆる力量を同時に兼ね備えるような理性的〔存在〕者の意志作用が完全であることとは断じて両立することができないのである。もっともこうした理性的〔存在〕者は試みに考えて見るだけのものでしかないが」（訳30）〔同A110〕。

有限なパースペクティヴ、みずからの身体への愛着、順応、惰性、性格である私は、「あらゆる力量を同時に兼ね備えるような理性的〔存在〕者の完全な意志作用」という理念を形づくることができる。あるいは、先に挙げたカントの別の表現を引けば、私は「理性の最高の使命」の担い手であり、この使命に従って「みずからの実存を継続」することができる。この完全な意志作用という理念、およびこの理性の使命によって、私の欲望のうちに無限の深さが穿《うが》たれる。それによって、私の欲望はもはや単なる快の欲望ではなく、幸福の欲望となるのである。

したがって、全体性の理念は、単に理論的思索のための規則ではなく、人間の意志作用のうちに住まうものである。それによって、この理念はもっとも極端な「不均衡」の起源となる。すなわち、人間の行為に働きかけ、性格の有限性と幸福の無限性のあいだに広がるような不均衡である。

この「不均衡」はどのようにして現れるのであろうか。すでに見たように、「性格」はけっして見られないものである。性格とは対象ではなく、起点である。私はみずからの性格の有限なるあり方にしたがって、人間的なものの全体へとみずからを開くのである。すべての人間的なもの――観念、信念、価値、表徴、作品、道具、制度――に私がアクセスできるのは、絶対に単独な一つの生の方式がもつ有限なパースペクティヴにしたがってのことである。人間のさまざまな表徴へと接近するとき、私が考察を向けるのは私の単独性ではなく、それらの表徴の人間性である。私の性格とは私の考察が始まる原点である。私がそれに到達するには、みずからの考察領野の狭さがある種の反省的な仕方で暗示されることによるしかない。

幸福が私の経験によって指し示されるのは、これとは別の仕方、正反対の仕方によってである。私はみずからの知覚の狭さを告げる数々の指標をとり集める――少なくとも他人の異論を通して――のと同じように、幸福へのみずからの使命を告げる数々の表徴をとり集める。表徴となるのは数々の特別な経験や貴重な瞬間であり、そこから私はよい方向に向かっているという確信を受け取る。突如として地平が開放され、無数の可能性が私の前に開かれる。そのとき、「狭い」という感情に弁証法的に応答するものとして、「途方もなく大きい」という感情が生まれるのである。

性格という観念を喚起した動機づけの全体的領野という概念に戻ってみよう。それが指し示すのは、その後に「人間の活動」や「実存的企投」と呼んだものの瞬間的断面にほかならない。そこで、動機づけの全体的領野は方向づけられた領野である、と言うことにしよう。性格とはこの領野の方向づけが始まる原点であり、幸福とはこの方向づけが向かう無限の終極である。このようにイメージすれば、幸福はいかなる経験のうちにも与えられないことが理解できる。幸福はもっぱら方向の意識のなかで指し示される。幸福はいかなる行為によっても与えられないが、幸福の方向は、私たちの生における数々の出会いのなかで、「出来事」と呼ぶことがもっとも適しているようなものによって示されるのである。テヴェナ〔Pierre Thévenaz 一九一三―一九五五。フランスの哲学者〕が思い起こさせるように、「『出来事』には意味のあるものしかない。出来事が出来事であるのは、それが意味であり、意味として認められるからである」[13]。幸福を告げる出来事とは、障害を取り除き、実存の広大な光景を開きだすものである。意味があふれ、過剰であり、途方もなく大きいということ、私たちが幸福「へと向けられている」ことの表徴はそのようなものである。

だが、理性が私の内で全体性を要求することがなかったならば、私がそうした表徴を見分け、それらを幸福の「超越的先取」[14]として読み解くこともなかっただろう。全体性を要求するのは理性だが、理性が要求する当のものへと私が向けられていることを確信させるのは幸福の本能であって、それは幸福を与えるというよりも、むしろ幸福の成就を先取りする感情として働くのである。全体性の次元を開くのは理性だが、この理性が私と無縁のものではないことを確信させるのは、幸福の感情のうちで感得される方向の意識である。それによって私は、理性が私の使命と合致し、私の使命のうちにあること、理性と私の使命はいわば等根源的であることを確信させられるのである。

3　尊敬

幸福と性格との総合はどこかに存在するのだろうか。もちろん存在する。その総合とは人格である。人格とは〈自己〉であり、対象の総合に相関する意識一般、すなわちカントの言う「私は考える」の「私」には欠けていたものである。

だが、この総合を所与のものとして、自己の自己に対する無媒介性のうちでそれ自身へと与えられたものとして考えるとしたら、大きな間違いを犯すことになるだろう。人格とはなお企投された総合であり、人格の理想となる課題を表象するなかで自身を把握するような総合である。〈自己〉は生きられるよりもむしろ目指されるものである。あえて言えば、人格はまだ〈自己〉の〈自己〉に対する意識ではないのであって、〈自己〉の理想の表象のうちでの自己意識でしかないのである。

即自かつ対自的な人格の経験は存在しない。

それゆえ、実践的総合についてもまた、理論的総合の場合と同じように事を進める必要がある。すなわち、まずは人格の人格性を形づくる新たな対象、表象され企投されたこの対象を支えとすべきであって、これは、〈理論的総合に関して〉私たちがみずから自身に対置する事物の構成を支えとしたのと同じである。そうして初めて、反省的に事を進めて、この人格の人格性の諸条件を探究することが可能になるのである。

このような反省的運動のうちで、人間の脆《もろ》さが私たちの前に二度目の登場を果たす。この脆さが現れるのは、実践的総合の遂行の場となる新たな「中間者」のうちで生まれようとする分離においてである。私たちの前に提示されるのは、「魂の奥底に隠された技」である超越論的構想力の場合と同様の分析である。それをなし終えたときには、過ちやすさの現象学は第二の決定的な歩みを遂げることになるだろう。だが同時に、この第二の歩みが最後の一歩ではありえないことも明らかになるだろう。というのも、この反省はなお形式的であり、超越論的な形式主義を免れても、実践的な形式主義、人格の理念の形式主義に与《くみ》することにならざるをえないからである。人格とは、まずは私がみずから表象し、みずからに対置し、みずから提示する企投であること、そして、この人格の企投は、事物の場合のように、ただし事物には絶対に還元されない仕方で遂行される「総合」であること、最初に確かめねばならないのはこのことである。

この企投は私が人間性〔人類〕と呼ぶものである。このように呼ぶのは、人間全員の集合体という意味ではなく、人間の人間的性質という意味である。個人をもれなく数え上げるということではなく、人間的なものを数え上げる営みを導き統整することを可能にするような、人間的なものの包括的意味ということである。対象性が事物の事物性であったように、人間性とは人格の人格性である。それは、人間存在と呼ばれるものの一切の経験的な現出を統整するべき存在様式であり、ハイデガーの用語で言えば、人間的「存在者」の存在論的構成である。

私が人間について考え、人間的なものを告示するとき、私が企投しているのはまさにこのような構成なのである。

人間-存在のこのような構成は、どこに存しているのか。実を言えば、私たちはすでにそれを知っている。というのも、私たちが性格と幸福という対照をなす二つの概念を形成できたのは、ひとえに人間を企投しており、この企投からそれらを抽出してきたからである。これは、意味とパースペクティヴという概念が、もっぱら事物を起点とし、事物に面して形成されたのと同じである。それらは、事物が私をその一面的な現出、その射映を通して触発するという面と、私が事物をその推定され、意味され、言われた意味の統一性において思考するという面を交互に考察することで得られた概念であった。

これと同様に、私たちが先に情感的パースペクティヴ、実践的パースペクティヴ、そして最後に性格の特異なパースペクティヴと呼んだものは、まさに人間という観念に面して現し出されたものである。性格とは、私があらゆる文化を介してあらゆる人間のあらゆる価値に接近できるようにする通路の狭さにほかならない。それゆえ性格についての反省は、人間的なもの全体への接近可能性として規定される動機づけの領野という観念を起点として初めて可能になったのだが、この観念はうまく主題化しにくいものである。アランとともに、私は「各人がみずからの法則とする真似のできない生の方式にしたがって」すべての悪徳とすべての徳をなしうると言うならば、その場合に私は、各人の特異性を措定する際に、人間というものを前もって措定していることになる。性格とは、外から見られた事物や肖像であってはならないとすれば、人間性への一つのパースペクティヴである。個々の特異な性格はたがいに異なるものであるが、その他性のうちに人間としての類似性が含まれているのである。

だが、性格と対極をなす幸福の極は、私にとって、人間の活動が目指す終極としてしか思い浮かべられないものである。人間の使命や召命という観念を形づくることがなかったならば、私は幸福の観念も形づくることはないだろう。先に見たように、人間の使命という観念は全体性の要求によって統整される。人間が意味の全体性を求めるからこそ、人間の欲望は意味と満足の全体性としての幸福へと向けられるのである。

このように、私はもっぱら人間という観念に面して性格と幸福について思考するのだとした場合、人間を思考することによって私は何を思考しているのだろうか。

私が思考しているのは、単純な形式ではあるが、一気に「総合」を命じるような形式である。

どのような総合なのか。対象性とは、私を受容性において触発しつつ現出しうると同時に、分節化された言葉によって規定されうるような実在性への期待にほかならなかったことを思い出そう。人格という形式によって私がみずからに提示するのは、まったく新たな種類の総合、すなわち、私の行為の目的であると同時に一つの実存でもあるようなものの総合である。目的とは、すべての手段と手段の計算がそれに従属するような終極であり、他の何ものにも従属しないような価値をもつ目的として、目的自体と言った方がよいものである。同時にそれは、一つの実存、むしろ現存として確認されるものであり、相互理解、交流、労働、社会といったさまざまな関係の相手となるものである。

この点については、カントのさまざまな指摘から教えられることが多い。カントは人格を〔道徳〕法則の単なる「範例」へと還元することに腐心しており、事物の総合と人格の総合との対称性をとくに考察したわけではないだけに、彼の指摘はますます啓発的なものとなる（人格の構成を道徳の支配下から解放しようとする私たちの努力がどのような関心に応えるものであるかは、のちほどわかってくるだろう）。カントは次のように言う。「理性的存在者は人格と命名される。なぜなら、理性的存在者の本性が、すでに理性的存在者をそれ自身が目的自体だとして、特別扱いするからである」[訳31]（『人倫の形而上学の基礎づけ』〔A428〕）。「人間は、ましてや理性的存在者は誰であろうと、それ自身が目的自体として実存するのであり、ただあれこれの意志が任意に使用する手段としてだけ実存するのではない」〔同 A428〕。さらに驚くべき表現で、人格の「総合的」な構成を印象的に表しているものがあるが、それによれば、人格の総合的構成とは「絶対的価値をもつ実存」であり、もっと言えば「客体的な目的、すなわち、それ自身の実存自体が目的である者」である。このように理性と実存が目的自体という理念において総合されているということが、カントが以上列挙してきたものからもっとも遠い命題、すなわち「理性的存在者はそれ自身目的自体として実存する」〔同 A429〕という命題において表明していることである。[訳32]

こうして、〈自己〉、すなわち人格としての〈自己〉とは、まずは志向において与えられるものである。人格を実存する目的として措定することによって、意識は自己意識と化すのである。この自己はまだ企投〔投射〕された自己であって、それは、私たちが「意識」と呼んでいたものの企投が事物であったのと同じである。〈自己〉の意識は、事物の意識と同様に志向的な意識なのである。だが、事物の志向が理論的志向であったのに対して、人格の志向は実践的志向である。それはまだ感得され充実されたものではなく、「存在すべき」ものである。人格とは「存在すべき」ものであり、人格にアクセスするただ一つの仕方はそれを「存在させる」ことである。これをカントの用語で言えば、人格とは他者を扱い自己自身を扱う仕方だということになる。それゆえカントは次のように命法を定式化する。「自分の人格のうちにも他の誰もの人格のうちにもある人間性を、自分がいつでも同時に目的として必要とし、けっしてただ手段としてだけ必要としないように、行為しなさい」〔同 A429〕。人間性とは、あなたも私も含めて人間たちを扱う仕方である。それはあなたでも私でもなく、あなたの内にも私の内にもある〈自己〉の実践的理想なのである。

したがって、人格とはまずは人格の理想であり、より正確には、理性と実存、目的と現存の「総合」であるが、そうであるなら、この理想からそれが構成される体験へとさかのぼりうるのでなければならない。

このような人格の総合が構成されるのは、カントが尊敬と呼ぶ特有の道徳的感情においてのことである。こうして、カントの実践哲学における尊敬の位置と、理論哲学における超越論的想像力とのあいだには、驚くべき類似性が存在することになる。対象の総合は超越論的想像力に由来し、超越論的想像力において悟性と受容性という二つの極が出会うのであるが、それと同様に、倫理的対象としての人格の総合は尊敬に由来するのである。いかなる「不均衡」によって、尊敬は脆い主観的総合となるのか。これからその点を見ていくことにしよう。

しばらくはカントとともに歩み、カントの尊敬分析の狭い道徳的なパースペクティヴを拡張する試みは、その後にとっておくことにする。(15)

超越論的想像力が悟性と感性の両方と質を同じくする第三項であったように、尊敬もまた逆説的な「中間者」であり、同時に感性と理性に属している。なお、ここで言う感性とは欲求能力のことであり、理性とは実践理性に由来する責務の能力のことである。想像力は対象における総合であったが、尊敬とは人格における総合の条件である。

実際、尊敬は逆説的な中間者である。超越論的想像力の場合よりも尊敬の方が、「魂の奥底に隠された技」だと言うのが正当だろう。尊敬の対象が人格の人間性であることは明白だが、尊敬自体は、カントがアプリオリな動機と呼ぶ不透明なものであり、けっして真の統一性を示せない対立項を結びつけることによってしか語れないものだからである。カントは、理性は欲求能力を除外する場合にのみ実践的であることを証明した。すなわち、「純粋理性はもっぱらそれ自体のみで実践的であり、人間に不変的法則を与える。そしてわれわれはそれを道徳法則と名づける」（『実践理性批判』A31）のであり、「純粋理性が実践的でありうるということにとどまらず、経験的に拘束された理性ではなくて、ひとり純粋理性のみが制約抜きに実践的である」（同A15）ということである。以上のことを示したあとで、理性は欲求能力に「影響する」かぎりでのみ実践的であることを確認しなければならない。

　その理由は次のように理解できる。すなわち、理性が単に「原則」であり「動機」ではないならば、判断し、評価し、断罪することはできても、行為を規定するには至らないだろう。そうした理性は実践的ではなく、道徳的な意味で批判的なものでしかないだろう。それゆえ、法則が行為の格率自体へと降りてゆき、自由意思の核に触れるのでなければならない。自由意思は法則によって直接に説得されるのではなく、『人倫の形而上学の基礎づけ』の文言によれば、「形式的であるアプリオリな自分の原理と、実質的であるアポステリオリな自分の動機とのちょうど真ん中にあり、いわば分かれ道に立つ」[訳33]（『人倫の形而上学の基礎づけ』〔A400〕）ものである。原則が実践的なものとなるのは、義務が意志を動かすかぎりにおいてのみであろう。そこに「原則」が「動機」とならねばならない理由がある。動機と呼ばれるのが、「ある存在者の理性がもともとその本性からして客観的法則にかならずしも適合しないときに、そうした存在者の意志を主体的に決定する根拠」（『実践理性批判』〔A72〕）だとすれば、そうなのである。

　したがって、尊敬の謎というのは、まさに理性と有限性との実践的総合の謎、つまりは第三項の謎である。一方では、理性は欲求能力に「影響する」のであり、だとすれば、理性によって産み出されるアプリオリな感情という観念を作り上げねばならない。その場合、理性は「〔道徳〕法則をみずからにおいて格率とするための動機」〔同A76〕となるのである。他方で、感性は理性へと「アクセスできる」ものとなる。この「アクセス」が欲望を打ちのめす強制として、傷として体験されることは、道徳主義者が前提する堕落の体制においては当然のことであり、カントの分析は理性からの影響の否定的な面を強調する。本質的であるのは、欲望の打倒によるこの情動を通して欲求能力が理性へと「高め」られ、そうして理性へと高められた有限性の核心で自己評価が生まれてくる、ということである。これは法則が「おのずから心に受け入れられる」〔同A86〕ことの証しとなるのである。「尊敬」の逆説的な構成は、超越論的想像力の構成の場合と同じく、実践的総合の支えとなるこの感情は反省されれば自壊してしまうものであることを示している。尊敬において、私は服従する臣下でありかつ命令する領主である。しかし、私がこの状況をイメージしようとすると、二重の帰属という形にならざるをえない。すなわち、「感性界に属するものとしての人格が、同時に叡智界に属するかぎりにおいて、それ自身の人格性につき従っている」〔同A87〕ことになる。この二重の帰属のうちに不調和の可能性が刻まれているのであり、いわば実存的な「断層」として人間の脆さを形づくっているのである。

以上、人格の概念が形成される場としての脆い体験を、カント主義の道徳の資源を用いて分析してきた。人格と法則の関係についてはカント主義に留保を与えることはできるが、だからといってこの分析の倫理的性格が根底から変容されるわけではない。他方、こうした分析は根元悪論に支配された悲観的な人間学に由来するものであり、それゆえ過ちやすさの人間学にはまったくふさわしくないのではないか、という反論は可能である。カントが尊敬の分析において前提し、道徳的領域から除外しているのは、すでに堕落した感性である。堕落の圏域で動く道徳哲学を過ちやすさの人間学へと援用するならば、悪循環に陥らざるをえないのではないか。ここで進めているような種類の探究のためには、さらに進んで、倫理的世界観に縛られた一切の人間学を退けることが必要になるようにも思われる。道徳主義者が出発点にするのは、善と悪の二元性がすでに形成され、人間が悪の側を選んでしまっている状況である。そこでは、人間が人間と戦い、人間が自己自身と戦う状況を始点として、和解、平和、統一といったすべての道徳的問題が立てられているのである。

これは強力な反論であり、カントは悪を感性そのものにではなく、法則と感性の優位性の順序を顚倒させる意志の格率のうちに位置づけたのだ、と答えて済ませられるものではない。というのも、倫理的世界観においては、そうした悪しき選択はすでになされてしまっているのであり、道徳主義者にとって、感性はそれ自体として悪の原理ではなくとも、貪欲や力能、栄光を求める情念によって変質した姿を示しているからである。それゆえ尊敬の分析は、「情念」の全理論が押しつける〈ロゴス〉と〈パトス〉の二元性によって押しつぶされるのである。

カントが括弧に入れたのは悪しきものとしての感性ではなく経験的なものとしての感性であり、感性の排除は道徳的批判主義ではなく批判の厳格さによって求められるのだ、と答えてもやはり十分ではない。たしかに、欲求能力の道徳性の外への排除をこのようにまったく「方法論的」に解するのはきわめて妥当なことだが、それが適合するのは『実践理性批判』の最初の局面、すなわち、道徳性の「原理」を立てる局面のみである。そこでは、理性的存在者一般において、実践理性の意志に対する規定能力が確立される。だが、「動機」の探究に対してはもはやこの解釈は妥当しない。この探究は理性一般ではなく有限な理性を前提し、それゆえ反逆する感性を参照しているからである。これは〔道徳〕法則の欲求能力に対する効果の分析に見てとれることである。すなわち、法則は「感性」を「打ちのめす」ことによってのみ「引き上げる」のであって、あくまで堕落した感性が前提されているのである。したがって、先の反論を根底的なものとして、カントだけでなく倫理的世界観全体に対する原理的な反論として受けとめねばならない。

次のように答えるしかない。私たちは、堕落したものを通ってしか根源的なものへと向かうことはできないのだ、と。逆から言えば、堕落したものは、それがそこから落ちてきた元のものを告知するのである。そうでなければ、根源的なものをめぐる一切の哲学は不可能であり、人間は堕落したとすら言うことができない。というのも、堕落という観念自体、なんらかの無垢の喪失への参照を含んでおり、無垢を十分に理解しているからこそ、それを堕落と名づけ、現在の状態を隔たり、喪失、落下として指し示すことができるからである。私が裏切りを悪として理解できるのは、信頼や忠実といった観念を尺度としてのことであり、この観念に照らして裏切りは悪だとされるのである。

それゆえ、方法論的に見れば状況は絶望的ではない。ただし、念頭に置いておくべきことは、人間の実践的実存の底に最初から広がる不均衡を解読し解釈するには、世界を堕落したものとみなす倫理的世界観、人間をすでに自己分裂したものとみなす倫理的人間観による二元論を経由しなければならない、ということである。問題は、倫理的な二元論を横切り、この二元論が感性を断罪する手前に戻ることによって、この二元論を可能にした過ちやすさの構造をあらためて見出すことであると言えよう。そうした形での遡行は、根源的な「実践的」次元を派生的な「倫理的」で二元論的な姿から取り戻すことだ、と言えるかもしれない。このように「倫理的」な二元性から「実践的」な不均衡へと動いてゆくことは可能だろうか。

これは可能であるだけでなく、「倫理的」な二元論を理解するために必要な動きである。こうした遡行の端緒はカント自身にも見られるが、私たちはそれを引き継ぎ、カントによらずに追究してゆかねばなるまい。

実際、法則から感性への通路がなかったら、いかにして法則は感性の思い上がりを「打ちのめし」、「へりくだらせる」ことができるというのか。この強制の根源、この屈服の起源にあるのは、理性が感性を純粋な仕方で規定し、〔理性の〕理性性が〔感性の〕欲求能力を捉え直して単なる自然以上のものへと高める営みである。尊敬が感嘆や崇高と親縁性をもつということが、ここで決定的な「類比」をもたらしてくれる。カントは努めて尊敬と感嘆を区別しているが、それでも「義務よ、汝崇高にして偉大な名よ」〔『実践理性批判』A86〕とルソー〔Jean-Jacques Rousseau　一七一二―一七七八。スイス生まれでフランスで活動した哲学者〕のように叫ぶときには、感嘆のようなものに場所を譲っている。こうして尊敬は、欲望における理性性への素地のようなものに根を下ろしているのであり、それは、デカルトの高邁が能動であると同時に受動であり、自由意思の活動でありかつ身体の深みの情動であるのと同様である。またそれは、経験を超えた世界との繋がりを被り享受するプラトンのエロースとも同様である。なるほど、堕落の体制——それは同時に倫理の体制でもあるが——においては、強制という尊敬の否定面を憧憬というその肯定面に吸収することはできない。だが、強制と憧憬は同じレベルにあるわけではない。強制が尊敬の心理的な外皮、外面的な体験であるのに対して、憧憬はその人間学的な根である。だからこそ、理性の諸法則から心情（Gemüt）への「通路」、法則から心情の格率への影響に対する視点の位置を占める実践理性の方法論は、倫理的二元論を乗り越えてさらに根底的な人間学へと向かう端緒を開くことになる。そして、この人間学を象徴するのが心情という術語である。心情とは理性が義務の表象として直接に「力」を及ぼす場であって、それ自身によって「選好」を担うことができる。「もし人間の本性がそのようにしつらえられて（geschaffen）いないとすれば、まわりくどい言い方や推薦の手立てによって法則をどのように提示したとしても、およそ志操〔心構え〕の道徳性をもちきたらすことはないだろう」〔同A152〕。このように人間の本性の成り立ちを引き合いに出すことで、「われわれの心のこの特質」、すなわち「純粋な道徳的関心を受け容れるこの感受性（Empfändichkeit）」〔同A152〕が明示されるようになる。道徳的な動機の影響を受けることができるというこの能力は、たしかに私たちが露わにしようとしている人間学的な根となるものである。だが、有限な理性の理論にとどまらず、心情の理論を作る必要があるだろう。『実践理性批判』〔の「結語」〕の例の呼びかけは、まさにそのような理論を呼び出すものである。「それを考えることがしばしばであり、かつ長きにおよぶにしたがい、つねに新たなるいやます感嘆と畏敬とをもって心を充たすものが二つある。わが上なる星しげき空とわが内なる道徳法則がそれである」〔同A161〕。感嘆と畏敬は、傷つけられた感性、打ちのめされた思い上がりの彼方に、あるいはその手前にある。それらは理性に対する感性の親縁性を証している。カントは以下のように続けている。「二つながら、私はそれらを、暗黒あるいははるか境を絶したところに閉ざされたものとして、私の視界の外にもとめたり、単に推し測ったりするにおよばない。それらのものは私の眼前に見え、私の実存の意識とじかにつながっている」(訳34)〔同A162〕。私の実存の意識と呼ばれるこの心情は、道徳法則に対する欲望の積極的な関係として私たちが探究してきたものであり、カントが別のところで人間に指令し規定する「使命（Bestimmung）〔定め〕」と呼んでいるものである。「私の価値をかぎりなく高からしめ」るこの使命、それが尊敬の根である。尊敬とは、「道徳法則による私の存在に見合った使命から（aus der zweckmässigen Bestimmung meines Daseins durch dieses Gesetz）」〔同A162〕発してくるものなのである。

だが、カント哲学はここで私たちを置き去りにする。カントの『人間学』は根源的なものの探究ではまったくなく、「情念」と倫理的二元論の見地から人間を記述するものである。

「倫理的」二元論の「実践的」土台となるようなこの心情への方向に進み続けるためには、尊敬の内的な二元性をパースペクティヴと言葉の二元性の延長上に置き直すしかない。後者の二元性は、堕落した感性や根元悪の考察に何も負っていないからである。実際、この反省的探究の参照軸となった対象性は、無垢でも罪あるものでもなく、根元悪の問題に対して中立的である。倫理的反省が善と悪、価値と無価値の対照性に支配され、すでに悪しき選択をした人間の記述に導かれているのとは異なり、超越論的反省は、対象性への対立や理性に対する感性の抵抗を一切前提としていない。そこでは、対象性とは無価値の対極にある価値ではなく、そのなかで何かが現出し規定される「自然の光」である。要するに、超越論的反省は一挙に根源的なもののレベルに身を置くのであり、堕落した状況を介して根源的なものに達する必要はない。だからこそ対象性は、倫理的二元性よりも根源的な「実践的」不均衡を探究し、根元悪になってしまっていないような制限性の原理を照らしだすための手引きとなりうるのである。

性格と幸福に関する先の探究は、すでにこの要求に応えるものであった。性格と幸福との「実践的」二極性は、あらゆる「倫理的」二元論の人間学的根となるものである。この二極性はいかなる堕落をも前提しない。有限性の全側面は有限なパースペクティヴという主題を起点としてとり集められ、無限性の全側面は〈意味〉や〈言葉〉の観念を起点としてとり集められる。したがって、超越論的想像力がそこで事物の形式が構成される隠れた総合であったように、尊敬とはそこで人格の形式が構成される脆い総合である、とすでに言うことができる。

さらに残る課題は、この尊敬の「実践的」契機の構成に引き続いてその「感情的」契機を構成していくこと、要するに、心情、すなわち感情そのものの生地を露わにしていくことである。

第四章　情感的脆さ

私の目の前の事物から始まる反省、および自我の理想としての人格から始まる反省。悲惨のミュートス〔神話〕やレトリックにおいて先取りされている人間理解に肩を並べるために、こうした反省的分析に欠けているものはなんであろうか。そうした反省に欠けているもの、それは感情の次元である。

実際、本書が出発点とした「悲惨」の理解はパトス的な理解であった。このパトス的なもの自体を哲学へと回収することは可能だろうか。まずはこれに背を向けること、これを払いのけ、還元することが必要であった。パトス的なものを断ち切って事物と人格を反省の参照項にするというのが、超越論的反省の作業であった。

最初は漠として不明瞭な情動でしかなかったものを哲学的問題に変容すること、それがこの形式主義のもつ力であった。だが、厳密さを獲得することは、豊かさと深さを失うことであった。この厳密さから出発して、当初の充実を取り戻すことは可能だろうか。すなわち、感情を排除し還元させた当のものから出発して、感情を理解することは可能だろうか。

この方法上の問題はもう一つ別の問題にも重なるが、それこそが根底的な問題である。すなわち、感情の哲学が可能であるならば、この哲学は人間の過ちやすさの探究に対していかなる関係をもちうるのか、という問題である。意識一般がそこで構成される対象の企投、自己意識が決せられる人格の企投のうちよりも、自我の感情のうちにより多くあるものとはなんであるのか。意識と自己意識のあとで、人間的な不均衡の新たな意味を開示するべく現れるのはどのような審級なのか。

すでに見たように、「不均衡」が現出したのは、もっぱら事物の対象性に面して、人格の人間性に面してのことであった。感情によって、とうとう私たちは不均衡が対自化する契機を手に入れるのであろうか。ここで再び出会うのが、テューモスに関するプラトンの貴重な考えである。テューモスとは人間の魂におけるすぐれて中間的な機能であり、ビオスからロゴスへの生きいきとした移行である。それは、欲望（エピチュミア）という生命的な情感性と、プラトンが『饗宴』でエロースと呼ぶ精神的〔スピリチュエル〕な情感性とを、切り離しかつ結びつけるものである。『国家』のプラトンによれば、テューモスとは、あるときには、理性のエネルギーや勇気となって理性とともに戦い、またあるときには、欲望を引き起こし、かき立て、たぎらせる力となって欲望とともに戦うものである。現代の感情理論は、このようなプラトンの直観に立ち戻ることができるだろうか。

それが可能だとしたら、過ちやすさの人間学の第三の審級は「心情」、すなわちGemütでありFeelingであると言わねばならないだろう。意識一般から自己意識へ、そして感情へと、あるいはそう言った方がよければ理論的なものから実践的なもの、そして感情的なものへと段階を経て進むことによって、哲学的人間学は、もっとも内奥の、かつもっとも脆《もろ》い地点へ向かって進んでいくことになるだろう。読者は覚えているだろうが、意識一般のもつ脆さの契機は、知性的かつ感性的な超越論的想像力であった。だが、この想像力は認識にとっての盲点であり、その相関者（事物）のうちへとそれ自身を志向的に越えていくものだった。それゆえ、発話と現れとの総合は事物自身のうちでの、というよりもむしろ事物の対象性のうちでの総合であった。

脆さの第二の契機は尊敬がもつ脆さであった。尊敬は自己の企投、人格の企投に対応しているが、その逆説的で不均衡な構成は、人格の表象へとそれ自身を志向的に越えていくものであった。この人格の表象もなお、ある種の対象的な総合、対象における総合だったのである。

だとすれば、「心情」はきわだって脆い契機だということになるだろう。心情は動揺を生じさせる。私たちは種々の不均衡が幸福と性格の不均衡に極まるのを見てきたが、それらの不均衡のすべてが心情において内面化されることになるだろう。

だが、パトス的なものに再び転落するのではなく、理性のレベル——レベルという語の本来の意味における——にまで、純粋なものや根源的なものに満足せず、全体的で具体的なものを要求するような理性のレベルにまでもたらされるような「心情」の哲学は、はたして可能なのだろうか。

私たちの探究を進めるべき方向は、先立つ反省の動き自体によって示されている。この反省はパトス的なものの還元によって成り立ったのだが、このパトス的なものは主題的な内容を何ももたないわけではなかった。それは言葉の領域にまったく無縁というわけではなく、ミュートスやレトリックという適切な言語をもってさえいた。このパトスがすでにミュートス、すなわち言葉であるならば、それは哲学の言説の次元で再建できてしかるべきである。ところで、このミュートスが語っていたのは、中間的な存在であることの悲惨、そのような形での根源的な磔刑であった。事物に関する超越論的でしかない反省も、人格に関する実践的な反省すらも、こうした主題を全面的に再建するには至らなかった。感情の哲学が可能であるとしたら、私たちがそうであるような中間的存在の脆さというのが、感情によって表現されるはずのものだからである。言いかえれば、「不均衡」のまったく超越論的な解釈と「悲惨」の生きられた試練との隔たりこそが、感情の哲学の賭け金なのである。

感情の哲学は可能かという方法上の問いと、「不均衡」の省察を感情の次元で成就できるかという根底の問いは、たがいに結びついている。

1　感情の志向性と内奥性

感情の哲学において人間学を完成することが可能であることを確証するには、認識することと対比しつつ、感じることの普遍的機能を反省してみればよい。実際、感じることの意味が現れ出るのは、認識することと感じることとの相互的な発生においてである。そうした相互発生の外に立って考えているかぎり、感情とは、情感的調節、規則を乱す情動、内的情感の状態、漠たる直観、情念といったさまざまな部分的機能をカバーする語でしかない。たがいに促進しあう動きのなかに置き直すと、認識することと感じることとはたがいに「説明しあう」ものとなる。一方で、認識能力の階層化によって、感情には真の意味でさまざまな度合いが生まれ、それによって感情は本質的な混沌から引き出される。他方で、そうしたすべてのレベルにおいて、感情は認識作用の志向を産み出す。感じることの統一性、Fühlen, feeling の統一性は、〔認識との〕こうした相互発生において形成されるのである。

感じることと認識することのあいだのこうした相互性は、かなり単純な志向的分析を介して確立できるものである。問題となる感情のレベルの違いはしばらく無視しておき、感情が自我と世界のあいだに立てる「水平的」な関係だけを考察するとき、私たちは、愛と愛すべきもの、憎しみと憎むべきものとの関係とは何を意味するのか、と問うことができる。私たちが「水平的」と呼ぶこの関係は、感じることと認識することが指示する実在自体のレベルの違い——事物への愛、人格への愛、価値への愛、存在への愛、等々——を無視しており、それゆえきわめて抽象的であらざるをえない。だが、このような抽象性は、感じることの全様態を統一する志向的構造を前もって探究しておくうえでは好都合である。

注目すべきは、この志向的分析はただちに「アポリア」に行き着くということである。愛や憎しみといった感情が志向的であることは疑いない。感情とは「何か」を——愛すべきものや憎むべきものを——感じることである。だが、それはかなり奇妙な志向性であって、事物や人格、世界の上に感じ取られる質を指し示す一方で、私が内的に触発される仕方を開示し露わにする。この逆説は人を当惑させるものである。同一の体験のうちで、志向と情感、超越的指向と内奥性の開示とが合致するのである。さらに言えば、まさしく世界の上に感じ取られる質を指向することによって、感情は触発された情感的自我を顕現させる。感情の志向的側面が消えると、その情感的側面もただちに消えてしまうか、少なくとも言葉にできない暗闇へと沈んでしまうのである。感情が文化の言語で表現され、伝達され、形にできるのは、ひとえにその指向、すなわち感じられるものという「相関者」への乗り越えのおかげである。私たちのもつ数々の「情感」は、それらが展開する世界の上に読み取られるのであり、この世界は情感の種々相や陰影を反映しているのである。

　それゆえ、感情の志向的契機を排除すれば、同時に自我の情感的契機も排除されざるをえない。だが他方で、感情の相関者を対象と呼ぶことはためらわれるし、このためらいは正当なものである。憎むべきものや愛すべきものは、事物の上に重ねられる「指向」ではあるが、終わりなき観察が求められる対象のような固有の存続性をもっていない。それらは質でしかなく、世界の内で現出するためには、知覚され認識された対象に「基づけられ」ねばならない。事物の表象的契機から切り離せないというのが、こうした志向的相関者の特徴である。それらは志向的相関者ではあるが、自律性をもつことはない。それらに意味の中心、対象性の極、言ってみれば実在としての実質性を提供するのは、知覚され認識された対象であり、愛すべきものや憎むべきものというのは、それだけでは浮遊した形容語にすぎない。それらは指向され意味されたものである以上、たしかに意識の「内」にはないが、外部性の契機をもっていない。外部性の契機をもつのはあくまで知覚されたもの自体である。知覚されたものは基礎的な延長性を含んでいる。この延長性によって、事物は私たちの外に置かれるとともに、いわばみずから自身の外に置かれ、部分どうしの外在性と排除性によって延長され、顕現されるのである。それゆえ、愛すべきものや憎むべきものを世界の光に照らすためには、観察される事物や現存する人格の助けを借りることが必要になる。

外在性の契機よりもさらに根本的なこととして、感じられたものには措定的な契機が、現実存在への自然な信が欠けている。知覚の特性は、色、音、匂いといった感覚質を介して、存在する事物、存在者を意味することである。感情はそのような意味で措定的ではない。感情はそれが指向するものが存在することを信じず、存在者を措定することはない。そして、存在者を措定することがないからこそ、感情は私が触発される仕方、私の愛と私の憎しみを顕現させるのである。ただし、あくまでこれは、事物や人格、世界の上へと指向された愛すべきものや憎むべきものを介してのことである。

感情の逆説とは以上のようなものである。いかにして同じ体験が、事物の側面を指し示しつつ、この側面を通して自我の内奥性を顕現し、表現し、開示することができるのか。

これを照らしだしてくれるという点できわめて啓発的なのが、感じることと認識することの相互性である。認識の営みは、その対象を外在化して存在のうちに措定するがゆえに、客観と主観を根本的に切断する。認識は対象を「引き離し」て自我に「対立」させるのであり、要するに主観と客観の二元性を構成するのである。それに対して、感情は世界への関係の顕現として理解され、いかなる二極性や二元性よりもさらに深い、世界に対する私たちの共犯性、内属性、帰属性をたえず回復してくれる[16]。

世界に対するこのような関係は、対象における二極性にはけっして還元できず、名づけることはできてもそれ自体として捉え直すことはできない。たしかに私たちは、これを前-述定的、前-反省的、前-対象的、あるいはまた超-述定的、超-反省的、超-対象的と呼ぶことができる。しかし、私たちが主観と客観の二元性のうちで生きており、私たちの言語がこの二元性に教育されたものである以上、この関係には間接的にしか到達することができない。

このように感情は対象化を補償するものと考えられるが、この感情の理解は以下のようにして進められる。感情とは、前‐対象的で超‐対象的な関係が顕現される特別な様式であるが、それだけではない。行動心理学が傾向や緊張、衝動と呼ぶのは、世界に対する同じ関係を作用と反応の言葉で表現したものである。傾向に対する感情の関係を理解するというのは、同時に世界に対する関係を、行動と体験の二つに分裂した言語で表現されたものとして理解することである。行動の対象的方向と感情の指向とは同一の事柄にほかならず、感情とは感じられたものとしての行動の方向にほかならないことを理解していれば、私たちは傾向も感情も両方とも理解できるだろう。そして、一方を通して他方を理解することで、感じることと認識することの相互性というより深い相互性の理解を進めることになるだろう。

事物の上に情感のアクセントをつける指向を通して、感情はさまざまな傾向がもつ志向性を顕現させる。愛すべきもの、憎むべきもの、容易なもの、困難なものとは、私たちの欲望が「それに向かって」近づき、「そこから離れて」遠ざかり、「それに対して」戦うものなのである。

これは私たちの反省全体にとって試金石となるテーゼであり、立ちどまって考察するに値するものである。感情に対して、私たちはみずからの存在の躍動を照らし、世界の諸存在との前‐対象的、超‐対象的な結びつきを照らす開示作用という特権を認めたが、この特権は二つの種類の抵抗に出会う。行動心理学からの抵抗と深層心理学からの抵抗である。

行動心理学の主張によれば、「体験」は行動の意識された領域でしかなく、あくまで行動の一部門である。それゆえ、全体的な意味を展開するのは行動の全体であり、そこから行動の沈黙した側面にも意識された側面にも部分的な意味が与えられることになる。この主張に対しては、感情とは全体のなかの部分ではなく、全体に対して意味を与える契機である、と答えねばならない。〈…を欠いている〉、〈…へと傾いている〉、〈…に達する〉ということ、また〈所有する〉ことや〈享受する〉ことの意味は、まさしく情感的体験によって顕現するものである。実際、行動心理学にしても、均衡や不均衡、緊張や緊張解除といった隠喩的概念を用いて作業せざるをえないのだが、そうした隠喩は有用である。それらはできあがった経験を挑発し、経験的結果の数々を一貫した見通しのもとにとり集めるものであり、一言で言えば、よい作業概念になるものである。だが、物理的な事物という他の実在領域から借りてきた隠喩は何を意味するのか、それは何の隠喩なのだろうか。行動心理学では、概念の内容よりも実験の生産性が重要なので、こうした問いを回避することができる。だが、衝迫や緊張とは何を意味するのか、と問われるやいなや、別の探究領域に助けを求めねばならなくなる。そして、緊張や衝迫が心理的な性格のものであり、その類比物としての物理的モデルと異なるのは、その解決を志向的に先取りするという際立った特性によってのみであることに注目しなければならなくなる。物理的緊張は最終的な解決を先取りとして含むものではない。目標はその始まりにも、その展開のうちにも、志向的に現存していないのである。まさしくここで、エネルギー的隠喩が志向的分析に交代し、後者が前者を隠喩として救うことになる。心理学者は衝迫という語で語り続けることができ、またそうしなければならないが、みずからが何を言っているのかをわかっていない。あるいはむしろ、暗黙の志向的分析のおかげでそれを知っているとも言える。この志向的分析によって、心理学者はみずからのエネルギー的な言語の用法が隠喩でしかないことを暗に想起させられるのである。

感情とは、それゆえ「緊張」や「衝迫」に暗に含まれる志向が顕現したものにほかならない。感情による緊張の志向のこうした顕現は、物理的な由来をもつ隠喩を心的なものの隠喩として救いうる唯一のものであるが、それだけではなく、行動心理学が感情に認める「統制的」な役割を正当化しうる唯一のものでもある。というのも、傾向が事物の述語へと投ずる指向を明示することによって、感情は行為に対して数々の客観的なシグナルを提供でき、行為はそれらを頼りにみずからを統制できるからである。傾向を外部へと「表現」し、世界の外観自体にさまざまな誘発性を投射することによって、感情は傾向の「役に立つ」。事物の側の質として私たちに現出するのは、傾向の契機、位相、状態が顕現したものである。こうした顕現を通して、傾向はみずからの位置する場所

――欠乏、途上、満足というような――を告げる。こうして志向的分析は、行動心理学と二者択一の関係にあるのではなく、むしろ行動心理学を全面的に正当化するものとなる。「動機づけ」の首尾一貫した概念を作り上げ、行為に対する機能的意味や統制的役割を感情に与えようとする心理学の一切の努力は、志向的意味作用への反省によって解明され、基礎づけられるのである。

だが、深層心理学の方からは、次のような反論が出てくるだろう。すなわち、体験された感情は生の外見的な意味を与えるだけであって、特別な解釈学によって潜在的な意味を解読しなければならない、という反論である。この潜在的な意味は実在する意味でもあり、表に現れた意味はその徴候でしかないのである。感情とはあらゆる仮面、偽装、神秘化の場所である。これはフロイト〔Sigmund Freud　一八五六－一九三九。オーストリアの精神科医・精神分析の創始者〕以前に、ラ・ロシュフーコー〔François VI, duc de La Rochefoucauld　一六一三－一六八〇。フランスのモラリスト文学者〕やニーチェ〔Friedrich Wilhelm Nietzsche　一八四四－一九〇〇。ドイツの哲学者〕を通して知られていたことではないか。なるほどそのとおりである。だが、こうした観察は、感情が傾向を顕現させるという事実を崩すどころか、むしろそれを確証するものである。というのも、偽装とはなお、顕現が経る転変だからである。外見的な意味への懐疑の道をどれほど進むことができ、また進むべきであるとしても、意味するものの次元に数々の衝迫を導き入れるのは、ほかならぬ感情なのである。感情とは志向性を開示するものである。開示するものが偽装するものでもあることは、事態に複雑さを加えはしても、「なされること」を「感じられること」に結びつける根本的な顕現の関係から何も取り去りはしない。まさしくこの理由によって、潜在的な意味というのは、よりよい意味の探究として、外見的な意味の解釈でしかありえないことになるだろう。無意味やナンセンスもなお意味の次元のうちにあり、感情はこの次元のうちで動いている。意味の解釈学は、意味するところの少ない意味から意味するところの多い意味へと動くことを常とするのである。心理療法家がこのような意味の解釈に従事するときに望むのは、より真正な仕方で体験される新たな意味を受け入れさせることだけである。この新たな意味によって、生の志向的実在性がより真実味のある仕方で顕現されることになるだろう。

今や私たちは、感じることと認識することの弁証法をその広がり全体においてつかむことができる。私たちは表象によってみずからを対象と対置するが、それに対して、感情は実在に対する私たちの接合性、すなわち数々の選択的調和や不調和を証示する。そうして私たちは、「善い」とか「悪い」といった形で、実在の情感的像をみずからのうちに携えるのである。生き物はみずからに適する善いものや適さない悪いものに対して相互適応の関係をもつが、スコラ哲学にはこれを表現する見事な語があった。すなわち、私たちの存在と諸存在とのあいだの本性的共通性（connaturalitas）の絆ということが語られていたのである。この絆は、私たちの傾向的生の全体において沈黙のうちに遂行されている。それは、私たちのあらゆる情感のうちで意識的かつ感性的な仕方で感得されているが、認識の対象化する動きとの対照において初めて、反省的に理解されるものである。ゆえに、感情を規定することができるのは、二つの動きの対照を通してのみである。すなわち、私たちが自身から「離れ」、みずからに対象や存在を「対置」する動きと、それらの対象や存在を「自己化」し、なんらかの仕方で内面化する動きとの対照である。

こうして、感情が認識や対象性の冒険と絡みあいながらも、なぜ反省に対して先述のような逆説的な志向的組成として現れなければならないのかがわかってくる。それは、愛すべきもの、憎むべきもの、望ましいもの、おぞましいものといった感情の情感的相関者、感じられた質が、対象化によって形成された諸事物の上に投射されるものだからである。こうして、感情は対象の役割を演じるかのように見える。だが、感じられた質は主観に面した客観ではなく、世界との不可分な絆を志向的に表現するものである以上、感情は同時に魂の色合い、情感としても現れる。風景が微笑みかけ、私は愉しく感じる。感情はこの風景への私の帰属を表現し、風景はそれと引き換えに、私の内奥性の表徴、暗号となるのである。だが、私たちの言語はすべて対象性の次元において作られたものであり、そこでは主観と客観が区別され対置されているために、感情はもはや逆説的に記述されるしかない。すなわち、志向と情感の一体性、世界への志向と自我の情感の一体性として記述されるしかない。だがこの逆説は、感情の神秘を指し示す標識にすぎない。感情の神秘とは、私の実存が欲望と愛を介して諸存在、さらには存在へと不可分に結合しているという事態なのである。

志向と情感との一体性は対象性の言語において表現されざるをえないが、この言語に欺《あざむ》かれるやいなや、私たちはこの一体性を裏切ってしまう。そして、私たちは二重の仕方でみずからを欺き、誤ることがありうる。感情のうちには事物のもつ対象性の様式は見出せない。そこから私たちは、感情は「主観的」であると言う。そうして感情の志向的次元を見失い、認識の対象性と感情特有の志向性との関係を歪曲してしまう。感情の志向性を求心的な動きに還元し、それを観察の、知と意志の遠心的な動きに対立させることはできない。さまざまな感情の指向を顕現させるかぎりにおいて、感情の動きもまた遠心的である。さまざまな指向を顕現させるかぎりでのみ、感情は私自身を触発されたものとして顕現させる。この点をはっきりと留保したうえでなら、深さを感情固有の次元とすることができる。感情の深さとは志向性の反対ではなく、表象に固有の対象化の反対である。表象は距離を置くものであり、触覚による探究の場合でさえ、表象は触れた印象に結びつける意味単位を「切り離して」くる。それに対して、感情は近づけるものである。感情によって対象は私に触れてくるが、それは完全に対象的とは言えない対象である。本物でない感情は表面的である。真の対象は距離をもち、真の感情は深い。真の感情は私たちに触れ、ときには私たちを貫き通す。大きな喪失による内なる傷のように。

これとは逆に、感情特有の志向性を正当化しようという配慮によって、私たちは感情に対象を、あるいはのちに価値と呼ぶ準‐対象を付与する。たしかに私たちは、すでにある種の現代の心理学者たちとともに、あえて「誘発性（valence）」という語を用いたし、スコラ哲学者たちやデカルトとともに、愛と憎しみの志向的対応物をあえて「善い」ものや「悪い」ものと呼んだ。すなわち、適したものと適さないもの、なじみのものと疎遠なもの、同類のものと敵対するものであり、それらを頼りに私たちはみずからの行為を統制するのである。そうした「誘発性」、そうした「善い」ものや「悪い」ものの不在や隔たり、現存に応じて調節される。実際、感情はトが言うように、愛、憎しみ、欲望、希望、絶望、恐れ、大胆は、「〔われわれの感官を動かす〕対象がわれわれに利害を与える仕方、あるいは一般に対象がわれわれに関係する仕方の多様さによって」（『情念論』第一部第五二項）数え上げられるのである。志向的分析によって進むことができるのは、善いや悪い、適しているや害になるといった形容詞（さらには誘発性、重要性、有害性のように実詞化された形容詞）までであり、それ以上ではない。価値の概念を導入すると、目下の私たちの分析を超える二つの操作が動きだしてしまう。ここではそれらの操作については言及しないでおこう。「善い」や「悪い」に対して施した「還元」を最後まで進めて初めて、価値という語を口に出すことができる。つまり、右で述べた意味での善いもの、誘発性、有害性に還元を施さねばならない。この還元は、たしかに形相的還元と呼ぶことができ、事物の誘発性を括弧に入れ、今ここでの善いものや悪いもののアプリオリとなる本質を精神の前に出現させるものである。加えて、これらの本質が価値と呼べるものになるのは、選好の順序に従って相互に参照しあう形で把握されたときのみである。このアプリオリな選好が、誘発性に相対的な値打ちを与え、それを価値として開示するのである。愛の秩序（ordo amoris）を参照軸として、本質への還元を行ない選好的な直観を働かせること、それが価値という語を用いることを許す条件となる。だが、それらは精神の作用、おそらくは唯一かつ同一の精神作用であり、本質的かつ選好的な唯一かつ同一の直観であろうが、それに固有の本性を尊重するなら、感情とは呼ばずに選好的直観と呼ぶのがふさわしいものである。諸事物の上に感得される〈快いもの〉や〈快くないもの〉は、まだなお価値ではない。本質へと還元され、選好的な見地から他の諸価値と突き合わされて初めて、それらは価値となるのである。感情は、そうした還元と選好的な見地の手前にあって、数々の「善い」ものや「悪い」ものを指向するのみである。それらはなお偽りの実詞であり、私たちの情感の志向的表徴を示すものでしかないのである。

2 「生命性ニオイテ一重、人間性ニオイテ二重ナル人間」

感情が生の指向するものを顕現させ、私たちの生を世界へと向ける数々の傾向の源泉を開示するものであるならば、それは人間的現実に関する単に超越論的な理解に対して独自の次元を加えるはずである。逆に、感情の意味が顕《あら》わになるのは認識の対象化作用との対照によってのみであり、私たちがみずからに対置する実在を内在化することが感情の一般的機能であるならば、感情の到来はかならず認識の到来と同時的である。こうして、認識の不均衡は感情の不均衡に反映されると同時に、感情の不均衡において成就されるものであることが理解できる。それゆえ私たちは、認識することと感じることを合わせて反省することで、本書の中心主題に直面することになる。すなわち、感じることは認識することと同じように、認識することに比例して二重化するが、とはいえその二重化は、認識することとは別の仕方で、対象的な様式ではなく内的葛藤という様式で行なわれる、ということである。

実際、感じることと認識することの発生は二重の方向性をもっている。一方で、対象の理論は感情の混沌に差異化と階層の原理を導入する。先の分析をなおとりまいていた無規定性と抽象性が、対象の理論によってとり払われるのである。実際、愛と愛すべきものの関係をめぐる先の分析では、問題となるのが事物なのか人格なのか、理念、共同体、あるいは神であるのかを明確にせずに反省を行なうことができた。感情へと内在化されることで、対象への関係は諸傾向の序列を表し、内奥性における感情を差異化するようになる。したがって、感情と認識の相互発生がもたらす第一の利益は、愛と愛するもの一般とのあいだの水平的な分析を、諸対象の度合いによる感情の度合いの垂直的な分析へと導くことである。こうして感情の広がりとその内的な不均衡が現出するのである。

逆に、対象のなかに埋もれていた不均衡の意識化が成就するのはまさに感情においてである。ここまで「理論的」領域と「実践的」領域にその生きた意識を探し求めて見出せなかった〔不均衡の〕中間「項」は、ついに感情の生において反省されるのである。不均衡をめぐる私たちの反省の全体がそこに収斂する一点、いわば不均衡の場所であり結び目であるその一点とは、まさにプラトンがテューモスと呼び、感性的欲望たるエピチュミアとエロースを固有の欲望とする理性とのあいだに位置づけようとした情感的結節点である。それゆえテューモスにおいて、人間の欲望可能性の内奥の葛藤が先鋭化される。その意味で、テューモスこそがすぐれて人間的な感情なのである。

したがって、これから私たちがとる行程は明らかである。まずはエピチュミアとエロースという両極端へと赴き、理性の広がりに準じて感情の広がりを理解しよう。続いて中間項であるテューモスへと立ち返り、感情の脆さによって全体としての人間の脆さを理解することを試みよう。

感情の広さとその「不均衡」とは、それゆえまずは認識に関わる一連の不均衡である。対象をめぐる全反省は、パースペクティヴ的指向と真理の指向という二つの指向の主題を軸として組織されていた。人間は、このものを今ここで把握すること、すなわち生きた現在の確実性と、全体の真理における知の成就への要求とのあいだにまたがる存在として、私たちの前に現れたのだった。臆見と学知、直観と悟性、確実性と真理、現前と意味など、この根源的二元性をどのように名づけようが、言説の哲学に先立って知覚の哲学を行なうことは禁じられる。知覚の哲学と言説の哲学とを一緒に作っていき、一方と他方をともに、一方を介して他方を作っていかねばならないのである。

さて、認識の不均衡の観念と同時的であるような感情の根源的「不均衡」という観念は、感情の心理学が古い「情念論」から引き継いだ先入見に真っ向から衝突することになる。ストア派からトマスを経てデカルトに至る数々の情念論の土台になっていたのは、少数の単純で基本的・原理的な情念から出発し、単純なものから複雑なものへと徐々に進んでいくことですべての情念を導出できる、という考えであった。これまで私たちが行なってきた反省の全体は、それとは逆に、そうした形で複雑な感情を合成していくことを断念させ、単純な＝一重の（simple）ものからではなく二重の（double）ものから、基本的なものからではなく両極的なものから出発するように促している。生命的欲望と知的愛（ないしは精神的歓び）との根源的不均衡がなければ、人間的情感の固有性は完全に取り逃がされてしまう。人間の人間性は、人間と動物に共通とみなされる諸傾向（と情感的状態）の層にさらに一段階を加えることで得られるものではない。それは二極間の高低差であり、最初から両極的な情感的緊張の差異であって、その両極のあいだに位置づけられるのが「心情」なのである。

　以上が作業仮説であるが、これをどのようにして検証すればよいのか。私たちが提案するのは、欲求や愛、欲望の動きを終わらせる情感とは何かを問いたずねることである。実際、情感の動きには二種類の終点があることを示すことができる。一方は、個別的、部分的で有限な活動や過程を仕上げ完成させるもの、すなわち快である。他方は、人間の営み全体を完成させるもの、一つの命運、使命、実存的企投の終点となるものであり、それは幸福ということになるだろう。幸福といっても、もはやこれまで性格と対置してきた空虚な理念としての幸福ではなく、幸福の充溢、すなわち至福のことである。それゆえ、これら二つの終点、二つの達成、二つの完成のあいだの内的な不一致が、エピチュミアとエロースとの二極性の最良の表現となる。というのも、この「目的」の二元性こそが、「運動」や「欲求」の二元性を動かしかつ統制し、人間的欲望を内的に分割するものだからである。

　快に対しては、先に有限なパースペクティヴに適用したのと同じ批判をあてはめることができる。その際に示したのは、パースペクティヴがパースペクティヴとして認知されるのはそれを踏み越える真理の指向においてのみだということであった。快の場合も事情は同じである。快を快として、快にすぎないものとして開示するのは、快とは別の情感的指向なのである。これはすでに、感情の二重化する力能において見てとったことである。私は喜ぶことに苦しみ、苦しむことを喜ぶことができる。そうした第二段階の感情によって情感性が階層化されるのだが、そこにはすでに、快にみずからを関わらせ、快を参照して行動するという感情の能力が現れている。こうした情感的二重化は、快の原理に内在したある種の批判を予告し開始するものであり、その批判をひそかに動かしているのは幸福の原理である。この批判自体は、まだ思考されたものというより感じられたものであり、単なる快における不満のようなものである。それだけでは幸福の表徴、約束、前触れにはならないだろう。

さて、こうした情感批判は、道徳的な批判、道徳化する批判、快を悪の側に追いやる批判から区別するのが難しいものである。そこには落ちてしまいかねない罠がある。だがここで、立て直しを試みるべきは、幸福による快の踏み越えと別物でないような情感的次元に固有の批判である。そのような批判の鍵は、悪意ではなく善意に、アリストテレスが『ニコマコス倫理学』で称賛した快の完全性に目を向けることによって初めて見出される。幸福が踏み越えるのは快の邪悪さではなく、まさしく快の完全性である。それと引き換えにしてのみ快の有限性は顕現されうるのであり、この有限性は、到来した一切の邪悪さよりもなお根源的なものなのである。

それゆえここではアリストテレスがよい導き手となる。それ以前の伝統においては、快は「生成」、「過程」、「限度のない」逸脱、結局は一種の実存の不幸とみなされていたが、アリストテレスはそうした伝統のすべてに強く抵抗した。快が完全であるのは完結するからである。快は途上にあるものではない。「快はなんらかの全体であり、いかなる時点においてそれをとらえても、それがより長い時間生じた場合、その形相が完成されるようになることなどないからである」(『ニコマコス倫理学』第一〇巻 1174a16-17)。

だが、快の完全性は有限な完全性である。快はもっぱら瞬間のうちにあり、ひとときのはかないものである。それは、快が享受によってそれを所有していることを示す数々の善と同じである。だから、快の完全性とは部分的な完全性であって、全体的な命運という地平から浮かび上がってくるものである。快の根源的な無垢は脅かされた無垢であり、この脅威の原理となるのは地平-作用という構造なのである。人間の行為は、幸福の享受をもたらすような自足した全体性――それが至福というものであろう――を目指すと同時に、目立たぬ数々の作用のうちでの有限な実現をも目指す。後者のような行為の実現は、数々の「結果」において、成功や快の意識によって認可されるのである。快にとどまるならば、活動の動態がその場に固定され、幸福の地平が隠れてしまうおそれがある。

快の完全性は別の意味でも有限である。快の有限性は身体的生に刻印されている。アリストテレスが完全性としての快の理論を構築するために選んだのが、快い感覚の例、より正確にいえば見ることの快という例であるが、これによって証示されるのは、快とは私が世界の内へと有機的に根を下ろしていることを際立たせ確証するものだということである。私を貫く生を私が慈しむという愛着、私自身がそれであるところのパースペクティヴの中心、これを讃美するのが快である。こうして快の完全性自体が私を生に固着させることになる。というのも、快の完全性が示すのは、生きることはさまざまな活動のうちの一つではなく、他のあらゆる活動の実存的条件だということだからである。快は「まずは生きる」のだと嬉々として主張することで、「次に知を愛する〔哲学する〕」ことの延期をほのめかし続けるのである。とはいえ、快は幸福と同じく完全なものである。快とは瞬間における幸福の形象である。だが、そのように幸福を瞬間のうちに凝縮するからこそ、快は〈生きること〉を称揚するなかで、行為することの力動性をとめてしまいかねないのである。

快それ自体を悪とみなしたすべての哲学の間違いは、生へと固着するこの自然的な傾向を実在的で現実的、かつ先行的な堕落と混同してしまったことである。快の完全性は、時間的にも機能的にも二重の意味で有限であるが、それは感情の地平を閉じふさぐ恐れをもつにすぎない。邪悪さに至るには、さらに選好という特有の行為が必要である。アリストテレスが「悪徳」として語る「自制の欠如と無抑制」とは、「情念（パトス）」ではなく行為（プラクシス）なのである。そしてこの行為は第一の場合は「意図して」、第二の場合は「熟慮して」なされる。快がビオス、つまり「一種の生」となるためには、悪人はその快を「すべてのものよりも好む」のでなければならない。その場合、悪人はそれに引きずられていくが、それに身をゆだねたのは悪人自身である。すなわち、幸福の地平を見えなくする盲目化も、意志の発動を妨げる強制も、悪人自身の所産なのである。堕落は意志的なものであり、それと相関させることで、私は根源的な享受とはどのようなものでありうるかを理解する。それは魂の墓などではなく、生の瞬間的な完全性なのである。

快の有限性は最初から悪しきものではない。それゆえ、幸福を快の彼方にあるものとして開示する情感批判は、単なる快の否定ではなく、快を捉え直し再肯定するものである。驚くべきことに、アリストテレスは快をめぐるみずからの言説を二つの「トポス」のどちらに置くかで迷い、徳と悪徳、自制と無節制という特別な対概念の解釈への心理学的導入として扱ったかと思えば（『ニコマコス倫理学』第七巻）、幸福の最低次のものとして扱ってもいる（同第一〇巻）。快とは、単なる生のレベルに停止し、私たちをそこにとどまらせうると同時に、あらゆる度合いの人間的行為に応じて弁証法化し、完全な快であるような幸福と一体化するところまで至りうるものなのである。

快自体のうちにはこのような弁証法が働いており、それゆえ快は生命意志や生のエゴイズムの暗闇に追いやられることはないのであるが、この弁証法は形容詞と実詞、すなわちヘードゥ（ἡδύ）とヘードネー（ἡδονή）の弁証法によって描き出される。フランス語ではヘードゥをl'agréable（快いもの）、ヘードネーをplaisir（快）と訳したために、鍵となる事柄が見失われてしまった。快いものとは快それ自体であり、「快くさせる（le plaisant）」ものは行為に固有の弁証法の標識となる。快いものという形のもとで、快は行為のように階層化される。それゆえ快は、芸術作品の知覚においては感性化され、過去の記憶においては内在化され、消費や遊戯の心地よさにおいては動態化され、学習や努力の快としては力動化され、友愛の快においては他人へと開かれる。さらに、快くさせることの快、快を断念することの快、犠牲の快というものさえある。これらの快の変容のすべてを快と呼ばない理由はまったくない。快とは妨げられない活動の成就だというアリストテレスの黄金律は、すべての快の段階を統一するものである。「快はその活動を完全なものにするのである以上、それぞれの人がまさに欲求している生きることもまたやはり完全なものとするのである」（同第一〇巻 1175a15）。

だが、純粋なる完成である快いものは、快へと実体化されると感性的で身体的な模像へと堕してしまう。快の静態性は、活動つまりは快いものの動態性を鈍らせる方向に傾く。快は力動的効果、すなわち快いものの牽引力によって活動を開始し増大させる力をもつが、そこから微妙な仕方でこの静態性が生じてくるのである。すでにアリストテレスは、ある活動のなかで手に入れる快が、他の活動へと向かう妨げになることを指摘していた。「笛の愛好家は、誰かの吹く笛の音に耳を澄ませたりすると、話し声に注意を向けることができなくなる」（同第一〇巻 1175b6）。こうして快は、自由に動ける領域を狭めることによって、他のさまざまな活動を「阻害する」（同第一〇巻 1175b23）のである。快いものはさまざまな活動に続いて生じ、自由な働きを開くことへと向かう。だが、快は一つの活動を特別視し、自由な働きを閉じる方に向かいがちである。こうして快はみずからが表現する当の活動に対する反動となる。〔他の〕快の排除は〔他の〕活動の排除に反映されるのである。

こうして快いものが快へと実体化され、幸福の意識が成果の意識に閉鎖されるからこそ、幸福の問題系を立て直すためには、快をなんらかの仕方で留保することがどうしても必要になる。形容詞としての快である快いものを無限化するならば、幸福を再発見することができるだろう。だが、名詞としての快の閉鎖性を打ち破らねばならない。だからこそアリストテレスは、幸福の観念を構築する際、快の観念にも快いものの観念にさえも直接基づかずに、活動とその力動性の原理自体にさかのぼるのである。幸福とは「他のもののゆえに選び取るに値するもの」ではなく、「それ自体として選び取るに値するもの」なのである（同第一〇巻 1176b4）。幸福の究極的な志向性は、活動に伴う快いものではなく、活動それ自体のうちに読み取られるものである。それゆえ、幸福の根底的な意味を現しださせ、快自体を肯定し直すことができるように、快をなんらかの仕方で「留保」することが必要なのである。

このように快をひとまず留保することによって人間的行為の力動性と階層性を立て直し、最終的には究極的な快いものを見出そうとする営みは、すでにプラトンが『ゴルギアス』でのカリクレス〔Καλλικλῆς 紀元前四八四－？古代ギリシアの政治家・哲学者〕との有名な論争のなかで行なっていたことである。[訳35] カリクレスはソクラテスに対して「より善い」快と「より悪い」快（『ゴルギアス』499b）を区別する可能性を認めたが、快の批判を可能にしこの批判を開始するためにはそれだけで十分である。すなわち、「あらゆる行為の目的（テロス）〔τέλος〕」である善が、暗に価値の尺度として、少なくとも生〔βίος〕がそうであるような具体的な尺度の原理、基礎、要求として、「人生いかに生きるべきか」（同 500c）の様式として導入されているのである。こうして、善なるものと快いものという分割は、快いもの自体を差異化するための道具となる。快いもの自体にははっきりとした秩序はない。それぞれの事物のアレテー〔ἀρετή〕〔徳〕は、「秩序」からの帰結としての「規律によって整えられ、秩序づけられていること」に存しているのであり、「それぞれのものに固有なある秩序が、それぞれのもののなかに生まれてくるときに、存在するもののそれぞれを善いものにする」（同 506de）。そうであるなら、種々の卓越性、アレタイ〔ἀρεταί〕は、まさしく「善いもの」の名のもとで階層化されることになる。こうして、「秩序をもつ魂」（同 506e）が情感の弁証法の導きの糸となるのである。

快を「留保」することによって快いものの根源的な広がりを立て直し、快いもの、すなわち形容詞としての快を幸福そのものと一致させること、それこそが「徳」をめぐるギリシア的教説の志向である。『ゴルギアス』の見事な箇所で、プラトンは「善」や「卓越性」、「秩序」といった概念を徐々に組み立てていき、「そなわっている〔適している〕」という概念を介してギリシアのパイデイア〔παιδεία〕の古典的な徳――節制、思慮、正義、敬虔、勇気――を次々と見出していくが、これは今日に至るまでのすべての「徳論」の端緒である。卓越性という第一の意味でとらえるならば、「徳」とは活動全体の志向性を保持する批判的な概念である。種々の「徳」は、さまざまな行為の卓越性を指示し区別することで、活動を究極的な持続する全体へと向け直す。とくに節制は快の善用に直接関わるものであり、活動にその自在性と開放性を取り戻させる。節制とは快の実践的な「エポケー」であり、そのおかげで選好の力動性が再び流れを取り戻すのである。みずからの快の主人である者は、みずからの行為において自由であり、幸福へと開かれている。これこそが、「幸福とは徳に基づいた活動である」(『ニコマコス倫理学』第一〇巻1177a11)という、道徳的説教によって凡庸化されてしまった命題の意味である。実際、もっとも根底的な意図における快の批判とは、結局のところ、幸福を卓越した快として正当化するための長い迂路である。「したがって、カリクレスよ、その思慮節制のある人というのは、いまぼくたちが見てきたように、正しくて、勇気があって、そして敬虔な人であるから、完全に善い人なのだ。しかるに、善い人というのは、何ごとを行なうにしても、それをよく、また立派に行なうものだ。で、よいやり方をする者は仕合せであり、幸福であるが、これに反して、劣悪で、そのやり方の悪い者は不幸である、ということは万々まちがいないのだ」(『ゴルギアス』507c)。

さて、「善い」人間の「卓越性〔徳〕」に関する反省を通して立て直されたこの幸福は、結局のところ、快いものの最高形態である。善いものの階層性とはそれを完成する快いもの自体の階層性である。善いものに対する快いものの関係は、遂行された生の機能に対する快の関係に等しい。すなわちそれは、快の類比物として体験され感得されるような完成なのである。最終的には、実体的な快をエポケーした果てにあらためて見出される快が、形容詞的な快、すなわち快いものの極致としての幸福だということになる(『ニコマコス倫理学』第一〇巻1177a23)。

以上のことが、悪をめぐる反省、〔道徳〕法則に対する感性の敵対や義務の強制をめぐるすべての反省に先立って、私が理解する事柄である。さらに言えば、カント的な意味での「情念的なもの」としての快の理解も、快の根源的な使命、すなわちすべてのレベルでの人間的活動においてとらえられる「善いもの」を成就するという機能を起点としてのみ得られるものである。そして、快いという情感の広がりが「徳」に関する反省という迂路を通って理解されるというのが真実であれば、それらの徳もまた、一切の頽落に先立って、人間の力能や機能の開花や成就として、つまりは強制や否定ではなく全体的な肯定として理解されることになる。義務とは悪の関数であり、徳とは人間の「使命（Bestimmung）」や「所業（ἔργον）」の一様態、その差異化された形態である。徳とは一切の頽落に先行し、禁止し強制し悲しませる一切の義務に先行する、人間の肯定的本質なのである。

幸福が快への批判的主題として働いた、以上の情感の弁証法の終極において、幸福と性格の弁証法という狭い枠のうちで形成された幸福の観念は、実存的パースペクティヴの特異性に対置される全体性の要求として、一つの理念でしかなかったことが明らかになる。この理念が広大な情感的意味によって豊かにされると、今後は快自体のもっとも卓越した形態となる。このような批判を通して快が階層化されることで、幸福の理念はそれまで欠けていた情感的な充実性を得ることになる。幸福の理念とは最大の快なのである。

感情の生がもつこのような広がりは、幸福と快の省察からギリシア人たちが見てとったものであるが、現代の心理学は別の道からそれを再発見する。一方で、生命的な感情の心理学は、情感の機能的な規整に関する研究から豊かな内容を得てきた。他方で、精神的な感情の哲学は、存在論的と呼べる感情についてのあらゆる省察から豊かな内容を得てきた。私たちは一方を捨てて他方をとるのではなく、むしろ現代の思想によるこの二重の招待を活用して、快と幸福の古代の弁証法を更新する手立てとすべきである。

妨げなく遂行された行為を「成就」する快の「完成」は、今日では規整的機能と呼ばれるものにあたる。現代の心理学者たちは、情動的な混乱や他のあらゆる形の規整の乱れの感情に結びついた告知機能の有用性を際立たせようとするが、そうした努力はすべて、快を情念と解して道学者的に貶《おとし》める者たちに対するアリストテレスの戦いを引き継ぐものである。

感情の規整的性格を復権させることは、快と快の瞬間における完成を正当化したアリストテレスが引き起こしたのと同じ当惑へと導くがゆえに、いっそう人を驚かせるものとなる。というのも、感情が機能的な観点から正当化されるのは、生物学的で文化的な環境に対する適応という見方にすぎないからである。感情は、緊張が解消される道程のどこに私たちが位置しているかを示すシグナルとなる。感情のさまざまな様態やニュアンスは、なんらかの不均衡から新たな均衡を求めて発動される行為の諸局面の標識となるのである。この場合、感情とは生きているものの均衡回復の関数であることになる。すなわちこの過程での感情の役割を理解することが、感情を理解するということになるのである。

　このように感情に機能的で規整的な役割を認めるならば、そこからさまざまな困難が生じてくる。まずは、感情の規範性、いわゆる所与の環境への適応という観念をもっとも一般的な前提とすること自体が問題となる。他のすべての問いはこの適応観念への疑いから導かれる。すなわち、緊張、解消、並行、再適応といったすべての概念は、人間の心理学においていかなる妥当性をもつのか、といった問いである。これは、少し前に触れたこうした隠喩自体がどのような価値をもつのかという問いの繰り返しではない。まさしくそれは、動物の心理学において妥当性をもつ適応の図式を人間学に移し置くことの権利に関わる問題である。こうした拡張に対しては批判が求められるが、まさにそうした批判の原理を、私は快と幸福とのギリシア的な弁証法のうちに見出すのである。

　実際、この拡張は不当なものではない。その発見的で説明的な価値は、適応を旨とするこれらの概念によって現実の人間の状況が記述されるのでないとしたら、不可解なものとなるだろう。しかし、それらの概念が記述するのは、まさしく人間的欲望の存在論的使命の忘却と隠蔽として特徴づけられるような状況である。そこでは人間の状況が還元され単純化されて、文化的なものが生命的なものの模倣と化すまでになっている。実際、厳密に適応という基準によって正当化できるのは、周期的に働く生命的な機能のみである。そこにはみずからの緊張の有限なる解消が含まれているからである。とはいえ、同じような状況でも、私たちがそこに身を置くあり方は多様である。ある種の職業的な活動を行なうには、私たちの人格性から一部を切り取り、それをいわば労働へと適応させるだけでよい。このように特定の課題によって限定された地平においては、調整はなお有限であり、有効性の規範を尺度とすることができる。これは強い意味での抽象であって、それによって人間は有限な終極をもつ生命的な機能と等価な状況に身を置くことになる。だがこの等価性は一時的なものである。人間はそうした抽象が作りだす数々の境界を踏み越えることができるからである。人間がみずからの生を有限な課題の遂行を超えたところに置き、みずからの労働をあくまで生きる糧を得る手段と考えるやいなや、こういった踏み越えが起こる。そのとき、人間の欲望はその労働を超えていく。労働は彼にとってみずからの糧、閑暇、生命を保つための社会的代価にすぎず、彼の欲望はそれを通して得られるものへと向かっていくのである。

　ましてや、私たちが担うべき社会的「役割」に含まれる課題がより不分明になり、はっきり確定された尺度によって測られないようになればなるほど、適応観念の規定はますます不明確になり、その基準もますます不正確になっていく。もはや成功という曖昧な仕方では、課題を成し遂げたとは感じられなくなる。社会のなかに場所を占めているという感情は、ある職業が必要とし可能にする生のレベル、とりわけ生の種類と同じくらい複雑である。そうした価値評価には人格性のあらゆる側面が含まれている。実際、職業は経歴〔キャリア〕という姿をとり、そこで私たちはみずからの要求のレベルを上げることができる。それによって、経歴はより「開かれた」ものにも「閉じた」ものにもなる。こうして私たち自身が、社会的課題によっては一義的には決定されない数々の不均衡の起源となる。私たちの調整を条件づけるのは環境ではない。私たちの調整のある部分は、人格全体から展開される要求によっても規定されるのであり、私たちの要求のレベルには人格全体が表現されているのである。こうして私たちは、規範によって規定された課題という観念から、社会と主体の人格性との結合によって規定された要求のレベルという観念へと移行したのであり、それによって、均衡、適用、調整といった観念のまさに中核に、それらを使えなくしかねない不正確さの要因を招き入れたのである。

　しかし、たいていの場合、私たちはみずからを対象として扱っている。労働と社会生活とはそうした対象化を必要とする。私たちの自由自体がそうした社会的な定常性を支えとしており、そこから私たちは馴染みの実存を得てきている。このように、現代心理学の諸概念の妥当性をもつための条件は、私たち自身がみずからのうちに作りだすものである。それらの概念は、自分自身を適応させる人間に対して適応されるのである。

だが、このように対象化された実存によって――ここでは「物象化」とまでは言わず、「物象化」についてはのちに語ることにするが――、人間の根本的可能性のすべてが尽くされるわけではない。認識作用がもつ広がりにあらためて導きを求めることで、それに対応する感情の広がりを露わにすることはつねに可能であり、感情を適応心理学が傾く規整作用と同一視することは原理的には避けられるのである。

人間の生、労働、そして知性さえもが、問題を解決するためだけのものだとしたら、人間を全面的かつ根底的に適応の語彙で定義できるだろう。だが、人間とはより根本的には問題を立てる者、問いを開く者であって、それによって、労働、所有、権利、閑暇、文化といった体制に人間を無批判的に適応させようとするこの社会の土台自体が問い直されることにもなる。

問いかけのもつこの破壊力こそが、閉じた調整、有限な適応という企図そのものに向けられるすべての批判の糧になるのである。

まさしくここにおいて、動機づけの心理学は分裂をきたし、哲学および、哲学における快と幸福の弁証法と遭遇することになる。情感的な規整という現代の観念が、アリストテレスによって快は完全な活動自体を成就するとされる古代の快の理論の延長上にあるのに対して、精神的とか存在論的と呼ばれる諸感情をめぐる省察の方は、プラトンの「エロース的なもの」の延長上にある。そして、このエロース的なもの自体、ソクラテス的な「幸福主義」の一つの側面でしかないのである。実際、ソクラテス的な運動のうちでは〈善〉と〈存在〉の概念にはさまざまな違いがあるが、それでもソクラテス的なものがつねに描こうとするのは幸福な人間の肖像なのである。

だが、理性の哲学なき感情の心理学は盲目である。情感の混沌において幸福の指向と快の指向を区別するのは理性であり、しかもカント的な意味での理性、全体性の要求としての理性である。幸福は理性と同じ広がりをもっている。私たちが幸福に与《あずか》り得るのは、理性が「ある制約されたものが与えられると、それに対して制約の絶対的な総体を求める」（『実践理性批判』「弁証論」冒頭）ものだからである。私が理性によって「要求」するのは、行為によって「追求」し、感情によって「憧憬」するものである。こうして、本書の〔第一冊〕第一章では意味、言葉、動詞を問題にし、第二章では幸福の空虚な理念として実践理性が登場したが、それらは感情において対応する契機を予告していたのであり、その契機は〈心配〈訳36〉（souci）〉の閉鎖性のうちでの情感的な開けということになるのである。

カントのあの見事なテクストを思い出そう。そこでカントは道徳性の原理としての幸福を拒否するところから出発して、すべての弁証論と超越論的仮象の根元に、私たちが「今やすでにその内にあり、今後は明確な諸指令によって、その内で理性の最高の使命に従ってみずからの実存を継続することができる」ような「事物の不変なるいっそう高次な秩序へのパースペクティヴ（Aussicht）」を見出したのである。このテクストは、理性と感情の相互発生ということが何を意味しうるかをよく理解させてくれる。

一方では、全体性への開けとしての理性こそが幸福への開けとしての感情を産み出す。他方で、理性は感情によって内在化される。私は感情によって理性に帰属するのであり、それゆえ感情は理性が私の理性であることを露わにする。プラトン的な言い方をすれば、私たちはイデアの種族に属しているのであって、存在へと向かうエロースは、同時に存在をみずからの〈起源〉として想起する。カント的な言葉を用いれば、理性とは私の「規定」であり「使命（Bestimmung）」であって、「その内で私がみずからの実存を継続できる」志向だということになる。要するに、感情は実存と理性の同一性を露わにし、理性を人格化するのである。

単なる形式論に陥り、感情が露わにするものの肝心な部分を取り逃がさないようにするには、さらに次のように言う必要があるだろう。右で言及したカントのテクストでも、問題になっていたのは「今やすでにその内にあり、……その内で……みずからの実存を継続することができる……秩序」であった。すでに〈…の内〉にあるというこの意識、この根源的な〈内ニ在ルコト（*inesse*）〉によって初めて、感情は全面的にそれ自身となる。感情とは人格における実存と理性の同一性以上のものである。感情とはまさに実存の存在への帰属であり、理性とはこの存在を思考するものなのである。

先に私たちは、主観と客観の二元性に感情において対応するものを、漠然と先取りして志向性と情感性の同一性と呼んだが、まさしくここでそれが全面的に姿を現すことになる。感情において、私たちは主観と客観の二元性を補償するものを認めたのであった。感情なき理性は二元性のうちに、隔たりのうちにとどまる。感情が証するのは、いかなる存在であれ、私たちが存在に属しているということである。この存在は〈全《まった》き他者〉ではなく、私たちが実存を継続する場となる環境であり、根源的空間なのである。

私たちを存在の内にあらしめるこの根本的感情、このエロースは、さまざまな帰属感情へと種別化され、それらによっていわば図式化される。これらの「精神的〔スピリチュエル〕」な感情は、有限な仕方ではけっして満たされることがなく、私たちの情感的生全体の無限の極をなしている。この図式化は二つの方向に行なわれる。一つは数々の「私たち」への間人間的な参与の方向、もう一つは「イデア〔理念〕」という超人格的な課題や所業への参与の方向である。第一の方向によれば、根本的感情はあらゆる様態のフィリア〔友愛〕へと図式化される。〈内ニ在ルコト（*inesse*）〉は〈共ニ在ルコト（*coesse*）〉という姿をとるのである。歴史的に組織されたいかなる共同体、いかなる経済、いかなる政治、いかなる人間の文化によっても、人格たちがもつこの全体性の要求、私たちがそこにおいて在る〈国〉、「その内でのみみずからの実存を継続することができる」ような〈国〉への要求が汲み尽くされることはない。感情の無限性はこの点において顕現するのである。存在のこうした間人間的な図式自体は、もっとも遠い者のさまざまな形での迎接ともっとも近い者への親近性とに枝分かれする。だが、私は遠い者と近い者を切り離せないように、諸人格への友愛をイデアへの献身と切り離すことはできない。すべてを包み込むのは、人格どうしの関係のうちでさまざまな姿をとるフィリアの弁証法であり、隣人の二つの顔〔遠い者／近い者〕と二つの帰属とのより広い弁証法がこれに対応するのである。「私たち」への帰属と「イデア」への帰属、この二つによって、存在全体への私たちの内属が顕現されるのである。共同体にその意味内容を与え、絆と目標をもたらすような創造的なテーマに与っているという意識がなければ、間人間的な参与が可能になることはない。「私たち」と「友愛」の成長に対して意味の地平を与えるのは、つねにイデアなのである。愛しつつイデアへと参与すること、それはすぐれて叡智的で精神的な感情である。そこでは他のどの場合よりもはっきりと感じられるのは、理性とは私たちとは異なるものではなく私たち自身であり、私たちは理性に由来するのだということである。

以上、存在論的感情を手短かに図式化してみたが、これを通して、私たちは〈心情〉と〈心配〉の二極性と呼べるような事象へと接近する。「心情」は、今しがた存在論的感情の「図式」と呼んだものの起源であると同時にその象徴でもある。そこには相互人格的な〈…と共にあること（*être-avec*）〉の図式だけでなく、超人格的な〈…のためにあること（*être-pour*）〉の図式や〈…の内にあること（*être-dans*）〉の図式も見出される。ここでは〈心情〉はつねに〈心配〉の対極として現れる。〈心情〉は本質的に自在なるものであり、つねに身体や生の吝嗇《りんしょく》と対立する。〈心情〉の超越性が破局的な状況において劇的な形をとるのが犠牲である。犠牲が生の極限において証するのは、友のためにみずからの生を投げだすのと理念のために投げだすのは同じことだ、ということである。犠牲によって、友愛と献身（忠誠）という二つの帰属図式が本質的には同一のものであることが明示される。他人に対する友愛の関係は理念に対する献身の関係と同じであって、二つが合わさって、「その内でのみ私たちが実存を継続することができる秩序への」パースペクティヴ（Aussicht）となるのである。

存在論的感情の「図式化」を以上のように考えれば、おそらく、存在論的感情という概念そのものにつきまとうさまざまな困難を解決することができるだろう。第一に、ここで言われる感情は所有物であるよりむしろ約束であると考えれば、存在論的な志向ないしは主張をもつ感情が数多くあるからといって、存在論的感情という観念そのものが無効宣告されることはなくなる。存在論的感情とは与えるよりもむしろ先取りするものである。すべての精神的な感情は幸福へと向かう移行なのである。すでに述べたように、幸福は数々の「表徴」によってのみ表示され、それらの表徴には性格という観点からしか接近できない。それゆえ、幸福に類型論があることはまったく矛盾ではない。個人にとって、自分が完成へと向かっていると感じる仕方はいくつもあるからである。表徴のうちにとどまりそれを楽しむ者もいれば、実存する力能が増大することの方に敏感で、その喜びを体感する者もいる。みずからが勝利することをあらかじめ想像し、それを味わい歓喜する者もいれば、柔らかに心満たされて大いに感謝する者もいる。実存の重荷を解かれて心が軽くなったと感じ、あらゆる脅威から護られて、高次の煩《わずら》いなさ、不動の平安と平和を味わう者もいる。幸福とは、これらすべてが同時に、つねにあるということなのだろう。以前に多様な性格によって統制される類型論として現れたものは、今では、私たちがそこでみずからの実存を継続できる秩序を最初にどう把握するかに応じて、多様な形の図式化として現れる。ある状況では、人間どうしの絆が強調され、理念よりも人格に注意が向かうが、別の状況では、理念を介した絆が強調され、感情は〈大義〉のために苦しむ能力として現れるのである。

おそらく感情の「図式化」というこの観念によって、「イデア」にも「私たち」にも帰属しない存在論的射程の感情も説明できるだろう。それはまさしく不定形の感情であり、調子、気分（Stimmungen）、雰囲気的感情などと呼ばれてきたものでもある。そうしたもののいくつかは、幸福の類型論の際に名前を出しておいた。享受、歓び、歓喜、平安といったものである。おそらくこうした感情の深い意味は、「図式化」された感情と関係づけることで明らかになるだろう。それらの感情は右の図式化を埋め合わせるものであり、その不定形な性格によって、特定の感情によって図式化される根本的感情、すなわち存在に対する人間の開示性を表示する。なるほど、雰囲気を表す感情のすべてが存在論的志向をもつわけではない。そうした感情は、実存のすべての次元に、とりわけ生命的な次元に見出される（機嫌のよさ、機嫌の悪さ、軽やかさ、重苦しさ、快活さ、疲労、等々）。これらの感情は形をとることもできるが、不定形の状態に戻ることもありうる。これは感情一般の志向的構造から帰結することである。すなわち、感情は感じられた性質を認識対象に結びつけることで形をとるが、内在化の法則、内受容の法則により、志向作用の出所である生の根底に潜る場合には不定形に戻るのである。不定形なものがすべて存在論的とはかぎらないのはそのためである。人間の実存はさまざまなレベルの活動を通っていくが、不定形なものもそのレベルによって階層化されるのである。だが、雰囲気的な感情のすべてが存在論的というわけではないとしても、存在論的なものが数々の不定形な情感的「調子」によって顕現されるというのは理解できることである。無制約的なものとは、思考できるが対象的な規定を介して認識できないものだが、それもまた不定形な様態の感情において感得されると言ってもよいだろう。存在が「本質の彼方」であり、地平であるならば、理性の最高の指向をもっとも徹底的に内在化するような感情が、それ自体形を超えたものであるのは理解できることである。知性的な規定によって超越的であるものと、実存的な運動の秩序によって内奥的であるもの、この二つのものの合致は、数々の「調子」によってのみ顕現されうるのである。存在への帰属の感情の極点となるのは、私たちの生命の根底からもっとも遠く離れたもの——強い意味での絶対的なもの——を心情の中心とするような感情でなければならない。だが、それは名づけられず、〈無制約的なもの〉と呼ぶしかないものである。理性はこれを要求し、感情はその内在性を顕わにするのである。

結局のところ、存在論的感情自体は消え、否定的な感情と肯定的な感情に分断されてしまうのではないか。そのような反論があるかもしれない。〈不安〉と〈至福〉の対立は、存在論的感情という観念に対する反証となるのではないか。おそらくこの対立は、存在の思弁における〈否定ノ道（via negativa）〉と〈類比ノ道（via analogiae）〉の対立と同じ射程をもつものであろう。存在が諸々の存在者ではないものだとすれば、不安はすぐれた意味で存在論的差異の感情である。だが、諸存在者において不在である存在に私たちが参与していることを証するのは〈歓び〉にほかならない。それゆえ、デカルトやマルブランシュ、スピノザやベルクソンが語る精神的な〈歓び〉、知的〈愛〉、〈至福〉は、さまざまな名のもとで、またさまざまな哲学的文脈において、存在論的と名づけるに値する唯一の「調子」を指し示している。不安とはその裏面にある不在と隔たりでしかないのである。

人間が〈歓び〉をもちうること、不安によって、不安を通して〈歓び〉をもちうること、それが感情の次元におけるすべての「不均衡」の根底的原理であり、人間の情感的脆さの源泉なのである。

3　テューモス——所有・権力・評価

快の原理と幸福の原理との不均衡によって現し出されるのが、葛藤がもつ人間特有の意味である。実際、感情のみが脆さを葛藤として露わにすることができる。認識の対象化機能とは逆に、感情は内在化機能をもっており、それゆえ、対象の総合へと投射されているのと同じ人間的二元性が、〔感情では〕葛藤のうちに反映〔反省〕されることになる。超越論的でしかない反省にとって、第三項、総合の項、カントの言う超越論的想像力という項は、対象における総合の可能性でしかないことを思い出しておこう。それは生きられた体験ではなく、劇化されうるような経験ではない。この第三項が属する意識は、けっして自己意識ではなく、対象の形式的統一であり、世界の企投なのである。感情の場合は事情がまったく異なっている。私たちの人間性をなす二元性を内在化することによって、感情はこの二元性を劇化し葛藤と化す。感情とともに、客観性の堅固な総合に主観性の論争的な二元性が応答するのである。

快という有限な解決と幸福という無限な解決との二律背反を導きとして情感の力動論を探究することによって、なお作業仮説、解読格子でしかなかったものに内実と信頼性を与えることができる。この探究は、プラトンが

『国家』の第四巻で行なうテューモスについての短い記述の延長となるだろう。そこにプラトンが人間的矛盾の集約する地点を見ていたことを思い出しておこう。すなわちテューモスは、あるときには欲望に味方してその攻撃の切っ先、憤り、怒りとなり、またあるときには理性のために戦い、理性の憤る力、事を企てる勇気となるのである。超越論的想像力のようにもっぱら志向的で対象に埋没した第三項ではなく、心情に感じられる第三項を現出させようとするならば、このテューモスの方向へと探究を進めなければならない。テューモスとはまさしく人間的な心情のことであり、心情の人間性だからである。

このように曖昧で脆いテューモスの名のもとに、生命的情感と精神的情感の中間領域の全体、要するに、生きることと考えることのあいだ、ビオスとロゴスのあいだで移行する情感性の全体を位置づけることができる。注目すべきことは、まさしくこの中間的な領域において、一つの自己が自然的な諸存在とも他人とも異なるものとして構成されることである。先に私たちは、生きることと考えることに固有の情感をエピチュミアとエロースの名のもとで探査したのだが、この二つの営みは、それぞれ〈自己〉の手前と彼方に位置している。テューモスとともに、欲望は初めて差異性と主観性という性格を帯び、それによって一個の〈自己〉と化す。逆から言えば、共同性やイデアへの帰属感情においては〈自己〉は乗り越えられてしまう。この意味で、〈自己〉とはそれ自体としては「あいだ」であり、移行なのである。さて、自己のこのような差異性をとらえようとするならば、この差異性を敵対的で邪悪なものと化してしまう自己選好のさらに手前へと戻る必要がある。自己選好とは過ちないしは過ちの一側面であり、差異性の構成のうちに見出されるのはまさしく過ちやすさの構造である。過ちやすさは過ちを可能にするが、過ちを不可避にするわけではない。それゆえ、人間の歴史的・文化的生においては、数々の「情念」が「差異」の無垢性を隠し、自己を誇り他者を殺す「選好」で覆ってしまっているが、そうした情念の底へと掘り下げていくことが必要となるのである。

これは容易な課題ではない。古くからの「情念論」はこの問題をまったく顧みてこなかった。トマス的な情念論であれ、デカルト的な情念論であれ、有限な終点をもつ欲望の次元へと慎重にとどまっており、感性的快と精神的歓びを区別する場合や、両者がたがいに妨害しあったり、精神的なものが感性的なものへと反響するさまを指摘したりする場合でも、二種類の情感性の衝突に出くわす機会はごく少なかった。これらの情念論では、情感性の弁証法は主たる対象にはならず、中間的なもの、テューモスの問題は扱われなかったのである。

この点に関しては、聖トマスにおける「憤怒的なもの（irascibile）」の分析が啓発的である。憤怒的なものとは、情感的生の元来の審級ではなく、情欲的なもの（concupiscibile）の複雑化であり、その転変でしかない。情欲の行程は、愛（amor）に始まり、欲望（desiderium）で頂点に達し、快楽（delectatio, gaudium, laetitia）で終わる。これと並行して、憎悪（odium）は嫌悪（fuga）を経て苦痛（dolor, tristitia）に至る。これらの「情念」はその対象によって区別される。すなわち、愛すべきものとは自然本性によるもの、獲得されたもの、適合するものとして感じられる善であり、快いものとは所有されている善であるが、同じ善が不在のもの、隔たったものとして感じ取られる場合には欲せられるものとなる。感覚的な「善」や「悪」へと向かう同じ志向が、満足や欠如、現存といった状況に応じて転調するのであり、快楽特有の「休息」がこの志向に意味を与えるのである（欲望とはもっとも感性的な項ではあるが、この全行程に対する名称でもある）。この注記が重要であるのは、すべての情念は欲望という、遂行の順序で言えば最終項、志向の順序で言えば最初の項であるものに従って整序されるからである。「憤怒的なもの」はこの行程を破砕するのではまったくなく、ただそれを複雑化するだけである。事実、聖トマスはまさしく欲望に新しい情念の数々を接木《つぎき》し、その一つである怒りを引き出してきて新しい情念の総称としたのであった。実際、それらの新しい情念が対象とするのは、「善」や「悪」の一側面でしかない。すなわち、困難なもの、到達しがたいもの、克服しがたいものとしての善や悪である。困難がもたらす転変こそが、情念に衝突や争いの機会を与える。障害を私の力に見合ったものとし、善を接近できるものとみなすのが希望、善を手の届かないものに思わせるのが絶望、悪を私の力を凌駕し克服できないものとみなすのが怖れ、障害を打ち勝てるものとみなすのが大胆さ、そして最後に、すでに存在する悪に面して、攻撃側に反抗し仕返しする以外の手立てをもたないのが怒りである。こうした形で憤怒的なものを見出したのはたしかに大変貴重なことであったが、それは適応心理学、すなわち有限な適合の限界内にとどまっていた。とはいえ、この発見には攻撃性の契機を享受への長い迂路として際立たせたという功績があった。デカルトがそれを捨ててしまったのは惜しむべきことである。トマス主義的な欲望とその反対物としての忌避、希望、絶望、恐れ、大胆、怒りといった情念群のすべてを、デカルトはみずからが「欲望」と呼ぶただ一つの「情念」のうちに閉じこめてしまったのである。

デカルトが「憤怒的なもの」の全体を欲望へと還元したことには理由がないわけではない。それによって明示されるのは、憤怒的なものは真に独自の情感レベルをなしておらず、有限な行程（愛－欲望－快／憎しみ－忌避－苦痛）を延長するものでしかないことである。到達困難な善が到達できてもできなくても、克服困難な悪が克服できてもできなくても、その意味は根本的には変化せず、依然として感性的な善、感性的な悪である。それゆえ、憤怒的なものの諸情念は、情欲的なものの誘発性に従属したままである。これらの情念が司る接近や後退という転変は、情欲的なものの成就における起伏に富んだ逸話でしかなく、愛の「満足」に先取りされ、快の静止志向（intentio quiescens）に方向づけられているのである。

しかし、憤怒的な情念のこうした「挿入的」性格は、繊細な記述によって異議申し立てを受けることになる。消化し消尽すべき善〔財〕にすべてを集中させる心理学の要請は、挫折を繰り返さざるをえない。感覚的欲求が向かう消化対象のあいだに他人の人格が挿入されると、欲望と快、嫌悪と苦痛のあいだに障害や危険が挿入された場合にも増して、独特の決定的な転変が起こる。生のもっとも重大な障害と危険は間主観的な現実に由来するからである。トマスの情念論もデカルトの情念論も満足と合一を基準とし、満足とは事物の善への満足、合一とは事物の善との合一である。だが、愛－欲望－快という行程の記述がまったく厳密に妥当するのは糧を食する際の合一のみだとさえ言わねばならない。性愛はこれと同じ意味での合一の欲望ではない。性的な愛を横切っていく数々の要求、とりわけ相互性の要求についてはまたあとで立ち戻るつもりだが、そのような要求は、退化や後退によらないかぎり、他者を不可欠な相手ではなく付帯的な手段と化すようなオルガスムスの要求に還元されることはない。性的欲求の生物学的構造にさえ、さまざまな外的信号への指示が書き込まれており、それによってこの欲求は同じ種に属する同類へと一気に赴くのである。この同類を消化の対象に還元することはできない。

ましてや友愛としての愛は、肉欲としての愛とは別の次元に属している。もちろんトマスやデカルトも、私たちと同様にそれを知っていた。そして彼らもまた、他人が果たす役割を、愛以外の情念、すなわち憎しみや怒りといった基本的情念、羨みや妬《ねた》みといった数々の「派生的」情念のうちにも見てとっていた。[17] だが彼らは、そこからいかなる理論的な帰結も引き出さなかった。快は依然として、妨げられない活動を成就するものという一般的な言い方で記述されていた。この付加的な完全性が、糧を食する際の快に固有の消化であるのか、それとも友愛における相互の一体性、より一般的には、他人を相手や機縁とする他のさまざまな要求が「満足」される様式であるのかは、区別されなかったのである。「善」はなお中立的であり、事物と人格の区別には無関心であった。肉欲の愛と友愛の愛、忌避としての憎しみと〔他人を〕害そうとする意志としての憎しみ、障害への憤怒としての怒りと他人への復讐としての怒り、そうした区別は一時的には認められても、最終的には感覚的「善」や感覚的「悪」という観念のうちの付帯的な区別へと還元されてしまっていた。だが、他人との出会いとは、まさに感覚的欲求の円環的で有限な形象を破るものなのである。

それゆえ、テューモスを例証するものは、付帯的にではなく本質的に相互人格的、社会的、文化的であるような情念の側に探さねばならない。この点では、カントの『人間学』は〔トマスやデカルトの〕「情念論」よりも遠くまで進んでいる。所有欲（Habsucht）、支配欲（Herrschsucht）、名誉欲（Ehrsucht）という三つ組は、そのまま人間的情念の三つ組である。この三つ組は、最初から文化環境や人間的歴史を典型的に示すような状況を必要とする。

動物と人間に無差別に適用されるような情感性の図式は、最初から斥《しりぞ》けられるのである。

だが、カントの『人間学』の情念には、トマスやデカルトの論の情念とは逆向きの困難がある。トマスやデカルトの論は、人間的な情感性をその動物的な根元へと還元することによって、権利上は道徳主義に陥らずに済んでいた。その基本的な諸情念は、快の浄化と解放というアリストテレス的心理学の企てのために定位されていた。ゆえに、トマスとデカルトが作り上げることができたのは、人間的情感の「自然学」であって「倫理学」ではなかった。カントは逆に、人間特有の情念から出発することで、一気に人間の情感性の頽落した姿に向かいあう。右の各情念における欲（Sucht）は、それらの情念が歴史に入ってくる際の逸脱し狂乱した様態を表している。たしかに「実用的見地」から作られた人間学には、そうした行き方をとり、「情念」をつねにすでに頽落したものとみなす理由がある。だが、哲学的人間学はそれ以上のことを要求するはずである。すなわち、頽落したものの根にある根源的なものの再建に取り組まねばならないのである。アリストテレスが一切の「不節制」を超えて快の完全性を記述するのと同じく、右の三重の欲の背後に、人間性の「要求」を、もはや狂乱した隷属的な探求ではなく、人間的〈自己〉の人間的実践を構成するような要求を再発見しなければならない。そのような行程を進まねばならないのは、情念を〈…の顛倒〉として理解しているかぎりは、経験的に知っているのはこの根本的要求の歪んだ醜い姿、貪欲や権力欲、虚栄という形でしかないとしても、私たちは情念をその本質において理解しているからである。私たちが最初に理解しているのは、人間の人間性を構成する人間的な欲望の原初的な諸様態であり、その後に数々の「情念」を、もっぱらそうした根源的要求からの隔たり、逸脱、頽落として理解するのだ、とさえ言うべきである。まずは根源的なものを理解し、続いて根源的なものから、それを介して頽落したものを理解すること、そのためには、無垢なるものを思い描くある種の想像力、所有、権力、評価の要求が現にそうである姿に堕していないような「国〔治世〕」を想像する力が必要になる。とはいえ、この想像は空想的な夢ではなく、フッサールの言い方を借りれば、事実の威信を破って本質を顕現させる「想像変様」である。別の事実、別の体制、別の治世を想像することで、私は可能なものを見てとり、そこに本質的なものを見てとる。ある情念が悪しきものであることを理解するには、別の経験様態を想像し、それを無垢な国において範例化することによって、原初的なものを理解することが必要なのである。

では、こうして本質的なものを想像する際に、導きとなるものはないのだろうか。けっしてそんなことはない。所有、権力、評価に関する情念的でない要求の姿は、それぞれの情感的審級を対応する対象性の次元に関係づけることによって理解できる。私たちの感情理論が妥当するとすれば、所有、権力、評価をめぐる感情は、知覚されただけの事物とは別の次元の対象性の構成と相関するはずである。より正確に言えば、これらの感情が顕現させる事物への結びつきは、事物のもはや自然的ではなく文化的な側面への結びつきを表示しなければならない。事物の理論はけっして表象の理論で完結するものではない。事物とは他の人々が眼差すだけのものではない。事物の間主観的な構成を眼差しの相互性だけにとどめておくような反省はなお抽象的であろう。対象性には経済的次元、政治的次元、文化的次元を加えていかねばならない。そうした次元から捉え直されることで、単なる自然は文化的な世界と化す。それゆえ、人間固有の情感性の探究においては、対象性の進展を目印にすべきである。感情によって私が密着し内属していることが開示される世界の諸側面は、もはや私が対象としてみずからに対置するものではない。だとすれば、所有、権力、評価の感情に内面化される対象性の新たな側面はどのようなものとなるのか。それを示す必要がある。

人間固有の要求は、事物への新たな関係と同時に、他人への関係をあらためて制定する。眼差しの相互性というのは、実のところ、間主観的な関係としてはごく貧しいものである。〈自己〉の〔他者との〕「差異」は、もっぱら経済的、政治的、文化的次元に達した諸事物との関係のなかで構成される。それゆえ、〈自己〉と他の〈自己〉の関係は、所有、権力、評価という主題の上に立てられる対象性によって種別化され、分節化されねばならないのである。

最後に述べたことから、ただちに〔考察の〕順序に関する原理が得られる。私たちは所有の情念に内属している〈もつこと〉への要求から出発したい。そこでは人格どうしの関係がもっとも明白に事物への関係によって支配されている。所有の要求から権力の要求へと進むと、他人への関係が事物への関係よりも前に出て、所有を犠牲にすることが支配への厳しい道になることさえありうる。最後に他者の評価への要求になると、自己の成立において、ほとんど非物質的なドクサ＝「意見〔臆見〕」に優位が与えられる。とはいえ事物への関係は消滅してしまうわけではない。所有の場合ほど目立たないとしても、政治的・文化的な次元の対象性は、なおそれに対応する人間的感情の現れの目印となり続ける。ただこの対象性は、徐々に人間どうしの関係と見分けがつかなくなり、人間関係の出来事を制度として固定するものとなるのである。

それゆえ、貪欲、吝嗇、羨望といった所有の情念の数々について、まずは無垢でありえたような〈もつこと〉への要求を参照して理解しようと試みるべきである。〈もつこと〉への要求において、「私」は「私のもの」に基づいて構成される。その点でこれは人間性の探究である。所有化が歴史上の最大の疎外を引き起こす機会となったことは確かであるが、この第二の真理は所有化をめぐる第一の真理を要求する。すなわち、所有化は疎外するより前に構成するものである、という真理である。

ここで私たちが手引きとすべき新たな対象の次元は、経済に固有の次元である。実際、固有性の原理を対象の側に求めないかぎり、人間の心理学は動物的な要求に従属したままである。欲求に対して直接的に反省を加えても、経済的なものへの鍵を得ることはできない。反対に、経済的な対象があらかじめ成立していてこそ、人間に固有の欲求が動物的な欲求から区別されうるのである。経済的な意味での「善〔財〕」がなんであるのかを知らないかぎり、私たちは人間が何を欲求しているのかを知らない。人間が欲望しうるものはあまりにも可塑的で際限がないので、経済学に堅固な構造を与えることはできない。欲望可能性は経済的になることによって厳密な意味で人間的になる。経済的になるというのは、「自由に使用できる（disponible）」事物、すなわち獲得され所有されて、〈私のもの〉と〈私〉の関係に入ってくる事物に関与することである。

このような経済的対象への特有の関係には、生物を自然環境へと結びつける動物的な傾向性としては、情欲的なものにも憤怒的なものにさえも含まれていなかった意味が含まれている。経済的な対象とは、単なる快の源泉でもなければ克服すべき障害でもない。それは自由に使用できる善〔財〕なのである。

こうして動物的な「環境」は人間的な「世界」へと根底から変容されるのだが、この変容が労働の基本的事実を指示することは言うまでもない。自然環境では、欲すべき対象や恐ろしい対象は生物が生産したものではない。みずからの糧を生産するがゆえに、人間は労働する生物であり、労働するがゆえに、事物への新たな関係として経済的な関係を設立する。動物が自己保存するのに対して、人間は事物を所有物として扱うことで、事物のあいだに身を置き存続するのである。

経済的対象としての対象からそれに対応する情感性へとさかのぼることによって、〈もつこと〉に結びつく感情の新しさを現し出すことができる。単なる欲求が方向づけられた欠如でしかないのに対して、経済的な対象への欲望は、その対象を私が自由に使用できるという性格に関わっている。「自由に使用できる」ものとしての事物こそが、獲得、自己化、所有、保存という感情の行程を引き起こす。ここで感情とは、まさしく経済的事物への関係を内在化し、〈もつこと〉を「私のもの」として私のうちに反響させるものである。そのとき自我は〈もつこと〉に触発され、〈もつこと〉は自我に、自我は〈もつこと〉に密着する。この感情を通して私が経験するのは、私が自由にできる〈もつこと〉への支配と同時に、私が依拠する他なるものへの従属である。私はこの事物に対して、みずからの手を逃れ、腐敗し、失われ、奪われることがありうるものとして依存しているのだが、依存すればするほどそれを自由に使用できるのである。〈…を自由に使用できる〉ということには、〈〔それを〕もたないようになる〉かもしれないという可能性が刻み込まれている。〈私のもの〉の他性とは、私と私のものとのあいだの裂け目であるが、それを形づくるのは、私がもっているもの、保持しているあいだはもっているものを失うことの脅威である。このように、所有とは喪失に抗う諸力の総体なのである。

経済的事物への関係を特有の感情へと内在化する以上のような行程は、他人への関係に特有の諸様態と同時発生的なものでもある。すなわち、〈私のもの〉と〈君のもの〉は、たがいに排除しあうことで、それぞれの帰属領域を介して〈私〉と〈君〉を差異化するのである。絶対的な意味では、主体の多数性とは数的な多数性ではない。それぞれの〈我〔ego〕〉はそれぞれの辺縁にスピリチュエル〔精神的〕な未分化性を保持しており、この辺縁がコミュニケーションを可能にし、他者を私の同類としている。だが、自他の相互排除は、空間を区分し占有するものとしての身体から始まり、各々による所有物の占有によって延長される。身体への固着は、私のものへの固着を介することでその性質を変える。私は身体ゆえに家に強く結びつくが、それに応じて、身体に対する私の関係は、身体を養い、覆い、保護する諸事物への経済的な関係に依拠するようになる。すなわち、受肉〔身体をもつこと〕はある場所に根を下ろすことによって成就されるが、それによって当の受肉は徹底的に変容されるのである。さらに、所有の関係は徐々に精神の領域へと侵入してくる。私はみずからの考えに対して所有の関係をとることができる〔私はそれについての考えをもつ、と言ったりする〕。そうして相互排除は身体から精神へとさかのぼり、〈私〉と〈君〉をそれぞれの内奥に至るまで分断するのである。

まったく無垢なる所有などは想像できず、所有とは最初から罪深いものであり、人間どうしの交わりは所有を捨てることと引き換えにのみ可能になると言うべきだろうか。所有化の歴史的な形態のなかには、全面的には和解できないものがあるのは確かである。その点については、十九世紀の社会主義による批判には大きな意味がある。それでも、私のものを私の支えとすることをまったく排除するような徹底した所有の停止は、私には想像することができない。過去や未来のユートピアとしてであれ、ともかく人間の善性が可能であるはずだとすれば、そこには、ある種の無垢な所有が含まれていることだろう。分割線を引きうるのは、存在と所有のあいだではなく、不当な所有と正当な所有のあいだでなければならない。正当な所有は人間を排除しあうことなく区別するのである。さらに、所有化がけっして無垢だとは言えないとしても、人間と所有との関係は「私たち」の次元で肯定し直されるだろう。「私たち」や「私たちのもの」を介して、「私」は「私のもの」への結びつきを新たにするだろう。このように想像変様は限界に出会うのであり、その限界は本質による抵抗を証示する。つまり、私は〈私のもの〉なき〈私〉、所有なき人間を想像できない、ということである。反対に、個人的かつ共同的所有化のユートピアにおいて、私は所有に対する人間の無垢な関係を想像できる。楽園の神話では人間はみずから耕し作りだすものしかもたないし、来たるべきユートピアが範型化するのは、事実上は歴史のうちでいつもすでに堕落した姿でのみ現れる所有に対して、人間が根源的にもつような関係なのである。私はこの根源的な関係から、空想的な仕方で所有の諸情念を発生させるようなことはしないだろう。それらの情念形態は他の歴史的形態から生まれてきて、終わりなく続くものである。心理学が私に不純なものの誕生を見せることはけっしてないだろう。無垢なる所有化を想像することには、悪の歴史的起源を開示するのではなく、所有欲の「悪しき」意味を構成するという機能がある。この想像は、〈もつこと〉への人間的な要求に養われて、所有欲がこの根源的感情の「顛倒」であることを示すのである。

自己肯定の第二の根は、顛倒して支配欲（Herrschsucht）と化すものであるが、それが結びつくのは人間の新たな状況、すなわち権力関係における実存という状況である。

権力に対する人間の関係は、所有に対する関係には還元できないものの、そこにも部分的には含まれている。所有に対する人間の関係には、人間の人間に対する権力が二重の仕方で含まれている。まずは技術的意味、次いで社会経済的な意味においてである。所有が権力を含むこの二つの場合の原理的な違いを頭に入れておくことは、政治的権力が引き起こす問題と、労働や所有の関係に含まれる派生的権力が引き起こす問題の原理的な違いを理解するために必要である。

労働は人間と自然とのあいだの力の関係を機縁として、人間の人間に対する権力関係を作動させる。実際、労働によって、人間の実存は自然に対する闘いの理性的に組織された企てという姿をとる。この問いでは、自然は打ち勝つべき諸力の貯蔵場として現れる。労働を通して、困難なものであることが実在の根本的な様相となる。人間が物のあいだに身を置くことで支配という現象が登場し、支配は人間を諸力に従属する力と化す。そして、人間の労働力自体も従属させるべき諸力の一つとして現れる。自然に対する闘いを理性的に組織することには、企画や計画、プログラムに即して人間の諸努力を組織することが含まれている。こうして人間自身が人間の克服すべき抵抗の一つに数えられるのである。人間の労働とは組織されるべき生産力であり、人間はみずからの労働を通して数々の従属関係へと入っていく。だがこの関係は、技術的な要求でしかないあいだは、自然に対する闘いの理性的組織化の一つの局面でしかなく、数々の操作や効能を従属させはしても、まだ人々を従属させるものではない。むしろ、労働において操作の従属が命令と服従の関係と化すのは、もっぱら社会経済的システムを通して、すなわち技術のみならず労働体制を規定する制度的総体を介してのみである。原理的に言って、労働そのものが要求する人間の階層化は、自然の諸力に立ち向かう際の課題に由来するのである。この課題から実行の際の階層が展開するが、それは主に、企画し命令し決然と実行する言葉と、人間の動作の諸様態とをさまざまに連結させることで果たされるのである。

こうして、単なる技術的な次元での指揮関係が、社会経済的体制から発してくる支配関係を参照するようになる。労働そのもののなかに人間どうしの権力関係を招き入れるのが、所有を機縁とする人間関係であることはきわめて明白である。生産手段を法的に所有している者――個人、集団、国家――、あるいは単純に事実上や権利上の管理部門を司る者――個人、集団――が、労働する者に対して力を及ぼすのである。企業家は企業を所有するがゆえに労働力へと命令する、という資本主義の考え方は、経済的支配と技術的指揮とのこの重なりあいのもっとも目立った表現にほかならない。企業所有の法的形態が変われば、労働の経済的支配とその技術的指揮との関係も形を変えるだろうが、この関係自体が消え去ることはない。所有の肩書はどうであれ、労働力を自由に、、、使用でき、、、労働力を生産手段とする人間や人間集団は存在する。もっとも好ましいのは、労働力を経済的に自由にできる集団とみずから命じる労働を実行する集団が同じである場合であって、協同者兼所有者たちからなる同じ集団において、労働の社会的支配と技術的指揮という二つの機能が合致するなら、もしかしたら労働の疎外的性格に終止符が打たれるかもしれない。だがそれでも、技術的な従属関係と社会的な従属関係の差異が廃されることはないだろう。

だが、生産手段の所有化の――個人的、集団的、国家的――体制から発してくるさまざまな支配関係の方について言えば、それらの体制が保持されるのは諸制度によって承認され保証されるからにほかならず、そうした制度は最終的に政治的な権威によって認可される。だからこそ、政治固有の権力構造を受容しないかぎり、社会経済的な次元での支配関係が変化することはありえない。技術的、経済的、社会的といった、人間が人間に対してふるうあらゆる形の権力に制度のしるしを刻むのは政治的な権力構造なのである。

政治的なものの本質は権力であり、権力という現象を通して政治的なものが情念の理論に関わってくる。そして、所有と同じく権力についても、それを単に「情念」とみなす解釈から抜け出させることが重要である。権威はそれ自体が悪なのではない。指揮とは人間たちを必要な仕方で「差異化」することであり、政治的なものの本質にはそのような差異化が含まれている。エリック・ヴェイユ〔Éric Weil　一九〇四－一九七七。フランスの哲学者〕が言うように、「国家とは歴史的共同体の組織化である。国家へと組織されることによって、共同体は数々の決断を下せるようになる」（『政治哲学』131）。政治的なもののこうした定義は、まったく形式的ではあるが、諸々の制度の組織的全体だけでなく、人間が人間に及ぼす権力をも巻きこむものである。国家の起源とその合理性がいかなるものであれ――アリストテレスではポリスの不可分で自足的な「本性」、ホッブス〔Thomas Hobbes　一五八八－一六七九。イギリスの哲学者〕やルソーでは各人の各人との、あるいは万人との契約、ヘーゲルでは歴史における客観的精神となる――、国家の組織し決定する権力は、一人の人間、幾人かの人間、極限においてはすべての人間の権力を経由する。主権は主権者を、国家は政府を、政治的なものは政治を、国家は権力を経由するのである。権力としてみられた国家は、合法的な物理的強制を専有する審級である。そうしたものとして、国家は幾人かが万人に及ぼす権力、物理的な強制力である。権利上の国家においては、この物理的強制力は精神的な要求の権力と一致することになっている。だがその場合でも、それはなお人間の権力であり、制度化されてはいるが、〔誰かによって〕行使される権力ということになるだろう。

このように人間が人間に及ぼす権力は制度において対象化されるのだが、この新たな「対象」は広大な感情世界の導きとなりうるものである。それらの感情に反響するのは、人間の権力が行使され、妨害され、熱望され、押しつけられるさまざまな様態である。人間が行使しうるすべての社会的役割からさまざまな状況が生み出されるが、それらは政治制度によって固定されると対象になり、情感性によって内面化されると間主観的な感情となる。そうした感情は命令－服従という主題に無数の変奏をもたらす。欲求や緊張、傾向といったものを直接に研究しても――それらを「器官生成的」な欲求から区別して「心理生成的」欲求と呼んだとしても[18]――、この感情の迷宮に分け入るための導きの糸はけっして見出せない。権力の行使に関わる感情は、影響、支配、指導、組織、強制といったあらゆる様態によって多種多様であり、その諸相を組み合わせて整理する作業に終わりはない。心理学的な細分化はどこまでも続く。秩序の原理はもっぱら「対象」からくるのであって、ここで対象というのは、人間どうしの権力関係が現実化する形態にほかならないのである。

いわゆる「心理生成的」な感情とは、広い意味で文化的と言える新たな層の諸対象に対する私の関係を内面化したものである。感情を対象化と逆向きでありつつそれに相関するプロセスとしてとらえる私たちの理論は、ここに情感性という新たな適用領域を見出す。情感性とは自我の受動的変容として経験されるかぎりでの感情そのものであるが、それは人間関係を結晶化させる高次の諸対象と同時的であることで人間的なものとなる。私たちが権力を語り、権力が対象〔客観〕となる場としての制度について語るのは、ヘーゲルの言う客観的精神の意味においてである。また逆に、この政治的対象は、感情固有の情感触発的なタイプの志向性に従って、数々の権力感情において体験されるものである。心理学者は「心理生成的」な諸感情からなる無定形な星座を発見するだけであり、客観的な導きをもたず直接的な内観によるため、それらの感情が「器官生成的」な感情に対してもつ独自性を確定することができない。

また心理学者にとって、この根本感情は、カントが『実用的見地における人間学』で検討するような権力への情念と区別できないものである。権力に対する人間の関係を構成する感情をその情念と化した姿から原理的に区別するというのは、心理学に属する仕事ではない。これもまた、制度化された実在としての権力という対象に面しての反省であって、この反省を通して、カントの『宗教論』の言い方を用いれば、権力の「善への素地」とその「悪への性向」との原理的な区別を現し出すことができるのである。対象に面してこそ、権力が多少なりとも顚倒した形で現出するなかでも、私は権力がもつ「〔善への〕素地」を想像することができる。なるほど、事実としては、政治権力は悪と結びついて現れる。それは第一に、政治権力は情念を治療するためにも矯正的な暴力を用いざるをえないからである。これはプラトンからルソー、カント、ヘーゲルにいたるまで、すべての悲観主義的な哲学が見ていたことである。そして第二に、政治権力自体が暴力的な権力として堕落しているからである。とはいえ、権力の堕落した姿からその無垢なる素地を想像できないとしたら、私は権力が悪であると理解することもないだろう。個人を教育して自由へと導こうとする権威、暴力であることなしに権力であるような権威を私は思い描くことができる。要するに、権力と暴力の違いを想像することができる。神の支配、神の国、精神の王国、目的の国といったユートピアには、そうした非暴力的権力への想像力が含まれているのである。このような想像力は本質を解放するものであり、そのような本質によって、現実に権力を自由への教育に変えようとするすべての努力は統整されているのである。この意味深い任務を通して、私は歴史に意味を「実践的に付与する」。

こうした想像力とユートピアを通して、私は権力が人間存在へと根源的に内属していることを発見する。非暴力的権力のもつこのような意味から遠ざかり、それとは無縁かつ疎遠になるとき、人間は自分自身から遠ざかるのである。

今や、対象に面して権力と暴力との区別が想像されたのであるが、これを政治的対象性に相関する情感性へと移し置くならば、権力への情念よりもさらに根元にある感情を想像することもできる。情念がこの感情を乱すとしても、この感情が情念の起源なのである。そうした純粋な感情が命令−服従の関係に入り込み、政治的動物としての人間の土台となっているのである。

カントの人間学による第三の情念、すなわち「名誉」や栄誉への情念の背後には、さらに根源的な要求が働いている。他人の意見において価値を認められることへの要求、すなわち評価の要求である。

この情念ほど、元来の構成的志向とその顚倒した姿、構成的感情と逸脱した情念を区別することが難しいものはない。他者の意見のうちで幻影のごとき存在となった私の偽の本質は、虚栄と思い上がりということに尽きるように思われるのである。だが、この情念の場合ほど、疎外された様態を根源的本質へと呼び戻すことが必要なものはない。なぜなら、まさしくここでこそ、経済的なものと政治的なものの境界において、また先に哲学的エロースのある種の情感的図式化を認めた〈私たち〉への帰属と〈イデア〉への献身との境界において、自己が構成されることになるからである。評価の要求のうちには、自己自身の生命的な肯定によるのではなく、他人による承認という恵みを通して実存することへの欲望がある。この評価の要求と自我中心的で独我的な生の肯定とのあいだには、まさしく単なる欲望と『精神現象学』の言う欲望の欲望とのあいだの隔たりが存するのである。

こうした相互性の要求は、生の意志からはけっして説明できないものであり、真の意味で意識から自己意識へと移行させるものである。この要求は、所有における相互排除的な人間関係によっては満たされないし、権力における非対称的で階層的な、つまりは相互的ではない人間関係によっても満たされることはない。それゆえ、〈自己〉の構成は経済的なものと政治的なものの領域の彼方で、人格どうしの〈相互的な〉関係のうちで追究されることになる。まさしくそこで、私は評価され、是認され、承認されようという意図を追究する。私自身にとっての実存は、こうした他人の意見のうちでの構成に依存している。私の〈自己〉とは、あえて言えば、私がみずからを認めてくれる他人の意見から受け取るものである。このように、主体の構成とは意見を介しての主体間の相互構成なのである。

だが、承認されるものとしてのこうした実存の脆さは、この実存を認める「評価」が「意見」でしかないこと、ティメー（τιμή）〔名誉・評価〕とはドクサ（δόξα）〔意見〕だということである。ここに〔意見を〕反映するだけの亡霊のような実存になってしまうという脅威がある。このように他人のセリフでしかなくなる可能性、脆い意見へのこのような依存は、まさしく栄誉への情念の虚しさが意見としての評価の脆さに接木される機会となる。評価の本性が意見であることにより、承認の探求は情感性の中間領域に保持される。すなわち、生の意志を超え、所有や権力をめぐる感情をも超えるが、エロースの領域の手前にとどまる領域である。エロースの領域とは、プラトンが言ったように、身体と魂に従い美において産み出すものである。〔『饗宴』の〕ディオティマは次のように言っている。「あなたの知っているように、創造（ポイエーシス）というのは広い意味での言葉です。言うまでもなく、いかなるものであれ非存在から存在へ移行する場合その移行の原因はすべて、創造です」[訳37]（『饗宴』205b-c）。相互評価における人間どうしの相互構成は、それが意見にとどまるかぎりは、このようなエロースによる産出の手前に位置しており、ゆえにエロースではなくなおテューモスに属している。だがプラトンによれば、テューモスはときには理性とともに闘うものでもある。相互評価においてこそ、エロースはその最良の味方を見出すのではないか。イデアを住まわせ、個々人を超える〈私たち〉を創造する共同作業において図式化されるとき、エロースはまさしくテューモスにおいて具体化されるのではないか。逆から言えば、テューモスが「理性とともに闘う」ことができるのは、他人の評価を介して熱心に承認を求めることによってみずから自身を超えていくときではないか。

しかし、この評価の要求を生命的なものと精神的なもののあいだに位置づけ、生命と精神を媒介する「テューモス的」な感情のなかに数え入れるのは難しいが、それに固有の構成を反省的に考察するのはさらに難しいことである。これまで私たちが採用してきた規則は、感情の内面化に対応する対象性の構成を導きにするということであった。評価の要求において、所有の要求における経済的な「財」、権力の要求における政治制度に続くのはどのような対象性であろうか。もはやいかなる対象性も存在しないように見える。

それでも意義深いのは、この評価の要求が、どれほど意見に依存しているとしても、「承認〔再認〕」と呼ばれるものだということである。私は私のものを自我の支えとし、実存するために支配しようとするだけでなく、承認されることを欲する。承認（reconnaissance）という語が認識（connaissance）から派生するのは偶然であろうか。認識する者たちだけが承認される者となる。だが、感情としての承認の支えとなるような構成された対象とは、いったいどのようなものであろうか。

私には二つのことが言えるように思われる。評価には、たしかに形式的な対象性ではあるが、カント式の反省によって支えられるある種の対象性が含まれている。評価の〈何（quid）〉にあたるもの、私が他人において評価するもの、私が他人から自分自身へと捧げられるのを待っているもの、それは私たちの価値－実存、実存する価値と呼べるようなものである。カントが次のように言うのはそのような意味である。「理性的存在者が人格と命名される。なぜなら、理性的存在者の本性が、すでに理性的存在者をそれ自身が目的自体だとして、……特別扱いするからである」〔『人倫の形而上学の基礎づけ』A428〕。それゆえ、評価はたしかにある表象を含んでいる。それは「実現すべき目的」ではなく、「それ自身によって実存する目的」の表象である。表象されたものとしての人格とはそうしたものにほかならない。ところで、この目的が私たちにとって価値をもつだけでなく、それ自身において価値をもつかぎりにおいて、この表象は対象としての地位をもつ。目的それ自体という表象と私たちにとっての手段という表象との対立自体が、対象性の次元を構成するものである。他人の人格を勝手に使用できないとは、私の恣意性の限界としての対象性に出会うということである。その対象性は、私が他人を単に手段として扱えず、人格を事物のように勝手に使用できないことに存している。「それゆえ、人格は、ただ単に主体的な目的であるだけではない。主体的な目的の実存は私たちの行為の結果であって、私たちにとって価値をもつだけである。そうではなくて、むしろ人格は、客体的な目的なのである。すなわち、それ自身現に存在すること自体が目的である者なのである。しかも人格はそのようなものとして他のいかなる目的によっても取って代わられることができず、主体的な目的はただ手段としてのみ人格に奉仕すべきなのである。なぜなら、人格というものがないとするなら、絶対的価値をもつものなぞ、どこを探してもさっぱり見つからなくなってしまうからである」〔同 A428〕。このような対象性に、カントは人間性という名を与えている。評価に固有の対象とは、私の人格と他人の人格における人間の理念なのである。

私が他人から期待するのは、他人が私に対して私の人間性のイメージをもたらしてくれること、私に対して私の人間性を告げることにより、私を評価してくれることである。他人の意見のうちに映るこの私自身の脆い映像は、対象としての一貫性をもち、実存する目的としての対象性を隠しもっている。それによって、自己自身をもっぱら勝手に扱ってよいとする主張に歯どめがかけられる。私が承認されうるのは、こうした対象性においてであり、それを通してのことである。

さらに論を進めて、人間性の理念といううまったく「形式的」な対象〔客体〕性に、この人間性を語る文化的所産の「質料的」な対象性を加えるべきであろうか。経済的なものが所有の財や形態において対象化され、政治的なものが権力の諸制度やそのすべての形態において対象化されるのに対して、経済や政治を超える人間性は、こうした承認の探求を証言する数々の記念物において語られるのではないか。芸術や文学の「所産〔作品〕」、一般的には精神の所産は、ある環境や時代を映し出すだけでなく、人間の諸可能性を展望するものであるかぎりにおいて、その具体的普遍性によって人間性という理念の抽象的普遍性を現出させる真の「対象」となるのである。

このように、所有から権力、そして評価へと、対象性の地位が上昇していく。所有の対象性はなお事物の対象性に密着している。経済的な財は、自由に使用できるという性格によって、世界の内に事物として存在している。権力の対象性は、すでに制度によって客体化された人間関係の対象性ではあるが、精神的要求の能力を具体化する物理的な強制力によって事物へと結びつけられている。文化的な対象性とは、人間の人間に対する関係が人間性の理念において表象されたものである。文化的な証言のみがこの理念に事物の厚みを与え、世界の内で実存する記念物の姿をとる。だが、それらの事物とは「所産」である。人間の理念の形相的かつ質料的なこの対象性によって、それに見合った情感性が産み出される。それが評価をめぐる一連の感情である。

では、自己評価の感情の契機とはどのようなものであるのか。それに呼応する対象性をめぐる私たちの分析が正確であるならば、私たちが他人の評価を介して探究する自己自身の評価は、私が他人に対して行なう評価と異なった性質のものではない。私が他人においても自分自身においても評価するのが人間性であるならば、私はみずから自身を他人にとっての汝として評価していることになる。私は自分を二人称で評価するのである。そこでは、自己愛はその本質的な生地において共感から区別されるものではない。それが意味するのは、反省的感情が志向的感情とは異なるものではないということである。私はみずからを他者として愛する。自己評価は、価値付与の感情と結びついたこの他者性によって、私の生命を死の危険にさらす破局的状況で起こるような生への固着から区別される。生への固着、すなわち「生命的」な自己中心性は、私を私自身へと無媒介的に結びつける直接的な関係である。自己評価、すなわち「テューモス的」な自己中心性は、評価する他人の眼差しを介して私を私へと媒介的に結びつける間接的な関係である。これは自己への関係が内面化された他人への関係であり、それゆえ意見や信念がこの関係の核となる。価値とは見られるものでも知られるものでもなく、信じられるものである。

私はみずからの実存を認めてくれる他者から見て、自分が価値あるものであることを信じている。この信念――この信頼、信用――が、私がそれによって触発されるかぎりにおいて、まさしく自分が価値あるものだという感情を形づくる。こうした評価的な情感、情感をともなう評価が、テューモスにおける自己意識が至りうる最高の地点なのである。

こうした形での対象を起点とした感情の構成は、今度は自我の価値をめぐる諸感情の心理学という迷宮において案内役を果たすことができる。そうした感情は、多少なりとも逸脱的な情念の様態を介してのみ透《す》かし見られるからである。しかし、信念において体験される評価は、何にもまして人を誤らせうるものである。自我の価値は、信の対象であるからこそ、見せかけたり、申し立てたり、言い張ったりされうるものである。それはまた、見誤ったり、異議を突きつけられたり、抗弁されたりすることもありうる。そしてまた、軽蔑され、貶められ、低められ、侮辱されることもありうる。そして、それが正当であれ不当であれ、自我の価値が見誤られた場合には、この評価の欠如を自己の過大評価によって、もしくは他人の評価や価値を低めることによって埋め合わせることも起こりうる。このように、攻撃、報復、復讐は誤認（méconnaissance）に対する反撃であって、誤認自体は承認（reconnaissance）の探究からのみ理解されるのである。こうして、人格的価値の感情を支える信念の核から出発することで、数々の情感的意味の系譜作りを試みることができる。他人を理解し、自己自身を理解しようとするとき、私たちは暗にこのような情感的意味の生成に依拠している。というのも、私たちが理解するのは他人や自己自身ではなく、自我や他者がそこで構成される信念の内容であり、価値感情のノエマだからである。

このように、評価のパトロジー〔病理学〕の可能性は、評価がもつ意見としての本質そのものに刻み込まれている。意見に身をゆだねた実存ほど脆く傷つきやすいものはない。神経症の形成に際して「劣等感」が導きの糸としての役割を果たしえたことも、そこから理解できることである。神経症の病因論におけるこの感情の重要性がどの程度のものであれ、自己評価の病理的な形態は、自己評価自体を構成する病理的でない形態からのみ理解できるものであることを強調しなければならない。

自己評価の感情には数々の道徳的な顚倒形態があるが、それについても同じことを言う必要がある。すなわち、そうした腐敗が可能になるのは、自己評価が信念という性格をもつからである。信じられるものは推測されるものであり、推測される（présumé）という意味での présomption は、思い上がった（présomptueux）という意味での présomption と化しうるものである。だが、評価の対象は栄光の〈虚無〉に先行している。自己評価と空しい栄光のあいだには、悪の可能性と悪の出来事とを分かつすべての隔たりがある。空しいうぬぼれが信頼を顚倒させ、承認の追究が名誉への情念へと逸《そ》れていくためには、盲目にされた人間がいなければならない。この盲目化は別のところからやってくるのであり、構成的ではなく逸脱的なものである。それゆえ自己評価の感情は、カント的な意味でのパトロジー的な自己愛によって根拠づけられるのではなく、自己評価の根源的な感情こそが、あらゆる意味でのパトロジーを可能にするのである。

4　情感的脆さ

脆さというのは、本書が認識、行為、感情を通して解釈を続けてきた「不均衡」が情感のレベルでとる名前である。脆さとは感情のもつ人間的な二元性である。この脆さの第一のしるしを、私たちは生命的な欲望と知性的な欲望の終極となる快と幸福の差異化のうちに探究した。こうして情感的な脆さという観念へと最初に接近するなかで、私たちは反省を続けていく仕方についての指示を得てきた。それは、エピチュミアとエロースが二つの成就の様式として二重化するとしても、快と幸福との分岐は、所有、権力、評価といった「テューモス的」要求が終極し成就する様式においてあらためて探究されねばならない、ということである。これらの要求には、固有な仕方での成就の様式があるのだろうか。またそこで、快と幸福との二元性はどのように表現されるのだろうか。

テューモスの成就の様式は、テューモスが生命的なものと精神的なものとのあいだで不安定な地位にあることを示している。実際のところ、所有の要求、支配の要求、意見の要求は、どこで終点に至るのだろうか。〈自己〉はけっして確証されないということ、この点に注意すべきである。自己がみずから自身を探究する三重の要求（所有、支配、意見）は、けっして完成するということがない。アリストテレスがしっかりと確認したように、快とは一時的な休息のようなものであり、だとすると幸福はすぐれて持続する休息ということになるのだが、それに対してテューモスは不安定なものである。「心情」とはテューモスのことであり、そうである以上、心情は本質的に私において不安定なものである。私はいつ十分に所有するのか。私の権威はいつ十分な支えをもつのか。私はいつ十分に評価され、承認されるのか。これらのすべてにおいて、どこまでいけば「十分」であるのか。一定の活動を終わらせ休息により封じる快の有限性と幸福の無限性とのあいだに、テューモスは無際限なものを滑り込ませ、それとともに、終わりなき追求に結びついた脅威を滑り込ませるのである。

人間の行為はすべて、この無際限というしるしを帯びている。生命的次元での諸活動の構造は、欠如、回避、苦痛、開始、成就といった快や苦のサイクルによって特徴づけられるが、テューモスはこの構造を顚倒させる。情感的な調整という観念に厳密な意味を与えうるような「飽和」の基準を与えることはもはやできない。「飽和」に至るとすれば、すべての緊張が残りなく満たされることができた場合であろう。〈自己であること〉の三つの根本的要求のもとで展開するかぎり、行為とは原理的に永続的な運動である。愛－欲望－快というトマスやデカルトが記述したサイクルは使いものにならなくなる。このサイクルを引き延ばし、そこに遅れを導入するだけでは不十分であって、このサイクルを開くことが必要である。もはや最終の行為というものはない。すべての行為が奇妙に中間的なものと化したのである。

あらためてわかるのは、円環的な図式を「骨の折れるもの」、「困難なもの」、「障害」によって複雑化するだけではどれほど不十分かということである。なぜなら、障害とはなお、有限な終わりをもつ行為の転変だからである。障害は手段－目的関係の様態の一つである「通路」の様態に結びついている。道具もまた手段－目的関係の一つの様態であるが、通路は道具とは異なり、望ましいものと恐ろしいものという二重の価値を呈している。しかし、このような両義性だけでは、動物の環境とは根底的に異なる人間的な状況を創りだすには十分でない。障害と障害により接近を阻まれる終極との関係は、依然として有限な目標という概念によって特徴づけられている。より一般的に言えば、数々の「技術的」媒介は、準備的な介在物を差しはさむことによって欲望がたどる道程を引き延ばしはするが、結局は規定された目的を参照しているのである。

所有、権力、評価の欲望がもつ新しさは、終点が限定されないことである。欲望の欲望には終わりがない。なんらかの欲望にこの欲望の欲望が介在するやいなや、人間に固有の状況が生まれてくる。そこでは、成功はさまざまな「課題」に応じた部分的なものであり、それらの課題は、満たされることのない欲望可能性を背景として切り出されてくるものとなる。私たちはさらに遠くへと動いていく。奇妙なことに、私たちの手段が明確になればなるほど、目的は間人間的な指向を多く背負わされてますます私たちから逃れてゆきさえする。手段の技術性と目的の無限定性とのあいだの対照性から不安定性の感情が生まれ、この感情は終点を指定できない諸行為に広がっていく。こうして満たされずに残る欲望可能性は、快と幸福の性格さえも変化させる。快と幸福はもはや欲望の終点ではなく、失敗や成功に反応する活動の始点と化すのである。こうして人間の行為は再開するのであり、それ自身を糧として、満たしえない要求によって前方へと引かれていくのである。

そうして人間の行為は努力（Streben）という性格を帯びる。人間の「コナートゥス」にとって、快と苦痛はもはや「一時的な」休止でしかない。そこでは、障害、希望と怖れ、臆病と大胆さといった感情は、無際限な行為に特有の感情に組み込まれる。すなわち、成功や失敗への二次的な反応としての勇気の感情である。ところで、勇気とはテューモスおよび心情の別名である。

情感的な脆さは、最初は快と幸福との隔たりにおいて現れたが、こうして中間項のうちに、テューモスの無際限性のうちに集約されることになった。そこからさらに進まねばならない。すなわち、テューモスは単に生命的なものと精神的なものの「あいだに位置する」のではなく、生命的なものと精神的なものの「混合」なのである。

それゆえ情感的な脆さは、一方では自己の無際限な要求と円環的で有限な生命的次元の緊張との交流において、他方ではそうしたテューモス的要求と幸福への欲望との交流において表現されることになる。テューモスの「媒介」は、こうした複合的な内方浸透において実行されるのである。

まずは生命的なものと人間的なものとの結びつきについて考察してみよう。私たちのうちには、動物的なものから人間的なものへの系譜関係のゆえに、不適切な意味で「本能」と呼ばれうるものがあるが、そうしたものはすべて、私たちを人間と化す三重の要求によって変容、変形され、人間性の水準にまで高められる。この点でもっとも目立つのはセクシュアリティの場合である。セクシュアリティは、人間特有の要求に横切られ、捉え直され、貫かれるかぎりにおいて人間的なものとなる。それゆえ、そこにはつねにいくらか所有の調子が、いくらか支配のニュアンスが、そしてまた相互承認の探究が見分けられる。この最後の意味での人間的なセクシュアリティこそが、生物的な次元に根を下ろしているため本質的に非対称的な関係へと相互性を導き入れる。このような人間化は所有や支配の欲望においてすでに始まってはいるが、そこでは平等が犠牲にされている。生命的なものと人間的なものが織りなす複合的な活動はそれ自体多様なものであるが、そのなかでセクシュアリティがもつ豊かさはひとえにこの〔相互性の導入という〕点に存している。そこから帰結するのは、性的満足とはけっして単に肉体的な快ではありえないことである。人間は快を通して、快を超えて、ときには快を犠牲にして、「本能」に何かを積み増すような要求を満足させようとする。このようにいくらか無際限なものが入ってくることで、快は人間的なものとなる。本能は円環的なものから開かれたものとなり、終わりなきものとなる。ドン・ファンの神話はすべてそこに由来するのである。

逆から言えば、そうして生命的なものが人間的なもののうちで捉え直され変容されるのに応じて、テューモスがエピチュミアからエネルギーを充填してくるようになる。テューモスは欲望とともに闘うと言うとき、プラトンがほのめかしていたのはそのことである。プラトンから借りてきたこの考えを起点として、フロイトのリビドー概念を解釈し直すこともできるかもしれない。リビドーとはエピチュミアかつテューモス、欲望かつ心情である。リビドーは生殖に固有のものではなくして性的なものであると言うとき、フロイトはみずからの人間学的探究の全体を見事な仕方でこの不確定地帯に位置づけている。そこでは〔生物的な〕交配が同時に〔人間的な〕対関係であり、他の性への欲望が同類〔たる人間〕への欲望なのである。フロイトの言う「快原理」は、すでに生命的なものと人間的なもののこうした形での混合であるが、まだ生命的なものが支配的である。リビドーには性的役割の差異が不可欠であるが、それを介しておのれの夢を追求するのは情愛への際限なき欲望である。そうした諸感情の脆さはこの二重の関係のうちにある。生殖の欲望が性を超えた優しさへと昇華されるのに対して、承認の欲望は柔和さとして身体化されることで性的な色合いを帯びる。セクシュアリティが人間学において例外的な地位を占めるのはそのためである。セクシュアリティは、深く本能的でありかつ深く人間的な柔和さの場であって、エピチュミアかテューモスかが不分明な形で、他者の欲望への欲望を極限まで現実化するのである。

だがテューモスは、生命的なものから牽引されるのと同時に、精神的なものからも牽引される。こうして新たな「混合」が描かれるのであり、そこに数々の大いなる情念の情感的な軸を見てとるのは不当なことではない。

情念に対しては多様で相容れない判断が下されてきたが、それは偶然というわけではない。〔情念に動かされるという〕受動性には数多くの様態がある。いかなる感情も、自我がそれに触発されるものである以上は、被るという営みである。古くからの情念論が本書で感情と呼ぶ領域の全体に及んでいたのは、こうした触発の受動性を考慮してのことであった。私たちはこの意味で情念〔＝受動〕（passion）をとらえるのではない。情念という名前は、生命的な感情からの単なる派生や情動の結晶化からは説明できず、一般には快の地平のうちでは説明できない種類の感情にとっておくことにしたい。情念としてむしろ私たちが考えているのは、オセロー〔シェイクスピアの戯曲『オセロー』の主人公〕の嫉妬からラスティニャック〔バルザックの小説『ゴリオ爺さん』の主人公〕の野心まで、人間の実存のドラマを形づくる数々の大転変である。それらが伝統的に愛、憎しみ、欲望、希望、怖れ、大胆、臆病と呼ばれてきた基本的「情念」の複合体ではないことはあまりにも明白である。私たちが考える情念には超越的志向が住まっており、そうした志向は幸福の無限なる牽引力からしか出てこないものである。幸福の全体を形象化できる対象のみが、それほど大きなエネルギーを吸い上げ、人間を通常の能力を超えて高め、みずからの快を犠牲にして苦しい生を送ることを可能にするのである。とはいえ、「理性からの逸脱」や「幻想」といった原理に、あるいは悪の原理を直接に表現するような虚栄にあまりにも早く依拠するならば、大いなる情念、つまり情念の偉大さはやはり説明されない。快の原理と仮象の原理を足しても情念にはならない。ヘーゲルは次のように言っている。「情熱〔情念〕なしにはかつて偉大な何事も成就されなかったし、また今後も情熱なしには偉大な何事も成就されることができない。情熱という形式そのものをののしるということは、単に一つの死せる道徳性、一つのあまりにしばしば偽善的な道徳性にすぎない」[訳38]（『精神哲学』四七四節）。度外れは偉大さを前提とする。情念による隷属は情熱的な生の頽落した様態である。魅惑、囚《とら》われ、苦しみを「被る」ということは、情念による疎外が根源的な偉大さ、躍動、超越の運動と同時的でないかぎりは不可解であろう。そこから幸福に関する数々の「偶像」が可能になるのである。「大いなる」情念のこうした超越の運動は、触発＝受動としての passion によっても、理性からの逸脱としての passion によっても説明されない。だからこそ、情念は生の欲望ではなく、幸福の欲望に結びつけるべきなのである。実際、人間は情念にみずからの全エネルギーを、心情のすべてを投入するのであるが、それは欲望という主題がみずからのすべてと化したからである。この「すべて」は幸福の欲望のしるしである。生命はすべてを意志しない。「すべて」という語が意味をもつのは生命にとってではなく、精神にとってである。「すべて」を意志し、「すべて」を思考するのは精神である。精神は「すべて」のうちでのみ安らうのである。

だが、情念は幸福の漠たる期待、カント的な意味での要求でもない。私が情念の内に見るのは、先にテューモスと呼んだ無際限の欲望と幸福の欲望との「混合」である。情念に駆られた者が「すべて」を意志するのは、所有・支配・評価する自我との相関において構成される対象の一つにみずからの「すべて」を置き入れるからである。それゆえ、幸福はテューモスの躍動とその諸対象において図式化されると言おう。テューモスの対象の一つが、突如として欲望すべきものの全体を、ある種の情感的直接性において形象化するのである。あたかも幸福の無限が不安の無際限へと降りてくるかのように。テューモスを動かすものとしての欲望の欲望は、幸福への対象なき指向に対して、イメージや呈示的形象としての参照対象を与える。ここにこそあらゆる誤認、あらゆる仮象の源がある。だが、そうした誤認や仮象はより根源的な何かを前提しているのであり、それを私はテューモスにおける幸福の情感的形象化と呼ぶのである。

まさにこのテューモスにおける幸福の情感的形象化から、情念はその組織化する力、その力動的な活動のすべてを引き出してくる。というのも、情念はみずからを捧げ委ねる力をエロースから受け取る一方で、その不安のすべてをテューモスから受け取ってくるからである。こうした委ね渡しと無際限の不安は、情念の狂乱による悪しき無限に先立ち、この狂乱が前提する深さの次元に結びついている。委ね渡しの契機については、私たちの知っているとおりイデアと〈私たち〉への参与に由来するものであり、すでに認めたように、そこに精神的欲望の本質がある。情念の生とは捧げられた生、みずからの主題へと捧げられた生である。この「情念性＝受動性(passivité)」は情念の囚われや苦しみよりも根源的なものである。情念の他の受動的形態のすべては、この第一の「被ること(pâtir)」に接木されるのである。他方で、エロースの神髄たるこの委ね渡しは、テューモスの主題系に特有の不安と結びつく。情念に動かされる者は、みずからの幸福の能力の全体を数々の「対象」へと投入するのであり、そうした対象において〈自己〉が構成されることになる。こうして所有・権力・価値の行程の「対象」に全体性がもたらされ、私たちがテューモスの主題における幸福の図式化と呼ぶものが構成されるのである。

この図式化は超越論的想像力の図式化を感情へと延長したようなものだが、これは情念の狂乱のすべてが前提としている根源的なものである。全体を意志し、人間的欲望の諸対象においてそれを図式化する者にのみ、みずからを誤解すること、すなわちみずからの主題を〈絶対的なもの〉とみなし、幸福と欲望の主題との絆の象徴的性格を忘却することがありうる。この忘却によって象徴は偶像と化す。情念に動かされる生は情念にとらわれた実存と化すのである。この忘却、偶像と隷属および情念の苦しみの誕生は、情念の解釈学に属する事柄であり、私たちはそれを別の場所で手がけるつもりである。だが、根源的な触発＝情感（affection）はまさしく過ちやすさの場であって、そこにおいて情念が衝撃をもたらす地点がどこなのかを示す必要があった。情念に動かされる者の不安な献身は、情念〔情熱〕的な者の原初の無垢に似たものであると同時に、情念の出所たる本質的な脆さでもある。情念的な者の情念に囚われた者に対する関係においてこそ、過ちやすさの諸構造が過ちの先行的な土壌であることをもっともよく理解できるのである。

＊　＊　＊

感情の普遍的な機能は結びつけることである。感情は認識が切り離すものを結びつける。感情は私を諸事物に、諸存在に、そして存在に結びつける。対象化の運動がつねに私に世界を対立させようとするのに対して、感情は私を外へと投ずる志向性を、私にみずからが実存していると感じさせる情感へと合一させる。それゆえ感情は、つねに主体と客体の二元性の手前、ないしは彼方にあるのである。

しかし、自我の世界に対するすべての結びつきを内面化することによって、感情は新たな分離、自己の自己に対する分離を生じさせる。対象においては休止点を見出していた理性と感性の二元性が、感情を通して感知されるようになるのである。それによって、自我は二つの根本的な情感的指向のあいだに張り渡される。すなわち、快の瞬間的な完全性のうちで全うされる有機的生命の指向と、全体性へと、幸福の完全性へと憧憬を向ける精神的な生の指向とのあいだに張り渡されるのである。

このような感情の不均衡が生じさせる新たな媒介が、テューモスの媒介、心情の媒介である。この媒介は、認識の次元における超越論的想像力の黙せる媒介に感情の次元で対応するものである。だが、超越論的想像力がすべてを志向的総合に、私たちに面する対象の企投に還元するのに対して、この媒介がそれ自身において反省されるのは際限なき情感的要求においてであり、そこでこそ人間存在の脆さが証されるのである。こうして、葛藤は人間の根源的構成に由来することが明らかになる。対象は総合であり、自我は葛藤である。人間的二元性は対象の総合においては志向的に乗り越えられているが、主体性の葛藤において情感的に内面化される。なるほど感情の歴史の目印となるのは数々の現実の葛藤であって、それらは語の本来の意味での偶発事であり、私たちの努力や肯定能力と、自然の諸力や家族・社会・文化的環境の諸力とのあいだの出会いの事実である。それでもやはり、そうした外的な葛藤が内面化されうるのは、やはり私たちのみずから自身に対する潜在的な葛藤がそれらに先行し、最初から自身のものであるような内面性の音調を供するからであろう。私たち自身と私たちに借り物の人格性をもたらしうるような審級との葛藤が内面化されうるのは、私たちがすでにビオス〔生〕とロゴス〔言葉〕の不均衡であり、それゆえ私たちの「心情」が根源的な不一致を被っているからであろう。

結論　過ちやすさの概念

人間は過ちやすいものだと言うとき、何を意味しているのか。本質的には、道徳的悪の可能性が人間の構成に刻み込まれている、ということである。この回答には二つの種類の解明が必要である。実際、過つという可能性は人間の根源的構成のより特別ないかなる性質に存するのか、と問うことができる。また他方で、この可能性自体の本性をさらに問い尋ねることもできる。問題のこうした二側面について、順に考察していくことにしよう。

1　制限性と過ちやすさ

ライプニッツ〔Gottfried Wilhelm Leibniz　一六四六－一七一六。ドイツの哲学者・数学者〕においてもっとも完全に表現される長い哲学的伝統によれば、被造物の制限性は道徳的悪の機会となるものであり、道徳的悪の機会として、この制限性は形而上的悪とさえ呼んでよいものである。ここまで私たちが行なってきた分析は、この古い命題を正確な意味で修正しようとするものであった。すなわち、制限性の観念だけでは、道徳的悪の入口へと接近するには不十分なのである。どんな制限性でも過ちの可能性になるわけではない。過ちの可能性とは、自己自身と合致しないという人間的現実に特有の制限性のことである。制限性を無や非存在への参与と規定するのも無益である。

デカルトが知性に対する意志の関係を解明する前には、存在や完全性の観念と「いわば無の消極的な観念のようなもの、すなわち、あらゆる種類の完全性から無限に遠いものの観念」を組み合わせて人間的現実の簡単な存在論を作り上げていたことを思い出しておこう。そうしてデカルトは、「私はいわば神と無の中間にある」と言えたのである。だが、存在と無の組み合わせからできていることが、かならず過ちを犯す機会になるわけではない。存在としての存在ではない実在はすべて、きわめて一般的な意味で「神と無の中間」だからである。デカルトがこうした簡単な描写で満足できたことは理解できる。彼は人間的現実の存在論を作ろうとしていたわけではなく、人間は過ちへの積極的な力能を備えているといった、神の完全性への反証となる仮説を退けようとしていただけであった。人間が存在と無の組み合わせでできていると示すことによって、デカルトはもっぱら存在の欠落という観念にさらなる場所を残し、そうした単なる欠落に加わる欠如という面を意志の悪しき使用に結びつけたのであった。このように、被造物一般の簡単な存在論があれば神を無罪とするのには十分であり、諸能力の哲学があれば人間に責めを負わせるには十分であった。ここでのデカルトの意図はまったく〔神を擁護するという意味での〕護教論的なものであり、けっして人間固有の存在様態や存在の度合いを規定することではなかった。だが、そうした〔人間存在の〕存在論を作り上げようとする場合には、制限性の観念は、それ自体として理解されるかぎりでは、もはや過ちやすさの観念を説明できるものではない。私たちが必要とするのは、何かあるものの制限性一般の特殊事例ではないような人間的制限性の概念であった。カントが質のカテゴリーについて示したように、制限性の観念のうちにあるのは或るものの措定と否定の総合以外の何ものでもない。私たちが必要する制限性の概念は、一挙に人間的制限性の概念となるようなものなのである。

或るもの一般の形式的存在論という土台の上に固有のカテゴリーを展開する人間的現実の直接的存在論へのこうした要求は、「不均衡」の観念によって満たされるように思われた。制限性一般という概念は形式的存在論に属するが、或るものの制限性から人間の制限性への移行は種別化によって果たされるものではない。人間的現実に固有のカテゴリーを加えることが必要である。

そうした人間的制限性に固有のカテゴリーは、有限性の無限性に対する不均衡な関係から直接に取り出してこなければならない。存在と無の「あいだ」の存在論的な「場所」、そういった方がよければ、人間の「存在の度合い」や「存在の質」を成すのはこうした関係である。このような関係によって人間的制限性は過ちやすさの類義語となるのである。

ある種の「超越論的演繹」、すなわち、一定の対象性の領域を説明できることから概念を正当化するという手続きによって、人間的制限性に特有のそうしたカテゴリーを取り出してみよう。それらのカテゴリーが人間に関する特定の言説の可能性の条件であることを示しえたならば、当のカテゴリーは要求されうるすべての正当性を受け取ったことになるだろう。

このように人間に関する言説の可能性の条件を明示化することで、悲惨のパトス的表現を全面的な反省にもたらすという本書の企てが成就されることになるだろう。また、混合物のミュートスと悲惨のレトリックには、そうしたカテゴリー自体の暗黙の理解が「正しいドクサ」という様態で含まれている。人間の条件をめぐる大いなるレトリックを特徴づける「混合物」や「中間者」といった観念においては、すでに実存的なカテゴリーがパトス的な様態で予感されている。反省によってそれらの観念をカテゴリーとして捉え直せるということは、プラトン自身が「混合物」の神話から「混合」の概念へと移行する際に、私たちに確証させてくれる事柄である。「混合物」という修辞的な主題と「混合」という弁証法的な概念との語源的連続性は、本書の企てにおいて言葉の恵みが私たちとともにあることを確証しているのである。

過ちやすさのカテゴリーを演繹する際に私たちが導きとするのは、実在性・否定性・制限性というカントの質のカテゴリーの三つ組である。なぜ量、関係、様相のカテゴリーの三つ組ではなく、質のカテゴリーの三つ組を特別視するのか。それは、超越論的演繹が物理的対象のアプリオリな構成に関わる厳密に認識論的な反省をこれほど明白な仕方で踏み越えている場所は他になく、それによって、質の三つ組は対象一般の顕現ないしは現出を軸とする超越論的現象学へと近づいてゆくからである。私たちは、質の図式についてのカントの言明からおのずと促されて、それを自由に活用して対応するカテゴリーを作ることを試みるのである。カントは次のように述べる。「実在性は、純粋悟性概念においては、感覚一般に対応するもの、だから、その概念自体が（時間における）存在（Sein）を呈示するものである。否定性は、その概念が（時間における）非存在（ein Nichtsein）を表示するものである。それゆえ、両者の対立が生じるのは満たされた時間または空虚な時間という同じ時間の相違のうちにおいてである」（『純粋理性批判』A143）。こうして生まれるのが実在性の度や量の図式であり、この図式は「あるものが時間を満たすかぎりにおける、そのあるものの量」（同A143）にほかならないのである。私たちはカントの正統な解釈かどうかは気にしていないので、この三つ組を感覚の度に関する学知[19]へと転写しようとはしない。むしろそれを哲学的人間学の次元に移し置き、それによって本書の全体で展開してきた言説を体系化してみたい。

物理学の公理系から哲学的人間学への移行に伴って、実在性・否定性・制限性という三つ組は、根源的肯定、実存的否定、人間的媒介という三つの術語によって表現できるようになる。本書の研究は、この三つ組が認識、行為、感情を通して前進していく様子を表している。この弁証法が賭け金とするのは、人間の人間性を真に表す第三項について、段階を追ってより具体的な規定が得られるということである。

この具体的弁証法をここまで展開してきたような形で要約するのではなく、この弁証法の基礎となる諸概念を取り出してみよう。それによって、それらの概念が哲学的と呼ぶにふさわしい人間学をいかにして可能にするかを示すためである。[20]

まず明らかであるのは、このような人間学の導きとなる第一の概念は有限性の概念ではないこと、そうではありえないことである。この弁証法において、有限性は結果であって起源ではないのである。この意味で、カントが理性的存在者一般の観念を最初に置き、次いで感性のもつ差異性によってこの観念を制限することで、有限で理性的な存在という観念を出現させるとき、カントは正しいと言うべきである。だからこそ、私たち自身の分析の最初の稜線は、根源的肯定の三つの契機、すなわち〈言葉－動詞（Verbe）〉、実践的全体性ないしは幸福の理念、エロースないしは心情に感じられる幸福を経由するものとなったのである。第一の契機から第二の契機、第二の契機から第三の契機へと移るにつれて、根源的肯定は豊かになり、内面化されていく。この肯定は、最初は〈言葉－動詞〉によって意味された――むしろ追加的に意味された（sur-signifié）――「〔…〕である」を相関者とする〈諾〉の激しさであった。それは根源的肯定の「超越論的」契機である。この契機は必要であったが、それだけでは不十分であった。すなわち、実存しようとする力能を「生」の領域から「思考」の領域へと移すためには必要であったが、この思考が私たち自身であることを私たち自身が確証するには不十分であった。次に実践的な全体性の観念において、私たちはまさしくみずから自身を肯定することになる。この観念はあらゆる人間のあらゆる意図の理解を介して接近できるが、この理解はつねに始まっているがけっして完結しないものであり、それを背景として私たちの性格の閉鎖性が浮かび上がってくる。こうした原理的な開在性、人間自体の活動（エルゴン）、「所業」、「企投」へのこうした接近可能性は、人間性〔人類〕の地平をもたらすことによって人格を基礎づけるものである。人間性の地平とは、私でもあなたでもなく、私の内にもあなたの内にもある人格を手段ではなく目的として扱うという課題である。人格に課題を与える人間性の理念を導きとしないかぎり、人格を解読することはできない。この意味で、存在させるべき全体として理解された人間性は、人格の可能性の条件である。だが、人間性の理念は超越論的なものから実践的なものへの移行を果すことはできても、この思考作用の人間性が私たち自身であることを告げるところまではいっていない。人間の活動に内在するそのような指向を、方向と帰属の意識において先取された幸福として現し出させるのは、〈エロース〉であり、〈愛〉である。ただ感情のみが、その無限性の極を介して、私が思考と行為の開在性においてみずからの実存を継続できることを確証してくれる。そこで根源的肯定は、私が思考し行為することを可能にするもの「において実存する」ことの〈歓び〉として感じ取られる。そのとき、理性はもはや他なるものではない。私が理性であり、あなたが理性である。なぜなら私たちが理性だからである。

だが、根源的肯定が人間と化すのは、私たちがパースペクティヴ、性格、生命的な感情と呼んだ実存的否定を経ることによってのみである。人間が「無の消極的な観念のようなもの」への参与を通して初めて理解可能になることは、デカルトより前から、プラトンのポロス〔富〕とペニア〔貧困〕の神話以来知られていたことである。人間とはそうした否定性であるというのは、私たちがヘーゲルからサルトル〔Jean-Paul Sartre 一九〇五－一九八〇。フランスの哲学者・文学者〕にかけて学んできたことである。だが、否定性の勝利の行進のなかで見失われたのは、私たちを形づくる根源的肯定に対して否定性がもつ真の関係である。人間の「対自」は、けっして事物の「即自」への対立に解消されるものではない。無化する「対自」と物化された「即自」とのこうした対立においては、両項はなおたがいの外にある。この対立は、弁証法というよりも、むしろ恒常的な「存在」とそこから抜き取られて孤立する「無」との二分法へと向かうものである。数々の「無化する働き」の記述――不在から拒絶、懐疑から不安まで――は、事物ならざるものとしての人間の地位向上をたしかに説明してくれる。人間が無化する事物の存在だけが存在のすべてではない。そして、私自身の死せる過去、私の生成してしまった姿、私の実存の「既在的（gewsen）」なあり方が本質（Wesen）へと硬化して「即自」という姿をとる場合でも、なお私は外的存在に抗して立ち上がる。現代の哲学が断絶と孤立の無をこれほど過大視するのは、根源的肯定を、あるいはスピノザのように言えば、全面的に措定する（ponere）力能であって除去する（tollere）力能ではない実存するための努力、現動する本質と同一のものであるこの努力をとらえ損なっているからである。そのように存在することこそが、人間の存在において肝心なことである。そこでは存在とは肯定であり、諾と言うことであり、歓びである。その意味での存在は、私が既成のもの、死んだものとして斥《しりぞ》けうるものではなく、私がそれであり、それによってあるところのものである。

まさにこの肯定を否定するのが実存的否定である。これほど存在の内奥に属している否定はない。今や問題となるのは、既在を無化しつつその外へと退くことではなく、〈言葉〉がそれを否定するパースペクティヴの内で現出すること、諸目的の全体性がそれを否定する性格の内で現出すること、愛がそれを否定する生への執着の内で現出することである。この実存的否定は、その道程を外から内へとたどるならば、まずは他者に対する私の差異、次に私の私に対する差異として現れ、最後に有限なるものの悲しみへと内面化されることになる。

もっとも基礎的な反省はパースペクティヴに関わるものであるが、そこには以上の全行程が縮約されて含まれている。というのも、パースペクティヴがパースペクティヴであることを私が知るのは、もっぱら真理への志向がパースペクティヴを踏み越えることによってだからである。だが、私がこの踏み越えを確証するのは、他の数々のパースペクティヴが私のパースペクティヴに対置されることによってでしかない。それゆえ意識の「多性」というのは単に算術的な多数性ではない。意識どうしの他者性は、言語の理解、文化の伝達、人格どうしの交流を可能にする原初的な同一性や統一性と相関するのである。こうして他人は単なる他者ではなく、私の同類となる。逆から言えば、ロゴス（λόγος）の本質であるこの統一性はレゲイン（λέγειν）、すなわち「言うこと＝集めること」をめぐる差異性と相関するものである。この差異性が意味するのは、人間性〔人類〕の統一性が実現される場所はコミュニケーションの運動のうちにしかないということである。こうして、あたかも意識の多数性とは数量的なものにすぎず、意識どうしはただ偶然に並んでいるだけであるかのように、差異が絶対的だということもなければ、あたかも意識間の分離は悪しき意志の不純な原因性によってのみ生じているかのように、人間存在の統一が絶対的だということもない。人間とは複数的で集合的な統一性であり、そこでは方向（destination）の統一性と個々の命運（destinées）の差異性とがたがいをたがいによって理解しあうのである。

他者に対する私の差異は、内面化されて私の私自身に対する差異となる。もはやこれは個々の命運どうしの差異ではなく、みずから独自の命運のなかで、みずからが要求するものとみずから自身の偶然性とのあいだにみられる差異である。要求というのは、カントの言葉を用いれば、理性が「要求（verlangen）」する全体性のことであり、アリストテレスの言葉では、人間がその行為において「追究する（ἐφίεσθαι）」幸福のことである。こうした要求は性格の偶然性において表現される。性格の偶然性の意識は、私は他人と異なっているという意識と比べて、根源的肯定のさらに内奥に属するものである。他人と異なっているという意識は依然として、私という実在量の外には私ではなく他者たちによって実現される人間性の無数の可能性がある、という感情に基づいている。差異の感情は他者性を自己の外に置いたままにしている。偶然性の感情はこれを内面化するのであり、そこでは要求はその反対のものへと逆転される。私のあるべき姿は、私がこのようであること、また私があることすらも必然ではないという感情、私が別の者であったこと、また私がいなかったことすらも可能であるという感情において否定されるのである。この感情は不条理を伴わずに表明されえないものである。というのも、私が別の者であるという想像は、この身体とこの生の抹消不可能な現存を背景として出てくるものであり、この現存自体は他のすべての可能性を排除するものだからである。だが、まさしく今ここでこのようにあるという剝き出しの事実は、全体性の要求を尺度にして測られると、私が産み出すのではなく、私が措定するのではない実存として露わにされる。すなわち、実存は実存しているだけのもの、〈自己による存在〉を欠いているものとして見出されるのである。存在していないこともありえたという可能性を形成する想像力は、この欠如を開示するものとしてある。私は実存をすることを選んだわけではなく、実存とは与えられた状況だ、と言うわけである。非－必然性や偶然性という理性的暗号において言葉が表現しているのはそうしたことである。私がいるということは必然ではなく、みずからの実存を様相のカテゴリーによって反省するとき、偶然的存在はみずからの実存を非－必然的なものと考えざるをえない。そしてこの非－必然性によって、不安定、依存、実質の欠如、実存的眩暈《めまい》といった、誕生と死をめぐる省察から出てくるすべての感情に含まれる否定的なものが曝《さら》し出される。こうして、感じ取られる眩暈と様態の言語との合体めいたものが作りだされる。すなわち、私とは生きた〈実存の非‐必然性〉だ、ということになるのである。

私が悲しみという情感的様態のもとで生きているのは、まさしくそうした実存の非‐必然性である。『エチカ』の作者〔スピノザ〕は、「私は悲しみを精神がより小なる完全性へ移行する受動〔情念〕と解する」〔『エチカ』第三部、定理11〕と言っている。私の実存するための努力の中断の表現であるような悲しみに加えて、有限なるものの悲しみと呼べるような悲しみの根底がある。そのような悲しみを養うのは、欠乏、喪失、怖れ、哀惜、幻滅、持続の散逸と取り返しのつかなさなど、否定を組み込むことで言い表されるようなすべての原初的経験である。否定はそうした経験にはっきりと組み込まれているので、こうした有限性の経験は否定の根の一つとみなすことができる。[21] 一つの原初的事実として認めるべきであるのは、ある種の感情は、それが否定的であるがゆえに、言述における否定といくらか親縁性をもつということである。対象の領域において、主に同と他を分かつ識別や区別の操作によって形づくられる否定的言語が、そうして生きられた情態性を語るために提供される。欲求は「私はもっていない」において、哀惜は「もう…ない」において、性急な欲望は「まだ…ない」において語られる。だが、語られた否定がそうした情動に適合するのは、それによって明示されるのが、いかなる言述よりもさらに下の方に、私たちがスピノザにならって「悲しみ」という美しい語に要約したところに刻まれた否定的なものだからであろう。この実存の減衰は、魂がみずからを維持しようとする努力に影響を与えるものであり、まさに原初的な情動であると言える。あらゆる形の苦しみは、数々の情動に含まれるこの否定的契機を高揚させる。苦しむことで、意識は分離され、集約され、そして否定されていると感じるのである。

根源的肯定と実存的差異との弁証法が以上のようなものだとすれば、カントにおいて質の第三のカテゴリーとなる「制限性」は、ただちに人間の脆《もろ》さの類義語であることになる。この制限性とはまさしく人間自身のことである。私は人間を直接に思考するのではなく、合成を通して、根源的肯定と実存的否定の「混合」として理解する。人間とは有限の悲しみにおける〈諾〉の喜びなのである。

この「混合」は、断層（faille）が徐々に現れてくるような仕方で私たちに姿を現したのだが、この過程を通して、自己の外の実在の媒介者としての人間が、自己自身にとって脆い媒介と化すのであった。

対象の総合は〈言うこと〉と〈現れること〉との沈黙した総合だが、それは事物自身の内で、対象に面して働く総合であった。この総合は意識とは呼べるが自己意識ではない。それを可能にする超越論的想像力は、どこまでも自然本性の深みに隠された技である。人格の総合は混合に対して理論的ではなく実践的な意味を与えるが、この混合はなお課題であり続ける。媒介はアリストテレスが『ニコマコス倫理学』で形成する「中庸（μεσότης）」の諸相を通して探究されるが、それらは徳の中庸というよりも、むしろ対立する深淵のあいだを縫って進む実践的和解の困難な道である。ここで対立する深淵というのは、切り離された数々の行為形態によって表象されるものである。そこでもなお、人間はそれらの「中庸」を自己の外へと投じる。すなわち、それらを作品――職人の作品、芸術家の作品、立法者の作品、教育者の作品――の内へと投じるのである。これらの記念物や制度は事物の総合を引き継ぐものである。事物は〈言うこと〉と〈見ること〉の統一において理解されるのであったが、作品は〈意味〉と〈質料〉、〈価値〉と〈労働〉の統一において作られる。職人や芸術家、立法者や教育者としての人間が自己自身に対して具体化されるのは、〈イデア〉それ自体が物質化されるからである。とくに芸術作品が持続するのは、芸術作品として具体化されることで、〈イデア〉が宇宙《コスモス》の堅固な諸元素によって忘却から救いだされるからである。だが、ゲーテ〔Johann Wolfgang Von Goethe 一七四九－一八三二。ドイツの文学者〕の愛するこの有限なるものの修練によって要求と偶然性との総合が果たされるのは、人間の新たな相関者である作品においてのことでしかない。即自的な人間と対自的な人間とは、依然として引き裂かれたままなのである。

感情が開示するのは、この秘かな割れ目、この自己との不－一致である。感情とは葛藤であり、人間を根源的な葛藤として露わにするものである。感情が現し出すのは、媒介ないしは制限性はもっぱら志向的であり、事物や作品のうちで目指されているものだということ、人間は自己自身に対して隔たりであることである。しかし、人間が体験し苦しむこの不調和は、具体的弁証法の終点に至って初めて言説の真理に到達する。この弁証法によって、人間の脆い総合が対立の生成、根源的肯定と実存的差異との対立の生成として現し出されるのである。

2　過ちやすさと過ちの可能性

過ちうるのは人間が対象、人間性の理念、そしてみずから自身の心情において行なう媒介の脆さによってであるとすれば、この脆さがいかなる意味で過ちうる力能であるのかが問われてくる。これはどのような力能なのであろうか。

弱さが悪を可能にするということにはいくつもの意味があるが、それらの意味は、機会から起源、起源から能力へと、複雑さが増していく順に分類することができる。

第一の意味では、人間に特有の制限性はただ悪を可能にするだけだと言われるだろう。その場合、過ちやすさが指し示すのは〔悪の〕機会、すなわちそこから悪が人間に入り込んでくる最小抵抗地点となる。そこでは、脆い媒介はもっぱら悪が現れる空間として現れる。ミクロコスモスとしての人間は、実在性の中心であり、実在の両極端を集摂する者として、実在の弱い結節部でもある。だが、この悪の可能性と悪の現実性とのあいだには、隔たりがあり、飛躍がある。これこそが過ちの謎である。スコラ哲学の言葉であり、なおデカルトのものでもある言葉を用いれば、「欠陥（défaut）」から「欠如（privation）」への移行は連続的なものではない。カントの『負量の概念を哲学に導入する試み』の言葉を用いれば、悪とは実在的な対立、現実的な嫌悪を含んだ「欠如の無」であって、そうした実在的な対立や現実的な嫌悪は、脆さの観念によっては説明できないのである。

可能性と現実性とのこのような隔たりは、過ちやすさの単なる人間学的な記述と倫理との同様の隔たりへと反映される。人間学的記述が悪の手前に位置するのに対して、倫理は善と悪との現実的な対立を見出す。実際、すべての倫理が根本的な前提とするのは、価値のあるものとないもののあいだにはすでに割れ目があり、人間はすでに、真と偽、善と悪、美と醜とのどちらをもなしうるのだということである。超越論的見地では意味と現前の統一でしかなかった対象性自体が、倫理的見地では到達できたりできなかったりする課題となる。すぐれた意味での総合であった対象性が、真なる価値として、価値あるものとないものとに分岐するのである。行為においても事情は同じである。すでに見たように、人間は幸福への要求と性格および死の偶然性とのあいだの媒介であることを運命づけられている。だが、倫理にとってこの媒介は課題である。すなわち、悪しき両極端のあいだでアリストテレスの言う「中庸」を形成していくという課題である。美学の分野でも、趣味の観念は、『判断力批判』でなされているように、反対のものを参照せずに表象の自由な戯れと「概念なき快」を考察するだけで形成できるが、それでもこの観念は、それに対立する悪趣味を想定しているのである。こうして、倫理をもっとも広い意味で理解して規範性の全領域をカバーするものとした場合、そこではつねに、人間がすでに対象の総合、人間性自体の総合、有限性と無限性のあいだでの自己自身の総合をしそこなっていることが前提されているのである。それゆえ倫理は、学問的方法論、道徳的教育法、趣味の涵養を通して「人間を教育」しようとする。すなわち、本質的なものがすでに逸《いっ》せられている領域から人間を引き出そうとするのである。こうして、倫理として解された哲学は、価値あるものとないものという抽象的な両極性を前提するだけではなく、すでに的を外してしまった具体的な人間を前提するのである。パルメニデスが夜と昼の通う門の向こうへの旅に引きこむ人間、プラトンが洞窟から引き出して太陽への難路を歩ませる人間、デカルトが誇張的懐疑によって先入見から、そして真理からさえも引き抜く人間、これら哲学によってとらえられ、その道程の始まりに置かれる人間は、道に迷いおのれを見失っている。人間は起源を忘却してしまったのである。

だとすれば、謎であるのは、過ちうる状態からすでに堕落した状態への「飛躍」それ自体だということになる。私たちの人間学的反省はこの跳躍の手前にとどまり、倫理はそれに遅れて到来する。この飛躍を現場でとらえるためには、新たな仕方で出発し、新たな型の反省を開始しなければならない。すなわち、意識がこの飛躍について行なう告白、およびこの告白を表現する悪の象徴に関する反省である。このように、過ちやすさの現象学と悪の象徴系との方法的な溝は、人間自身においての過ちやすさと過ちとの溝を表すものでしかない。そこでは、悪の象徴系は大いなる迂路をたどることになるだろう。そして、おそらくその終点において、中断されていた言説を再開し、この象徴系の数々の教えを真に哲学的な人間学へと統合し直すことが可能になるだろう。それゆえこの第一の意味において、過ちやすさとは悪の可能性でしかない。それが指し示すのは、悪に「場所」を提供するもっとも抵抗の弱い実在領域とその構造なのである。

だが、この第一の意味においては、悪の可能性と悪の実在性とは、なおたがいに対して外的なものであり続けている。さて、「飛躍」そのもの、悪の「措定」そのものは、ある仕方では過ちやすさを起点として理解できる。可能という語の第二の意味では、人間の不均衡が悪の可能性である、と言われるだろう。すなわちそれは、人間の欠陥はすべてなおその完全性の線上にあり、人間の失権はすべてそのもともとの構成を指示しており、人間の変質はすべて、プラトンの『ピレボス』で言われるように、「存在への生成（γένεσις εἰς οὐσίαν）」に基づいているという意味である。人間が作りだせるのは、もっぱら人間的な無秩序、人間的な悪でしかない。こうして、多言、嘘言、巧言といった悪が可能なのは、言葉が人間の使命だからである。私はソフィストをもっぱら哲学者の模像として表象する。プラトンはソフィストを「像を作りだす者」と言っていたし、バアルはヤーウェの「偶像」でしかありえない。したがって、根源的なものというのは、それを起点として私があらゆる悪を産み出すことのできる起源、原型、範列であって、私が悪を産み出すのはある種の疑似的な発生（病理学でさまざまな障害が過剰（hyper）や低（hypo）や類似（para）といった接頭辞で語られるような意味で）によるのである。人間が悪しきものになるのは、もっぱら人間の機能や使命の力線、およびそれらの弱さの線に沿ってのことである。

　おそらく、可能的なものへのベルクソン流の批判からは、悪は現実であるからこそ可能なのであり、過ちやすさという概念が示すのは、すでに存在する悪の告白が人間の制限性の記述へと跳ね返った結果でしかない、といった反論が出てくるだろう。たしかにそうであって、過失によってこそ、それ自身の背後にあった過失の可能性が切り出されるのであり、それが人間の根源的制限性へと影のように投影された結果、人間の制限性が過ちやすさとして現れ出るのである。いかなる邪悪さよりもさらに根源的な条件は、人間の心情の現に邪悪である状況を介してのみ識別される。これは異論の余地のないことである。憎悪と闘争を介してこそ、意識間の差異を形づくる尊敬の間主観的構造が見てとられる。誤解と嘘言を介してこそ、発話の根源的構造は諸意識の同一性と他者性を露わにする。所有、権力、評価という三重の要求についても事情は同じであって、それらの要求は貪欲、圧政、空しい栄光を介して見てとられる。要するに、根源的なものはつねに堕落したものを「介して」垣間見られるのである。だが、「介して」とは何を意味するのだろうか。根源的なものが堕落したものを介して透《す》けて－見える(trans-parence) というのは、発見の順序では第一のものである貪欲、圧政、空しい栄光が、存在の順序では第一のものとして所有、権力、評価をおのずから指し示しているということである。貪欲、圧政、空しい栄光といった「情念」は、それらが根ざしている「要求」を表現するのと引き換えに、堕落のしるしと言えるようなものを受け取るのである。こうして過ちの悪は、根源的なものを志向的に参照させるが、そうした形での根源的なものへの指示が、悪を過ちとして、すなわち〔根源からの〕隔たりや逸脱として構成することになる。悪がそこから堕落してきた当のものを「起点」にしてのみ、私は悪を悪として考えることができる。ゆえに「介して」は「起点にして」と相互的であって、この「起点にして」こそが、悪が過ちやすさを露わにするのだとしても、過ちやすさが悪の条件だと言えるようにするのである。

　その場合、根源的なものの表象を、それを介して根源的なものが見てとられた悪の記述から切り離すことはできるのであろうか。できる、というのが答えであるが、ただしそれは想像的な様式によってのみである。無垢の想像とは、みずからの根源的な使命とその歴史的な現れとの隔たりが一切ない形で、みずからの根本的可能性のすべてを実現するような人間的生の表象にほかならない。無垢とは過ちなき過ちやすさであり、この過ちやすさは脆さや弱さではあるが、けっして堕落ではないことになるだろう。私が無垢を思い描けるのは神話を通して、「他の場所」で「他の時」に、理性的人間の地理や歴史には位置づけられない場所と時において実現した状態としてであるが、それは肝心な問題ではない。無垢の神話の本質的な点は、堕落において透けて-見え、堕落を堕落として露わにするような根源的なものの象徴を与えることである。私の無垢とは、私の根源的な構成が空想的な歴史に投影されたものである。このような想像は哲学にとってなんら躓《つまず》きではない。想像は可能なものを探究するうえで不可欠な様式である。フッサール形相論の流儀で言えば、無垢というのは、根源的構成を別の実存様式の上に現出させることにより、この構成の本質を浮きぼりにする想像的変様である。そこでは、通常は堕落した条件を介して現れる過ちやすさが、堕落した条件なしに純粋な可能性として呈示されるのである。だとすれば、人間はきわめて邪悪なので、もはや人間の善性とは何かはわからないと言うだけでは、厳密には何も言ったことにならない。というのも、私が「善い」ということを理解していなければ、「悪い」ということも理解しないからである。「善性」の根源的な素地と邪悪さにおけるその歴史的な現れとは、二重写しのように一緒に理解すべきものである。邪悪さがどれほど根源的でも、善性はさらに根源的である。だからこそ、あとに見るように、堕落の神話は創造と無垢の神話のコンテクストでのみ可能になるのである。この点を理解していたならば、あたかも悪人になることで人間は人間であることをやめるかのように、「神の似像」が失われることがありうるのか、などと問われることもなかっただろう。また、ルソーが人間の本性的な善性とともに歴史的・文化的な倒錯性を執拗に述べたてたとき、一貫性のなさを批判されることもなかっただろう。

だが、過ちやすさの概念には、さらに積極的な意味での悪の可能性が含まれている。すなわち、人間の「不均衡」は、人間を過つことができるようにするという意味で、過つ能力なのである。デカルトが言うように、「私はまたなんらかの仕方で無すなわち非存在を分けもっているかぎりは、つまりは私自身は最高存在者ではなく、無数の欠陥にさらされているかぎりは、私が誤ってもなんら驚くにはあたらない」（訳39）（「第四省察」）のである。〈私は…にさらされている〉とはどういうことであろうか。「飛躍」と同時に、悪の「措定」と同時に、過ちやすさから過ちへの「移行」や「推移」を確認することが必要ではないだろうか。

あとに見るように、断絶という性格、悪の突然の措定という性格をもっとも強調した堕罪神話は、同時に無垢から悪への微妙な滑り落ち、不透明な屈折をも語っている。まるで、悪を〈瞬間〉における出現として思い描こうとすれば、かならず同時に〈持続〉へと巻き込まれ、〈持続〉のなかで進展するものとして悪を考えねばならなくなるかのようである。悪は措定されかつ進行するものである。たしかに、措定としての悪を起点としてこそ、弱さの成就という悪の反対の側面が発見されるのではあるが、屈服する弱さという、聖書の神話ではエバの姿によって象徴される動きは、悪を到来させる行為と外延を同じくするのである。弱さから誘惑へ、誘惑から堕罪へと導く眩暈のようなものがある。こうして、私が悪を措定したことを「告白する」その瞬間に、悪は眩暈による連続的な推移によって、まさしく人間の制限性から生まれてくるように見えるのである。悪の措定そのもののうちで発見される、無垢から過ちへのこうした推移によって、過ちやすさの概念はその両義的な深さを与えられる。脆さとは単なる悪の「場所」、悪が挿入される地点でもなければ、人間が堕落する起点となる「起源」でさえもない。脆さとは悪をなしうる「能力」である。人間は過ちやすいものだと言うことは、みずから自身と合致しない存在に固有の制限性が、悪の生じてくる根源的な弱さだと言うことである。だが、悪がこの弱さから生じてくるのは、悪が措定されるからでしかない。この究極の逆説が、悪の象徴系の中心となるであろう。

原註

（1）これと同じ意味で、プラトンはロゴスの二重の意味を区別している。すなわち、他人に伝える〔告示する〕意味と何かを指し示す〔意味する〕意味である。アリストテレスの『命題論』でも同様で、魂のパテー〔情念〕の「解釈」が告知であり、フッサールの言う告示である。

（2）〔意味の不条理性には〕ある種の進展の順序があることになるだろう。すなわち、まずは意味を両立できないため何も含意せず、宙づりされたままであるような表現、次に意味を充実させると両立不可能な直観をもたらし自壊するため充実できないような表現（丸い四角）、最後に文法的に不可能な表現〔緑はゆえにである。「ゆえに」という接続詞を「緑」に帰属させようとしているが不可能〕である。

（3）この分析が証示するのは先の分析と正反対のことではないか、と言うかもしれない。フッサールの言う空虚な意味作用はけっして直観によって充実されることがない。それゆえ空虚な意味作用はもっとも豊かなものである。ヘーゲルの言う最初の確信〔感覚的確信〕はけっして真理へと移行することがない。それゆえ真理はもっとも貧しいものである。両者のあいだにははっきりとした対立があるが、この対立は教えるところの多いものである。ある意味では、確信はパースペクティヴ的であるがゆえに、普遍性においてはもっとも貧しい。意味が妥当性の統一として確信を超越するのはそのためである。だが、確信は世界へと開かれているがゆえに、現前性においてはもっとも豊かである。だからこそ、意味は媒介を増幅させ、みずからを増幅させる抽象化によって最高に具体的な〈現実〉と等しくなるのであり、そこまで行って初めて確信に追いつくのである。それでも両者の分析は、以下の三点において共通点をもっている。すなわち、（1）意味することと見ること、真理と確信が最初から不均衡であること、（2）意味することや真理の超越性が言葉、すなわちロゴスと同一視されていること、（3）意味作用の空虚、あるいは普遍的なもののこれでもあれでもないという性格、そういった否定性の指標が（2）の超越性と結合していること、以上の三点である。（3）で言う普遍的なものの超越性が帯びる否定的調子は、目下の関心事ではない。これについては、有限性、欠如、過ちといった否定的な諸相を考察する際に、あらためて立ち戻るつもりである。

（4）デカルトによる第一の還元は、知覚よりも上位のものとして精神の洞見を現し出させる〔「第二省察」〕。この精神の洞見により、「第三省察」の「観念」へと導かれる。第二の還元は知性と意志の区別を行なうものである。「というのは知性のみによっては、私はいかなるものについても肯定も否定もせずに、私が肯定したり否定したりできる事物の観念を認識するだけだからである」（「第四省察」）〔AT56〕。〔ここはリクールの論脈を考慮し、仏語訳に従い訳出した〕

（5）「肯定言明とは何かを何かに結びつける命題であり、否定言明とは何かを何かから切り離す命題である」（アリストテレス『命題論』六章）。〔以後、アリストテレスからの引用は、原則的に新版『アリストテレス全集』（全二〇巻、内山勝利・神崎繁・中畑正志編、岩波書店、二〇一三－二〇一八年）による〕

（6）アリストテレスも『ニコマコス倫理学』の第三巻で、行為における随意的なものと非随意的なもの〔意志的なものと非意志的なもの〕、手段の選択に際しての思慮と選好から、こうした分析にとりかかっている。だが、実践的な判断についてのこの理論はなお倫理のうちに限定されており、『オルガノン』で行なわれる動詞の考究と連関づけられていない。私たちの考えでは、この二系列の分析を接近させることで、確言の力能（ノエシス）と動詞の追加意味（ノエマ）のあいだのノエシス－ノエマ相関が現れ出るのである。

（7）ここで見てとられるのは、知性の有限性は量的な意味での狭さではなく、むしろ連続して思考するという必然性、直観のもっぱら現在的な性格、注意力の疲労のうちに存することである（一六四四年五月二日付メラン神父宛書簡）。同様に、「第四省察」の終わりで、「私はいつも同一のものの認識にずっと固執していることができないという弱さを私において経験している」〔『省察』AT62〕と言われている。「第五省察」の終わりでは、疲労と直観の瞬間的性格とが関係づけられている。『哲学原理』第一部一三節も同様。

（8）カントの対象性概念の固有に認識論的な枠を超え出る事物的（objectal）な総合については、その見事な例が、質のカテゴリーの吟味のなかでカント自身によって与えられている。カントが注記するように、質は「知覚の予料」において規定されるが、それによれば、いかなる知覚も質における「度〔度合い〕」なしには構成されない。「度」によって、あらゆる質が言述可能に、すなわち区別し、認知し、表明できるようになる。こうして桜色は、熟練した観賞者のたえず洗練されていく識別をアプリオリに可能にするような仕方で、私を触発することになるのである。質とは感じられうると同時に規定されうるものでもある。そこにその事物的〔objectal〕な性質がある。

（9）ここで『意志的なものと非意志的なもの』で提示した分析を参照しておく。そこで私は、「意志は欲望によって動く」というアリストテレスの美しい定式のもとに、意志が情感に根を下ろしていることを強調したのであった。この分析が攻撃の刃を向けていたのは、選択が出現し湧出する瞬間を過大に評価する哲学者たちであった。私がみずからを決定し、みずからを決断するということ、自己の自己に対する活動的かつ反省的なこの関係にはすでに暗黙の帰責判断が含まれているというのが真実だとしても、そうした形での私自身への帰責が意志の根本的な作用ではないと言わねばならない。反省のただなかに〈自己〉が立ち現れるのは、みずから自身の捉え直し、還帰、再認の働きという第二の運動によってである。意志の第一の運動は、私がみずからの活動の責任を自己に帰する立ち返りの運動ではなく、みずからの活動を措定する運動である。ところで、私を前へと投じるこの運動は、反省以前の素朴な状態においては、私がみずからの前方へ向かって「私によってなされるべきこと」を生じさせる志向的契機のうちにある。これによって私は、諸々の可能事、偶発事、出来事の新しさからなる世界へと開かれていくのである。それゆえ、私は最初にみずからの可能存在へと向けられているのではなく、私の企投の対象へと向けられている。「決断が意味する、すなわち空虚において指示するのは、私に拠るものであり、私の力能のうちにある将来の行動である」（Paul Ricœur, *Philosophie de la volonté I : Le volontaire et l'involontaire*, Paris, Aubier, 1950, p. 66）と規定したとおりである。

企投のこのような規定との連関において、私は動機づけをも規定したのであるが、これは欲求と衝動の全領域をカバーする現代心理学の動機づけの規定よりもさらに厳密なものである。動機づけという概念を、私は意志作用の動機という厳密な意味で、すなわち企投への関係、「なされるべき」所産との関係において用いる。これは、「私が…と決断するのは…だからだ」というように、日常言語で「…だから」と語る際に言い表されていることである。この厳密な意味において、動機づけは意志的決断の一つの構造なのである。〔リクール『意志的なものと非意志的なもの』には邦訳（滝浦静雄・中村文郎・竹内修身訳、紀伊國屋書店、一九九三－一九九四年）があるが、本訳書でのこの書からの引用は、本文との整合性を優先して訳者自身の訳文を用いている〕

（10）ここで私は、欲望に関するデカルトの否定形での解釈（欠如、欠乏）とスピノザの肯定形の解釈（コナートゥス、自己肯定）とのあいだで決着をつけるつもりはない。*Le volontaire et l'involontaire*, op. cit., pp. 124-126 を参照のこと。

（11）「しかし何かを欲するということは、自分自身についての感覚（意識）をもっているということ、そしてそこから自分に愛着をもつということがなければ生じえない」（キケロー『善と悪の窮極について』第三巻五）。〔訳文は「キケロー選集10　哲学Ⅲ」（岩波書店、二〇〇〇年）所収の岩崎務・兼利琢也・永田康昭訳に拠っている〕

（12）*Le volontaire et l'involontaire*, op. cit., p. 310 を参照。

（13）Pierre Thévenaz, *L'homme et sa raison*, Neuchâtel, La Baconnière, 1956, t.II, p. 136.

（14）Stephan Strasser, *Das Gemüt*, Freiburg, Herder, 1956, p. 238 et sq.

（15）ここでカントによる尊敬の分析の中心点をずらしていることは、私自身十分意識している。カントにとって、尊敬とは法則への尊敬であり、人格はその実例でしかない。それゆえ、尊敬と人格を直接的に志向性の関係に置くことで、私はカント主義を自由に使用しているのである。だが、私としては、カントの正統を裏切ることによって、カント的な人格の哲学を取り出すことができると信じている。この人格の哲学は、『人倫の形而上学の基礎づけ』で素描されながらも、意志と法則を自律において総合することに専念した『実践理性批判』では窒息させられてしまった。『人倫の形而上学の基礎づけ』で素描されているのは、自律の基礎づけの探究のみに還元されず、形式的な純粋命法を作り上げるために必要な形式化とは逆方向に進み、道徳的反省にある種の充実性を取り戻させるような展開である。そうした充実性の探究に対応するのが、自然から人格、そして〔目的の〕国という諸観念に次々と訴えていく定言命法の諸方式である。ここにはたしかに形式的規則の単なる例示とは異なり、形式主義を埋め合わせるものがある。その点について、カント自身が以下のような考えを提示している。「すべての格率は以下に示す三つのものをもつ。一、普遍性において成立する形相……、二、質料すなわち目的……、三、この方式によるすべての格率の完璧な決定……。以上の進行はカテゴリーの順序に準じている。つまり、意志の形相の単一性（意志の普遍性）のカテゴリー、意志の質料の数多性（諸客体すなわち諸目的）、諸目的の体系の全体性ないし総体性のカテゴリー、というふうにである」〔『人倫の形而上学の基礎づけ』A436〕。カントはすぐにこの進展は理性を直観に、そして感情に近づけるのに役立つだけだと述べて、この指示に制限を加えている。だがこの指示は貴重なものであり、人格の哲学を単なる〔法則の〕例示ではなく、「形相」から「質料」へと移行し、目的の国の理念によってのみ到達できるすべての格率の完璧な決定へと向かうものとみなすように促すものである。

(16) William Stern, *Allgemeine Psychologie auf personalististischer Grundlage*, La Haye, Nijhoff, 1950; Stephen Strasser, *Das Gemüt*, op. cit.

(17) 聖トマスは友愛の愛を情欲の愛から区別している。第一には単なる強調点の違いであり、友愛は善をなそうとする相手の人に向けられるが、情欲は相手から得ようと欲する善へと向かう。だが、友人がその人自身のために愛されるのに対して、「他者の善であるものは相対的な善でしかない。したがって、ある人に善をなそうと欲するとき、その人を愛する愛は純粋で単一なる愛であるが、ある物が他者の善になるようにその物へと向ける愛は相対的な愛である」(*Somme théologique*, II, II, question 26 (l'Amour), art.4, conclusion; trad. Fr. Corvez, Desclée, I, p. 93)。ゆえに、情欲の愛が健康なものであり続けるのは、愛のナルシス的要素として友愛の愛に従属しているかぎりにおいてのみである(この点については、『神学大全』の仏訳者M・コルベズ〔Maurice Corvez　一八九七−一九八七。フランスの哲学者〕が注釈で述べていることを参照のこと(*Somme théologique*, I, op. cit., p. 218)。

ある人への愛が何かへの愛の記述のなかに導き入れる転変をこれ以上に際立たせることはできない。そこには愛の理論の終点としての快の理論がもはや痕跡をとどめていないだけに、なおいっそう驚かされる。怒りの例はさらに注目すべきものである。怒りが最初に記述されたのは、すでにそこにある悪への反乱としてであった。より詳しく見れば、怒りは次の二つの対象を露わにする。すなわち、怒りが欲する善なるものとしての復讐と、復讐の向かう先の悪なるものとしての敵の二つである(第四六問)。そして、怒りの比較対象となるのは憎しみであるが、これもまたある人に悪をなそうとする意志として、本質的に間主観的なものとして現れる。この点に関しては、憎しみの悪意は怒りのそれよりも大きい。怒りは復讐を欲することで、応報つまりは懲罰的正義の動きを素描するのである。この指摘は憎しみの当初の図式を根本的に変容するものである。情欲的なものの心理学の枠内では、憎しみとは「敵対し有害であるとみなされるもの」に対する不協和な欲求であった(第二九問第一項結論)。この一般的な規定からは、憎しみには他人を参照することが不可欠であることは予見できないのである。〔この註における『神学大全』からの引用は、リクールの論述との関係上、リ

クールが用いているコルベズの仏訳に従って訳出した〕

（18）Henry A. Murray, *Exploration de la personnalité*, 1938, trad.fr., Paris, PUF, 1953.

（19）Jules Vuillemin, *Physique et Métaphysique kantiennes*, Paris, PUF, 1955.

（20）この点のすべてについては、私の次の論考を参照されたい。Négativité et affirmation originaire, in *Aspects de la Dialectique*, Paris, Desclée de Brouwer, 1956.

（21）私は有限性としての否定が否定のただ一つの根だと言うのではない。おそらく否定の根源を統一するのは断念しなければなるまい。プラトンが最初に練り上げたように、他性は「区別する」という対象化的思考に属する操作に結びついている。知覚された事物、生きた個別性、単独の魂の構成は、あるものと他のものとの対象的区別を前提としている。対象的区別は、有限なものの悲しみを形づくる否定的情動と同様に、否定の原初的な根である。この点については本書の第三冊で立ち戻るつもりである。

訳　註

（訳1）デカルトの『省察』からの引用については、アダン・タヌリ版（ATと略記）のページ数を本文中に記す。訳文は原則としてリクールが用いる仏訳ではなく、ラテン語原文から訳出された山田弘明訳（ルネ・デカルト『省察』山田弘明訳、ちくま学芸文庫、二〇〇六年）に拠る。

（訳2）本書において、リクールは「混合」や「混ぜ合わせ」を意味するmélangeとmixteという二つの語に使い分けを施し、前者はミュートス（神話）レベルでの人間存在の体制の表現、後者はその哲学的概念化にあてている。それを踏まえて、以下、やや作為的ではあるが、mélangeを「混合物」、mixteを「混合」と訳し分けることにする。

（訳3）『国家』からの引用は、基本的に岩波書店の『プラトン全集』に収められた藤沢令夫訳に拠っている（『プラトン全集11　クレイトポン／国家』岩波書店、一九七六年）。以下のプラトンからの引用も、特に断りがないかぎり、岩波書店の『プラトン全集』（田中美知太郎・藤沢令夫編者代表、全一五巻＋別巻、岩波書店、一九七四－一九七八年）の訳文に拠る。

（訳4）訳文は『プラトン全集5』に収められた鈴木照雄訳に拠るが、リクールがこの箇所を引用する文脈を尊重して、「創作」を「創造」と改めた（仏訳では création）。

（訳5）パスカルの『パンセ』からの引用は、基本的に前田陽一・由木康訳（ブレーズ・パスカル『パンセⅠ、Ⅱ』中公バックス、二〇〇一年）に拠る。

（訳6）『プラトン全集1』に収められた松永雄二訳では「ちからづけとそれを保証する議論」と訳されているが、本文の文脈を尊重して、仏訳に従い「説得と論証」と訳した。

（訳7）「対象に面してそこから還帰する」というのは、« réflexion sur l'objet » を説明的に訳したものである。この表現を普通に訳せば「対象についての反省」となるが、目下の文脈でのリクールの趣旨は、認識対象についての反省を手引きとして認識主体自体の不均衡性が反省される点に、「過ちやすさの哲学」に対する超越論的反省の意義を見出すということであり、その意味で「対象についての（sur）」反省は、「対象に面して（sur）」起動する自己還帰としての反省によって全うされねばならない。この点を表現するために右記のような訳を行なった。このあとも前置詞「sur」にはしばしば同様の二重性が託されることになるが、文脈に応じて「ついて」と「面して」（あるいは「前にして」）を使い分けて訳している。

（訳8）リクールは認識作用における不均衡の無限の極を表現する際に、この verbe という語を用いる。これは基本的には「言葉」と訳してよいものであるが、言葉といっても言われた言葉ではなく、「言うこと」あるいは「言おうとすること－意味すること（vouloir-dire）」を指し、文においては動詞がその役割を担う。動詞をも意味する verbe という語が用いられているのはそのためであると思われる。以下、この語が用いられている箇所では、この二重性を際立たせる必要がある場合には「言葉－動詞」のように訳し、その他は単に「言葉」と訳すことにする。

（訳9）「知性」という語はリクールが参照するリュイヌ公（Charles d'Albert Duc de Luynes 一五七八－一六二一。フランスの政治家・デカルト『省察』の仏訳者）の仏訳でのみ現れ、ラテン語原文では登場しないが、知性の有限性と意志の無限性の量的対立を主題とする文脈での引用であることを考慮し、ここでは仏訳に従い訳出した。

（訳10）『エチカ』の定理四九からは「意志と知性は同一である」という系が導出され、その証明がなされている。

（訳11）ヘーゲルの『精神現象学』からの引用については、リクールはイポリットの仏訳を用いているが、本訳書では基本的に樫山欽四郎訳（『精神の現象学（上）』平凡社ライブラリー、一九九七年）に拠っている。

（訳12）フランス第三共和政下で大統領を務めたパトリス・ド・マクマオン（Patrice de Mac-Mahon 一八〇八－一八九三。軍人）のこと。引用されているのは、一八七五年にガロンヌ河の大洪水を視察した際、驚愕のなかでマクマオンが漏らした言葉である。

（訳13）この箇所の訳文は、白水社の『デカルト著作集2　省察および反論と答弁』（二〇〇一年）の所雄章訳に拠っている。ただし、リクールの行論との連関がわかるように、訳文中の「欲する」を「意志する」に変更した。

（訳14）この箇所の訳文は、白水社の『デカルト著作集3　哲学原理・情念論・書簡集』（二〇〇一年）所収の花田圭介訳に拠っている。ただし、訳文中の「精神」を「魂」に変更した。

（訳15）原語の imagination は通常は「想像力」と訳され、リクールも事柄としてはそれを念頭に置いているが、同時にその哲学的な位置づけに関しては、「構想力」と訳されることの多いカントの Einbildungskraft を手引きにしている。そうした事情を踏まえて、ここでは節の題名を「純粋想像力〔構想力〕」と訳し、以後は必要な場合にかぎって「〔構想力〕」を付記することにする。

（訳16）Martin Heidegger, *Kant und das Probleme der Metaphysik*, GA3, Frankfurt, V. Klostermann, 1991, S. 17. リクールの参照する仏訳は、*Kant et le problème de la métaphysique*, tr. par W. Biemel et A. Waelhens, Paris, Gallimard, 1953 である。以下、この著作からの引用については、『ハイデッガー全集第三巻　カントと形而上学の問題』（創文社、二〇〇三年）の門脇卓爾訳を参考にしつつも、適宜訳者の責任において訳しかえている。

（訳17）カントの『純粋理性批判』からの引用は、『カント全集』（岩波書店、二〇〇一年）所収の有福孝岳訳に拠る。ただし、必要に応じて字句に最小限の改変を加える場合もある。

（訳18）Martin Heidegger, *Kant und das Probleme der Metaphysik*, GA3, op. cit., S. 119.

（訳19）Ibid., S. 38-39.

（訳20）『ピレボス』からの引用の訳文は、基本的に『プラトン全集４』に収められた田中美知太郎訳に拠るが、リクールの論の文脈を考慮して、リクールの用いる仏訳に合わせた箇所もある。

（訳21）これはラヴェッソン『習慣論』（一八三八年）の末尾に登場する表現である（Felix Ravaisson, *De l'Habitude*, Paris, H. Fournier et Cie, 1838, p. 48）。訳文は野田又夫訳（『習慣論』岩波文庫、一九三八年）に拠り、字句を若干改めた。

（訳22）Henri Bergson, *L'Essai sur les données immédiates*, Paris, Alcan, 1889. この書からの引用についてリクールは頁数を記していないが、本文中にDIと略記してPUF版のページ数を記しておく。訳文はちくま学芸文庫版（アンリ・ベルクソン『意識に直接与えられたものについての試論』合田正人・平井靖史訳、ちくま学芸文庫、二〇〇二年）を参考にしながらも、基本的には訳者自身の手によるものである。

（訳23）「私は人間である。人間に関わることで自分に無縁なものは何もないと思う（Homo sum. Humani nil a me alienum puto.）」。ローマの喜劇作家テレンティウス『自虐者』に由来し、キケロー（Marcus Tullius Cicero　紀元前一〇六－紀元前四三。共和政ローマ末期の政治家・哲学者）が『法律について』や『義務について』で引用している格言。

（訳24）アラン『教育論』五七章からの引用（Alain, *Propos sur l'éducation*, Paris, Edtions Rieder, 1932）。

（訳25）リクールはトリコ（Jules Tricot　一八九三－一九六三。フランスの哲学者・アリストテレス翻訳者）の仏訳を用いているが、本訳書では基本的に『アリストテレス全集15』（岩波書店、二〇一四年）所収の神崎繁訳に拠る。

（訳26）これは『実践理性批判』の第一部第一編（分析論）一章「純粋実践理性の原則」からの引用であり、リクールはピカヴェ（François Picavet　一八五一－一九二一。フランスの哲学者・カント翻訳者）の仏訳を用いているが、本訳書では基本的に『カント全集７』（岩波書店、二〇〇〇年）所収の坂部恵・伊古田理訳に拠る。以後、『実践理性批判』からの引用箇所については、本文中にアカデミー版（Aと略記）での頁数を付記する。

（訳27）アリストテレス『ニコマコス倫理学』第一部四章。

（訳28）Totalitätという術語はカントでは「総体性」と訳されることが多いが、ここではリクールが強調する「総和（somme）」との対比を際立たせるため、一貫して「全体性」と訳すことにする。

(訳29) この箇所はカントの引用であると同時に、その仏訳の術語選択に基づいてリクールがみずからの考察を進める要の文章であるので、「パースペクティヴ（Aussicht）」や「私たちの実存（unseres Dasein）」など、仏訳を取り入れて坂部・伊古田訳を変更した。

(訳30) リクールの行論に合わせて、坂部・伊古田訳の「意欲」を「意志作用」に変更した。

(訳31) これは『人倫の形而上学の基礎づけ』の二章からの引用であり、リクールはデルボス（Victor Delbos 一八六二―一九一六。フランスの哲学者・哲学史家）の仏訳を用いているが、本訳書では基本的に『カント全集7』（岩波書店、二〇〇〇年）所収の平田俊博訳に拠る。以後、『人倫の形而上学の基礎づけ』からの引用箇所については、本文中にアカデミー版（Aと略記）での頁数を付記している。

(訳32) 「さらに驚くべき表現で」からの二文において現れるカントからの引用に関して、仏訳で existence や exister という語が用いられている箇所は、『カント全集』の日本語訳には従わず、リクールの趣旨を尊重して、「実存」や「実存する」と訳した。

(訳33) リクールの論述との連関に鑑みて、『カント全集』の訳文を若干変更した（駆動力→動機、まっただなか→真ん中）。

(訳34) リクールの行論に合わせて『カント全集』の訳文を若干改め、「存在」を「実存」とした（原語は Existenz）。

(訳35) 以下の『ゴルギアス』からの引用は、基本的に、『プラトン全集9　ゴルギアス メノン』（岩波書店、一九七四年）所収の加来彰俊訳に拠っている。

(訳36) ここでリクールは、感情の生の二極のうちの有限性の極を「souci」と表現している。これはハイデガーが『存在と時間』で現存在の存在の意味としてもちだす「Sorge」の仏語訳として使われる語であり、リクールがそれを意識していたことはまちがいない。ただ、これをハイデガーの「Sorge」の定訳である「気づかい」として訳すと、中立的な色合いが勝ちすぎて、みずからの生を思い煩うというその「閉鎖性」が際立たなくなる。その点を考慮して、ここではあえて「心配」と訳した。

(訳37) 訳文は『プラトン全集』所収の鈴木照雄訳に拠るが、『ピレボス』の場合と同様、リクールの趣旨に合わせて、ポイエーシスは「創造」と訳した。

（訳38）ヘーゲル『精神哲学』からの引用は、『ヘーゲル全集3　精神哲学』〈哲学体系Ⅲ〉（岩波書店、一九九六年）の船山信一訳に拠る。ただし、情熱のあとに「〔情念〕」と付し、リクールの論脈との対応を明確にした。

（訳39）これは第一章冒頭でも引用されていたデカルトの「第四省察」からの文章であるが、ここではリクールの論脈を尊重して、リクールが参照しているリュイヌ公の仏訳に従って訳出した。

第二冊　『悪のシンボリズム』

第一部　一次的象徴――穢れ・罪・負い目（訳1）

序論　「告白」の現象学

1　思弁・神話・象徴

人間の悪の可能性からその現実性への移行、過ちやすさから過ちへの移行は、どのようにしてなされるのだろうか。

これについて宗教的意識が行なう「告白」をみずからのうちで「反復する」ことによって、この移行をその発生現場でとらえること、それが私たちの試みようとすることである。

たしかに、想像と共感によるこうした反復が過ちの哲学の代わりになりうるわけではない。この反復から哲学者が何を作りだすのか、いかにしてそれを、有限と無限の弁証法として開始された人間学〔『過ちやすき人間』〕へと組み入れてゆくのか。なおこの点を知る必要がある。この最後の転変が、本書〔『有限性と罪責性』〕の第三冊での関心事となるだろう。今はまだ、この転変の意味を予見することはできない。哲学がそこから出発してみずからを規定すべき新たな状況を、私たちはまだ知らないからである。(1)

だが、宗教的意識による人間の悪の告白の「反復」が哲学の代わりにはならないとしても、この告白はすでに哲学の関心圏に属している。というのも、この告白は一つの言葉〔発話〕であり、人間がみずから自身について口にする言葉だからである。あらゆる言葉は、哲学的言説の境域で「捉え直す」ことができるし、そうしなければならない。もはやすでに生きられた宗教ではないが、まだ哲学ではないこの「反復」は、いかなる哲学的な——そう言ってよいとすれば——場所を占めることになるのか。それについてはまたあとで述べることになるだろう。ここではむしろ、私たちが宗教的意識による人間の悪の告白と呼んだ言葉が何を語っているのかを述べることにしたい。

まずは、この告白のもっとも洗練され、合理化された表現から始めたくなるかもしれない。そうした表現は、まさしくその「説明的」な性格によって、哲学の言葉にもっとも近いのではないか、と期待されるからである。こうして、哲学が参照すべきは、あとからアウグスティヌスの時代に作られた原罪をめぐる数々の構築物であると思わされてしまう。古今の多くの哲学者たちは、原罪というこの疑似概念を宗教的・神学的な「所与」とみなし、過ちを扱う哲学の問題を原罪観念の批判にまで切り縮めてしまったのである。

原罪の概念ほど、哲学との直接的な結びつけに向かないものはない。この概念がまとう合理性の外観ほど、人を欺《あざむ》くものはないからである。反対に、哲学的理性がその呼びかけへとみずからを委ねるべきなのは、悪の告白の表現、もっとも洗練されず、口ごもるような表現の数々である。それゆえ、「思弁的」な表現から「自然発生的」な表現へと遡行し、遡及しなければならない。とりわけ今から肝に銘じておくべきは、原罪の概念というのは、キリスト教的な罪経験という生きた経験の行程の始まりではなく、その終わりに位置するものだということである。加えて、原罪の概念が罪経験に加える解釈は、キリスト教によってなされうる根元悪の数々の合理化のうちの一つにすぎない。そしてとりわけ最後に、この原罪概念による合理化は、伝統により防腐措置を施されてキリスト教的人間学の礎石となったものだが、それが属しているのは、神の神秘と人間の運命の神秘を「認識」すると主張するグノーシスによって特徴づけられる時代である。(訳2) 原罪がグノーシス的な概念だというのではない。それどころか、原罪は反グノーシス的概念でさえある。だが、グノーシスは、根源的な二元論、および〈ソフィア〈知恵〉やその他人間に先立つすべての存在の堕落を疑似哲学的に解釈し、この解釈を「認識」として立てるのだが、原罪概念は、それと同じやり方で、キリスト教的な根元悪の経験を合理化しようとする。その意味で、原罪概念はグノーシスの時代に属しているのである。結局のところ、私たちがもっとも合理化された告白観念から始めてはならないのは、それがこのような疑似哲学によって汚染されているからである。[訳3]

私たちは思弁からどこに送り返されるのだろうか。生きた経験へ、であろうか。まだそこまではいかない。グノーシスや反グノーシス的構築物の形をとった思弁の背後に見出されるのは、数々の神話である。ここで神話というのは、今日の宗教史学が神話として識別するもののことである。すなわち、イメージや寓話による偽りの説明ではなく、時の起源での出来事をめぐる伝承された物語のことである。それは、今日の人間の儀礼的行為を基礎づけ、より一般的には、あらゆる形の行為や思考を制定するためのものであり、それによって人間はみずからの世界で自己自身を理解できるようになるのである。私たち現代人には、もはや神話の時間を批判的方法によって書かれるような歴史の時間に結びつけることも、神話の場所を私たちの地理的空間に結びつけることもできず、そうである以上、私たちにとって神話は神話でしかない。それゆえ、神話はもはや説明ではありえないのであって、そうした原因譚的な志向を除去することは、必要とされる非神話論化全体の主題である。[訳4] だが、説明の要求を失うことによって、神話は探究と理解に関わる射程を露わにする。これはあとで神話の象徴的機能と呼ぶものである。すなわち、聖なるものへの人間の関わりを発見し、露わにする神話の力のことである。どれほど逆説的に見えようとも、このように学問としての歴史に接して非神話論化され、象徴の地位にまで高められることで、神話は現代の思想の一つの次元をなしているのである。

だが、そうして探究され、発見され、露わにされるものはなんであるのか。この著作では、神話の全体理論を提示しようというつもりはない。本書がこの問題に貢献できるのは、もっぱら悪の始まりと終わりを語る神話にかぎってのことである。本書の探究に原則上このような制限をかけることによって、今意図的に漠然とした言い方で人間とその聖なるものとの絆と呼んだものに対して、神話が果たす役割をより厳密に理解できるのではないか。そう私たちは期待している。悪——穢《けが》れや罪——とはこの絆の弱点であり、いわばその「危機」であって、神話とはそれを独自の仕方で明示するものである。〔悪の〕始まりと終わりに関する神話に限定することによって、神話の外延的な理解よりもむしろ、内包的な理解に接近する機会が得られる。実際、悪とはすぐれて聖なるものの危機的な経験であるからこそ、聖なるものに対する人間の絆が解体の脅威にさらされることで、人間が聖なるものの力に依拠していることがこのうえなく強く感じ取られるのである。それゆえ、「危機」の神話は同時に「全体」の神話である。物事がどのように始まり、どのように終わるかを物語ることによって、神話は人間の経験を全体のうちに置き直し、その全体は神話から方向と意味を受け取るのである。このように神話を通して、人間的現実は想起と予期を介して全体において理解されることになる。(2)

そうすると、悪の起源と終わりに関するさまざまな神話を解釈するところから始めることになるのだろうか。そう考えるのは早計である。疑似合理的な思弁は神話の層へと送り返されるが、さらにこの神話の層は、一切の物語、一切のグノーシスの手前で形成される経験へと送り返される。それゆえ、聖書における堕罪神話がイスラエルの預言者たちの説教よりもさらに古い伝統に由来するものだとしても、その意味が引き出されてくるのは、それ自体がユダヤ的信仰の獲得物である罪経験からのみである。礼拝における「罪の告白」、「正義と法」への預言的な訴えこそが、神話に意味の土台を与えるのである。

こうして、原罪をめぐる思弁は堕罪神話へと送り返され、堕罪神話は罪の告白へと送り返される。堕罪神話がユダヤ-キリスト教的な罪概念の礎石になることはごく少なかったので、旧約聖書の記者たちはほとんど誰も、この神話が人間の悪の歴史の起源に置いたアダムの姿を語ってこなかった。聖書の歴史神学では、信仰者たちの父であり選ばれた民の祖であるアブラハムや、洪水後の人類の父であるノアの方がはるかに多く語られている。アダムの姿は、聖パウロ〔Παῦλος　?-六〇年頃。初期キリスト教の使徒・新約聖書の著者の一人〕が蘇らせるまではいわば留保されていた。聖パウロはイエス・キリストを第二のアダムとし、アダムと並行関係に置いた。それによって、キリストの「出来事」は、事後的にアダムの堕罪を同様の「出来事」へと変容したのである。すなわち、揺り戻しの効果によって、第二のアダムの歴史性から第一のアダムに同様の歴史性が与えられたのであり、そうして初めて、第一のアダムがキリストに類した個性を得たのである。このようにパウロ的なキリスト論がアダムの象徴に事後的に作用したのであるが、それによって堕罪物語の非神話論化がいっそう差し迫った課題となったのであった。

ところで、象徴のこうした次元が取り戻されるのは、神話によって明示化される前の経験を「反復」することによってのみである。それゆえ、そうした経験のなかへと入ってゆかねばならない。

しかし、そのような反復は可能なのだろうか。先に思弁と神話は媒介的な役割を果たすと言ったが、だとすれば、神話や思弁に先立つ源泉を立て直すのは、最初から無理な試みとならないだろうか。グノーシスや神話の手前にはもはや言語はないのであれば、この企てがうまくいく見込みはないだろう。だがそうではない。告白の言語があるのであって、神話の言語と思弁の言語はその二次的、三次的な捉え直しなのである。

この告白の言語は、それが明るみに出す経験の三重の性格に対応する。すなわち、盲目性、多義性、躓《つまず》きの三つである。

悔悛者が告白するのは盲目なる経験である。この経験は、情動、恐れ、不安のなかに覆われたままである。この情動的な調子こそが、言述による対象化を引き起こす。告白は情動を表出し、外へと押し出す。告白がなければ、その情動は魂の一つの印象として、再びそれ自身に閉じられてしまうだろう。言語は情動の光である。告白によって、過ちの意識は言葉の光のなかにもたらされる。すなわち、告白によって、人間はその不条理、苦しみ、不安の経験においてさえ、なお言葉であり続けるのである。

加えて、この経験は複合的なものでもある。罪の告白が露わにするのは、予期できるような単純な経験ではなく、幾重もの層をもった経験である。みずからの人格の核心を無価値とする感情、そのような厳密な意味での「負い目」は、徹底的に個人化され内面化された経験の先端部でしかない。こうした負い目の感情は、「罪」というさらに基礎的な経験へと送り返される。これはすべての人間を包含し、人間が神を知っていようがいまいが、ともかく神の前にある人間の現実の状況を指し示す経験である。堕罪神話で「罪が世界に入り来たった」と語られるのはまさにこのような罪であって、原罪に関する思弁はこの罪を教説に変えようとしたのである。だが、さらにこの罪は、過ちのもっと古くからのとらえ方を修正し、それを変革したものですらある。それは、過ちを「穢《けが》れ」として、外から感染する汚れのようなものとするとらえ方である。こうして、負い目、罪、穢れが、〔過ちの〕経験における原初的な多様性をなすことになろう。したがって、感情は情動的なものとして盲目であるだけでなく、多義的であり、多くの意味を担うものでもある。だからこそ、過ちの意識に潜む数々の危機を照らし出すために、感情はまたもや言語を必要とするのである。

　最後に、信者が罪告白の際に打ち明ける経験は、まさにその異質さによって、その経験のための言語を産み出すことになる。自己自身でありつつ自己から疎外されているという経験は、ただちに言語の次元に転写され、問いかけという様式をとる。自己自身からの疎外としての罪は、おそらく自然の光景以上に驚くべき経験、人を驚愕させ躓かせる経験であろう。そのようなものとして、この経験は問いかけとしての思考の(訳5)もっとも豊かな源泉となる。バビロニア最古の詩篇のなかで、信者は次のように問うている。「主よ、いつまでなのか。私はいかなる神に罪を犯したというのか。いかなる罪を犯したというのか」。罪は私をみずから自身にとって不可解なものと化す。神は隠れており、物事の流れはもはや意味をもたない。この問いかけの延長上で、無意味の脅威に反撃するためにこそ、神話は「それはいかにして始まったか」を物語り、またグノーシスは、「悪はどこから来るのか（πόθεν τὰ κακά）」という例の問いを形成し、それを説明すべくあらゆる資力を動員するのである。おそらく、罪は問いのためのもっとも重要な機会であると同時に、拙速な答えによって誤った推論をしてしまう機会でもあるだろう。だが、カントの言う超越論的仮象が、その窮状によってこそ理性が無制約的なものの力能であることを証するのと同じく、グノーシスや原因譚的な神話による場違いな答えが証するのは、人間のもっとも情動的な経験、罪人としてみずからを失った経験が、理解の欲求へと通じるものであり、まさにその躓きとしての性格によって意識化を引き起こすものだということなのである。

以上の三重の道を通って、過ちの生きた経験は言語を獲得する。すなわち、この経験をその盲目性にもかかわらず表現する言語、この経験の矛盾と内的転換を明示する言語、そして最後に、疎外の経験を驚くべきものとして露わにする言語である。

さて、ヘブライとギリシアの文献は、こうした罪の意識の実存的な激発を段階づけるような言語が編み出されてきたことを証示している。そうした言語の編成を動機づけたものを再発見していくことで、私たちは穢れから罪へ、そして負い目への移行を反復するのである。このように、過ちを言い表すヘブライ語やギリシア語は固有の知恵のようなものをもっているのであり、それを解明し、生きた経験の迷宮の道案内とすることが重要である。したがって、悪の諸神話のさらに底へと掘り進もうと試みるとき、私たちは言表不可能なものへと送り返されるのではない。私たちが逢着するのは依然として言語なのである。

さらに、過ちに関する語彙から私たちが得ることができるまったく意味論的な理解は、神話の解釈学への準備的な作業となる。それはすでに一つの解釈学でさえある。というのも、もっとも原初的な言語、もっとも神話的でない言語もすでに象徴的な言語だからである。穢れは汚れの象徴によって、罪は逸せられた的、曲がりくねった道、限界の踏み越えといった象徴において語られる。要するに、過ちの特権的な言語は間接的で比喩的な言語であるように見えるのである。ここには何かしら驚くべきことがある。すなわち、自己意識はその深みにおいてシンボリズムによって構成されるのであり、抽象的な言語は第二段階において、一次的象徴に関する自然発生的な解釈学を経て初めて形づくられるように思われるのである。この確認には数々の意味が含まれるが、それについてはあとで見ていくことにしよう。さしあたりは、グノーシスから神話へ、そして神話から過ちの告白のうちで働くまったく最初の象徴的表現へと反省が遡行していく際に、想像と共感による「反復」がつねに言語の境域を動くことを確認しただけで十分である。一次的象徴へのこうした遡行によって、すでに今から神話を二次的象徴、グノーシスを三次的象徴とみなすことができる。それらの解釈は一次的象徴の解釈に基づいてなされるのである。

　したがって、告白の基本的言語、神話の展開された言語、グノーシスと反グノーシスの洗練された言語は、一つの全体としてとらえられねばならない。思弁は自律したものではなく、神話もまた二次的なものである。だが、二次的・三次的な形成なしで済ませられるような、過ちの直接的意識があるわけでもない。理解しなければならないのは、告白、神話、思弁からなる循環なのである。

　それゆえ、私たちは生きた経験の解釈から始めるが、この経験は、生きたものであるように見えても、抽象的なものであることを見失ってはならない。この経験は、教育的な理由で意味の全体性から切り離されているがゆえに、抽象的なのである。また、この経験がけっして直接的なものではないことも忘れてはなるまい。それが語《い》られうるのは一次的なシンボリズムによってのみであり、このシンボリズムは神話と思弁における捉え直しを準備しているのである。(3)

2　象徴の基準論

　告白はつねに言語の境域で繰り広げられる、と私たちは述べた。だが、その言語は象徴的であることを本質とする。それゆえ、告白を自己意識に組み入れようとする哲学は、少なくとも概略的には、象徴の基準論を作り上げるという課題を避けて通れないだろう。

象徴の志向的分析に直接とりかかる前に、象徴が出現する領域の広がりと多様性に目を留めておかねばならない。実際、たとえばバビロニアやイスラエルの悔悛者の意識審問ではシンボリズムが反省的に用いられているが、それはこのシンボリズムの素朴な形態にまでさかのぼって初めて理解できるものである。そこでは、反省的意識の特権性は、ヒエロファニーのもつ宇宙的局面、夢の所産のもつ夜の局面、詩的言語のもつ創造性に従属している。この三つの次元――宇宙的次元、夢想的次元、詩的次元――が、真の象徴にはかならず存在している。このあとに検討していく象徴の反省的な局面（穢れ、逸《そ》れ、彷徨、追放、過ちの重みなど）も、これらの三つの機能との結びつきにおいてのみ理解できるのである。

人間はまず世界の上に、世界のさまざまな要素やその相貌、すなわち空、太陽、月、水や植物の上に、聖なるものを読み取る。言葉で語られるシンボリズムは、聖なるものの顕現、すなわちヒエロファニーへと送り返される。そこでは、聖なるものが宇宙《コスモス》の断片のうちに現し出されるのと引き換えに、宇宙はその具体的な境界を失い無数の意味を帯びる。そうして宇宙は、人間と宇宙を貫く経験の諸領域を可能なかぎり多く組み込み、それらを一体化する。(4) それゆえ、象徴とはまず太陽、月、水といった具体的実在のことである。このように宇宙的な局面をもつことから、象徴は言語に先行し、さらには言語とは異質であると言うべきだろうか。そうではない。こうした宇宙的な実在が象徴であるというのは、その現存の結び目のうちに、思考よりも先に言葉を引き起こすような意味志向の数々を集約させているということである。象徴が事物として顕現することは、言葉としての象徴的意味作用を産み出す母胎である。（エリアーデ〔Mircea Eliade　一九〇七－一九八六。ルーマニア出身の宗教学者〕の比較現象学が最初に取り上げる例をもちだせば、）天空はどこまでも語り尽くされないのであり、聖なるものを天空が顕現するというのは、天空は至高のもの、高く広大なもの、強力で秩序をもつもの、すべてを見通し知恵あるもの、至上のもの、不動のものを意味するというのと同じことである。事物による顕現とは無限の言述を凝縮したようなものである。顕現と意味作用は厳密に同時的かつ相互的であり、事物への具体化は無尽蔵の意味の重層的決定に対応する。この無尽蔵の意味が宇宙的なもの、倫理的なもの、政治的なものへと分岐していくのである。こうして、事物としての象徴は言葉で語られる無数の象徴の潜勢態であり、言葉としての象徴の数々は単一の宇宙の顕現のうちで結び合わされるのである。

それゆえ私たちは、言葉で語られる象徴だけ、それも自己を象徴するものだけしか知らないのだとしても、そしてそれが、より洗練され知性化された自己意識の形成物と比べて原初的なものに見えるとしても、こうした象徴がすでにシンボリズムの宇宙的な根から切り離される途上にあることをけっして忘れてはなるまい。これから私たちは、穢れのシンボリズムから罪のシンボリズム、そして厳密な意味での負い目のシンボリズムへと進む動きを追っていくのだが、これは同時に、シンボリズムの宇宙的な根底から徐々に遠ざかっていくことでもある。穢れのシンボリズムはまだなお宇宙的なものに身を浸している。穢れたもの、聖別されたもの、聖なるもののあいだには、さまざまな等価と呼応の関係があるのであって、おそらくそれらは消し去ることのできないものであろう。最初に数々のヒエロファニーがあり、それらが実在性の領域として穢れたものを特徴づける「存在論的体制」[5]を産み出すのである。のちに穢れとして象徴化されることになる魂の危険も、最初は俗なる経験には禁じられ、儀礼的な準備なしには近づけない事物を前にした危険であった。タブーとはそうした状態にある対象や行為、人格のことにほかならない。それらが「隔離」され「禁止」されているのは、それらに触れると危険がもたらされるからである。穢れのシンボリズムはその根を広く伸ばして数々の宇宙的な聖化へとなお結びついており、尋常ならざるものすべてと、私たちを引きつけると同時に斥《しりぞ》ける世界の脅威のすべてと結びついている。結局のところ、穢れのシンボリズムが汲み尽くせず根絶やしにできないはそのためである。あとで見るように、罪や負い目のシンボリズムは、宇宙的な性格を減じ歴史的になっていくことでそのイメージを貧弱で抽象的なものにしていくが、それを埋め合わせるには、より古く重層的な穢れのシンボリズムを捉え直して転位するしかない。穢れのシンボリズムが全面的に内面化されてもなお豊饒であるのは、それが宇宙に根を下ろしているからなのである。

このように宇宙的な次元が反省的意識にまで反響していることは、象徴の第二の次元を考慮すればそれほど驚くべきことではない。この第二の次元とは夢想的次元である。夢においてこそ、人類のもっとも基礎的で変わることのない数々のシンボリズムが、「宇宙的」な機能から「心的」な機能へと移行する現場がとらえられる。宗教現象学の言うヒエロファニーとフロイトやユング〔Carl Gustav Jung　一八七五－一九六一。スイスの精神科医・心理学者〕の精神分析の言う夢の所産とを対立的にとらえているかぎりは、象徴が人間存在と全体存在との絆を意味しうることは理解できないだろう（ただしここで言う夢の所産とは、フロイト自身が告げているように、個人史の投影にとどまらず、一個の主体の私的な考古学を越えて、一つの文化に共通する諸表象、さらには人類全体のフォークロアへと根を下ろすもののことである）。「聖なるもの」を「宇宙〔コスモス〕」の上に顕現させることと「心〔プシュケー〕」の中に顕現させること、この二つは同一の事柄なのである。

こうした象徴を心の幼児的で本能的な部分の偽装された表現と解釈するか、それとも私たちが前進し成熟する可能性の先取と解釈するか、このような選択自体を拒否すべきであろう。のちに私たちは、「遡行」することが「前進」するための、私たちの潜在的な可能性を探査するための迂路となるような解釈を探究するつもりである[6]。そのためには、フロイト的な「審級」（自我、エス、超自我）のメタ心理学やユング的メタ心理学（エネルギー論と元型）を超えて、フロイトやユングの治癒論——それぞれ異なるタイプの患者を相手にしているだろうが——から直接教えを受けねばならない。おそらく私たち自身の古層へとあらためて潜行することは、人類の古層へと身を沈めるための迂路となるだろう。そしてこの二重の「遡行」は、今度は私たち自身を発見し、展望し、予見するための可能な道となるのである。

「自己自身になる」ための道標と導きとしての象徴のこの機能は、宗教現象学が描くヒエロファニーに現れるような象徴の「宇宙的」な機能に対立させるのではなく、この宇宙的機能に再び結びつけるべきものである。〈コスモス〉と〈プシュケー〉とは同一の「表現性」の二つの極である。私は世界を表現することによってみずからを表現し、世界の聖性を解読することで自己自身の聖性を探査するのである。

さて、コスモスとプシュケーによるこの二重の表現性は、象徴の第三の様態である詩的想像力によって補完される。だが、この第三の様態をきちんと理解するためには、イメージという語が不在の機能、すなわち比喩的な非実在による実在の無化を意味するとした場合、想像力とイメージとをしっかりと区別しなければならない。そのような表象としてのイメージは、不在者の肖像をモデルにしており、それが非実在化する事物になお依存しすぎている。それは依然として、世界の諸事物を現前化させるための手続きなのである。詩的イメージは肖像よりも言葉にずっと近い。バシュラール氏〔Gaston Bachelard 一八八四－一九六二。フランスの科学哲学者・文学批評家〕が見事に述べたように、詩的イメージは「私たちを語る存在の起源に置く」のであり、「私たちの言語の新たな存在となり、私たちをこのイメージが表現する当のものと化すことによって、私たち自身を表現する」のである。ヒエロファニーと夢という象徴の他の二つの次元とは違って、詩的象徴が私たちに呈示するのは発生状態の表現性である。詩においては、象徴は言語が生起する瞬間、「象徴が言語を発現状態に置く」瞬間に[7]おいてとらえられる。そこでは象徴は、宗教史学の場合のように儀礼や神話に守られて聖なる安定性のなかに収められるものでもなければ、失われた幼児期の再現を通して解読されるものでもないのである。

理解しておかねばならないのは、たがいに没交渉な三つの象徴形態があるわけではない、ということであろう。詩的イメージの構造は、それが私たちの過去の切れ端から今後の私たちについての予言を引き出すときには夢の構造でもあるし、空や水、草木や石のうちに聖性を顕現させるときにはヒエロファニーの構造でもあるのである。

この単一の構造は、宗教的シンボリズム、夢想的シンボリズム、詩的シンボリズムのあいだの注目すべき合致を説明するものであるが、私たちは直接的な形相的分析によってこの構造に到達できるだろうか。志向的分析によって、右で列挙したすべての事柄を統一する原理を明示することは、ある程度までならば可能である。だが、あらゆる形相的反省がそうであるように、この志向的分析も、単に象徴を象徴でないものから区別し、同一的な意味核の多少なりとも直観的な把握へと眼を向けさせるものでしかない。

それゆえ私たちは、以下のような一連のアプローチを通して、象徴の本質を徐々につかんでゆくことにしよう。

1　象徴が記号（signe）〔表徴〕であることは確かである。象徴とは意味を伝える表現であり、その意味は言葉が担う意味志向において告知される。象徴が宇宙のエレメント（空、水、月）であれ、また事物（木、そびえたつ石）であれ、これらの実在が象徴的次元（聖別や祈願の言葉、神話的な言葉）を獲得するのは、依然として言説世界のなかでのことである。デュメジル〔Georges Dumézil　一八九八－一九八六。フランスの言語学者・神話学者〕が見事に述べているように、「（宗教史学における）今日の研究は、マナのもとではなく、ロゴスのもとに身を置いているのである(8)」。

夢もまた同様に、夜の光景であるとはいえ、語りそして伝えることができる以上は、根源的には言葉に近いものである。最後に、詩的イメージがそもそも本質的に言葉であるのは先に見たとおりである。

2　しかし、象徴は記号だというだけではあまりにも範囲が広すぎる。これからそれを狭めていかねばならない。いかなる記号もそれ自身を越えて何かを指示し、その何かとして妥当するものである。とはいえ、すべての記号が象徴というわけではない。私たちは、象徴はその指向のうちに二重の志向性を蔵している、と言うことにしよう。「穢れた」ものであれ、「不純な」ものであれ、そうした意味表現が提示する第一の字義通りの志向性は、あらゆる意味表現と同様に、自然的な記号に対する慣用的な〔取り決めによる〕記号の勝利を前提としている。こうして、穢れの字義通りの意味である汚れという語はすでに慣用的な記号であることになる。「汚れ」や「汚れた」という語は、それらが意味する事物に似ているわけではないのである。だが、この第一の志向性の上に第二の志向性が建てられるのであり、そうして物理的な「汚れたもの」を介して、穢れて不浄なものという聖なるものにおける人間の状況が指示される。字義通りの明示的な意味は、それ自身を越えて、汚れのような何かを示すのである。こうして、まったく透明な技術的記号が、意味されるものを措定する際にそれが意味しようとすることとしか言わないのに対して、象徴的な記号は不透明だということになる。というのも、そこでは字義通りで明白な第一の意味が、そのなかでしか与えられない第二の意味を類比的に意味するからである（この点には象徴をアレゴリーから区別する際に立ち戻ることにしよう）。この不透明性がまさに象徴の深さをなしている。のちに言うように、これは汲み尽くせぬ深さなのである。

3　だが、字義通りの意味と象徴的な意味とのこの類比的な結びつきをきちんと理解しておきたい。類比とは、「AのBに対する関係はCのDに対する関係に等しい」というように、比例の第四項を介する非決定的な推論のことである。それに対して、象徴においては、第二の意味を第一の意味に結びつける類比関係は、私が対象化できないものである。第一の意味のなかで生きることで、私は第一の意味によって、この意味を越えて導かれる。象徴的な意味は、字義通りの意味のなかで、字義通りの意味によって形成される。字義通りの意味は類比物を与えつつ類比を作動させるのである。モーリス・ブロンデル〔Maurice Blondel　一八六一－一九四九。フランスの哲学者〕は、「類比は思念の類似（similitudines）よりもむしろ、内的な誘因力に、同化への促し（intentio ad assimilationem）に基づく」と言っていた(9)。実際、外から考察されるものである比較とは異なり、象徴というのは、私たちを潜在的な意味に参与させ、その類似を知性的に統御できないままに私たちを象徴されたものに同化させるような一次的意味の運動である。象徴が与えるものだというのはそのような意味である。類比的に二次的な意味を与える一次的な志向性であるがゆえに、象徴は与えるものなのである。

4　象徴と寓意の区別は、字義的な意味自身が作動させる類比に関する私たちの指摘をさらに展開させる。ペパン〔Jean Pépin　一九二四－二〇〇五。フランスの古代哲学研究者〕氏はこの問題をうまく照らし出した(10)。寓意の場合は、一次的な意味対象である字義通りの意味は偶然的であり、二次的な意味対象である象徴的な意味自体は直接接近できる程度に外的である。この二つの意味のあいだにあるのは翻訳の関係である。寓意は一度翻訳されてしまうと、その後は用済みとなり捨てられる。さて、象徴に特有な性格は、寓意から苦労して少しずつ勝ちとられてきたものである。寓意とは、歴史的には、疑似的な象徴を人為的に構築する文学的で修辞的な手続きというよりも、むしろ神話を寓意的に扱う仕方のことであった。ホメロス〔Ὅμηρος 紀元前八世紀頃。古代ギリシアの詩人〕やヘシオドス〔Ἡσίοδος 紀元前八世紀末。古代ギリシアの詩人〕の神話を偽装された哲学として扱うストア派の解釈がそれにあたる。そこでは解釈とは、偽装を突破することで用済みにする営みである。言いかえれば、寓意とは記号の自然発生的な創造ではなく、むしろ解釈学の一つの様態だったのである。だとすれば、寓意よりも寓意化する解釈と言った方がよいだろう。したがって、象徴と寓意は同じ水準にあるのではない。象徴は解釈学に先行し、寓意はすでに解釈学である。というのも、象徴がその意味を透明化する仕方は翻訳とはまったく異なるからである。象徴とは、ギリシア語のアイニテスタイ（αἰνίττεσθαι）（エニグマ〔謎〕という語の由来）の意味において、意味を呼び出し喚起するものである。象徴がその意味を与えるのは、謎の不透明な透明さにおいてであって、翻訳を通してではない。それゆえ私は、象徴における意味の贈与の透‐明化（trans-parence）〔外観（parence）を超えていく（trans）こと〕を、寓意の翻‐訳（tra-duction）による解釈と対置したいと思う。

5　本書で問題になる象徴が、記号論理学〔象徴論理学〕が象徴と呼ぶものとはなんら関係ない、と言う必要はあるだろうか。両者は正反対ですらある。だが、単にそう言うだけでは十分ではなく、なぜそうなのかを知る必要がある。記号論理学にとって、シンボリズムは形式主義〔フォルマリズム〕の極致である。形式論理学は、すでに三段論法の理論において、諸々の「項」をなんにでも通用する記号によって置き換えていた。だが、さまざまな関係、たとえば「すべての」、「いくつかの」、「である」、「含む」といった表現は、日常の言語表現から切り離されていなかった。記号論理学では、そうした表現自体が、もはや言葉にする必要もない文字、書記記号に取って代わられ、そうした記号が推論の義務論にどう組み込まれるのかを問わずに、ただ計算を進めることができる。[11]こうなると、それらの記号はもはや既知の言語表現の略号ですらなく、ライプニッツ的な意味での「記号（caractères）」、すなわち計算の要素となる。私たちが本書で関心を寄せる象徴が、そうした意味の記号とは正反対であることは明らかである。それは、内容に結びついているため形式化できない思考に属するというだけではない。一次的な志向が二次的な志向に内的に結びついており、類比の作用自体によらねば象徴的意味を得られないという点で、象徴的な言語は本質的に拘束された言語である。すなわち、みずからの内容に、一次的内容を通して二次的内容に結びつけられた言語である。この意味で、それは絶対的な形式主義とは正反対のものなのである。この場合、象徴という語がこれほどまでに正反対の意味で用いられていることに驚くかもしれない。おそらくその理由は、不在の機能でありかつ現前の機能でもあるという意味作用の構造に求めるべきであろう。不在の機能というのは、意味するとは「空虚において」意味すること、事物のないところでその事物について代替の記号によって語ることだからである。現前の機能というのは、意味するとは「何か」を、究極的には世界を意味することだからである。[12]意味作用は、その構造自体によって、全面的な形式主義と同時に充実した言語活動の再建を可能にする。すなわち、記号を「数字」に、結局は計算の一要素に還元することと同時に、複数の志向性を背負い、他のものを謎の形で与え、類比によってそれを指示するような言語を再建することも可能なのである。

6　最後の基準は、いかにして神話と象徴を区別するか、ということに関わる。神話と寓意を対置することは比較的容易であるが、神話と象徴を明確に区別することははるかに難しい。象徴が神話を寓意的でない仕方でとらえる様式とみなされることがある。その場合は、象徴と寓意は解釈学の態度ないしは志向的傾向となり、象徴的解釈と寓意的解釈は同一の神話内容に関する二つの解釈方向となるだろう。こうした見方に反対して、私はつねに象徴という語をはるかに原初的な意味で用い、自然発生的に形成され、ただちに意味を贈与するような類比的な意味作用を指すことにしたい。こうして、穢れは汚れの類比物であり、罪は逸脱の類比物であり、負い目は重荷の類比物だということになる。これらの象徴は、たとえば水が洪水では脅威を、洗礼では刷新を意味するのと同じ次元にあり、結局はもっとも原初的なヒエロファニーと同じ次元にあるのである。この意味で、象徴は神話よりもさらに根底的なものである。私は神話を象徴の一種、すなわち物語の形で展開され、批判的方法に基づく歴史学の時間や地理学の空間には服さない時間と空間において分節化される象徴とみなしたいと思う。たとえば、追放とは人間疎外の一次的象徴だが、アダムとエバの楽園からの追放物語は二次的な神話物語であり、そこでは寓話的な人物、場所、時間、逸話の数々が活用される。追放が一次的象徴であって神話ではないのは、それが類比的に人間疎外を意味する歴史的事件だからである。だが、同じ疎外がエデン追放という寓話的な物語を生じさせると、それは〈彼ノ時ニ（in illo tempore）〉起こった歴史（histoire）〔物語〕として神話となる。神話にはこのような物語の厚みが不可欠であることについては、のちほど見ていくことにしよう。説明の端緒になるという、原因譚的神話でその二次的な性格を際立たせる要素についてもここでは考察しないでおく。この問題については、『悪のシンボリズム』の第二部の冒頭であらためて取り上げることにしたい。

3　告白の哲学的「反復」

以上、告白の象徴化が反復される様子をそのすべての水準でみてきたが、この営みは哲学にとってなんであるのか。留保しておいた問いを繰り返すならば、この営みの哲学的な場所は、果たしてどのようなものとなるのだろうか。

私たちの探究はまだ過ちの哲学ではなく、その予備作業でしかない。ミュートス〔神話〕はすでにロゴスではあるが、さらに哲学的言説において捉え直されねばならない。目下の予備作業はなお純粋に記述的な現象学のレベルにとどまっており、信じる魂が語るままを記述し、哲学者はその動機や志向を暫定的に採用するだけである。

すなわち哲学者は、そうした動機や志向を当初の素朴さにおいて「感じる」のではなく、中立化された様態、〈かのように〉という様態において「感じ直す」のである。現象学が想像と共感における反復であるというのはそのような意味である。とはいえ、そのような現象学は、過ちやすさという概念に至る本書第一冊〔『過ちやすき人間』〕の考察がそうであったような〔哲学によって〕全面的に引き受けられた反省に対しては、依然としてその外側にとどまっている。なお残る問題は、この想像と共感による反復をいかにして反省へと統合するのか、隷属的自由の象徴系によっていかにして反省を再起動させるのか、ということである。

私たちはまだこうした問いに答えられる状態にはない。この問いの解決は、まさに本書の仕事を遂行するなかで、その第三冊を通して見出されるだろう。だが、その解決の原理については、この第二冊〔『悪のシンボリズム』〕の最後で、「象徴は思考を引き起こす〔思考すべきものを与える〕」という美しい格率のもとで呈示するつもりである。その際私たちは、前提なき哲学という空想を拒絶し、充実した言語から出発しなければならない理由を告げるだろう。だが、誠実の精神に則って、すでに現時点から、充実した言語による方法論的拘束性の主たる点について語ることはできる。

すでにあるシンボリズムから出発するというのは、思考すべき事柄が与えられているということだが、それは同時に、言説のうちに根底的な偶然性を導き入れることでもある。最初に象徴があるのであって、私はそれらの象徴に出会い、それらを見出すのである。これは古い哲学の言う生得観念のようなものである。なぜそのような象徴なのか。なぜそのような象徴がそこにあるのか。それは言説に導き入れられた文化の偶然性なのである。加えて、私はすべての象徴を知っているわけではない。私の探究領域は方向づけられており、方向づけられているがゆえに限定されている。何によって方向づけられているのかといえば、単に象徴世界において私が占める固有の位置によってだけではなく、逆説的にも、哲学的問い自体の歴史的、地理的、文化的起源によって方向づけられているのである。

私たちの哲学は、その生まれからしてギリシア的である。哲学のもつ普遍性への志向と要求は一定の場所をもっている。哲学者はどこでもないところから語るのではなく、みずからのギリシア的記憶の底から語るのである。それは、「τί τὸ ὄν（〈ある〉とは何か）」という問いが立ち上がってくる場所である。この問いは、最初はギリシア的な響きをもっているが、のちのすべての問いを包含している。そこには実存の問いと理性の問いが、ゆえに有限性の問いと過ちの問いもまた含まれている。このようにギリシア的な問いが初めに定位されていることによって、諸宗教が位置する人間的空間もまた、哲学的探究へと開かれたものとして方向づけられるのである。

原理的には、いかなる文化もこの探究から排除されているわけではない。だが、ギリシア起源の問いによって方向づけられたこの圏域には、「近い」関係と「遠い」関係がある。私たちの文化的記憶の構造にはそうした関係が不可避的に属している。そこからギリシア文化とユダヤ文化の「近さ」が特権性をもつことになる。この二つの文化は、どこでもない場所から見る者にとってはなんら例外的な意味をもたないだろうが、私たちの哲学的記憶の最初の層をなすものである。より正確に言えば、ユダヤ的源泉のギリシア的源泉との出会いが、私たちの文化の基礎となる根底的な交差だということである。ユダヤ的源泉は哲学の最初の「他者」、そのもっとも「近い」他者である。この出会いの抽象的な偶然性は、まさしく私たちの西洋的実存の運命である。私たちはこの出会いを起点として実存しているがゆえに、私たちの拒否できない実在性の前提であるという意味において、この出会いが必然的なものとなったのである。本書がギリシアとイスラエルにおける過ちの意識の歴史をつねに参照の中心とするのはそのためである。この精神的な距離の経済からすれば、それは私たちのもっとも「近い」起源なのである。

アテネとエルサレムがもつこの二重の特権から、残りの事柄も導き出されてくる。本書の探究では、私たちの精神的な生成に「順々に」寄与してきたすべてのものが対象になるが、とはいえそれらの事柄は、「近い」や

「遠い」と表現される動機づけの線に沿って並んでいる。

ここで「順々に」とは何を意味するのだろうか。それが意味するのは、「深さ」の関係、「横」の関係、「遡行」の関係といった、さまざまな種類の方向づけの関係である。

まずは「深さの関係」から見てみよう。宗教的意識の数々のテーマが、今日の私たちに対して、現在の私たちの動機の厚みや透明さを通して現れることがある。過ちを穢れとして思い描くというのはその最良の例であるが、この考えはギリシアとヘブライのすべての資料から透《す》かし見られるものである。こうした層状の構造が過ちの意識に対してもつ重要性を過小評価することはできまい。のちに見るように、精神分析は、論理的な太古性〔アルカイズム〕をこのような文化的に「遠いもの」と一致させようとするだろう。こうしたみずからの文化的記憶の堆積作用を解明するために、私たちは、アフリカ、オーストラリア、アジアといった、みずからの記憶に属さず、しばしば私たちと同時代のものでもあるような諸文明の資料に依拠することができる。民族学がこれらの文明と私たち自身の過去とのあいだに客観的な類似を見出してくれるおかげで、私たちはそれらの文明に関する知識を用いて、みずから自身の廃された過去、あるいは忘却に埋もれた過去を解読することができる。本書では過《あやま》った行ないと過ちの意識に関する民族学の証言を参照するが、それはひとえにこれらの証言が私たちの記憶に対する診断的な価値をもつからである。

だが、私たちの記憶の核心におけるこうした「深さ」の関係は、同時に「横」の関係を現出させることなしには明らかにできない。たとえば今日では、ヘブライ的源泉を理解することは、その信仰や制度を古代中東文化という枠組みのうちに置き直さないかぎり不可能である。ヘブライ的源泉は、古代中東文化の基本的主題のいくつかを（直接の借用や共通の源泉の参照、あるいは物質的・文化的条件の並行性によって）反復し、他のいくつかをとくに深く変容させている。そうした相似と相違を知ることが、今後は私たちの記憶のヘブライ的源泉自体の理解の一部となり、そうして古代中東文化自体が私たちの記憶の周縁部に属することになるのである。

以上のような「深さ」の関係と「横」の関係は、次には「遡行」の関係によって捉え直されることになる。私たちの文化的記憶は、新たな発見や源泉への回帰、革新や復興によって、たえず遡及的に更新される。そうした営為は過去を再生させるだけでなく、新－過去と呼べるようなものを私たちの背後に形づくる。それゆえ私たちのヘレニズムは、厳密にはアレクサンドリア人たちのヘレニズムとも、教父たちのヘレニズムとも、スコラ主義のヘレニズムとも、ルネサンスのヘレニズムとも、啓蒙主義のヘレニズムとも同じではない。これは現代人による〔ギリシア〕悲劇の再発見に思いを致すだけでわかることである。こうして連続する「今」からの揺り戻しによって、私たちの過去はたえず意味を変えていく。過去を自己化する現在の営みによって、過去の奥底から私たちを動かすものそのものが変容されるのである。

この新－過去には注目すべき様態が二つある。すなわち、失われた数々の中間物を再建することと、隔たりをあとから消去することである。

数々の中間物が失われてしまったことは、私たちの記憶の状況をかたちづくる事態である。だが、突如としてそれらが再建されると、数々の空白に満ちたこの過去を起点として、私たち自身の自己理解が変容される。そのようにして、ユダ砂漠の写本（死海写本）の発見は、ユダヤ－キリスト教の過去の重要な推移を取り戻させた。だが最近までは、こうした推移を知ることなく、私たちの意識は動かされていたのである。現在のさまざまな発見によって、いったん形成された伝統が再編成され、隠れた動機が照らし出される。そうして私たちに新たな記憶が与えられるのである。

私たちの記憶に新たな形成をもたらす第二の源泉は、私たちの意識の諸源泉のあいだの「距離」があとから変じられることである。宗教学はたがいに出会わなかった諸文化を「接近」させる。だが、そうした「接近」は、ユダヤ文化とギリシア文化の場合のように、偉大なる所産を作りだし、私たちの遺産を更新するような絆が結ばれるのでないかぎり、なお恣意的である。ユダヤ文化とギリシア文化は、私たちの記憶の成り立ちを決定するような仕方で実際に出会ったのである。だが、学者たちの考察のなかで接近させられただけで、いまだ私たちの伝統を根底から変容させるような仕方では出会っていない文化がある。極東の諸文明の場合がそれである。それゆえに、ギリシアを起源とする哲学的問いによって方向づけられた現象学は、インドや中国の偉大な経験に対しては正当な寄与をなすことができない。ここにおいて、私たちの伝統の偶然性だけでなく、その限界が明らかになる。方向づけの原理が限界の原理となる瞬間があるのだ。これらの文明はギリシアとユダヤの文明と「等しい価値をもつ」と言う者もいるだろうし、そのことに理由がないわけでもない。だが、両者に等しい価値を見ることができる視点はまだ存在していない。おそらくそのような視点は、普遍的な人間文化によってすべての文化が全体化されたときに初めて、現実に存在するようになるのだろう。それまでは、宗教史学も哲学も、人間の経験の全体を包括できる具体的普遍とはなりえない。一方で、視点も位置ももたない科学の客観性は諸文化をひとしなみに扱うが、それは諸文化の価値を中立化することによってでしかない。他方で、私たちがギリシア人から受け取り西洋で続いてきた哲学は、真剣な出会いと真に徹底的な相互解明が極東の諸文明を私たちの経験領野に入らせ、哲学の限定性を解除しないかぎり、なおそのような具体的普遍には届かない。そのような出会いと相互解明はまだ起こっていないだろう。そうしたことは、少数の人々と集団には起こり、彼らの人生にとっては重大事となったが、私たちの文化全体にとっては逸話的なものであった。それゆえこれまでは、そうした事柄が、基礎づけとしての意義（ギリシア的問いとヘブライ的宗教の出会いのように）や再創造としての意義（西洋文化のなかでのさまざまなルネサンスと起源への回帰）をもつことはなかった。まさしく逸話のままであったことが、その現象学的特性なのである。それゆえ、極東に対する私たちの関係は、依然として「遠い」ものへの関係である。たしかに私たちは、基礎となる出会いが起こり、「近いもの」と「遠いもの」の対立を土台とする記憶が手直しされる時へと近づいている。私たちの存在論のカテゴリーにとって、ソクラテス以前の哲学者たち、ギリシア悲劇、聖書の読解にとって、このことが何を意味することになるのか、まだ私たちには想像できない。だが一つ確かなことがある。それぞれの文化がすべての文化と対論するこの大論争のなかに、私たちはもっぱらみずからの記憶を携えて入ってゆくのだということである。私たちがまだ今のところは「遠い」文明と呼ぶ諸文明と私たちの文明とのあいだの距離が縮まることによって、私たちの記憶の構造化が消去されるわけではない。むしろそれはさらに複雑になっていくだろう。私たちがギリシアを通して哲学へと生み落とされたこと、哲学する者として、インド人や中国人に出会うより前にユダヤ人に出会ったことは、今後も変わらず真であり続けるだろう。

私たちは、みずからの記憶の成り立ちのこのような偶然性に驚き、躓《つまず》くだろうか。だが、偶然性というのは、哲学がその「他者」と対話する際には避けられない弱さにすぎないものではない。偶然性は哲学自身の歴史に内在している。偶然性によって、哲学の歴史のそれ自身への繋縛が断ち切られる。思想家たちが出現し、その著作が湧出してくるのは予見不可能なことなのである。いずれにせよ、まさに偶然性を経由して、数々の合理的な論筋を見てとるのでなければならない。歴史的な出会いのこうした偶然性を回避し、場所をもたない「客観性」の名においてその作用の外に身を置こうとする者は、極限的にはすべてを認識するかもしれないが、何一つ理解することはあるまい。実際、そのような者は、いかなる問いへの関心にも動かされないがゆえに、何も探究することはないのである。

第一章　穢れ

1　不浄なもの

不浄なものへの恐れと浄めの儀礼は、過ちに対する私たちのすべての感情と行為の背景をなすものである。哲学者はそうした感情と行為について何を理解できるだろうか。

何も理解できない、と答えたくなるかもしれない。穢《けが》れはそれ自体としてはほとんど表象されず、その表象は反省を停止させる独特の恐れのなかに沈み込んでいる。穢れとともに、私たちは〈恐怖（Terreur）〉の支配する領域へと入る。そこで哲学者が思い起こすのは、「何も恐れぬために何も希望しない（訳6）」（nec spe nec metu〔希望モ恐レモナク〕）というスピノザの言葉である。穢れへの恐れが強迫神経症と似ていることを、哲学者は精神分析家から学んでいる。浄めは特別な行為によって穢れのわざわいを消そうとするが、そうした儀礼的行為は、物理的行為、心理的影響、自己自身の意識化というような行為の型にあてはめることはできず、今日の私たちにはもはや理論化できないものである。結局のところ、穢れの表象自体、そうした恐れにとらえられ、こうした行為に結びつけられているので、この表象が属する思考様態は、私たちにとって、もはや「想像力と共感において」さえも「反復」できないものであるように思われる。ペッタッツォーニ〔Raffaele Pettazzoni　一八八三－一九五九。イタリアの宗教学者」とともに、穢れを「災悪、不浄性、気配の流れ、不可思議で有害な何ものかを進展させ、力動的、すなわち魔術的に働くはたらき」[13]と定義するとき、私たちは何を考えているのだろうか。

反省に抗うのは、ほとんど物質に近く、汚れのように伝染する何かがあり、それは目に見えない仕方で害を及ぼすが、心身不可分である私たちの実存の領域である種の力として働いている、という想念である。実体であり力である悪とはいったいどのようなものなのか、また、清浄さを穢れの免除と化し、浄めを穢れの消去と化すような何ものかの効力とはどのようなものなのか。そうしたことは、もはや私たちには理解できないのである。

こうした穢れの感覚を「反復」することは可能なのだろうか。その非合理的な性格のゆえに、穢れの領域とは斜めからしか接近できないものである。まずは、その内容をみずからのものにしようとはせずに、民族学を活用することにしよう。そのとき、穢れは乗り越えられた意識の契機として現れてくる。そして私たちは、対照の効果によって、自分たちがもはや関わりをもたないような感情と行為を理解するのである。だが、このように穢れの世界をその境界から眺めることは、それに続いて、そのような乗り越えへと向かわせた穢れの諸側面をもっと近くから理解するための準備となる。まさしくここで、過ちの経験がもつ象徴的な富が考慮に入ってくるだろう。私たちが依然として穢れと結びつきをもつのは、それがかぎりない象徴化の潜勢力をもつからである。乗り越えられるだけでなく保持されもする経験へと、私たちは可能なかぎり接近するであろう。そこにはおそらく乗り越えられない何かが隠されているのであって、その何かを介して、この経験は無数の変容を遂げて生き残ってゆくのである。

穢れは私たちに対して、二重の視点において、過ちの意識の乗り越えられた契機として現れてくる。すなわち、客観的な視点と主観的な視点である。

まず、穢れの目録は、もはや私たちの意識がそれとして認識できないものである。その体制のもとで生きている意識にとっては穢れであるものも、もはや私たちにとっては悪ではない。穢れの目録が遂げた数々の変容は、それを穢れとして経験させていた動因そのものが変化してきたことを示している。もはやそうした不浄な行為のうちに、私たちは倫理的な神への攻撃、他の人間たちに対して果たすべき正義の侵害、みずからの人格の尊厳の減衰を見てとることはない。それゆえこれらの行為は、私たちにとっては悪の領域から除外されるのである。

こうして穢れの目録は、ときにはあまりにも広く、あるいはあまりにも狭く、さらには均衡を欠いているように見えてくる。たとえば、火に飛び込む蛙、テントのそばで糞をするハイエナのように、非意志的ないしは無意識的な行為、動物的な行動、さらには単に物質的な出来事が穢れと呼ばれるのは、私たちにとって驚くべきことである。というのも、こうした行為や出来事のうちには、人格的な帰責、さらには単に人間的な帰責の判断さえもまったく組み入れられないからである。そこで私たちは、みずからの慣れ親しんだ意識を離れて、不浄〔不純〕の尺度が責任主体の帰責ではなく、禁止の客観的な侵犯によって測られるような意識のうちに身を置かねばならないのである。

また他方で、穢れの目録は数々の欠落によっても私たちを驚かせる。私たちにとっては倫理的に善でも悪でもない諸領域において、同一の禁止体系が仔細な指令を増大させていくことは珍しくない。その一方で、盗み、嘘、ときには殺人さえも含めて、セム的法制やギリシア的法律によって私たちが悪と呼ぶことを学んできた数々の行為が穢れとはみなされないこともある。そうした行為は、伝染的な接触とは異なる参照系、すなわち神の聖性の信仰告白、人間どうしの絆の尊重、自己への敬意といったものを基準としてのみ、悪しきものとされるのである。

こうして、穢れの体制における過ちの目録は、行為主の意図の側で狭くなればなるほど、世界の出来事の側では広くなるのである。

こうした広さと狭さは、悪と不幸が区別されきっておらず、〈悪をなすこと〉の倫理的次元が、苦、病い、死、挫折といった〈悪であること〉の宇宙的・生命的次元から区別されていない段階を示している。恐れと不浄のただなかで、罰への予感がいかにして悪を不幸へと固く結びつけることになるかは、すぐに明らかになるだろう。

罰は〈悪であること〉として人間を再び襲い、一切の可能な苦、一切の病い、一切の死、一切の挫折を穢れの表徴に変えてしまう。こうして穢れの世界は、不浄な行為や出来事の帰結をも不浄なものの次元へと包み込んでいく。そうしてだんだんと、清浄でも不浄でもないものはなくなっていく。結果として、清浄と不浄の区分は物理的なものと倫理的なものの区別をまったく知らず、私たちには非合理と化した聖と俗との区分けに従うのである。

最後に、太古的ですでに乗り越えられたものという過ちの目録の性格を露わにするのは、その外延に関わる変化、すなわち悪しき事柄の一覧表への足し引きだけではない。その内包の変容、すなわち〈禁止〉の侵犯の何を重く見るかという強調点の変化もまた、それを露わにする。

たとえば、穢れの系において、性的な性格をもつ禁止の侵犯が大きく強調されているのは驚くべきことである。近親相姦や肛門性交、堕胎や禁じられた場所――ときには時間――における性交など、そうした種類の侵犯が根本にあるため、性的なものの氾濫が穢れの体系を強く性格づけており、性と穢れのあいだには太古の時代にさかのぼる不可分の共犯関係があるようにさえ見えるのである。穢れがこのように性的な禁止であふれ返っていることは、先に記した穢れの他の二つの性格と関係づけるならば、まったく異様な様相を呈してくる。すなわち、禁止を道徳的に中立である行為へと拡張することと、同じ儀礼的な法制が嘘や盗み、ときには殺人に関しては沈黙していること、この二つである。以上の諸性格を重ね合わせることによって、性それ自体のもつ穢れが、神の聖性への信仰告白に由来する倫理とも、また正義や道徳的人格の廉潔という主題を軸に組織される倫理とも異質なものであることが明瞭になる。性の穢れとは前倫理的な性格をもつ信仰なのである。穢れが倫理的なものとなることはありうる。殺人者の穢れが、人間的な絆の相互性への攻撃と化すことで倫理的なものとなるような場合がそうである。それでもやはり、穢れは一切の二人称の倫理に先立っており、流された血のもつ禍々《まがまが》しい力への太古の信仰に根ざしている。性と殺人との比較を支えるのは同じイメージの働きである。どちらの場合も、不純さは物質的な「何か」の現存に結びつけられており、その「何か」は接触と感染によって伝えられていく。穢れの意識自体において、不純な接触を文字通りに、実在論的、さらには唯物論的に解釈することを妨げているものはなんであるのか。それについてはこのあときちんと語るつもりだが、穢れがはじめから象徴的な汚れでなかったならば、穢れや浄らかさ〔純粋さ〕といった観念が、相互人格的な倫理において修正され、捉え直されることは理解できないだろう。相互人格的な倫理は、性のもつ獲得や奉献という面、すなわち他人への関係の質ということを強調するのである。とはいえ、性が多くの点で準物質的な穢れの曖昧さを保持していることは事実である。突きつめれば、子はその始まりから父の精液、母の生殖器の不浄、さらには出産の不浄により汚されているがゆえに、不浄なものとして生まれてくるのである。こうした信仰が近代人の意識においてもなお見え隠れしていないとは言えないし、またそれが原罪をめぐる思弁において決定的な役割を果たさなかったとも言えない。実際、原罪の概念は接触と汚染をめぐる一般的なイメージ群になお依存しており、それを用いて原初的な汚れの伝播を語っている。またそれだけでなく、この概念は、不浄の極致とされる性的な穢れのテーマによって動かされてもいるのである。(14)

穢れを物質的な不浄の方へと引き寄せる極限的な解釈は、浄めの儀礼の光景によってさらに強化される。そうした儀礼は、場所を問わず、穢れに対してそれを免除するという否定的な意義をもっている。とりわけ結婚式は、性が穢れではなくなる区域を確定することによって、性が普遍的にもつ不浄さを取り除こうとするものではないだろうか。ただし、時と場所、性的行為に関する規則を守らなければ、性が再び穢れと化す恐れもあるのである。性の原初的な穢れという今見てきたテーマをたどっていけば、その終極に現れてくるのが浄らかさと処女性との同一視である。性的なものと汚れたものが結びついているように、処女と無傷のものとは結びついている。この二対の響き合いは私たちの一切の倫理の背景をなしており、批判に対してもっとも執拗に抵抗する太古のものである。それゆえ、過ちの意識が洗練されていくのは、性をめぐる省察によってではなく、実存の性的でない領域に由来することである。すなわち、労働、所有化、政治によって生じるさまざまな人間関係によるのである。そこでこそ、他人への関係をめぐる倫理、正義と愛の倫理が形づくられるだろう。こうした倫理は、再び性へと目を向け、性を評価し直し、その価値を転じることができるのである。

2　倫理的な恐怖

ここまでは穢れを客観的な出来事とみなしてきた。穢れとは接触により感染する何ものかである、と言ってきた。だが、この伝染させる接触は、主観的には、〈恐れ〉の次元に属する固有の感情において生きられるものである。人間が倫理的世界に入っていくのは、恐れによってであり、愛によってではないのである。

この第二の特徴からしても、不浄なものの意識とは、やはり想像と共感におけるいかなる反復によっても接近できず、道徳的意識の進展によって廃されるものであるように思える。だが、この怖れは後続するすべての契機を萌芽として含んでいる。つまり、そこにはそれ自身の乗り越えの秘密が隠されており、それゆえのちのすべての契機が萌芽として含まれている。なぜなら、それはもはや単に物理的な恐れではなく、すでに倫理的な怖れだからである。この怖れの対象となるのは、それ自体倫理的であるような危険であって、より高次の悪の意識においては、もはや愛しえないという危険、目的の国において死人同然になるという危険である。

それゆえ、原始的な怖れは、私たちの最古の記憶として問い尋ねるべきものである。

そうした怖れの起源は、穢れと報復との原初的な結びつきである。両者の「総合」はいかなる正当化にも先行するものであり、懲罰による償いとみなされる一切の刑罰の前提となるものである。この結びつきは変容し、場所を移し、精神化されていくだろうが、それ自体はあらゆる形の変容と昇華に先行している。第一に、〈不浄なもの〉は報復するが、その報復は〈秩序〉の観念へと吸収され、〈苦しむ義人〉の「受難」を経由して〈救済〉の観念へと吸収されることさえありうる。そこには穢れの意識の当初からの直観がなお存続している。すなわち、苦は秩序を侵害したことの代価であり、清浄さによる制裁が「成就される」べきだ、という直観である。

この直観は、恐怖の外皮で覆われたその最初の姿においては、原初的運命性の直観である。〈報復〉は穢れに分かちがたく結びついており、この結びつきは一切の制度、意図、命令に先立つものである。これはきわめて原初的な結びつきであって、復讐する神の表象にも先行している。原始的な意識が恐れかつ崇める制裁の自動的な性格は、報復する怒りのアプリオリな総合を表現している。あたかも過ちが禁止の力能に傷をもたらし、その傷が不可避的に反撃を開始させるかのようである。人間は、自然の秩序の規則性を表明するよりも前に、こうした意味での不可避性を告白していた。初めて世界の秩序を表現しようとしたとき、人間が用いたのはまさに応報の言語だったのである。かくしてアナクシマンドロス〔Ἀναξίμανδρος　紀元前六一〇頃－紀元前五四六。古代ギリシアの哲学者〕の箴言は次のように語る。「存在する諸事物にとってそれから生成がなされる源、その当のものへと、消滅もまた必然に従ってなされる。なぜなら、それらの諸事物は、交互に時の定めに従って、不正に対する罰を受け、償いをするからである」（ディールス、[訳7]断片Ｂ一）。

さて、〈応報〉のこの名もなき怒り、顔なき暴力は、苦しみの文字によって人間の世界に書き込まれる。復讐は苦しみを生じさせる。こうして応報を介することで、物理的秩序の全体が倫理的秩序のうちに受容されることになる。苦としての悪が過ちとしての悪へと総合されるのである。malという語の両義性〔悪＝災い〕は根拠のある両義性であり、穢れの意識がおそれとおののきのうちで見出すような応報の法に根拠をもっている。穢れから罰が不可避的に生じるのと同様に、被る悪はなす悪に由来するのである。

こうしてまたしても、穢れの世界は倫理的なものと物理的なものの分裂に先立つ世界だということになる。倫理が苦しみの物理と混ざりあう一方で、苦しみにはさまざまな倫理的意味が上乗せされるのである。

苦しみが兆候としての意義と役目をもちうるのは、侵犯された禁止からの復讐が苦しみの悪として人間に降りかかるからである。夫が漁や狩りで運に恵まれないのは、妻が不貞を働いているからである。同じ理由で、浄めの儀式によって穢れを予防することは、苦しみを予防するという意味をもっている。難産や死産を避けたければ、災害（嵐、日蝕、地震）から身を護りたければ、あるいは通常とは異なる恐ろしい企て（旅、難所越え、狩りや漁）で失敗を避けたければ、穢れを除き祓《はら》うための実践を執り行なわねばならないのだ。

穢れと苦しみとのこうした結びつきが執拗なものであるのは、それがおそれとおののきにおいて体験され、長らく合理化の図式、因果性の最初の素描を提供してきたからである。君が苦しみ、病気になったり、失敗したり、死んだりするのは、罪を犯したからだ、というわけである。穢れの兆候となり、穢れを探知するという苦しみの意義は、道徳的悪の原因説明的な意義へと反映されることになる。さらには、理性だけでなく信仰心もまた、苦しみのこうした説明にしがみつくであろう。人間が苦しむのは不浄だからだというのが本当ならば、神には罪がないことになる。こうして倫理的な恐怖の世界には、苦しみとしての悪の「合理化」のもっとも執拗な形の一つが保蔵されているのである。だからこそ、苦しみの物理的世界から罪の倫理的世界を分離するためには、この最初の合理化を問いただし、バビロニアのヨブ〔「バビロニア神義論」のヨブ伝承〕とヘブライのヨブ〔ヘブライ語聖書の『ヨブ記』〕がみごとに証しているような危機に面することこそが必要であった。この分離は人間の意識を襲う不安の一大源泉となった。というのも、罪がそれに固有の霊的な意味に達するには、苦しみが不条理な躓《つまず》きとなる必要があったからである。この恐るべき代価を払うことで、苦しみに結びついていた恐れは、十分に愛していないのではないかという恐れと化し、苦しみや失敗への恐れから分離することができた。要するに、霊的な死への恐れを物理的な死への恐れから切り離すことができたのである。この新たな獲得は高くついた。すなわち、最初の合理化、苦しみについての最初の説明を失うことを代価としたのである。穢れの悪自体が過ちの悪となるには、苦しみが説明不可能になり、躓きとしての悪にならねばならなかった。(15) 苦しむ義人は、不正な苦しみの想像的で範例的な形象として、不幸の早まった合理化の数々を打ち砕く躓きの石となった。以後、悪をなすことと悪を被ることは、直接的な説明によって調和させられなくなるのである。

それゆえ、不浄への怖れがその不安を展開するのは、この最初の合理化の危機以前、不幸（苦しみ、病い、死）と過ちの分離以前のことである。穢れの予防にはあらゆる恐れと苦痛がつきまとう。人間は、直接的な告発を受ける以前に、世界の不幸に関して潜在的に告発されている。悪しき仕方で告発されている者、これが倫理的経験の始まりにおいて人間が私たちに見せる姿である。

苦しみと懲罰とのこうした混同によって、禁止に固有なある種の特徴が説明される。禁止は応報に由来するが、応報は禁止の意識においてすでに先取りされている。禁止とは否定的意味をもつ判断以上のものであり、単に「これはあるべきではない」とか「これはなすべきではない」といったことではない。「お前はすべきではない」という命令において、私は脅迫の指標がみずからに向けられていると感じているが、禁止とはそれ以上のものでさえある。禁止にはすでに報復の影が及んでいるのであり、禁止を侵せばその代価を払わねばならない。そこでは、「お前はすべきではない」には「さもなければお前は死ぬ」という深刻さと重さがつけ加わるのである。このように、禁止はそれ自体において苦しみによる罰を先取りしており、禁止の道徳的強制はそれ自体感情的な姿をまとっている。タブーとはまさにそうしたものである。懲罰は禁止において感情レベルで先取りされ、警告されている。こうして予防としての恐れにおいては、禁止の権能は死をもたらす権能となるのである。

さらにさかのぼるならば、懲罰が投げかける影は種々の禁止の全領域とその源泉自体にまで及び、聖なるものの経験に陰をもたらすことになる。禁止において先取りされた報復と苦しみから見れば、聖なるものは人間に対する超人間的な破壊として現れてくる。根源的な浄らかさのうちには人間の死が刻み込まれているのである。それゆえ、穢れを恐れる人間は超越者の否定性を恐れていることになる。超越者とは、それに面して人間が存在し続けられないものである。何人も神――少なくともタブーと禁止の神――を見て死なずにいることはできない。まさに応報のこうした怒りと恐怖、死をもたらすこの権能から、聖なるものは分離という性格を得る。聖なるものに触れることはできない。それに触れ、それを侵す者には死がもたらされるからである。

3　汚れのシンボリズム

穢れの太古以来の二つの特徴――客観的特徴と主観的特徴――は以上のとおりである。すなわち、穢れとは伝染する「何か」であり、禁止の報復的怒りが解き放たれることを先取りした怖れなのである。この二つの特徴は、今や単に悪の表象の「乗り越えられた」契機としてしか理解できないものである。

どこまでも驚くべきことであるのは、この二つの特徴がけっして廃棄されないだけでなく、新たな諸契機のうちで保持され変容されることである。ギリシア人たちのあいだでは[16]、悲劇詩人とアッティカの弁論家たちが穢れの表象と浄めの実践の再生を証言している。全生活において乗り越えられた過去の信仰があとから再建されたというだけなら、本当の意味での問題にはならないだろう。だが、穢れの世界は単に残存という形で存続しているのではない。穢れの世界が提供する想像の型の上に、哲学的浄化の根本となる諸観念が建てられるのである。儀礼的な不浄さのこのような「転位」は、そもそもいかにして可能になったのだろうか。

ヘブライの例はさらに印象的である[17]。実際、ギリシアの人間はけっして罪の感情には至らず、この感情に固有の質と強度はただイスラエル民族によってのみ例示されたと言えよう。ギリシア人が穢れの図式を「哲学的に移し置く」以外の手立てをもたなかったのはそのためかもしれない。とはいえ、なぜほかならぬ清浄と不浄の主題がこうした移し置きに適合できたのか、その理由を示す必要がある。この問いはヘブライの経験によっていっそう差し迫ったものとなる。イスラエルでは、穢れの信仰は儀礼的な法制化によって保持されるだけではない。罪の経験自体が穢れの古い言語で表現されるのである。なお、罪の経験は穢れの経験に対して深い独自性を有するものであるが、この点についてはのちほど示すことにしたい。神殿で幻視をしたイザヤはこう叫んでいる。「ああ、災いだ。私は汚れた唇の者、私は汚れた唇の民のなかに住んでいる者。しかも、私の目は、王である万軍の主を見てしまったのだ」(『イザヤ書』6:5)。そして、セラピムが祭壇の火箸でイザヤの唇に触れて言う。「見よ、これがあなたの唇に触れたので、過ちは取り去られ、罪は覆われた」(同6:7)。さらにあとには、ダビデに帰せられる告白のなかで――これについては、のちに罪の意識、および負い目の感情の枠内であらためて言及するつもりである――、詩篇作者は次のように懇願している。「神よ、私を憐れんでください。あなたの慈しみによって。深い憐れみによって、私の背《そむ》きの罪を拭ってください。過ちをことごとく洗い去り、私を罪から清めてください。……神よ、私のために清い心を造ってください」(『詩篇』51)。このように、穢れという主題はきわめて強力で豊かなものであるため、当初の呪術的で儀礼的な穢れの理解が乗り越えられたあとにもなお、生き残ることができるのである。

穢れのイメージが生き残ることができたのは、最初から象徴としての力をもっていたからではないだろうか。実際、穢れが文字通りの意味での汚れであったことは一度もない。不浄なものは文字通りの意味での汚いもの、不潔なものではないのである。同時にまた、不浄なものが不名誉なものという抽象レベルに至ることはないのも確かである。そうなったならば、接触と感染の呪術は消え去ってしまうことだろう。穢れの表象が位置するのは、準 ‐ 物理的な感染が準 ‐ 道徳的な不名誉を指し示す薄明の領域である。この両義性は、概念として表現されることはないが、不浄の表象に結びついた怖れの半物理的で半倫理的な性質において志向的に生きられるのである。だが、穢れの象徴的構造は、反省され表象されることはないとしても、少なくとも「行為」によって動かされている。それは浄めの諸行為を通してとらえることができ、除去する行為から除去された「もの」へとさかのぼることができる。穢れのシンボリズムを露わにするのは儀式である(18)。儀式が象徴的に除去するように、穢れは象徴的に感染するのである。

実際、沐浴ですらけっして単なる洗浄ではなく、すでに部分的で虚構を含んだ身振りである。沐浴がすでに象徴的な洗浄だからこそ、それが意味する消去は、それと等価である多様な振る舞いにおいて作動することもありうる。それらの振る舞いは、たがいを象徴しあうと同時に、すべて集まって同じ一つの行為、根底においてはただ一つの行為を象徴するのである。そして、穢れの除去は、いかなる全体的で直接的な行為によっても果たされない以上、つねに部分的、代用的、省略的な数々の表徴によって象徴されることになる。すなわち、燃やす、遠ざける、追い払う、投げ捨てる、唾を吐きかける、覆う、埋めるといった行為である。これらの振る舞いはそれぞれ一つの儀礼空間を描いており、そこではどの振る舞いの意味も、直接的でいわば文字通りの効用には尽くされない。それらの振る舞いは一つの全体的な行為として意味をもつのであり、その全体的な行為は不可分の全体として把握される人格へと向けられるのである。

したがって、こうした儀礼的な除去の「対象」として、穢れはそれ自体悪の象徴である。穢れの汚れに対する関係は、浄めの洗浄に対する関係と同じである。穢れは汚れではないが汚れのようなものである。それは象徴的な汚れなのである。このように、伝染の表象に含まれている暗黙のシンボリズムは、除去の儀礼のシンボリズムによって実践的に顕在化されるのである。

これはまだもっとも重要な点ではない。除去の儀式は、その身振りの象徴系によって、除去される物をこの儀式が描く象徴世界へと導き入れるが、とはいえ身振りとしての儀式は何も語らないままである。だが、穢れは言葉を通して人間世界へと入ってくる。穢れの不安は言葉を通して伝えられる。この不安は、伝達に先立ち言葉によって規定される。清浄と不浄の対立は語られるものであり、その対立自体、それを語る言葉によって設立されるものである。汚れはそこに黙してあるだけでは汚れのままであり、不浄が教えられるのはタブーを設立する言葉によってである。

この点についていては、殺人者の場合がとくに印象的である[19]。拡がった血がいかにして穢れの文字通りの解釈の土台となるかは、すでに述べたとおりである。性の場合を除いて、殺人ほど穢れと汚れの区別がつきにくい例は他にない。それはあらゆる不純な接触の範例であり、いわば極限的な事例であるように思われる。とはいえ、流された血の穢れは洗って取り除けるものではない。さらに言えば、殺人者が帯びる禍々《まがまが》しい力は、それだけで絶対的に存在するような汚れではなく、人間の現存を指示し、穢れを語る言葉を参照するものである。人間が穢れているのは、ある人々の眼差しのもとで、その言葉のもとでのことである。穢れているとみなされる者のみが穢れているのである。穢れていると言うためには法がなければならず、禁止はすでに定義する言葉である。不純なものを純化するには、しなければならないことを言う必要がある。身振りに意味を与え、その効力を認定する言葉がなければ、儀式もまた存在しない。儀式はけっして無言ではない。言葉がまったく伴わなくとも、儀礼は先行する言葉に基づいているのである。

　このように、不浄の感情はそれを定義し法制化する言葉によって「教育」されるのだが、それはきわめて重要なことである。これによって、もはや儀式の身振りだけが象徴的なのではないことになる。表象としての不浄と清浄自体が、それ自身に対して象徴的な言語を作りだし、聖なるものの情動を伝達できるようになるのである。清浄と不浄にまつわる語彙の形成によって汚れのシンボリズムのあらゆる資源が開発されていくのであるが、これはまず「罪の告白」の、次いで「負い目の感情」の最初の言語的・意味的土台となるのである。

　私たち西洋人は、不浄と清浄をめぐるみずからの語彙を古典期のギリシアに負っている。[20] 注目しなければならないのは、こうした穢れの言語の大半が想像的な経験から形成され、空想的な例と結びついていることである。穢れの言語とは、寓話的過去を解釈し直し、ギリシア人に倫理的記憶を与えるべく比較的あとから現れたものであり、真の意味での文化的創造物なのである。

　実際、穢れの証言や浄めの実践は、紀元前五世紀以前には稀であり、突如として増えてきたものであることが指摘されてきた。デモステネス〔Δημοσθένης　紀元前三八四－紀元前三二二。古代ギリシアの政治家・弁論家〕をはじめとする弁論家たちは、ドラコン法が「故意による〔随意的な〕」犯罪者と区別して「故意によらない〔不随意的な〕」犯罪者として認定した人々について、同国人と接触させないように追放や公的禁止を定めていたことを語っている。トゥキディデス〔Θουκυδίδης 紀元前四六〇－紀元前三九五。古代ギリシアの歴史家〕は、聖なる場所であるアクロポリスでの殺人という冒瀆について語っている。これによって、アルクメオニダイの一族が追放（エナゲース（ἐναγεῖς））され、贖いを科せられることになった。最後にギリシア悲劇は、オレステースとオイディプスが穢れた者であることを教えている。

単に意味論的な視点から見ても、穢れをめぐる象徴言語の形成においてもっとも重要な役割を果たすのは悲劇である。これまで指摘されてきたように、殺人を語るときに、ミアースマ（μίασμα）、ケーリス（κηλίς）、ミュソス（μύσος）、ミアイネイン（μιαίνειν）といった語を用いるのは、散文では珍しいことである。散文でそうした語を用いるのは、教えを提示したり、伝説を報告したりする場合にかぎられる。[21] 詩人たちは、寓話上の罪人たちにおける甚大な穢れを想像することによって、不浄のシンボリズムへの道を開いたのである。

穢れの全語彙の元締めとなるのはカタロス（καθαρός）という語であるが、それが表現しているのは、物理的なものと倫理的なもののあいだを揺れ動く、両義的な意味での清浄さである。この語の主たる意図は、不浄なものの贖い、すなわち混合、汚れ、暗闇、混乱がない状態を表現することである。そうした不在の状態は、この語の文字通りの意味と比喩的な意味の全領域にわたって働いている。カタルシス（κάθαρσις）も、それ自体としては物理的な清掃を意味し、次いで医学的に体液の排出や浄化を意味できる。だが、この意味での浄化が、今度は儀礼的な浄化、さらにはまったく精神的な浄化を象徴できるのである。こうして、カタロス－カタルシスのグループは、知的な明晰さ、スタイルの明快さ、命令の明確さ、神託の明瞭さ、そして最後には精神の曇りや萎《しお》れのなさを意味することになる。そうして意味を変容していった結果、この語は本質的な浄化、すなわち知恵と哲学における浄化を表すようになるのである。たしかに、この身体へと追放された魂が、根源的には純粋だが「混合」を余儀なくされる存在の範型となるまでには、いくらか新たな神話が介在する必要があるだろう。だが、ギリシアにおいて「浄化」がこのような遍歴をたどったのは、清浄と不浄の経験がもともとあらゆる倍音を豊かに備えており、そうしたすべての移行への「備えができて」いたからであった。

したがって、古典期の作家たちが以上のような穢れを寓話時代の英雄にさかのぼらせるとしても、もっぱらシンボリズムの成り立ちに関心をもつ私たちにとっては、こうした穢れを実際に太古の時代の人間たちが経験していたかどうかはたいして重要ではない。生粋の歴史家がこの点を疑うことには真面目な理由がある。この問題についてホメロスは何も語っていないが、それはホメロスが紀元前六世紀と紀元前五世紀の罪の文化（guilt-culture）とはまったく無縁であったことを示しているように思われる。[22] ムーリニエ〔Louis Moulinier 一九〇四－一九七一。古代ギリシア研究者〕も注記しているように、ホメロスの英雄たちは清潔を好み、何度も水浴びをする。彼らの浄めはまったく物質的なものである。彼らが嫌うのは血や埃、汗や泥といった汚れであり、汚れを嫌うのは醜さをもたらす（アイスキュネイン（αἰσχύνειν））からである。ホメロスの英雄は殺人を犯しても穢れることはなく、『イーリアス』にも『オデュッセイア』にも、殺人、誕生、死、瀆聖といった「古典期に典型的な穢れの事例は一切見あたらない」（Louis Moulinier, *Le pur et l'impur dans la pensée des Grecs*, 30）。だが、そもそも「『イーリアス』と『オデュッセイア』は風俗小説ではなく、人生を模倣する際にも偉大で美しいものとして模倣する」（同33）のだから、ホメロスが沈黙しているかどうかはなんの証拠にもならない。そしてまた、紀元前七世紀の人間が実際に何を信じていたかよりも、古典時代の雄弁家や歴史家、詩人たちが穢れを文学的に表現したという文化的出来事の方が重要である。ギリシア人たちがみずから自身の過去をどのように表象し、みずからの信じることをどのように言葉にしていたかが、悪という主題に対するギリシアからの貢献である。そこにおいてこそ、穢れという主題は、その後私たちが展開していく文学、および私たちのロゴスとなるロゴスに影響を与えたのである。

以上のことは、まだなおもっとも重要な点ではない。ギリシアにおける穢れのこうした読解は、穢れを文学的に表現することにより感情を教育しただけではない。それは哲学の非哲学的源泉の一つにもなった。ギリシア哲学はさまざまな神話と触れながら形成されてきたが、それらの神話自体、穢れに関するさまざまな信仰や儀礼を記述し説明しつつ解釈したものであった。私たちの哲学は、みずからが異議を唱えて斥《しりぞ》けるそうした神話──悲劇神話とオルペウス神話──を介することで、負い目と罪はもちろん、穢れとも対論してきたのである。穢れ、浄め、および哲学の結びつきは、私たちの文化の歴史の基礎となっており、穢れという主題の精神的な潜勢力に注意を向けねばならない。哲学との結びつきのゆえに、穢れは単なる過去の残滓ではなく、意味の母胎となりうるかもしれないのである。

それゆえ、歴史家や雄弁家、劇作家たちの証言を社会学的にしか解釈せず、そこにポリスの新しい権利に対する家族の古い権利の抵抗だけを見ているかぎりは、彼らの証言の意味をまったくとらえ損ねてしまう。そうした解釈はそれ自身の次元では真である[23]。だが、それによって別種の「理解」が排除されるわけではない。その「理解」とは、穢れ、清浄さ、浄めといった主題がもつ象徴化とかぎりない転移の力に関わるものである。穢れがそれを規定する言葉に結びつくときにこそ、清浄と不浄の表象がもつ根源的に象徴的な性格が現れる。こうして、起訴された者を一切の神聖なる公の場所──公だからこそ神聖なのだが──から追放するという「禁止」は、穢れた者を聖なる空間から排除することを意味する。判決のあとには、犯罪者はさらに重い禁止を科せられ、それによって彼自身も彼の穢れもいわば無化される。国外追放と死というのは、このように穢れた者と穢れを無化することなのである。

もちろん、同一の殺人者に関する二つの表象、すなわち司法的な表象と宗教的な表象が両立不可能であることは否定できない。前者は殺人者を「意図しない〔非意志的〕」というカテゴリーに入れるものであり、のちに扱う厳密な意味での負い目にすでに属しているが、後者は殺人者を「不浄」なものとして位置づける。だが、穢れの表象が両義的な柔軟さをもつことを考慮すれば、両者の対照性は緩和される。追放される者は、単に物質的な接触領域の外へと排除されるのではなく、法を尺度とする人間的環境の外に追い払われる。その後は、追放された者が人間的空間としての国土に憑《と》りつくことはないだろう。国土が終わるところで、追放された者の穢れも停止するのである。それゆえ、殺人者をアテナイの領土内で処刑すれば、その殺人者を浄めることになるが、領土の外で処刑すれば、単に一人のアテナイ人を殺したことになる。その場合は、亡命と迎え入れの儀礼を新たに行なうことによって、別の観点から、別の法制領域において、新たな清浄さを復元することができるだろう(24)。

穢れを規定する言葉と人間的環境に対する以上のような関係は、ギリシアのさまざまな書物が明示していることであるが、フレイザー〔Sir James George Frazer　一八五四－一九四一。英国の社会人類学者〕やペッタッツォーニが研究したもっとも原初的な形態の穢れの禁止にも見出すことができる。意図しない行為や無意識の行為、物質的な過程や偶然の出来事のうち、不浄だという感情をかき立てて浄めの行為を要するものは、任意の出来事ではなく、つねに人間的環境を特徴づける出来事である。蛙が飛び込んだ火、ハイエナに糞をされたテントは、人間が住みつき、人間の現存と行為によって特徴づけられた空間に属しているのである。

このように、汚れが穢れとなるのは、恥ずかしいと思わせる他人の眼差しにつねにさらされ、不浄と清浄を語る言葉のもとにあるからなのである。

4　怖れの昇華

穢れの「客観的」な表象は、その象徴的構造によって、穢れを過ちの悪の持続的象徴と化すあらゆる転位に身をゆだねるのであるが、それと同時に、清浄と不浄というこの概念の「主観的」で感情的な対応物としての怖れについても、おそらく最初から情動的な転位が可能である。のちに見るように、怖れは罪の領域に接近することによって、廃棄されるのではなくその意味を変える。ここで「体験」は「対象」の変容に従うのである。

実際、穢れがそれ自体として汚れではないのと同様に、不浄への怖れは物理的な恐れではない。不浄への怖れは〔物理的な〕恐れに似ているが、それが直面する脅威は、苦しみと死への恐れを超えて、実存の減衰、人格的核の喪失を指し示すものである。

怖れがその倫理的な質に接近するのは、またしても言葉によってである。先に私たちは、清浄と不浄を定義する道具としての言葉について考察した。今ここで問題になるのは、穢れた自我を意識化する道具として、体験自体に忍びこむ言葉である。穢れは禁止を通してだけでなく、罪の告白を通しても言葉の世界に入ってくる。禁止と禁止への恐れによって砕かれた意識は、他人と自分自身へと開かれる。この意識は伝達への道を開くだけでなく、自己への問いかけのかぎりない展望を見出すのである。人は次のように自問する。こうした挫折、こうした病い、こうした災厄を経験したということは、私はいかなる罪を犯したのだろうか。疑惑が生まれ、行為の見かけは問いに付され、真実を求める訴訟が始まる。このきわめてささやかな「罪告白」において、行為の、さらにはいまだ行為ならぬ意図の隠れた意味をすべて露わにするという、全面的な告白の企てが予告されるのである。

もちろん、この告白の言葉がなお呪術的な除去の行為と似たものであることは否定できないだろう。(25)この言葉は呪術的に働くものとみなされている。すなわち、理解した意味を他人や自分自身に伝えることによってではなく、祓い清めたり、唾を吐いたり、埋めたり、追放したりする行為のような効力をもつとされる。この点には異論の余地がない。だが、言葉は行為の象徴的側面を延長するだけでなく、悪の言語的な放出と排出に告白という新たな要素をつけ加える。そうして怖れは言葉の境域において自己化され始め、同時に怖れの解明の行程が始まる。語られた怖れはすでに叫びではなく告白である。要するに、怖れは言葉のうちに屈折することで、物理的というよりむしろ倫理的であるような指向を解き放つのである。

この指向は三つの段階を含んでおり、それらが志向的に指示するものは、次のように順に深さを増していくように思われる。

まずは報復への恐れであるが、これは単に受動的な恐れではなく、すでに一つの要求、すなわち正当な罰への要求を内包している。この要求は、さしあたりは近似的な形で応報の法として表現される。先に述べたように、応報の法は、まずは人間を押しつぶす運命として感得される。それは、人間が傲慢にもタブーを侵犯したためにかき立てられた原初的な怒りの発露であるが、そうして被ることになる運命には、要求された合法性が内包されている。それは、正しく応報をもたらす〈正義〉の合法性である。人間が罰せられるのは罪を犯すからであり、罪を犯したように罰せられるべきである。怖れと慄《おのの》きを介して識別されるこの〈べき〉が、私たちが罰について行なっていくすべての考察にとっての始原となるのである。

罰についての考察は、はじめは道を誤り、袋小路に入り込んでしまった。そして、すべての苦しみは応報の現実化であると信じてしまった。そうして正しい罰の要求は、現にある苦しみの説明と混同されることになった。だが、応報の法は、正しい罰への要求の「原因論的」な使用に尽きるものではない。それゆえ、罪による苦しみの説明が揺らいで成り立たなくなり、宗教的意識が危機を迎えたあとにもなお、応報の法は存続した。存続しただけではなく、この危機のおかげで、一切の説明を超えた要求としての姿を露わにした。そして、もはや応報の法の現れを現実の苦しみのうちに見出せなくなった意識は、この法を満たすものを別の方向に探し求めた。すなわち、歴史の終わりの最後の審判のうちに、世の数々の罪のために犠牲を捧げるという例外的な出来事のうちに、あるいは犯罪と刑罰との釣り合いをとるために社会が作りだした刑法を通して、あるいは悔悛というまったく内的な刑罰を通して、応報の法を探し求めたのである。以上、最後の審判、贖罪の犠牲、司法的な処罰、内的悔悛を応報の法の多様な表れとして挙げたが、それが正当であるかどうか、またこれらがたがいに両立するかどうかは、ここで議論するつもりはない。これらを列挙しただけでも、応報の法というものが、人間のあらゆる災悪を過ちとしての悪によって説明する太古以来の考え方には尽くされないことが証示されるのである。

だが、正しい罰への訴えというだけでは、まだ原始的な不安に潜在するすべてのものを表現できていない。罰せられることは、それが正しい罰であっても、やはり苦しみを被ることである。あらゆる刑罰は苦痛であり、あらゆる苦痛は、刑法の専門的な意味でなくとも、この語の情感的な意味において体刑である。罰とは痛めつけるものであり、悲しみの次元に属するものである。人間が正しい仕方で苦しみを被ることを要求することで、私たちはこの悲しみが尺度をもつだけでなく、意味を、つまりは目的をもつことを期待している。先に述べたように、太古の段階の宗教的意識にとって、〈聖なるもの〉とは人間に生き続けることを許さずに死なせるものであった。だが、この否定は自閉的なものではない。報復という観念自体に、それとは別のものが隠されている。報復とは単なる破壊ではなく、破壊することによって立て直すことである。打たれ無化されることへの怖れを通して見てとられるのは、いかなる秩序であれ、ともかく秩序を立て直す運動なのである。設置されたが廃設されたものが、またあらためて再建される。否定を通して秩序が再肯定されるのである。

このように罰という否定的な契機を介して予感されるのは、根源的な十全性の至高なる肯定である。このことと相関しているのは、報復としての刑罰への怖れとは、秩序へのさらに根本的な讃嘆、いかなる秩序であれ、暫定的で廃棄される定めにある秩序であれ、とにかく秩序への讃嘆の否定的な姿をとった外皮だということである。おそらくは、秩序に対するなんらかの崇敬や尊敬を伴わないようなタブーは存在しないだろう。報復を求める苦しみの運命のもとで展開される意識の〈恐怖〉は、このように暗に秩序を含む混乱した感情によってすでに動かされているのである。

こうした秩序の期待への方向について、プラトンは、真の刑罰とは秩序を再建することによって人を幸福にするものだと指摘している。真の刑罰は幸福の領域に属する。「不正な人間は幸福ではない」（『ゴルギアス』471d）、「罰を逃れることは罰を被るよりも悪いことだ」（同 474b）といった『ゴルギアス』における逆説は、そのようなことを意味している。罰を被りみずからの過ちの代価を払うこと、それが幸福になるための唯一の手立てなのである。

だとすれば、罰とはもはや聖なるものを目のあたりにした人間の死ではなく、秩序のための悔悛、幸福のための悲しみだということになるだろう。

太古以来の怖れに暗に含まれているこの第二の予感は、先の第一の予感を規定するものであると思われる。というのも、過ちに釣り合う罰がなんの役にも立たず、なんの合目的性ももたないとしたら、いったいなぜそのようなものを求めるのか。罰に合目的性がないかぎり、罰の尺度は無意味である。言いかえれば、報復において目指されているのは、穢れを除去する罰としての贖罪なのであるが、除去という否定的行為において目指されているのは、秩序を再肯定することなのである。ところで、秩序は罪人において肯定し直されてこそ、罪人の外でも肯定し直されることができる。したがって、報復と贖罪を通して目指されているのは、まさに改心ということ、すなわち正しい罰を通して罪人の人格的価値を回復することなのである。

私から見れば、倫理的な不安に暗に含まれているこの第二の志向は、さらに第三の契機を隠しもっている。すなわち、正しい罰への要求には秩序に対して意味をもつ罰への期待が含まれているとすれば、この期待に含まれているのは、怖れそのものが昇華されて意識の生から消えることを願う希望なのである。

スピノザの全哲学は、理性の導きによって、生の統整から怖れや悲しみといった否定的なものを除去しようと努めるものである。知者は罰への怖れから行為することも、悲しみについてあれこれ考えることもない。知恵とは神、自然、自己自身の端的な肯定である。スピノザより前に、福音書は「完全なる愛は怖れを追い払う」と説いている。

だが、人間という存在が、否定的な感情から完全に解放されることはありうるだろうか。怖れをなくすことは、私には倫理的意識のもっとも遠い目標でしかないように思われる。報復への怖れから秩序への愛へという体制の変化については、このあとすぐにヘブライの〈契約〉概念と合わせて主な話題とするつもりだが、こうした変化は、単に怖れを消滅させるだけではなく、怖れを新たな感情領域において捉え直し、再び作り直すものである。怖れを直接なくすのではなく、最終的に消滅させることを目指して間接的に昇華させること、それこそがあらゆる真の教育の核心である。いかなる形の家族教育、学校教育、市民教育においても、市民の違反行為に対する社会の防衛においてそうであるように、怖れは不可欠な契機であり続ける。禁止や処罰を、つまりは怖れを節約しようとする教育計画は、おそらく空想的なだけでなく有害でもあるだろう。人は怖れと服従から多くのことを学ぶのであり、何よりも怖れの手の届かない自由を学ぶ。怖れにはさまざまな度合いがあり、それをなしで済ませようとすればかえって害悪を招いてしまう。ある種の形の人間関係、固有の意味で市民的な関係は、おそらく怖れの段階を超えてしまうことはないだろう。刑罰がますます痛めつけることが少なく、正すことの多いものとなることは想像できても、国家が制裁の脅威によって法を守らせ、処罰の脅威によって粗野な意識の持ち主たちを許可と禁止の概念へと目覚めさせる必要がなくなることは想像できない。要するに、人間の実存の公共的な部分の全体が怖れと処罰を超えて高まることはありえず、この意味での怖れは人間が別の次元へと接近するための特権的な手段かもしれない、ということである。そのような次元があるとすれば、それはいわば超倫理的な次元であり、そこでは怖れは愛とまったく見分けがつかなくなることだろう。

　したがって、怖れをなくすというのは、人間の道徳性の地平であり、いわばその終末論的未来にほかならないことになる。愛は怖れを放逐する前に、怖れを変容し転位させる。まだ完全に勝利を収めていない戦闘的な意識は、たえず先鋭化していく怖れを見出し続ける。十分に愛していないのではないかという怖れは、あらゆる怖れのなかでももっとも純粋で強いものである。それは聖人たちが経験する怖れ、愛自体が産み出す怖れである。そして、人間が十分に愛することはけっしてないのだから、十分に愛されていないという怖れもなくなることはない。怖れを放逐するのは完全な愛のみである。

　怖れの未来、禁止のうちに報復を先取りする太古以来の怖れの未来は以上のようなものである。このような未来を潜在的にもつがゆえに、不浄なものへの「原始的」な怖れは、意識の歴史において廃された契機にすぎないのではなく、最初はそれを否定していた新たな形の感情によって受け取り直されるのである。

ここで穢れのすべての象徴化を通して存続する核は何かと問われたならば、次のように答えるべきであろう。穢れの意味は、もっぱら穢れを超えつつ保持する意識の道程自体においてのみ現れるのだ、と。このことについては、悪の一次的象徴の全行程を踏破したときに示すつもりである。さしあたりは、『クラチュロス』でのソクラテスの言葉遊びをもちだしておくだけにしておこう（『クラチュロス』404-406a）。それは、アポローンは「洗う（アポルーオン ἀπολούων）」神であると同時に、「端的な（アプルーン ἁπλοῦν）」真理を語る神だ、というものである。真率さが象徴的には浄めでありうるのに対して、一切の悪は象徴的には汚れである。汚れとは悪の最初の「図式」なのである。

第二章　罪

穢《けが》れと罪との意味の隔たりは正しく見積もられねばならない。それは「歴史的」というよりもむしろ「現象学的」な隔たりである。宗教史学において研究される数々の社会には、一方の形態から他方の形態への移行がつねに見てとられる。ギリシア人においては、穢れを免れたという意味での「カタロス（καθαρός）〔清浄な〕」は、境界の不確定な一連の観念と意味の結びつきをもっている。すなわち、「ハグノス（ἁγνός）（聖別された、聖潔な、無垢な）」や、すでに神々の威厳を表す「ハギオス（ἅγιος）（尊敬すべき、厳かな）」や、「ホシオス（ὅσιος）（神々に適った、敬虔な――聖なる正義、聖なる正確さという意味での）」という諸観念である。[26]このように、敬虔なものから聖なるもの、さらには義なるものへの移行は容易に起こっている。つまり、敬虔の観念にとっては神々への参照が不可欠であるが――プラトンの『エウテュプロン』を想起せよ――、それは穢れの世界へと切れ目なく入り込んでくるのである。序論で言及した太古の深みへとさらに降りていけば、少なくとも、さまざまな形での穢れから罪への移行が、多少なりとも人格化された神的なものに言及しつつ素描されているのがつねに見てとられるだろう。はるか昔に、不浄の志向が罪の志向と混同されかねないほどに、不浄なものが悪霊への怖れに、超越的な諸力に面したときの恐怖に結びつけられたのは、[27]こうした混同が、少なくとも情動と表象の実在性には刻み込まれているからである。現象学的な類型という観点からして、穢れから罪への「移行」を表すもっとも顕著な例となるのがバビロニアの罪告白である[28]。そこでは穢れの象徴は「繋縛」の象徴によって支配されている。これはなお外在性の象徴であるが、伝染や汚染よりもむしろ占領、憑依、隷属化を表している。「私の体のなか、筋肉や腱のなかにある悪が、今日消え去ってくれますように」と悔悛者は懇願する。だが、穢れの図式が憑依の図式に取り込まれるのと同時に、侵犯や不法という観念が加わってくる。「私を魔力から解き放ってください。……私の体のなかには悪しき魔力と不浄なる病い、侵犯と不法と罪があり、邪悪な亡霊が私に憑《と》りついているのですから」。すでに神への人格的関係が霊的空間を規定しており、そこでは罪が穢れと区別されている。悔悛者が悪霊たちの襲撃を受けるのは、神から離れたことの代償である。「悪しき呪詛はこの人間を子羊のごとく屠った。彼の神はその身体から出ていき、彼の女神は遠ざかった」。神に向き合い正面から対立した悔悛者は、みずからの罪を、みずからにつきまとう実在としてのみならず、みずからの実存の一次元として自覚する。すでにそこには良心の吟味があり、そこから生じる問いかけの思考がある。悔悛者は事実から作用へ、さらに作用の暗い背景へとさかのぼる。「この者は神を悩ませ、女神を侮蔑したのか。神に罪を、女神に過ちを犯したのか。奉納の際にみずからの神の名を侮蔑したのだろうか。神に捧げたはずのものをみずからにとっておいたのだろうか」。問いは不安と遺棄の迷路へと入っていく。「呼びかけても聞こえない。それが私の心を重くする。叫べども答えない。それが私の心を押しつぶす」。見捨てられたという感情が告白を再開させ、告白は見知らぬ神や女神に対する忘れられた罪の数々へと深入りしていく。「私が犯した過ちの数々、私はそれらを知らない……、私が犯した罪の数々、私はそれらを知らない……ああ、知っている神よ、知らざる神よ、私の罪を消してください、知っている女神よ、知らざる女神よ、私の罪を消してください」。告白は問いを再開させる。「ああ神よ、どれだけのあいだ、私にこのようなことをするのか。私は神も女神も怖れぬ者として扱われているのだ」。

以上の告白における繊細の精神を過大に見積もらないようにしよう。それがある文化的・儀礼的文脈に組み込まれたものであることを忘れず、怖れとの結びつきを無視してしまわないようにしよう。そのうえでなお、罪のユダヤ的経験を発生状態において告知し提示するものへと注意を向けることができる。「いかなる神に対してでも[29]」という嘆きには、ヘブライ的な告白に欠かせないものが連禱の形で既に含まれている。

主よ、私の罪は数多く、私の過ちは重い。
わが神よ、私の罪は数多く、私の過ちは重い。
わが女神よ、私の罪は数多く、私の過ちは重い。
私の知る神、知らざる神よ、私の罪は数多く、私の過ちは重い。
私を産みし母の心のごとく、汝の心が静まりますように。
私を産みし母、私を作りし父のごとく、汝の心が静まりますように。

ニップル学派[訳8]は「本性的」で「内属的」な罪の神学の方向へとさらに進んでいったが、S・ラングドン〔Stephen Herbert Langdon　一八七六－一九三七。イギリスのアッシリア学者〕によれば、こうした神学はバビロニアとアッシリアの悔悛の讃歌と贖罪の祈りのすべての背景となるものである[30]。この罪の神学は、罪の意識を深化させると同時に、あらゆる苦しみを理解させ、危機に直面するのを遅らせていたのだが、バビロニアの「知恵」はイスラエルに先立ってこの危機に直面することになった。それは、無垢なる者たちの苦しみという主題に関わるものである[31]。これに加えてさらに説得的な証拠がある。すなわち、バビロニアとアッシリアの諸文化は、罪を「神の前」での宗教的偉大さとして省察する道をもっとも遠くまで――ヘブライ文化全体よりもなお遠くまで――進めたが、穢れの表象と縁を切ることはけっしてなかった、ということである。〔穢れに関する〕『レビ記』のさまざまな指令は、聖書のヘブライ的正典とキリスト教的正典の双方で保持されているが、このことを十分に証示している。私たちが信じているように、穢れと罪の志向は異なるだけでなく対立するものであるとしても、両者は並存し、ときには見分けがつかないほどに伝染しあっている。過ちの宗教的意識をめぐる覚書たる本書の末尾においては、こうした伝染について説明しなければならないだろう。だが、私たちはそこから始めない方が有益だと考えている。穢れの観念を、悪霊や神々、すなわちその前で不浄が不浄であるような諸力を参照せずにとらえたのと同じように、私たちは、罪をそのもっとも純粋な定式においてとらえようと思う。もう一度繰り返せば、私たちの「反復」は歴史的な次元に属するものではない。数々の「類型」を形成するのは哲学的な性格の現象学であり、それゆえ結合する前にまず区別するのである。

1　「神の前」というカテゴリー——契約

「罪」という概念を支配するのは神の「前」というカテゴリーである。(32) だが、「罪」の概念の厳密な用法はすべてこのカテゴリーによって規定されるとしても、最初からこのカテゴリーを不当に切り縮めてはならない。

不幸な意識に関するヘーゲルの分析が創始した考えとは違い、神の前とは〈全《まった》き他者〉の前ということではない。この分析は文字通り道を逸《そ》らせるものである。最初の契機となるのは、実存とその意味との分離、吸血鬼と化した絶対者のために実質を奪われた人間の意識の空虚や虚しさではない。最初の契機となるのは、神の存在と全体を前にした人間の無ではない。最初の契機となるのは「不幸な意識」ではなく「契約」、ユダヤ人の言うベリート（Berit）である。神の不在と沈黙のような事柄とそれに相関する虚しく空っぽな人間の実存とは、それに先行する出会いと対話の次元においてこそ現れうるのである。したがって、罪の意識にとって重要なのは、この〈契約〉の絆が前もって成り立っていることである。そうであってこそ、罪は〈契約〉の侵害となるのである。

罪は「有神論的」な見方を前提としていると言われるだろうか。この命題は右の考えよりも正当だが、ただし二つの条件がある。有神論のテーゼを一神教のイメージも多神教のイメージも同時にカバーする意味で受け取ること、有神論を洗練された神学以前のところでとらえ、本質的に自分からこちらに向いてくれる何者かのイニシアティヴに巻き込まれているという人間の根本状況を表すものとみなすこと、この二点である。人間に似せてかたどられた神、と言ってもよいが、ただし人間を気づかう神であり、神人同型的（anthropomorphe）である以前に人へと向かう（anthropotrope）神である。

この初発的な状況、呼びかけて選び、現れて沈黙するという神のイニシアティヴは、人を戸惑わせるものであり、穢れや禁止、復讐に劣らず、哲学の言説にとっては異質なものである。少なくとも、普遍的で無時間性なものとしての理性が設定する言説とは異質である。だが、穢れが言葉としての性格――禁止や儀礼の言葉、告白の言葉――によって哲学の省察に接近したのと同様に、〈契約〉も言葉としてこの同じ反省空間へと入ってくる。旧約聖書におけるヤーウェのルアハ（ruah）――それ以上に適当な語がないので esprit〔霊・精神〕と訳することにする――は、〈契約〉の非合理的な側面を指すものである。だが、ルアハもまたダーバール（davar）、すなわち言葉である。[33] ヘブライ語のダーバールに相当する唯一の語がギリシア語のロゴス（λόγος）であったことは単なる偶然ではない。ダーバールがロゴスと翻訳されたことは、近似的であって適切ではなかったかもしれないが、それ自体は重要な文化的出来事であった。それが表現するのは、まずはすべての言語はたがいに翻訳可能であり、それゆえすべての文化はただ一つの人間性に属していること、次いで神から人間への呼びかけに対応するもっともましな翻訳は、ギリシア人たちが〔ラテン語で言う〕ラチオ（ratio）〔理性〕とオラチオ（oratio）〔祈り〕の統一とみなしたロゴスに求めねばならないこと、この二つである。ヘブライのダーバールをギリシアのロゴスに投射するというのは、ある意味では多くの曖昧さを含む営みではあるが、次の事実を認めていることを示している。すなわち、神に囚《とら》われているという人間の最初の状況は、それ自体が神の言と人間の言において、神の呼び出し（vocation）と人間の訴え（invocation）の相互性において分析できるものであり、それゆえ言説世界に入ることができる、という事実である。こうしてこの初発的な状況は、いまだ〈霊〉の暗い潜勢力と暴力の奥に沈んでいると同時に、〈発話〉の光のなかに現れ出てくるものなのである。

罪経験とはいかなるものであれ、このような呼び出しと訴えとのやりとりのただなかで繰り広げられるものにほかならない。

「神の前」の射程が制限される仕方がもう一つあるとすれば、このような発話を早まって道徳的な命令に縮減してしまうことであろう。そうすると、神や神々は立法的で司法的な審級となってしまう。〈立法者〉によってもたらされ、〈裁き手〉によって認可される〈法〉は、〈契約〉が置き入れられるこの全体的な発話よりもはるかに小さい。命令する発話の倫理的な性格はすでに抽象の産物である。法というものは、命令する発話が呼びかけの状況から切り離されてゆくときに初めて現れるのである。そのときこの発話は命令法として、誰が発したのでもない「汝なすべし」として解され、ただ二次的にのみ絶対的な〈立法者〉へと結びつけられることになるだろう。「神の前」での命令とは、まずそれ自身で価値をもち要求を発する価値‐理念という形で固有の意味をもつようなものではなく、それゆえ命令をあとから〈何者か〉へと結びつける必要はない。最初にあるのは本質（essence）ではなく現存（présence）であり、命令とは現存の一様態、すなわち聖なる意志の表現である。それゆえ罪の重大さは、倫理的である以前に宗教的なものである。罪とは抽象的な規則や価値の侵犯ではなく、人格的な絆を損なうことである。だからこそ、罪の意味の深化は、霊であり言葉であるこの原初の結びつきの意味の深化と連結していることになるだろう。神がなお神々の一員であり、この神への結びつきが、神と民が勝ち負けをともにするような戦いの同盟でしかない場合は、民の神への絆の侵害がもつ意味は、この神とその絆がもつ価値に等しい。このように、罪の重大さとはつねに宗教的なものであり、道徳的なものではないのである。

こうして命令法はそれをも含んだ発話の下位に位置し、そこから呼びかけと慫慂《しょうよう》という劇的な調子を与えられるのであるが、このことは、宗教史学が探査し私たちの現象学が捉え直すさまざまな資料に映し出されている。「法典」だけが知っておかねばならない唯一の資料ではないし、もっとも重要な資料でもない。ユダヤ人は、他のセム族たちと同様に、儀礼、刑法や民法、政治に関わる法規を作り上げ、それによって人々の行為を規制した。だが、ヘブライの罪経験は、そうした法規の文言よりもむしろ、その生命とそれが変容していく方向のうちに探し求めるべきものである。そして、法規を導くこの生命、このダイナミズムは、法規とは別の資料において露わになるものである。すなわち、サウルやダビデの場合のように罪や死を語る「歴代誌」、苦難や告白、嘆きを歌いあげる「詩篇」、預言者がそれを介して告発や警告、脅迫を行なう「神託」、最後に法規の命令、詩篇の悲嘆、神託の咆哮を知恵へと映し出した「託宣」、そういった資料である。罪を知るという「経験」にはこれほどの豊かな色合いがある。それは神の〈契約〉を言い表す発話の広大さに見あったものなのである。(34)

命令よりも広いこの発話は、また「思弁」よりも広いものである。『キリスト教綱要』でのカルヴァン〔Jean Calvin 一五〇九－一五六四。フランス出身の改革派神学者〕にならって言えば、神を知り人を知ることは、ギリシア哲学の意味での「思考」ではない。それはまた、ラビの神学、イスラーム神学、キリスト教神学の意味での「思考」でさえもない。そうした神学はなお哲学的思弁を前提としている。この発話には、方法的研究や定義の探究のようなものは何もない。それは預言者を通して表現されるが（ここでは預言者の概念をアブラハムやモーセといった人物にまで拡張する）、預言者はヘレニズム的な意味で「思考」することがない。預言者は言い立て、脅し、命じ、震え、狂喜する。預言者の「託宣」は、年代記、法典、讃歌、宣告のもととなるものであり、原初の言葉の広がりと深みを有している。この原初の言葉が形づくる対話的な状況のただなかで、罪が勃発するのである。

罪の本質をなす「神の前」を反復しようとする哲学的現象学は、哲学を生み出したギリシア的思弁の言葉とはまったく異質な形の「言葉」、すなわち預言者的な「託宣」を反復しなければならない。これはギリシアのロゴスとは異質な言葉であるが、にもかかわらずロゴスというギリシア語に訳されて〈異邦人〉たちに届いたのである。

2　無限の要求と有限の掟

預言者は罪について「考察」するのではなく、罪に抗して「預言」する。託宣が語られること自体は、ヘブライ特有の事柄ではない。他の宗教にも幻視者や巫女はいる。[35] まったく新しく衝撃的であるのは、預言という形態ではなく託宣の内容である。罪の発見に関係するのは、主として以下の二つの特徴である。

1　預言者アモス、そしてアモスのあとにホセアとイザヤが告知するのは、ヤーウェがみずからの民を滅亡させるということである。つまり、人間の姿がおのれ自身へと暴き出されるのは、全面的な脅かしのもと、神がみずからの民を攻撃するという状況においてである。この衝撃的な「知らせ」を弱めずに、当初の凄まじさにおいて受け取る必要がある。お前たちは破壊され、連行され、遺棄されるだろう、というわけである。この宣告が引き起こしたにちがいない宗教的なトラウマはどのようなものであったか、それを想像することは難しい。人間を脅かすのは見知らぬ遠い神ではなく、陶工のようにみずからの民を創り、祖先のようにみずからの民を産み出した神なのである。まさにその神が、今や敵として見出されるのである。罪人であるというのは、みずからがそうした怒りのもとにあり、敵意のなかに置かれていることに気づくことである。主の日は「闇であって、光ではない」〔『アモス書』5:18〕のである。

2　しかし、この恐ろしい脅迫は憤りや告発と結びついており、それによって固有に倫理的な性格を与えられている。

ダマスコの三つの背きの罪、四つの背きの罪のゆえに……

ガザの三つの背きの罪、四つの背きの罪のゆえに……

ティルスの三つの背きの罪、四つの背きの罪のゆえに……

〔『アモス書』1:3, 6, 9〕

罪についての省察にとって、預言とは脅かしと憤り、切迫する恐怖と倫理的な告発とが混ざり合ったものである。それゆえ、罪は〔神の〕〈怒り〉と〈憤り〉が一体となったところで指し示されるのである。

穢れの研究で採用した弁証法的な順序にしたがって、私たちは「客観的」な極から「主観的」な極へと進むことにしたい。それゆえ、まずは不浄なものの表象に続く罪の倫理的契機へと進み、それから預言の内容を通して罪に結びつく新たな性質の恐れを理解してみたい。そうして最後に、罪という過ちの経験の契機に固有の象徴系を引き出してみるつもりである。

預言の「倫理的」契機はどこに存しているのか。これを道徳的な法による儀礼的な法の征服に還元してしまうならば、悪の宗教的意識の第二の契機〔罪〕の意味は単純化され、大きく歪められてしまうだろう。むしろ、ベルクソン的な言い方で、道徳的な法が達せられるのは、預言が道徳以上のことを要求するからにほかならない、と言った方がよいだろう。倫理とはむしろ、本質的には超倫理的な躍動《エラン》が落下したものである。悪の意識において、預言とは人間に対する神の要求の無限な大きさを開示する契機である。この無限な要求によって、神と人間のあいだに底知れない隔たりが穿《うが》たれ、窮境が作られるのである。だが、この無限な要求は、先行するものが何もないところで宣告されるのではなく、セム族の古い「法規」という先行する素材に適用されるものである。[36] それゆえ、そこからヘブライの全倫理の特徴となる緊張が開始される。すなわち、無限の要求と有限の掟のあいだの緊張である。この二極性を尊重しなければならない。今や必要となるのは、かぎりない憤りと詳細な命令とのこの弁証法を砕いてしまわずに理解することである。

アモス――羊飼いのアモス――は、「公正と正義」（同 5:7; 5:21; 6:12）を礼拝や儀礼より上に置いた。[37] とはいえ、これらの概念、およびそれと深く関わる諸概念――善、悪、生、不正――を、のちにソフィストたちやソクラテスが教育的な反省によって作りあげようとする諸概念と比較するなどというのは問題外である。アモスが「公正と正義」を告げるのは、憤りと告発に動かされてのことである。それらの語が示すのは、いかなる過ちの調査よりもさらに根底的な要求の方向である。戦争の指導者たちの残酷さ、位の高い者たちの贅沢、奴隷の売り買い、小さき者たちへの厳しいふるまい等、ここで挙げられている数々の例は、唯一の中心的な悪をさまざまな形で表すしるしである。それは預言者が「不正」と呼ぶ悪である。預言者が指し示すのは、この悪の出所となる悪しき心である。「生きる」や「死ぬ」という表現は実存の分割されざる根を示しており、正義と不正においてはこの根が問われるのである。要求の限りなさによって、人間に根を下ろした悪の深さが露わにされる。それと同時に、預言者はみずからが呼びかける人間に対して、その人間が向かいあう隣人を与える。儀礼的な法規の要求は限られたものであるが、隣人との関係はこれで終わりということはない。こうして要求は、その超越的な起源の側、その実存的な根源となる他人の側、「公正と正義」への訴えを肉体化した小さき者たちの側では限りのないものとなる。〈神の〉憤りが〈契約〉のただなかに穿つ倫理的な隔たりとはこうしたものである。一つひとつの告発は、不正の源を指し示すことによって、いかなる部分的な修正よりもさらに全面的な改心へと向かわせる。「主を求めよ、そして生きよ」(同5:6)。求めることと生きること、この二つの語は改心の根元的な次元を指示している。それは悪が根元的であるのと同じように根元的なのである。

ホセアによって、たしかに罪意識のうちに柔和な調子が導入された。それは彼が用いる婚姻の絆というメタファーによるものである。ホセアは儀礼の契約を情愛の契約に置き換え、そこに相互性と遺棄という性質を加えた。「私に癒やされたことに彼らは気づかなかった。私は人を結ぶ綱、愛の絆で彼らを導き……」(『ホセア書』11:3-4)。だが、この情愛はアモスの言う正義に劣らず要求するものである。不貞な妻が愛人たちの方をより愛すると き、柔和な神は嫉妬する夫となる。そして預言者は、みずから自身の性的な行為においてまで、不貞、告発、見放しという寓意を模倣する。こうして、愛人の方をより愛するという罪深い不貞は罪のメタファーとなり、それと同時に神は拒絶する主人として現れる。拒絶というこの象徴は恐ろしいものである。それは、人間が神自身の作りだした神自身の不在によって見捨てられていることを告示するからである。ホセアが告げるこの神の不在とは、すでに近代人における遺棄、すなわち苦しみよりもなお悪い不安定性や不安のことである。この拒絶された妻の悲嘆の底から、ホセアは立ち戻りの運動を出現させようとする。すなわち、「時が来た……私のところに戻りなさい」という運動である。

だが、イザヤは神殿のきらめく幻視のなかに（『イザヤ書』6:1-13）神の別の次元を見出し、そうして罪の新たな次元を見出す。正義の神のあとに、そして裏切られた婚姻の絆の神のあとに、至高の神、威厳ある神、神聖なる神が登場するのである。この神を基準とするとき、人間は「唇と心の穢れた」者に見える。これ以後、罪は侵害された至高性というイメージによって形象化される。罪とは高ぶり、高慢、偽りの偉大さだ、というわけである。ここからイザヤが引き出してくる政治姿勢は、エルサレム包囲のあいだのエレミヤの敗北主義を予告するものとなる。罪とは人間のものでしかない支配の偽りの偉大さだとすれば、ユダ王国はみずからの力にも、諸々の同盟国の力にも支えを求めてはならない。みずからに頼らず、防御も同盟もたずにみずからを放下し、武装を解き服従したとすれば、ユダ王国は救われていたことだろう。武器を捨てた服従は真の意味で罪と反対のものであるが、イザヤはこれを信仰と呼んだ最初の人だと思われる。このように、罪の意識が進展するのは、歴史の不安定性が増し、歴史の荒廃のしるしが勝利のしるしに取って代わるときである。そのとき、力の挫折は聖なる威厳の秘跡と化す。限りなく脅かす者は限りなく求める者なのである。

この無限なる尺度、尺度を外れた完全性、倫理的な途方もなさこそが人間の「無力」のもととなり、手の届かない〈他者〉の前に立った人間を疎外する「悲惨」のもととなる、と言うべきであろうか。罪のゆえに神は〈全き他者〉となるのではなかろうか。

この問いは〈契約〉を根底において提起し直さねばならない。〈契約〉とは神と人間との聖書的関係を包み込むものである。その場合、問いは次のような固有の形をとることになる。すなわち、神殿のヴィジョンにおける聖なる神と唇と心の穢れた人間との「倫理的距離」は、いかにして契約の絆に包み込まれるのか、という問いである。いかにして〈契約〉はこの憤りと距離を包含するのか。予告しておいたとおり、ここで見出されるのが限りない要求と限りある命法との弁証法である。

異質な命法に押しつぶされる意識しか考えていないかぎりは、聖書的な罪は理解できないだろう。そうして軽はずみに「シナイ山道徳」が語られてしまう。また、開いた道徳を閉じた道徳に対立させるように、単に「預言者たちの道徳」を祭司やレビ人たちの儀式的、法律的、特殊主義的な道徳に対立させるだけでも、やはり聖書的な罪は理解できない。法規と限りない要求との弁証法が、〈契約〉の本質をなす倫理的構造なのである。

すでに示唆したとおり、諸法典はイスラエルの預言者たちの活動以前に存在しており、中近東の隣接民族たちとの親縁性を示すものである。預言が導入するのは、尺度を超えた完全性と尺度ある命法との緊張であり、罪の意識はこの緊張を反映している。罪の意識は、諸々の過ちを超えて「心」の分割できない素地を侵害する根元悪へと深まっていく一方で、特定の掟によって暴露される数々の違反へと細分化される。そのように、預言主義は諸々の違反から罪へとたえず上昇させるのに対して、律法主義は罪から諸々の違反へとたえず下降させるが、両者は不可分の全体を形づくっているのである。この弁証法の主たる証しが、『出エジプト記』二〇章の十戒である。十戒とは預言的説教が祭司の活動場面に入り込んだことを表すものだという見解は、今日では前の世代ほどには信じられていないが、そこに表れている緊張が聖書の預言者たち以前にさかのぼるものだろうという点には変わりがない。すなわち、セム族の古い諸法典が、預言者に連なる精神によって捉え直されて修正されたのである。それゆえ十戒の固有性は、その実際の項目よりも、古い諸法典が被ったさらなる啓示の方向にある。否定的な性格を帯びた数々の禁止によって「神の意志」が細分化され、文言のうえでは神の意図に無関心に見えるにもかかわらず、そこには預言主義と律法主義の律動が見てとれる。「偶像」の禁止は、正義と善、誠実の神を説く預言者の教えと明らかに不可分であり、「あなたがたをエジプトの苦役の下から導き出し、過酷な労働から救い出す」〔『出エジプト記』6:6〕神を参照せざるをえないのである。こうして法典は解放された民の証書と化す。この律動は「貪り」を禁ずる十戒の十番目の命令にも見てとれる。そこで「貪り」と言われるのは、禁じられた諸行為よりもさらに内的な悪しき素地のことである。「貪り」が指し示すのは神の聖性に由来する限りない要求であり、この要求のゆえに他人とその持ち物はどこまでも尊重すべきものとなるのである。

預言主義と律法主義とのこのような律動はヘブライの罪観念の本意であるが、かつての聖書批評はこの点を見落としていた。また、そこでは律法主義が過度に軽視され、数々の古い禁止の否定的な性格に依存したためにもともとの意図を取り逃がし、「神の意志」を細分化し「アトム化」したと言われていた。絶対的だが形をもたない要求と、そこから要求が発せられる有限な律法との右のような緊張は、罪意識にとって本質的である。私たちがみずからを罪ある者と感じるのは、一般的、概略的な仕方によってではない。律法は「教育者」であり、悔悛者はその助けによって、偶像崇拝による罪、親不孝による罪というように、罪ある存在としてのみずからのあり方を規定するのである。たしかに、悔悛者がみずからの過ちの列挙を越えて罪を問題にすることをやめたならば、道徳主義に陥ってしまうことだろう。しかし、先行する法規の捉え直しというずっと古くからの動きを延長し、無限定の要求と限定された掟との律動を再起動するのでなかったなら、預言主義は空しいままに終わったことだろう。それゆえ律法とは、預言者的な環境が太古以来の祭司宗教に譲歩して生まれたものではない。預言主義は律法を前提し、律法へと送り返すのである。〈契約〉は預言者とレビ人とのこのような交替運動を糧にして生きる。預言者の憤りが、貧者からの搾取、敵への残忍さ、富による傲慢というように、正確に範囲画定された非難によって分節化されないとしたら、預言者はどうやって不正に対して憤るというのか。

このような古い法典の捉え直しが同時に罠となり、緊張が弱まって妥協と化しうることは、容易に同意できるだろう。それは歴史が確証していることである。ヨシュアの改革は、今日の聖書批評が通常『申命記』と見なしている書物が多少なりとも偶然に「発見」されたことと結びついているが、この改革があらためて前面に出したのは、数々の「高所」を廃止してエルサレムに礼拝を集中させ、偶像やバアルを破壊する、といったことである。これはある意味で、十戒の最初の戒〔偶像崇拝の禁止〕の延長であるが、同時に宗教的細心を儀式の方に引き戻してしまった(38)。

そうして〈律法〉の強調点が移動したことに対応して、新たな歴史記述の様式が登場した。サウル、ダビデ、アハブ、イエフが預言者的精神の燃えるような刻印を受け、罪ある王と告発する預言者との対決から生じる厳しい悲劇を展開していったのに対して、王たちの新たな歴史が語るのは、もっぱらヨシュアの改革が暴露した数々の「罪」、すなわち、神殿の外の高所での礼拝、バアルや他の偶像との宗教的折衷主義といった罪であった。『列王記』で「アハブの罪」や「ヤラベアムの罪」と名づけられたのはそうした罪である(39)。

とはいえ、ほかならぬ儀式主義的で律法主義的な『申命記』(40)は、数々の道徳的な箇所において、信仰と愛の限りない要求に関するもっとも感動的な箇所を含んでおり、それによって罪をもっとも徹底的な仕方で内面化している。ユダヤの民がまもなく約束の地に住むことの道徳的・文化的な許可を宣告しているとされていたとき、モーセは心の内的服従を訴えていたのである（『申命記』6:11, 29, 30）。こうして『申命記』は、無限の要求と特定の戒律との振幅を、ユダヤ教およびトーラーの宗教を告示する新たな段階において繰り返すのである。律法を保持することと乗り越えることを同時に教えたイエスが、預言の書ではなく『申命記』の次の文言を律法を総括するものとみなしたのは偶然ではない。「聞け、イスラエルよ。我らの神、主は唯一の主である。あなたは心を尽くし、魂を尽くし、力を尽くして、あなたの神、主を愛しなさい。今日わたしが命じるこれらの言葉を心に留めなさい」（同 6:4-6）。十戒で名指された「貪り」と同じく、神への「怖れ」は、預言者たちが脅かしと憤りによって先鋭化した実存の先端から発してくるのである。

ヨシュアの改革によって罪意識のうちに偽りの安心が運び込まれたことは、エレミヤとエゼキエルによる人を仰天させ、躓《つまず》かせる行動をもちだすだけで理解できるだろう。申命記的改革の数々の文化的要求を満たした者たちは、ユダ王国を襲った苦難を前にしても、なお正当な信頼を養い育てることができた。だが、そこでエレミヤは、「お前たちはみずからの罪のゆえに滅びるだろう」というアモスの叫びを繰り返すのである。エレミヤの無抵抗は、律法主義的な敬虔さによって広まった偽りの安心を告発し、ヨシュアの改革をまたいで、初期の預言者たちによる告発と再び結びつく。エレミヤは、すでに宣告された歴史の憤激を視野に入れながら、敬虔な人間が戒律の遵守から引き出しうるような一切の安心を打ち砕く。破局は徹底されねばならず、イスラエルは土地も、神殿も、王も失わねばならないところまでいかねばならない（もちろん王は二人いて、一人は保護され、もう一人は拘禁されたのだが、エレミヤとエゼキエルは王の地位の保証が一切失われたと強く主張する）。要するに、人間から見ると、もうイスラエルには何も残っておらず、政治に希望をかける余地がまったくなくなるところまできて初めて、第二イザヤの希望の歌が聞きとられるのである。

このような政治に関する「ニヒリズム」はヘブライ的な罪意識の本質をなすものである。それは歴史上の挫折による教育術の表現であり、これによって、倫理的要求はいかなる到達可能な歴史的目的、法規の有限な遵守、自己の自己による義認をも超えて高められる。したがって、申命記的な精神とは、アモスの〈正義〉の恐るべき説教とエレミヤとエゼキエルの敗北主義とのあいだに位置する逸話でしかない。後者の敗北主義にも、ヤーウェの絶対性にみずからを委ねよ、という限りない要求が隠れているのである。

以上のように、アモスとエゼキエルは異なった方向に進むが、〈契約〉の本質である倫理的な緊張が絶たれることはけっしてなかった。[41] アモスの方には無条件だが無定形な要求があり、それによって悪の根元が「心」のうちに見出されるのに対して、エゼキエルの方には有限な律法があり、それによって数々の違反が数え上げられ、罪人としての存在が規定され、明示され、細分化されるのである。この弁証法が絶たれると、無限に要求する神が〈全き他者〉の距離と不在のなかで遠ざかるか、あるいは戒律の立法者としての神が有限な道徳意識と見分けられなくなり、〈義人〉の自己証言と一体化するかのいずれかとなる。こうした二重の仕方によって、「神の前」〔という状況〕を形成する距離と現存の逆説が罪意識の中核で廃棄されてしまうのである。

3　「神の怒り」

今や私たちは、罪意識の「客体」の極から「主体」の極へと眼を転じて、先に括弧に入れておいた〔神の〕脅威と怖れの方に連れ戻される。この側面を括弧に入れることで、私たちは預言者の憤りの倫理的内容、つまりは無限な要求と有限な戒律とのあいだの振幅を考察しようとしたのであった。先に述べたように、ヘブライの預言において、神の〈怒り〉を預言者の〈憤り〉から、〈恐怖〉を〈告発〉から切り離すことはできないのである。

それゆえ、次の謎を正面から見据えなければならない。それは、穢れの意識から罪の意識へと上昇しても、恐れと不安は消失しなかったことである。むしろそれらは質を変えたのであり、この新たな質の不安が、罪意識の「主体」の極と私たちが名づけたものを形成するのである。おそらく、この独特の不安がもつ意味は、右で考究した罪の二つの性格、すなわち「神の前」と「無限の要求」にこの不安を関係づけることによって理解できるだろう。言い換えれば、それはこの不安を〈契約〉のうちに置き直し、〈契約〉を形づくる対話的関係の上演とみなすということである。

この新たな様態の怖れはどのように表現されるだろうか。

この怖れは神に対する人間の全関係を刻んでいる。人間は死なずに神を見ることはできないというのは、イスラエルの宗教を貫く確信である。モーセはホレブで、イザヤは神殿で、エゼキエルは神の栄光を前にして、恐怖に襲われている。彼らはユダヤの民全体を代表して、神と人間の通約不可能性を経験するのである。(42) このような恐怖は、神の前において罪ある者であるという人間の状況の表れである。それは真理を欠いた関係の真理である。それゆえ、これに対応する神の真なる表象は「怒り」となる。神が邪悪だということではない。〈怒り〉とは、神の〈聖性〉が罪ある人間に対して見せる顔なのである。

神の怒り、主の日というこの象徴は、イスラエル共同体の政治的な運命に直接関わるものである。これは肝心な点であり、のちに導入されることになる罪と負い目の区別の大部分を支配するものである。負い目は罪意識の内面化と人格化を表している。ところで、この二重の過程に抵抗するのが歴史的で共同体的な罪解釈であり、そのもっとも強力な象徴が〈神の怒り〉と〈主の日〉という主題であった。実際、イスラエルが預言者の口を通して脅かされていると感じるのは、まさしく民族としてのことである。ユダヤ民族が断罪されていると感じるのは、歴史の神学、すなわち共同体の未来に関する託誓という迂路を通してである。こうして、歴史上の挫折が断罪の象徴として打ち立てられることになる。

> ダマスコの三つの背きの罪、四つの背きの罪のゆえに、私はけっして容赦しない。
> ……私はハザエルの家に火を放つ。
>
> 〔『アモス書』1:3-4〕
>
> ガザの三つの背きの罪、四つの背きの罪のゆえに、私はけっして容赦しない。
> ……私はガザの城壁に火を放つ。
>
> 〔同 1:6-7〕

イスラエルの三つの背きの罪、四つの背きの罪のゆえに、私はけっして容赦しない。
……私はあなたがたを押し潰す。

〔同 2:6, 13〕

主はこう言われる。
アンモン人の三つの背きの罪、四つの背きの罪のゆえに、私はけっして容赦しない。
彼らはギルアドの妊婦を切り裂き、領土を広げようとしたからだ。
私はラバの城壁に火をつける。火はその城郭をなめ尽くす。
戦いの日に上がる鬨《とき》の声のなかで、つむじ風の日の嵐のなかで。
彼らの王はその高官たちとともに、捕囚として連れ去られる――主は言われる。

〔同 1:13-15〕

さらに次のように記される。

災いあれ、主の日を待ち望む者に。
主の日があなたがたにとっていったい何になるのか。
それは闇であって、光ではない。
人が獅子の前から逃れても熊に遭い
家にたどりついて、手で壁に寄りかかると
蛇にかみつかれるようなものだ。

たしかに、主の日は闇であって、光ではなく、
暗闇であって、そこに輝きはない。

（同 5:18-20）

ホセア、あの心優しいホセア、恐ろしいホセアも、同じように荒々しくうなり声をあげる。

私はエフライムには獅子となり、
ユダの家には若獅子となる。
ほかならぬこの私が引き裂き、奪い去り、
誰も救い出す者はいない。

（『ホセア書』5:14）

神の威厳と聖性の預言者たるイザヤは、罪のうちにギリシア人たちがヒュブリスと呼んだのと同じ高慢さを認めたが、主の日を一切の思い上がりが無に帰する日とみなした。

人間の高ぶる目は低くされ
人の高慢は卑《いや》しめられる。
その日には、主のみが高くされる。
万軍の主の日が臨む、
高ぶる者と高慢な者すべてに、

己を高くする者すべてに。
彼らは低くされる。
高くそびえるレバノン杉、
バシャンの樫の木すべてに、
高い山々、そびえる峰すべてに、
高い塔、堅固な城壁すべてに、
タルシシュの船、美しい船舶すべてに。
人間の高慢は卑しめられ、
人の高ぶりは低くされる。
その日には、主のみが高くされる。
偶像は完全に滅びうせる。
主が立ち上がり、地を脅かすとき、
彼らは、岩の洞穴に、塵のなかに入る。
主の恐怖から、その威厳ある輝きから逃れるために。

（『イザヤ書』2:11-19）

エレミヤは真の預言者は不幸の預言者であることを疑っていない。預言者ハナンヤが隷属の終わりを告げ、エレミヤが隷属の譬《たと》えとして首につけていた軛《くびき》を外して砕いたとき、エレミヤはハナンヤを次のような言葉で責め立てた。「ハナンヤよ、よく聞け。主はあなたを遣わされていない。あなたは偽ってこの民を安心させようとした。それゆえ、主はこう言われる。私はあなたを地の面から追い払う。あなたは今年のうちに死ぬ。主に逆らって語ったからだ」(『エレミヤ書』28:15-16)。

エゼキエルとエレミヤは、政治的敗北主義によって、災厄に積極的に協力しさえするだろう。この敗北主義、この裏切りは、宗教的には深い意味をもっている。彼らは歴史のうちに神の怒りを解読する営みに参与しているのである。敗北主義と裏切りによって、預言者は神のみずからの民への敵意を成就する。どのような注釈を施しても、人間の安心を襲うこの攻撃がもつ情動的な暴力性を埋め合わせることはできない。いかなる民もこれほど荒々しく呼び立てられたことはないからである。

とはいえ、罪に関する本章の研究のはじめから宗教的意識の外傷性と呼んできたものは、あくまで〈契約〉を視野において考察しなければならない。

〈契約〉の絆は切れることはなく緩むだけであり、それによって深まるのである。

最初に気づくのは、この絆の広さ、普遍的な拡がりである。敗北という暗合を通して、預言者は歴史全体の運動を顕示する。部族の神は去り、もはやヤーウェはみずからの民の歴史的成功を保証する者ではない。〈主の日〉と敵対する歴史という象徴を通して、罪の意識はもう一つの極を露わにする。それは〈歴史の主〉という極である。〈歴史の主〉の超越性と拡がりは、無限の要求を通して顕現する倫理的な〈聖性〉と相関している。脅威は主を歴史から引き離し、みずからの選んだ民との歴史における結託関係を破壊する。それは、法規に無限の要求が入り込むことで、神と人間とのあいだに倫理的な隔たりが穿《うが》たれたのと同じである。

それによって明らかになるのは、神の〈怒り〉は、もはやタブーによる制裁でもなければ、最古の神と同じくらい古い根源的な混沌の再現でもなく、〈聖性〉それ自体に発する〈怒り〉だということである。たしかに、神の〈怒り〉が愛による悲しみにほかならないことを理解し洞察するためには、まだなお踏破すべき道程がある。この〈怒り〉自体が転じて「主の僕《しもべ》」の痛みと化し、「人の子」のへりくだりと化さねばならないのである。

とはいえ、「神の怒り」の象徴は神の〈聖性〉の象徴と近い面をもち、そこから出てくるいくつかの特徴は、将来この象徴が〈愛〉の神学が生み出す別の象徴群に吸収されることを予告している。

まず注目すべきことは、「主の日」の脅威というのは、どれほど恐ろしいものであろうとも、なお歴史のうちでの脅威だということである。そこには、歴史的時間や地理的空間の外にある「地獄」や「永遠の劫罰」の痕跡はまったくない。結びつけるべきもののない「年月」もなければ、帰還することのない「場所」もない。破局は予告されるが、最終的なものという刻印が押されることはないのである。[43] 預言とはあくまで現実の歴史の解釈であり、それを罰として解釈することである（ただし、告知された数々の連行や災厄が実際に起こったものであることは忘れてはならない）。それゆえ預言とは、あらかじめ歴史に対して民族の倫理的生に関わる意味を与えることにより、来たるべき歴史を解読する営みである。この指摘はさらに進められる。というのも、主の日という表現によって示される不幸とは、敗北や破壊の出来事だけのことではないからである。出来事とは到来したかぎりで取り消せないものであり、預言者は、出来事をすでに到来し、取り消せないものとして予告したのであった。不幸はむしろ、出来事に意義を結びつけ、預言された出来事を罰として解釈するところにある。したがって、主の日は歴史のうちにあるだけではなく、歴史の解釈のうちにあるのである。

したがって、歴史が罰として現れるのは、ひとえにそれを罰として解釈する預言者を通してのことである。だとすれば、生《な》まの出来事は取り消せなくとも、出来事の意味は取り消せることになる。

実際、そうしたことが起こったことはある。迫りくる破局を告げる預言者が、その脅威に約束を結びつけるような場合がそれである。[44] その場合、預言を生み出すもととなるのは、もはや不幸の予告ではなく、破局と救いとの二重の切迫ということになる。この二重の託宣によって、〈契約〉に特有の時間的緊張が保持される。もちろん、この「弁証法」は「思考される」ものではなく、「思弁」や「存在の論理」へと高まることはない。これはイメージされ生きられている弁証法であり、それゆえ各預言者に親しい〈契約〉のシンボリズムに形どられている。アモスでは、救いは「もしかしたら」という控え目な調子で語られ、容赦なきものに希望の色あいをもたらす。「お前たちは確実に滅びるだろう……。あるいは主が……憐れんでくださることもあろう」。『ホセア書』では、一片の無によって、死と生という二つの連続する出来事が分かたれる。『イザヤ書』では、樹木が倒れても幹が生き残るように、神殿の崩壊と同時に「残りのもの」の救いが起こる。『第二イザヤ書』では、苦痛のなかから新しい明日が産み出される。

時として、崩壊と救いのこうした弁証法がある種の執行猶予を生じさせ、容赦なきものの到来が人間の選択次第であるかのように見えることもある。「あなたがたが正義を実行するなら、神が憐れんでくださることもあろう」というわけである〔『アモス書』5:15参照〕。主の日を告げる預言者は、もっと差し迫った調子で、神の名においてこう叫ぶ。「私は命と死をあなたの前に置く。命を選びなさい、そうすればあなたは生きるだろう」〔『申命記』30:19参照〕。

この呼びかけは、それだけを見れば、人間の倫理的選択によって留保を与えられるものとしての歴史の両義性を露わにするように思われるかもしれない。〈主の日〉だけを考えるならば、歴史は運命ということになる。逆説的であるのは、容赦なきものがよき選択への呼びかけへと転じることであり、しかもこの選択が、人間の恣意にも神の〈怒り〉にも、また神の赦しにも組み込まれないことである。

このように、脅威は「とはいえ」から切り離せない。「とはいえ」、つねに和解は可能なのであり、結局のところ約束されているのである。そして、妬《ねた》む者の怒りも愛のドラマに組み込まれており、愛は破れると同時に破れた地点の彼方へと運ばれるのである。それゆえ、不安が露わにする隔たりは、単に神を〈全き他者〉とするだけではない。不安は〈契約〉を劇化するが、絶対的な他性を関係の不在に変えるような断絶まで至ることはない。嫉妬が愛の陥る窮地であるのと同様に、不安は対話を弁証法化する契機ではあるが、けっして対話を無化することはないのである。

隔たりと現存とのこうした律動は、「主の日」の説教ではなお隠れたままであるが、『詩篇』の詩的な構造によって明示化される。実際、『詩篇』においてこそ、神との断絶を見出す罪人の「不幸な意識」は、それがなお一つの関係であることを発見するのである[45]。悔い改めの詩篇と呼ばれる『詩篇』五一篇は、伝統的にはダビデに帰され、もっとも古い年代記によれば、預言者ナタンの前で告発されたダビデの言葉とされている。そこで懇願者は、みずからが神に反して罪を犯したことを告白している。だが、この「反して」はもっぱら神に助けを求めるなかで見出されるのであり、この動きは対話的な関係を明示している。神よ、私はあなたに反して罪を犯した、というわけである。『詩篇』一三〇篇は、「主よ、深い淵の底からあなたに叫びます」という言葉から始まる。『詩篇』六篇では、「主よ、帰って来てください。私の魂を助けだし、慈しみによって、お救いください」と叫ばれる。「主よ」という呼格は祈る者からの呼び求めを表現し、断絶の契機を参与の絆の内部に位置づけ直す。神が〈全き他者〉であったならば、呼び求められることすらないだろう。また罪人が預言による告発の対象でしかなかったならば、もはや神を呼び求めることすらないだろう。神を呼び求める動きにおいてこそ、罪人が罪の全き主体となると同時に、荒廃をもたらす恐ろしい神は至高の〈あなた〉となるのである。

こうして〈詩篇〉は、預言による告発の核心に隠れた優しさを露わにし、すでに〈聖性〉からの〈怒り〉として現れた神の〈怒り〉は、あえて言えば〈愛〉による〈怒り〉にほかならないことが予告されるのである。

4　罪のシンボリズム――（1）「無」としての罪

私たちは過ちの新たな経験を、それが意味をもつようになる〈契約〉のドラマに可能なかぎり近いところで取り押さえようと試みた。しかし、この経験は無言であるわけではない。預言者の呼びかけ、罪人の罪告白は、言葉の境域において生まれるものである。預言者の告発のさまざまな様態――アモスは不正を、ホセアは姦淫を、イザヤは高慢を、エレミヤは不信を告発する――をたどった際にも、罪の経験が言説にもたらす衝撃を無視することはできなかった。

今や、この新たな行程の経験に対応する言語的創造について、さらに組織的に考察しなければならない。私たちが参照するのは、先行段階の過ちの意識において形成された穢れのシンボリズムである。穢れとは、何かあるものの表象、措定的な力として接触によって汚染し伝染するものの表象であったことを思い出しておこう。そうした表象が文字通りではなく象徴的にとらえねばならないものだとしても、汚れという文字通りの意味を横切っていく第二の志向は、なお穢れの措定的な性格と浄めの否定的な性格を示している。そのため、新たな経験の圧力のもとでは、穢れのシンボリズムは砕け散り、徐々に新たなシンボリズムへと場所を譲らねばならなくなった。罪とは第一次的には関係の断絶であるとすれば、罪を穢れの用語で表現することは難しくなる。私たちは、罪をめぐる語彙のうちに、措定的なものから否定的なものへのこうした転換の痕跡を探すことにしよう。

この第一の観点から見れば、罪のシンボリズムは穢れのシンボリズムと断絶することになる。だが、罪とは単に関係の断絶ではなく、人間を占拠する力の経験でもある。そのようなものとして、罪のシンボリズムは穢れのシンボリズムの主たる志向を再発見する。罪とは「何ものか」でもあり、「実在」でもある。したがって、私たちは新たなシンボリズムの登場を説明すると同時に、その統制下で古いシンボリズムが捉え直される様子をも説明しなければならない。

いったん穢れのシンボリズムと断絶するが、別のレベルでそれを捉え直すという行程は、罪のシンボリズムが贖罪のシンボリズムで補完されるとさらに印象深いものとなる。実際、この二つのシンボリズムは、一方を理解しなければ他方を理解することはできない。浄めを語らずして穢れを語ることは不可能であったとすれば、〈契約〉の措定、否定、再肯定が、象徴のレベルで一貫した総体性を形成するのはなおさらである。悪の象徴系の研究では、罪それ自体のシンボリズムに主たる強調点が置かれるのは当然だが、このシンボリズム自体、贖罪への信仰から遡行的に考察されて初めて十全なものとなる。それゆえ私たちは、罪の象徴系の各段階を、それに並行する贖罪のシンボリズムによって区切ることにしたい。

それゆえ、まずは罪－贖罪の組において、穢れのシンボリズムにもっとも対立する事柄を見てみよう。〈契約〉はほぼ人格的な関係を表す象徴であるから、罪の基本的シンボリズムは絆、根、存在論的土壌の喪失を表現している。贖罪の側でそれに対応するのが、「立ち返り」という基本的シンボリズムである。

ヘブライ語聖書には罪を言い表す抽象語はなく、一群の具体的な表現があるだけだということに注意しよう。これらの表現の各々は、比喩的な仕方で可能な解釈の方向を始動させ、のちに「神学的陳述(46)（theologoumenon）」と呼ばれるものの先取りとなる。さらに、ヘブライ語の比喩や語根を列挙していく際に、ギリシア語にもそれと対応する比喩や語根があることを指摘するのは興味深いことだろう。それらの比喩や語根が、聖書をギリシア語に翻訳する際には、ヘブライ的な図式に対する等価物を提供してくれるからである。そもそもヘブライ語聖書のギリシア語翻訳は重大な意味をもつ文化的出来事である。この出来事は両言語の運命を結びつけ、ギリシア－ヘブライ的な図式化および概念化を引き起こしたのであり、もはやそれ以前に戻ることはできないのである。

私たちが手にしている第一の語根はハータット（chattat）というものであるが、これは的を外すことを意味し、曲がりくねった道（アヴォン（ʿawon））という第二の象徴に近づけることができる。この二つの語根を結びつけると、異－常という概念を予告するものとなる。これはまったく形式的な概念であり、秩序から逸れること、真っすぐな道から逸脱することを意味するが、そこでは行為の動機や行為者の内的性質は顧みられていない。ハマルテーマ（ἁμάρτημα）というギリシア語は、ラテン語のペッカトゥム（peccatum）を経て罪という抽象概念をもたらしたのだが、ヘブライ語のこの第一の語根に親縁性をもっている。他方で「道」のシンボリズムは、ピュタゴラス主義でよく知られており、そもそもほとんど普遍的なものである。これに旅のシンボリズムが結びついて生まれたのが、パルメニデスの詩の導入部を方向づけている図式である。「私を曳《ひ》き、私を連れゆく馬たちは、私の欲望の熱情に呼応している。なぜなら、私を導く馬たちは私をかの道へと連れてきたのだから。知の光をもつ人をあらゆる町を通って導いてくる女神の道へと」(訳9)。たしかに、ギリシア人において「道」という象徴は、逸れた道、まわり道、曲がりくねった道という象徴がヘブライ人のうちに喚起するほどの明確な意味をもっていない。ギリシア人の場合には、錯誤や彷徨といった、倫理的な服従よりも〈真理〉の問題に適合した象徴がそれに取って代わっている。まもなく私たちは、逆にヘブライ人の方にも、彷徨の象徴のようなものを見出すことになるだろう。

第三の語根は反逆（ペシャー（pesha））で、反抗、うなじの硬直を意味する。ここで指し示されているのは悪しき意図であって、もはや神の意志からの客観的な逸脱ではない。ここでは断絶はイニシアティヴとして主題化されている。そして、図式化の枠となるのが神と人との人格的関係であるのと同様、イメージの核となるのは人間の意志の聖なる意志への対立である。人間の実存が神の「前」にあるように、罪とは神に「対」するものである。こうして、反抗という相互主観的で社会的な象徴が、罪のもっとも形式的でなく実存的な象徴となるのである。この段階に属するのが、不実、不貞、聞き従うことの拒絶、耳の頑固さ、うなじの硬直といった語や比喩である。ギリシア人たちは、人間と神々とのあいだに人格主義的な関係を見てとる方向に向かうたびに、傲慢や高慢というこの主題に接近し、そこに人間の悪を見出すことになった。しかし、ギリシア悲劇、ないしはそれ以前のヒュブリスというのは、『イザヤ書』や『申命記』で告発される傲慢や高慢にきわめて近いようにみえるかもしれないが、実際には、破られた契約、途切れた対話といった観念よりも、むしろみずからの有限性の限界を超えようとしがちな人間に対する神々の「妬み」と深く関係している。それゆえ、「神の怒り」や偽の神々に対するヤーウェの「妬み」といった象徴を通して、聖書的高慢をギリシア的なヒュブリス〔傲慢〕と比較することがある程度は可能だとしても、二つのイメージを過度に近づけてはならないのである。

最後はシャガー（shagah）という別の象徴であるが、これはより情動的でないように見えて、実際には罪人が身を置く錯乱や破滅の状況そのものを指示している。だが、反抗というイメージがよりエネルギッシュであるのに対して、錯乱というイメージはよりラディカルである。なぜなら後者は、道を逸らされ滅ぼされているという全体的な状態を一挙に示すからである。こうしてこのイメージは、疎外や遺棄といったより現代的な象徴を予告するものとなる。対話の断絶が状況と化したとき、人間はみずからの存在論的場所に対して異質な存在となる。神の沈黙、神の不在は、それと相関するような仕方で、道を逸らされ滅ぼされた者を象徴する。なぜなら、道を逸らされた者とは神に「見捨てられた」者だからである。パルメニデスの詩における「彷徨」は、見ればわかるように、少なくともイメージのレベルではこれと類似していなくもない。「私は汝を探究のもう一つの道〔無の道〕から遠ざける。その道では、知を欠いた死すべき者たち〔人間〕、二つの頭をもったこの怪物が、あらゆる方向へと彷徨しているのだ。彼らにあっては、無能力がその胸中で揺れ動く精神を導いている。彼らはこちらへ、またあちらへと引きまわされる。耳も聞こえず目も見えず、呆然自失のなか、判断なき群集として。彼らには、〈在る〉と〈在らぬ〉が同じでありかつ同じでなく、あらゆる物への道は元へと逆戻りするのだ」〔訳10〕。とはいえ、〈真理〉と〈臆見〉という問題設定によって、パルメニデスの言う「彷徨」は預言者の言う「錯乱」から隔てられる。それは、先に神々の「妬み」という悲劇的な問題設定によって、ギリシア的な傲慢（ヒュブリス）がヘブライ的な高慢から隔てられたのと同じである。とはいえ、象徴間の構造的な親縁性のゆえに、意味作用のレベルでは双方の交流が可能になる。一方で、〔パルメニデスの言う〕彷徨は知性的な迷いを超え、すでに道徳的過ちでもある。他方で、〔道徳的な〕過ちには、つねに「臆見」自体の、「見かけの」善の表象の変質が伴っている。だとすれば、悪に関するより思弁的なレベルの反省において、「錯乱」と「彷徨」という二つの象徴がたがいに砲火を交え、たがいの志向を交差させることもありえたことは理解できるだろう。だが、こうした転変がもつ意味は、あとになって初めて明らかになるのである。

このようにさまざまな仕方をとって、象徴のレベルで罪の最初の概念化が描かれるのであるが、それは穢れの概念化とは根底的に異なっている。的外し、逸《そ》れ、反逆、迷誤が指しているのは、害をもたらす実体よりもむしろ、損なわれた関係なのである。新たな悪の経験が引き起こす象徴の志向性における変化は、まさに基本イメージのレベルでの転換がもたらしたものである。空間内での接触の関係に代わって登場するのは道、直線、迷誤といった方向づけの関係である。というのも、旅のメタファーは全体として見られた実存の運動と類似しているからである。それと同時に、象徴は空間から時間へと移行する。「道」というのは、一個の人生の命運を繰り広げる運動が空間に刻んだ痕跡である。このように、イメージの革命は意味作用自体の革命を準備するのである。

ゆえに罪のシンボリズムは絶たれた関係を暗示しているのだが、そこでは罪の否定性はまだ明示的になっていない。ともあれ、これらの鍵となるイメージは、ただちに罪の「力能」という観点から捉え直され、そこから人間的悪の実定性への示唆が引き出されるだろう。それゆえ、この〔罪の〕象徴の最初の一束に、その否定的契機を明示化し、罪ある人間の「無〔虚無〕」という観念を指し示す他の諸表現を結びつけておくのは無駄なことではない。たしかに、存在の観念を形成しなかった文化は無の観念をもたないが、的外し、逸れ、反逆、迷誤を通して、否定性のシンボリズムをもつことはできる。すなわち、罪人は神から「遠ざかり」神を「忘れた」ということ、「常軌を逸し」「知性をもたない」ということである。だが、罪の否定性にはもっと印象的な表現があり、それらは二つの図式のもとに配分することができる。すなわち、消えゆき保っておけない「息」と、真の神でないがために人を失望させる「偶像」の二つである[47]。第一の図式の方がより具体的であり、概念化が進んでいない段階に属しているが、情動面で虚無によりよく似たものを与えてくる。すなわち、息は呼気がもつ物質的なイメージと結びついて、軽く、空っぽで、一貫せず、とるに足らないものという印象をもつが、そこから一気に、「見捨てられている」という人間の実存の全体的性格がとらえられるのである。「人間は息に似ている。その日々はさながら過ぎゆく影」（『詩篇』144:4）、「人間の子は息のようなもの。人の子は欺《あざむ》き。秤《はかり》にかければ、ともに息よりも軽い」（同 62:10）。息のこのようなイメージは、砂漠とそのうつろな荒涼のイメージと近づけることができる。「諸国民は皆、主の前では無に等しく、主にとってはうつろであり、空しいものと見なされる」(『イザヤ書』40:17)。『コヘレトの言葉』がこの「空しさ」というイメージに場所を与えていることはよく知られているが、それは抽象化された虚無にほぼ近いものとなっている。だが、「空しさ」という語がその具体的な意味を失い、ギリシア人たちが組織的に形成した誤りの、あるいはむしろ彷徨の非存在性へと傾くとしても、パルメニデスの詩で言われる「死すべき者たちの臆見」とほぼ等しくなるとしても、この語はけっして「霧」や「呼気」というもともとのイメージと縁を切ることはない。「すべては空であり、風を追うようなことであった」(『コヘレトの言葉』1:14)。

「空しさ」というこの実存的イメージは「偶像」というイメージと溶け合っていく。後者は偽の神々をめぐるより洗練された神学的反省から出てくるものである。偶像のイメージを養うのは、もはや蒸気や呼気、霧、風、塵というとるに足らないものの姿ではなく、偽りの聖性の姿である。空しさはそこから超越的な意味を受け取るのである。「もろもろの民の神々はすべて空しい。主は天を造られた」(『詩篇』96:5)(「虚無である、もろもろの民の神々」とエルサレム聖書は訳している)。[訳11] 偽の神々に対して、ヤーウェは第二イザヤの口を通して次のように宣告する。「見よ、あなたがたは無に等しく、あなたがたの行ないは空しい。あなたがたを選んだのは忌むべきことだ」(『イザヤ書』41:24)。それゆえ、偽の神々の祭司とその託宣はこのユダヤの民の虚無を共有している。「見よ、彼らは皆、無であり、その業《わざ》はうつろ、その鋳《い》た像は空しい風にすぎない」(同41:29)。ここでヤーウェの「妬み」の意味が顕《あら》わになる。偶像の「虚無」とは、〈無〉であるがヤーウェの妬みの対象となるこの〈他者〉の象徴なのである。だが、偶像はヤーウェから見れば〈無〉であるとしても、人間にとっては実在する非存在である。だからこそヤーウェは、みずからにとっては〈無〉であるが、人間にとっては疑似的な〈何か〉であるそれを妬むのである。すでにアモスが「善」と「悪」との二者択一というイメージを作り上げていたが、それは「神」と「無」のあいだでの根底的な選択と等価である。[48] すべての預言者たちにとって、偶像とは「形を整えられた」像以上のもの、虚無のモデルである。虚無であるのは偶像を喜ぶ人間自身、虚無であるのは幻像、虚無であるのは主が送ったのではない預言である。すでに不貞によって象徴されていた罪自体は、今や偶像崇拝によって象徴される。結局、息と偶像という二つのイメージはたがいの意味を注入しあい、たがいの意味を混ぜ合わせる。息の空しさは偶像の空しさとなる。「彼らは空しいものの後を追い、空しいものになり果ててしまった」（『エレミヤ書』2:5）。なぜなら人間はみずからが崇めるのと同じものになるからである。「それを造り、頼る者は皆、偶像と同じようになる」（『詩篇』115:8）のである。

偶像と偶像崇拝の「虚無」というこの図式は、人間の側では、わたしたちが〈主の日〉の託宣のうちに直接とらえた「神の怒り」の図式に対応する。見捨てられた人間とは、見捨てる者としての神の顕現である。人間の神に対する忘却が、神の人間に対する忘却に反映するのである。こうして、神はもはや、「神は言われた、するとそのようにあった」という「諾」の発話ではなく、邪悪なものとその偶像、その空しさのすべてを除き去る「否」となるのである。

あなたの怒りに私たちは消え入り
あなたの憤りに恐れおののく。
あなたは私たちの過ちを御前に
隠れた行ないを御顔の光にあらわにされる。
私たちの日々はあなたの激しい怒りに
ことごとく過ぎ去り
私たちは吐息のように年月を終える。

（同 90:7-9）

おそらく堕罪神話[49]における禁止の「否」は、罪自体から発する否定を無垢の領域へと素朴に投影したものであろう。おそらく創造の命令は、数々の不調和や対立、原初の不釣り合いを含んでいる場合でさえ、全面的に肯定によって担われているのであろう。すなわち、神の「かくあれ」という命令は、人間にとってある制限を意味する場合でさえ、なお人間を形づくるものである。この命令は、人間の自由を保持し、人間をまったく純粋な仕方で存在へと措定するのである。おそらく、罪から発する空しい虚無こそが、この最初の創造する限定を〈禁止〉へと反転させるのであろう。そうして、空しさは徐々にあらゆる物へと広がり、神そのものを禁止し破壊する「否」として現し出させる。神は〈敵〉として現れ、神の意志は罪人の死の追究に集約される。そうなると、人間にとって神は怒りと死の意志でしかなくなってしまう。この恐ろしい可能性を突きつめた人間は、あとは奈落の底に落ちるのを待つだけとなり、一個の叫びにまで縮減されてしまうだろう。「わが神、わが神、なぜ私をお見捨てになったのか」（同 22:2）。この叫びのうちで〈人の子〉の苦難は極まるのである。

この罪の象徴系は、罪を超えるもの、すなわち「赦し」から振り返って罪を考えるとき、新たな姿を示すようになる。第一部の最後に強調するつもりだが、罪の完全で具体的な意味は、このような振り返りにおいて初めて現れてくるのである。

「贖罪」という複合的な概念はひとまず脇に置いておこう。この概念は、罪の象徴系のうちでの穢れの象徴系の捉え直しを説明し終えたときに初めて理解できるものだからである。それよりもむしろ、解釈上の困難がより少ない「赦し－立ち返り」という組にとどまり、一切の神学的洗練や概念的弁証法、神のイニシアティヴと人間のイニシアティヴを協働させようとする一切の企ての手前に身を置き続けることにしよう。イメージ（や図式）から概念が生まれ出るレベルでは、「赦し－立ち返り」という全体が豊かな意味をもっており、この全体がひとまとまりで〈契約〉の再建を意味するのである。

まずは神の側の「赦し」の極から出発しよう。そうすれば、まもなくもう一つの極、すなわち人間の「立ち返り」の極へと導かれるだろう[50]。

「赦し」という主題はそれ自体きわめて豊かな象徴である。これは神の怒りという主題と同じ性質をもち、この主題との結びつきのなかで意味が形成されてきたものである。赦しとは忘却のようなもの、あるいは聖なるものの怒りの断念のようなものであって、しばしば「神の思い直し〔悔い改め〕」（『出エジプト記』32:14）という形で描かれる。あたかも神がみずから自身の道を変え、人間に対するみずからの意向を変えるかのようである。神の変化として想像されるこの事態には多くの意味が含まれている。それが意味するのは、新たになるとは神への人間の関係に刻印された事態であるが、実は神に始まり神のイニシアティヴによるものだということである。この始まり、このイニシアティヴは、神の領域で突如として起こる出来事として描かれる。すなわち、神が人間を断罪する代わりに人間を立ち上がらせるのである。永遠の主による「名の宣告」（同三四章）の際には、次のように言われている。「憐れみ深く恵みに富む神、忍耐強く、慈しみとまことに満ち、幾千代にも及ぶ慈しみを守り、罪と背きと過ちを赦す。しかし罰すべき者を罰せずにはおかず、父祖の罪を、子、孫に三代、四代までも問う者」（同 34:6-7）。「三代」の「千代」への関係は、聖パウロにおなじみの「なおさら[訳12]（combien plus）」を下書きするものであるが、これについてはもっとあとで語られるだろう。『ホセア書』ではさらに驚くべき仕方で次のように言われている。

私はもはや怒りを燃やさず、
再びエフライムを滅ぼすことはない。
私は神であって、人ではない。
あなたのただなかにあって聖なる者。

怒りをもって臨むことはない。

〔『ホセア書』11:9〕

このような怒りの思い直しの解釈を、聖書記者たちは歴史自体のうちに、出来事の経過のうちに求める。それらの出来事は、現に働く神の教育法として解釈される。すなわち、あるときには、出来事は災厄の延期、災いの終わり、治癒と見なされて、即座に「赦し」として理解される。こうして赦しという図式は、ヘブライ的な図式の大半と同様、歴史神学へと取り入れられるのである。またあるときには、もっと周到な仕方をとって、赦しはもはや実際の身体的な解放ではなく、罰自体のうちに見分けられるようになる。すなわち、罰は痛苦を与える苛酷なものではあるが、取り消しえない断罪という姿をとらなくなるのである（『サムエル記上』一二章の一三節から一四節で報告されているダビデの罪の除去の場合がそれにあたる）。赦しは苦しみを取り除きはしないが猶予を開くのであり、この猶予は神の忍耐により開かれた地平として解釈される。そうすると、刑罰が表現する赦しの概念にまた別の概念が入り込んでくる。赦しは刑罰を緩めるだけでなく、障害を試練に変えるものとして現れてくるのである。刑罰は自覚の道具となり、まさしく告白の道となる。〈契約〉のただなかでみずからがどのような状況にいるかをその真相において知る能力が建て直されたということ、まさにその点において、赦しはすでに全き姿で現れているのである。こうして、苦痛と感じられる刑罰は、罰と赦しの両方に属することになる。「赦し」とは「立ち返り」である。というのも、立ち返りとは、神の側では過ちを取り除き、罪の重荷を解除することにほかならないからである。「私はあなたに罪を告げ、過ちを隠しませんでした。私は言いました。『私の背きを主に告白しよう』と。するとあなたは罪の過ちを赦してくださいました」（『詩篇』32:5）。

私たちは「赦し」の図式からこの「立ち返り」（語根 shub）という図式へと送り返されるのだが、悔い改めをめぐる私たちの観念のすべてはここに始まりをもっている（この概念の形成にあたっては、私たちが悔い改め

（répentance）と訳しているテシューバー（teshubah）という新たな術語を介して、第二神殿時代のユダヤ教が重要な役割を果たしているのであるが、[51]その点についてはのちほど見ることにしよう）。「立ち返り」というこの象徴には数多くの倍音がある。一方で、この象徴は道のイメージ群に属している。罪が「曲がった道」であるのと同様に、立ち返りは悪い道から外れることである。「おのおの悪い道から離れなさい」とエレミヤは言う。この悪の道からの離脱は、断念というより抽象的な観念を予告するものである。他方で、立ち返りとは原初の絆を反復すること、再建することであり、その点でしばしば生命の大岩のそばでの平安や休息のイメージと結びつけられる。「立ち返って落ち着いていれば救われる」（『イザヤ書』30:15）。このように、立ち返るというのはしっかりと建て直されることである。すなわち、カインの彷徨の終わりであり、「この場所に住む」（『エレミヤ書』7:3-7; 25:5）という可能性である。立ち返りという図式は婚姻のメタファーとも通じあっている。それは『ホセア書』の意味での不実や姦淫の終わりである。エレミヤは迫りくるような情熱で繰り返す。「立ち返れ、背信の子らよ」（同3:22）と。第二イザヤにとっては、「立ち返る」とは「神を探す」ことである。のちに『ヨハネによる福音書』で言われるように、立ち返りとは命の水を探すことなのである。

赦し－立ち返りの組がもつ象徴的な豊かさは以上のとおりである。これをイメージの次元で取り押さえようとするやいなや、私たちはまったくの逆説へと投げ込まれてしまう。おそらくこの逆説は、いかなる組織的な神学にも回収できず、神学には破壊することしかできないものである。こうして預言者は、まるですべてが人間次第であるかのように、ためらいなく人間に「立ち返り」を求めつつ、同時にまるですべてが神次第であるかのように、人間の「立ち返り」を神に懇願する。「主よ、私を立ち返らせてください。そうすれば私は立ち返ります」。エレミヤはそう叫んでいる［訳13］〔同 17:14 参照〕。ときには神の側だけが強調され、その場合は、「立ち返り」とは隠された主の自由な選択の成果であり、あらゆる理由を超えたヘセド（hésèd）〔愛・慈しみ〕の結果であることになる（『申命記』7:5 以下）。たとえば『エレミヤ書』では、このヘセドが普遍的な和解という次元にまで拡大されているが、もとの素朴な性質は除かれていない。「石の心」に代えて「肉の心」が与えられる際には（これは『エレミヤ書』と『エゼキエル書』に共通する主題である）、「赦し」と「立ち返り」が同時に起こるのである。だが、被造物の虚無を前にして、無償の恵みへの感覚をもっとも尖鋭化させるのは、おそらく第二イザヤであろう（『イザヤ書』40:1以下）。しかし、振り子はたえず元の場所に戻るのであり、エレミヤはまたもや次のような言葉を伝えている。「その国民が私の語った悪から立ち返るなら、私は下そうとした災いについて思い直す」（『エレミヤ書』18:8）。人間の選択したことを取り消すことのできるこの力は、赦しを条件つきのものとするように思われる。それによって、私たちは『申命記』の次の選択へと連れ戻されるのである。[52]「見よ、私は今日、あなたがたの前に祝福と呪いを置く」（『申命記』11:26）、「見よ、私は今日、あなたの前に命と幸い、死と災いを置く」（同30:15）。こうして、「立ち返り」と「赦し」のシンボリズムをその生誕現場でとらえるならば、恵みと意志、救霊予定と自由に関する神学のアポリアは宙づりにされる。おそらくこのシンボリズムの奥には、思弁が切り離し対立させる二つの項の超－論理的な和解が保蔵されているのである。

贖罪のシンボリズムについてはとりあえずこのくらいにしておこう。そして次に、罪のシンボリズムの新しい行程に対応する新たな段階において、このシンボリズムを捉え直してみよう。

5　罪のシンボリズム（続）——（2）「措定」としての罪

私たちは罪のシンボリズムの否定性への方向をたどってきたが、その極において帰結するのは、契約が破られることで神は〈全き他者〉となり、人間は〈主〉の前で無と化してしまう、という事態である。これが「不幸な意識」という契機である。

しかしながら、罪のシンボリズムの構造は、空しさの「無」と穢れの「何か」との基本的対立のなかに閉じこめられるのではない。実在的と呼べるような他の諸特徴によって、罪とはキルケゴールが言うように措定でもある。それらの特徴によって、二つの象徴体系のあいだに連続性が確保され、穢れの象徴が新たな罪の象徴において捉え直されるのである。

この罪の「実在論」は、私たちが負い目と呼ぶことになる過ちの意識の新たな審級を起点として初めて、十分に理解されるだろう。実を言えば、この新たな契機においてのみ、罪の意識というものが過ちの基準と尺度になるのである。負い目という感情は、まさしく罪ある者が自分自身についてもつ意識と一致し、過ちの「対自」と区別されないようになるだろう。

罪の「告白」においてはそうではない。罪「告白」というのは実在する悪に境を接する光景であり、そこでは悪は預言者の訴えによって明るみに出され、暴露されたものであって、まだ罪人の自覚を尺度とするには至っていない。それゆえ、負い目の意識の「主観性」には、罪の「実在性」を対置しなければならない。罪の存在論的次元とさえ言うべきかもしれない。悪しきものは人間の「心」、すなわちその実存そのものであり、人間がそれをどのように意識しているかは関係ないのである。

この罪の実在論のゆえに、告解者は、忘れていた罪、知らずに犯していた罪、要するに、〈契約〉におけるみずからの真の状況を特徴づけているという意味で存在している罪についても、悔い改めることができる。この一つ目の特徴は、穢れのシステムと罪のシステムの連続性をもっともはっきりと確証してくれるものの一つである。両者の構造的な類縁性を、客観的な瀆聖という太古の考え方の残存としてしか見ないならば、まだ事柄の表面しか見えていない。たしかに、多くの犯罪――負い目なき真の犯罪――がそのようにして説明される。[53]「もし人が違反した場合、すなわち、主が行なってはならないと命じた戒めの一つについて違反した場合、そうと知らなくても、その人は罪責ある者となり、罰を受ける」（『レビ記』5:17）という教えのとおりである。だが、こうした例を説明する際に、タブーや瀆聖、儀礼による贖いのシステムがなんらかの形で残存しているためだと言うことによって、当の残存自体を可能にするもっとも重要な事実が覆い隠されてはならない。それは、〈契約〉の倫理的－司法的な表現である〈律法〉が、タブーの無名の力とそこから自動的に生じる復讐に取って代わり、罪にとっての超主観的な参照項となったという事実である。結局のところ、罪の尺度となるのは〈契約〉における人間の「実在的な」状況なのであって、これによって、罪は負い目の意識を真に超越するものとなるのである。

このような悪の実在論は、次の第二の特徴によって裏づけられる。それは、罪は主観的な尺度に還元されないがゆえに個人的な次元には還元されず、初めからただちに個人的かつ共同的なものだ、という点である。[54] 集団への責任帰属というこの主題の上に建てられた応報理論の弊害については、のちに原因譚的な神話を問題にする際に十分に語られるだろう。しかし、民族の罪の告白によって作られた二次的な構築物、あるいは失敗した合理化の数々によって、生きた経験とそれを表現する数々の一次的象徴のレベルでこの告白がもつ深い意味が覆い隠されてはならない。罪を最初の人間から伝承されたものとして語る思弁は、倫理学と生物学のカテゴリーを混ぜ合わせた事後的な合理化の結果である。個人的かつ共同的な罪がもつ独特の意味が失われたからこそ、遺伝をモデルにした生命レベルの連帯性によって、負い目の個人主義による欠落部を埋め合わせることが試みられたのである。しかし、こうしたジャンルの混合によって作られた遺伝的罪という疑似概念は、志向的には、典礼としての罪告白によって証される共同的な絆を指示するものである。それゆえ、個人化された罪の伝承に関する一切の思弁の手前で、本来の意味での〈私たち〉の告白――「私たちというあわれな罪人たち」――を捉え直すことを試みるべきである。この告白において、超生物学的で超歴史的な「民族」の一体性、さらには「人類」の一体性が証されるのである。アダム神話が表現するのは、罪告白において表明されるこの具体的普遍である。アダム神話はそれを表現しはするが、創り出すのではない。むしろそれを前提し、ただ想像上の説明を通して提示するだけである。

過ちの責任を個人に帰属させることは、罪ある者以外も罰せられるという意味でスキャンダラスな共同責任からの進歩であり、このことを否定するつもりは毛頭ない。だが、このような進歩の代価として、生命的・歴史的な絆を超える過ちの絆によって「神の前」に集約されるような人類の一体性が喪失されることを理解する必要がある。原罪という疑似概念はこの謎めいた絆を合理化したものであり、アダム神話を経由した第三段階の合理化でしかない。罪を告白する「私たち」にあっては、この絆は告白されてはいるが、なお理解されてはいないのである。

　罪の超主観的実在性の第三の特徴は、私の罪は神の絶対的な眼差しのもとにあることである。罪の「対自」となるのは神であって、私の意識ではない。告白者は見られることを恥じ、神の眼差しによってその主体性を剝奪されて、客体の状況へと切り縮められてしまうと言うべきであろうか。神の眼差しに関する信仰者の告白のうちに聞きとられる主調音はそのようなものではない。「人の心を見極める」（『ローマの信徒への手紙』8:27）この神の眼差しへの讃嘆によって、尊敬と崇高の領域においてもなお神への「怖れ」が保持されるのである（『詩篇』139:1-6参照）。神の眼差しのもとにあるというこの意識はさまざまな情感的変化に彩られているが、それらすべてを統整するのはなお〈契約〉という対話的関係である。神よ、汝の眼差しは私の上に注がれている、という呼びかけの行為自体によって、眼差される意識は客体の地位にまで落ちることを免れる。呼びかける一人称は、みずからの底まで見通す神にとっての二人称としてみずからを感じるようになる。結局のところ、神に眼差されているという状況が人間を貶《おとし》める性格のものとして強調されないのは、この眼差しの原初的な意味は、私の状況の真理となり、私の実存に下されうる倫理的判断の正当さ、および正義となることにあるからである。それゆえ神の眼差しは、〈自己〉の誕生を挫《くじ》くものではなく、自己を自覚させるものとなる。この眼差しは主観性の領域に入ってきて、みずからをよりよく知るという課題となる。この存在する眼差しが自己意識のあるべき姿を基づけるのである。意識〔良心〕を吟味することはこうして正当化され、私の私自身に対する眼差しは、自己意識によって絶対的な眼差しに近づくことを求める。私は〔神に〕知られているとおりにみずから自身を知ることを欲するのである（同139:23-24参照）。このような形の自覚は、とりわけ行為や動機の意味を問い尋ね、それを問いに付すという形をとる。[55]絶対的な眼差しは、疑惑の刃によって実在と見かけを裁断する。自己自身への疑惑とは、こうして絶対的な眼差しが私自身の内に捉え直されたものである。問いかける思考はそのようにして育つのであり、それは気象学の謎からよりも悪の問題から多くを学ぶのである。

絶対的な〈眼差し〉によって引き起こされたこのような罪の自覚の極点となるのは、人間の「空しさ」を神が知るのと同じように知る「知恵」である。「主は知っておられる、人の思いを、その空しいことを」（同94:11）。見てのとおり、みずからが「空しい」ことを知るとは客体と化すことではなく、真理の狭き門から救いの領域へと入っていくことである。

信者がみずからを客体と感じるためには、神の〈眼差し〉の真理と正義へのこの信仰が弱まる必要があるだろう。意識が凝固して客体と化すのは、絶対的な〈眼差し〉の〈自己〉に対する関係が解体することによる。『ヨブ記』はそのような危機を証言するものである。神の絶対的な眼差しを、ヨブはみずからを追いつめ、最終的には殺してしまう敵の眼差しとして感じる。いかにして苦しみの問題が悪の問題を再燃させるのか、また、いかにして古代の応報理論がこの眼差しへの疑惑を生じさせ、それが人間を不当な苦しみに引き渡す隠れたる神の眼差しであることを突如として露わにするのか。この点についてはのちにまた語ることにしよう。そこでは絶対的な〈眼差し〉は、もはや私たちに自己自身を意識させるものではなく、私たちに矢を放つ〈狩人〉となる。とはいえ、断絶に境を接するこの極点においてさえ、神に対する告発は神への呼び出しのうちに包まれており、告発する者のルサンチマンの対象自体〔神〕はなお見失われずにいる。つまり、敵対する〈眼差し〉の発見はつねにある関係の内部で起こっており、そこではなお、絶対的な〈眼差し〉が私のみずから自身を見る眼差しの真理根拠であり続けるのである。

この〈眼差し〉は自己意識の可能的真理であり、そうであるがゆえに、私の意識を超えた私の実存の実在性、さらに言えば、負い目の意識を超えた罪の実在性を保持するのである。

ここまで分析してきた諸特徴から示されるのは、ここで言う罪とは実存の「内」にあるものであり、「外」から実存を汚染する穢れとは対立するが、負い目の意識に還元されるものではない、ということである。罪は内的だが客体的である。以上の第一グループの諸特徴によって、穢れと罪との現象学的な連続性が保証されるのである。

この構造的連続性を強化するのが、第二グループの諸特徴である。先に私たちは、穢れの措定性に対して罪の「否定性」——息の空しさと偶像の空しさ——を強調した。だがこの対立は単純すぎる。というのも、実存からその力を奪うこの「空しさ」は、なんらかの仕方で力能でもあるからである。

ここでもまた、穢れのシステムの残存、およびこのシステムに属する「憑依」のテーマの残存がただちに指摘されるだろう。だが、記述される状況はさらに複雑である。

穢れから罪への連続性を保証するのは、両方のタイプに共通する変質や疎外の意識である。この意識は、最初は不吉な実体の表象のうちで固定化されるが、それはかならずしも悪霊や邪悪な神々という形象によって劇化されるわけではない。逆に古代オリエント〔バビロニア〕の聖なる文書が描き出すのは、この変質した意識が固定化され、悪霊的で準人格的な諸力の横溢として表象されていく段階である。そうした力は神の場所を占め、罪人を文字通り占領するのである。人格化された諸力が罪人を占拠し縛りつけるというこのイメージは、罪と病いが執拗に混同されることでさらに強化される。ここでは私たちは病いと過ちの区別以前にある。この区別が確固たるものとなるのは、厳密に罪の帰責という意味での負い目が勝利を収めるときである。この区別は、それ自体ある種の二元論を含んでいるが、それはかならずしも魂と身体の二元論ではなく、道徳的悪の作者となるような道徳的行為主と、病いや苦しみ、死をもたらす事物の運行との二元論である。罪と病いの混同に対応するのは、赦しを癒やしと縛りを解くこと、および解放とが混然一体となったものとみなす解釈である。懇願する者は求める。「私の体のなか、筋肉や腱のなかにある悪が、今日消え去ってくれますように」、「私を魔力から解き放ってください。……私の体のなかには悪しき魔力と不浄なる病い、侵犯と不法と罪があり、邪悪な霊が私に憑りついているのですから」、「神の怒りがあるところでは、それら（邪悪な霊）はただちに現れ、大きな叫び声を上げる。それらの霊は、神が離れてしまったあとの人間を乗っとり、衣服のように身にまとう」と。

これらの文章においてただちに見てとられるのは、否定的なものと措定的なものの混合であり、それは神（あるいは善き霊）の逃亡と悪しき霊の侵入とが結合した姿をとる。「この人間を悪しき呪詛は子羊のごとく屠った。彼の神はその身体から出ていき、彼の女神は遠ざかった」。そして、この悪霊、そしてまたあの悪霊と、注意深く区別して名づけなければならなくなる。この終わりなき連禱を通して、悪霊的な形象が次々と生み出されるのである。(56)

注意すべきであるのは、神々や悪霊、精霊といった表象に対して、預言者の説教がどれほど還元的であり、あえて言えば脱神話論的であるとしても、そこにはなお、罪人を縛る罪の力能についてのこうした経験が保持されていることである。重要なのは、この経験は一切の悪霊的な表象から最大限に純化されたときにもっとも先鋭化することである。(57)逸れ、反逆、迷誤と呼ばれた悪しき素地のまさに核心部に、聖書記者たちは魅惑、繋縛、狂乱の力能を見分ける。人間の能力は謎めいた仕方で悪への性向によって占拠され、この性向によってその源泉自体が変質されてしまうのである。「淫行の霊に唆《そそのか》され、(58)彼らはその神を離れて淫行にふける」（『ホセア書』4:12）。「たしかに、悪は火のように燃え、茨とあざみをなめ尽くす。森の茂みに燃えつき、煙の柱となって巻き上がる」（『イザヤ書』9:17）。エレミヤはおそらく誰よりも、かたくなにされた心の悪しき性向を慄《おのの》きつつ感じており（『エレミヤ書』3:17; 9:14; 16:12 参照）、それを野蛮な本能、獣たちの情欲になぞらえていた(59)（同 8:6 参照）。この性向は意志の奥深くに根を下ろしているため、クシュ人〔エチオピア人〕の皮膚の色や豹《ひょう》の斑点のように消すことができないのである（同 13:23 参照）。根元悪という主題は預言者によってはっきりと表明されている。「心は何にもまして偽り、治ることもない。誰がこれを知りえようか。主である私が心を探り、思いを調べる」（同 17:9-10）。神の呼び求めも届かないほどにかたくなになったこの実存を、エゼキエルは「石の心」と呼ぶ。『創世記』の最初の悲観主義的な章の核心部を書いたヤーウィスト[60]〔モーセ五書の作者として想定されている人物（たち）〕は、この邪悪さの神学をひと息で要約している（『創世記』6:5; 8:21）。

主は、地上に人の悪が増し、常に悪いことばかりを心に思い計っているのを御覧になった。

ここで登場しつつあるのは、単に悲観主義的――最悪のことを恐れるべきだという意味での――というだけでなく、まさに「悲劇的」な人間学の端緒である。そこでは神と人間が共同で悪を作りだすがゆえに、最悪のことは恐れるべきであるだけでなく避けられないものなのである（これについては第二部の悲劇的な神話の章〔二章〕で扱うことになるだろう）。この点では、旧約聖書のある種のテクストが言う「かたくなにする」ことと、ホメロスの文書やギリシア悲劇の「盲目にすること（アーテー（Ἄτη））」とのあいだには大きな違いはない。旧約聖書でも「かたくなさ」は罪人の実存それ自体と区別できない状態として描かれ、罪人に責任があるものではないように見える。かたくなさとは、罪人の全存在を規定しているだけでなく、「私はファラオの心をかたくなにした」というように、怒りにおける神の所業である。このような「道を逸らせる神」の神学については、のちほど〔悪の〕始まりと終わりの神話という枠で扱うことになるだろう。今から言っておきたいのは、このような神学は、ヘブライ語聖書ではその痕跡が残っているだけであるが、ギリシア「悲劇」という一つの完結した世界を形づくっていたことである。ヘブライ語聖書では、この神学は聖性の神学と慈愛の神学によって挫折させられたのであった。にもかかわらず、この流産した神学を思い描くことができたのは、それが罪意識を形づくる諸経験の一つを延長するものだからである。それは受動性の経験、変質、疎外の経験であって、それが意志的な逸脱、悪しきイニシアティヴという能動性の経験に逆説的な形で混合しているのである。

この疎外の経験は、原罪という将来の教義の構成要素の一つでもある。[61] これは原罪の普遍性について語った際に、すでに一度言及しておいたことである。もともとそれは、罪人の共同体としてのわれわれという、生命や歴史の次元以上の絆の普遍性であったのだが、疑似生物学的な合理化を受け、遺伝的な伝達という表象に投げ込まれることになった。そうしたことが起こりえたのは、まさしく疎外の経験を介してのことだったのである。

実際、この普遍的な絆は同時に受動性の経験でもあり、誕生による「説明」を喚起する。実際、かたくなになるのは罪人の「本性」のようなものであり、「彼と同時に生まれる」事柄ではなかろうか。『詩篇』五一篇では、発生状態での原罪の教義がうまく表現されている。「私は過ちのうちに生まれ、母は罪のうちに私を身ごもりました」[62]（『詩篇』51:7）。それだけではない。罪の普遍性の告白も、罪の疎外的な性格の告白も、原罪の教義を生じさせた複合的な動機を十分に説明しない。それに加えて、穢れの情感的なカテゴリーの数々が、罪のカテゴリーにおいて「捉え直される」ことが必要であった。この「捉え直し」は驚くべきことではない。実在性と力能という罪の二重の性格は、罪を穢れと類縁化しつつ、穢れのシステムを罪のシステムのうちに包摂する。歴史的には、この「捉え直し」はイスラエル人の礼拝的宗教が預言者の説く倫理的宗教に包摂されるという形で現れた。こうして、儀礼の対象となる不純さは、暴力や策略、残酷さといった「不正〔咎〕」と並列され、二つのシステムの命運は区別できなくなった。両システム間のこうした汚染と交わりによって、神に対する罪という強い意味での罪は、不純な接触という強い意味での穢れの情動を背負わされる。『詩篇』五一篇は、個人的な過ちの鋭い経験、厳密な意味での負い目から発しているが、それでも次のように穢れの言語を捉え直すのである。「過ちをことごとく洗い去り、私を罪から清めてください。……ヒソプで私の罪を取り払ってください。私は清くなるでしょう。私を洗ってください。私は雪よりも白くなるでしょう」（同 51:4, 9）。このように罪と穢れの類似を響かせることには危険がないわけではない。それは、罪の経験が穢れの経験によって、いわばうしろに引っぱられるという危険である。そうした退行的傾向の例が、罪告白でよくみられるように、穢れと性との古くからの結びつきが再活性化されることである。この結びつきがもつ感情的な複雑性については先に示したとおりである。性行為は不浄な接触という象徴に物質的な土台を与えるのである。『詩篇』五一篇において、ダビデ王はバト・シェバを誘拐しウリを殺害したことを悔いているが、この場合のように、告白された罪が性的なものであるだけで、罪の普遍性や疎外性と不純な接触の象徴系、および穢れという主題の性的な含意との連関が一挙に再活性化されるであろう。結局のところ、最初の人間が犯し、その「似姿として」生まれた子孫へと伝えられていく最初の罪という神話は、そうした連関のすべてを起源からの「説明」のうちに封じ込めることになるだろう。この説明の構造についてはのちほど研究することにしたい。だが、穢れの主題に結びついた古くからのさまざまな連関が再活性化されるというのは、もっぱら穢れの象徴系が罪の象徴系のうちで捉え直されることに対応する事柄なのである。

以上のような罪の象徴の第二行程は、罪のシンボリズムにおける穢れのシンボリズムの捉え直しを保証するものであるが、さらに贖罪のシンボリズムにも延長されていく。それによって先に途中で保留していた赦しのシンボリズムが全うされるのだが、今度はそれが、「赦し」のシンボリズムにおける「浄め」のシンボリズムの捉え直しを保証することになる。

実際その場合、「立ち返り」の象徴群には、「買い戻し」をめぐる象徴群が加えられねばならない。「立ち返り」のシンボリズムが指示するのは〈契約〉の絆の断絶としての罪という考えであったが、「買い戻し」のシンボリズムが指示するのは、人間を囚われの身とする権能があり、それを消去するには代価を払わねばならないという考えである。

この解放という観念を表現する三つの語根[63]はそれぞれそうした交換の一面を表現しているが、それと似たものとして想起されるのは、情念と徳の「交換」を提示する『パイドン』の考えである。ガアル（gaal）という語根はゴエル（goel）のいくぶんかを保持している。ゴエルとは〔犠牲者を〕保護し〔代わりに〕復讐する者のことであり、近親者の寡婦を娶《めと》ることができ、娶らねばならないことさえある。この語根から、保護する、カバーするという意味での覆う、買い戻す、解放するといった一連の象徴の全体が派生してくる。あらゆる象徴と同様、そこに保持されているのは類比の初項であるが、ただちにそれを超えて実存的な状況へと向かうのである。

パーダー（padah）という語根はこれに隣接する象徴であり、供物として捧げられた新生児や奴隷を代価を支払って買い戻すという慣例によるものである。よく知られているように、代価や買い戻しというイメージはきわめて強力であり、贖い（買い戻しを意味する）の概念化を十分支えることができたのである。

カーパル（kapar）という語根は、「覆う」というアラビア語や「消す」というアッカド語と近づけられてきたもので、右の諸例に隣接する象徴をもたらすものである。たとえばコーフェル（kopher）というのは、重罰を逃れ命を助けてもらうために払うべき代価のことだが、象徴化の拡大によって「贖い」の基本イメージとなった。私たちとしては、「贖い」はもうしばらく脇に置いておき、なお「買い戻し」の段階にとどまることにしよう。

「買い戻し」のシンボリズムがもつ力の一部は、エクソダス〔脱出〕、すなわち「出エジプト」のシンボリズムとの結合からきている。これはイスラエルの原告白[64]（Urbekenntnis）の中心にある出来事である。この出来事は、聖書記者たちの歴史神学によって解釈し直されて、あらゆる解放に「妥当する」ものとなる。ところで、エクソダスの出来事がその倫理的象徴化の力能を開示したのは、もっぱら「買い戻し」のシンボリズムの格子を通ってのことであった。エクソダスは買い戻しである。買い戻しと脱出ないしは登攀という二つの象徴がたがいに強化しあうことで、エクソダスはイスラエルの命運を表すもっとも重要な暗号となった。「それゆえ、イスラエルの人々に言いなさい。『私は主である。あなたがたをエジプトの苦役の下から導き出し、過酷な労働から救い出す。またあなたがたを、伸ばした腕と大いなる裁きによって贖う』」（『出エジプト記』6:6）。

だが、『詩篇』の多くの章句に見られるように、この象徴は意味を移動させていく。そして、数々の移行の果てに、神がみずからの民族を「解放」し「買い戻す」という主題は、もとの意味をほぼ完全に越えて歴史神学へと向かい、最終的にはあらゆる内的な解放を指し示すようになるのである。とはいえ、出エジプトを祝する数々のもっとも歴史的な営為には、すでにすべての意味の厚みが積み重なっていた。極限的には、「買い戻し」、「赦し」、「立ち返り」といった象徴は、それらの威信を重ね合わせるのである。『第二イザヤ書』では、「私に立ち返れ。私があなたを贖ったからだ」（『イザヤ書』44:22）と言われ、『申命記』では、「主よ、あなたが贖い出されたあなたの民、イスラエルの罪を赦してください」（『申命記』21:8）と言われている。

これによって、罪という問題系の全体が回顧的な仕方で豊かになる。出エジプトとの対照によって、エジプトはそれ自体で、囚われた状態の暗号、悪のもとにある人間の状況のもっとも強力な象徴となる。〈十戒〉の荘重な導入部は次のように語りだす。

私は主、あなたの神、あなたをエジプトの地、奴隷の家から導き出した者である。

〔『出エジプト記』20:2〕

囚われ〔捕囚〕とは、文字通りの意味では社会的で間主観的な状況であるが、罪の象徴となることで、罪のもつ疎外的な性格を表すものとなった。ヘブライ人が隷属の内にあるように、罪人は罪の「内」にあるのである。こうして、罪とは人間が「その内に」とらえられている悪である、ということになる。それゆえ、罪は個人的であると同時に共同的であって、意識を超越しているのであり、罪をその真理性と実在性において知るのは神のみなのである。またそれゆえに、罪は人間を縛り、かたくなにし、囚われの身とする力能である。囚われの無力というこの経験こそが、穢れの主題を「捉え直す」ことを可能にする。実際、この隷属の原理は、どれほど人間の心の「内」にあるとしても、人間を引き込む状況を形づくっており、罠のように人間を捕えるものである。こうして、罪の「囚われ」という観念には、不浄な接触のうちの何かが保持されているのである。

そうなると、実存の根本問題は、根底的な二者択一を前にした選択という意味での自由の問題よりも、むしろ解放の問題ということになるだろう。罪に囚われた人間とは解放されるべき人間である。私たちがもつ救いや贖罪——すなわち買い戻し——といった観念は、このような暗号的表現を端緒とし、そこから発してくるのである。

罪と解放に関する第二群の象徴についての以上の省察は、私たちが次の点を可能なかぎり理解するための準備となる。すなわち、支配としての罪と買い戻しや解放としての赦しとの接触において、穢れと浄めの象徴系がどのように捉え直され、再肯定され、さらには拡張されさえしたか、という点である。こうした理解の努力が必要になるのは、『レビ記』の文書や一般に祭司文書（Priester Codex）とよばれる文書のような、困惑を引き起こす資料を前にしたときである。それらの文書では儀礼的な贖いの意味の全体が展開されているが、それらは捕囚後に編纂されたものであるだけに（だからといって内容が古いもの、太古以来のものではないとはかぎらないが[65]）、いっそう理解が難しいものである。

可能なかぎり理解に努めたいが、とはいえ儀礼的な贖いという観念には、反省がそのなかに入っていけない何かが残っていることは認めねばならない。それは「赦し」のもっとも豊かなシンボリズムにさえ還元できないような何かである。還元的な反省に抗うのは、儀礼の実践それ自体である。実践とは本質的に反省されざるものである。供犠はとにかくこのように行なうものだ、というわけである。儀礼的な行為は一連の他の礼拝行為を引き継ぐものであるが、それらの行為の意味、そして多くの場合はその記憶さえも、儀礼の執行者とそれに参加する信者からは失われているのである。近代の批判者もまた、ある儀礼の起源にはつねに別の儀礼を見出すのであり、儀礼の誕生に立ち会うことはけっしてない。そのため、『レビ記』にみられるような儀式の目録は、結局は何も語らず、封印された作品であり続ける。次のような諸々の種類の儀式が区別される場合でも、むしろそうした場合こそそうである。すなわち、燔祭（火で焼き尽くした動物の供犠）、酬恩祭（動物の脂肪の燔祭と聖餐）、素祭（小麦、油、香の奉納）、「重罪に対する」贖いの供犠（罪祭（hattat））（『レビ記』4:1-5, 13; 6:7-13）、「微罪に対する」贖いの供犠（愆祭（'āšām））といった区別である。わずかながら、供犠（第四の型と第五の型）がなされるべき状況のいくつかが指示されている場合もある。すなわち、「主が行なってはならないと命じた戒めの一つについて、人が過って違反した場合」〔同4:2〕や、聖所に支払うべき納付物を不注意から手放さなかった場合、あるいは、不注意や偽誓により、預り物、質草、遺失物、盗品や不当に保持されている品を着服した場合である。だが、結局のところ、これらの状況をはっきりと区分するのは困難である。[66] 儀式のなかでおもに強調点が置かれるのは、状況よりもむしろ儀礼の実践である。フォン・ラートが言うように、「聖化の過程の理論」とその「土台となる観念」は隠されたままである。いずれにせよ、同じ儀式がさまざまなズレを被り、主題を変化させることがある。儀礼はいわば礼拝の容器としてそこにあるものであり、反省はそれを見出すのである。儀式はいくつもの意味を次々と受け入れることができるが、いずれの意味によっても汲み尽くされない。儀式は主観性を知らず、実践の正確さだけを認識するからである。[67]

　とはいえ、儀礼的な贖いは、主観的で内面的でしかないような過程にはけっして還元できないとしても、神に対するイスラエルの諸関係の具体的な全体において異物であるわけではない。〔儀礼的な〕礼拝が預言者たちよりも、モーセよりも、そしてイスラエル民族自体よりも遠い起源をもつとしても、それはイスラエルの信仰によって内的に編成し直され、全体的に表現されているからである。

　一方では、捕囚以後に展開された贖いの観念は、もっぱら「実在論的」な側面と「危険な」局面を際立たせた罪の観念に応答するものである。すでに見たように、罪はつねに穢れによって象徴されえたのであるが、その穢れは罪によって根底的に変容されたものであった。罪の「罰を負う」という表現は、すでにエゼキエルに見られ（『エゼキエル書』14:10 参照）、次いでパウロではひんぱんに出てくるが、それは赦されざる罪の主体的な重みと客体的な呪いとを表現しようとするものである。おそらくその不安な音色は、祭司の語りや警告に見え隠れする怖れや死の脅威、「打撃」や「傷」（たとえば『レビ記』10:6、『民数記』1:53; 17:11; 18:3）といった全体の音調のなかに位置づけ直してみるべきものであろう。贖いの儀式が強調され、つねにイスラエルの礼拝に伴わねばならなかった理由は、人間はつねに神によって無に帰されうるという不安から部分的に説明できる。ゆえに、死の脅威として解された罪への感受性が、それに先行する穢れの全表象を活性化したというのは、なんら驚くべきことではない。これに対応して、穢れという古い観念が、預言者たちの告げる罪の経験の次元へと移されたのである[68]。

他方、供犠それ自体については、その客観的な効力は「赦し」と関係がないわけではない。先に私たちが試みたように、赦しは供犠とはまったく無関係に理解されるとしても、そうなのである。「贖い[69]（キッペル（kipper））」という語自体、その道徳的な倍音の数々を通して、買い戻しや身代金といった他の象徴と結びつくのである。「覆う」という行為、さらによくあるものだがこすって「消す」という行為は、一気に象徴的な響きを獲得し、まさしく赦しを意味するようになる（逆に赦し――サーラッハ（salach）――という語は聖水散布という儀礼的行為を想起させる[70]）。赦しと贖いについては、最初は一方は解放する神の行為、他方は「贖いを行なう」人間（祭司）の行為として、対立しあうものと思われるかもしれない。だが、「贖いを行なう」という表現は、この動詞に結びつく表象を前提とするものではない。この表現が意味するのは、儀式によって定められた行為を遂行するということである。儀式は「祭司が会衆のために贖いをすると、彼らは赦される」（『レビ記』4:20, 26, 31, 35; 5:9, 13）と宣言するが、そのたびに何が起こるかは言われていない。祭司とその振る舞いが神的なものに対して呪術的な影響をもたらす、とは結論できないのである。反対に、『レビ記』が供犠〔犠牲〕の神学の方向へと開くただ一つの突破口――例外的だからこそ貴重なのだが――を通して垣間見られるのは、贖いの儀式の振る舞いとしての象徴系が赦しのまったく精神的な象徴系へと包含されうるということである。以下のテクストはそれを示している。「イスラエルの家に属する者、あるいはあなたがたのうちにとどまっている寄留者が、いかなる血であれ食べた場合、私はその血を食べた者に顔を向け、民のなかから絶つ。肉なるものの命、それは血にある。私はあなたがたの命の贖いをするために、祭壇でそれをあなたがたに与えた。血が命に代わって贖うのである」（同17:10-11）。

このテクストが垣間見させるのは、血のシンボリズムによって、贖いの儀式と赦しへの信仰（これ自体が罪告白や悔い改めと結びついている）が結びつけられることである。実際、血を食べることが禁じられる理由（『創世記』9:4参照）は、血のなかにある命を尊重するということ（「肉なるものの命、それは血にある」）、あるいは別のテクストで言われるように「血は命である」（『申命記』12:23）ことだけではない。血は世俗的な用法から切り離して、「あなた方の魂のための」贖いのためにとっておくべきものである。それはどのようにしてか。ここで七十人訳聖書はヘブライ語の具格小辞（血は魂を介して、つまりは犠牲に供した動物の命を介して贖いを行なう）をギリシア語の代理の前置詞〔ἀντί〕と等価であると解釈して、「τὸ γὰρ αἷμα αὐτοῦ ἀντὶ τῆς ψυχῆς ἐξιλάσεται（なぜならその血は魂に代わって贖いを行なうだろうから）」〔『レビ記』17:11〕と訳した。ここで翻訳者は一つの選択を行なっている。すなわち、血の象徴を贈与の象徴とみなす、という選択である。信仰者は犠牲に供された動物の形象のうちにみずから自身を投入し、神との合一を求めるみずからの欲望を証示する。この場合、血のシンボリズムはもっぱら贈物、供物のシンボリズムを豊かにする。前者が後者につけ加えるのは、みずからの供物とみずから自身とのあいだ、みずから自身とみずからの神とのあいだには、生きた連続性、決定的な連続性があるという鋭い感覚である。見てのとおり、この解釈では贖いは人間によって「なされる」のだが、人間が「なす」のは贈与であり、いけにえの殺害を考慮に入れずに血の散布の儀礼自体を考察するかぎりは、そこには刑罰の意味は一切ない。実際、注がれた血を呈示するという行為には、刑罰を受けるという考えはまったく含まれていない。いけにえの殺害によって初めて、刑罰としての身代わりという可能な観念へと扉が開かれる。みずからが死ぬ代わりに、信仰者はみずからの代理となる犠牲獣の死を心に恥じつつ凝視するのである。

七十人訳聖書の提案は、ユダヤ的な供犠をキリスト論的に解釈するには好都合である。だが、これを斥《しりぞ》けて、「血が贖いとなるのは魂を介してである」という、贖いの秘儀を開示せずしてその媒体のみを示す文言にとどまるとしても、贈与が強調されているのは確かである。ただし、その場合は、神によって贖いの手段が贈与されるということになる。「私はあなたがたにそれを与え、祭壇の上においたのは、…のためである」というわけである。もしかしたら、この点を強調することは、七十人訳聖書で素描されている代理の満足（satisfactio vicaria）の神学よりも重要かもしれない。というのも、それによって、「贖いを行なう」祭司が神によって意味が「与えられる」秘儀を実行するのは、儀式の行ない方がどうであれ、血と命の象徴系を介してであることが示唆されるからである。このように贖いの手段が与えられることは、赦しそのものにきわめて近い事柄なのである。[71]

そうであれば、儀礼的な贖いは、もはや「立ち返り」や「赦し」という中心的なテーマと異質のものではない。そこでは「立ち返り」や「赦し」がいわば身振りにおいて客体化されているのである。儀式の世界と痛悔の世界という二つの世界があるのではない。後者は前者において、謎めいた身振りによって上演されているのである。二つのシンボリズムがこのように総合される様子は、「贖いの日」（『レビ記』16）の儀式によく表れている。罪告白は不可欠な条件ではあるが、そこで贖いが中心的な位置を占めるのは、数々の血の散布の儀式によってなのである。最後に、イスラエルの罪を遠くに運ぶために山羊を砂漠に放つ儀式が、罪の赦免を誰の眼にも感知できるものにする。このように、放逐の儀式がより十全な形で表現するのは、刷新の儀式においてすでに意味されていたことであって、刷新の儀式とは赦しによる和解の外在化なのである。[72] 結局のところ、儀礼的な贖いという奇妙な植生は「悔い改め」と「赦し」という木から育った突起物のようなものであり、そうであるがゆえに、今度は贖いのシンボリズムが赦しのシンボリズムを豊かにできたのである。『詩篇』の各所（78:38; 65:4; 79:9）で神が贖いの主体とし呼び求められるのはそのためである。(73) 神が「贖いを行なう」と言うのは、神が「赦す」という意味である。こうして贖いのシンボリズムは赦しのシンボリズムから借りていたものを返すのである。

第三章　負い目

負い目は過ちの類義語ではない。過ちを負い目と同一視すると、過ちの意識の本質をなす数々の緊張が損なわれてしまう。本書の全考察はそうした同一化に対する抗議である。

過ちを負い目に還元することに抵抗しなければならないのは、次の二つの理由による。第一には、負い目だけを考えても、いくつもの方向に分かれるものだということである。すなわち、刑罰と責任との関係をめぐる倫理的‐司法的な反省、繊細で細心な意識をめぐる倫理的‐宗教的反省、そして最後に、告発され断罪された意識の地獄をめぐる心理的‐神学的な反省、そうした数々の方向である。刑罰のギリシア的合理化、倫理的意識のユダヤ的細密化、〈律法〉とその業《わざ》の体制下での人間の悲惨さのパウロ的意識化、負い目の観念が担うのは、分岐していくこれら三つの可能性である。そして〔第二に〕、負い目のこれら三つの局面は、そのなかの二つが他の一つとたえず対立する関係にあり、三つの局面の内的な結びつきを一挙に理解することはできない。すなわち、ギリシアの合理性はユダヤ人とキリスト者の宗教性に対立し、「〔ユダヤ的〕敬虔さ」の内在性はポリスの外在性、および恵みによる救いの外在性に対立する。パウロの反法律主義は裁判所の法律とモーセの律法に反対する。本章の以下の論述は、負い目の観念のこのような分岐をもっぱら主題とすることになるだろう。だが、負い目に内在するこの弁証法を見てとるには、それをより広大な弁証法、すなわち穢《けが》れ、罪、負い目の三つの契機からなる弁証法のうちに位置づけ直すことが必要である。

負い目が理解されるのは、過ちの他の二つの「審級」を起点とする二重の運動、すなわち断絶と捉え直しの運動を通してである。断絶の運動によって、負い目ある（coupable）人間という新たな審級が出現し、捉え直しの運動によって、この新たな経験は、それに先行する罪のシンボリズム、さらには穢れのシンボリズムさえも背負いこむ。そうして表現されるのは、過ちという観念が行き着く逆説である。それは、責任を負いうると同時に囚《とら》われた者である人間、さらに言えば、囚われていることの責任を負う人間という概念、要するに隷属意思（serf-arbitre）の概念である。

1　新たな審級の誕生

負い目が穢れと罪を乗り越え、かつそれらに由来するシンボリズムをとり集めるというこの二重の運動について、これから考察していくことにしよう。

ごく一般的な表現を用いれば、罪が過ちの存在論的な契機であるように、負い目は過ちの主観的な契機を指していると言える。罪とは神の前での人間の実在的な状況を指し、人間がこの状況についてもつ意識には左右されない。この状況は文字通りの意味で発見されるべきものであって、〈預言者〉とは王に対してその権力は弱く空しいことを告げることのできる人である。負い目とはこの実在的な状況の意識化であり、あえて言えば、そのような「即自」の「対自」化である。

この契機は、最初は従属的な位置にあり、包み隠されている。それはすでに穢れの主題のうちに透《す》かし見られる。すでに見たように、穢れに特有の怖れは、処罰の先取であり、処罰からの防御であった。そうして先取された処罰は、その影を現在の意識にまで広げ、現在の意識は罰の脅威の重みがみずからにのしかかるのを感じるのであった。このように「重荷」を「背負わされた」意識には、負い目の本質的な要素がすでに含まれている。罪過というのは、先取され、内在化され、すでに意識へとのしかかる罰以外の何ものでもないだろう。そして、悪の根底的な外在性にもかかわらず、怖れが最初から穢れそれ自体の内面化の道程である以上、負い目は穢れ自体と同時的な契機なのである。だがこの段階では、負い目の契機は依然として従属的な位置にある。そこでは、人間が過ちを「背負わされる」のは儀礼的な意味で不浄だからである。みずからが悪の重さとその数々の帰結の重さを背負っていると感じるために、人間がその悪の作者である必要はない。負い目があるというのは、単にいつでも罰を担い、みずからを罰の主体とする準備ができているということである。この意味で、そしてひとえにこの意味でのみ、穢れのうちにすでに負い目が含まれているのである。たしかに、責任を負う（responsable）とはある行為の帰結を引き受けうることだと言いたいのならば、この負い目はすでに責任＝応答可能性（responsablité）である。しかし、そうした責任意識は、罰の重さを先取的に背負わされているという意識に付随するものでしかない。それは〈…の作者である〉という意識に由来するものではないのである。ここで事柄を非常によく照らしてくれるのは責任をめぐる社会学である。それによると、人間が責任意識をもつようになったのは、原因、動作主、作者であるといった意識をもつより前である。数々の禁止に関わっているという人間の状況こそが、最初に人間を責任ある者としたのである。

　したがって、負い目の意識は悪の経験に真の転回をもたらすものである。もはや第一のものは、穢れの実在性でもなければ禁止の客体的侵犯でもなく、またその侵犯によって引き起こされる〈復讐〉でもない。自由の悪しき使用、自我の価値の内的減少として感じ取られるそれこそが、今や第一のものである。この転回は重大であり、罰と負い目との関係を逆転させる。すなわち、〈復讐〉による罰から負い目が生じるのではなく、実存の価値の減少が罰の起源となり、治癒と矯正として罰が求められるのである。こうして、最初は罰の意識から生まれた負い目がこの罰の意識を反転させ、その方向をまったく逆転させることになる。負い目が要求するのは、罰自体が復讐としての贖いから教育的な贖いへと、要するに矯正へと転じることなのである。

それゆえ、負い目が罰のなかに導き入れるこうした転回は、罪の審級を飛び越えて負い目と不浄を直接対比するならば、はっきりと感知できる。それよりも難しいのは、罪から負い目への屈曲点を位置づけることである。

実際のところ、過ちの意識の第三の審級（負い目）の第二の審級（罪）に対する関係は、はるかに複雑なものである。一方では、二つの審級のあいだに連続性があることは疑いない。しかし他方で、何か新しいものが現れるのであり、それは罪の感情の反転とまではいかないが、少なくともある種の「危機」ではある。そのような新しさと危機は罪の感情の深化に由来するのであるが、それでもこの危機の大きさをきちんと見積もっておかねばならない。一方では、罪の感情とは負い目の感情であり、「罪過」はまさしく罪が背負わせるものである。すなわちそれは、起源との絆の喪失として感じとられるものである。その意味では、負い目とは罪の内面化の完成態であり、この内面化は人間に向けられた要求が深化した結果である。この深化が二重のものであることを記憶しておこう。〈禁止〉が単なる儀礼ではなく倫理となるとき、責任の主観的な極が生じる。すなわち、責任はもはや単に制裁に応じるもの――その場合、責任を負うというのは罰を背負う主体という原始的な意味になる――ではなく、決断の中心であり、行為の作者となる。だが、それだけではない。禁止は儀礼から倫理へと移行するだけでなく、義務や徳の枚挙には収まらない完全性の要求によって無際限化するのである。この「完全性」への呼びかけによって、諸々の行為の背後にある可能的な実存の深みが掘り下げられていく。というのも、人間は責務の多様性を超えた唯一無二の完全性を求められるのに応じて、みずからが単に多様な行為の作者であるだけでなく、それらの行為の諸動機、さらにはそうした動機の向こうにあるもっとも根底的な諸可能性の作者でもあることに気づかされるからである。そして、そうした根底的な諸可能性は、突如として端的な二者択一へと集約される。〈神〉か〈無〉か、という二者択一である。これが先に言及した「申命記的選択」、すなわち「私は命と死をあなたの前に置く。命を選びなさい、そうすればあなたは生きるだろう」（『申命記』30:19参照）という選択である。根底的な選択へのこうした呼びかけに面して、主観的な極が生起する。それが応答する者だというのは、罰を担う者という意味ではなく、みずからの生全体をつかみ、その生を端的な二者択一によって決まる不可分の命運と考えうる実存者という意味においてである。こうして預言者の訴えかけを通して、〈契約〉はヤーウェとその民のあいだの単なる法的な契約から、個人的な次元の告発と懇願へと変容された。以後、〈私〉が存在することになるのだが、それはそもそも〈あなた〉が存在するからであって、この〈あなた〉へと神の側から呼びかけるのが預言者なのである。

　こうしてついに、罪の告白を通して、罪の内面化の運動が個人的な負い目として完成される。呼びかけられる〈あなた〉はみずからを告発する〈私〉となるのである。だが、まさにそれによって、罪の感覚から負い目の感情へと移行させる強調点の移動が描かれる。負い目の感情は、「神の前で」や「あなたに対して、あなただけに対して」を強調する代わりに、「…したのは私だ」ということを強調するのである。ヘブライ語文書における悔い改めの詩篇は、この強調点の移動における二つの極をよく表している。

私は自分の背《そむ》きを知っています。
罪はたえず私の前にあります。
あなたに、ただあなたに私は罪を犯しました。
あなたの前に悪事を行ないました。
（『詩篇』51:5-6）

「私」が「あなたの前」よりも強調され、「あなたの前」が忘れられさえすると、過ちの意識はもはや罪ではなく負い目となる。全面的な孤独の経験のなかで、今や悪の尺度となるのは「意識」である。多くの言語において、同じ語が道徳的意識〔良心〕と心理的で反省的な意識を表すのは偶然ではない。とりわけ負い目というのは、「意識」が最上位の審級へと昇進したことの表れなのである。

私たちがここで検討している宗教的文献では、負い目が罪に完全に取って代わることはけっしてない。右で言及した詩篇作者の告白は、なお二つの審級、および二つの尺度が均衡した状態を表現している。二つの尺度というのは、絶対的な尺度と主観的な尺度であり、前者は存在する数々の罪を見てとる神の眼差し、後者は登場する負い目に評価を下す意識〔良心〕の法廷という姿をとる。だが、一つのプロセスが始まったのは確かである。このプロセスが最後まで至ったならば、忘れられたり知られていなかったりする罪の告白によって例示されるような罪の「実在論」が、仮象や仮面をともなって現れる負い目の「現象論」によって完全に取って代わられることだろう。だが、このプロセスが最後まで行き着くのは、罪の宗教的意味を清算するという代価を払ってのことでしかない。そのときには、人間は自分自身がそう感じるとおりに罪ある者となる。純粋状態の負い目とは、尺度としての人間の一様態と化した負い目である。このように負い目と罪が全面的に断絶する可能性は、まさしくこれから考究していく三つの様態のうちで予告されている。その三つとは、刑法的な意味での罪の個人化、細心なものの繊細な意識、そしてとりわけ断罪の地獄である。

過ちの新たな「尺度」の誕生は、範例的な過ちの歴史において決定的な出来事である。この出来事は二重の意味での獲得物を表しており、もはやそれ以前に戻ることはできない。

一方では、負い目に含まれているのは、いわゆる悪の責めを個人に帰するという判断である。負い目によるこの個人化は、罪告白の「私たち」との関係を断つものである。捕囚期のユダヤの預言者たちは、共同的な罪から個人的な負い目へのこうした方向転換の証人である。この転換は特定の歴史的状況に対応している。罪の説教が代表していたのは、ユダヤの民の全体に出エジプトという集団的な解放の記憶を想起させ、主の日という集団的な脅威への怖れに直面させるという仕方での預言者の訴えかけであった。しかし、不幸が到来し、国家が破壊され、ユダヤの民が囚われの身となった今では、集団的な立て直しを訴えていた説教は望みのないものとなり、訴える力を失って虚無的な意味をもつことになった。共同の罪を訴える説教が意味するのは、もはや選択が開かれていることではなく、民族全体の運命が決定してしまったということである。まさにこのときから、個別の罪、個人的な負い目を訴える説教が希望を意味するようになった。というのも、罪が個人的なものならば、救いもまた個人的なものでありうるからである。その場合、出エジプトが出バビロニアとして繰り返されることはありえなくとも、〈帰還〉は際限なく延期されざるをえないとしても、個々の人間にはなお希望がある、ということになるだろう。

実際、民族全体が人を分け隔てせずに罰せられる場合は、過ちと処罰において世代間の連帯があり、息子は父の罪によって罰せられることになる。こうしてバビロニアの捕囚者は、みずからが犯したのではない罪の代価を払ったのである。これについてエゼキエルは次のように宣告している。「あなたがたがイスラエルの地について、『父が酸っぱいぶどうを食べると、子どもの歯が浮く』ということわざを口にしているのは、どういうことか。私は生きている――主なる神の仰せ。あなたがたはイスラエルで二度とこのことわざを口にすることはない。すべての命は私のものである。父の命も子の命も私のものだ。罪を犯した者は、その者が死ぬ」（『エゼキエル書』18:2-4）。これ以降、訴えかけられるのは個人である。「違背」と「回心」は、個々の人間が「悪人」となるか「義人」となるかを決するものとなる。最終的には〔神の〕慈愛が強調されることは疑いない。「また、私が悪しき者に『あなたはかならず死ぬ』と言っても、その人がその罪から立ち返り、公正と正義を行なうなら、すなわち、悪しき者が質物を返し、強奪したものを返却し、命の掟に従って歩み、不正を行なわないなら、その人はかならず生き、死ぬことはない」（同33:14-15）。エレミヤは責任と個人レベルの応報について、エゼキエルの表現すらも予告するような仕方でさらに強力に宣告する。「その日には、人々はもはや、『父が酸っぱいぶどうを食べると、子どもの歯が浮く』とは言わない。人は自分の過ちのゆえに死ぬのだ。酸っぱいぶどうを食べる人は、誰でも自分の歯が浮く」（『エレミヤ書』31:29-30）。この宣告は、新たな〈契約〉の告知と不可分に結びついている。その際には、〈律法〉は「彼らの存在の底に」住まい、「心の内に書かれた」ものとなるだろう。その際には、「小さな者から大きな者に至るまで、彼らは皆、私を知るからである――主の仰せ。私は彼らの過ちを赦し、もはや彼らの罪を思い起こすことはない」（同 31:31-34）。こうして、集団的な帰責と古くからの〈恐怖〉が結びつけられ、問いに付されることになる。前者は父の世代の不正の罰を子の世代に与えるものであり、後者は穢れの体制と罪の体制を横断する体制である。〔罪の〕行為の連鎖から解かれることができるのは、世代間の連鎖を断ち切ることができるのと同じである。取り消し可能な時間が超歴史的な運命に取って代わるのである。

ここで紀元前五世紀のギリシアにおける遺伝的な穢れへの批判と比較してみるべきである。そこでもまた、世代間で連鎖する呪いが、新たな時間、新たな神々へと場所を譲る。数世紀来の負債が個人の責任へと場所を譲ると同時に、エリーニュスはエウメニデスとなるのである。(訳14) それは徹底的な断罪の時間とも、また憐憫の時間ともなりうる。それゆえ、まったく新たな時間のエコノミーが設立されるのである。永年の負債の法は断たれ、各人がみずからの過ちの代価を払うことになる。各人が各瞬間に再び開始し、「永遠なる者へと立ち返る」ことができる。この発見は、応報の教説によって開かれた危機を解決するどころか、むしろ深刻化することになった。どのようにしてそうなったのかは、のちほど明らかになるであろう。ヨブが異議を申し立てたのはまさしく各人がみずから自身の罪のために死ぬということであり、この発見から新たな悲劇が生まれることになるのである（本書第二部第五章参照）。

以上のように、罪の「実在論」と負い目の「現象論」のあいだの緊張からの第一の帰結として、帰責の個人化がもたらされることになった。こうして過ちの意識のうちに新たな対立が生み出される。すなわち、罪の図式によれば、悪とは「そこにおいて」人類が単一の集合的存在としてとらえられるような状況であるが、負い目の図式によれば、悪とは一人ひとりの個人が「開始する」行為である。このように過ちが数多くの主観的負い目に細分化されることによって、罪告白の「私たち」はあらためて問いに付され、罪ある意識の孤独が現れ出るのである。

過ちの個人化と同時的に獲得される第二のものは、負い目にはさまざまな度合いがあるという考えである。罪が質的な状況――存在するかしないか――であるのに対して、負い目とはより大でも小でもありうる内包量を指し示す。罪はすべてか無かという法則に従うのであり、聖パウロはそれを詩篇記者から受け取り直して次のように言う。「義人はいない。一人もいない。悟る者はいない。神を探し求める者はいない。皆迷い出て、誰も彼も無益な者になった。善を行なう者はいない。ただの一人もいない」(訳15)（『ローマの信徒への手紙』3:10-12）。反対に、罪ある〔個人の〕意識が告げるのは、みずからの過ちには大小があり、重大さの度合いがあるということである。さて、負い目が度合いをもつとすれば、その度合いには両極があり、それらは「悪人」と「義人」という対極的な姿を示すことになる。そして、正義自体は相対的な正義となり、無際限で手の届かないような完全性によってではなく、「義人」の姿に含まれる最大化された正義によって測られることになる。「義人」とは私たちのなかの一人である単なる人間なのだが、おそらく絶対的な正義の説教には、そうした「義人」の姿がつねに逆説的な仕方で伴ってきたのであろう。『創世記』の同じ章のなかでもこの二つの方向が並び置かれている。すなわち、一方では「主は、地上に人の悪がはびこり、その心に計ることが常に悪に傾くのを見」（『創世記』6:5）たと記され、他方では「その時代のなかで、ノアは正しく、かつ全《まった》き人であった。神とともに歩んだのがノアであった」（同6:9）と言われている。一方はヤーウェ資料の伝承に、他方は祭司資料の伝承によるものであるが、それでも最終的な編集の際に、両方のテーマがその相違も含めて尊重され、併記されたのは事実である。ノアが「その時代のなかでただ一人神に従う人」（同7:1参照）であったからといって、この例外性自体の謎が消えるわけではない。そのうえ、これは唯一の例外ではない。エノクもまた「神とともに歩んだ」（同5:24）し、ヨブもまた「完全で、正しく、神を畏れ、悪を遠ざけていた」(『ヨブ記』1:1)。『ヨブ記』三一章におけるヨブの驚くべき「弁明」は、この相対的で有限な正義を記述したものである。それは最大化された正義であり、全面的な完全性とは異なり、接近でき満足させることすらできるような正義である。逆にそのような正義こそが相対的な不正の度合いを規定するのであり、「信心深い」有限で細心な意識はそうした度合いへと心を向けるのである。

義人と信心深い者たちの倫理のこうした偉大さについてはのちほど第3節で、その錯覚と挫折については第4節で語ることにしよう。だが、罪の平等化する経験と負い目の程度の差をもつ経験を対立させる意識の契機を、それ以前の段階に戻って廃棄することはできないだろう。負い目にさまざまな程度があることの表明は、道徳のみならず司法や刑法における一切の帰責の前提であることを考えれば、なおさらそれは不可能である。人間は全面的、根底的に罪人であるのに対し、負い目には大小がある。犯罪に階梯があることにより、罰にも階梯が設けられる。それゆえ、負い目には程度があるというこの宣言は、「敬虔な者たち」の繊細な意識や自己の正義という地獄に閉じこめられた不安な意識の糧となるだけではない。この宣言は立法者や裁判官にとっても糧となるのである。

したがって、負い目の審級とは、「尺度としての人間」の「神の眼差し」に対する優位の可能性である。個人の過ちと民族の罪との分離、程度のある帰責と全面的で全体的な告発との対立は、そのような方向転換を告げるものである。以上の全特徴からの考察によって、私たちは負い目という新たな経験が分岐していく三本の道の交差点へと導かれたのである。

2　負い目と刑罰的な帰責

負い目の意識が第一に展開するのは、私たちの倫理的－司法的経験という方向である。これから見ていくように、法廷のメタファーが負い目の意識のあらゆる領域に侵入してくる。だが、法廷というのは、道徳的意識のメタファーである以前に、公共体の現実の制度である。まさにこの制度を介して、宗教的な罪意識が修正されてきたのである。どのような方向にか。

本章では、先の二つの章と同様に、もっとも原初的な象徴を通して始まっていた過ちの概念化を問題にするが、近代的な形の刑法や、法権利と犯罪学との出会いによって提起される問題は扱わない。そうした問題はあとであらためて取り上げることになるだろう。ローマの刑法さえも参照しない。ローマの刑法による諸概念の修正は、不浄や不敬、不正といった私たちが発生状態で捕まえようとする数々の主題に対して、すでに遅れをとっている。〔過ちの〕意識の「始まり」を露わにするという点では、ギリシア人たちの刑法的経験がより重要である(74)。刑法に関するギリシア人の経験は、ローマ人のそれがもつ秩序と厳密性にはけっして到達しなかったが、だからこそ刑法の概念の初発形態をとらえる機会を提供してくれる。加えてこの経験は、ソフィストたちやプラトン、アリストテレスによる哲学的反省と同時代のものであり、それによって反省され、かつ変容されるものである。さらに言えば、この経験はギリシア悲劇にも隣接している点で、哲学だけでなく、反－哲学に近いところにも位置している。そして最後に、刑罰という経路から負い目に関するギリシアの語彙が形成されたことは、巨大な文化的出来事であった。ヒュブリス（ὕβρις）〔傲慢〕やハマルテーマ（ἁμάρτημα）〔罪〕、アディキア（ἀδικία）〔不正〕といった語の冒険は、私たちヨーロッパ人自身の意識の冒険である。聖書自体、ギリシア語翻訳を通して私たちの文化に影響を与えた。聖書的な罪をはじめ、ヘブライ起源のすべての倫理－宗教的な概念に対応するギリシア語を選ぶというのは、それ自体として、私たちのもつ数々の象徴の意味を決することであった。この水準においては、私たちはギリシア人でありかつユダヤ人なのである。それゆえ、負い目に関する諸概念は、ギリシア人たちの司法的－刑法的経験を通して形成されたとしても、古典期ギリシアの単なる刑法制度の歴史を超えて、以上のような倫理的－宗教的意識の範型的な歴史に属している。これから私たちがたどり直していくのは、この歴史を動かしてきた主たる要素である。

この過ちの意識の第三の審級〔負い目〕に対するギリシア人の貢献がユダヤ人の貢献とは大きく異なるのは、ポリスとその法制、および刑法の組織化に直接関わる考察が大きな役割を果たした点である。告発された主観性の対極となるものを産み出すのは、もはや〈契約〉、倫理的一神教、神と人の人格主義的な関係ではない。人間たちのポリスの倫理が、理にかなった訴追の源泉となるのである。たしかに、この過程はまだ宗教的意識の周縁で展開している。ポリスはなお「聖なる」偉大さを存続しており、ポリスが古典時代の聖性を帯び続けているように、不正はなお不敬の類義語であり続けているのである。(75) また逆に、ギリシアで不敬が語られるとき、さらには不浄が語られるときも、不正が語られないことはなかった。古典時代には、清らかなもの、聖なるもの、正しいものという三つの審級は、どの方向からたどってもつねに重なりあっていたのである。一つの審級から他の審級へと移行する際にも、ヘレニズム的な意識では、イスラエルで預言者の説教が引き起こしたような重大な危機に見舞われることはけっしてなかったと言わねばならない。詩人たち、とくに悲劇詩人たちはアルカイックな状況への好みをもち、文学や演劇では穢れや浄めを語る古い神話が再活用されていたため、多様な観念がいっそう解きほぐしがたく絡み合わされることになった。ギリシアの証言だけを用いていたとしたら、穢れ、罪、負い目という連続する類型について、いささかなりとも一貫した考えにたどりつくことはできなかったであろう。

このように、アディケイン（ἀδικεῖν）というのは、不正を犯す、さらには不正であるというような抽象的な意味で解されることが多いが、不浄さがもつ不吉な効力の埒外で、純粋に道徳的な悪の観念が登場したことを記す語である。とはいえ、不正も正義それ自体も、清浄と不浄の太古からの意識に根を下ろしている。まさしくディケー（δίκη）〔正義〕が合理化されて、アディケーマ（ἀδίκημα）〔不正〕の合理性が設定されたのである。後者の合理性は、本質的に〈コスモス〔宇宙〕〉と〈ポリス〉を分割するという点にあった。アナクシマンドロスの断片では、同じ正義、不正、贖いが、「時間の秩序に沿った」存在者の全体としての自然〈全体〉のカテゴリーであった。それがポリス的で司法的な審級に固定されて、単に人間的でしかない人間的なものへと結晶化したのである。ポリスを規定する活動の本質をなすのはこうした形の固定である。デモステネスは、「故意による」殺人と「故意でない」殺人の区別を評して次のように記している。「ある人が遊戯の最中に別の人を殺した場合、立法者は、その人は不正を犯したのではないとする」。ポリスの判定行為によって全体が分割される様子を、ヘラクレイトス〔Ἡράκλειτος　紀元前五四〇頃－紀元前四八〇。古代ギリシアの哲学者〕は次のように記述している。「神にとっては、すべては美であり、善であり、正であるが、人間たちはあるものを不正と考え、あるものを正しいと考える」(訳16)（ディールス、断片一〇二）。ジェルネ〔Louis Gernet　一八八二－一九六二。フランスの歴史家・法学者〕が強調するところによれば、こうした区分を展開できたのは、もっぱらポリスの聖性が比較的関与しない法の諸領域であった。瀆聖（ポリスの資産とその聖所を侵害するという厳密な意味での）や売国のような公的な罪状がなおある種の聖なる怖れを目覚めさせるのに対して、個人を傷つけ、傷つけられた者に訴追の権限を与えるような私的な罪状は、被った傷害に関するより客観的な観念を形成する機会となり、そうした傷害への制裁は明確な尺度に基づいた報復によるものとなる(76)。よく知られているように、こうして人間の法廷で行なわれる罪状の確定と測定の作業は、刑罰そのものの確定のために実施されたのであり、刑罰を測定することを通して、また刑罰を測定するために、ポリスは負い目それ自体を測定するようになったのである。このように、負い目の程度という観念が出てきたのは、ユダヤ人では共同的な罪告白のなかで個人的な省察が優位を占めてきたことによるが、ギリシア人では刑罰の進展と相関していたのである。

　ギリシア語の用語の批判的研究を通して、ジェルネは刑罰の尺度が確定していく過程を区分していった。一方では、コラゼイン（κολάζειν）〔罰する〕という語は、社会による抑止を意味し、社会的な怒りに由来するものだが、古典ギリシア期には矯正的な刑罰を指すようになった。そこには二重の意味、すなわち、罰の本性に関わる意味

（鞭打ちから叱責まで、家庭の父親による節度をもった罰を指す）と、罰の意図に関わる意味（復讐から矯正に取って代わられる）とが含まれている。これについては、プラトンが『プロタゴラス』や『ゴルギアス』で述べていることが知られている。[77] だが、刑罰における尺度が司法的な意識のうちに導入した数々の変化のうち、もっとも重要な変化をもたらしたのはティーモーリアー（τιμωρία）〔報復〕という語であり、これは社会の怒りよりも犠牲者への償いを表すものである（「報復が無際限であってはいけない（οὐ δεῖ τὰς τιμωρίας ἀπεράντους εἶναι）」とデモステネスは言っている）。これは刑罰にとってきわめて本質的な尺度であるため、犯罪者について「みずからの刑罰を獲得する（τυγχάνειν τιμωρίας）」と言われるようになる。ティーモーリアーを犯罪者に「与え」て犠牲者に「釣り合わせる」のがポリスのディケー〔正義〕である。こうしてディケーは宇宙的な秩序を表さなくなり、法廷の手続きと一体化したのである。

こうして刑罰が合理化されてゆくのに伴い、その反作用によって、負い目自体も同様に差異化されていった。刑罰から負い目へと遡行させるこの動きは注目に値するものである。ドラコン法に見られたような、「故意による」犯罪と「故意でない」犯罪という最初の一貫した区別は、内観によって獲得されたものではなかった。それは「汝自身を知れ」というような心理的な様態ではなく、アプリオリな区別であった。この区別を暴力やうぬぼれという罪の古いイメージに押しつけることで、数々の制度上の区別が可能になったのであるが、それらは数々の裁判所の再組織化に表れている。これ以降、「故意による」殺人はアレオパゴス〔太古以来、アテナイで最高裁判所の役割を担った会議〕で裁かれることになるが、ポリスはそこから〔加害者の〕家族に対する復讐を除外した。またパラディオン裁判所では、ある種の「故意でない」犯罪が討議の対象となり、ときには無罪とされたり追放の刑に処せられたりした。デルフィニオン裁判所では、遊戯や戦争における明らかに「故意でない」殺人が扱われた。司法制度が先行し、その後に心理が語られるようになった。ただし心理自体が直接語られるのは稀であり、格言や哀歌、悲劇といった詩を介して語られた。そしてそうした詩を通して、グノーメー（γνώμη）〔判断〕、自己省察、行為についての繊細な分析がさまざまに展開されたのである。とくに、数々の寓話的な犯罪の想像は、叙事詩的な悲劇によって繰り返されて、「故意による」犯罪と「故意でない」犯罪について考察する機会となったが、そうした考察は穢れや神による盲目化の省察を通して展開していったのである。こうして老オイディプスは、故意でない犯罪という問題についてあらゆる方向に考えをめぐらせる。そして、近親相姦とみずからの不幸の始まりとなった罪について、あるいはみずからの身体に拳を振り上げさせた怒りについて、みずからを告発したかと思えば、みずからに罪はないと言う。[78] 聖なる犯罪をめぐるこうした空想的想像力には、おそらくデルフォイの釈義者たちのより控え目な仕事もつけ加えるべきであろう。彼らは神を信じる者たちが正しい悔悛を行なうように気を配ったのである。

刑法と寓話的な犯罪、および信者となる者たちの悔悛に関するこうした反省的考察から数々の基本概念が生まれたが、それらはプラトンの『法律』やアリストテレスの『ニコマコス倫理学』によってある程度の厳密性を与えられた。すなわち、（a）端的に意図的ないしは故意によるもの（ヘクーシオン（ἑκούσιον））、反対に故意でなく強制（ビア（βία））によるもの、および故意ではなく無知（アグノイア（ἄγνοια））によるもの、（b）手段に関する選択（プロアイレシス（προαίρεσις））、その選択を熟慮した欲望（ブーレウティケー・オレクシス（βουλευτικὴ ὄρεξις））と化す思量（ブーレー（βούλη）、ブーレウシス（βούλευσις））、（c）目的に関する願望（ブーレーシス（βούλησις））といった区別である。このように反省的考察によって修正される以前は、故意と故意でないものの区別はまったく刑罰上のものであり、なお大雑把なものであった。「故意による」は前もって考えていたことを意味する場合も、単に意志を伴うことを意味する場合もあったし、「故意でない」には過失のなさ、見落とし、思慮のなさなどが含まれ、ときには激昂、さらには単なる偶発事さえも含まれていたのである。

遊戯や戦争での思慮のなさや見落としによる過ちのような極限的事例の数々を解明することは、負い目の繊細な心理学と呼べるような作業において決定的な役割を果たした。実際、前もって何も考えていなかった場合の責任の有無は、いわば故意のものの境界領域の事柄であり、法学上の区別の恰好の材料となる。議論が過熱して相手を殴った場合、酩酊して誰かに傷を負わせた場合、目に余るような不貞の罪に怒りの復讐を果たした場合、いずれの場合でも、リュシアス〔Λυσίας　四四五－三八〇。古代ギリシアの弁論家〕が指摘するように、正気に返ったときには後悔するものである（Moulinier, *Le pur et l'Impur dans la pensée des Grecs*, 190）。それゆえ、いくらかの過ちはあっても前もっての思念（プロノイア（προνοία））はまったくなく、かつある程度は法に従ってさえいる。もっとも厳密な反省を生じさせたのは、とりわけ遊戯での偶発的事件であり、戦争での行き違いであった。その理由はよくわかる。どちらの状況でも、遊戯のマナーや戦争での振る舞いにおいて隠れて働いている社会的な絆は、公共的な絆であり、殺人の原告と被告という対立する家族集団の双方を超えかつ包むものである。そうした場合は、社会はみずからが殺人者へと共感し、殺人者を許容していることを意識する。そしてその共感自体が、今度は傷つけられた家族の怒りを超えかつ包むものとなり、しかるべき刑法上のカテゴリーを創り出すことによって、司法的な表現を切り開くのである。

以上のような場合は、いずれにしても概念的な分析はあくまで副次的なものである。憤りや公的な叱責にもさまざまな程度があり、そこから概念的な区別が導かれるのである。そして、この裁きによる教育は、〔法的な〕手続きの作業と弁護士どうしの数々の論争を経由する。このように、概念的な分析はつねに法制度を介して、裁判での論争と裁判官の判決を経由して進んでゆくのである。

とはいえ、こうした分析は、混沌とした状態の負い目を差異化していくだけの作業ではない。それによって射直される主要な想念には、穢れや瀆聖、神々への攻撃といった宗教的な考え方が刻印されている。

この点については、ジェルネとムーリニエによって研究された二つの想念が啓発的である。一つはハマルティアー（ἁμαρτία）で、悲劇的な実存観のもとで、致命的な誤り、大犯罪を起こす錯誤を表す。もう一つはヒュブリス（ὕβρις）で、同じく悲劇的な世界観のもとで、主人公にみずからの条件と尺度を外れさせる思い上がりを意味する。

最初に驚かされるのは、ハマルティアーが刑法の文脈、つまりは責任を問われる意図の倫理で再び見出され、許されうる過ちという非常に弱められた意味をもつようになることである。神学的とも言える意味での故意でないものから、[79]心理的な意味での故意でないものが出てくるこの系譜関係には注目すべきである。というのも、ハマルティアーはもともと神々によって盲目にされることを意味し、いわば受動的な仕方で心のなかに刷り込まれるものだったからである。『アガメムノーン』のなかで、コロス〔合唱〕の長はこう叫んでいる。「だれであれ、この国に、それと逆さを祈ろうというものは、その手で、おのれの心得違いの果実（φρενῶν…ἁμαρτίαν）を刈り取るがよい」[訳17]（『アガメムノーン』五〇二行）。『アンティゴネー』では、他人から来る不幸（ἀλλοτρίαν ἄτην）を自己自身の過ち（αὐτὸς ἁμαρτών）と対立させるコロスに反駁して、クレオンが「禍《わざわ》いなるかな、我が思案」と言う[訳18]（『アンティゴネー』一二六五行）。ハマルティアーという語の歴史が示すところによると、この語は最初の受動的な意味に続いて意図的な不正を指すようになり、それから「故意」のものの内部で、アリストテレスがまったく故意による不正とまったく故意でない偶発事のあいだに位置づけたような度合いを指すようになった。『弁論術』第一巻の一二、一三章では次のように記されている。「ハマルテーマ（ἁμάρτημα）が予期されるが悪意のない過ちであるのに対して、アディケーマ（ἀδίκημα）は予期と悪意を含み、アチュケーマ（ἀτύχημα）はそのいずれも含まないものである」[訳19]（Moulinier, 同 188）。

ハマルティアーという語の以上のような意味の進展は意味の顚倒でもあるように見えるが、これはどのように説明すればよいのか。おそらくは、無責任性の図式、罪の免除の原理をもたらしたのは悲劇の筋立てだと言うべきだろう。主人公が神によって盲目にされているとすれば、その過ちの責めを負わせられない。先に触れた『コローノスのオイディプス』の悲劇では、ハマルティアーの意味そのものに関する矛盾とためらいが見てとれる。

オイディプスの行為は、彼が意に反して（アコーン（ἄκων））その重荷を背負うものであるにもかかわらず、「過ち」と呼ばれ続けている（「過去に犯した過ち（τῶν πρὶν ἡμαρτημένων）」（『コローノスのオイディプス』439））。オイディプスは次のように言うことさえできる。「わたし個人に関しては、お前は、わたしがその因果で自分自身と自分の親族にあのようなことを犯すことになったと（τάδ᾽ εἰς ἐμαυτὸν τοὺς ἐμούς θ᾽ ἡμάρτανον）咎め立てできるような過ち（ἁμαρτίας）は何も見出せまい」（同967-968）。オイディプスとは、まさしく怪物的な犯罪でありかつ許されうる過ちであるものの象徴、あるいはコロスが歌うように、神による眩暈《めまい》（アーテー（ἄτη））でありかつ人間の不運（シュムフォラ（συμφορά））であるものの象徴なのである。

以上のようにハマルティアーの意味は許されうる過ちという方向に進展してゆくが、だからといって、反対方向への展開が妨げられたわけではない。犯罪が最初に引き起こす憤りには後者の方向への展開も含まれている。先に見てとったように、まさにソフォクレス〔Σοφοκλῆς　紀元前四九七頃–紀元前四〇六頃。古代ギリシアの悲劇詩人〕の『アンティゴネー』では、「他人から来る不幸」と「自分自身の過ち」が対比されていた（『アンティゴネー』一二六〇行）。それゆえハマルテーマは、法廷で罰を課せられる過ちと対立する道徳的な過ちへと通じるものでもありえたのである。ギリシア語聖書のハマルテーマはまさしくこの意味の延長上に位置し、過ちの倫理的–宗教的次元を指し示すことになるだろう。実を言えば、それはソフォクレスの『アンティゴネー』のなかで素描されていた意味だったのである。

ハマルテーマという語が背負うこうした意味の剰余は、その減衰形態の極致であるアチュケーマ（ἀτύχημα）〔事故〕のうちにも見出される。[80] 右で見たように、アリストテレスは「不正」、「許されうる過ち」、「偶発事」のあいだにある種の順序を導入しようとした。だが、忘れてはならないのは、チュケー（τύχη）〔運〕とは、刑法上の無責任性の極点として、前もっての思念を伴う故意の犯罪の罪責性とは正反対の意味をもつ前に、そもそもモイラ（μοῖρα）〔運命〕という意味を継承するものだということである。悲劇的世界観のもとでは、運命とは犯罪の反対物ではなく、犯罪自体が運や成り行きのようなものである。重大な犯罪には、なんらかの不幸が、不運という形での運が含まれている。デモステネスでも、追放された殺人者たちが、前もっての思念を伴う罪人たちはアチュクーンテス（ἀτυχούντες）〔不運な者たち〕と呼ばれている（Moulinier, 同 189）。このように、同じ語によって、「穢れ」の系列、「不正」の系列、「不幸」の系列というようないくつもの概念的「系列」の重なりあいが表現されているのである。

宗教的、詩的、悲劇的な語彙に対して司法的‐刑法的な観点からなされる以上のような再解釈は、さらに遠くまで進められてゆく。というのも、これもまたジェルネが示したように、ヒュブリスという語によって、刑罰思想に対して犯罪の個人的原理が与えられたからである。すなわち、欲望の駆動や怒りの激昂とは異なる熟慮を伴う意志、悪と理解して悪をなそうとする意志によるものとして、犯罪をとらえることを可能にする原理である。

ヒュブリスという観念が、悲劇的世界観を担うと同時に司法的な告発の基礎となったことには驚かされるかもしれない。ハマルティアーの場合には、悲劇的な盲目化が心理学へと入り込んで弁明と容赦の原理として働いたことを考えると、なおさら驚きである。ヒュブリスがハマルティアーとは別の道をたどり、嫌疑の原理、告発の根拠を与えるものとなったのは、それが最初からハマルティアーよりも逆説的なものだったからである。迷誤に内属する「誤り〔さまよい〕」とは異なり、ヒュブリスとは積極的な違反であって、人間の傲慢のうちに神による盲目化を読み取るためには、この概念に暴力を加えなければならない。ハマルティアーがおのずから世俗化して許されうる過ちへと化していったのに対して、ヒュブリスの逆説は切り離されて、その心理的な構成要素を解き放った。その構成要素とは、非神学的に解された意味での滅びの霊、ジェルネの言う「いわば純粋状態における罪ある意志」であり、カント以前の根元悪、すなわち悪しき格率に従うという一般的格率とさえ言えるものである。これはヒュブリスに最初から存在していた心理的構成要素であった。違反し横奪するホメロス的ヒュブリス、過った判断を強化するヘシオドスのヒュブリス、コロス（κόρος）〔無礼〕に結びつけられたかと思えば（「無礼は傲慢を生む」）、ときには強欲の精神（「富は傲慢を生む」）、ときには支配の精神（「傲慢は暴政を生む」）に結びつくソロン〔Σόλων 紀元前六三九年頃－紀元前五五九年頃。古代ギリシアの政治家・詩人〕のヒュブリス、これらのうちには、傲慢の心理学の初発形態が見られるのである。

悲劇的なヒュブリスと刑法上のヒュブリスとのこの驚くべき類縁性には、おそらくさらに地下深く隠された源泉がある。刑罰はポリスによって測られるものであるが、それでもその前では不正という神秘を必要とする。不正という神秘は裁判官の憤りに同伴し、裁判官とその裁きを正当化する。犯罪者が悪しき意志をもつからこそ、法廷の良心は確固たるものとなるのである。こうしてポリスの聖性によって、犯罪者の内にありつつその諸行為を超えるものとして、悪のために悪をなそうとする意志が構成し直される。そうしてこの意志が、悲劇では気の向くままに吹く風のように働く滅びの霊と似たものとなるのである。ポリスの聖性を揺さぶる危険はそのような意志へと結晶化される。こうしてポリスは、あらゆる重大な無礼に対する神々の「妬《ねた》み」を、みずからのために構築し直すのである。ポリスに対する犯罪者の関係は、詩人たちが讃えた神々の〈正義〉に対する「高慢」の関係と同じものとなる。

以上のような迂路を通って、ギリシア人の刑罰思想はユダヤ的な負い目概念と比較しうるような諸概念を形成した。ポリスの聖なる性格によって、ギリシアの刑罰思想は、バビロン捕囚以後のユダヤ的信仰によって形成された諸観念と比較可能な領域に保たれることになったのである。

3　細心

負い目の意識が現れ出る第二の方向は、繊細かつ細心な意識という方向である。私たちは、経験のもっとも根本的な可能性の一つひとつについて、つねにその特権的な例に基づいて捉え直すことに留意してきたが、そのような関心に従い、こうした意識の生誕地であると同時に完成地点となるものを、ためらいなくファリサイ主義のうちに探してみたいと思う。

ファリサイ人とは、『エズラ記』から（すなわち捕囚からの帰還以来）タルムード編集まで（すなわち紀元の最初の六世紀のあいだ）の思想運動の核となる存在である。ユダヤ教を今日なお現存する姿へと教育したのは彼らであり、キリスト教とイスラームが現在のように存在しているのも彼らのおかげである（ユダヤ教が聖パウロに提供したものが、彼が全力で拒絶しなければならなかったものの見事な表現であったとしても、このことに変わりはない）。

私たちは、この教育的な冒険から、負い目の理念史にとって範例となる事柄を引き出すことにしよう。それがユダヤ固有のものだからという理由で、この試みをやめるべきではない。ファリサイ人がみずからの民を「祭司の民、聖なる国民」と考えたのは、「諸国民たち」のため、すなわちすべての人間たちのためであった。この経験の普遍性は、まさしくその特殊性のうちに探究されねばならないのである。では、すべての人間たちに対してファリサイ主義はいかなる利益をもたらすのか。

この経験の核心に接近するにあたって、私たちはすでになじみとなっている聖書的宗教のいくつかの特徴から出発することができる。たしかにアモスからエレミヤにいたる預言者時代のヘブライ思想に対して、第二神殿時代のユダヤ教は新しさをもっており、その点を過小評価するわけにはいかない。それでもためらわずに同意すべきであるのは、「律法学者とファリサイ人たち」のユダヤ教は、預言主義自体に深く根を下ろし、またそれを通して、捕囚以前から捕囚期のイスラエルの宗教経験の固有にモーセ的な諸側面へと深く根を下ろしているということである。(81) 最初からずっと、すなわちそれは、ユダヤの民の立法者であり指導者であったこの人物がいかなる者であったにせよ、モーセ以来ということになるが、イスラエルの特異なる冒険はある一つの倫理と結びついている。そして逆から言えば、潜在的には普遍的なものであるこの倫理は、イスラエルを他の諸民族から分かつ冒険と結びついている。すでに私たちは以下のような二重の性格を強調した。一方では、イスラエルの一神教は倫理的一神教であり、出エジプト、砂漠の行進、カナンの定住を貫き動かしているのは、〈律法〉の授与だということである。預言者たちは、彼らがその到来を目撃する破局に対して倫理的意味を与え、イスラエルの歴史的経験の一切は倫理的な言葉で解釈される。だが他方で、イスラエルの一神教は歴史的一神教である。〈律法〉の贈与は抽象的で非時間的なものではない。ヘブライ的意識において、それは出エジプト、「奴隷の家」から出て北へと「昇っていく」という「出来事」の表象に結びついている。したがって、倫理そのものが徹頭徹尾歴史的であり、選ばれた民の倫理である。それはまた、罪と悔い改めのシンボリズム自体が「歴史的」な象徴であり、その数々の「範型」をいくつかの重要な出来事（囚われ－解放）から引き出してくることの理由でもある。

「倫理」と「歴史」とのこのような絆から帰結するのは、〈ユダヤ人〉にとっての〈律法〉とは、非時間的な道徳的理神論のような仕方で完全に理性化し、普遍化することができないものだということである。〈律法〉は数々の出来事と結びついているがゆえに、それ自体がある種の意識の出来事であり、事実（factum）なのである。〈律法〉があること、しかもこのような〈律法〉があること、それがイスラエルを他の民族から分かつ徴《しるし》である。『申命記』では誇らしげにこう記されている。「また、今日、あなたがたに与えるこのすべての律法のように、正しい掟と法をもつ大いなる国民が、ほかにあるだろうか」（『申命記』4:8）。この〈律法〉が普遍的意識の形式的構造へと還元されることはけっしてありえない。それは歴史的形象、文化的型へと固く結びついており、聖書記者たちの歴史神学はそうした形象や型を解釈してきた。ゆえに〈律法〉は偶然的な構造をもつことを避けられない。こうしてユダヤ教は、最初から特有の倫理的性格をもつものとして描かれる。ある偉大なユダヤ教史学者が言うように、「ユダヤ人の行動を統制する六百十三個の法とノアの息子たち全員に命じられた六つか七つの基本的義務」がある。[82] ファリサイ人たちの首尾一貫した他律は一神教の「歴史的」性格に刻まれているのであり、この歴史的性格は、もしかしたらモーセ自身が礎を創ったのかもしれないが、ともあれのちの立法者たちがモーセの権威のもとに置いたのである。

預言者たちの前提にはこうした倫理的で歴史的な一神教がある。預言者たちの異議申し立てと激怒が向けられるのは、この一神教に対してではなく、その忘却に対してである。歴史的な成功を収め、その結果として社会的不正が起こり、周囲の世界の宗教的折衷主義への譲歩が生じる時期には、この一神教は忘却されてしまうのである。「決疑論」の大いなる仕事は、捕囚以前からすでに始まっていたはずだが、捕囚と帰還の記録者たちを特徴づける営みとなる。概念化と体系化を特徴とするローマ法とは違い、すでにユダヤ的精神は、「裁判官や研究生が類似点を引き出せるような典型例を幅広く集めること[83]」によって進展するのである。このように、ユダヤ的な法律主義と呼ばれるものは、実際にはむしろ判例法的な精神であり、捕囚以前から強力に描き出されていた諸特徴の延長なのである。また捕囚以前には、不首尾に終わったヨシュア王の改革があり、『申命記』の法制度はそれに多くを負っているが、この改革は、ファリサイ人の企てを一貫した形で先取りする最初のものであった。その企てとは、ユダヤ人という一つの民族を、集団としても個人としても、〈律法〉のもとで〈律法〉によって生きる現実的かつ実践的な存在にしようとするものである。だが、『申命記』はまだそうした実在に遠くから触れただけであり、その実在は日常生活のユートピアのようなものにとどまっていた。ファリサイ人と律法学者たちは、この〈律法〉のもとでの〈律法〉による生を、まさしく現実のなかに刻みこもうとするのである。

イスラエルが〈律法への〉従順のうちで現に実践的な実存を生きるという計画を抱いたのは、捕囚のただなかであり、預言の炎がエゼキエルとエレミヤとともに最後に燃え上がった時期のことであった。捕囚によって、エジプトでの囚われおよび砂漠の行進に似た状況、本質的にモーセ的と言えるような状況が作られていた。まさに捕囚のうちで、イスラエルはみずからを、歴史的・政治的成功を基準にすれば弱く軽蔑すべき存在でも、〈律法〉により偉大で祝福された民族であることを理解したのである。それ以降、個人としても民族としても、ユダヤ人に明確な輪郭を与えるのは〈律法〉であることになる。

古いモーセ的精神においてすべてが準備されていたからこそ、[84]ネヘミアは囚われていた者の一群とともにエルサレムに戻り、イスラエルの残骸を再び活気づけ、神殿を建て直し、そうしてある日、律法学者エズラに「主がイスラエルに授けられたモーセの律法の書」（『ネヘミア書』8:1）を読み上げさせることができたのである。「夜明けから正午まで」（同8:3）読み上げられ、有識者たちが「夜明けから正午まで神の律法の書を説明し、意味を明らかにしながら読み上げた」（同8:8）この書物は、はたして『レビ記』だけだったのか、それともモーセ五書の全体（少なくともその主要部）であったのか、その点は論議を呼ぶところである。確かであるのは、エズラによって開かれたのは、「預言の開花と同等に重要であり、それよりも重要なのはモーセの仕事のみである[85]」ような意識の時代であったことである。それはまさにトーラー（ギリシア語でノモス、すなわち法律と訳されるこの語には、のちほどまた立ち戻ることにしよう）の宗教の時代である。それはもはや、霊感に突き動かされて荒野で説教を行なう者たちの時代ではなく、律法を研究し解釈する者たちの学院の時代である。もはや出現の時代ではなく、解釈の時代である。異議申し立ての時代ではなく、再構築と生の指導の時代、限りない要求の時代ではなく、状況や事例に応じて細心かつ詳細な実践を探っていく時代である[86]。ペルシア帝国、次いでセレウコス朝の帝国、さらにはローマ帝国の片隅に打ち込まれたこの一徹な楔《くさび》によって、ユダヤ民族はその後も生き残り、その企ての意味を全面的に顕現させることができた。だがそのためには、この民族は、〈律法〉によって他の諸国民から分離されていると同時に、自分たちが内的には結合していると信じなければならなかったのである[87]。

ファリサイ人たち自身については、彼らをサドカイ人の教団（紀元前二世紀末以前には現れていなかった）と対立し、イエスの訴訟に介入した教団としかみなさないならば、その役割を大きく見誤ってしまうだろう。彼らはエズラからタルムードの編纂者へと展開する精神史全体の結節点であり、今日に至るまでユダヤ民族の教導者である。それゆえ、細心なる意識の現象学的研究は、彼らの証言を省くことはできないのである。

ファリサイ人とは、第一に、そして本質的にトーラーの人々である[88]。そのように言えば、ただちに一つの既成観念が私たちの脳裏に浮かぶ。すなわち、トーラーの人々とは、もっぱら法律主義、道徳の奴隷、硬き心、文字拘泥主義を意味する、というものである。この判断が正しいならば、ファリサイ人は範例的な経験、概念、象徴の解明に対していかなる寄与もなしえず、道徳的奇形学に属するのみであることになるだろう。私たちが彼らの経験をギリシア人の倫理的－司法的想念や聖パウロの倫理的－宗教的想念と同じ水準に置くのは、彼らを道徳的経験の還元不可能な一つの範型のもっとも純粋な代表者とみなすからである。彼らのうちには、あらゆる人間がみずから自身の人間性の根本的可能性の一つを認めることができるのである。

だが、この範型にたどり着くためには、数々の偏見の森を通り抜けねばならない。

法律主義という偏見についてはどうか。まずは、トーラーという語をファリサイ人自身と同じように理解すべきであろう。七十人訳聖書はこの語を νόμος〔ノモス〕と訳し、聖パウロも νόμος と言っている。νόμος はラテン語で lex となり、すべての近代語で「法（Loi）」となった。しかし、ローマ法とラテン的精神に由来する法制の大いなる体系化のあとの時代に生きる私たちにとって、〈法〉とは抽象的、普遍的なもので、また書かれたものである。私たちがイメージするのは、体系化された一般的規約を介して遂行される規則を指で追いつつ遵守する細心なる意識なのである。ファリサイ人たちの言うトーラーとは、たしかに一冊の書物であり、モーセの〈律法〉、モーセ五書である。だが、〈律法〉が法となるのは、それが主の教えだからである。トーラーとは教えを意味しており、いわゆる法を意味するのではない。この法は不可分な仕方で宗教的かつ倫理的である。すなわち、要求し命令するという点では倫理的であり、人間たちに神の意志を見えるようにするという点では宗教的である。この世界で神に真に仕えるにはどうすればよいのか、ファリサイ人にとっては、それが問題のすべてだったのである。

まさしくここで、道徳的隷属ではないかという昔からの非難に出会うことになる。ファリサイ人の道徳が他律であることは疑いない。だがそれは筋道をもった他律である。どうすれば神の意志を行なえるのか、という問題を立てるなかで、ファリサイ人たちは、みずからの民族を変えられなかった偉大な〈預言者〉たちの失敗に向かいあい、また、一般的な意見ではイスラエルが被った罰とされた捕囚の事実に向かいあってきた。そうして彼らは、預言者たちの倫理を細部の倫理として実現することを意志したのである。この場合、儀礼と倫理、家族と共同体、刑法と経済といった実存の全部門にわたって、トーラーを実践的に、いかなる些細な状況においても実現することが重要になる。ファリサイ主義とは、このように他律をその果てまで推し進め、日々の生活を留保なく「神の規約」に基づいて行なおうとする意志のことである。この徹底主義によって、他律はその姿を変え、全面的に引き受けられ、全面的に意志された服従へと変容する。自由意思の放棄が意志の最高度の主張となるのである。喜びをもって意志を放棄し神の指導へと身を捧げるこの姿勢は、『詩篇』一九篇と一一九篇で極めて美しく、情感をこめて証言されている。

あらゆる富にもまして
あなたの定めの道を喜びとします。
（『詩篇』119:14）

私はあなたの戒めを愛し、喜びとします。
（同 119:47）

あなたの言葉は私の足の灯
私の道の光。
（同 119:105）

主の律法は完全で、魂を生き返らせ
主の定めはまことで、無知な者を賢くする。
主の諭しはまっすぐで、心を喜ばせ
主の戒めは純粋で、目を光り輝かせる。
主への畏れは清く、いつまでも続く。
主の裁きは真実で、ことごとく正しい。
金よりも、あまたの純金よりも好ましく
蜜よりも、蜂の巣の滴《したた》りよりも甘い。
（同 19:7-11）

このような献身の甘美さは、ファリサイ人に好んで認められる友愛や兄弟愛的な相互扶助の感覚と無関係ではないはずであり、最良の解釈者のうちの一人が言うところのファリサイ人の「都会性」を裏づけるものである(89)。ファリサイ主義運動が代表するものは、この世界の祭司や偉人たちの高飛車で学識を欠いた独断的な教えに対して世俗的な知性が収めた勝利のうちで、もっとも意義深いものの一つであった。この特徴によって、ファリサイ人は、ピュタゴラス派や小ソクラテス派、キュニコス派の面々など、ギリシアの「賢者」の多くと、独特の仕方で比較できるものとなる。

以上の指摘を準備とすることで、私たちは、ファリサイ人に対する最後の、そしてもっとも重大な非難について、いささかの疑念とともに考察することができる。すなわち、ファリサイ人は文字によって霊を殺す、という非難である。ファリサイ人、ないしは特定のファリサイ人たちが実際にどうであったかと、彼らがどうあろうと欲したかは別の話である。そして、彼らが打ち立てようとしたものは、文字拘泥主義の運動とはまったく反対の事柄であった。彼らにとって重要であるのは、〈律法〉と〈預言者〉たちを「成就する」ことであり、そうである以上は、聖なる書物、すなわち書かれたトーラーに対して、過去の聖遺物であるかのように固執することはできない。まさにこの点で、彼らはサドカイ人と袂を分かつのである。サドカイ人に抗して、彼らは口承の伝統をトーラーの地位に引き上げることを主張し——これは書かれざるトーラーと呼ばれる——、生きて働く神の教えとして活用しようとした。モーセ五書の書かれたテクストに対して、この教えは導き手となり、解釈者となるのである。こうした主張は、ファリサイ主義の要となる選択からの帰結である。トーラーとは神自身が今ここでユダヤ人に対して差し向ける教えであって道徳の抽象的体系ではなく、宗教とは神の意志を今ここで行なうことであるならば、トーラーは生きて働くものでなければならないのである。さて、生は〔書かれた〕トーラーが何も教えてくれないような状況や境遇、事例を作りだす。そうした場合には、創造的でありかつ忠実な仕方によって、トーラーを解釈することが必要になる。そうした解釈は、書かれたものではなくともモーセのトーラーを開示するものと考えられる。まさしくここに、律法学者とファリサイ人たちの倫理的‐宗教的な教育法がある。すなわち、彼らはトーラーを「研究」し「教育」するのである。神の意志をなす機会や責務（ミツヴァ）がないような生の部門は存在しないというのが彼らの確信であるが、この確信から出発して彼らが探究するのは、特定の事例において、それにとって書かれざるトーラーであるような正しい道は何かということである。「賢者たち」はそれを発明するのではない、彼らはそれを発見するのである。そしてその解決は、師たちのあいだで協議し、大多数に認められて初めて公式の決定（ハラハー）となる。(90) そうしてハラハーは「確定」されるのだが、なお別のハラハーによって修正されたり削除されたりすることもありうる。このハラハーの全体が、トーラーに従って生きようとする者たちの共同体に対して、強制力をもつ法制度を形づくることになる。こうしてトーラーは無尽蔵で、可塑的で、静的ではないものとなった。釈義と決疑論を通して解釈されたトーラーは、各人にとって、そしてすべての者にとって生きた教えであった。いかなる場合にもハラハーは存在し、書かれたトーラーを解明する口頭の処方は書かれざるトーラーである。いったんこの二点が受け入れられると、トーラーの解釈は無際限になった。後世の一人のラビの発言によれば、「鋭敏な弟子がみずからの師の面前でこれから教えることはすべて、すでにシナイ山上でモーセに告げられている」(Herford, *The Pharisees*, 85) のである。

では、ファリサイ主義（一般にはユダヤ教）の経験が例示する「範型」の輪郭をたどり、この型に固有の負い目の次元を現出させてみよう。

私たちはここで引き出そうとする範型の核心を細心と名づけた。この範型に結びついているように見える負い目に固有の調子もまた、この細心に結びつけられる。細心とは、首尾一貫し同意された他律の全般的体制として性格づけられるものである。ユダヤ教は、トーラーは啓示であり、啓示とはトーラーであると言うが、それによってこのような他律を表現しているのである。トーラーとは啓示である。ユダヤ教の用語で言えば、律法の全体はモーセに「口から口へ」(『民数記』12:6-8)、「顔と顔を合わせて」(『申命記』34:10) 伝えられたのだが、モーセがその全体を認識したといっても、それは、教えの解釈が歴史を通して進展する解明でしかありえないような仕方でのことであった。ただし、当の教え自体は歴史をもたず、あるいはもつとしても、「律法の贈与」という絶対的な出来事の歴史だけである。とはいえこの教えは過去に起こったものであり、完全で決定的なものである。そしてまた、この教えが知恵の書で称揚される「知恵」と同一だというのが真実ならば、それは世界よりもさらに古いと言える。この教えを解明する口承の律法は、聖化された慣習、聖書釈義の産物、決疑論の規約のいずれであれ、それ自体がこの原初の知恵に供せられるものである。だが、トーラーが啓示であるならば、逆に啓示はトーラーである。すなわち、神ー人関係の核心は〈なすこと〉に関する教えである。この教えは律法以上のものであるが、それでも主意主義的なコンテクストのうちに刻み込まれるのである。すなわち、神は倫理的であり、人間を神に結びつけるのは教えに対する服従の関係なのである。

トーラーは啓示であり、啓示はトーラーである。この相互的な二つの命題から、細心とそれに固有な負い目の意識のすべての特徴が発してくる。細心なる意識にとって、律法の命令は「神聖で、正しく、善である」。そしてこの命令は、そのような意識の絶対的な過去であり、その意味の過ぎ去った啓示である。ただし、この過去の啓示に接近する道は、知的で控え目な慣習、釈義、決疑論のみであり、それらが細心の生きた現在である。それゆえ、細心なる意識の根本的選択は、聖パウロの言う「神の子たちの栄光に満ちた自由」や聖アウグスティヌスの言う「愛せよ、そして欲することをなせ」という意味でのリスクを冒《おか》す実存ではない。細心なる意識の偉大さは、最後まで他律的であること、あらゆる事物において、何を措いても細部まで神の教えに従うことである。「あらゆる事物において」とは実存のいかなる部門も留保しないということ、「何を措いても」とは領主による禁止、習俗による障害、異質な習慣、そして迫害といった逆境を一切考慮しないこと、「細部まで」とは小さな事柄も大きな事柄も同じように重要とみなすことである。最後まで他律的であるがゆえに、細心なる意識は幸福である。この意識にとって、幸福とは今ここで神の教えと見えることを完全に行なうことである。細心なる意識は従属的ではあるが疎外されてはいない。なぜなら、他律が筋道の通ったもので、同意されている場合、この意識は「みずからの外」にいることはなく、「わが家に」いるからである。

では、過ちの意識に対する細心なる意識に固有の貢献とはどのようなものであろうか。

細心なる意識の獲得物はすべて「違反」[91]の次元で展開する。そこから細心なる意識の繊細な狭さが発してくるのはたしかである。だが、狭さについて語る前に、その深さを認めねばならない。というのも、細心なる意識の狭さはその深さに正確に対応するからである。

細心において、本章の最初に分析した二つの特徴が極限まで高められる。すなわち、悪の個人への帰責と、義人と悪人の両極性の二つである。その意味で、細心は負い目の先端部である。個人が負い目の源として告発されるというのは、よく知られているように、エレミヤとエゼキエルの教えの結果である。ファリサイ主義は、最後の偉大な預言者たちによる説教の延長上にある。同時にまた、ファリサイ主義の罪告白は『詩篇』の悔い改めの詩において表現され、これらの詩はシナゴーグにおいて繊細な意識の典礼と化す。そこにおいて、細心はその特別な言語、特別な幸福を見出すのである。義人と悪人の対立もファリサイ人の発明ではなく、負い目における程度の観念の極端な帰結である。「侵犯」に大小があるとすれば、義人と悪人とは価値の強度の階梯の両極を指すものである。だが、ファリサイ人はこの道徳的両極性の意味をさらに際立たせた。彼らによって、律法の遵守は単なる理想的極限ではなく、まさしく生の実際の綱領となったからである。到達不可能なる最大の完全性を背景として、到達可能な正義の最大値が切り出されてくる。人間にはなすことのできないことは求められないのである。

負い目の言語は、ザクート〔功績〕の観念のうちに、こうした倫理的-宗教的経験の痕跡をとどめている。R・トラヴァース・ハーフォードによれば、この語は「ラビ文献でつねに用いられるが、旧約聖書には登場しない」(Herford, 同 125) ものである。功績という観念がファリサイ主義全体と適合することをハーフォードはよく把握していた。ユダヤ教の神は善悪の彼岸にあるのではなく、まさに宗教と道徳性との関係の基礎となるものである。神は義なるものであると言うことは、この基礎を告知することである。他方で、この区別は観想すべきものではなく、「人間によって実現されるべき」ものである。それは一挙に実践的となるのであって、思弁的ではない。「聖なる者となりなさい。あなたがたの神、主である私が聖なる者だからである」(『レビ記』19:2)。ここから帰結するのは、善をなす者と悪をなす者のあいだには内属的な違いがあり、一方は神に気に入られ、他方はそうではない、ということである。ただし、神に嘉《よみ》するというこの性格は人間にとって外的なものにとどまらず、神の聖性に対する人間の実践的関係によって規定される。この性格は人間の人格性に、その内奥の実存に何かをつけ加えるのであり、その何かが「功績」なのである。功績とは正しい行ないのしるしである。善き意志の様態だと言ってもよいだろう。それは行為の価値に由来し、人間の価値を増し加えるのである。功績の観念において、個人の価値の増大につけ加わるのは、「報償」という観念である。これは古くからある観念であって、旧約聖書のいたるところに見出され、新約聖書でも否定されることはない（『マタイによる福音書』6:4, 12; 10:43）。旧約聖書では、この観念は、一時的な成功、神の現存を今ここで感じるまったく内的な喜び、終末論的な成就の待望のあいだで揺れ動いている。これらはいずれもファリサイ人に固有のものではない。ファリサイ人に特有と思われるのは、「功績」という考えへの強い結びつきである。功績とは何かに値することであり、それは報償に値する功績である。逆から言えば、報償とは功績に対する報償である。ファリサイ人の世界観は、神の意志をなすことを何よりも偉大なこととする倫理的世界観であるが、そこでは〈律法〉をもち、〈律法〉とともに服従（ミツヴォート）の機会をもち、功績を得る可能性をもつことが祝福である。別の言い方をすれば、服従する人間は「幸い」であって、その人は「命を見出し」、「主からの喜びにあずかる」のである（『箴言』8:34-35）。

それゆえ、「功績」というのが、個人への帰責と義人と悪人の対極性という二つの主題の延長上にファリサイ主義が展開した新たな概念形成を表すとすれば、負い目の概念に対するファリサイ主義の明確な貢献は、功績とは反対の何かであることになるだろう。客観的には、罪とは侵犯であり、主観的には、負い目とは価値のある度合いの喪失であり、喪失することとそれ自体である。のちに「報償」という用語で、ユダヤ教の「賢者」たちとともに、次のように言われるだろう。「ミツヴァの報償はミツヴァであり、罪の報償は罪である」（Herford, 同 128）。喪失されたものは実存から減じられるのであり、それは功績が生の増大であるのと同じである。すでに『箴言』では次のように言われていた。「私を見出す人は命を見出し、主からの喜びにあずかる。私を見失う者はその魂を損なう。私を憎む者は皆、死を愛する」（『箴言』8:35-36）。

ファリサイ主義（および一般的には律法学者、賢者、ラビたちの精神）は思弁へと向けられてはいない。それゆえ、以上のどの概念も、けっして理論的な洗練を目指すべきではない。しかし、こうした倫理的世界観の底には、全面的に責任を担い、つねにみずからを使用できる自由の観念がある。この概念はそれとして形を与えられることはないが、ラビ文献のすべてにみられるさまざまの主題に暗黙のうちに含まれている。それらは思弁的というよりむしろ実践的な性格をもつ主題である。まずは二つの「傾き（エーツアー）」という主題がある。[92]人間は善い傾きと悪い傾きという二つの傾向、二つの衝動の二元性に服しており、悪い傾き（エーツアー・ハラ）が創造主により人間のうちに植えつけられている、というのである。これは神がなし、それを「よしとした」事柄の一つである。それゆえ、悪い傾きというのは根元悪ではない。根元悪とは、人間によって産み出されたが、そこからの解放に関して人間は徹底的に無力であるようなものである。「悪い傾き」とは、むしろ自由意思を試練にかける永続的な誘惑であり、自由意思が跳躍板に変えるべき障害である。それは罪を修復不可能にするものではないのである。

以上の解釈は、「悔い改め」に関するユダヤの文献によって確証される。先に指摘したように、旧約聖書には「悔い改め」を表現するための抽象的な語はなく、「立ち返り」の象徴が用いられる。この象徴を真の概念の地位へと高めたのがユダヤ教である。それによって、この象徴はユダヤ的敬虔さの要となった。[93]ところで、「悔い改め」とは侵犯や功績と同じ主題世界に属するものであり、ほかならぬユダヤ教がこの概念を強調したのは偶然ではない。というのも、「悔い改め」が意味するのは、自由意思による神への「立ち返り」はつねに人間の自由になる事柄であることだからである。きわめて不信心な者たちが主へと「立ち返った」事例がもちだされるのは、人間にとって「みずからの道を変える」ことはつねに可能であることを証するためである。このように悔い改めが強調されることは、「悪い傾き」を根元悪ではなく罪の機会とみなす解釈と適合している。ファリサイ主義の倫理的世界はすでにペラギウス〔Pelagius　三五四－四一八。初期キリスト教の神学者〕の倫理的世界である。すなわち、パウロやアウグスティヌス、ルター〔Martin Luther　一四八三－一五四六。ドイツの神学者〕の言うような、根元悪と根元的解放との巨大な対照性はなく、ゆっくりと徐々に進む救いの過程があるだけである。そこでは、「悔い改め」

に「赦し」が、善意志に恩寵が欠けていることはないのである。

細心、およびそれがもつ負い目と責任の感覚の偉大さは以上のようなものである。細心なる意識の限界は、ほかでもないその偉大さの原理自体のうちに探し求めるべきである。その原理とは、この意識を規定する首尾一貫し同意された他律である。そしてまだ自覚されていないこの限界は、負い目意識の新たな転変を引き起こすことになるだろう。これがパウロによって、『ローマの信徒への手紙』と『ガラテヤの信徒への手紙』において露わにされる事態である。即自的には、そして対自的にも、この限界自体はまだ負い目ではない。それは聖なるものの教育学の一部であり、それゆえ細心なる意識の「範型」を特徴づける無垢の探究の一部である。

細心なる意識がいわば歪んでいく地点、それを見届けるには、口承の伝統の形成という、ファリサイ主義の博士たちが本質的と見なしたものから出発しなければならない。それによって、書かれたトーラーを生きた形で保つことが可能になり、その伝統自体が、かつてモーセに教えられた永遠なるトーラーの一側面となりえたのであった。実際、書かれたトーラーに反映されることで、口承のトーラーは書かれたトーラーの聖なる性格を活用するだけではなく、その伝統の構成された道程自体が、口承のトーラーから書かれたトーラーへと投射されることになる。さて、賢者たちがハラハーを「固定」したのは、本質的には司法的な活動の場でのことであり、判例法を形成する作業においてであった。その際に彼らが何世紀にもわたって追究した解釈の作業は、どのようなものであったのだろうか。たしかに、この司法的な活動、裁きというこの長く続いてきた分野、道徳的な正しさというこの文化によって、トーラーが生きた教えとして保持され、ユダヤ的人間が実践的かつ実際的な仕方で形成されてきたということは、どこまでも真実である。だが、反対から見れば、トーラーは法律以上の教えだといっても、定義と法制を本質とする賢者たちの営みに依拠してきたように見える。事実、この営みは、書かれざるトーラーの名のもとで神格化されることになったのである。そうして、書かれざるトーラーによって、神的なものに対する人間の関係のうちでも、特定の範型に保証が与えられ、優位が認められるようになった。その範型とは、裁きの正しさ、決疑論の核となる〔神の意図の〕識別である。この識別作業を行なうファリサイ派の賢者たちが、服従の熱意に燃え、あらゆる状況に神の意志を見てとることのみを目指していたことは、今や疑うべくもない。それでも、賢者たちが決疑論的な識別を神格化し、不可分で限度のない預言の呼びかけと同じ地位を与えたことは事実である。

次のような反論があるかもしれない。ハラハーはトーラーの全解釈をカバーせず、その命法的な部分にのみ関わる、命令の次元に属さないものはすべてハガダーに関わり、そこで賢者たちは自身の省察と想像力を自由に働かせ、物語、寓話、ファンタジーといったより自由な形式を用いている、ハラハーとハガダーの二重の営みに幻惑されないユダヤ人だけが、ユダヤ教の心性において両者がどのように連関しあうかを語りうる、といった反論である。とはいえ、どれほど熱烈なファリサイ人の名誉回復の試みも、以下の事柄に異議を唱えることはない。すなわち、ハラハーは強制を伴いハガダーは自由であること、ハラハーはより一貫性をもちハガダーはより即興的であること、ハラハーは学派による識別作業に従うが、ハガダーは意見と想像力に委ねられること、ファリサイ人は神学者ではなく、聖職者ではない説教者であり、思弁神学においては何も新たに生み出さなかったこと、そして最後に、ファリサイ人は実践的宗教の人であるため、結局はハラハーに決定的な役割を認めていること[94]、そういった事柄である。

ここに重要な点がある。ファリサイ人はユダヤ民族を通して人類の偉大な教師となったが、その教育法には、細心なる意識、より正確には宗教的細心がもつ偉大さと限界とがはっきりと表れている。その根本的な限界は、神－人関係を、指令としての教育の関係に、結局は命ずる意志と従う意志との関係に閉じこめてしまう点である。それはまさに「実践的」な宗教の本質である。だが、完全で厳密な服従を求める意志は、それを支えるのが感謝の心による歓びを伴う受容であったとしても、かつては預言者たちの婚姻のシンボリズムによって表現されていたような対話的状況を枯渇させてしまわないだろうか。神に対する人間の結びつきは、もっぱら本質的に「実践的」なものであろうか。

そもそもユダヤ教自体、まさしく宗教的実践をはみ出し踏み越えるものを糧にしてきた。最良の賢者やラビたちが保持し、内に含んでいる甘美さや優しさは、数多くの書き手の讃嘆するところである。これらの賢者やラビの誰もが、どれほど自然に正義や友愛を実行しているかが語られているのである。また、『詩篇』の叙情性は、キリスト教の教会の典礼の糧となるよりずっと前にシナゴーグの典礼の糧となってきたが、そこには「実践的」な側面には尽きない、対話的状況のあらゆる側面が表現されている。トーラーの指令もこの状況から浮上してくるのである。

しかし、「受け継いだ言い伝え」(『マルコによる福音書』7:1-13)によって神的なものに対する人間的なものの実践的な関係全体に司法の様式が刻み込まれるとみなし、それを問いに付す場合、こうした歪みの起源をどこまでさかのぼらせるべきなのか。単に口頭での伝承まででよいのか、それとも、そもそも書かれた法自体が、そうした歪みをもたらす過程に由来するのか。対話的状況のモーセ的側面が重要視されたのは、イスラエルの歴史のごく早い時期ではなかったのか。細心なる意識の全体がもつ限界は、私が意図してモーセ的幻想の形成と呼ぶものによって典型的に示されるように思われる。モーセはすべての預言者よりも上に位置づけられる。モーセはすべての時、すべての人間のための法全体を知った者として崇められ、預言者たちはモーセを反復するだけの存在とされる。十戒、『申命記』、『レビ記』というその後の法制もすべてモーセに帰せられる。ついには口承の法自体もモーセの啓示に吸収されてしまう。そうして、宗教的経験のすべての様態、すべての段階が、立法者の形象、〈律法〉の贈与という出来事に縮約されるのである。私には、このように預言者の出現のすべてがモーセの形象に吸収されてしまうことが、細心なる意識全体の形成にとっての鍵であるように思われる。どの場合にも見てとられるのは、生きられた伝統が絶対的な「出来事」のようなものに縮約され、そこにおいて、当の意識は過去形でそれ自身へと与えられているかのようになってしまうことである。細心なる意識にとって、みずからのエートスがそうした形で与えられていることが、トーラーのような、神の教えのような役割を果たすことになる。この細心なる意識は、みずからの絶対的な〈起源〉を要約しているようにみえる神の教えに対して、知性と熱意を携え、謙譲と歓びを伴いつつ、忠実であることを誓う。この全面的な忠実が細心なる意識の偉大さであり、モーセ的幻想（あるいはそれに代わるもの）がその限界である。しかし、この限界は過ちとして体験されるわけではない。それはこの無垢の技術、正義の文化の構成要素なのであり、この技術と文化はまさに負い目を減らすためのものなのである。

こうした司法化の図式は、ユダヤ教では私がモーセ的幻想と呼んだものによってイメージされるが、この図式に他のいくつかの特徴を結びつけ、細心に関する記述を豊かにすることができる。その第一の特徴は、細心における儀式的なものと道徳的なものとの一致である。(95)

細心は、道徳生活の儀式化と規定しても、儀式の道徳化と規定してもよかったものであるが、こうした特徴は直接には理解できないものである。細心なる意識においては、儀式に特有の秘教性のようなものが責務の全体を徐々に覆い、責務を決まった仕方でしか遂行できなくする一方で、儀式が責務の調子をまとい、義務の意味を帯びるという事態が見られる。これはなぜなのだろうか。それについては、第二神殿時代のユダヤ教は、道徳意識の乗り越えられた段階、すなわち清浄と不浄の太古性の段階に再転落したとみなして、歴史主義的で進歩主義的な解釈がなされることがあるが、それでは不十分である。この解釈で説明がつくのはせいぜい儀礼の内容の起源だけであり、そうした太古的な振る舞いが預言主義に代表される倫理的段階のあとに捉え直されたという決定的事実は説明されない。この捉え直し、倫理以後の儀式主義の再出現とも言える事態は、まさしく首尾一貫し同意された他律という企図から始めなければ理解できないと思われる。儀式の秘教性が意識に対して証しするのは、〈律法〉は意識にとって透明ではないがゆえに、意識が〈律法〉の起源ではないことである。儀式を遵守することによって、意識は〈律法〉に服従しようとするみずからの意志を確証する。意識がそのように意志するのは、

〈律法〉が別のことよりもあることを命ずるからではなく、〈律法〉が神の意志を明示するからである。このように、倫理の儀式化は倫理の他律性からの帰結である。細心なる意識は、従属を受け入れることによって厳密であろうとする。倫理において、この厳密さは科学の厳密さと等価であり、儀式とはこの厳密さの道具なのである。

それゆえ、レビ記的な清浄さへの気づかいは、ユダヤ教の核心にある実践的聖性への意志の一側面として理解できるように思われる。ユダヤ教という特権的な範例が細心の過程全体を明るみに出すのは、まさにこの点によってである。それは、細心なる意識にとってつねに試金石となるのは遵守の営みだということである。倫理的と呼ぶに値する生は、公的なもの、家庭でのもの、私的なものを問わず、何か儀礼的なものとその遵守がなかったならば、おそらく可能にはならないだろう。厳密さの精神によって、細心なる意識に固有の危険が一挙に露わになる。この意識が命令の文字にとらわれ命令の意図を忘却すると、司法化の危険に儀式化の危険が加わる。そのとき、細心なる意識は、服従の形式に注意を向けるあまりに、服従しようというみずから自身の意図を台無しにしかねない。この危険は細心なる意識の偉大さの代償であるが、当の意識はそれが過ちであることに気づかないのである。

以上が細心なる意識の司法化と儀式化であるが、この二重の過程にさらに第三の特徴がつけ加わる。首尾一貫し同意された他律という体制のもとでは、責務は枚挙と累積という性格を帯びるが、これは神と人々を愛せよという命令の単純で簡素な性格とは反対である。ラビ文献を読み進める者を驚かせるのは、解釈上の指令の集積がたえず増し加わっていくことである。ハラハー集はミシュナーを生み、ミシュナーをトーラーと突き合わせて説明することでゲマラーが生まれ、ゲマラーとミシュナーを合わせてバビロニア・タルムードやパレスチナ・タルムードが作られていく。さて、この過程が描き出すのは、受け取る命令がたえず増幅していく意識の運動である。細心なる意識というのは、つねにさらに分節されて微細になっていく意識、何も忘れることなく、みずからの責務にたえず何ごとかを加えていく意識である。それは増幅され、集積されていく意識であり、運動のなかにのみ救いを見出す意識である。この意識はみずからの背後に膨大な過去を積み重ね、それを伝承していく。この意識が生きいきとしているのは、それ自身の尖端においてのみであり、伝統の末端に立って、新たな状況や曖昧で矛盾した状況において「解釈」を行なうときのみである。それは開始し再開する意識ではなく、継続し付加する意識である。この意識による改新の作業は細密であり、しばしば微細でもある。だが、この作業が停止すると、意識自身による伝承の営みがみずからの軛《くびき》となり、意識はその罠に捕えられてしまう。

　細心なる意識の最後の特徴が仕上げるのは、細心なる者を「分離された」人間として描く肖像画であろう。ファリサイとは分離されているという意味であることを思い出そう。細心なる意識の分離とは、道徳的生の儀式化に内属する清浄〔純粋〕と不浄〔不純〕の分離を他人との関係の次元に反映させたものである。たしかに、儀式は共同体に数々の象徴を供給し、それらを集結と相互承認のしるしとして、共同体の紐帯となる。だが、律法を遵守する者たちどうしのこの内的な絆は、清浄なものが不浄なものから分離されるように、彼らの総体が律法を遵守しない者たちの総体から分離されることを妨げない。このような仕方で、ユダヤ人は諸国民のあいだに、ファリサイ人は農民や異教徒、地の民（am ha-aretz）といった「田舎者たち」のあいだにある。それゆえ、細心なる人間がみずからの「都会性」を救い出すには、激しい情熱をもって伝道するしかない[96]。それによって、遵守と非遵守との隔たりを縮小し、少なくともみずからの民族を「聖者たちの国、聖なる国民」と化すことを目指すのである。だが、厳密な遵守という境界線は後退していくばかりであり、つねにさらに遠くに現れる。その場合、細心なる人間は狂信か被嚢化〔異物のまま周りに包まれること〕かという二者択一の前に置かれ、ときには第一の道を選ぶが（フィンケルシュタインはファリサイ人の地の民に対する驚くような呪いの言葉を引いている[97]（Finkelstein, *The Pharisees, vol.I*, 24-37)、たいていは第二の道を選ぶ。そうして、みずから自身の特殊性の格率を普遍化することを断念して、他の者たちに対しては躓《つまず》きの石となり、みずからとしては孤立することになる。ここでもまた、細心なる人間はそれをみずからの過ちとみなすことはできない。それは彼の服従の苦い果実であり、彼の運命なのである。

儀式化、堆積、分離という以上の特徴によって、細心なる意識は怪物と化すわけではない。そうした数々の狭さは、細心なる者の深さに対応している。細心は過ちの経験の最尖端であり、穢れ、罪、負い目を繊細な意識のうちに総括するものである。だが、まさにこの突端において、過ちの経験全体が転覆されようとしているのである。

私たちの分析は、細心なる意識に特有の挫折を記述することによって裏づけられるだろう。それは「偽善」という挫折である。偽善とは細心の渋面のようなものである。「律法学者たちとファリサイ派の人々、あなたがた偽善者に災いあれ(98)」。よく知られるこの告発は、共観福音書のなかでもとくに反ファリサイ的な『マタイによる福音書』がイエスに帰するものである（『マタイによる福音書』23:13）。この攻撃から出発してファリサイ人を理解することはできないが、ファリサイ主義の偉大さに関する私たちの記述から出発して、この攻撃へと到達することはできる。これは「細心」から「偽善」が出てくるある種の理念的生成をたどる道である。運動をやめるやいなや、細心なる意識は偽善へと傾くのである。

実際、ファリサイ主義の他律は、それを最後まで引き受けなければ正当化されない。他律の司法化が正当化されるのは、決疑論が新たな領域を征服する場合のみである。儀式化は完全な厳格さが得られる場合にのみ、堆積化は解釈が生きたものである場合にのみ、分離は伝道の熱意によって支えられる場合にのみ正当化されるのである。細心なる意識が絶え間ない運動を余儀なくされるのは、それが過去に属し、その啓示が過ぎ去ったものだからである。実践し、追加し、征服することをやめれば、そこから一つずつ偽善のしるしが姿を現してくる。そうなると、ファリサイ主義の他律はただ言い立てているだけのものとなり、言葉のうえでの主張にすぎず、行為の一貫性を伴わなくなる。彼らは「言うだけで実行しないから」〔同23:3〕である。解釈されなくなった律法は、もはや学習を幸福なものとせず、軛《くびき》となる。「彼らは、背負いきれない重荷をくくって、人の肩に載せるが、自分ではそれを動かすために指一本貸そうともしない」〔同 23:4〕。先生〔律法学者〕の権威が神への、そして人々への生きた関係を侵食する。律法の事細かな遵守によって、「正義、慈愛、忠実」といった生の重大事が覆い隠されてしまうのである。規則が目的とするもの、すなわち他人やみずからの自由、みずからの幸福は、遵守の厳格さのために犠牲となる。意識の価値を定める功績は、意識がみずからの誇りとする長所や財産と化す。最後には、外側が内側から切り離され、熱心な実践は心の死を隠すものとなる。「内側は死者の骨やあらゆる汚れで満ちている」〔同 23:27〕のである。首尾一貫し同意された他律は、こうして疎外と化すのである。

そうしてディレンマが告げられることになる。以上のような「偽善」の理念的生成は、「細心」の構造についてなんら本質的なことを露わにせず、偽のファリサイ人の姿を描いてはいても、真のファリサイ人の姿は無傷のままだと言うべきであろうか。あるいは、律法の霊的体制自体が抱える深淵は、細心に特有の挫折を介して露わにされないかぎりは知られることがなく、律法と「律法を通して得られる正義」への徹底的な批判にとって、偽のファリサイ人と真のファリサイ人の区別はほとんど意味がないと言うべきであろうか。

前者であればヒレル〔הלל 紀元前一世紀末－紀元前一世紀初め。ユダヤの律法学者〕の側、後者であれば聖パウロの側に目を向けることになる。

4　負い目の袋小路

ファリサイ人の栄光をこれほど高く見積もらねばならなかったのは、過ちの意識のうちに聖パウロの範例的経験が引き起こした正から反への転覆をはっきりさせるためであった。これはアウグスティヌスとルターによっても反復される経験である。

告発の告発と言うべきこの経験へと一挙に赴くことにしよう。これから行なうべきことは、これまでの分析全体を、「律法の呪い」(『ガラテヤの信徒への手紙』3:13)というパウロの表現に要約される最後の転変に照らして読み直すことである。

パウロの道程は、(99)『ガラテヤの信徒への手紙』の三章と四章、およびとくに『ローマの信徒への手紙』の七章の一節から一三節で報告されているとおりであるが、それは以下のように様式化できる。出発点となるのは、律法の要求の全体を満たせないという人間の無力の経験である。律法の遵守は完全でなければ無意味であるが、私たちがこれを果たすことはけっしてない。完全とは無限ということであり、命令の数は限りがない。それゆえ、人間が律法によって正当化されることはけっしてない。あるとすれば、すべての律法を遵守できる場合だけである。「律法の行ないによる人々は皆、呪いのもとにあります。『律法の書に書いてあるすべてのことを守らず、これを行なわない者は皆、呪われる』と書いてあるからです」〔同 3:10〕。

ここから負い目の地獄が始まる。正義への接近には終わりがないというだけではなく、律法自体がこの接近を隔たりに変えるのである。パウロの偉大な発見は、律法自体が罪の源泉だということである。律法は「違犯を明らかにするためにつけ加えられた」〔同 3:19〕。律法は「命をもたらす」のではなく、「罪を知らせる」ことができるだけである。そればかりか、律法は罪を産み出すものでもある。どのようにしてか。聖パウロは、この最初の神学者に鉄槌を下したと信じたニーチェに先立ち、この地獄の仕組みを解き明して示してみせる。すなわち、〈律法〉と〈罪〉をともに空想的な実体として登場させ、両者のあいだの死に至る循環を露わにするのである。悪しき循環に律法の側から入るとき、パウロは「律法が入り込んで来たのは、罪が増し加わるためでありました」〔『ローマの信徒への手紙』5:20〕と記す。掟が登場すると、「罪を生き返らせ」て、私を「死に導く」のである。だが、この最初の読みは、別の読みの、それこそが本当の解釈である読みの裏面でしかない。それは、罪こそが「機会を得」て律法によって尖鋭化し、貪欲へと発展していく、というものである。「罪が戒め〔掟〕によって機会をとらえ、私を欺《あざむ》き、その戒めによって私を殺した」〔同 7:11〕のである。このように、罪を開示し顕現させるのが〈律法〉である。「罪は罪として現れるために、善いものによって私に死をもたらしました。こうして、罪は戒めによってますます罪深いものとなりました」〔同 7:13〕。

罪とそれ自身、および律法とのこうした循環を通して、パウロがそのすべての広がりと徹底性において提示するのは、掟（ἐντολή）の問題、律法（νόμος）それ自体の問題である。実際、律法はこの弁証法によって、倫理的行動と儀礼的－文化的行動の対立、ユダヤ的法と心に刻まれた異教徒の法の対立、そして〈ユダヤ人〉の善意志と〈ギリシア人〉の「知恵」や「知識」との対立の彼方へと運ばれる。掟の問題系はすべての二分法の彼方に現れるのであり、それは次のような問題である。律法はそれ自体としては善であり、「それを喜ぶ」その「知性」において「内なる人」にそう認められているのに、「命をもたらす」はずの律法が、顚倒して「人を罪に定める務め」〔『コリントの信徒への手紙二』3:9〕となり、「死の務め」となることがいかにして可能になるのか。この根底的な問いへの応答を作り上げるなかで、聖パウロは一つの罪の次元を明るみに出してくる。この新たな質の悪は、もはや特定の掟の「侵犯」でも、一切の掟の「侵犯」でさえもなく、律法を満たすことによってみずからを救おうとする意志である。これをパウロは「律法の義」ないしは「律法による義」〔『ローマの信徒への手紙』10:5〕と呼ぶ。こうして罪は貪欲と律法への熱意との対立の彼方に置かれる。自己自身の義を求めるこのような意志を、パウロは「律法を誇りとする」〔同 2:17〕ことであるという。それは普通の意味での自慢ではない。権利上は命をもたらすはずなのに、事実上は死をもたらさざるをえないものに基づいて生きようとすることを意味する。それによって、道徳性も不道徳性も、以後は「肉」という同一の実存カテゴリーに含まれることになる（この「肉」という語にはのちほどまた立ち戻るつもりである）。「肉の欲」、「心配」、「怖れ」、「世の悲しみ」、これらの語はすべて、自由の顚倒、奴隷状態、「力も価値もないもの」への隷属を指し示すのである。

結局のところ、律法と肉の双方がこのように一般化されることで露わになるのは、死それ自体の新しく根底的な意味である。聖パウロもまた、罪は死によって罰せられるというヘブライ的なテーゼを引き継いでいる。だが、死を罰として、それゆえ罪の外にあるものとするこの解釈のうちに、パウロは律法の支配と正確に釣り合うような死の支配を見分ける。生を目指しつつ生をとらえ損なう者に律法がもたらすのが死である。死とは、私たちが罪、栄光、律法による義認、肉と呼んだ実存体制の「果実」であり、「収穫」なのである。「体の行ないを殺す」ことが「生」であるように、「肉に従って生きる」ことが死である〔同 8:13〕。こうして、律法のもとに身を置くことによって、全実存が丸ごと「死に定められた体」〔同 7:24〕となる。「私たちが肉にあったときは、律法による罪の欲情が五体の内に働き、死に至る実を結んでいました」〔同 7:5〕。死とはもはや、司法的な意味で罪に加えられるものではない。死は罪によって、実存の有機的法則に従い分泌されるのである。

このような死について、私たちは何を知っているだろうか。一方で、それはみずからを知らない死、[100] みずからが生きていると信じている者たちの生きながらの死である。だが他方で、それは苦を被る死でもある。「戒め〔掟〕が来たとき、罪が生き返り、私は死にました」〔同 7:9-10〕。これはどういうことであろうか。おそらくこの苦を被る死は、分裂や争いの経験と結びつけるのが正当であろう。『ローマの信徒への手紙』では、右で見た罪と律法の弁証法に続く一節で〔同 7:14-19〕、こうした経験が描かれている。こうして死は、霊と肉の二元論と化すのである。

この二元論は、根源的な存在論的構造ではけっしてなく、[101] 律法のもとで生き、律法によって義とされたいという意志に由来する実存の体制である。この意志作用は、律法の真理と善性を認めるだけの明敏さはもっているが、それを成就できるほどの強さはもっていない。「わたしは善をなそうという意志はあっても、実際には行ないません。わたしは自分の望む善は行なわず、望まない悪を行なっています」〔同 7:18-19〕。同時に、そしてこれと対照的に、私がしようと意志しないのにしてしまうことが、私自身の疎外された部分として私の前に立ちはだかる。この一人称の分裂を、聖パウロは言葉の揺れ動きを通してうまく表現している。すなわち、「わたしは肉の人であって、罪に売られています」〔同 7:14〕と告白する私がいる一方で、告白とは否認することであり、「それを行なっているのは、もはや私ではない」〔同7:17〕のである。そして、「内なる人としては神の律法を喜んでいます」〔同7:22〕と言うように、否認するとは内にみずからを形づくることである。だが、自己欺瞞に陥りたくなければ、理性の私も肉の私もともにみずからのものとして受け取り直さねばならない。「私自身は、心では神の律法に仕えていますが、肉では罪の法則に仕えているのです」〔同7:25〕。パウロの肉の概念の鍵となるのはこのような自己分裂である。肉とは自己自身の根源的に呪われた部分、たとえば性のような身体的な部分ではない。肉とは私自身から疎外され、私自身と対立させられて外部へと投影された私のことである。「自分が望まないことをしているとすれば、それをしているのは、もはや私ではなく、私の中に住んでいる罪なのです」〔同7:20〕。こうした私自身の無力性が、以上のように「わたしの五体の内にある罪の力能」へと反映されたものが肉であって、この肉の欲は霊の欲と対立するのである。肉を悪の根とみなしてそこから出発するのではなく、肉を悪の華としてそこに到達しなければならなかったのはそのためである。

パウロの歩んだ道を略記すれば以上のとおりである。この経験とともに私たちが到達したのは、負い目の行程全体の究極地点である。この限界経験については、次の二つのことしか言えない。一方で、この経験自体は過ちの歴史全体を超えるものとして、先行するもの全体を理解させる。他方で、この経験自体は超えられたものとしてでなければ理解されることはない。

問題のこの両面を代わるがわる考察してみよう。

「律法の呪い」によって、過ちの意識の先立つ全行程の意味が露わになる。この点を理解するために、ファリサイ人に戻るだけでなく、負い目の概念の核心そのものへと戻ってみよう。負い目とは罪の内面性の成就した形である、と私たちは述べた。負い目とともに「意識」が始まる。意識をもつのは、預言者の呼びかけと聖性への要求に対して応答する者である。だが、「意識」の審級とともに尺度としての人間も誕生する。神の眼差しを尺度とする罪の実在論は、自己自身を尺度とする負い目ある意識の現象論へと吸収される。この分析をパウロ的経験、すなわち律法の業《わざ》による義認という経験に照らしてみれば、負い目の地位上昇――これには個人の責任へ鋭い感覚、帰責の程度や段階への嗜好、道徳的な直覚が伴う――と同時に、自己の義とそれに密着した呪いが到来するように思われる。そうして一挙に、細心の経験自体が根底から解釈し直される。すなわち、この経験のうちでは過ちと感じられていなかったものが過ちと化し、律法の遵守によって罪を減らそうとする企て自体が罪と化すのである。これこそが律法の呪いの意味である。

　この呪いは二重である。それは告発する審級の構造を変え、かつ告発される意識の構造をも変える。

罪から負い目へと移行するとき、告発の営みは変質するが、この変質自体が多様である。まず、律法が数多くの命令へと細分化される。この現象はきわめて両義的である。というのも、それ自体はすでに預言者の告発に刻み込まれていたことだったからである。預言者の告発は、人間に呼びかけて不可分な全体としての完全性へと向かわせると同時に、人間の対自的実存と対他的実存のさまざまな次元において――礼拝、宗教、結婚、交換、歓待等々――、その悪しき性格を細かく示していく。だが、罪の体制のもとでは、根底的な要求と差異化した命令とのあいだで緊張が保たれており、おもに根底的な要求の方に強調点が置かれていた。負い目の意識とともにこの平衡が崩れ、差異化した命令の方が前に出てくる。無限の要求の徹底性に、掟の限りない枚挙が取って代わるのである。このような枚挙と限りない訴追は、「悪しき無限」と呼べるようなものである。これによって律法は「呪われた」ものとなるのである。

　律法は限りなく細分化されると同時に、全面的に司法化していく。先に述べたように、負い目の司法的なシンボリズムは本質的なものであり、偶然的なものではないのである。法、裁き、法廷、判決、制裁といった概念が、刑法の公共空間と道徳意識の私的空間の両方を包んでいるのは偶然ではない。だが、先に私たちがこうした概念の地位上昇とみなした行程は、同時に「律法の呪い」の進展に属するものでもある。〈契約〉の対話的関係は、ホセアがなじみとする婚姻のメタファーにおいて極まるものであるが、司法化されることによって深く変質していく。神の前にいるという罪の感覚が廃されると、負い目は数々の破壊を繰り広げていく。極限においては、負い目はもはや、告発者なき告発、裁き手なき法廷、犯人なき判決でしかなくなる。誰にも呪われることなく呪われていること、カフカ〔Franz Kafka　一八八三－一九二四。チェコの小説家〕に見られるように、それこそが呪いの最終段階である。徹底して匿名なる断罪のうちに住まうのは意図の模造品であり、ゆえにその判決は凝固して運命と化す。ユダヤ人たちが「神の悔い改め」と呼んでいた驚くべき再開、ギリシア神話で賞讃されているエリーニュスからエウメニデス〔どちらもギリシア神話の復讐の女神〕の回心は、怒りとしての神の発見から憐れみとしての神との出会いへと向かう私たち自身の動きに神の側で呼応するものであったが、もはやそうした再開や回心のための場所はない。みずからがみずから自身の法廷となることは、疎外された存在だということである。業による義認を起点として照らし出したこのような疎外は、ヘーゲルやマルクス〔Karl Marx　一八一八－一八八三。ドイツの経済学者・哲学者・革命家〕、ニーチェやフロイト、サルトルの流儀でも理解できるが、それがどのようにしてかはのちほど語らねばなるまい。だが、私たちの倫理的歴史が織りなすこれらすべての層の底には、パウロ的な層が隠れている。倫理的疎外に関するあらゆる別の解釈がもたらす貢献は、おそらくすでにそれ自体が、このパウロ的層のもっとも深い意義が忘却されてしまったことの代償なのであろう。それは、理性的な訴訟を伴う負い目が、〈契約〉の危機としての罪に対して、前進であると同時に忘却であるのと同じことである。

だが、告発された意識の呪いは、告発する営みの呪いに対応するものである。ゆえに、後者の視点に立って、罪から負い目への移行を捉え直すことができる。人格全体に及ぶものとしての罪告白に代わって、数々の意図の純粋さに関する詳細で限りのない吟味がなされる。律法の呪いというパウロ的な経験から解釈し直されることで、細心は新たな光のもとで姿を現す。すなわち、細心もまた、際限なく列挙される指令の「悪しき無限」に意識の側で応答するものとして、「悪しき無限」の表現と化すのである。極限においては、罪人のへりくだった告白に代わり、不信、疑惑、そして最後には自己への侮蔑と卑屈さが現れてくる。

二つの呪いはたがいに競《せ》り上げあうことをやめない。熱に憑かれた改悛者は、律法のすべての指令を満たすという終わりなき課題をみずからに与える。この企ての挫折によって負い目の感情がかきたてられる。意識がみずからの負い目を取り除こうとしてすべてを遵守しようとすることで、意識への訴えはますます増大するのである。そして、律法が細分化すると、道徳的な注意は個別の詳細な指令へと向かいがちになるので、一つひとつの規定と個別に格闘するなかで、意識はエネルギーを消耗してしまうことになる。

だとすれば、過ちを回避するためのこうした戦術に、穢れの礼拝的な層から受け継いだ儀式的行動が組み込まれて活用されるのは驚くべきことではない。儀式主義が服従としての意味をもつことは先に見たとおりであるが、儀式主義が暴露するのは自己自身の負い目である。というのも、儀礼的‐礼拝的な形での明確な禁止は限定された真の満足を提供してくれるので、意識は負い目の解除の失敗に立ち向かうために、そうした回避戦略へと身を投じるからである。だが、そうして「清浄さ」に関する禁止を倫理へと組み入れると、先に見た第二神殿時代のイスラエルの例が示すように、行き着く先は過重な指令となる。行動を儀式化すれば、一つの規定に別の規定を加えていくだけでよくなり、容易に限りない倫理的要求の代わりとなる。そうして形づくられるのは、倫理的かつ儀式的な数々の指令が複合し散乱する狂騒曲である。そこでは、礼拝的な細心は細密な倫理との接触により道徳化するが、倫理は儀礼の詳細な指令の文面のなかに溶解する。こうして、礼拝的な細心は律法と負い目を同時に増幅させるのである。

負い目ある意識は、際限がないのと同時に、閉じた意識でもある。繰り返しと出口の不在とが逆説的に一致するという事態は、多くの神話で表現されてきたことである。シジフォスやダナイデス(訳20)の空しい行為はよく知られており、すでにプラトンによって、永遠に続くと同時に出口のない劫罰の象徴として解釈されている。聖パウロもまた、「律法のもとで監視され、閉じ込められている」〔『ガラテヤ人への手紙』3:23〕実存について語っている。負い目ある意識が閉じているのは、まずは罪人どうしの交わりを断つ孤立した意識としてである。この意識は、まさに自分だけで悪の全重量を背負うことによって、他から「分離」されているのである。さらに、負い目ある意識がより密かな仕方で分離されているのは、みずからの悪に暗い満足を見出し、それによってみずから自身を痛めつけているからである。まさにその意味で、負い目ある意識は、みずからが隷属していると意識しているだけではなく、現に奴隷となっている。それは「約束」なき意識であり、そこで告知されているのは、のちにキルケゴールが「絶望」と呼ぶものである。それは、失われたものへの哀惜にすぎず、未来へと転じられるような、世界内部での絶望ではなく、救われることへの絶望である。罪の罪とはそのようなものである。もはやそれは〔法の〕侵犯ではなく、禁止と欲望の円環のなかに自閉しようとする意志、絶望させられた絶望的な意志なのである。罪とは死の欲望であるとは、そのような意味にほかならない[102]。この死の欲望が善意志なのだということは、意識が穢れから罪、罪から負い目へと前進する順序に従っていては見出せず、「信仰による義認」から律法の呪いへとさかのぼることによって初めて発見できることである。自己告発、ナルシシズム、マゾヒズムの心理学が、鍵となる事柄を見失わずに、こうした微細な過程をどの程度照らし出すことができるかについては、またのちほど見ていくことにしよう。

今明示しておくべきことは、律法の呪い、分裂した人間の状況、死への歩みといった事柄を描き出せたのは、もっぱら過ぎ去った状況としてのことだということである。聖パウロの言い方によれば、罪の最後の冒険は過去形で語られるのである。「あなたがたは、以前は自分の過ちと罪のために死んでいました。しかし今は……」〔『エフェソの信徒への手紙』2:1-13参照〕というわけである。このことにはいくら驚いても驚きすぎではあるまい。人間の通常の経験では、死とはすぐれてつねに将来の出来事であり、終わりの切迫であるが、ここではそれが過去形になるのである。超えられた死というこの究極の象徴は、新たな問題系の核心部において初めて到達されるものである。そしてこの問題系の軸になるのは、超えられた死とはまた別の象徴、同様に謎をはらみ、根本的な意味をもつ象徴である。それは「義認」という象徴である。

哲学者は最初から、ギリシア人たちに教育された思考にとってこの象徴がどれほど衝撃的なものであるかわかっていたはずである。聖パウロの言う「正義〔義〕」とは、人格の倫理的質や自在性を表すもの、要するにプラトンの『国家』第四巻の意味での人間の建築術的徳とはほど遠く、人間に到来する何ものかであり、将来から現在へ、外部から内部へ、超越的なものから内在的なものへと到来するものである。聖書解釈的な真実によれば、人間の知や意志、能力とはもっとも異質なものから出発し、もっぱら人間以上のものから人間的なものへと至らねばならない。「義」であるとは〈他者〉によって義とされること、より厳密に言えば、義であると「宣告」され、義人「として数えられる」ことなのである。こうした正義の法廷弁論的意味は、すでに述べたように、終末論的な裁きのシンボリズムの全体とつながっている。実際、正義というのは、公廷での罪なしという判決のことである（法廷弁論的な表現はそれに由来する）。「義認」の超越的、法廷的、終末論的次元を認知して初めて、その内在的、主観的、現在的な意味が理解できるのである。事実、聖パウロにとっては、終末論的出来事はこのうえなく現在的で、すでに現存するものであった。だからこそ、正義は起源においては人間とは異質なものでありながら、その作用については人間の内なるものと化したのである。「将来」の正義はすでに信じる人間に繰り込まれ、義であると「宣告」された人間は、実際に決定的な形で義と「される」のである。ゆえに、正義の法廷的で終末論的な意味を内在的で現在的な意味と対立させる必要はない。パウロにとっては、前者は後者の原因であるが、後者は前者の全き顕現なのである。逆説は外在性の極致が内在性の極致となることにあり、この内在性をパウロは新しい被造物、さらには自由と呼ぶのである。究極的な事柄の見地からすれば、自由とは対立物のあいだでためらい、選択する能力のことではない。それはまた、努力、善意志、責任といったものでもない。ヘーゲルの場合と同じく、聖パウロにとってもまた、自由とは全体性のうちで、キリストの再統合（récapitulation）においてみずからのもとにあることである。

このような象徴から出発するとき、過ちの最後の経験は超えられた過去とみなされることになる。「義認」とは罪の回顧を求めるこの現在であり、だからこそ、自己義認という空しい企てが究極の罪となるのである。そこに〈ユダヤ教〉との断絶の鍵がある。すなわち、「律法の業なしに」人間が義とされるということである。「しかし今や、律法を離れて……神の義が現されました。……なぜなら、私たちは、人が義とされるのは、律法の行ないによるのではなく、信仰によると考えるからです」（『ローマの信徒への手紙』3:21-28）。つまり、信仰による義認が律法による義認の挫折を露わにし、業の正義の挫折が罪の全領域の一体性を露わにするのである。こうした回顧を通して、倫理と礼拝的 - 儀礼的行動の同一性、道徳と不道徳の同一性、法の遵守や善意志と知識や知恵との同一性が見出されるのである。

したがって、哲学者として過ちについて反省することは不可能である。過ちの究極の意味はキリスト教の最初の情熱的思想家〔パウロ〕が打ち立てた数々の対照を通してのみ露わになったということ、これは〔哲学的〕反省を当惑させる事実であるが、この事実を無視することは不可能である。律法の実践による義認と信仰による義認、みずからを誇ることと信じること、業と恵み、こうした数々の対照を弱めるならば、過ちの意味は散らばり消えてしまわざるをえないのである。

罪は、このように過去形で記述されてそれを超える経験に結びつけられるとき、最終的な意味を帯びる。それは両義的な敷居という意味である。すなわち、罪は即自的にも対自的にも負い目の袋小路、地獄であり、呪いであるが、「義認」から見返せば、この律法の呪いは究極の教育術となるのである。だが、この最終的な意味は事後的に認められるものでしかありえない。

聖パウロの次のような表現はよく知られている。「真実が現れる前は、私たちは律法のもとで監視され、閉じ込められていました。やがて真実が啓示されるためです。こうして律法は、私たちをキリストに導く養育係となりました。私たちが真実によって義とされるためです」（『ガラテヤの信徒への手紙』3:23-24）。この教育術を幼年期から成人へとゆっくり成長させることと解するならば、パウロの逆説を大きくとらえ損ねてしまうことだろう。ここで問題となる幼年期とは、律法の奴隷となっている状態のことである。というのも、「相続人が未成年であるうちは、全財産の所有者であっても奴隷と違いはなく」（同 4:1）、養育係とは死の律法のことだからである。それゆえ、一方の体制から他方の体制への移行をイメージする際には、展開という語を用いるべきではない。むしろそれは、過剰による顚倒のようなものである。「律法が入り込んで来たのは、罪が増し加わるためでありました。しかし、罪が増したところには、恵みはなおいっそう満ちあふれました」（『ローマの信徒への手紙』5:20）。『ローマの信徒への手紙』には、このような自由の訓育が神に由来することを強調している点でさらに印象深い箇所があるが、そこでパウロは次のように宣言する。「神はすべての人を憐れむために、すべての人を不従順のうちに閉じ込められたのです」（同 11:32）。これは過剰と剰余による教育術であり、罪の増し加わりから恵みの満ちあふれを引き出すものであるが[103]、この術を行使できる者は誰もいない。これを技術として書きかえ、恵みを満ちあふれさせるために罪を増し加えるのだと言い張ることは誰にもできない。隷属として体験された倫理的段階のうちに、解放された意識が解放への曲がりくねった道を認めるのは、あとになってからでしかない。逆説はあくまで上から下に向けてしか解読できないのであって、この逆説を、罪の文化を恵みを得る手段に変える不思議な技術に転じることはできないのである。そのような悪魔主義は倫理的企てのもっとも洗練された形態にしかならないだろう。なぜなら、それはなお人間が「みずからを誇る」営み、儀式や律法によるのと同様に、自分で自分を誇る営みとなるからである。

　負い目に関する反省の最後の語は、それゆえ次のようになる。負い目の地位上昇は、人間が断罪の円環に足を踏み入れたことを表している、と。この断罪の意味は、あとになって初めて、「義認された」意識に対して現れるものである。この意識は、過去のみずからの断罪を教育術として理解できる。だが、なお律法の軛につけられている意識には、この断罪自体の意味は知られていないのである。

結論　隷属意思の概念における悪のシンボリズムの総括

第一部の道程の最後にたどり着いた今、二つの問いに同時に答えることが可能になる。すなわち、ここまで踏破してきた象徴の連鎖の全体はいかなる地平へと向かうのか、という問い、そして、いかにしてそれらの象徴のなかでもっとも古いものがもっとも進んだもののうちで保持され再肯定されるのか、という問いである。

悪の一次的象徴の全体が向かうのは、隷属意思とでも呼べるような概念である。だが、この概念に直接接近することはできない。この概念に対象を対応させようとすれば、当の対象は自壊してしまう。というのも、この概念は、恣意（arbitre）という観念、もっぱら自由選択、つまりはつねに無傷で若く、つねに使用可能な自由意思（libre arbitre）を意味するこの観念と、隷属という観念、つまりは自由それ自体が自由に使用できない状態、その二つを直接結びつけるものだからである。それゆえ、隷属意思という概念は、本書（『有限性と罪責性』）の冒頭で考察した過ちやすさの概念のようには表象できないものである。というのも、この概念を表象するには、自由意思と隷属が同一の実存者のうちで合致しているという事態を思考できなければならないからである。それゆえ、隷属意思の概念とはあくまで間接的な概念であって、ここまで踏破してきた象徴系からその意味の全体を引き出し、それを思弁のレベルへと高めようとするものである。この概念は本書の第三冊で扱われるが、それは〈理念〉でしかありえず、悪の象徴系全体の志向的目標として目指すことしかできないものである。ただし、その前になお、悪の神話が設定する第二段階の象徴を経由する必要がある。それを媒介として初めて、隷属意思の概念へとさらに接近することができるだろう。

少なくとも現時点で言えるのは、隷属意思の概念がどれほど細かく分割され内面化された負い目の経験によって接近されるものだとしても、それはすでに穢《けが》れというもっとも古くからの経験によって指向されていたということである。最後の象徴は、先行する数々の象徴のもつすべての富を捉え直して初めて、みずからにとっての極限概念を指し示すのである。このようにすべての象徴のあいだには円環的な関係がある。後の象徴は先の象徴の意味を引き出すが、先の象徴は後の象徴にその象徴化する力能のすべてを貸し与えるのである。

先の象徴がもつ象徴化の力能を示すためには、象徴の全系列を逆向きにたどり直してみればよい。実際、負い目において、穢れや罪の経験を形づくる象徴言語が捉え直して用いられていることには注目すべきである。

実際、負い目が語られるのは、「囚《とら》われ〔捕囚〕」や「感染」といった間接的な言語によってのみであるが、この言語は先行する二つの審級を継承している。どちらの象徴も、みずから自身の選択によってみずからを隷属させ、みずからを触発し、みずからを感染させる自由を言い表すために、「内へと」移し置かれたものである。また逆に、罪の囚われや穢れの感染が以後は自由の次元を指示するものとなったことによって、それらが字義通りの意味ではなく象徴的な性格のものであることが完全に明らかになる。これらの表現が自己の自己自身への関係に集約される状況を露わにするものとなったときにこそ、私たちはそれらが象徴であることを知るのである。なぜこのように、先行する象徴群に助けを求めねばならないのか。それは、囚われた自由意思という逆説――これが隷属意思の逆説であるが――が、思考によって支えきれないものだからである。自由が解放されねばならないこと、この解放は自分で自分を隷属させている状態からの解放であること、これは直接的な仕方では語れないことである。にもかかわらず、それこそが「救い」の中心的な主題なのである。

囚われ〔捕囚〕というのは、よく知られているように歴史神学から借用された暗号であり、最初はみずからの罪によって囚われの身となった共同体の状況を指していた。この共同的な状況はなお、出エジプトによってそこから解放された不幸な運命として、典礼で反復される歴史的出来事と一体のものである。負い目ある個人を表す暗号となることで、囚われは歴史的な回想から離れて、純粋な象徴としての質をもつものへと近づいていく。それは自由の出来事を指すようになるのである。

このシンボリズムはユダヤ的経験において中心的なものである。だが、それが理解可能になるのは、少なくとも側面的にはあらゆる文化に属するものだからである。字義通りの意味を提供する経験や信仰は多種多様であえても、象徴が指し示すものは同じである。こうして、憑霊の図式は縛られた状態の起源を悪霊に見るバビロニア人のイメージを発端とするが、今度はこの身体的な憑霊のイメージが土台となって、自由意思の隷属状態が指示されるようになるのである。このイメージが象徴化されていく過程を段階ごとに追跡してゆくこともできる。一番下の段階では、憑霊は身体と手足に対する物理的な支配としてイメージされている。「私の体のなか、筋肉や腱のなかにある悪が、今日消え去ってくれますように」と、バビロニアの嘆願者は乞い願う。「私を魔力から解き放ってください。……私の体のなかには悪しき魔力と不浄なる病い、侵犯と不法と罪があり、邪悪な亡霊が私に憑《と》りついているのですから」。こうした嘆願にはなお病いと罪の混同が記されており、また病いと罪という組自体が、実在する悪霊の力による肉体的な憑霊と混同されているのだと、言おうと思えば言えるだろう。だが、それでも象徴化の過程はすでに始まっている。バビロニアの嘆願者は「告白」し「改悛」する。ということは、この憑霊の繫縛がなんらかの仕方でみずからの業《わざ》であることを漠然と知っているのである。そうでなければ、どうして次のような叫びが出てこようか。「私が幼時から犯してきた数々の罪を解きほどいてください。私は神を怖れたく存じます。神を攻撃するという罪を犯したくありません」。嘆願者が解かれることを求める繫縛は当人が作りだしたものであること、そのことを嘆願者は漠然と、知るともなく、謎と象徴によって知っている。そうでなければ、どうしてみずからが犯したものから解き放ってほしい、と乞い願うことがあろうか。

バビロニアの懇願者の告白において、なお悪霊のイメージのなかに沈み込み、そこに溺れているような状態だとはいえ、隷属意思のシンボリズムはすでに働いている。私たちがそう確信するのは、手足を縛られた人間という同じシンボリズムが、それが象徴であることをはっきりと意識して用いた書き手たちに見出されるからである。こうして聖パウロは、罪が「支配」しているのは手足であり、「死ぬべき体」（『ローマの信徒への手紙』6:12）であると言われているにもかかわらず、身体自体が「罪の体」（同 6:6）と言われ、人間全体が「罪のもとに売られている」〔同 7:14〕にもかかわらず、人間には「弁解の余地がない」〔同 1:20〕ことを知っている。聖パウロが罪の体という言い方を隷属意思の形象として象徴的に用いているのでないとしたら、どうして次のように叫ぶことがありえようか。「かつて、五体を汚れと不法の奴隷として献げて不法に陥ったように、今は、五体を義の奴隷として献げて聖なる者となりなさい」（同 6:19）。隷属した身体というのは、働きでありかつ状態でもあるような罪ある者のあり方を象徴するものである。すなわち、罪ある者においては、みずからを隷属させる働きが「働き」としてはそれ自身を廃し、「状態」へと再転落するのであるが、この抹消された自由、構成する者が排除されたあとの構成されたものを象徴するのが、隷属する身体なのである。聖パウロの言い方では、働きとは身体を隷属へと「提供」することであり（「かつて五体を汚れと不法の奴隷として」〔同 6:19〕）、状態とは支配のことである（「あなたがたの死ぬべき体を罪に支配させてはなりません」〔同 6:12〕）。私自身による「提供」が同時に私自身への「支配」となること、それが隷属意思、すなわちみずからを隷属させる意思の謎なのである。

　最後に、魂の墓としての身体への追放を語るプラトンのオルペウス的ミュートス〔神話〕は、身体の囚われという象徴を硬直させてグノーシス的な悪しき身体に変えてしまいかねず、実際にそうしたグノーシスの将来に対して保証を与えることになったものだが、当のプラトン自身は、身体の囚われを文字通り受け取ってはならず、隷属意思の表徴として解すべきであることを完全に理解していた。結局、身体という「閉域」はもっぱら「欲望を通して成り立っている」のであり、「縛られているその者自身がとりわけその束縛に協力している」（『パイドン』82e）のである。こうして、身体の囚われも、さらには身体における魂の囚われさえも、魂がみずから自身にもたらす悪の象徴であり、自由の自由自身による触発の象徴だということになる。そして、魂の「縛りが解かれる」ことによって、その「縛り」が欲望による縛りであったこと、能動－受動的な呪縛としての自己幽閉であったことが、回顧的に確証される。「〔魂が〕無に帰する」とはそのような意味にほかならない。

今、自由の自由自身による触発という言い方をしたが、この表現を通して、もっとも内面化された負い目が、いかにして穢れも含めた先行するシンボリズムの全体を総括しうるのかが理解できるようになる。負い目は囚われのシンボリズムを介して穢れのシンボリズムを受けとり直すのである。思いきってこう言ってもよいだろう。穢れの象徴は、実在する汚れをまったく語らなくなり、もっぱら隷属意思を意味するようになったときに純粋な象徴になるのだ、と。穢れの象徴的意味は、すべての捉え直しの終極において初めて成就するのである。

穢れの純粋象徴のうちに、私は以下の三つの志向を見てとる。それらは隷属意思の三重の「図式機能」を構成するものである。

1　穢れの象徴による隷属意思の第一の図式は、「措定性〔実定性〕」の図式である。悪とは無、単なる欠如、単なる秩序の不在ではない。それは闇の力であり、「措定」されたものであって、その意味で「取り除く」べき何かである。「私は世の罪を取り除く神の小羊だ」と内なる師〔イエス〕は言う。(訳21) それゆえ、悪を単なる存在の欠如に還元するすべての試みは、穢れのシンボリズムの埒外にとどまる。穢れが負い目となったときに初めて、このシンボリズムは成就するのである。

2　隷属意思の第二の図式は、「外在性」の図式である。負い目がどれほど内的なものであれ、それに固有の外在性の象徴においてのみ反省される。悪が人間に到来するのは、自由の「外部」、自己とは他なるものとしてであり、自由はこの他なるもののうちでみずからをとらえるのである。「人はそれぞれ、自分の欲望に引かれ、おびき寄せられて、誘惑されるのです」〔『ヤコブの手紙』1:14〕。これは誘惑の図式であり、それが意味するのは、悪とは措定されるものだとはいえ、すでにあって唆《そそのか》すものだということである。この外在性は人間の悪にとってきわめて本質的なものなので、カントの言うように、人間は絶対に邪悪な者ではなく、〈悪人〉そのものではないのである。人間はつねに二次的な悪人であり、誘惑されて悪人となるのである。悪とは今「措定」されると同時に、つねにすでにあるものである。開始することは継続することであって、このようにして誘惑されることは、不浄な接触の外在性によって象徴される。悪とはなんらかの仕方で被るものだというのは本質的なことである。人間の悪とパトス、「パッション〔受動・受難・情念〕」との同一視には数々の誤謬があるものの、これはそうした同一視の全体にとって根底的な真理であろう。したがって、穢れの象徴を放逐するならば、人間の悪の経験からこの外在性の図式を除去しなければならなくなるだろう。汚染や伝染という呪術的な考え方は、必要なだけ脱神話論化できるだろうが、その後にもなお、誘惑する「外部」はつねにより繊細な様式で生き残る。そうした様式での「外部」は、最高度に内面化された隷属意思にもなお属しているのである。

3　隷属意思の第三の図式は、「感染」それ自体の図式である。一見、この観念は救うのがもっとも難しく、接触呪術とかならず結びついているように思われる。だが、これこそが隷属意思、すなわちみずから自身を縛る悪しき選択を表す究極の象徴である。この図式は、まずは先の外部性の図式に続くものである。それが意味するのは、外部からの誘惑とは、究極的には自己による自己の触発、自己感染だということである。これによって、みずからを縛る働きが縛られた状態へと変ずるのである。こうして、穢れの象徴が隷属意思の経験において捉え直される際に、いかにして隷属という象徴が必要な行程となるのかが見えてくる。私自身を隷属状態に供することと悪の力が私を支配することとを同一の事柄として考えることによって、私は自由の毀損ということの深い意味をあらためて見出す。だが、もしかしたら、感染という図式はすでに、自分で自分を縛るという以上のことを意味しているかもしれない。感染とは解体ではなく、毀損とは破壊ではない。ここで象徴が指し示しているのは、人間存在自体、人間の根源的命運に対する根元悪の関係である。それが意味するのは、悪がどれほど措定的、誘惑的であっても、どれほど触発し感染するものであっても、人間を人間以外のものにすることはできないだろう、ということである。感染とは解体ではない。人間の人間性をなす数々の素質や機能を壊してばらばらにし、人間的実在とは別のものにするという意味での解体ではない。まだ私たちは、穢れの象徴の究極的な志向を理解できる段階には達していない。第二段階の象徴、主として堕罪神話を介して初めて、この志向が引き出され、形を得ることになるだろう。そのときには、悪は善の対称物ではなく、邪悪さが人間の善意に取って代わるのではないこと、無垢、光、美はなお存続しており、悪とはそれが萎《しお》れ、陰り、醜くなったものであることが理解されるだろう。悪がどれほど根元的な（radical）ものであれ、善ほど根源的（originaire）ではありえまい。これは穢れの象徴がすでに隷属意思について語っていることであり、囚われの象徴を介して語られていることである。ある国が無傷のままで敵の手に落ちた場合、この国はそれでも労働し、生産し、創造し、実存し続けているが、それらの活動は敵のためになされている。この国は責任を負いうるが、その業は疎外されている。みずからの自由に隷属状態が重ねられているというのが占領された国の経験しうることであるが、これが示唆するのは、それに似た実存的な重ね合わせの観念、すなわち、根源的な善性に根元悪が重ねられているという事態である。この二重写しこそが、すでに感染の図式において指向されていることであり、そこに私たちは穢れの象徴の究極の志向を認めようとするのである。だが、この究極の志向は、穢れの象徴を担っていた呪術的世界が崩れ落ち、罪の経験自体が内面化され、隷属意思の経験となったときに、初めて姿を現してくる。そのとき、穢れは隷属意思の言葉と化し、その究極の志向を委ね渡すのである。ただし、穢れが感染の図式のすべての含意を委ね渡すのはすべての層の象徴を経由したあとのことであって、まだなお踏破すべき諸層が残っている。それは神話的象徴と思弁的象徴の層である。

第二部　始まりと終わりの「神話」

序論　神話の象徴的機能

1　一次的象徴から神話へ

ここまで私たちは、過ちの経験を想像力と共感において「反復」することに努めてきた。経験という名のもとで、私たちは本当に直接与えられたものに到達したであろうか。そんなことはまったくない。穢《けが》れ、罪、負い目として体験されるものは、象徴の言語という特有の言語によって媒介されることを求める。この言語の助けがなければ、経験は無言で不透明なままであり、暗に含まれるさまざまな矛盾（穢れは外から感染する何かとして語られ、罪は断絶した関係であり力能でもあるものとして語られる）にも目を閉ざしたままであろう。だが、そうした基本的象徴が得られたのは、それらを豊かな神話世界から引き抜く抽象化と引き換えにしてのことであった。過ちの経験をもっともよく開示する数々の表現（汚れと穢れ、逸《そ》れ、反逆、侵犯、逸脱等々）の純粋に意味論的な解釈を試みるためには、一次的象徴を媒介する二次的象徴を括弧に入れなければならなかったのである。もっとも、一次的象徴自体、穢れや罪、負い目の生きた経験を媒介するものなのであるが。

神話というこの新たな表現層は、現代の人間を当惑させてやまないものである。ある意味では、現代の人間のみが神話を神話として認めることができる。なぜなら、現代の人間のみが、歴史と神話が分離する地点に到達したからである。両者の分離の起点となるこの「分岐＝危機（crise）」、この決定が意味しうるのは、神話的次元が失われたということである。神話の時間はもはや方法や歴史批判の意味での「歴史的」出来事の時間に整合させられず、神話の空間はもはや地理学的な場所に整合させられない。そのため私たちは、みずからの思考のすべてを徹底的な脱神話化に委ねたいという誘惑に駆られる。だが、私たちにはこれとは別の可能性も与えられている。すなわち、私たちが神話と歴史が分離したあとに生き、思考しているからこそ、私たちの歴史の脱神話化は神話を神話として理解することと表裏一体であり、文化史上初めて神話的次元が獲得されたとも言える、という可能性である。それゆえ、ここではけっして脱神話化（démythisation）とは言わず、厳密に脱神話論化（démythologisation）と言うことにする。脱神話論化によって失われるのは、神話の原因譚的な機能に表れるような疑似的な知、偽のロゴスといったものだからである。だが、直接的なロゴスとしての神話を失うことは、ミュートスとしての神話を再発見することである。この喪失と引き換えにしてのみ、解釈と哲学的理解を迂回することで、ミュートスはロゴスに新たな転変を引き起こしうるのである。

神話としての神話のこうした形での獲得は、象徴とその開示力の認知の一面でしかない。神話を神話として理解するというのは、第一部で作り上げた一次的象徴の開示機能に対して、神話がその時間、空間、出来事、人物、ドラマによって何を加えるかを理解することである。

ここでは象徴と神話の一般理論を提供しようというのではなく、意図的かつ組織的に、人間の悪に関わる神話的象徴群に話を限定したい。私たちの作業仮説は以下のように言い表すことができる。これらの仮説は、以後の全分析を通して起動され、その遂行を通して検証されるべきものである。

1　悪の神話の第一の機能は、人類全体を範例的な歴史のなかに包みこむことである。あらゆる時間を代表し表象する時間を通して、「人間」は具体的普遍として顕現される。アダムとは人間という意味である。聖パウロの言うように、私たちは皆、アダム「において」罪を犯したのである。こうして経験は単独性を脱し、その「元型」へと変容される。英雄、祖先、ティターン、原初の人間、半神といった形象を通して、体験は数々の実存的構造へと向かわされる。神話においては、範例的な人間が要約され、全体化されているからこそ、すでに人間、実存、人間存在を語ることができるのである。

2 人間の普遍性は、それがさまざまな神話によって表示されるとき、物語が人間の経験に導き入れる動きからその具体的な性格を受け取ってくる。過ちの〈始まり〉と〈終わり〉を物語ることにより、神話は人間の経験に方向、進行、緊張を付与する。経験はもはや現在の体験に還元されることはない。この現在とは、起源と成就のあいだ、「創世記」と「黙示録」のあいだに張り渡された展開を瞬間において切り取ったものでしかなかった。神話のおかげで、過ちの経験は、人間の破滅と救済をめぐる本質的な歴史によって横切られるのである。

3 さらに根本的に言えば、〔悪の〕神話は人間的実存の謎に触れようとするものである。人間的実存の謎とは、無垢の状態、被造物の状態、本質的な存在といった根本的実在性が、穢れて罪深く、負い目を背負っているという人間の実際の状態と調和していないことである。一方から他方への移行を、神話は物語によって説明する。だが、それがまさしく物語であるのは、人間の根本的実在性とその現状とのあいだ、幸福を予定された善き被造物という人間の存在論的体制と疎外のもとで生きられるその実存的・歴史的状態とのあいだには、演繹や論理的な推移は存在しないからである。こうして神話は存在論的な射程をもつ。神話が指し示すのは、人間の本質的存在がその歴史的実存に対してもつ関係、飛躍かつ移行、切断かつ縫合であるような関係なのである。

以上のすべての仕方で、神話は過ちの経験をある全体の中心と化す。そうして過ちの経験は、過ちの世界であるような世界の中心と化すのである。

私たちが神話を単なる寓意とみなすような解釈からどれほど遠ざかっているかは、すでに見当がつくであろう。寓意とは、それ自体で理解できるテクストへとつねに翻訳できるものである。この最良のテクストが解読されれば、寓意は用済みの覆いとして捨てられる。寓意が隠しつつ表していたものは、それに代わる直接の言説によって語られうるのである。具体的普遍、時間的方向づけ、存在論的探究という三重の機能によって、神話はある開示の仕方をもつが、それは暗号としての言語を明晰な言語に変えてしまうような翻訳にはけっして還元できない仕方である。シェリング〔Friedrich Wilhelm Joseph von Schelling 一七七五－一八五四。ドイツの哲学者〕が『神話の哲学』で示したように、神話とは自律的で直接的なものであり、自身が語ることを意味するのである。(104)

それゆえ、寓意には還元できない神話の性格を尊重しつつ、神話を批判的に識別していくことが重要である。

2　神話とグノーシス――「物語」の象徴的機能

神話を批判的に識別するためにまず必要であるのは、神話をそれと混同されがちな「原因譚的」機能から完全に引き離すことである。この区別は神話を哲学的に捉え直すうえで基本となるものである。なぜなら、哲学が神話に反対する主な理由は、神話的な説明はソクラテス以前の哲学者たちが発見ないしは発明した合理性とは相容れないという点にあるからである。以後、神話的な説明は見せかけの合理性を代表するものとなる。

実際、合理性とその模造物とのあいだには、歴史と神話のあいだにあるのと同様の断固たる区別がある。前者の区別は後者の区別の基礎でさえある。歴史が歴史であるのは、歴史における「原因」の探究が、幾何学者や物理学者たちのエピステーメーから区別されるときでさえ、そうしたエピステーメーを支えにしているからである。それゆえ、歴史と神話、説明と神話というこの二重の区別を超えて、なお神話というものが生き残りうるとすれば、その神話とは、特定の時と場所に到来した歴史でもなければ、説明でもないものでなければならない。

私の作業仮説は、疑似的合理性への批判が致命傷となるのは、神話ではなくグノーシスに対してだということである。見せかけの理性が現実化するのはグノーシスにおいてである。ところで、グノーシスとは神話の原因譚的契機をとり集めて展開するものである。とりわけ悪のグノーシスは理性の土壌の上に身を置いている。グノーシスとは、この語が告げるとおり、「認識」を意味するのである。グノーシスと理性のどちらかを選ばなければならない。そもそも象徴とは説明ではなく開示であり、発見であるが、この象徴が富を失い貧しくなるなかで、神話はグノーシスへと滑り落ちていく。だが、おそらくそのように滑り落ちる手前で、神話を神話として反復する仕方があるだろう。それゆえ私たちは、神話とグノーシスを切り離す方向へとすべての努力を傾けるつもりである。

そうした企てにおいて、私たちを勇気づけてくれるのはプラトンの偉大なる例である。プラトンはその哲学に数々の神話をはさみ込んでいるが、その際彼は神話を神話としていわば生《な》まの状態で取り入れており、神話に説明の偽装をさせようとはしない。神話は謎に満ちたまま論述のなかに置かれている。神話は神話としてそこにあり、〈知〉と混同される余地はないのである。

たしかに、神話はそれ自体として、グノーシスへと誘《いざな》うものである。加えて悪の問題は、神話をグノーシスへと移行させる格好の機会となるように思われる。すでに私たちは、苦や罪からいかなる問いの力が湧き上がってくるかを知っている。「主よ、いつまでなのか」、「私はいかなる神に罪を犯したというのか」、「私の行ないは清らかだったか」、そういった問いである。悪の問題は、思考への最大の挑戦であると同時に、理性からの逸脱への隠れた誘いでもあるように思われる。あたかも悪はつねに時期尚早の問題であり、理性の目的がつねにその手段の届かないところにあるかのようである。理性がその本性によって逸脱し、超越論的仮象に陥るより前に、人間の本来の使命と実際の状況——前者は根源的な無垢と最終的な完成という想像に投射され、後者は人間の罪告白の対象となる——との矛盾から、実存の試練のただなかで、巨大な「なぜ」が出現したのであった。それゆえ、この「問い」の近傍でこそ、説明の姿をとった最大の狂乱が生じてくることになる。グノーシスの膨大な文献はそうした数々の狂乱からなるのである。

では、「原因譚的」な主張の手前における神話とはどのようなものであるのか。グノーシスでないとしたら、神話とはなんであるのか。今一度私たちは、象徴の機能へと送り返されることになる。すでに述べたように、象徴とはそれなしには閉じて隠されたままであるような経験の次元を開き、発見するものである。それゆえ示さねばならないのは、ここまで探究してきた一次的象徴に対して、神話はいかなる意味でその二次的な機能となるのか、ということである。

そのためには、この開示と発見の機能――ここでグノーシスの説明機能と対立させているもの――を、一次的象徴から区別される神話特有の特徴においても見出さねばならない。そして、一次的象徴の段階に新たな意味の段階を加えるものとは、物語にほかならない。

いかにして物語は、原因譚的ではなく象徴的な様式で意味をもつことができるのだろうか。

ここで私たちは、ファン・デル・レーウ〔Gerardus van der Leeuw　一八九〇－一九五〇。オランダの宗教学者〕やレーナルト〔Maurice Leenhardt　一八七八－一九五四。フランスの人類学者〕、エリアーデとともに、宗教現象学による神話的意識の解釈を援用してみたい。一見この解釈は、神話－物語を未分化な意識に解消してしまうように思われる。この意識は、物語を語り寓話を作るよりも、事物の総体に現実的かつ実践的に関わるもののように見えるのである。ここで私たちが理解すべきは、いかなる物語や寓話、伝説よりも手前で構造化されるこの意識が、にもかかわらず物語の形で言葉に表されるのはなぜか、ということである。宗教現象学者たちが物語から神話の物語以前の根へとさかのぼることにより気を配ったのに対して、私たちは反対の行程をとり、物語以前の意識から神話的な物語作用へと進むことにしたい。まさしくこの移行において、神話の象徴的機能の謎のすべてが集約されているからである。

実際、神話のもつ二つの特徴を説明する必要がある。神話は言葉であること、神話において象徴は物語の形をとること、この二つである。

まずは物語を超えたところに身を置いてみよう。宗教現象学によるならば、言葉になる前に感じられ体験されるような生の形があり、神話－物語はこの生の形の言語的な外皮でしかない。この生の形は、まずはすべての事物に対する全体的な行為において表現される。そのもっとも完全な表現は、物語よりもむしろ儀礼において見られ、神話の言葉はこの全体的行為の言語的な部分にすぎないことになる。[105] さらに根本的に言えば、儀礼的行為と神話の言葉を合わせたものが指し示すのは、それ自身を超えた範型や元型である。この場合、儀礼や神話はこの範型や元型を模倣し反復するものだということになろう。身振りによる模倣、言葉による反復は、原初的な〈働き〉への生きた参与を断片的に表現するものでしかなく、この〈働き〉が儀礼と神話に共通の範型となるのである。

このように、あれこれの神話に特有の形象や物語のすべての母胎となる構造にまでさかのぼり、この散乱した神話的構造に〈聖性〉への参与や関係といった基本カテゴリーを結びつけることで、宗教現象学が神話の問題を根本から刷新したことは疑いない。

まさにこの神話的構造自体が、私たちを神話の多様性へと連れ戻すことになる。実際には、この神話的構造の究極的意味はどのようなものかと問われれば、祭祀を行ない神話を語る人間と存在全体との内的な一致、という答えが返ってくるかもしれない。その場合、この構造が意味するのは、超自然的なもの、自然的なもの、心理的なものが未分であるような不可分な充実体ということになろう。だが、いかにして神話はその充実体を意味するのか。本質的であるのは、人間をそこから切り離せないような宇宙的包越者の直観、超自然的なもの、自然的なもの、人間的なものの分断に先行するこの未分の充実体は、与えられたものではなく目指されるものでしかないという事実である。神話はもっぱらその志向においてのみ、なんらかの統合性を再建しようとする。そうした統合性を人間自身が失ってしまったからこそ、人間は神話と儀礼を介してそれを反復し模倣するのである。原始的人間もすでに分断された人間である。それゆえ神話とは再建、すなわち志向的な立て直しでしかありえず、その意味ですでに象徴的なのである。

体験されたものと志向的なものとのあいだのこのような隔たりは、神話に不安への生物学的防衛の役割を付したすべての者たちが認めていたものである。創話作用(訳22)（fabulation）が窮境への反撃であるのは、神話的人間がすでに不幸な意識だからである(106)。すなわち、神話的人間にとって、統一、和解、融和は与えられておらず、だからこそ語られ、行なわれねばならないのである。創話作用が根源的であり、神話的構造と共時的であるのは、参与が体験されるものではなく意味されるものだからである。

さて、失われた全体性に対する人間の関係の象徴的でしかない性格を顕《あら》わにすることにより、神話は最初からさまざまな行程へと分かたれざるをえなくなる。実際、意味とそれが指向するものとが一致することはない。過ちの一次的象徴の研究ですでに示唆したとおり、象徴が象徴として働くのは、つねに類比物の役割を担うものを起点としてのことである。象徴の類比物となる素材は、その外延においても内包においても必然的に限定されている。象徴が多様性をもつのは、類比物という素材に従属していることからの直接の帰結なのである。

レヴィ＝ストロース〔Claude Lévi-Strauss　一九〇八－二〇〇九。フランスの文化人類学者〕は、経験の制限性と神話が意味する全体性との最初からの隔たりを強調した。彼は次のように記している。「〈宇宙〉が何を意味しているのかを人が知る前から、〈宇宙〉は意味していた。宇宙は最初から、人類がその認識に至りうるものの全体を意味していたのである」。「人間は最初からシニフィアンの全体を自由に使用できるが、認識されることなく与えられているシニフィエにそれを配分しようとすると、強く当惑してしまう(107)」。この全体性は、意味されることは多いが生きられることは少ないので、聖なる諸存在や諸事物に凝縮され、シニフィアン全体の特権的な表徴となって初めて、人間が自由に用いられるようになる。象徴が根源的に多様化するのはそのためである。実際、あらゆる神話形式や特定の儀礼の外でこの超過した意味を目指すような文明は、この世界のどこにも存在しない。聖なるものが偶然的な形態をまとうのは、まさしくそれが「浮遊する」ものだからである。それゆえ、聖なるものを洞察するには、かぎりなく多様な神話と儀礼を介するしかない。さまざまな神話の世界は混沌とし恣意的な様相を呈するが、それは、象徴的でしかない充実体と人間にシニフィエの「類比物」をもたらす経験の有限性とのずれの代償にほかならない。ゆえに、聖なるもののさまざまな表徴の輪郭を形づくるためには、さまざまな物語や儀礼が必要になる。聖なる場所や聖なる事物、時代や祝祭は、私たちが物語において見出すこの偶然性の別の様相である。充実した全体が生きられるものであるならば、空間と時間のいたるところに見出されるだろう。だが、この全体は象徴的に目指されるものでしかないため、数々の特別な表徴とそれを語る言説が必要になるのである。これらの表徴はたがいに異質なものであるが、その偶然なる現れを通してシニフィアンの全体を証示している。それゆえ、神話の機能はそれらの表徴の有限な輪郭を保持することであり、すると今度はそれらの表徴が、人間が体験するよりもむしろ指向するものであるような充実した全体を指示するのである。したがって、原始的な諸文明がだいたいにおいて同じ神話的構造を共有しているとしても、この未分化の構造は、多様な神話なしにはどこにも存在しないものである。神話的構造なるものとさまざまな神話との二極性は、全体性と充実体の象徴的性格の帰結であり、神話と儀礼はこの象徴的性格を反復する。聖なるものは象徴されるが体験されないのであり、そのためにさまざまな神話に分割されるのである。

だが、神話が分割される際に物語という形をとるのはなぜなのか。今理解しなければならないのは、神話と儀式によって私たちが参与する範型自体がドラマという様相を呈する理由である。実際、いかなる神話の最終的なシニフィエもそれ自体はドラマという形をとるのであり、だからこそ神話的意識を分割する数々の物語は、それ自体が「出来事」と「登場人物」によって織りなされる。神話のパラダイムが劇的であるがゆえに、神話自体が出来事的になり、物語という造形形式でしか与えられないものとなる。だが、なぜ神話‐物語は象徴的な仕方でドラマを参照するのだろうか。

それは、神話的意識が充実した全体を生きていないだけでなく、根本的な〈歴史〉の起源と終極においてしかそのような全体性を指示しないからである。神話が象徴的に指向する全体性は、危険と労苦を伴って創立され、喪失され、再建されるものである。ゆえに、この全体性が与えられるものではないのは、単に体験されずに意味されるからではなく、闘争を介して意味されるからである。神話は――儀礼もそうであるが――この原初的なドラマから物語という特別な言述性を受け取る。したがって、神話が造形的、比喩的、出来事的な性格をもつのは、もっぱら象徴的な〈聖なるもの〉に数々の偶然的な表徴を与えねばならないのと同時に、原初の時間がドラマ的性格をもつからである。こうして神話の時間は、最初から原初のドラマによって多様化されるのである。

これから考究していくのは悪の起源と終末に関するさまざまな神話であるが、それらは神話の限定された部門でしかなく、この序論で提示された作業仮説を部分的に検証するものでしかない。これらの神話は、少なくとも神話世界の原初からのドラマ的な構造に直通する道を開いてくれるものである。悪の神話に認めた三つの基本性格を思い出しておこう。範例的人物を介して人間の経験に付与される具体的普遍性、〈始まり〉から〈終わり〉へと方向づけられた範例的歴史が帯びる緊張、本質的な本性から疎外された歴史への移行、この三つである。以上三つの悪の神話の機能は同一のドラマ的構造の三つの局面である。したがって、物語という形式は二次的なものでも偶然的なものでもなく、原初的で本質的なものなのである。神話が物語を固有の仲立ちとしてその象徴的機能を果たすのは、神話が語ろうとすることがすでにドラマだからである。この原初のドラマによって、人間的経験の隠れた意味＝方向（sens）が開かれ、発見される。そのようにして、このドラマを語る神話は物語というかけがえのない機能を受け取るのである。

以上で浮きぼりにした神話の二つの性格は、私たちが過ちの世界を探究していくうえで基本的なものである。まず、〈聖なるもの〉が形づくる意味の剰余、「浮遊するシニフィアン」は、本書の第一部で描かれたような過ちの経験が、最初から意味の全体、宇宙の全体的意味に関わり、それと緊張関係にあることを証している。この関係ないしは緊張は、過ちの経験に参与しそれにまとまりを与えるものである。あるいはむしろ、過ちの経験は過ちを全体のうちに置き直す数々の象徴と結びつくかぎりにおいて存続する、といった方がよいかもしれない。その全体というのは、知覚され体験されるのではなく、意味され、目指され、懇願されるものである。それゆえ、罪を告白する言葉は、悪の起源と終末を指示し、悪がそこで生起した当の全体を指示するより広大な言葉の一断片でしかない。経験や体験を象徴と引き離すことは、当の経験からその意味を全うさせるものを取り除くことである。過ちに関する現在の経験を意味の全体と関係づけるのが、物語としての神話にほかならない。

他方で、過ちが出てくる背景となるこの全体的な意味は、神話的意識によって原初のドラマに結びつけられている。過ちの経験に浸透する基本的な象徴は、苦境、闘争、勝利といった象徴であり、それらはかの時における世界の創設をしるしづけている。意味の全体と宇宙的ドラマ、この二つの鍵を用いて、〈始まり〉と〈終わり〉にまつわる数々の神話世界を開いていくことにしよう。

3　悪の起源と終末の神話の「類型論」に向けて

だが、神話的意識がさまざまな原始的文明を通してほぼ相似たものであり続ける一方、神話は無数に存在するのだとすれば、〈一〉と〈多〉のあいだにいかにして道を開けばよいのか。神話的意識の漠たる現象学がいたるところに「マナ」を見出し、反復と参与を見出すのに対して、比較神話学は際限なく多様な姿を示す。そうしたなかで、道に迷わないためにはどうすればよいのか。私たちは『ピレボス』でのプラトンの助言にしたがうことにしたい。そこでプラトンは、「一も多も拙速に処理」しすぎる「論争術」の真似をせず、「多性が〈無限〉と〈一〉のあいだに実現する」中間の数をつねに探すことを勧めている。そうした中間のものを尊重するということが、プラトンに言わせれば、「私たちがたがいに言論を交わす問答法的なやり方を論争術的なやり方から区別

するもの」なのである。[訳23]

このような「数えられた多性」を、未分化な神話的意識と分化されすぎた諸神話との中間に探し求めるための手立てが「類型論」である。私たちが「類型」として提示するのは、解読格子を携えて経験へと向かい、諸々の悪の神話の迷宮のなかで方向を定めることを可能にするアプリオリであると同時に、経験との接触においてたえず修正され、立て直されるアポステリオリでもある。『悲しき熱帯』におけるレヴィ゠ストロースと同様に、私もまた、創話的想像力と人間の制度的活動が実現しうる数々の「形象」の数は無限ではなく、少なくとも作業仮説としては、主要な形象についてのある種の形態論を作り上げうると考えてみたい。

ここで私たちは、悪の起源と終末に関する四つの代表的な神話「類型」を考えてみたい。

1　第一の類型は、私たちが創造のドラマと名づけるものであり、それによれば、悪の起源は諸事物の起源と同じ広がりをもつ。その起源とは「混沌」であり、神の創造行為はそれとの闘争である。このような物の見方は、救済は創造そのものと同一だという見方と一体である。世界を創設する営みは、同時に解放の営みなのである。私たちは、悪の起源と終末に関するこの「類型」に対応する礼拝の構造において、このことを検証するつもりである。礼拝というのは、世界の起源における闘争の儀礼的反復でしかありえないのである。悪と「混沌」との同一性、および救済と「創造」との同一性、この二点が第一の類型の基本的特徴となると私たちには思われた。他のさまざまな特徴はこの二つから帰結するものであろう。

2　人間の「堕罪」という観念とともに、類型が変化するように思われた。堕罪とは、すでになされた創造のうちで、非合理的な出来事として生起するものである。それゆえ私たちは、創造のドラマは人間の「堕罪」という観念を排除することを示したい。創造のドラマの内部で「堕罪」の教説――そのようなものがあるとしての話だが――を描こうとしても、その試みは全体の解釈によって挫折し、別の「類型」への移行を予告するものとなる。逆から言えば、人間の「堕罪」という観念がそのすべての広がりを得るのは、創造のドラマを完全に取り除いた宇宙論においてのみである。「堕罪」の図式は、救済は原初の創造に新たな転変をつけ加えるものだという見方と一体である。獲得された創造、その意味では閉じた創造を背景にして、救済は独自の開かれた歴史を展開するのである。

こうして、第二の類型とともに、堕罪という非合理的な出来事と古くからの創造のドラマのあいだに分断が生じるのだが、この分断は、すぐれて「歴史的」なものとなる救済のテーマと創造のテーマにも同様の分断を生じさせる。創造のテーマは「宇宙論的」な背景へと退き、この背景から時間的なドラマが世界の表舞台に浮かび上がってくるのである。以後、救済は悪を取り除こうとする神と信仰者の双方のイニシアティヴの総体とみなされ、創造の目的とは区別される固有の目的を指し示すことになる。その固有の目的を軸に数々の「終末論的」なイメージが集約されるのであるが、この目的も創造の目的とは同一視できない。こうして、二つのイメージが奇妙な仕方で緊張関係をもつようになる。すなわち、「七日目の休息」とともに閉じられた創造と、なお猶予中で「最後の日」を待つ救済の事業との緊張である。完了した創造〔世界〕のなかで「突発」した堕罪という観念を起点として、悪の問題系が創造の問題系から完全に切り離される。それゆえ、まさに堕罪の「出来事」そのものが、逆立したピラミッドの頂点のようにして、悪の神話系の全重量を担うのである。

3　創造のドラマ特有の混沌の神話と堕罪の神話とのあいだに、私たちは「悲劇的」と呼びうる中間的な類型を挿入したいと思う。この類型を「悲劇的」と呼ぶのは、ギリシア悲劇において初めて全面的に姿を現したからである。この悲劇的人間観の背後に、私たちは暗黙の神学、おそらくは口に出せない神学を探し求めるであろう。すなわち、人間を試し、盲目にし、道を逸《そ》らせる神の悲劇的神学である。そこでは、過ちは悲劇の主人公の実存そのものと区別がつかなくなる。悲劇の主人公は過ちを犯さずして罪ある者なのである。では何が救済となりうるのか。過ちが不可避である以上は「罪の赦免」はない。赦しは存在しないのである。それでも悲劇的な救済はあり、それは悲劇的なものの光景《スペクタクル》〔上演〕それ自体に由来する美的な解放である。この解放は実存の深みへと内面化され、自己自身への憐憫に転じる。このような救済によって、自由は理解された必然性と同一化するのである。

創造のドラマの混沌、悲劇の主人公の不可避の過ち、原初の人間の堕罪、この三者のあいだでは排除と包含の複合的な関係が結ばれるが、私たちはそれらを理解し、みずから自身のうちでとらえなおしていきたい。とはいえ、排除の関係でさえも共通の空間に到来するのであり、この共通の空間によって、三つの神話の運命は結びつきあうのである。

4　以上の三つ組の神話から見ればまったくの周縁部に、孤立しつつも西洋文明において大きな命運を担ってきた一つの神話がある。というのも、この神話はギリシア哲学の誕生とまでは言わないが、少なくともその成長を導いてきたものだからである。この神話を私たちは「追放された魂の神話」と呼ぶ。これが他の神話と異なるのは、人間を魂と身体に分断し、他所からきてこの世界でさまよう魂の命運に関心を集中させている点である。その分、他の神話がもつ宇宙生成譚的、さらには神統譚的な背景は薄くなっている。追放された魂の神話と原初の人間の神話は、ときとして混同され、たがいに影響しあってどちらとも区別できない堕罪神話を形づくることもあった。だが実際には、この二つの神話は深いところでは異質であって、むしろ聖書の堕罪神話は、数々のひそかな親縁性によって、追放された魂の神話よりも混沌の神話や悲劇的神話へと向かうものである。にもかかわらず、なぜ追放された魂の神話と原初の人間の神話が混同されがちであるのか。それを理解することは、本書の類型論の小さくはない賭け金の一つとなるだろう。

このように、「類型論」とは分類の企てに限定されるべきものではない。分類という静態論を乗り越え、諸々の神話に潜在する生命を見出し、それらのひそかな親縁性の動きを発見することを課題とする動態論とならねばならない。そのような動態論こそが、神話の哲学的「捉え直し」を準備するものとなるはずである。

第一章　創造のドラマと「儀礼的」世界観

1　原初の混沌

悪の起源と終末の神話の第一の「類型」は、シュメール-アッカドの神統記的な神話で印象的に例示されている。それらの神話が今日に伝わる形で編纂されたのは、紀元前二〇〇〇年紀の初めとされている。そこで語られているのは、混沌に対して最後に秩序が勝利を収める経緯である。ホメロスの神統記、そしてとくにヘシオドスの神統記も、同じ類型に属しているが輝きにおいて見劣りし、バビロニアの叙事詩ほどには世界観の全体を決定づけるものではなかった。

この「類型」を例示し、その決定的な動機を見てとるために、私たちはエヌマ・エリシュ（「昔、高きところに」という詩の最初の二語による）(108)と呼ばれる偉大な創造のドラマへと一気に赴くことにする。この創造神話が第一に示す顕著な特徴は、世界の発生を語る前に神的なものの発生を語ることである。現在の秩序をもった世界が、人間を登場させつつ今のような姿で誕生するのは、神々の産出に関わるドラマの最終幕でのことである。この神的なものの発生は、諸「類型」のレベルでは重大な意味をもつ。(109)この神話は、もっとも素朴な姿で上演され、可変的で性別をもった産出図式にもっとも依拠するため、「物語」の形式にもっとも依存しているように見えるが、類型論的には、近代哲学のもっとも繊細な存在生成譚、おもにドイツ観念論の存在生成譚を予告するものである。それまで弱小であったマルドゥク神を宇宙的闘争の主人公とすることによって、バビロニアがみずからの政治的優越を表現したのは確かである。それゆえ、このような存在生成譚の由来を社会学的に説明するのはまったく正当であるが、だからといって類型論的な理解を回避すべきではない。詩の意味には社会学的な説明では汲み尽くせないものがある。さらに理解しなければならないのは、政治的優越を表現する手立てとなった叙事詩的な図式、およびこの図式を通して形づくられる世界観である。簡単に言えば、存在生成譚の「叙事詩的」な様式は、秩序が初めではなく最後にくるような思考様式として、なお解釈されることを求めるのである。神統論は宇宙論によって成就されるのだということ、つまりは神的なものの発生の結果として世界を語る言葉が生まれるのだということ、神話の数々のイメージの「内で」、またそれらを「超えて」捉え直し、理解しなければならないのはそのような志向なのである。

以上の第一の特徴から、次のような第二の特徴が呼び出される。すなわち、神が生成したものであるならば、混沌が秩序に先行し、悪の原理が根源にあって神の発生と同じ外延をもつということである。秩序は神的なもののうちに到来したのであり、それは神性の古い力に対する新しい力の勝利によって成し遂げられたことである。このバビロニアの叙事詩では、先行する無秩序は多様な形象や逸話によって表現されている。まずは原初の母、「彼らすべてを生む母神」[訳24]（ラバ訳）（『エヌマ・エリシュ』第一書板4）たるティアマトが、原初の父たるアプスーとともに、始源において途方もない量の塩水と真水が混合したものとして姿を表す。だが、この液状の混沌の意味は重層的に決定されており、悪の起源の神話はそうした意味の厚みのなかで形づくられる。ティアマトは目に見える大量の水にすぎないのではなく、産む力をもっている。また、この女神は他の神々と同様に、さまざまな計画を抱くことができる。実際、物語によれば、最古の夫婦の原初の平和を乱すのはもっとも若い神々であり、「彼らはティアマトの気持ちを逆なでし、乱舞して脅かした」（同第一書板23-24）のであるが、アプスーはこれらの神々を滅ぼしたいと考え、家来のムンムが提案をした。「アプスーは彼の助言に嬉しくなり、顔は輝いた。彼が自分の子らに対して企てた邪悪な計画のゆえに」（同第一書板 52）。しかし、アプスーはこの計画の実現を待たずして殺害された。そうしてマルドゥクが創造されたのだが――「最高の大能者、神々の知者、ベール〔マルドゥクの別称〕が創られた」（同第一書板 81）――、怒りに燃えたティアマトは数々の怪物を産み――毒蛇、ムシュフシェ、ラハム、大獅子、狂犬、サソリ人間（同第一書板 139-142）――、「ティアマトは、彼女の被造者らを結集させ、彼女の末裔である神々に対する戦いに備えた。アプスーのゆえに、ティアマトは悪を企《たくら》んだ」[訳25]（同第二書板 1-3）。

この野蛮な物語は恐るべき可能性を思い起こさせる。それは、事物の〈起源〉は善悪を徹底的に超えており、のちの秩序の原理となるマルドゥクと発達の遅れた怪物たちとを同時に産み出すこと、すなわち、最初の起源は盲目の起源として破壊され、乗り越えられねばならないということである。神が原初の暴虐を打倒して登場してくるというのは、ギリシア神話でも再び見出される考えである。〔ギリシア〕悲劇と哲学は、そのような可能性とさまざまな仕方で戦わねばならなくなるだろう。

この可能性、この恐るべき可能性は何を意味するのだろうか。それが消極的に意味するのは、人間が悪の起源なのではなく、人間は悪を見出し悪を継続するということである。だとすれば、人間の罪告白はみずからを悪しき意志の持主として告発するが、悪しき意志において悪の起源のすべてを捉え直すことができるのかが問われてくるだろう。この可能性が積極的に意味するのは、悪は最古の存在者たちと同じくらい古いこと、悪とは存在の過去であり、世界の設立によって打倒されたものだということである。だとすれば、神は〈聖なる〉ものだと告げることによって、悪の起源のすべてを神的なものの領域から取り除くことができるのかが問われてくるだろう。

この二つの問いはたがいに加算しあう。右の恐るべき可能性が根底から取り除かれるとすれば、神の聖性の告白と罪の告白によってのみであろうが、それがどこまで成功を収めるかはのちに見ることにしよう。というのも、おそらく人間にはこの二重の告白を果てまで推し進めることはできないからであり、加えてこの二重の告白自体の意味は、一切の法律主義的・道徳主義的還元を超えており、存在の恐るべき叙事詩から何かを引き継ぐことでのみ保持されるものだからである。(110)

だが、私たちはまだ、この原初の悪の探究の最後まで行き着いていない。というのも、ここではなお、無秩序が克服されるのは無秩序によってだからである。すなわち、神々のなかでもっとも若い神〔マルドゥク〕が秩序を設立するのは、まさに暴力によってなのである。こうして悪の原理は二度指示されることになる。すなわち、一度目は秩序に先行する混沌として、二度目は混沌に打ち勝つ戦いとしてである。こうして神統記は〔悲壮な事件を語る〕「叙事的」なものとなる。原初の〈敵〉は、最終的に〈戦争〉と〈殺害〉によって打倒されるのである。

バビロニア詩では、第一の殺害、すなわち睡眠中に惨殺されたアプスーの殺害が、マルドゥクがティアマトを打倒する決定的な戦いの序章となる。神々の集会でのマルドゥクの即位によって荘重に準備されたこの戦いは、真の意味で詩の中心となっている。(111)そこでは原初の無秩序を源とする神々が当の無秩序に脅かされているのであり――「私たちの母、ティアマトは私たちを毛嫌いし、集会を催して、猛り狂って怒りに燃えています」(同第三書板15)――、マルドゥクはそれらの神々を救済したあとに世界を創造する。神々が必要とするのは、主の勝利によってその存在を確たるものとされること、すなわち救われることなのである。

この詩は新年祭の四日目に厳かに唱えられ、そのたびごとに、この危険を伴う秩序の到来が反復され、神々の発生が称えられていた。マルドゥクこそがわれらが主であると唱える神々に合わせて、信徒たちが叫ぶ。「出てゆき、ティアマトの喉を切り裂け。風が知らせとして彼女の血を届けるように」(同第四書板31-32)。「ベール〔マルドゥク〕は洪水を彼の偉大な武器として掲げ、誰も抗えない恐るべき嵐の車に乗った」(同第四書板49-50)。(112)身中にため込んだ邪悪な風の暴威によって、マルドゥクはティアマトを倒したのである。

そうして生まれたのが〈コスモス〔宇宙・秩序〕〉である。ティアマトは切り刻まれ、細かく分けられた遺体からコスモスの区分が発してくる（同第四書板の終わりと第五書板）。このように、区別し、分離し、測定し、整序する創造の営みは、最古の神々の生命を終わらせる犯罪的な営みと見分けがつかず、神的なものに内属する神殺しから切り離せないのである。そしてまた、人間自身も新たな犯罪から生まれてくる。[113] 反逆した神々の首謀者は有罪とされ、裁かれて殺されるのだが、マルドゥクの忠告により、その血からエアが創り出したのが人間なのである。今や人間は、倒された神々の代わりに偉大な神々に仕え、この神々を養うことを任務とする。このように人間は殺害された神の血からなっている。人間を作る神の命は殺害者によって奪われた命なのである。「エアはその血をもって人間を形づくり、神々の労役を負わせ、神々を解放した」[114]（同第六書板 33-34）。

神的なもの自体の起源、そして世界と人間の起源において暴力が果たすこうした役割は、嵐の神であると同時に救助の神でもあるシュメールのエンリルとマルドゥクのあいだの系譜関係に注目するならば、さらに印象的なものに見えてくる。上の水と下の水を強力な風によって分かち、溜まった水のあいだをふくらませて堅固な天空と居住できる土地からなる秩序ある空間を作る創造の営みは、また〈嵐〉による破壊の営みでもある。実際この〈嵐〉の破壊行為は、歴史上の数々の大破局にも現れている。ウル〔シュメールの首都〕を破壊した野蛮人たちとは〈嵐〉であり、〈嵐〉とはエンリルなのである。

エンリルは嵐を呼び
民は嘆く。
エンリルは悪しき風を集め
民が嘆く。

エンリルの憎しみをこめた命令を受けた嵐は、
国を消し去り、
布のようにウルを覆い、亜麻布のようにウルを包んだ[115]。

マルドゥクもまた、今にもみずからを呑み込もうとする風を身中に吸い込み、その暴威によってティアマトの力を打ち破る。おそらくそれは、風が恐ろしい水の力を抑えるようなやり方だったのだろう。ところで、すでにシュメール人たちも、この大いなる神のもつ両義性を垣間見ていた。エンリルは、一方で恐怖を広げ——「エンリルはその聖なる心のうちで、私に対して何を企てたのか。エンリルの広げた網、それは敵の網だ」——、他方で信頼を広げる——「民の賢明な忠告者、地上の神々の忠告者、思慮深い王」。シュメールの別の神話、すなわちエンリルとニンヒルの神話では、エンリルがニンヒルを暴行する姿が見られる。バビロニアの道徳では、暴行とは女性に危害を加えるという意味ではないとはいえ、エンリルの矛盾した性質を証示する事柄である。

次のように問う者がいるかもしれない。ティアマト、神どうしの戦い、それに続く一連の神殺し、そしてマルドゥクの勝利自体も、あくまでも混沌の力を代表するものであり、バビロニア人の意識では悪と見なされていなかったのではないか、私たちにはこれらの起源神話を悪の発生という枠組みで用いる権利はないのではないか、と。

バビロニア人、ましてやシュメール人が、罪ある神という考えを形づくることはなかったのはたしかである。それでも彼らは、神々とその策略や陰謀、暴虐を指して、「悪」と名づけていた。

アプスーは彼の助言に嬉しくなり、顔は輝いた。彼が自分の子らに対して企てた邪悪な計画のゆえに〔仏訳では「悪のゆえに」)。

（同第一書板 51-52）

アプスーのゆえに（仏訳では「アプスーの仇を討つために」)、ティアマトは悪を企んだ。

（同第二書板 3）

悪に手を染めた神のいのちは、振り落とされよ。

（同第四書板 18）

神々はこのように述べ、みずからの仇《かたき》を討ってくれるマルドゥクに権力を委ねたのである。神話記者たちが神々に帰する意図や行動は、人間自身が悪と認め、改悛者がそれを悔い改めるものである。ティアマトとの戦闘において、マルドゥクは荒々しい力として、ティアマトの怒りと同様にほとんど倫理的ではない力として現れる。マルドゥクが形象化するのは創造と破壊の同一性である。ティアマトとの決戦の前、神々によるマルドゥクの王位就任のとき、皆が次のように叫んだ。

御身の天命は、マルドゥクよ、神々に先立つ。
壊すこと、建てることを命じてみよ、それが実現するように。

（同第四書板 22-23）

こうして、原初の暴力によっていかなる人間的暴力が正当化されるかがわかるだろう。創造とは創造者よりも古い〈敵〉に対する勝利である。神的なものに内在するこの〈敵〉は、今度は王が神の僕《しもべ》として破壊すべき使命をもつすべての敵のうちに、その歴史的な姿をもつことになるだろう。このように、〈暴力〉は事物の起源に、破壊することで創設する始原に刻まれているのである。

バビロニアの創造神話を支配する「類型」についての以上のような解釈が正しいならば、シュメール－アッカド神話における堕罪神話なるものを検討することで、それを反対側から証明しなければならない。実際、根源的な暴力という「類型」は堕罪という「類型」を排除する。後者は、厳密に言えば、秩序の成立とは区別される出来事としての秩序からの頽落、神話的な言い方では創造の「あとに続く」頽落を意味するのである。

ところで、最初はバビロニア文献のなかに、のちに聖書の楽園と堕罪の物語となるものの最初の表現があると考えられていた。[116] 実際、シュメールの古い神話――再翻訳や再解釈を施されていくつかの部分に分けられたあと、今日では「エンキとニンフルサグ集」に関連づけられているもの――は、「清く」「清潔で」「輝かしい」至福の地を描いている。そこでは死も病いもなければ、獣たちの死に至る戦いもない。水の神〔エンキ〕は、大地の母たるその妻〔ニンフルサグ〕、そして娘、さらには孫娘に次々と神々を産ませるが、ついに水の神が曽孫娘を抱きしめたときに、妻がその精液を盗みとってそこから八つの植物を誕生させる。だが女神がそれに名前を与える前に、エンキはそれらの根を引き抜いて食べてしまう。それで女神はエンキを呪って言う。「彼が死ぬまで、私は生命の眼でその姿を見上げることはしまい」と。この呪いによってエンキは弱くなり、病気になってしまう。最後には狐が両者を和解させ、それぞれの病気の器官に見合った神々を創り出すことでエンキの八つの病いを治すのである。この神話の詩行において聖書の楽園のイメージがすでに形成されているのは確かであり、最初の三十行は誤って「楽園神話」と題されたほどであるが、それでも八つの植物を食べてしまうというエンキの逸話に堕罪の図式を見てとることはできまい。エンキがそれらの植物をみずからに同化するのは、その「心」を知り、真の本性に従って名前をつけるためである。「エンキは植物たちの運命を指定し、その心を知った」。そこから帰結したのは、悪が世界に入り込むことではなく、水の力が闇のなかに追放されることである。ゆえに、これはなお宇宙〔コスモス〕、大地、水の力をめぐる神統記の一部であり、人間的な悪の登場に関わる出来事ではないのである[117]。

シュメールでもバビロニアでも、大洪水に関して私たちに残されている数々の物語[118]は、宇宙的破局によって罰せられるような人間たちの過ちを強調するものだとは言えないだろう。まさしくここで、類似したイメージがいかにして異なる類型に属しうるのかをもっともよくとらえることができる。聖書の神話がバビロニア原典にもっとも近いように見えるまさにそのとき――この原典がまさに私たちが知っている物語の一つであるにせよ、それよりさらに原初的な伝統であるにせよ[119]――、聖書の神話がそこから受け取り直しているように見える数々のイメージには、堕罪類型の一般的志向から引き出された新たな特徴が刻まれている。そこでは、洪水は長々と続く数々の物語（アベルとカインやバベルの塔など）を締めくくるが、それらの物語は、人間たちの邪悪さが増大していく様子を描くためのものである。バビロニア原典にはそうしたものはなく、聖書の神話と同じイメージが根本的に異なる物の見方を支える素材となっている。洪水は今一度、神統記と根源的な暴力のなかに沈むのである。

バビロニアの大洪水物語[120]は、『ギルガメシュ叙事詩』のなかに挿入されている（このバビロニアのオデュッセイアがもつ意味についてはのちほどあらためて論じるが、そのとき、この叙事詩というコンテクストが、あとから挿入された洪水物語にどれほどふさわしいものかが理解できるだろう）。洪水を起こした動機ははっきりしないままである。「神々は、偉大な神々は、心のなかで洪水を起こそうと決心した」（コントゥノーが採用したドルムの仏訳）、「偉大な神々の心は彼らをそそのかし、洪水を起こさせた」（プリチャードが引いているスパイザーの英訳）。神の気まぐれだろうか。そのように見える。今や、破局の極点において、神々は逆上する。「天において、神々は洪水に恐れをなして逃げまどい、アヌ神の天へとのぼる。神々は犬のようにへたりこみ、横たわる……。女神イシュタールはお産中の女のように叫び始める。至高の女神は美しい声で叫ぶ。『今日というこの日よ、私が神々の集まりで悪しき言葉を発したこの日よ（英訳では「私は悪を口にしたのだから」）、泥になってしまえ。どうして私は神々の集まりで悪しき言葉を口にしたのだろう。どうしてわが人間たちへの攻撃を命じたのだろう。本当に、私が人間たちを産んだのは、小魚のように洪水の海を満たすためだったのだろうか』」。

先に私たちはエンリルに原初の〈暴力〉を認めたのであるが、洪水は明らかにエンリルによるものである。洪水とは〈嵐〉であって、創造の行為におけるように水を分離するのではなく、脱創造の憤怒におけるように、万物を原初の混沌へと連れ戻す。事実、バビロニアのノアたるウン＝ナピシュティ（ないしはウトゥナピシュティム）（「生命の光」の意味）――シュメールのズィンズッドゥないしはズィンスドラ（「生命の長い光[121]」の意味）に続くアッカドの英雄――は、水から救い出されるやいなや、神々のお気に召す犠牲を奉げる。「神々は匂いを嗅いだ。よい匂いを嗅いだ。神々は蠅のように、犠牲を執り行なう者の頭上に集まった」。だがイシュタールは、エンリルをそこから排除することを欲する。「なぜならエンリルは、無反省にも（英訳では「思慮なしに」）洪水を起こし、わが人間たちを滅びに向かわせたのだから」。しかもエンリルは、死すべき者が一人、死を免れたことに怒り狂っている。「誰かが死を免れた。一人として滅びを免れてはならぬ」（英訳では「死すべき者の誰かが死を逃れたのか。誰も滅びを生き延びてはならぬ」）。イシュタールはエンリルをきつく叱る。「どうしてお前は、どうして無反省にも（英訳では「思慮なしに」）洪水を起こすことができたのだ。罪人には過ちの責めを負わせればよい（英訳では「罪人にはその罪を負わせ、違反者にはその違反を負わせよ」）。だが、滅ぼす前に罪人を解放せよ。滅ぼす前にお前の手を引っ込めよ」。なるほどここでは人間の罪が暗示されていると見ることもできる。しかし、正確に言えば、洪水が人間の過ちに結びつけられているのではない。洪水は神の過剰な怒りに由来しており、神は洪水をもたらす代わりに、人間たちの過ちに見合った災いによって警告を与えることもできたはずだからである。そうしてエンリルは悔い改め、ウン＝ナピシュティ（ウトゥナピシュティム）に祝福を与え、不死を授ける。すなわち、洪水は死が罪の報いではないことを示しているであり、ウン＝ナピシュティは「恵みによって救われる」わけではないのである。

たしかに、洪水の動機については、『アトラハシース叙事詩』の方がはっきりしている。「国は広くなり、人間の数は増えた。国は家畜と同じくらい、人間たちで一杯になった。エンリルは人間たちの群れを煩わしく思った。彼らの騒《ざわ》めきが聞こえてきた。それでエンリルは偉大な神々に言った。『人間が立てる騒めきはあまりにもひどくなった。やつらの騒ぎのせいで眠ることもできない』と」。見てのとおり、人間の責任が求められているときでさえ、倫理的な動機は視野に入ってこない。神の聖性が攻撃されているのではないのだ。

最後に、洪水のエピソードは、なお神的な混沌のなかにとどまっている。人間的な無秩序に対峙するのは、『創世記』の聖なる唯一神ではなく、たがいに責任をなすりつけあう神々の衝突である。この神々は犬のように身を震わせ、老賢人の供物へと蠅のように飛びつく。人間の過ちという主題は、『アトラハシース叙事詩』では予感され、『アッカド叙事詩』では最後のエアの非難で呼び起こされようとしているものの、神話の支配的構造によっていわば覆われ、妨げられている。同一の伝承的土台が二つの異なる神学を担うものであることを、きちんと認める必要がある。(122)

洪水神話がかの『ギルガメシュ叙事詩』に挿入されていることからも、この神話が人間たちの邪悪さを例証するものではないことが確認できる。(123)ギルガメシュの探求は罪とは無関係であり、ただ倫理的意味をまったくもたない死に、不死性の欲望に関わるものである。

ギルガメシュとは「人間的な、あまりにも人間的なもの」の叙事詩である。不死性の探求こそが、可死性が人間の運命であることを露わにするのである。(124)悪とは死のことである。死への激しい恐怖は、友人〔エンキドゥ〕の死、二人称の死の悲痛な経験に先立って、怪物フンババによって形象化されている。この怪物は、死すべき人間たちを恐怖させるために、神がレバノン杉の森の奥に住まわせたものである。二人の友人〔ギルガメシュとエンキドゥ〕は、みずからの弱さを振り払うために フンババを滅ぼさねばならない。「俺とお前でやつを殺《や》ってしまおう。

地上から悪の一切を追放するために」（『ギルガメシュ叙事詩』III, iii, 5）。「フンババの怒号は洪水。その口は火、その息は死だ」（同 III, iii, 20）。ギルガメシュはすでに〔死の〕秘密を予感しており、この秘密からみずからの死すべき生を説明しなければならなくなるだろう。

わが友よ、死に勝る者は誰か。
日の光のもと、神々だけが永遠に生きる。
人間はといえば、その命数は数えられている。
人間たちが作り上げるものは風のようなものでしかない。（同 III, iv, 5-8）

ここで叙事詩は死すべき時間への哀歌と見分けがつかなくなる。

たしかに、ギルガメシュとその仲間は森の巨人〔フンババ〕を殺し、神々を呪ったために彼らに対して送られてきた「天の雄牛」をも殺した。だが、この殺害は罪という意味をまったくもっていない。それは永遠への欲望という見方から解釈すべきものであり、神々の不死性を分かちもつのが人間の欲望であることを意味する。このような欲望が境界侵犯とされるのは、神々の妬《ねた》みがあるためである。巨人と天の雄牛の殺害とは、そうした侵犯を形象化したものである。

神々は次のように語りあう。

彼らは天の雄牛を殺し、フンババを殺したのだから、とアヌは言うのだが、山々からレバノン杉をもち去った彼らのうちの一人は〔死なねばならない〕。（同 VII, 6-9）

まさしくこのとき、ギルガメシュは人間がなすべき最初かつ唯一の死の経験、すなわち友人の死の経験をするのである。

兄たちよ聞いてくれ、私に〔耳を貸してくれ〕！
わが〔友〕エンキドゥのために、私は泣いている。
嘆き悲しむ女のように、私はひどく悲しんでいる。

（同 VII, ii, 2 以下）

そしてさらに、

私が死ぬときは、エンキドゥのようではなかろうか。
悲痛な気持ちが腹のなかに入ってくる。
死を恐れて、私は野原をうろつく。(125)

（同 IX, i, 3-6）

アッカドのノアたるウトゥナピシュティムの国への旅は、まさにこの熱烈で空しい探求の枠内に位置するものである。この探求は過ちの問題とはまったく異質なものである。

死と生について〔私は彼に尋ねたい〕。

だが、ウトゥナピシュティムと出会う前にも、ギルガメシュはいくつものしるしによって警告を受ける。サソリ人間は言う。

ギルガメシュよ、けっしていなかったのだ〔それを達成した人間は〕。

（同 IX, iii, 5）

そしてシャマシュが言う。

ギルガメシュ、お前はどこにさまよい行くのか。
お前が捜し求める生命を、お前は見出せないだろう。

（同 X, i, 8）

次いで、「海の奥底に」住む宿屋の女主人シドゥリが、くどくどと述べる。

お前が捜し求める生命を、お前は見出せないであろう。
神々が人間を創ったとき、
彼らは人間に死をあてがい、
生命は彼ら自身の手におさめてしまったのだ。

（同 X, iii, 1-5）

彼女の忠告は、コヘレトの忠告と同じである。喜べ、祝え、踊れ、というわけだ。

お前の腕に抱かれた妻を喜ばせよう！
それが〔人間の〕務めだから。

（同 X, iii, 13-4）

ウトゥナピシュティムは例外的で伝達できない不死性の証人ということになるのであり、それゆえギルガメシュの探求はいっそう苦しく不条理なものとなる。[126] 苦しむ英雄〔ギルガメシュ〕を至福の英雄〔ウトゥナピシュティム〕から隔てるのは眠りという深淵であり（同 XI, 200 以下）、この眠りは死を予告するものでもある（同 XI, 233-234）。ギルガメシュに残されるのはただ一つ、〈回帰〉の道、有限性へ、ウルクの町へ、仕事と気づかいへと回帰することである。

不死性は得られないとしても、少なくともギルガメシュは、至福なる国から「老いたる人が若返る」という名の草をもち帰るのではないか（同 XI, 282）。それすらも運命の最高の皮肉によって拒まれる。ギルガメシュが水浴びをしているあいだに蛇がやってきて、彼がそれを味わう前に、若返りの草を奪っていくのである。見てのとおり、この草には禁断の木の実と共通する点は一切ない。[127] この象徴は、フンババや天の雄牛の殺害、また聖なる不死者との出会い自体と同一の圏内に属しており、〈幻滅〉の最後の象徴であって〈過ち〉の象徴ではない。『創世記』でも人間は命の木の実から引き離されるが、これは善悪を知る木という別の木、バビロニア神話とは別の「類型」に属する木のせいである。『ギルガメシュ叙事詩』では、〔ギルガメシュの〕〈挫折〉は倫理的意味をもたない運命であり、堕罪の観念とはまったく無縁である。人間の〈挫折〉の極致である死は、人間と神々との根源的な差異を表す形象なのである。

それゆえ、シュメール－バビロニア文化に真の堕罪神話が存在しないことは、彼らの創造神話が展開する世界観と対応していると思われる。悪が根源的であり、神々の生成そのものに根源的に含まれているところでは、堕罪神話によって解決できるようになる問題はすでに解決されているのである。こうした創造神話が堕罪神話と並存しないのはそのためである。悪の問題は、最初から、さらにはすでに見たように始まり以前から解決されているのである。人間の創造以前、世界の創造以前、さらには秩序を設立する神の誕生以前に、悪の問題は解決されているのである。

2　創造の儀礼的反復と〈王〉の形象

悪が原初の混沌、神々を産み出す争いであり、事物の起源と外延を同じくするならば、悪と邪悪なる者たちを除去するのは創造の行為それ自体だということになるはずである。この「類型」においては、創造の問題系と区別される救済の問題系は存在しない。創造のドラマと区別されるような救済の歴史は存在しないのである。

したがって、一切のドラマ、一切の歴史的争いは、「礼拝的－儀礼的」な型の反復を絆として、創造のドラマに結びつけられねばならない。このような世界創設の反復、そして、その意味あいが礼拝から政治まで人間のあらゆる実存領域へと少しずつ及んでいく様子を理解してみよう。実際そこにおいて、私たちは神々を産み出す争いという見方に対応する人間の類型を見出すことになるだろうし、他の神話類型にとっての救済論に相当するものを見てとることになるだろう。

礼拝的－儀礼的な反復について、時間と歴史を除去するものだと言うのは早計である。それが排除するのは偶然的な型の歴史性、すなわち、のちに見るように、悪を偶然的な行為を介して「世界に入ってくる」ものとみな

す解釈と結びついた歴史性のみである。人間の実存を「礼拝的‐儀礼的」なものとする見方は、〈王〉を介して

礼拝に――それゆえ創造のドラマの反復に――結びついた特有の歴史を展開させる。王権は神々から人間への屈

曲点に位置するがゆえに、礼拝自体が神統的なドラマへの再結合であるように、歴史を礼拝に結びつけ直すもの

である。「アッシリア‐バビロニア王権の宗教的性格」に関する現代の研究[128]に基づいて、このような歴史の類型

とここで研究しようとする悪の類型とのあいだに、いかなる符合関係があるかを示してみよう。

創造のドラマが人間たちの〈歴史〉に入ってくる最初の入口、それが礼拝であり、人間のあらゆる活動を束ねる数々の儀礼的実践である[129]。ところで、礼拝はすでにある種の行為であって、単にドラマを虚構的に反復するだけでなく、能動的な参加によってドラマを更新するものでもある。〔アッシリア‐バビロニアの〕創造神話によれば[130]、人間は神々に奉仕するために創造されたのであり、この奉仕のために神々はバビロンを創建し、そこに寺院と礼拝を創設したのである。人々の奉仕は秩序の創設者としての神に向けられ、ほかならぬ神のこの属性を想起させるものであった。それゆえ、そこには創造のドラマの実際の再活性化が含まれている。バビロニアの新年祭が広く行なわれていたことはよく知られている[131]。そこでは、肖像の形で集められた神々を前に、世界の秩序を勝ちとった起源の闘いをすべての民が反復し、宇宙的不安、争いの高揚、勝利の歓喜といった、創造の叙事詩の基本的情動が再体験される。祭を「導き」として、民はみずからの全実存を創造のドラマの下に位置づける。創造の詩との絆は四日目に行なわれる朗誦によって想起される。このように祭の儀礼は創造の詩を身振りによってドラマ化するのだが、マルドゥクが死と再生の神タンムズと同一視されることで、このドラマ化はさらに拡張される。民の神として、国家の神マルドゥクは敗れ、「山」のなかに囚《とら》われる。民は混乱に沈み、マルドゥクを苦しむ神、死んでゆく神として嘆き悲しむ。これは神の死であると同時に、創造から混沌への回帰である。民は囚われた神のところへと「降りて」いく。そして儀礼によって神は復活する。マルドゥクは解放されて縛りを解か

れるのである。マルドゥクの即位が反復され、この解放に参加すべく民が大行列をなすのが祭のクライマックスが近づいたしるしとなる。民の行列が象徴するのは、敵対する力に直面しながらも前に進んでいくマルドゥクの姿だからである。神々の饗宴は混沌に対する勝利を称揚する。そして最後に、聖なる結婚によって、自然と人間たちのうちにすべての生きた力が喚起される。植生が典礼と融合することで、自然の生命の周期的な衰退と再生が人間にもたらす象徴系全体が叙事詩神話に充塡し直される。[132] それと引き換えに、農耕儀礼が宇宙的な叙事詩へと組み入れられる。そうしてこの叙事詩は、自然の側だけでなく人間の歴史や政治的運命にも延長できるものとなる。

こうして人間にもたらされる影響は、〈祭〉を通して行なわれる贖い、鎮めの祈り、犠牲からだけでなく、「使命の決定」に関わる二つの儀式からも明らかにされる。一つ目の儀式はマルドゥクの解放後に行なわれ、人間たちが神々の奴隷であることを示そうとし、二つ目の儀式は一連の〈儀礼〉の最後に行なわれ、社会の〈新生〉が自然の若返りと一致するものであることを示そうとする。このように、宇宙的な秩序とは人間たちへの審判ともなるのである。

だが、宇宙的なドラマが歴史へと移行するのは、とりわけ〈祭〉における〈王〉の役割によってである。王は偉大なる改悛者として神々への奉仕を集約すると同時に、縛られ解かれた神の人格化でもある。〈祭〉の五日目に、王は紋章を奪われて司祭に平手打ちされる。王は無実を訴え、司祭は王に和解の言葉をかける。そして王に紋章を再びつけさせ、あらためて王を打って、涙が出れば神の好意のしるしとする。こうして再任された王は、再生の一大儀式の主催者という役割を果たすことができるのである。この辱めの場面はある種の廃位であり、王位のはかなさを死んでゆく神の囚われに結びつけるとともに、解放された神の勝利のうちに至高の王権の更新を基礎づけるものである。

こうした仕方での王の祭への参加は、人間的なものを神的なものに、政治的なものを宇宙的なものに、歴史を礼拝に結びつけるすべての絆を集約するものである。本当の意味で、王とは〈人間〉そのものであると言える。アッシリアの諺では次のように言われている。「神の影は〈人間〉であり、〈人間〉の影は〈他の〉人間たちである。〈人間〉とは王であり、王とは神の鏡のようなものである」[133]。

こうして、至高の王権の神学によって、また〈王〉の形象を介して、バビロニアの思想は宇宙のドラマから人間たちの歴史への移行を遂げる。そこから私たちは、暴力と歴史における暴力の役割についての考え方に与えた影響を浮きぼりにするであろう。

このような至高の王権の神学は神統論に深く根ざしている。実際、神は〈王〉であり、大地の支配者かつ所有者である。〈宇宙〉全体は一つの〈国家〉のように見なされている[134]。このように、そもそも神の領域において、宇宙的なものから政治的なものへの屈折が起こっている。こうした〈統治〉の属性のうちに、大地や人間たち、そして歴史との契約が書き込まれているのである。

だが、都市や国、「世界の四方」すなわち宇宙全体に対する神の至高権は、王の人格において初めて全面的に現れ出る[135]。王は人格的には神ではないが、その至高権を神の恩恵から受け取ってくる。王とは原初の王権が天から地上へと降りてくる場である。王権が王に伝えられるのは、望ましい眼差しを選び、望ましい名を呼び、善い運命を定めることによって、つまりは実際の系譜ではなく叙任と採用によってである。戴冠の儀式とはこの予定された選びの表現でしかない。

この権力の神学に創造のドラマの反響を見てとれるかと問われれば、それは可能である。フランクフォートとヤコブセン〔Thorkild Peter Rudolph Jacobsen　一九〇四－一九九三。オランダのオリエント学者〕は、エジプト的な王権の考え方との対比において、王権を本質的に脆《もろ》いものとみなすバビロニアの考え方を際立たせたが[136]、そこに創造のドラマの反響を見出すことができる。さて、メソポタミア的な権力の神学とエジプト的な権力の神学は、それぞれにおける創造の意味に適合したものである。「一日目の朝、原初の海から姿を現し、これから支配する世界を形づくるエジプトの創造者の荘厳なる輝き」[137]に対して、バビロニア的な創造というのは長い争いの最後のエピソードでしかない。マルドゥクは危機が最高潮に達して初めて王になり、神々の集団を救うのである。このように、神の君主制自体が混乱と不安から産み出されたものであるが、地上の君主の王権は、この神の君主制の産みの苦しみを反映している。戴冠のあと、「王の引き受けた使命はきわめて危険なものであった」[138]。さまざまな表徴と予兆を通して、王は神々の意志を解釈しなければならない。王は神々の前で民を代表し、複雑極まる日々の儀式に埋め込まれた人間の信心を集約して神々へと奉献する。王は神々の名において立法を行ない、裁きを下すのであり、国の生全体に責任を負う。王はすぐれた意味での人間であり、国のすべての活力をわが身に凝縮させる唯一無二の存在である[139]。王は天と地の和合に責任を負うと同時に、あらゆる不協和の犠牲者ともなり、不協和に対してたえず頭を下げねばならなくなるだろう。「あたかも宇宙が被る悪は王のうちに原因をもち、告白と種々の祓《はら》いの儀礼によって、王の身体からこの原因を取り除かねばならないかのように」[140]。それゆえ、祭司としての王、信仰者としての王は、改悛者としての王となる[141]。こうして、創造の神話の見地に置き直し、存在の苦しみを背景にしてみると、王権は人間の人間性を集約しており、偉大であると同時に悲惨であり、結局は秩序の不安定さへの不安に支配されているように見えてくる。〈王〉の叙任が取り消し可能であることによって、歴史に予見不可能な要因が導入される。神々は地上の奉仕者を代えてきたし、代えることができるからである。そのためには、神々が自分たちのあいだで覇権を移すのと同じように、王権を別の都市、別の国へと移したり、暴君や異国の復讐者による災難を引き起こしたりするだけで事足りるのである。

〔創造の〕神話を〔実際の〕生活によって検証するという作業を、さらに遠くまで推し進めることはできるだろうか。神話の首尾一貫性からは〈聖戦〉の哲学と呼べるものが予感できる。〈王〉が混沌に勝利する神の形象であるなら、〈敵〉は私たちの歴史における悪の諸力のイメージであり、〈敵〉の傲慢さは古い混沌の再出現を表すのでなければなるまい。

一見、こうした期待は事実からは確証されないように思われる。「一般にバビロニアの王は戦士ではない。王は敬虔なる営みと平和的な仕事に従事する方を好む。王は寺院や宮殿を建てる……」[142]。権力の哲学の復讐的な面を発展させたのはアッシリア文明である。「アッシュール〔アッシリアの首都〕の至高者は、とりわけ戦争の指揮者、神権による復讐者として、みずからの権力を全面的に実現した」[143]。バビロニアの至高者は戦争の指揮者たることを主とするわけではないが、神々が熟慮して定めたその運命には、「正義によって支配させ、弱き者たちを守り、邪悪な者たちを抑える」[144]ことが含まれている。ハンムラビ〔Hammurabi　紀元前一八五〇頃 - 紀元前一七五〇頃。バビロニア帝国の初代王〕はかの法典の前書きで、みずからがアヌとマルドゥクから求められているのは、「国中で正義を優位に立たせ、邪悪な者たちと悪を破壊し、強者が弱者を押さえつけることのないようにする……」ことだと告げている。それゆえ、王が裁き手であり、働く者であり、悔い改める者であるためには、国の内外で邪悪な者たちに剣を向けねばならない。王をすぐれた意味での〈人間〉と化す運命には、暴力が含まれているのである。戴冠の際に付与される記章の一つとして、王は征服者かつ復讐者たる神々から聖化された武器を受け取る。それゆえ、アッシリア王の「無敵の弓」――「戦いの貴婦人イシュタールの恐るべき弓」――は、神々の武器を先例とするのである[145]。ここから敵自体を原初の混沌の形象とみなすまでは、ほんの一歩でしかない。この一歩を、アッシリア人[146]はバビロニア人よりも軽々と超えていった[147]。敵が罰せられねばならないのは、アッシュールの言葉に従わず、不敬で冒瀆的だからである（そのため敵はまず舌を切られることになる）。敵の死は神の力の証しであり、敵の恵みは神が及ぼす怖れのしるしだということになるだろう。

ゆえに私の見るところでは、この神話類型の極点は戦争の神学にある。そしてこの神学の基礎にあるのは、〈敵〉を創造のドラマにおいて神々が打倒し、今も打倒し続けている諸力と同一視する見方である。王を介して、創造のドラマは人間の全歴史にとって、とくに戦いの姿をとる人間の生全体にとって意味をもつものとなる。言いかえれば、創造のドラマという神話論的類型が意味をもつのは、とりわけ政治的な関係となる〈王 - 敵〉関係によってである。この現象学的系譜が根本的であるのは、それが神話を介して私たちを政治的悪の問題へと導くからである。この問題は、本書ののちの研究において重要な位置を占めることになるだろう。こうした戦争の神学は、アッシリア＝バビロニア人が組織的に明示化しなかったと思われるが、逆から見れば、この〈悪〉の最初の神話論的「類型」のうちにこそ、あらゆる首尾一貫した聖戦の神学の基礎があると言える。この神学によれば、〈敵〉は〈邪悪な者〉であり、戦争はその罰であって、邪悪な者たちがいるのは、最初に悪があり、そのあとに秩序があるからである。結局のところ、悪とは先行する秩序を乱す偶発事ではない。悪とはその成り立ちからして、秩序の創立に属しているのである。悪は二重の意味で根源的である。すなわち、第一には、世界の起源において粉砕された混沌の諸力がそれでも担い続ける〈敵〉の役割において、第二には、かつて秩序を設立した破壊と慎重さを兼ね備える両義的な力により「邪悪な者たちと悪を破壊する」ために派遣された〈王〉の形象において、悪は二重に根源的なのである。

3　創造のドラマの「後退的」形態――ヘブライの王

ここまでバビロニアの創造ドラマを例として、第一の神話的類型の分析を行なってきた。この神話では、当の「類型」は単に支配的であるというだけでなく、一つの文化の全体を動かすことに成功した。それによって、この文化の政治的なあり方が理解にもたらされたからである。

これから私たちは、この類型的方法を検証するべく、ヘブライ的図式とヘレニズム的図式という二つの神話的図式の助けを借りたいと思う。そこでは「類型」の範例化はより純粋ではなく、より複雑なものとなる。ヘブライ的図式の場合は、創造のドラマは他の「類型」によって抑圧され、後退的な仕方でのみ存続する。ヘレニズム的図式では、世界と悪についての考え方はいくつかの類型のあいだを揺れ動いており、あとで研究する諸々の神話的形式へと転じ始めている。そこに見られるのは、類型間の現象学的「移行」と呼べるような二つの様態、すなわち、支配的形態と後退的形態の重ね書きと、いくつかの形態のあいだでの不確定性である。

　ヘブライ聖書はなお創造のドラマという現象学的範型のもとにあるように見えるが、にもかかわらず、その主題のいくつかについて、〔創造ドラマの〕後退的形式という言い方をするのは正当であろうか。解釈者のうちには（主にスカンジナヴィアの解釈者たちだが）[148]、さらに先まで進み、メシアニズムの主題、また原初的人間の主題さえも「王のイデオロギー」[訳26]に密接に依拠していることを示した。この王のイデオロギーが創造のドラマのうちで意味をもつものであることは、すでに見たとおりである。私たちはこの解釈者たちのあとをたどることから始めることにしよう。おそらく、歴史的で釈義的な方法が影響のもつ重みやイメージと文学的表現の連続性により敏感になるのに対して、類型的方法は意味の非連続性を表に出すのだろう。歴史的連続性と現象学的ないしは類型論的な非連続性は、それぞれが異なる観点と水準で活用されるならば、たがいに排除しあうものではないのである。

　創造のドラマの「儀礼的‐礼拝的」な図式は、王の敵に対する戦闘において反復されるものであるが、たしかに『詩篇』のいくつかの篇でも鍵となるものである。それらの箇所でも、ヤーウェと〈王〉の敵の姿で表される歴史の悪もまた、ヤーウェが打倒した原初的な敵意のうちに根をもっていることがほのめかされている。ヤーウェは世界を創設し、天を建て、その上に確固たる玉座を据えることでこの敵意を打倒した、というわけである。

　このように、ヤーウェの叙任祭の礼拝的枠組みには、なお創造のドラマに連なる面がある。ヤーウェの〈統治〉に関する詩篇（『詩篇』47, 93, 95, 100）では、「神は王なり」という叫びが繰り広げられる。そして、この王権は自然的世界だけでなく歴史上の諸民族にも及ぶため、統治、軛《くびき》、敵との戦いといった歴史神学に固有の図式には、創造のドラマのイメージが好んで取り入れられる。『詩篇』八篇では、天は「敵対する者に備え、敵と報復する者を鎮めるため」にヤーウェが築く「砦」として現れる。不定形な水の諸力、原始の海と結びつけられたラハブや龍のような怪物たちの姿は、揺るぎない天空に対決する原初の敵の姿をなお表している（同89）。「主は大水のどよめきにまさり、大波にまさり、勢いがあり、威勢があり、高みにおられる」（同93:4）。「あなたは荒れ狂う海を治め、高波が起こるとき、これを鎮めます。あなたはラハブを打ち砕いて、刺し貫かれた者のようにし、力ある腕で敵を散らしました」（同89:9-10）。大水があふれる様子は不安の象徴となりえ――「荒ぶる大洪水もその人〔赦された罪人〕に及ぶことはありません」（同32:6）――、また死の象徴にもなりうる――「死の縄が巻きつく」（同18:5）。こうした「霊的」な主題には、謎に満ちた起源の〈危険〉のしるしが保持されているのである。

　私たちにとって、ヤーウェの〈統治〉という叙事詩的な主題にもまして重要なのは、東方の〈王〉という主題である。この王は、神の名において、神、神が油を注いだ者、神に選ばれた民にとっての共通の敵との戦いを行なう。先に見たように、まさにここで、歴史の悪は宇宙的な悪と結びつけられる。〈敵〉とは起源の〈危険〉の歴史における出現を形象化したものなのである。宇宙的なドラマはメシア的なドラマとなる。「なぜ、国々は騒ぎ立ち、諸国の民は空しいことをつぶやくのか。なぜ、地上の王たちは立ち上がり、君主らはともに謀《はか》って、主と、主が油を注がれた方に逆らうのか」（同2:1-2）。だが、ヤーウェは怒りをもって彼らに告げる。「あなたは彼らを鉄の杖で打ち砕く。陶工が器を叩きつけるように」（同2:9）。さらにヤーウェは『詩篇』八九篇で、みずからの「僕《しもべ》」ダビデに次のように言う。「敵は彼を欺《あざむ》かず、不正の輩《やから》も彼を虐《しいた》げることはない。私は彼を苦しめる者たちを彼の前で滅ぼし、彼を憎む者たちを打ち倒す」（同89:22-23）。ここには〔バビロニア神話の〕王である神の「礼拝的‐儀礼的」な戦いの記憶があるのではないか。そもそも王とは、「起源から」、混沌が打倒されたときに選ばれるものではないか。

　このように創造のドラマの続きとして位置づけ直されることにより、敵という主題は独自の姿をとることになる。『詩篇』一一〇篇では、「あなたの敵を私はあなたの足台とする……敵のただなかで支配せよ。……わが主は……怒りの日に王たちを打つ」と言われている。これと同時に、創造のドラマを反復する儀礼的闘いが、いかにして異なる三つの方向に延長されうるのかがはっきりと見えてくる。まず、〈王〉のパラダイムは原初の人間のパラダイムへと移行しうる。原初の人間もまた神の「似像」であるがゆえに、地上を「統治」する者である。またもや『詩篇』八篇で、アダムの息子について次のように言われている。「あなたは人間を、神に僅かに劣る者とされ、栄光と誉れの冠を授け、御手の業《わざ》を治めさせ、あらゆるものをその足元に置かれた」（同 8:5-6）。原初の〈王〉から原初の人間への系譜はしっかりと確立されたように見える。

他方で〈王〉のパラダイムは、起源から設立されたその王権を試練にかける戦い自体によって「歴史化」され、そのかぎりにおいて「脱神話論化」される。先に見たように、〈王〉は創造のドラマを「反復」するだけではなく、真の「歴史」を展開する。それゆえ、儀礼的な闘いから歴史的な闘いへと知らないうちに移行していくのである。このような歴史化を何よりも推し進めたのが、『詩篇』八九篇の三九節～五二節のように、王の数々の苦しみを短調で歌い上げる「王の哀歌」であった。それに対して、王の叙任の讃歌は、起源における王権の設立へと引き戻そうとする傾向が強い。まだ混沌が打倒されていなかったときの原初の不安を再びかき立てつつ、王の哀歌は真に歴史的な危険の奥深くへと入っていく。息子アブシャロムから逃げるダビデはこう叫んでいる。「主よ、私の苦しみのなんと多いことでしょう。多くの者が私に立ち向かい、多くの者が私の魂に言っています。『あの者に神の救いなどない』と」（同 3:2-3）。「いつまでですか、主よ。私をとこしえにお忘れになるのですか。いつまで御顔を隠されるのですか」（同 13:2）。極限的には、主題があまりにも「脱神話論化」され「精神化」されたために、正確な意味での歴史との結びつきを失ってしまうこともありうる。ユダヤ教徒やキリスト教徒は、「敵対者」や「抑圧者」を逆境、すなわち不幸の意味で、あるいは悪魔の誘惑、すなわち〈悪霊〉の意味で正当に解釈することができた。だが、〈敵〉を「脱神話論化」し、エジプトやペリシテ人、アッシリア人として「歴史化」することは、〈敵対者〉をそのように「精神化」することで新たな「神話化」へと向かうために必要な段階であった。「わが神、わが神、なぜ私をお見捨てになったのか」（同22:2）。実際、無実の者への迫害に対するこの不平の言葉は、歴史上の敵に脅かされる王よりも『第二イザヤ書』の「苦難の僕」に近いが、これをキリスト教徒たちは「キリスト論的」な意味で解釈したのである。あらゆる困窮を集約するこの叫び、宇宙大の聖金曜日の嘆きには、起源の〈危険〉に圧倒されるように見えるときに緊張の極点に達した礼拝のドラマの残響が認められるのではないか。

だが、数々の主題が歴史的に派生していく様子を、さらに第三の方向へと追跡することもできる。すなわち、「終末論的」な〈統治〉という方向である。礼拝的な図式においては、救いは達成されており、〈王〉は勝利を果たし、創造は完成されている。そこでは、歴史もそれに伴う数々の危険も、真に新たなものではなく、礼拝のドラマの緊張の瞬間を「反復」するものである。それに対して、歴史とは、今は安定していても、最終的な勝利はもはやドラマの獲得された契機とはならず、「時の終わり」に待望される契機である。このことから、いかにしてドラマが脱神話論化によって歴史化され、歴史化によってその結末が「終末論的」にいわば繰り延べされるのかがよく見えてくる。こうして、創造のドラマは原初の〈人間〉へと、歴史的偶然性へと炸裂するだけでなく、「人の子」というもっと新しい形象、ダニエルとエノクが「天高く」からの到来を待望するこの形象へと炸裂するのである。だとすると、歴史の内なるメシアとしての〈王〉から超越的な天上の「人の子」への系譜関係は連続していることになろう。さらに、この「終末論的」転位の重要な段階をとらえることができる。それは、イザヤが告知する〈みどりご〉であり、〈平和の君〉であるが（『イザヤ書』9:5）、これはすでに〈終末〉の形象である。彼は楽園の平和を再建し、そこでは狼は小羊とともに宿り、乳飲み子はコブラの穴に戯れるのである（同11:6-8）。最後の時の〈人〉と原初の〈人〉は極限において一致する。これは、両者とも〈王〉の形象に、永遠の過去から建立されて永遠の未来へと設置される〈王〉の形象に由来するからではなかろうか。

以上のように、〈王〉と〈敵対者〉のパラダイムはさまざまな方向に拡げられる。だが、こうした結果は、意味の改新よりも残存に注意を向ける方法と連動していることをわきまえておくべきである。新しいものを古いものから、出来事をその歴史的源泉から説明することに決定すると、あらゆるところに、もっとも遠い派生態のうちにさえも、「説明」の土台にすることに決めた最初の核があらためて見出されるのである。

類型間の相違の方により注意を向ける方法をとるならば、[149]これとは異なる確認事項が出発点になるだろう。すなわち、創造のドラマにおける〈王〉の主題との数々の類似点は、「王の儀式」の礎石となるものが破壊されてしまっている以上は残存物でしかありえないことである。根本的には、もはや神統記もなく、打ち負かされた神々もない以上、創造のドラマはもはや存在しない。古い体系のイメージは、切り取られた花としてしか生き残ることができない。「像」の流れは連続しているが、「意味」の流れは連続していない。同じ表象を土台から動かしているのは別の「意味」体系なのである。

この新たな体系[150]では、創造が一挙に善なるものとなる。創造は〈ドラマ〉に由来するのではなく、〈言葉〉に由来する。〈言葉〉が成就されるのである。だとすれば、もはや〈悪〉は、創造に先立ち再び出現する混沌とは同一視できない。悪の登場、悪が「世界に入ってくること」は、別の神話によって語られねばならなくなる。だとすれば、〈歴史〉もまた創造のドラマの「反復」ではなく、独自の重要性をもったものとなる。〈創造〉が〈ドラマ〉なのではなく、〈歴史〉がドラマなのである。こうして、〈悪〉と〈歴史〉は同時的なものとなる。もはやどちらも起源の無秩序のようなものに帰されることはない。〈悪〉は歴史的であると同時に躓《つまず》きとなる。〈救い〉ももはや世界の創立と同一視できず、礼拝において反復される創造のドラマの一つの局面ではありえなくなる。悪と同じく、救いも独自な歴史的偉業となるのである。

私たちの意見では、神話「類型」のレベルでの非連続性とは以上のようなものである。この新たな「類型」は、創造、悪、歴史、救いの新たな「意味」を軸に組織される。だが、「類型」は一挙に明示されるものではないから、打倒された神話が民衆の文化のうちに置き入れた数々の「イメージ」を利用することは完全に理解できることである。そうしたイメージの惰性を用いつつ、新たな神話はそれらをゆっくりと変質させ、それを新たな「神話」のレベルに至らせるのである。

それゆえ、右で古い神話が力を弱めていったものとして記述した進展のいくつかは、新たな神話の隠れた働きに帰することができる。以下、それらを新たな神話の側から捉え直してみよう。

1　歴史に内在する〈メシア〉から超越的で天に属する〈人の子〉への移行については、ここでは詳しく述べないでおく。〈王〉から〈人の子〉、そして福音書の〈主〉へと段階を追って進んでいく一連の形象は、最初の形象をただ繰り返すのではなく、そこにたえず新たな次元を加えていく。すなわち、聖化された預言者、〈甦った〉モーセ、とりわけ〈主の僕〉といった形象である。これらの形象の新しさは、一切の創造ドラマに対する歴史の新しさ、悪の新しさ、救いの新しさと不可分である。

2　「礼拝的 - 儀礼的」なドラマが歴史によって越えられるということが、以上のひそかな変動の第二の局面であるが、これは〈王〉のイデオロギーから受け継がれるすべてのイメージに影響を与える。神統記的な闘いにもっぱら歴史的な闘いが取って代わる。〈出エジプト〉は聖書の歴史神学全体の鍵となる出来事だが、この出来事が固有の厚みをもち、起源における創造に対して新たな意味を得ることになる。それは一つの出来事であって、なんらかの創造のドラマに原理的に依拠するものではない。すでに見たように、〈出エジプト〉は、罪をエジプトでの隷属にたとえたうえで、罪からの解放というヘブライ的経験の全体に対して「象徴化」の源泉となったのである。もはや創造ドラマではなく〈歴史〉が象徴化の源泉となる。それと同時に、〈敵〉は原初の混沌の形象であることをやめ、いわば純粋に歴史的なものへと還元されて、ヤーウェの武勲詩と関係づけられる。〈出エジプト〉に対するエジプト、カナン定住に対するペリシテ人とは、今やイスラエルの歴史の構成要素でしかない。こうして、海の怪物のイメージ自体も宇宙的なものから歴史的なものへと転じていき、新たな民族戦争神話〈Völkerkampfmythus〉の引力圏へと入っていくのである。(151)

3　だが、〈敵〉がその宇宙的な座を失い、もっぱら歴史的なものになるならば、原初の〈人〉自身もまた、もっぱら人間的なものとならねばならない。そして、人間的でしかない悪は、〈敵〉の邪悪さを、あるいはそれ以上のものである人間の邪悪さ、いかなる人間のうちにもある邪悪さを担いうるような神話を見出さねばならない。なるほど、王のイデオロギーはなお、人間の至高権という主題を養っている。人間は神の子であり、神の似姿であって、一つの神にほぼ等しいのである。この王のごとき人間のもつ邪悪さは、預言者の何世紀にもわたる告発によって暴露されていくことになるが、今や創造はドラマを伴わないのだから、創造のうちに根をもたないものであり続ける。古い宇宙的な神話に、新たな神話、まったく人間学的な神話が取って代わらねばならないだろう。その際には、〈原人間（Urmensch）〉の形象は〈王〉の形象から切り離されねばならなくなる。善き創造のうちで、人間の過ちは根底的に新しいものとなるはずだろう。こうした要求に応えるのがアダム神話だということになる。

こうした神話の置き換えは究極まで進められるのか、世界における悪の重量は人間だけで担いうるものなのか、ここでこうした問いが出てくるのは正当であるかもしれない。〈蛇〉の「狡知」は堕罪に先立つものであるから、おそらく〈蛇〉は創造のドラマの最後の証人であろう。だがこの場合も、創造のドラマが引き継がれるのは、人間において、創造の王たるアダムの形象においてではなく、まさしく〈人間〉とは〈他なるもの〉において、のちに〈悪魔〉と呼ばれ、〈敵対者〉と呼ばれることになる〈他者〉においてである。この点については、しかるべきときにもう一度話題にしよう。今のところは、人間的な悪のこうした「再神話論化」については括弧に入れておきたい。いずれにせよ、この再神話論化は、宇宙的悪の「脱神話論化」を経たあとに、すなわち、宇宙的ドラマが担いえない三つの構成要素をもたらした思考運動を介して初めて理解できるものである。その三つの要素とは、救いの「終末論的」要素、人間的ドラマの「歴史的」要素、人間的悪の「人間学的」要素である。

4　創造のドラマの「変異的」形態――ギリシアのティターン

ギリシアの、すなわちホメロスとヘシオドスの神統記は、本質的には、バビロニア詩篇を見事な例とする創造のドラマの「類型」に属する。それゆえ、これを長々と説明するつもりはないし、そこにこの神話「類型」の新たな証言を探すつもりもない。むしろ、他の神話「類型」へと向かう現象学的移行のしるしを探してみたい。ティターンの主題は、悲劇神話にも、オルペウス神話にも、さらには聖書の堕罪神話にも転じうるものであり、その不確定性のゆえに私たちの興味を引くものである。

『イーリアス』の神統記的な主題については詳しく扱うつもりはない。ホメロスはそうした物語には関心をもたないので、悪の根元的な起源に関わる数々の逸話は、和らげられいくらか弱められた仕方で表現されている。たしかに、オーケアノス〔大洋の神〕とテティス〔海の女神〕は〔バビロニア神話の〕アプスーとティアマトに対応しており、両者の生殖能力は尽きるところがない。ゼウスの統治が確立したあとも、これら無定形なものの形象はなお、ケレーニィ〔Karl Kerenyi　一八九七－一九七三。ハンガリー出身の神話学者〕の言葉によれば、[152]「私たちと向こう側とを隔てる流れ、柵、境界」として存続する。だが、バビロニア詩篇のティアマト殺害に対応する逸話は、テティスと「そこからあらゆるものが生まれ出た」[訳27]（『イーリアス』第一四歌、二四六行）オーケアノスとの「諍い」へと縮小されており、この「諍い」により生殖が停止している。[153] ここには深い洞察が表れている。すなわち、秩序とは産む力への制限であり、ある種の休止なのである。そこでは、「限りないもの」と「限りあるもの」との哲学的弁証法の全体が告知されている。無定形な力へのこうした制限は、無秩序を打倒する若い暴力の奔出とは結びついていないように思われる。

血塗られた主題を前面に押し出したのはヘシオドスであり、この主題は私たちの関心を引く。諸々の起源を描くこの田舎風のフレスコ画では、ウーラノスとガイア〔天と地〕が海の夫婦〔オーケアノスとテティス〕に取って代わる。ヘシオドスは、みずから「大地《ガイア》と広い天《ウーラノス》が設けた神々」〔訳28〕（『神統記』四五行）を始まり（アルケー）と呼びながらも、それ以前へと起源を置き直そうと努めるのだが、この点は脇に置いておこう。混沌（カオス）とそこから派生した者たち——エレボス〔暗闇〕、ニュクス〔夜〕、アイテル〔澄明〕、ヘメレ〔昼日〕等々——が先行することは、神統論的神話を超えて物語の、それゆえ神話自体の形式を逃れる諸力や原理に向かうことを予告している。だが、自然学や弁証法の方向に進んでいくこの神話は、同時に原初の数々の〈犯罪〉の恐怖へと沈み込んでいくものでもある。「恐るべき」息子たちは〈地〉と〈天〉から生まれたのだが、天は「はじめから彼らを憎んでいた」（同一五六行）。〈天〉は息子たちが光の方に出てくることを拒み、彼らを土のなかの洞窟に閉じこめた。「〈天〉は、この悪しき（カコー）所業にうつつを抜かしていたが、広い〈大地〉は、腹いっぱいに詰め込まれて心のうちで呻《うめ》いていた」（同一五八－五九行）。彼女は息子たちの手に復讐の鎌を渡す。「わたしと、かの不埒な父から生まれた子どもたちよ。おまえたちがわたしの言うことに従ってくれるなら、わたしたちはおまえたちの父の非道な仕業に復讐してやることができるのです。それというのもあのひとが先に恥知らずな所業を企《たくら》んだのですから」（同一六三－六五行）。クロノスの手によるウーラノスの性器の切断というおぞましい逸話はよく知られている。わが子を貪り食ったクロノスの治世には、これと同じような怪奇なる逸話が繰り返されている。ゼウスの勝利もまた、マルドゥクの勝利と同様に、狡知と暴力によって得られたものである。こうして秩序は、勝利への衝動そのものを原初の暴力から借り入れてくるのであり、また先行する無秩序は、敗北のあとも無数の形象の苦難や恐怖を介して生き残るのである。すなわち、「忌まわしき死」パルカイ〔生死を司る三女神〕、「人間どもと神々の僭越の罪を追及し、過ちを犯す者に手ひどい復讐が遂げられるまではけっして怖ろしい怒りを鎮めはしない女神」（同二二〇－二二一行）たるケール〔死の命運〕、「死すべき人間にとっての禍《わざわ》い」たるネメシス〔応報〕、そして「かたくなな心の〈争い〉〔の神〕」である。「さて憎さげな〈争い《エリス》〉は、痛ましい〈労苦《ポノス》〉と〈忘却《レテ》〉、〈飢餓《リモス》〉と涙に満ちた〈悲嘆《アルゴス》〉たち、〈戦闘《ヒュスミネ》〉どもと〈戦争《マケ》〉ども、〈殺害《ポノス》〉たちと〈殺人《アンドロタクシア》〉たち、〈紛争《ネイコス》〉ども、〈虚言《プセウドス》〉

たち、〈空言《ロゴス》〉どもと、〈口争い《アンピロギア》〉たち、〈不法《デュスノミア》〉、〈破滅《アテ》〉を生みたもうた。これらはたがいに一つの心根の者どもである。また〈誓い《ホルコス》〉も生まれたが、この方はとりわけ地上に暮らす人間どもを傷《いた》めつけられる。たれかがわざと偽りの誓いを立てると」（同二二六―二三二行）。

これらの「抗いがたい」怪物たちは、「死すべき人間たちにも不死の神々にも似ていない」。五十の頭をもつ犬、ネメアの獅子、レルネーの水蛇、「無敵の火」を吐くキマイラ、こうした怪物たちについて何を語ればよいというのか[154]。

ここで私たちに提示されるのがティターンたちの形象である。〔神話的〕類型の探究にとって、ティターンの形象はたいへん興味深い。それらは一方では、宇宙生成譚に深く根を下ろしている。ティターンは打倒された古い神々を代表しているのである。「だが父は、大いなる〈天《ウーラノス》〉はこれらの者どもを綽名《あだな》して、ティターンども、と呼んだのだ。自分の儲けた子どもたちを罵って。すなわち彼は、彼らが向こう見ずにも手を伸ばして（ティタイノンタス）、大それた所業をやってのけたが、その所業の報復（ティスイン）がのちにやってこよう、と言ったのだ」（同二〇七―二一〇行）。この意味で、今引き合いに出した神々の系譜の物語は、いかなる法にも屈しない古い野生の諸力たるティターンの物語である。だが、ティターンの形象は、人間の起源に結びつけられるやいなや、他の神話「類型」へと移っていく。ティターンはもはや古い時代の、根源的な無秩序の証人ではなく、秩序のあとからの顚倒の証人となるのである。ヘシオドスにおいて、「悪智恵長けた」クロノスの逸話が、捧げられた犠牲の分配をめぐる神々と人間たちとの諍いから始まっていることに注目すべきである（同五三五行以下）。そして、ゼウスが人間から稲妻の火を取り上げたために、プロメテウスは「疲れ知らぬ火の勢い」（同五六六行）をウイキョウの茎の中空に入れて盗んだのであった。このように、ティターンのオリュンポスの神々との闘いに関するヘシオドスの物語は両義的な性格をもっており、創造のドラマの継続であると同時に、いわば神々のあとの人間生成譚的なドラマ（悲劇的類型、オルペウス的類型、さらにはアダム的類型のいずれであれ）を予告するのである。

ヘシオドスのプロメテウスは、ほとんど原人間（Urmensch）、原初の人間である。

こうした人間生成譚的な色合いの強い神話への移行は、さまざまな道を通ってなされる。まずは、創造ドラマの神人同型論自体による移行である。すなわち、古い神々の単に自然的な暴力には、すでに「狡知」のいわば「心理的な」暴力が連結されている。他方で、神の天上的な面が明確化されていくにつれて、大地的な暴力の全体は神的領域から放逐され、あたかも神的なものの使用されなかった残り屑のように、宙に浮いたままになる。この神以下のものをとり集めるのがティターンの形象である。最後に、きわめて大きく、強く、野生的な人間としての〈巨人〉のイメージが、この劣位の神に造形的な表象を与え、一種の原初の人間へと近づけるという役割を果たす。

とはいえ、少なくともヘシオドスでは、プロメテウス神話は神統記的な外皮から完全に抜けきってはいない。ティターン的で大地的な要素の敗北は事物の起源と神的なもの自体の生成に属するものであるが、ヘシオドスのプロメテウス神話はなおこの敗北に参与している。プロメテウスは悪を作りだすのではなく悪を継続するのであり、彼の「狡知」は神統記的な数々の闘いの狡知を引き継いでいるのである。

プロメテウスを「悲劇的」な形象へと変容させたのはアイスキュロス〔Αἰσχύλος 紀元前五二五－紀元前四五六。古代ギリシアの悲劇詩人〕である。神統記的な設定を保持しながらも、アイスキュロスはプロメテウスをゼウスと真に対峙する者と化す。またゼウス自身、隠れたる神、さらには邪悪な霊（カコス・ダイモーン）となる。こうしてプロメテウスは、神の怒りの餌食となった「英雄」と化すのである。他方でアイスキュロスは、プロメテウスの人間愛を際立たせることで、プロメテウスを人間にはしないとしても、人間にその人間性を与える半神と化す。こうしてプロメテウスは、ドイツの疾風怒濤運動（Sturm und Drang）〔十八世紀後半ドイツの文学運動。感情の理性に対する優越を主張し、ロマン主義の先駆となった〕が的確に見てとったように、ある種の範型的人間となるのである。こうした動きは、アイスキュロス自身においてはまだ徹底していない。というのも、彼の失われた三部作の終わりでは、プロメテウスが再び神として高められ、いわば神統記へと戻されているからである。しかし、ティターンの主題がどのような方向へと展開していくかは明らかである。

ティターン神話が人間生成譚にもっとも近くなるのは、おそらくオルペウス教徒においてであろう。あとに見るように、オルペウスの神話は一般的に言って人間の神話、「魂」と「身体」の神話である。そこでは、若き神ディオニュソスを引き裂き貪り食った「ティターンの犯罪」がまさに人間の起源となる。ゼウスはこのティターンたちの灰から現在の人間という種族を作りだしたのであり、人間は神とティターンから二重の遺産を引き継いでいるのである。これ以降、ティターン神話は人間の現状を理解するための原因譚的神話となる。ティターン神話は神統記的な背景から完全に離れて、人間生成譚の最初の要となる。プラトンは『法律』のなかで人間の「ティターン的本性」という言い方をしているが、おそらくそれは、ティターンの主題が神々の生成譚から人間生成譚へと移行する様子をもっともよく証言するものであろう。

最後に、ヘブライ人の堕罪神話において、ある期間、ティターンの主題に近い主題が役立てられたように思われる。少なくとも、『創世記』六章（一節～四節）に痕跡が残る隠れた伝統においてはそうである。ヤーウェ資料が暗に語るネフィリムという巨人たちは、死すべき女たちと天上の者たちとの婚姻から生まれた東方のティターンに由来するように思われる。だが、私たちの関心を引くのは、この伝説の起源よりも、ヤーウィストがそれをどう用いているかである。注目すべきは、ヤーウィストがこの民間伝説を組み入れているのが、人間の歴史が腐敗の度合いを増していき洪水を引き起こすに至る場面だということである。こうしてティターンの主題は堕罪の歴史へと組み込まれたのである。

以上のように、不遜なティターンの神話は、悲劇的類型、オルペウス的類型、聖書的類型へと次々に組み入れられてゆく。それはある種の移ろいゆく神話であり、原初の神統記的外皮になお包まれていながら、いくつかの人間生成譚的な神話類型のあいだをさまよっている。この神話が表しているのは、悪の起源を神的なものと人間的なもののあいだの中間的な存在の領域に位置づけようとする不確かな試みである。だからこそこの神話は、原初の混沌と原人間の両方に同時に近いという、奇妙なものであり続けるのである。おそらくこの神話の力は、つねにそこにあるという人間の悪の古さを剝き出しの現実の諸相へと結びつける点にあったのだろう。アイスキュロスのプロメテウスが鎖でつながれた形をなさない岩山、嵐で打たれたコーカサス山のように、それらの現実の諸相は、それだけで秩序や美への反抗を示しているのである。

第二章　邪悪な神と「悲劇的」実存観

起源と終末の神話の第二の類型を表題のように名づけるのは、そのもっとも有名な実例であるギリシア悲劇にちなんでのことである。

この「実例」は「悲劇的なるものの本質」といかなる関係にあるのだろうか。哲学者の務めは、悲劇的なもののカテゴリーを、少なくともギリシア的、キリスト教的、エリザベス朝的、近代的な悲劇作品の全範囲を包括できるような作業定義を用意してから、ギリシア悲劇へと向かうことだと考えたくなるかもしれない。そのように本質から実例へと進んでこそ、特殊事例から一般構造へと帰納的に進む疑わしい手続きを避けられるのではないか。

しかし、あくまでギリシア悲劇から出発すべきであり、それにはいくつかの理由がある。第一に、ギリシア悲劇はさまざまな実例のうちの一つではない。それは帰納的意味での一つの例ではまったくなく、悲劇的なものの本質を突如として全面的に顕現させるものである。悲劇的なものを理解するとは、ギリシア悲劇的なものを自己自身のうちで反復すること、悲劇の特殊事例の一つとしてではなく悲劇の起源として、その始まりかつ真正なる発現として反復することである。それゆえ、ギリシア悲劇から悲劇的なものへと接近することによって、何か疑わしい帰納的拡張を余儀なくされるのではない。それどころか、ギリシア的現象において悲劇的なものの本質をつかむことによって、他のいかなる悲劇もギリシア悲劇の類比物としてとらえることが可能になる。というのも、まさにマックス・シェーラー〔Max Scheler　一八七四－一九二八。ドイツの哲学者〕が言っているように[155]――彼自身は本質から実例へと進もうとするのだが――、ここで問われているのは、証明することではなく見えるようにすることであり、示すことだからである。ギリシア悲劇とは、「現象自体の知覚」[156]が生起する特権的な場所なのである。

加えて、ギリシアの実例は、悲劇的なもの自体を示すことで、その神学的衝迫を一切緩めずに啓示してくれるものであり、その点で私たちにとって特別なものである。[157]実際、アイスキュロスに悲劇的人間観があるとすれば、それは悲劇的人間観が悲劇的神観のもう一つの顔だからである。神々により「盲目にされて」滅ぼされる人間という主題は、まさにギリシア悲劇において一気に激しさの極致に達したのであった。おそらくそれ以降、ギリシア悲劇の数々の類比物は、この同じ耐えがたい啓示の弱められた表現でしかなくなるのである。

最後に、ギリシアの実例は、悲劇的世界観は思弁ではなく光景《スペクタクル》に結びついていることを私たちに納得させてくれる点で適している。この第三の特性は先の特性と無関係ではない。すなわち、悲劇的人間学の秘密が神学であるとしても、人間を盲目にする神というこの神学は、おそらく思考にとっては口に出せず、受け入れられないものであろう。だとすれば、悲劇的なものの造形芸術やドラマによる表現は、別の仕方で明晰に語りえたような人間観の二次的な表現でもなければ、ましてやそうした人間観がたまたま偽装した姿をとったものでもない、ということになる。

悲劇的なものは、まさにその本質からして、悲劇的英雄や悲劇的行為、悲劇的結末に「即して（sur）」、示されねばならないのである。おそらく悲劇的なものは、なんらかの理論へと転記することを許さないものであって、そうした理論は、とりもなおさず、悪の運命的な予定というスキャンダラスな神学にしかなりえないだろう。そうした理論は、思考されるやいなや拒否されねばならないが、同時にまた、思弁への明晰な転記に伴う一切の破壊のあとにも、おそらく光景としては生き延びることができるものであろう。このように光景へと結びつくことは、あらゆる悲劇神話に存する象徴の力を保持するための特別な手立てとなるだろう。同時に、光景への、演劇へのこうした結びつきは、警告と呼びかけとしての価値をもつであろう。悲劇の抗しがたい光景は、哲学者が、たとえば『国家』第二巻のプラトンのように、悲劇に潜むスキャンダラスな神学を暴露した以上、自分は悲劇的世界観から縁が切れていると信じる錯覚に陥ることを防ぐだろう。そして同時に、哲学者は悲劇的象徴の解釈学を試みるように促されるだろう。その解釈学は、「演劇」の「理論」への転位に由来する一切の還元的な批判に対して、以上のような悲劇的光景の克服不可能性を考慮に入れたものとなるだろう。

1　前ｰ悲劇的な諸主題

悲劇的な神学は悲劇的光景から切り離せないものである。だが、悲劇的な神学の主題を一つずつ見れば、それらは悲劇よりもさらに古い由来をもつものである。しかし、悲劇は最後の特徴、決定的な特徴を導入するのであり、そこからドラマという造形形式が生まれ、光景というものが生まれる。

ドラマと光景とに先行するそれらの主題を、前ｰ悲劇的と呼ぶことにしよう[158]。最初の主要な前ｰ悲劇的主題はギリシアに固有のものではなく、過ちのイニシアティヴが神へともち込まれ、その神のイニシアティヴが人間の弱さを介して神の憑依として現れる際には、あらゆる文化において現れるものである。こうしたきわめて未分化な形では、この主題は先の〈創造ドラマの〉主題とは区別がつかない。どちらの場合も、悪の原理は善の原理と等しく原初的なものとなるからである。それゆえ、バビロニアの神であるエンリルの形象において、破壊者でもあり良き助言者でもあるという両義的な力が見てとられ、第一の類型と第二の類型の端緒がそこに認められたのである。しかし、類型の分化が創造のドラマに含まれる混沌の神話に向かう場合には、悪の原理は神の原初的な〈敵〉として、神に真っ向から対立することになる。それに対して、両義的な形象が悲劇的なものに向かうのは、このように神とその敵とが分極化せず、同じ神的な力が良き助言の原理であり、かつ人々を惑わせる力でもあるものとして現れる場合である。こうして、神的なものと悪魔的なものの無差別は、悲劇的神学および悲劇的人間学の暗黙の主題となる。のちに見るように、おそらくこの無差別こそが、最後まで思考し抜くことができず、悲劇の終わりを引き起こし、『国家』の第二巻で哲学から激しい批判を受けた原因であろう。だが、このように神は善でも悪でもあるという感情は、思考には抵抗するが、劇作品に投影されることで間接的に反省を生じさせる。とはいえ、この反省は人間の感情を揺さぶり続けるのであるが。

ホメロスは、その後に幅を利かせ、大陸のギリシア文学を支配することになるような「罪‐類型」からはきわめて遠いが、驚くべきことに、そのホメロスにおいても、神が人を盲目にするという神学が告げられている。ホメロスほど浄めや贖罪に関心をもたないギリシアの作家はいないが、そのホメロスの『イーリアス』において、人間を無分別にする盲目化や、神による人間の行為の強奪といった主題が、驚くほど力強く恒常的に表現されているのである[159]。愚かにされ、道を逸《そ》らされ、奪い去られること、それは過ちの罰ではなく、過ちそのものであり、過ちの起源なのである。

過ちそれ自体は、複合的な不幸のうちでとらえられる。そこでは死と誕生が偶然性と不可避性の調子を加え、その宿命性が人間の行為にいわば伝染することになる。人間は本質的に死すべき者であり、死すべき性格は人間の運命なのである。死者たちの世界の青白く不確かな実在性は、可死性の乗り越え不可能な障害という性格を高めこそすれ、弱めることはない。明確に区別される個々の形象に凝集された力能としての神々も、死に対しては何もできない。この無力さの調子は、死からさらにさかのぼり、最初の期限、最初の運命たる誕生へと及ぶ。誕生は死にならって表象され、人生の終末を起点として人生全体が宿命化される。こうして、死と誕生の宿命性がすべての行為につきまとい、行為はすべて無力で無責任なものと化す。幾度も強調されてきたように、ホメロスの英雄は心理的に「移り気」であり、諸行為を心理的に総合する力が弱いために、ホメロスの英雄の行為は人格的主体をもたず、上位の諸力の意のままになる出来事のようになってしまう[160]。人間の盲目化は、ἀᾶσθαι〔盲目にされる〕という受動相の動詞で表現される。盲目にすること自体——女神アーテー——は、その積極的・能動的な裏面であり、超越的な諸力の世界に〔人間を〕投げ入れることである。

人間が神的なものの「心理的介入」を信じるのはきわめて衝動的な心理的複合によるのか、それとも、神話によって規定される文化的形象がそうした自己表象を産み出し、それを人間自身の自己イメージと一致させるのか。これはどこまでも決着のつかない開かれた問いである。

ここで重要なのは、神話を介して人間自身が形づくる自己の表象である。

ホメロスの世界では、人間の盲目化の起源は、区別なくゼウス、モイラ[161]〔運命の女神〕、エリーニュス〔復讐の女神〕に結びつけられる。これらの神話的表現が共通して指示しているのは、人格化されていない力の根底である。ホメロスになると、神的なものは人間に似た数々の造形的形象へと分割されるようになるが、盲目化の働きは、明確に人間のような姿をとる神々には配分されない剰余の力に結びついている。

この力のもっとも非人格的な面を指すのがモイラである。これは人間の選択を超えて人間に割りあてられる「配分」「分け前」「取り分」である。すなわち、選択自体の非‐選択性であり、行為に加重されそれを多元的に決定する必然性である。ダイモーン（δαίμων）という表現が意味するのはこれにほかならない。ダイモーンはモイラとは逆方向に、無名の運命や抽象的合法性ではなく人格化の方向に展開するが、それでもなお、未分化の力に近い神的なものを表している。それゆえこの表現は、神的なものが人間の情意の生のうちに突如として、非合理的に、抗いえない仕方で現れるという状況を指示するのに適している。

こうして過ちの神学は、神的な力を個別化し可視化するという、いたるところで勝利を収める傾向に逆らい、神性の根底を保持しようとする傾向をもつ。

悪の起源がゼウスに帰せられるのは、以上に述べたことと矛盾することではない。ゼウスは他の神々の役割と同列の、相対的に限定された役割をもつ一方で、至高神として、より大きな神性とより未分化な力を有している。他の神々の特殊な意志がゼウスの統治に従わないことがあるとしても、ゼウスは他の職能神たちと等しい存在ではない。このゼウスが過ちの重荷を引き受けるのである。アーテーはゼウスの娘である。「神意は万事を押し貫き、果たしたもうたのだ。女神アーテーは、ゼウスの総領娘とて、誰彼といわず迷いに導くおぞましい方」〔『イーリアス』第一九歌、九一行〕。神的な〈盲目化〉と至高の神性とがこのように融合した果てに、アイスキュロスの『縛られたプロメテウス』における悲劇的な姿のゼウスが登場する。悲劇作家たちもまた、神々（θεοί）、神（ὁ θεός）、何者かとしての神（θεός τις）を語ることになるだろう。混沌の神話には新しい倫理的な神と古い野蛮な神とを分離する傾向があるのに対して、悲劇神話には神的なものの頂点に善と悪を集中させる傾向がある。[162] 厳密な意味での悲劇的なものへの移行は、この両義的な神の漸次的な人格化と結びついており、それによって、両義的な神は依然としてモイラであり、神を超える意のままにならない存在でありながらも、悪意というほとんど心理的な姿をとるのである。モイラにおける非人格的な極とゼウスの意志における人格的な極、神の悪意はあたかも二重の極を有するかのようである。

このような神の敵意の人格化の決定的な契機は、神の妬《ねた》み（φθόνος）という概念によって形象化される。「妬む」神々には、自分たちの面前にいかなる偉大さがあることも耐えられない。その場合、人間はみずからの人間性のなかに押し返されてしまうように感じる。ここで「悲劇的なもの」は、例のギリシア的中庸〔＝尺度（mesure）〕と同時に誕生することになる。中庸というのは、賢者たちが説く静謐で幸福な節度であり、有限性への同意であるように見えるが、そこにつきまとっているのは、神の「妬み」が許容しないような「度外れ」に陥るのではないかという怖れである。神の「妬み」が「度外れ」を告発し、「度外れ」への怖れが「節度」という倫理的反応を引き起こすのである。

たしかに賢者たちは、神の妬みを〔人間の〕傲慢（ὕβρις）の罪に還元し、傲慢を悲劇的でない仕方で生成させることによって、神の妬みを道徳化しようとした。成功は「つねにそれ以上のもの」――過剰（πλεονεξία）――への欲を生み、貪欲は自惚れを、自惚れは傲慢を生む。こうして悪は神の妬みに由来するのではなく、最初にあるのは傲慢だということになる。だが、このように傲慢を脱神話論化することで、道徳家は新たな悲劇的解釈への準備を整えた。というのも、眩暈《めまい》は自惚れを巻き込むことでまさしく過剰なものとなり、欲望の果てしなき増大という危険な道を歩まされるのだが、こうした眩暈自体にはいかなる神秘もないと言えるだろうか。テオグニス〔Θέογνις 紀元前六世紀頃。古代ギリシアの詩人〕が言うところの人間の傲慢の最初の悪[163]（πρῶτον κακόν）は、聖書の堕罪観に近いように見えるが、傲慢が人間の側から神々の妬みをかき立てるだけでなく、神々の妬み自体に由来し、神々による盲目化によるものだとなると、悲劇的なものをあらためて背負うことになるだろう。

2　悲劇の結節点

これで悲劇的なもののすべての要素が得られた。すなわち、一方には神による「盲目化」や「ダイモーン」、「命運」があり、他方には「妬み」や「度外れ」がある。

これらの主題を束ねたうえで、悲劇を悲劇たらしめる固有のものを加えたのが、アイスキュロスの悲劇にほかならない。

悲劇的なものを結晶化させる胚珠となるものは何か。

厳密な意味での悲劇的なものが登場するのは、文字通り悪へと定められているという主題と英雄の偉大さという主題とが衝突するときのみである。ポボス（φόβος）〔恐惶〕というすぐれて悲劇的な情動が生じるためには、運命がまず自由からの抵抗を受け、英雄のかたくなさにぶつかり、最後にそれを打ち砕くのでなければならない（もう一つの悲劇的情動としての同情については、のちほど悲劇による浄化という枠組みで語ることにしよう）。

「邪悪な神」と「英雄」という二つの問題系を両者が断絶する地点にまで押し上げたとき、悲劇が誕生する。『縛られたプロメテウス』でのゼウスとプロメテウス自身が、悲劇的神学および悲劇的人間学の二つの極である。ゼウスの形象とともに、ダイモネス（δαίμονες）〔悪霊たち〕として散らばった悪魔性を至高の「神性」の形象へと一体化しようとする動きが成就する。それゆえゼウスとともに、神的なものと悪魔的なものを不可分に統一する「邪悪な神」という問題系が頂点に達する。悲劇的神学のすべての線は、邪悪なゼウスという形象に向かって収斂していくのである。この形象はすでに『ペルシアの人々』で描かれている。

よく知られているように、この悲劇が称賛をもって描いているのは、サラミス島でのギリシア人の勝利ではなく、ペルシア人の敗北の方である。では、いかにしてアテナイ人は、みずからの勝利を越え、悲劇的な同情によって敵の破局へと心を寄せることができたのか。それは、クセルクセース王〔Xerxes I 紀元前五一九－紀元前四六五。アケメネス朝ペルシアの王〕の姿をとってアテナイ人に現れる敵が、単に正当に罰せられる邪悪な者ではなく――そうであればただの愛国ドラマになってしまう――、神々に打ち砕かれる範例的人間だからである。クセルクセースは不正の謎をはっきりと語っている。「おお母后さま、この災厄の元凶は、いずこから（ποθέν）とも知れぬ怨霊（ἀλάστωρ）か悪霊（κακός δαίμον）に違いありません」[訳29]〔『ペルシアの人々』三五三－五四行〕。年老いた王妃アドッサはこう叫ぶだろう。「なんと恐ろしい運命の悪意（στυγνὲ δαιμῶν）、ペルシア人から思慮の力さえ奪ってしまう（ἐψεύσας）とは」〔同四七二行〕。そしてコロスが歌う。「おお、運命（δαίμων）の酷さよ。あまりに重いその両足でペルシアの民を踏みつぶしてしまうとは」〔同五一五－一六行〕（マゾン氏が[訳30]ダイモーン（δαίμων）を神、運命、神性というようにさまざまに翻訳していることに注意しておこう。ギリシア語自体も、ダイモーン（δαίμων）、テオス（θεός）、テオイ（θεοί）、チュケー（τυχή）、アーテー（Ἄτη）のあいだで揺れている）。おそらくこの逃れゆく神学は、形にすることができないものであろう。なぜなら、はじめから一貫しないものを言葉にしようとすれば、プラトンが非存在の思考、「偽りの本質」の思考について言うように、言説自体の関節が外れ、暗闇に沈まざるをえないからである。「あまりに重いその両足で踏みつぶしてしまうとは……」。これは超越的な攻撃の犠牲となった人間の姿である。堕罪（chute）は人間に由来するのではなく、なんらかの仕方で人間のうえに落下してくる（chute）ものである。網、罠、雛を襲う猛禽といったイメージは、不幸としての過ちという同じ主題群に属している。「悠久の昔からの運命にわれらは打ち砕かれたのだ」〔同一〇〇九行〕。打たれること（ictus）としての悪……。ゆえにクセルクセースは、告発の対象であるだけでなく犠牲者でもある。またそれゆえに、悲劇はのちの喜劇がそうでありうるのとは違い、暴露し倫理的に矯正するための企てではない。悪の道徳的解釈は神学的解釈のうちに深く包み込まれているため、悲劇の英雄は道徳的な非難を免れ、コロスと観客の憐れみの的となるのである。

このように、悲劇の苦悩——ポボス〔恐惶〕——は、ゲルハルト・ネーベルの本の素晴らしい題名に従えば、(164)原初的に神々の怒りに結びついているのである。

『ペルシアの人々』における悪しきダイモーン＝悪しき運命（κακός δαίμον）は、『縛られたプロメテウス』のゼウスの鍵となるものである。だが、『ペルシアの人々』では弱く控え目なものであった直観が、『縛られたプロメテウス』では、悪の原因譚の第一の「類型」である創造のドラマの二つの要素を組み込むことによって大きな割合を得ることになる。悲劇詩人たちはこの二要素をギリシアの神統論のうちに見出したのである。第一の要素は神々の系譜（ウーラノス、クロノス、ゼウス）という主題である。これは叙事詩からとられた主題であるが、悲劇によって神の悲劇へと転化される。争いから生まれ、苦しむ運命にある神々は、ある種の有限性、不死なる者たちにふさわしい有限性をもっている。神的なものの歴史が存在するのであり、神的なものは怒りと苦しみを介して生成するのである。第二の要素はオリュンポス的なものとティターン的なものとの両極性からなる。オリュンポス的なものとは、混沌とした大地的でさえある基底、アイスキュロスがその象徴的な姿をエトナ火山の火と地響き——「百の頭をもつテューポーン」——に見たこの基底から勝ちとられたものである。ゆえに、聖なるものの領域は夜と昼の対極性を、K・ヤスパース〔Karl Jaspers　一八八三－一九六九。ドイツの哲学者〕のように言えば、夜の情熱と昼の法則の対極性を含んでいる。『ペルシアの人々』の悪しきダイモーン＝悪しき運命は、この二つの倍音、すなわち歴史的な性質の苦しみとティターン的深淵によって豊かにされている。おそらく、オレステイア劇とそれにまとわりつく倫理的恐怖をひそかに動かしているのは、主題化されていない同一の神学であろう。この残虐の連鎖はエリーニュス〔復讐の女神〕の姿で表され、犯罪から犯罪を生んでいくのだが、それは事物の本性の根本的な邪悪さのようなものに根を下ろしている。エリーニュスは存在のもつ罪責性であり、だからこそ人間をいわば罪責化するのである。

まさにこのような存在の罪責性に対して、『プロメテウス』でアイスキュロスはゼウスという造形を与えたのである。

そのゼウスと対峙するのがプロメテウスである。

実際、私たちが明らかにしたのはプロメテウス劇の一面だけである。すなわち、邪悪な神、そう表現したければ、存在の罪責性という問題系である。だが、これは罪責性の逆説の一面でしかなく、もう一つの面は「英雄」の「度外れ」である。ただしそれは不当なもち上げではなく、真の偉大さとして扱われる。ギリシアの悲劇作家たちはこの逆説へと迫ったのであるが、これは恩寵と自由とのパウロ的逆説と類似しつつも対立している。邪悪な神と人間の罪責性とのアイスキュロス的逆説が存在するのである。この逆説にもう一つの面から迫ってみることにしよう。

運命と自由の弁証法がなければ悲劇も存在しないだろう。悲劇は一方では超越を、より正確には敵対的な超越を必要とし——「無慈悲な神よ、汝のみがすべてを導いたのだ」とラシーヌ〔Jean Baptiste Racine 一六三九－一六九九。フランスの劇作家〕はアタリー〔旧約聖書に取材したラシーヌの悲劇『アタリー』の主人公〕に言わせている——、他方では自由が現れ、運命の成就を遅らせることを必要とする。自由は運命を躊躇させ、「危機」の極点で偶然のように思わせ、最後に「結末」において突如運命を成就させる。そうして運命の宿命性が最後の最後に露わにされるのである。英雄的な自由による「遅れ」がなかったなら、ソロンのイメージにしたがえば、運命は落雷に似たものとなるだろう。(165)英雄的な自由によって、不可避的なもののただなかに、不確定性の萌芽、時間の猶予が導入される。そのおかげで「ドラマ」が、不確かな命運という姿で繰り広げられる行為が存在するのである。英雄によって遅らされることで、それ自体としては不可避である運命が、私たちにとっては偶然的な冒険において展開する。こうして悲劇的な行為が生まれるのであり、この行為にはアントナン・アルトー〔Antonin Artaud 一八九六－一九四八。フランスの俳優・演劇家〕が熟知していた特有の残酷性が伴うのである。確実さと驚きとのこの混合物は、悲劇的神学が超越者の裏切りを一滴その上に落とすだけで、恐怖へと転じる。悲劇的情動としての恐怖が観客の魂のうちに映すのは、邪悪な神と英雄とのこの残酷なゲームである。観客は「悲劇的なもの」の逆説を感情的に反復する。すべては過ぎ去り、観客は物語を知る。物語は過ぎ、起こったこととなる。それでも観客は、不測の事柄、将来の不確定性を介して、絶対的な過去の確実性が不意に新たな出来事として到来することを期待する。今、英雄が〔運命に〕打ち砕かれるのだ。

時間的な言葉で言えば、『オイディプス王』の悲劇性に見られるように――この作品は全面的に回顧の悲劇であり、みずからの見知らぬ過去のうちにみずから自身を見出すという再認の悲劇である――、運命の絶対的な過去は将来の不確定性とともに発見される。従者が到着し、不吉な知らせが告げられる。それ自体として真理であった事柄がオイディプスにとっての真理となり、オイディプスは苦悩のなかで自己がなんであるかを知るのである。悲劇的なもののどちらかの面、すなわち運命と人間の行為のいずれかを取り除けば、恐怖という情動は消え去ってしまう。そして、憐れみ自体も、自由を超越へと関係づける運命への恐れから出てくるのでないとしたら、まったく悲劇的ではなくなってしまうだろう。憐れみとはこのように運命を苦しむこととしての恐れに由来するものである。憐れみが人間において出会うのは、人間が神の振る舞いと対置する苦しみの広大な暗闇である。すなわち憐れみは、人間の原初的な成り立ちはみずからに襲いかかる不幸の対極であることを証示しているのである。苦しみとは、あるいはむしろ活動としての苦しむことは、すでに運命に対向して形づくられる境界的な行為として見出されるものである。応答であり、反撃であり、挑戦であるという意味で、苦しみは単に抒情的ではなく、悲劇的なものの始まりなのである。

『ペルシアの人々』の悲劇はすでに、悪霊の神学と度外れの人間学が接合しあっていることを示していた。すなわち、クセルクセースは神に由来する迷誤の犠牲者であると同時に、地理に刻まれて人々を場所へと運命的に縛る防御（これはダイモーンと呼ばれる（『ペルシアの人々』八二五行）の侵犯者なのであった。

以上のように、傲慢だけでは悲劇にはならない。アイスキュロス以前には、ソロンにおいて、悲劇的な調子を帯びない傲慢が見出される。この道徳家の考えでは、傲慢が告発されるのはそれを避けるためであり、また避けられるからである。それゆえ傲慢は悲劇ではない。不幸が幸福から生成してくるさまを描くとき、ソロンは本質的に世俗的かつ教育的にふるまっていた。幸福は過剰――プレオネクシアー（πλεονεξία）――への欲求を産み、過剰は度外れ――ヒュブリス（ὕβρις）〔傲慢〕――を産み、度外れは不幸を産む。貪欲と尊大さにより不幸へと逆転するという幸福の悪しき性格は、邪悪な神による不正という謎のうちに捉え直されてこそ、悲劇的なものとなるのである。逆に度外れは、この謎の中核に人間的な運動、対照、緊張を導入する。悪の倫理的契機が現れるためには、少なくとも「人間の寄与分」が切り出されねばならない。少なくとも、責任と回避できる過ちとが現れてきて、罪責性が有限性から区別され始めねばならない。だが、前もっての決定〔という考え〕によって、この区別は緩められ、消されてしまいがちである。神の罪責性と人間の罪責性との無区別とは、罪責性と有限性の区別が生まれるやいなや消えてしまった状態である。

それゆえこのあとからは、神々の怒りが人間の怒りと対峙することになる。

超越的な不幸が降りかかる一連の英雄たちの形象において、それを最後に仕上げるのがプロメテウスの形象である。『縛られたプロメテウス』のなかで、プロメテウスの形象は自由な人間たちの階層の頂点に位置している。

階層の一番下——自由と悲劇的なものよりさらに下——にあるのは、運命を遂行するだけのビアー〔暴力〕とクラトス〔権力〕の形象である。その次にくるのがオーケアノスとその煩わしい友人たちで、ヨブの友人たちの説明的神義論さながらに、「自分自身を知りなさい、現実に合わせて新しいやり方をしなさい」と言う。そしてイーオーであるが、これは神の好色の犠牲となって牝牛に変えられた若い娘であり、悲劇的なものの受動と受苦の面を表している。イーオーは邪悪な神のもとで苦しむ人間ではあるが、ただ苦しんでいるだけなので、まだ完全に悲劇的というわけではない。イーオーはプロメテウスと結びついて初めて悲劇的になるのである。供せられ、打ち砕かれ、言葉も奪われたイーオーの受難は、プロメテウスによってのみ悲劇的次元を与えられる。端的な受苦に行為が、拒絶する意志による至高の行為が結びつくのである。

その光景の強力さ、そして数々の荒々しいコントラストを思い浮かべる必要がある。[166] ティターンであるプロメテウスは、誰もいないオルケストラ〔舞台前の土間〕の上方の岩に縛られている。イーオーは気が狂っており、平らな広い空間に突然現れ、虻《あぶ》に刺される。プロメテウスは釘を打たれ、イーオーはうろうろとさまよう。プロメテウスは男らしく明晰であり、イーオーは砕かれ狂わされた女である。プロメテウスは受苦＝受動において能動的であるが、イーオーはまったくの受苦＝受動であり、神の傲慢の証しとなるだけである。

そして、プロメテウス自身が二重の意味をもつ形象である。一方で、彼は自身の無垢によって——イーオーが成就するその無垢によって——、存在することの罪責性をあらためて際立たせる。プロメテウスは人間たちの恩人であり、人間の人間性そのものである。彼が苦を被るのは人間たちを愛しすぎたためである。彼の自律がその過ちだとしても、それはまずもって彼の寛大さを表すものである。彼が人間たちに与えた火は、竈《かまど》の火であり、家のなかでの礼拝の火であり、この火で毎年共同の礼拝に点火するものである。それはまた技術と芸術の火でもあり、そして最後に理性、文化、心情の火でもある。この火には人間であることが要約されているのであり、この火によって、人間は自然の不動性と精彩なく反復される動物的生から離れて、事物や獣、人間関係へと支配を広げていくのである。この点に関して注目すべきは、アイスキュロスがヘシオドスから神話を受け取り直し、「素朴で粗野な悪意」[167]による欺瞞ということを超えて、プロメテウスの形象を苦しむ救い主の悲劇的偉業へと高めたときに、神話が成熟に達したということである。この人間を愛するプロメテウスこそが悲劇的なのである。彼の不幸と人間たちの不幸は、まさに彼の愛に由来するものだからである。

　だが他方で、プロメテウスの形象が表すのは、悪しき霊に捕えられた人間の無垢なる受難であるだけでなく、神の怒りに向きあう人間の怒りでもある。たしかにプロメテウスは無力である。岩の上に磔《はりつけ》となって、なすすべもない。だが、彼は言葉の力をもち、同意しない意志の固さをもっている。敬虔なアイスキュロスから見れば、プロメテウスの自由は不純な自由であり、もっとも程度の低い自由のようなものであることは疑いない。アイスキュロスからすれば、プロメテウスもゼウスも絶対的な意味では自由ではない。プロメテウスの自由は挑戦の自由ではあるが、参与の自由ではないのである。プロメテウスの自由がもつこうした呪いを、アイスキュロスは「秘密」という主題において表現した。実際、プロメテウスはゼウスに対抗する恐るべき武器をもっている。すなわち、ゼウスの王位を簒奪することになる息子が、神々の王ゼウスと死すべき人間の女とのいかなる交わりから生まれてくるかを知っているのである。彼はゼウスの失墜の秘密を、〈神々の黄昏〉の秘密を握っている。存在を無化するためのものをもっているのである。アイスキュロスにとって、こうした破壊的な自由は、自由の最後の言葉ではなく最初の言葉にすぎない。だからこそ、プロメテウスの最後の挑戦は承知のとおり激しい反撃を引き起こし、プロメテウスは岩もろとも大きく開いた深淵へと転落するのである。アイスキュロスにとって、この災厄は厳しい訓育の一部であり、『アガメムノーン』のコロスが「苦しむことによって学ぶ（πάθει μάθος）」と要約したものである。悲劇三部作の第三作は残念ながら失われてしまったが、よく知られているように、最後の和解が提示されていたにちがいない。すなわち、ゼウスが真の正義に達するのと同時に、解放されたプロメテウスはゼウスの神性の輝く高貴な側面に同意したのであった。

したがって、プロメテウスの罪責性というものがあり、それはゼウスから受ける責苦によってゼウスの罪責性に含まれると同時に、ゼウスを脅す種である秘密によってゼウスの罪責性を含むものでもある。プロメテウスのティターン的本性によってアイスキュロスが表現したかったのは、このような罪責性ではなかったかと思われる。(168) 自由は存在の基底たる混沌の内に根を下ろしており、ティターン的戦いの一つの契機である。プロメテウスがたえず加護を求めるのは、大地の諸力を象徴し集約するガイアである。彼は最初から天空、風、泉、大地、太陽を証人とし、巨大な山々と波浪に挑戦を向ける。彼の自由のなかからは元基的な怒りが現れ出てくる。挑戦のうちで表現されるこの怒りは、クリュタイムネーストラー〔アガメムノーンの后。娘イーピゲネイアの殺害を恨み、夫を殺害〕を動かす暗黒の力と基本的には違いがない。彼女において、母の胸、大地、死者たちのもつ恐ろしい力が結びつくのである。またこの怒りは、エリーニュス〔復讐の女神〕の形象で表され、人間を復讐の円環のなかに閉じこめる倫理的な恐慌とも本質的に違わない。以上はすべて混沌であり、自由もまた、最初に動きだす段階では混沌なのである。

こうして縛られたプロメテウスは、逆説である以上に、神の怒りと人間の怒り、邪悪な神とティターン的人間との本質的な複合性を証している。神も人間もともに「怒りの葡萄」の苦さを味わうのである。

それゆえ、あえてそう言うならば、この無垢の傲慢、プロメテウスを罪ある犠牲者とするこの暴力こそが、さかのぼってこの神話の原初的な主題である火の盗みの意味を照らし出すように思われる。なるほどドラマが始まるのはそのあとであり、ドラマは責苦のうちで進む（オイディプスの悲劇がそれに先立つ近親相姦と殺人をめぐる発見と再認の悲劇、真理の悲劇であるのと同じである）。プロメテウスの悲劇は不当な苦しみを被るところから始まる。だがこの悲劇は、遡行によってドラマの原初的な核心に達する。すなわち、あの盗みは善行であったが、その善行は盗みであった。プロメテウスはそもそも無垢（無罪）なる有罪者だったのである。

悲劇的神学とは思考可能なものだろうか。悲劇は反省によって神学を作り上げるのではない。登場人物たちに即して、ある光景のうちで、詩的な装いのもとで、恐怖と憐れみという特有の情動を介して、悲劇は神学を目に見える姿で示すのである。だが、知恵が神学を格言風に、演じられる劇と思考される知恵との中間の形で言い表すこともあった。リュクールゴス〔Λυκοῦργος　紀元前三九〇－紀元前三二五。ギリシアの政治家〕はこう言っている。「ダイモーンたちの怒りが人間を襲うと、人間は精神の知性を奪われ、自分の誤りに気づかないような仕方で最悪の判断へと向かわされる」[169]。悲劇のコロスも同様の格言を歌っている[170]。もしかしたら、このようなものだけが、口にできない神学、少なくとも支えることのできない神学となるのだろうか。練り上げられて明確に言明された悲劇的主題に対してのプラトンの憤慨ぶりを見れば、十分にそう考えることができよう。プラトンの言うことに耳を傾けてみよう。

> 神もまた、それが善い者である以上は、けっして多くの人たちが語っているように、あらゆるものの原因なのではなく、人間にとってわずかな事柄の原因ではあるが、多くの事柄については責任がない（原因ではない）ということになる。というのは、われわれにとって、善いことは悪いことよりもずっと数少ない……からである[171]。
>
> （『国家』379c-380a）

したがって、宗教的意識が悲劇的神学を定式化することを躊躇するのは、他方において、プラトンの言い方では「神の無垢」、聖書の言い方では神の「聖性」を公言しているからである。悲劇的神学を明示的に定式化するならば、宗教的意識は自壊してしまうだろう。

3　悲劇的なものからの解放か、悲劇的なもののうちでの解放か？

創造のドラマにおいて、悪は創造行為の裏面として、その他者としてあった。その場合、世界の現在の秩序を創設するものとして、創造自体が救いであった。救いは王の数々の戦いにおいて、またすべての争いにおいて反復された。信仰の眼差しは、敵の姿のもとに、世界の初めに神々の武勲によって打倒された太古の〈敵対者〉を読み取るのである。

悲劇的な見地では、悪の終わりはどのようなものでありうるのか。

私の見るところでは、悲劇的な見地は、その「類型」としての純粋性においては、「同情」や悲劇的な「憐憫」以外の一切の解放を排除する。これらは英雄〔悲劇の主人公〕の不幸に参与することからくる無力な情動であり、ともに涙を流し、歌の美しさによって涙自体を浄化する仕方である。

たしかに、オレステース三部作に見られるように、アイスキュロスの悲劇はこれとは別の出口を提示しているようにも見える。「アーテーの怒りは、いったいどこで、結局はどこでやみ、鎮められるのか」。『供養する女たち』の最終行で提起されるこの問いに対して、三部作の最終作である『エウメニデス』は新しい答えをもたらす。すなわち、〈恐怖〉には終わりがある、復讐の鎖は断ち切ることができる、神は〈義なる者〉であり、神は慈悲深い、という答えである。神の〈正義〉はアポローンの浄めにおいて表現され、それによって神の〈裁き〉に終止符が打たれる。そして、神の厚意は厳しくも節度のあるポリスの法に表れており、ポリスは犯罪的な過ちの報いを引き受ける。同様に、『解放されたプロメテウス』はティターン三部作を締めくくるはずのものであった。この作品は失われているが、解放されたプロメテウスの行為はよく知られている。すなわち、前の劇とこの劇を隔てる三万年の長い年月が、天の暴君〔ゼウス〕と苦しむティターン〔プロメテウス〕の「怒りを擦《す》り減らせた」のである。この「怒りを擦り減らせた」というのは、ソフォクレスが『コローノスのオイディプス』で用いた表現でもある。それによってソフォクレスは、苦痛を静かな服従へと移行させる省察の働きを言おうとしたのであった。これらのギリシア悲劇が語る時の間隔は、時間による贖罪ということに思いを致らせる。時間は神々と人間の怒りの爪と歯を擦り減らせるのである。このような共通の宇宙的持続のうちで、暴君ゼウスが〈正義〉の父ゼウスに転成するのである。

　こうして神の転成は、ヘブライ聖書における神の「思い直し〔悔い改め〕」の類比物として現れる。『エウメニデス』と『解放されたプロメテウス』が予感させるのは、存在の悔悛のようなものではなかろうか。

　少なくともアイスキュロスにとって、悲劇とは悲劇的なものの表象であると同時に、悲劇的なものを終わらせようとする衝迫であることは疑いない。

　これはたしかにそうであるが、ある点までがそうであるにすぎない。この方向へと誰よりも遠くまで進んだアイスキュロスにおいてさえ（彼の悲劇の三部構造は悲劇的なものの終わりへと向かう悲劇の運動をよく表現している）、その悲劇の終わりは主人公にとって現実の解放ではない。『エウメニデス』の終わりでは、アテナ、アポローン、エリーニュスの大論争がオレステースの頭越しに繰り広げられ、オレステースは蒸発してしまったかのようである。詩人が悲劇的なものの終わりを知るのは、もっぱら悲劇的神学の破壊と引き換えにしてのことである。結局のところ、ゼウスが邪悪な神だというのは真実ではなかったのだ。では、悲劇的神学の破壊はどうすれば可能になるのか。それは、別の原因論的「類型」への、創造のドラマへの移行によってである。マルドゥクがティアマトを打倒したように、起源の邪悪さから聖性が勝ちとられるのである。『プロメテウス』三部作におけるゼウスの回心、および『オレステース』における復讐の女神から慈みの女神への回心を下支えするのは、このような神統論的図式なのである。こうして、「悲劇」を「悲劇的なもの」から救うのは「叙事詩」だということになる。「邪悪な神」は神の苦しみのなかに吸収されるのであり、神の苦しみはそのティターン的極を犠牲にして、オリュンポス的極へと至らねばならないのである。

だがソフォクレスでは、厳密に言えば、もはや悲劇的なものの終わりは存在しない。この意味で、ソフォクレスはアイスキュロスよりもより純粋に悲劇的である。[172] すなわち、敵としての神は、その圧力よりもむしろ、人間を自己自身へと委ね渡すその不在によって感じ取られる。このように倍加された悲劇性によって、アイスキュロスが素描していたような解決は阻まれてしまう。こうしてアンティゴネーの悲劇性は、解決不可能な矛盾の悲劇性として、アイスキュロスが『エウメニデス』で悲劇的なものの出口を見ていたその地点に姿を現すのである。ポリスはもはや和解の場所ではなく、アンティゴネーを拒絶する閉じた場所となる。そうして彼女を挑戦へと追いやり、ポリスの歴史的存在とは相容れない法の加護を求めさせるのである。

たしかに一つだけ例外があるが、これもまた私たちの解釈を間接的に確証するものである。その例外とは、ソフォクレスも『コローノスのオイディプス』では悲劇的なものの終わりを讃えていることである。[173] 老いたオイディプスは、みずからの数々の不幸についての長い省察のあとに、ソフォクレスによって悲劇的でない死の戸口へと導かれる。オイディプスは、供犠を行なうアテナイ王テセウスに伴われてポリスの聖域の境界まで行ったあとに、俗なる視界から消え去る。ヴァインシュトック〔Heinrich Weinstock 一八八九－一九六〇。ドイツの古典学者・哲学者〕がこの聖なるドラマを「聖人伝説」にたとえたのは正当である。だが、老オイディプスの死、知恵を得た悲劇の主人公の死は、人間の条件からの治癒というよりも、むしろ人間の条件の停止なのである。

悲劇的な見地では、真の救いは悲劇的なものの外ではなく、そのなかにある。アイスキュロスの『アガメムノーン』のコロスが讃嘆する悲劇的なフロネイン〔φρονεῖν〕〔理解〕、すなわち「苦しみによって理解すること」は、まさにそれを意味している。

ゼウスという名で呼ばれるものの正体は問うまい、
しかしその名を　かれがよしとされるなら、

その名で　かれに呼びかけよう。
いかなる者と　はかり比べてみても、
私には想像すら　遠くおよばぬもの、
それを、ゼウスと言わずに、なんと呼べばよかろう、
思慮の道筋から、むだな重荷を取りのぞくことを
いま、心底からもとめているのであれば。
……
ゼウスが人間どもに　理解への道筋をしめし、
苦のなかに知を植えて、
まもるべき判断の柱とされたのであるから。
しかしそれでも、眠りのさなかにも　滴《しずく》のように
心の臓をたたくのは、古傷の疼《うず》く痛み、そして
否応なくやってくる、おのれの分を思い知る日。
おもうに、神々の恵みとは苛烈なるもの、
近よりがたい、船長の座におわしますれば。(訳31)

(『アガメムノーン』一六〇行以下)

「苦しみによって理解すること」(174)〔右の引用中では「苦のなかに知を植えて」〕、これが悲劇の知恵であり、ヤスパースの言う「悲劇的知」なのである。

私の考えでは、ギリシアの宗教は、礼拝を超えたその最高の表現においてさえ、ついぞ悲劇的なものの真の終

わりを提示しなかった。そこではいつも、別の宗教図式への置き換えがなされるのみであり、悲劇的図式そのものに由来する数々の内的緊張が解決されることはない。神的なものが人間的なものに入り込む「神憑《がか》り」の宗教になるにせよ、人間的なものが神的なものへと逃げ込む「神的脱自」の宗教になるにせよ、アポローン的形態の宗教もデュオニソス的形態の宗教も悲劇的なものの解決にはならない。たしかにデルフォイの神託の権威は安心と導きを与え、その意味で心を鎮める。アポローンは神託を介して偉大な忠告者となり、偉大な立法者たちの活動の保証者となった。そのかぎりにおいて、アポローンは平和をもたらす偉大な存在であった。しかし、アポローンは数々の儀礼的な浄めの偉大なる師でもあって、それはつまり、アポローンの忠告は、人間の言葉になんらかの安心を与えはするものの、旧来の浄めに頼らねばならない以上は「悲劇的」なる魂を癒やすことはない、ということである。忠告者アポローンには、罪を赦すことはできず、穢《けが》れを洗い流すことしかできない。悲劇的世界観は罪の赦しを排除するものだからである[175]。

ディオニュソスの方は、アポローンにもまして、傷ついた魂を完全に建て直そうとはしない。ディオニュソスは、魂をみずからの外に、孤独の外へと引き出すことによって、過ちへの不安に出口を与える。この脱自によって、人間は別の者へと変えられ、責任の重みから解放されるのである。ディオニュソスは、人間にみずからの有限性の真理を確証させるのではなく、人間に高揚感を、ある種の聖なる度外れを提供するのであり、それによって、人間を自己と和解させるのではなく、むしろ自己自身から逃走させるのである[176]。

だが、悲劇の光景それ自体が残っており、詩的な言葉の崇高さに近づく者は誰でも浄化してくれる。それはアポローン的な意味での忠告でもなければ、ディオニュソス的な意味での人格の変質でもない（後者の意味を大きく変容して、たとえば悲劇の光景は幻影の源だという意味にとるなら話は別であるが）。悲劇の光景を通して、普通の人間が「コロス」のなかに入っていき、主人公とともに泣き、主人公とともに歌う。悲劇的な和解の場所とは「コロス」であり、その抒情である。悲劇の「コロス」へとみずから入っていくことで、私たちはディオニユソス的幻想から悲劇的知恵に特有の脱自へと移っていく。そのとき、神話は私たちのあいだにある。私たち自身を舞台に乗せることで、私たちが恐怖し、私たちが嘆き悲しむのである。悲劇的な和解に特有の感情へと接近するには、みずからがコロスとならねばならない。普通の人間が知っているのは、不運なものの光景を見たときに起こる恐れと恥ずかしい同情のようなものだけである。コロスと化すことによって、この普通の人間は、それに適した言葉の類型を考えてみれば、象徴的とか神話的と呼べるような感情の領域へと接近する。こうした感情は、アリストテレス以来知られているように、まずは悲劇的ポボス（φοβος）〔恐惶〕、すなわち、自由と経験上の崩壊との結合を取り押さえる際に接近する特有の恐れであり、次いで悲劇的エレオス〔憐憫〕、すなわち、もはや告発も断罪もせずにただ憐れむ慈悲深い眼差しである。〈恐怖〉と〈憐憫〉とはそれぞれ受苦の様態であるが、そのためには敵対する運命の遅延と加速、および英雄的な自由の支配の両方が必要であることから、これらは運命の受苦と呼べる受苦である。だからこそ、それらの感情は悲劇的神話のアウラのなかでしか生まれてこないのである。だが、これらの感情もまた理解の一つの様式である。英雄〔主人公〕は見者と化す。視力（vision）を失うことで、オイディプスはテイレシアスのヴィジョン（vision）〔幻視〕へと近づく。だがオイディプスは、みずからが理解することをけっして客観的で組織的な仕方で知るのではない。すでにヘシオドスは、「苦しみは狂人にさえ理性を取り戻させる[訳32]（παθὼν δέ τε νήπιος ἔγνω）」（『仕事と日々』二一八行）と言っていたのである。

もはや悲劇的なものの外ではなく、悲劇的なもののなかでなされる解放というのは、以上のようなものである。詩と化した悲劇的神話の力によって、そして光景による脱自の恵みによって、恐怖と憐憫は美感的（esthétique）な転位を遂げるのである。

第三章　「アダム」神話と「終末論的」歴史観

「アダム」神話はすぐれて人間学的な神話である。アダムとは〈人間〉を意味している。だが、「原初の人間」の神話がすべて「アダム」神話だというわけではない。他の神話類型にしても、それぞれ人間への関連を含んでいる。たとえば神統記的な神話において、〈王〉の形象は、ある種の歴史に、さらに政治的なもののある種の現実にも一貫性を与えているが、人間自身が悪の固有な起源となるわけではない。同様に、ティターンの形象は、さまざまな神話類型のあいだで揺れ動きつつ、たしかに今にも原初の人間の形象に変容しようとしている。だが、ティターンの神話をあとから取り込んだと思われるオルペウス教の「人間生成譚」は、悪を人間に由来させる神話ではない。そこでは、人間存在自体が人間に先行するドラマの結果であり、人間がいること自体が悪である。悪の生成は人間生成譚自体と一致するのである。グノーシス的な思弁においても原初の人間の他の諸形象が見出されるだろうが、それらの思弁はアダムの主題とは根本的に異なっている。そこでは、現状の人間の生成は、この現状に先立つ数々の「アイオーン」を通して展開される悪しき過程と一体のものだからである。

「アダム」神話だけが本来の意味で人間学的なものである。このように言うことで示されるのは、次の三つの特徴である。第一には、原因譚的な神話は悪の起源を現在の人類の祖先に帰するが、この祖先は私たちと同じ状態にある。堕罪以前のアダムが超自然的な完全性を備えていたという類の思弁はすべて、あとからつけ加えた修正であり、素朴なありのままのアダムがもつ元の意味を根本的に変質させてしまう。そうなると、アダムは私たちの状況とは無縁な、私たちよりもすぐれた存在と化し、アダム神話は原初の超人間性からどのように人間が生成するかを語るものにされてしまう。堕罪という語自体が聖書の語彙とは異質であり、「アダム的」状態を現在の人間の状態よりも上位に置くような評価と同時代的であったことは疑いない。最初に上に高められた者だけが下に落ちるのである。それゆえ、堕罪という象徴は「アダム」神話の真の象徴ではない。この象徴はプラトンやグノーシス、プロティノス〔Πλωτῖνος 二〇五－二七〇。新プラトン主義の哲学者〕にも見出されるのである。本章の題名を堕罪神話とせずにアダム神話としたのはそのためである。アダム神話のシンボリズムをあらためてより根本的な罪のシンボリズムのうちに根づかせるとき、私たちは、アダム神話が「堕罪」の神話というより「逸脱」の神話であることを見てとるだろう。

第二の特徴は、アダムの原因譚的な神話は、悪の起源と善の起源を二重化しようとするもっとも極限的な企てだということである。すなわち、この神話が意図するのは、悪の根元的な（radicale）起源を事物の善性のさらに根源的な（originaire）起源と区別して設定しようということである。こうした企てが哲学本来の意味でどれほど難しいものであれ、根元的なものと根源的なものとのこの区別は、アダム神話の人間学的性格にとって本質的である。この区別によって、神の創造行為においてすでに絶対的な始まりをもつ創造のただなかで、人間が悪の始まりとなるのである。アダム神話が編集された時代には、自由の概念は、この第二の始まり――あえてそう呼べば――の支えとして作り上げられていなかった。ただし、預言者の訴えによって引き起こされる根元的選択という申命記的理念は、アダム神話のさらに高次の思弁への進展を予告している。そこでは、自由は始まりのようなものであるだけでなく、被造物の解体する力能、すなわち、被造物たる人間がもつ固有の意味での力能、作られ完成されたその存在を起点として、何かを解体し、みずからを解体する力能となるだろう。私たちがここで身を置いている神話的な段階では、自由のもつこの解体の力は、なお物語の構造の中に組み込まれたままである。この力は、どこからともなく起こり、その前とその後を区切るような出来事によって形象化されている。先に留保を示した堕罪の語法を用いて言えば、堕罪以前の無垢の状態と堕罪以後の罪性の状態がある（過ちやすさと罪性（peccabilité）を同一視すべきではないことを付記しておこう。本書第一冊（『過ちやすき人間』）で述べた意味での過ちやすさは、悪の逸脱をなしうる人間の構造を指し、罪性はすでに悪への性向をもつ人類の状態を描いている。それゆえここで言う罪性とは種のハビトゥス〔習慣〕としてのそれである。これについては第三冊であらためて詳論しよう）。アダム神話とは、無垢から罪への、善に定められながら悪へと傾けられる人間のあり方への移行を、一つの出来事として物語るものである。だが、悪の起源はたまたま到来した歴史として「物語られ」、この歴史は寓話的な人物としてのアダムに結びついているがゆえに、私たちの前にあるのはまだ思弁ではなく、原因譚的な神話でしかない。この神話はいつでも思弁的に捉え直されうるが、なお神話的な時空のなかに沈み込んでおり、それゆえ原初的象徴と思弁的象徴――グノーシスによって、さらにはグノーシスに抗して生み出された象徴――との中間にあるものとして理解されねばならないのである。

最後に第三の特徴は、アダム神話は原初の人間を中心的な形象とし、それに他の諸形象を従属させてはいるが、それらの形象は、アダムの形象の優位性を消すことなくその物語を脱中心化へと向かわせるものだということである。事実、注目すべきことに、アダム神話は悪の起源を原初的人間の唯一の形象に集約し、吸収することに成功していない。この神話は敵対者について、のちに悪魔となる〈蛇〉について語っている。また、この〈他者〉としての〈蛇〉や〈悪魔〉に向かいあう形象として、エバというもう一人の人物についても語っている。こうしてアダム神話は、原初の〈人間〉という中心的形象に対して、その対極となるいくつかの形象を出現させる。そして、それらの形象から謎めいた奥行きを受け取り、それを通して他の悪の神話とひそかに通じあう。これによって、のちに私たちが悪の諸神話の体系と呼ぶものが可能になるのである。だが、悪の中心を増殖させ多数化していく方向にどこまで進めたとしても、アダム神話の中心的な志向は、アダムの形象に他のすべての形象を従属させ、それらをアダムの形象との関係のなかで理解し、アダムを主役とする物語のいわば周縁に置くことなのである。

1　「アダム」神話の動機づけとしての悔い改め

アダム神話を「理解する」とはどういうことか。

まずは、それが神話であることを受け入れることである。ユダヤの思考がこの最初の人間のカップルの年代記をどうやって形成できたかについては、のちほど語ることにしよう。だが、もちろん前もってきちんと理解しておかねばならないのは、最初の人間、最初のカップルのこの年代記は、神話と歴史を区別することを学んだ現代の人間にとっては、もはや歴史的時間と地理的空間に符合させられないものだということである。そうした時間と空間は、批判的意識によって不可逆的な仕方で構成されてしまっている。アダムはいつどこで禁断の木の実を食べたのかという問いは、もはや私たちにとって意味をなさないものであることをわきまえておかねばならない。物語の字句を真の歴史として救いだそうとする努力は、どんなものであれ空しく絶望的なのである。人類の始まりについて私たちが科学を通して知っていることからして、こうした原初の出来事を認める余地はまったくない。(177) 私の確信するところでは、〔アダム神話の〕こうした非‐歴史的性格――批判的方法によって解された歴史の意味で――を全面的に認めれば、それと引き換えに大きなものが手に入ることになる。すなわち、神話の象徴的機能という獲得物である。だがその場合に、「堕罪」神話は神話でしかなく歴史以下のものである、と言ってはならない。そうではなく、堕罪神話は神話としての偉大さをもち、真の歴史以上の意味をもっている、と言わねばならない。だが、どのような意味でそう言えるのか。

これまで何度も示唆してきたように、この意味は、自由の解体力をめぐる思弁を喚起する神話の力のうちにある。それゆえこの意味は、前‐哲学的なものの哲学的なものに対する関係のうちに、本書全体の導きの星であり続ける格率「象徴は思考を引き起こす」に基づいて探求すべきものである。だが、のちに思弁へと向かわせる神話のこうした発見術的・探究的な力は、生きた経験のうちで形成された穢《けが》れ、罪、負い目の根本的象徴の捉え直しとして神話を扱うことによって初めて、神話の原因譚的機能から引きはなしてこられるものである。神話が思弁を先取りするのは、ひとえに神話がすでに解釈であり、原初的象徴の解釈学だからであって、罪の意識は思弁になる前にそれらの原初的象徴において形づくられたのである。他の象徴を解釈することによって、今度は神話自身が思考を引き起こすものとなる。本章ではこのような仕方で神話を理解することを試み、「原罪」というより知性化された象徴における第二次の捉え直しについては、のちの探究にとっておくことにしたい。こうして私たちは三つのレベルを区別することになる。まずは罪の原初的象徴のレベル、次いでアダム神話のレベル、最後に原罪という思弁的暗号のレベルである。第二のレベルを第一次の解釈学、第三のレベルを第二次の解釈学として理解することにしよう。

こうした理解の仕方は、ユダヤの民の歴史的経験からも支えを得る。アダム神話はけっしてユダヤの民の罪や負い目の経験の出発点ではなく、むしろこの歴史的経験を前提し、その成熟した姿を表現するものである。だからこそ私たちは、アダム神話に依拠することなく、ユダヤの民の罪の経験を理解し、逸《そ》れ、反逆、逸脱、滅び、囚《とら》われといった根本的象徴を理解できたのである。私たちがこれから取り組む問題は、この最初の象徴化に「アダム」神話が何を加えるのかを理解することであろう。ともかく、それはあとからの追加であり、いくつかの点では本質的なものではない。その証明はヘブライ語文献の歴史のなかにふんだんに見出される。アダムは旧約聖書では重要な形象ではなく、預言者たちはアダムを無視している。アダムやアダムの息子たちはさまざまなテクストで（複数形の動詞の主語として）名指されてはいるが、堕罪物語がほのめかされることはない。信仰者たちの父アブラハムや、洪水後に再生された人類の父ノアの方が、より重要な形象である。『創世記』の物語の編者にとってさえ、アダムが世界の悪に全責任を負うというのは確かなことではない[178]。おそらくアダムは悪の最初の例でしかないのだろう。いずれにせよ、アダム神話を『創世記』の最初の十一章の全体から引き離してはならない。この全体は、アベルとカイン、バベル、ノアの伝説と続き、大洪水という究極の脅威と洪水後の再生という至高の約束を経て、信仰者たちの父アブラハムの選びへと至るのである。

新約聖書において、イエス自身がこの物語を参照することはけっしてない。イエスは悪が現にあることを事実として受けとめ、悔い改めへの訴えの前提となる状況としてとらえる。「あなたがたも悔い改めなければ、皆同じように滅びる」（『ルカによる福音書』13:3）。共観福音書では、悪しき「心」（『マルコによる福音書』7:21-22、『マタイによる福音書』7:11; 12:33-34）と「敵」とが等しく強調されている。誰がよい種に毒麦を混ぜて蒔《ま》いたのか、という使徒たちの問いに対して、イエスは「〈敵〉が蒔いたのだ」と答える。主の祈りは、「私たちを試みに遭わせず、悪（悪しき者）からお救いください」と、〈悪しき者〉の誘惑や圧力を際立たせる。誘惑だけでなく、病気の場合にも人間は「穢れた霊」に襲われる。〈受難〉自体も〈悪しき者〉の名のもとにある。「シモン、シモン、サタンはあなたがたを麦のようにふるいにかけることを願い出た」（『ルカによる福音書』22:31）。キリスト自身も〈悪霊〉の攻撃にさらされたではないか。したがって、以上のどこを見ても、悪の始まりをアダムに見る解釈へと向かわせるものは何もないのである。アダムの主題を深い眠りから呼び覚ましたのは聖パウロである。「古い人間」と「新しい人間」を対照させることによって、パウロはアダムの形象をキリストの形象と逆向きの形象として建て、キリストを第二のアダムと名づけた（『コリントの信徒への手紙一』15:21-22、『ローマの信徒への手紙』5:12-21）。それによって、アダムの形象は、『創世記』の最初の十一章のなかの他のどの形象よりも称揚されただけでなく、対照されるキリストにならって人格化されるようになった。そこから二つの結論を引き出すべきである。すなわち、アダム論はキリスト論によって確立されたのだということ、人類全体がそこから肉体的に産み出された個別の人物としてのアダムが脱神話論化されても、そこからキリストの形象についてなんらかの帰結が引き出されるわけではないこと、この二つである。つまり、キリストの形象はアダムの形象にならって作り上げられたわけではなく、逆にキリストの形象からの遡及によって、アダムの形象が個性化されたのである。

それゆえ、「アダム」神話がユダヤ－キリスト教という建造物のかなめ石だというのは誤りである。この神話は、ユダヤの悔い改めの精神という丸天井を支える一本の筋交《すじか》いでしかない。ましてや、原罪はその二次的な合理化であり、見せかけの柱でしかない。キリスト教は幾世紀にもわたって、まずはアダムの物語を文字通り解釈することによって、次にアダムの神話を歴史とみなし、原罪をめぐる後世の、とりわけアウグスティヌス的な思弁とこの神話を一体化することによって、数多くの魂を害してきた。この点はいくら強調してもしすぎではない。神学者たちは、信者たちにこのような神話と思弁の混合物の信仰告白をさせ、それだけで十分な説明として受け入れるように求めたのであり、それによって、信者たちをみずからの現状をめぐる超知性的な象徴へと目覚めさせるべきであったのに、不当にも知性を犠牲にすることを強制したのである。

神話はユダヤ人たちの悔い改めの経験を空しく反復するものではない。経験の普遍化、始まりと終わりの緊張の創設、根源的なものと歴史的なものの諸関係の探究という神話の三重の機能については十分に強調したので、神話による貢献については触れずに済ませられる。ただし、こうした貢献自体、神話がそれに先立つ経験、およびその経験を成り立たせた諸象徴から受け取る衝迫からしか理解できないのである。

ユダヤ的〔悔い改めの〕告白の生きた経験は、否定的な仕方と肯定的な仕方という二重の形で神話の出現を準備するものとなる。

一方で、アダム神話の出現は、神統論的神話と悲劇的神話という他の二つの神話の神学的前提を解体させる。イスラエルにおいてほど、混沌の神話と邪悪な神の神話の土台となる基礎的表象の批判が突きつめられたことはなかった。ヘブライ的な一神教、より厳密にはこの一神教の倫理的性質によって、神統論といまだ神統論的な悲劇の神とは失効し、不可能になった。闘争と犯罪、狡知と姦淫は神の領域から放逐される。獣面神、半神、ティターン、巨人、英雄は、宗教的意識の領域から容赦なく追放される。〈創造〉は今や「闘争」ではなく「言葉」である。神が「かくあれ」と言うとそのとおりになるのである。ヤーウェの「妬み」とは、もはや英雄の偉大さに気分を害される悲劇の神の妬みではなく、神の聖性から「偶像」に向けられた妬みである。偽の神々の空しさ、虚無を暴露する一神教的な「妬み」である[179]。イザヤの神殿での幻視（『イザヤ書』六章）は、〈聖なる神〉の新たな発見と神統論的・悲劇的神の黄昏とを同時に証示している。悪の起源のまったく人間学的な考え方は、このような神統論の全面的「脱神話論化」に対応するものである。「ヤーウェは〈言葉〉により支配する」がゆえに、「神は聖なるものである」がゆえに、悪が世界に入ってくるためには、創造されたもののある種の破局を通らねばならない。新たな神話はこの破局を出来事と歴史のなかへとり集めようとするのであり、そこでは原初の邪悪さは根源的な善性から切り離されるのである。アダム神話のこうした動機づけには、プラトンの『国家』の第二巻と似たところがないわけではない。すなわち、神は〈善〉であるがゆえに無垢だという点である。だが、そこからプラトンが、それゆえ神は一切の原因ではなく、実在する事物の大多数のものの原因でさえない、と結論するのに対して、ユダヤの思想家は続けて言う。神は善なるものすべての原因であり、人間は空しいものすべての原因である、と。

さて、ユダヤ人たちの倫理的一神教は、他のすべての神話の基盤を掘り崩しはしたが、それと同時に、悪の起源に関する本来の意味で「人間学的」な神話の積極的な諸契機を形成していった。

「アダム」神話は人間に対する預言者の告発から生まれたものである。神を無罪とする同じ神学が人間を告発する。この告発が徐々にユダヤ的人間の自覚に組み込まれ、それに同化されていった結果、悔い改めの精神へと変化していった。その精神の深さは罪と負い目に関する私たちの研究で見たとおりである。ユダヤ的人間はみずからの行為を悔いるだけではなく、みずからの行為の根元をも悔いるのである。私があえて「みずからの存在を悔いる」と言わないのは、まずはユダヤ人がけっしてそうした存在論的概念を作らなかったからであり、次に堕罪神話が目指すのは、私たち現代人が創造の存在論的起点と呼ぶものから悪の歴史的起点を切り離すことだからである。ユダヤ的人間の悔い改めは、少なくとも人間の「心」や「意図」にまで、多様な行為の単一の源泉にまで及ぶ。さらにこの敬虔さは、罪の個人的次元と同時に共同的次元をも発見する。各人の悪しき「心」でもあるのだ。「私たち罪人」という特有の意味をもつ私たちを通して、人類全体が不可分な罪責性において統一される。こうして悔い改めの精神は、諸行為の彼方、個人的かつ共同的な悪しき根を、各人が万人のために、万人が各人のために行なう選択のようなものとして発見したのである。

アダム神話が可能になったのは、罪告白がこのような潜在的な普遍性を含んでいたからである。人間を意味するアダムの名によって、神話は人間的悪の具体的普遍性を明示化する。悔い改めの精神は、アダム神話においてこのような普遍性の象徴を手に入れるのである。

こうして私たちは、先に神話の普遍化機能と名づけたものを再び見出すことになる。だが同時に、他の二つの機能〔始まりと終わりの緊張の創設、根源的なものと歴史的なものとの諸関係の探究〕をも再発見する。それらもまた、悔い改めの経験によって引き起こされるのである。実際私たちは、罪責性と救いをめぐる旧約聖書の数々の根本的表象の軸となる歴史神学が、極限的な脅迫と極限的な約束を交互に繰り返すものであることを知っている。「災いあれ、主の日を待ち望む者に。主の日があなたがたにとっていったい何になるのか。それは闇であって、光ではない」（『アモス書』5:18）。「その日が来る——主の仰せ。私はイスラエルの家、およびユダの家と新しい契約を結ぶ。……主の仰せ。私は、私の律法を彼らの胸の中に授け、彼らの心に書き記す。私は彼らの神となり、彼らは私の民となる」（『エレミヤ書』31:31-34）。このような裁きと憐れみの弁証法を、ユダヤの預言者は同時代の歴史の上に、〈捕囚〉と〈帰還〉という現実の歴史の上に読み取る。そして、歴史を解釈することによって、歴史に意味をもたせると同時に、現にその方向を変えていく。預言者時代の現実の歴史の解釈から「始まり」と「終わり」の神話的表象へと投影されるのは、この裁きと憐れみの弁証法である。先に見たように、エジプトからの脱出は、預言的経験に照らして解釈し直されることによって、すでに囚《とら》われと解放の基本的シンボリズムをもたらしていた。今度は、生まれ故郷から引き離されて召命の道へと遣わされたアブラハムの召命が、抗いえない内なる呼び声に対する預言者の従順にならって理解されることになる。最後に、歴史の序章となるエデンの園の場面には、イスラエルの劇的な運命によって開示された人間的実存の意味のすべて——呼びかけ、不服従、追放——が要約されている。イスラエルがカナンから追い払われるように、アダムとエバは〈楽園〉から追放されるのである。だが、「残りの者たちが戻る」のと同じように、洪水の神話は、失楽園の神話と意図的に結び合わされることによって、水の災いから新たに創造物が現れ、断罪し赦す裁きによって浄められたことを象徴的に示している。ノアはなおアダム、すなわち〈人間〉であり、追放されては水から救い出される、すなわち再創造されるのである。

こうして、原‐歴史的な神話〔アダム神話〕は、イスラエルの経験をすべての時と場所における人類へと一般化するだけではなく、預言者たちがイスラエルの固有の運命のうちに見分けることを教えた断罪と憐れみの大いなる緊張を、人類全体へと拡張することに貢献したのである。(180)

最後に神話の第三の機能もまた、イスラエルの信仰から動機づけを得る。すなわち、存在論的なものと歴史的なものの切断点を探査することによって、神話は思弁への準備となるのである。罪告白は、その深化を通してこの種の切断点へと近づいていき、一つの逆説を介してそれを発見した。つまり、神の聖性は人間の罪の深淵を露わにするが、他方でまた、罪の根が人間の「本性」のうちに、「存在」のうちにあるとすれば、神の聖性によって露わにされた罪が神へと向け返され、創造主は悪しき人間を作ったかどで告発されるのである。私がみずからの存在を悔いるとすれば、神が私を告発するその瞬間に、私は神を告発することになる。この逆説の圧力を受けて、悔い改めの精神は自爆してしまう。神話が現れるのは、悔い改めの経験の緊張がここまで高まった地点でのことである。その機能は、創造の「始まり」と区別して悪の「始まり」を措定すること、罪を世界に入り来たらせ、罪を通して死を世界に入り来たらせた出来事を措定することである。このように堕落神話とは、すでに完成し善きものとされた創造における悪の出現を語る神話である。〈起源〉を被造物の善性の起源と歴史の悪性の起源へと二重化することで、神話はユダヤの信仰者の二重の告白を満足させようとする。すなわち、一方では神の絶対的完全性、他方では人間の根元的悪性を告白するという二重性である。このような二重の告白が、ユダヤの信仰者の悔い改めの精神にほかならない。

2　神話の構造――堕罪の「瞬間」

ここからは、罪の一次的経験から惹起される神話の志向を起点として、神話の構造の理解を試みてみよう。『創世記』三章の「ヤーウィスト」なる編者によって語られるアダム神話は、二重のリズムに従っている。一方では、ただ一人の人間、ただ一つの行為、要するに唯一の出来事のうちに、歴史の悪の全体を集約しようとする。聖パウロがこれを、「一人の人によって罪が世に入り……」〔『ローマの信徒への手紙』5:12〕と理解したのはそのためである。このように悪の起源を一点へと極度に圧縮することで、聖書の物語は、伝統的に堕罪といういささか曖昧な名前で呼ばれてきたこの切断、逸脱、飛躍のもつ非合理性を際立たせるのである。

他方でこの神話は、その出来事を「ドラマ」のなかで繰り広げる。ドラマは時間を要し、一連の事件を展開させ、何人もの人物を登場させる。持続のなかで広がり、何人もに役割を分配することで、ドラマは悪しき出来事による端的な切断とは対照的に、曖昧で錯綜したものとなる。堕罪の「出来事」と誘惑の「経過」とのあいだのこの弁証法の理解を試みてみよう。

「ただ一人」の人間、「ただ一つ」の行為、これがアダム神話の第一の図式である。これを「出来事」の図式と呼ぶことにしよう。

「ただ一人」の人間について、聖書批判学で「ヤーウィスト」と呼ばれる年代記記者がこの発想を得てきたのは、たしかに非常に原始的で、おそらく聖書の神話とはきわめて異なる意味をもっていた神話からであった。それは、最初の人間、あるいは最初のカップルが、タブーに背《そむ》いたためにすばらしい楽園から追い出されたという神話である。神話はたいへん古いものだが、その意味は新しい。そしてこの新たな意味が神話にもたらされるのは、同時代の歴史の核心から出発して過去の歴史を理解する遡行的な運動によってである。神話はいわば、選ばれた民のさまざまな起源をめぐる省察からつかみ直される。そして、さまざまな民族集団がただ一つの家族、ただ一人の祖先によって代表されているとする伝説を介して、この省察に組み入れられる。そしてこの族長時代は、アブラハム以前のさらに古い時代、すなわち、すべての民の名祖となった祖先たちが皆、ただ一組のカップルから出てくる時代へと遡行させられる。このカップルの人間全員に対する関係は、各々の族長のその民全体に対する関係と同じである。つまりこのカップルは、今日では数多の民や言語へと散らされた大いなる家族の始祖なのである。この最初の人間の年代記から、具体的普遍の象徴、王国を追放された人間の範型、開始する悪のパラダイムが与えられる。アダムにおいて、私たちは一でありかつ多である。最初の人間という神話的形象は、人間の多様なる一性を歴史の起源において集約するのである。

この最初の人間が、さらに今度は一つの動作に集約される。すなわち、この人間は木の実を取って食べたのである。この出来事については、それがなんであるとは言えず、ただ物語りうるだけである。出来事は突如として起こり、それ以来、悪が到来したのである。切れ目としての瞬間について言えるのは、それが何を終わらせ、何を始めるかということだけである。この瞬間は、無垢なる時間を終わらせ、呪いの時間を開始するのである。

このように堕罪の瞬間は無垢なる過去に、失われたものと言うしかない楽園に関連づけられるのであるが、これは堕罪物語が創造物語に挿入されることで得られた事柄である。(181) 創造物語という先立つ神話のおかげで、最初の罪は先行する存在様態の喪失、すなわち無垢の喪失として現れるのである。堕罪物語が合体するこの創造物語は、私たちの聖書の冒頭に置かれたあの見事な物語ではない。すなわち、「神は言われた。『光あれ』。すると光があった」や「我々のかたちに、我々の姿に人を造ろう」、「神は造ったすべてのものをご覧になった。それは極めてよかった」といった聖句を軸に表現される物語ではない。聖書の冒頭の物語は、長い時間をかけて熟したものである。ヤーウェが自然の力能と混同される恐れなしに、地と天の王として認められるためには、普遍的な歴史の主となることが必要であった。だが、ヤーウェが歴史の主として拝されるためには、ユダヤ人の思考は国家の破壊や捕囚といった恐るべき試練を組み込まねばならなかった。『創世記』二章のより古い物語は、そうした破局とそこから生じる宗教的深化よりも前のものであり、そのため物語の技法も未発達である（このことは、『創世記』二章七節以下の創造行為を一章二六節の創造行為と比べてみるだけでよくわかる）。

　とはいえ、この神話〔より古い物語〕を無視することはできない。なぜなら、アンベールの素晴らしい解釈を信じるなら、そこには堕罪物語のヤーウィスト編者によって抑圧されてしまった人間観が含まれているからである。そして、ヤーウィストによる抑圧も全面的なものではなく、抑圧されたものの痕跡は『創世記』三章のいくつかの「異文（doublets）」に見てとることができる。〔古い〕創造物語が人間を出現させるのは、大草原（エデン）の真ん中の「園」ではなく、人間（アダム）がそこから造られる土（アダマ）のうえであるように見える。アダムはこの土を努力と知力によって耕していたのである。また、最初の物語での人間は、性的に目覚めた大人でもあったと思われる。新しい伴侶を前に、彼は歓喜の叫びをあげる。「これこそ、私の骨の骨、肉の肉。これを女（イシャー）と名づけよう。これは男（イシュ）から取られたからである」〔『創世記』2:23〕。ヤーウィストは、無垢の状態と結びついた分別や知性の特性をすべて押さえ込むことによって、人間の文化的な諸能力を堕落の状態に追いやってしまったようである。ヤーウィストにとって、創造された当初の人間は、ある種の子ども人間であり、あらゆる意味で無垢なる人間となる。この無垢なる人間は、手を伸ばしさえすれば楽園の木の実を摘《つ》むことができ、堕罪のあとに初めて恥のなかで性に目覚めるのである。こうして、知性、労働、性は悪の華となるのである。

堕罪物語の中核にこのような不調和があることはたいへん興味深い。この不調和は、抑圧された神話を残滓や残存物とみなさせるのではなく、創造と堕罪のそれぞれにおける文明的・性的な含意のあいだでの緊張を問題にするように促すものである。文明と性に二つの解釈があること自体が意味に満ちた事柄である。人間の全次元——言語、労働、制度、性——には、善への素地と悪への性向が二重写しで刻印されている。神話はこのような二元性を神話的時間のうちで繰り広げていくのだが、これはプラトンが『政治家』で〈宇宙〉の二つの回転運動——表の運動と裏の運動——を続いて生起させているのと同様である。この二重の運動を、私たちは時間の集中（intentio）と弛緩（distention）の解きほぐしえない交錯のうちで体験するのである。

善いものとして創造され悪しきものになるというこの人間の両義性は、人間の生のあらゆる領域に及んでいる。存在するすべてのものに名を与えることができるというのは、神より少しだけしか劣らないものとして造られた人間の至上の特権であるが、この特権は深く変質されてしまい、今や私たちは、言語が分割され文化が分離された体制のもとでしかそれを知ることはない。同様に、無垢の控えめな記述と数々の呪いのあからさまな列挙とを比べてみれば、二つの存在論的体制の対立が人間の状態の他の全局面に及んでいることが見てとれる。無垢なカップルの裸体と過ちの結果としての恥は、堕罪以後は一切のコミュニケーションが人間的に変容され、隠蔽の相のもとに置かれるようになったことを示している。[182] 労働は喜ばしいものから辛苦に満ちたものになり、人間は自然に対して敵対的な態度をとらざるをえなくなる。生殖の喜びは出産の苦痛によって翳《かげ》らされる。女の子孫と蛇の子孫との争いは、数々の欲望の狡知に捕えられ、闘いと苦しみに満ちたものとなった堕罪以後の自由のあり方を象徴している（『創世記』四章七節と比較すること）。変質は死にまでも及ぶ。呪いは人間が死ぬことではなく（「土から取られたあなたは土に帰る」〔『創世記』3:19〕）、死の切迫の不安のなかで死と直面させられることである。呪いとは死の人間的な様態なのである。

こうして人間の条件は、すべてが辛苦の可能性のもとに置かれたものとして現れる。神話は人間であることの刑苦（peine）を見事に要約しており、それによって人間の堕落を現し出すのである。こうして神話から両義性の人間学が発してくる。以後、人間の偉大さと罪責性は解きほぐしえない仕方で絡みあい、こちらは根源的な人間、あちらは偶然的な歴史の呪い、と区別して語ることはできなくなるのである。

このような両義性、人間の「本性」が根源的な使命と根元的な悪とを二重に参照していることがはっきりと浮かび上がるのは、神の禁止という場合である。ヤーウィストの物語では、「善悪の知識の木からは取って食べてはいけない」〔同2:17〕という禁止は、あたかもそれが無垢の構造であるかのように提示されている。一見、これは驚くべきことである。禁止のもとにある生、情念を抑え込み、それによって情念をかき立てる〈律法〉のもとでの生、それはまさしく罪ある人間の生ではなかろうか。『ローマの信徒への手紙』七章七－一四節で、聖パウロはこの〈律法〉による呪いの経験を見事に表現している。これはパウロの霊的自伝のようなテクストであり、私たちが先に註釈を行なったものである。[183]

> では、なんと言うべきでしょうか。律法は罪なのか。けっしてそうではない。だが、律法によらなければ、私は罪を知らなかったでしょう。律法が「貪るな」と言わなかったら、私は貪りを知らなかったでしょう。しかし、罪は戒めによって機会をとらえ、私のうちにあらゆる貪りを起こしました。律法がなければ罪は死んでいたのです。
>
> 私は、かつては律法なしに生きていました。しかし、戒めが来たとき、罪が生き返り、私は死にました。命に導くはずの戒めが、私にとっては死に導くものとなりました。罪が戒めによって機会をとらえ、私を欺《あざむ》き、その戒めによって私を殺したのです。

実際、律法そのものは聖なるものであり、戒めも聖なるもの、正しいもの、善いものです。それでは、善いものが私に死をもたらすものとなったのでしょうか。けっしてそうではない。罪は罪として現れるために、善いものによって私に死をもたらしました。こうして、罪は戒めによってますます罪深いものとなりました。

私たちは、律法が霊的なものであると知っています。しかし、私は肉の人であって、罪のもとに売られています。(訳33)

罪と法の弁証法とはこのようなものであり、ルターとニーチェもこのことをよく知っていた。いったいいかにして禁止が無垢の次元に属しうるというのか。おそらく理解しておく必要があるのは、神が人間を自由な者として措定するというのは、人間を有限な自由として措定することだという点である。自由が有限であるというのは、自由が根源的に方向づけられているということである。もちろん方向づけられているといっても、すでに洗練された文化的産物である諸々の「価値」によってではない。そうした諸価値に序列をつけ、そのいずれかを選好する原理によって方向づけられているのである。このような自由の倫理的構造が価値一般の権威を成り立たせている。おそらくそれが、ヤーウィストが別のところではカインの犯罪を語り、殺人の重大性を認識しているにもかかわらず、古い伝説から禁断の木の実という素朴なモチーフを保持した理由であろう。禁断の木の実は、古い伝説では別の意味をもっていたかもしれないが、ヘブライ固有の新しい神話では禁止一般を表す形象となる。殺人に比べれば、禁断の木の実を食べることなど微罪である。(184) また、殺人という行為の残虐さも、神と人間との信頼関係を損なってしまうほど重大なものではない。その意味では、木と木の実の神話を新しい神学的文脈で捉え直すことで、ヤーウィストは魔法の飲料や魔法の果実という古い主題を非神秘化している。この非神秘化はそれを

「善悪の知識の木」の実と呼ぶことによってなされる。「善－悪」[185]という二つの語は、善であることと悪であることとの区別自体の根底に、一切の呪術を超える隠れた意味を据える。禁止されるのはあれこれの事柄ではなく、人間自身を善悪の区別を創り出す者と化すような自律の性質なのである。

さらに言わねばならないのは、無垢なる自由にとっては、このような制限が禁止として感じられることはないだろう、ということである。だが、そのような根源的な権威、有限な自由の誕生と同時的なこの権威がどのようなものであるのかは、私たちにはもはやわからないことである。とくにわからないのは、自由を抑圧せずに方向づけ守るような制限とはどのようなものかである。もはや私たちはそのような創造的制限への通路をもたない。私たちが知っているのは強制する制限のみである。権威が禁止と化すのは堕落した自由の体制のもとにおいてである。だからこそ、聖書物語の素朴な記者は、私たちが堕落の「あと」に体験する禁止を無垢のうちへと投影するのである。〈然り〉と言う神――「『光あれ』。すると光があった」〔『創世記』1:3〕――は、今では「否」と言う――「善悪の知識の木からは取って食べてはいけない」〔同 2:17〕――のである。堕罪とは人間の堕罪であると同時に、〈律法〉の堕罪でもある。ここでもまた、聖パウロの言うように、「命に導くはずの戒めが、私にとっては死に導くものとなった」〔『ローマの信徒への手紙』7:10〕のである。こうして堕罪は、人間の全人間性を貫く裂け目となる。すべてのもの――性と死、労働と文明、文化と倫理――が、失われたがなお潜在する根源的な本性に属すると同時に、根元的だがそれでも偶然的な悪にも属しているのである。

さて、神話が以前の状態として投影するこの無垢とは何を意味するのか。この問いに対しては次のように答えることができる。無垢が失われていると言うことは、なお無垢について何ごとかを語ることである。すなわち、少なくとも無垢を抹消するために、無垢を措定することである。ここで無垢が果たす役割は、カント主義において物自体が果たす役割と同じである。物自体は措定できるほどには思考されるが、認識されるものではない。存在に匹敵しようとする現象の思い上がりを制限するという否定的〔消極的〕な役割を果たすためには、それで十分なのである。世界をそのなかに罪が入り込んだ場所として、〈楽園〉をそこから罪が道を逸《そ》れていった場所として措定すること、あるいは比喩的な言い方をすれば、〈楽園〉をそこから人間が追い出された場所として措定することは、罪が私たちの根源的現実ではなく、私たちの最初の存在論的状態ではないことを証することである。人間存在は罪によって規定されるのではなく、罪人への生成を超えたところに創造された存在としての姿が保持されている。この根底的な直観こそが、創造の第二の物語（『創世記』一章）の未来の編者が主なる神の言葉を通して是認するものである。すなわち、「我々のかたちに、我々の姿に人を造ろう」という言葉である。神の似像（Imago Dei）であること、それこそが私たちの創造された存在であると同時に、私たちの無垢なのである。なぜなら、創造されたものの「善性」とは、その「被造物」としての状態以外の何ものでもないからである。一切の創造されたものは善であり、人間に固有の善とは神の似像だということである。罪を起点として遡行的に、神話的な言い方では「以前の」状態として見るならば、この〔神と人間の〕相似性は、罪責性の欠如として、無垢として現れる。欠如といっても、その善性はまったく肯定的なものである。罪こそが空しさからくる無なのである。

ここからまさに、無垢と罪という二つの状態について、連続するものではなく二重写しのものとして解釈する可能性が開けてくる。罪は無垢に引き続くのではなく、〈瞬間〉のうちに無垢を失うのである。〈瞬間〉のうちに私は創造され、〈瞬間〉のうちに私は罪に落ちる。実際、私の原初的な善性とは、創造されているという状態である。ところで、私は存在するのをやめないかぎり、創造されていることをやめることはなく、それゆえ善であることをやめることはない。したがって、罪の「出来事」は一瞬で無垢を終わらせる。この出来事は、〈瞬間〉のうちでの非連続であり、私の創造された存在と悪しきものへの生成とを分断するものである。神話は同時的なもの、同時的でないわけにはいかないものを連続させる。すなわち、「以前」の無垢の状態を一瞬で終わらせ、その瞬間を「以後」の呪いの状態の始まりとする。だが、そのような仕方で、神話はこの出来事の深所に触れるのである。堕罪をどこから現れたとも知れない出来事として語ることによって、神話は人間学に鍵となる概念を提供する。それは偶然性という概念である。すなわち、悔悛者はいつも〈私の悪しき本性〉と言おうとするが、この根元悪は偶然的なものなのである。これによって、神話は根元悪のまったく「歴史的」な性格を暴露し、それを原初からの根源的な悪として建立させないようにする。いかなる罪よりさらに「古い」罪であっても、無垢はその罪よりも「さらに古い」。もっとも「古い」罪に対する無垢の「先行性」は、人間学的な深さの時間的暗号のようなものである。神話の促しを受けた人間学は、まずは最初の人間に象徴される超歴史的な一性に世界のすべての罪を集約させ、次いでこの根元悪に偶然性を刻んだうえで、最後に、創造された人間の善性と歴史的人間の邪悪さとを二重写しに保持する。この二重性の両面を「分離する」のが、神話が最初の人間の最初の罪として物語る「出来事」なのである。

　これはルソーが天才的な仕方で理解したことであった。すなわち、人間は「本性としては善」であるが、私たちが文明、すなわち歴史の体制のもとで知っている人間は「頽廃した」ものでしかないのである。これはまた、とりわけカントが『根元悪論』〔『単なる理性の限界内の宗教』〕ですばらしく正確に理解したことである。すなわち、人間は善へと「定め」られているが、悪へと「傾け」られているのである。この「使命」と「性向」との逆説に、堕落の象徴の意味のすべてが集約されているのである。

3　誘惑のドラマの「経過」

　だが、堕罪の「出来事」を一人の人間、一つの行為、一つの瞬間に集約するこの神話は、同時にまた、この出来事を幾人もの人物――アダム、エバ、蛇――といくつもの逸話――女への誘惑と男の堕罪――へと分散させるものでもある。それゆえ第二の読解が開かれ、そこでは無垢から過ちへの「移行」は、もはや突然の出現ではなく、無自覚の滑り落ちという意味を帯びる。〔堕罪〕神話は、分断の神話でありかつ推移の神話、行為の神話でありかつ動機形成の神話、悪しき選択の神話でありかつ誘惑の神話、〈瞬間〉の神話でありかつ持続の〈経過〉の神話である。第二の観点のもとでは、神話は無垢から堕罪までの間隙を眩暈《めまい》のようなもので埋めようとする。この眩暈から、悪しき行為がまるで魅せられたかのように生じてくるのである。だが、堕罪の出来事を眩暈の持続へと連結する際に、ヤーウィストはみずからの物語に第二の極を与える。それが蛇であって、蛇とは推移の形象である。さらに蛇は、それ自身がもう一つの形象の媒介となる。それは女性の形象、〈生命〉たるエバの形象である。このように、神話は媒介者を多数化することで、瞬間の非合理性を埋め合わせようとするのである。

蛇とは誰なのか、と最初に問わないようにしよう。蛇が何をするのかを見ていこう。

蛇と女のあいだでドラマが生まれる。「神は本当に言ったのか」と蛇は問いを投げかけ、この問いが疑念を忍び込ませる。問いは〈禁止〉について尋ねるが、禁止に襲いかかりそれを堕罪の機会に変えてしまう。あるいはむしろ、創造に伴う制限についての私たちの分析が正しいとすれば、問いは突如、制限を禁止として現出させる。眩暈は〔神の〕命令の疎外から始まる。私の「始源＝導き（Orient）」であった命令が、突然私の「他者」になるのである。私から隔たったところに浮かぶ命令は耐えがたいものとなる。創造に伴う制限は敵対的な否定性となり、そのようなものとして疑いの対象となる。「神は本当に言ったのか」というわけである。倫理的な制限の意味には靄がかかり、有限性の意味は闇に包まれる。「欲望」が、無限性への欲望が湧き出したのである。ただしこの無限性は、本書の最初〔『過ちやすき人間』〕で解釈したような理性や幸福の無限性ではなく、欲望自体のもつ無限性である。それは欲望の欲望として、認識と意志、行為と存在を占拠するものである。「それを食べると目が開け、神のように善悪を知る者となる」〔『創世記』3:5〕。こうした「欲望」からすれば、有限性、単に創造されたものであるという有限性は耐えがたいものとなる。蛇の発した疑問の核にあるのは「悪しき無限」である。この悪しき無限は、自由を方向づける制限を顚倒させると同時に、その制限によって方向づけられる自由の有限性の意味自体をも顚倒させるのである。

命令に違反することで神々に似たものとなるということ、[186] そこには何かしら深遠なものがある。制限が創造的であることをやめ、神がさまざまな禁止によって人間の行く手をふさぐように見えるとき、人間は実存の〈原理〉の無限化をみずからの自由として受け取り直し、みずからの手で自身を創造する者としてみずからを存在させたいと願う。加えて、蛇はまったくの嘘を言っていたわけではない。過ちによって自由へと開かれた時代は、ある種の無限の経験であり、そこでは被造物の有限な状況、人間の倫理的有限性が覆い隠されてしまう。以後、人間の欲望――つねに別のもの、より以上のものでありたいという欲望――の悪しき無限が、文明を動かし、快、所有、権力、認識への欲求をかき立てて、人間的現実をなすように見える。私たちに現在への不満を抱かせるこうした不安定性が、私たちを自由にするみずからの真の本性、あるいはむしろ本性の不在であるように見える。ある意味で、蛇の約束は、数々の偶像に無限に引きまわされる人間の歴史の誕生のしるしである。そこではいかなる現象学も、〈擬（Pseudo）〉のカテゴリーのもとで、空しさに魅せられた領域のうちで展開する。それゆえ、現れるものの学としての現象学が、現れることの仮象への批判に取って代わることはけっしてできない。そうした批判の暗号化された形が神話なのである。

では次に、女性が禁止と欲望のぶつかりあう特別な場となるのはなぜなのだろうか。聖書の物語において、女性の形象が表すのは、誘惑者を前にして、その誘惑者に引き寄せられる人間の弱い部分である。女性を介して、蛇はまさに人間を誘惑するのである。

たしかにこの物語からは、男性側からのルサンチマンが透《す》けて見えることを認めねばならない。こうした物語は、すべての社会――あるいはほぼすべての社会――で女性たちが置かれている従属状態を正当化するにはうってつけである。もっともこうしたルサンチマンは「神の妬み」というあり方をとるものでもあり、そこに私たちは悲劇神話の残滓のようなものを見てとったのであった。好奇心、大胆さ、発明と自由の精神に対する聖職者的な嫌悪には、たしかに人間の偉大さに対する神の妬みのいくらかの痕跡がある。聖書のペシミスト的な箇所は、創造神話とは反対に、文明の両義性を除去し、文化を一義的に罪責性とみなすものではあるが、そうした箇所を生気づけているのは、好奇心などへの聖職者的な嫌悪なのである。

だが、ニーチェ的な精神ならばヤーウィストのルサンチマンに向けるであろう正当な批判を超えて、この物語が指し示すのは、「永遠に女性的なもの」、すなわち性別以上のものであり、弱さによる媒介、人間の脆《もろ》さと呼べるようなものである。肉は「弱い」と福音書は言う。この脆さとはまさしく人間の有限性の類型のことである。人間の有限性とは不安定な有限性であり、いつでも「悪しき無限」へと転じかねない。倫理的有限性としてのそれは、人間を形づくる制限の顚倒によって「たやすく」誘惑される。堕罪の機会となるのは人間のリビドーではなく、有限な自由の構造である。悪が自由によって可能になったというのはそういう意味である。ここで女性の形象が表しているのは、〈疑似的なもの〉、すなわち悪しき無限の呼びかけに対する有限な自由の抵抗力がもっとも小さくなる地点である。

それゆえエバとは「第二の性」としての女性のことではない。すべての女、すべての男がアダムであり、すべての男、すべての女がエバである。すべての女はアダム「において」罪を犯し、すべての男はエバ「において」誘惑されるのである。

「弱き者、なんじの名は女なり」、悲劇『ハムレット』はそう言っている。

以上、倫理的有限性は堕罪の機会となり、悪しき無限と敵対する律法に分割されると述べたが、そこから決定的な問いへと導かれる。蛇とは何を意味するのか、という問いである。

蛇が物語の作者にとって問題になっているようには思われない。蛇はそこにおり、すでに狡猾である。アダムの過ちに先立って、「あらゆる野の獣のなかでもっとも狡猾」なものである。ヤーウィストは蛇の本性についても、蛇の狡猾さの起源についても、それ以上思弁をめぐらせていない。私たちはペルシアやギリシアの時代の

〈悪魔〉からはまだ遠いところにいる。とくに、『ヨブ記』に出てくるような、人間に差し向けられた試練という考えはまだ形づくられていない。ともかく無垢なる人間は、こうした試練が訴えかけてくるような分別をもっていない。さらに、試練という考えがあるとしたら、神に対する人間の子どものような依存を神自身が問いに付していることになるだろう。とはいえ、それでもヤーウィストは意図して蛇を残しておいたように見える。神統論的な神話から唯一生き残ったこの地を這《は》う動物は、非神話論化されなかったのである[187]。ヤーウィストが言うのは——そしてそれは重要なことだが——、蛇もまた被造物だということだけである。

このようにユダヤ的な思考が悪霊たちの非神話論化に制限を設けたことから、次のような問いが出てくる。悪の起源をアダムに限定しなかったのはなぜなのか、外的な形象を保持すると同時に、それを導き入れたのはなぜなのか、という問いである。

この問いに対する最初の答え——まだ部分的な答えだが——になりうるのは、蛇の形象を通してヤーウィストは、誘惑の経験の重要な局面である準‐外部性の経験をドラマ化しようとしたのではないか、というものである。誘惑とはいわば外部から惹きつけられることであろう。誘惑は現れへと好意を向けるなかで展開し、その現れによって「心」が包囲される。結局、罪を犯すとは屈することである。だとすれば、蛇とは私たちが認知しないみずから自身の部分であり、私たち自身によるみずから自身の誘惑が誘惑の対象へと投影されていることになろう。こうした解釈はすでに使徒ヤコブが援用しており、的外れというわけではない。「誘惑に遭うとき、誰も『神から誘惑されている』と言ってはなりません。神は、悪の誘惑を受けるような方ではなく、ご自分でも人を誘惑したりなさらないからです。人はそれぞれ、自分の欲望に引かれ、おびき寄せられて、誘惑されるのです」(『ヤコブの手紙』1:13-14)。聖パウロもまた、こうした貪りの準‐外部性を、私の肢体にある罪の律法としての「肉」と同一視した。したがって、蛇が形象化するのは、誘惑のこの受動性の面である。誘惑は外部と内部の境界を漂っているのであり、それは十戒ですでに貪りと呼ばれているものである(十戒の十番目の掟)。聖ヤコブに続いて、この疑似的な外部は自己欺瞞によってのみまったくの外的実在になる、と言ってもよいだろう。私たちは、みずからの自由がこのように貪りにとり巻かれているということから推論して、その責めを〈他者〉に負わせることで、みずからの咎を消して無罪としようとする。こうして私たちは、情念の抗いえなさをもちだすことで自分自身を正当化しようとする。女がしたのはそういうことである。致命的な行為のあと、神に「なんということをしたのか」と問われたとき、女は「蛇が私をだましたのです」と答えたのである。つまり、自己欺瞞は欲望の準－外部性を襲い、それを自由のアリバイのなかに塗りこめたのである。この罪の取り消しの巧妙さは、内部と外部の境目を漂っていた誘惑を外部に追い出したことにある。この解釈を徹底するなら、蛇とは貪りの心理的投影だと言えるだろう。[188] それが「木の実」というイメージであり、さらには潔白を訴える自己欺瞞である。私たち自身の欲望は欲望をかきたてる対象に投影され、その対象によって発見される。このように、人間は自分で、自分自身を縛る——それこそが悪なのだが——とき、自分の咎を消すために対象を咎めるのである。蛇とはこの精妙な行程のドラマ化であり、それはハムレットの亡霊が復讐への暗い呼びかけを、父の幻に煽《あお》られハムレットの優柔不断な無力さに突き刺さる非難をドラマ化しているのと同じである。『パイドン』で次のように言われているのも、おそらくこれと別のことではあるまい。「この牢獄のまさに巧妙に仕組まれている点というのは、その囚われの状態をつくり上げているのが、じつは欲望であること、つまり、縛られているその者自身がとりわけその束縛に協力しているともいえる点にあるのだが、それを〈哲学〉は見抜く」(『パイドン』82d)。

だが、蛇をこのように私たち自身の一部に還元してしまうことによって、蛇の象徴の意味がすべて尽くされてしまうわけではないだろう。蛇とは人間の自分自身による誘惑が投影されただけのものではない。禁止によってかき立てられ、無限性の眩暈によって狂わされ、自己および自己の差異への選好によって倒錯された私たち自身の動物性が、私たちの人間性を誘惑する様子を表すだけのものではない。蛇というのは、より根底的で多様な仕方で「外部」でもあるのだ。

蛇の形象が最初に表すのは、それぞれの人は人間の歴史的経験のうちにすでにある悪を見出すのであり、絶対的な意味で悪を開始する者は一人もいない、という状況である。アダムが単純に時間的な意味で最初の人間なのではなく、範型的な人間であるならば、アダムはそれぞれの人間とともに人類が「始まる」という経験と、そのあとに人間たちが「続く」という経験を同時に形象化することができる。悪は言葉や道具、制度と同様に、人間どうしを結びつけるものの一つである。悪は伝達されるものである。悪とは伝承であり、単なる出来事ではない。このように、悪の悪自身に対する先行性というものがある。あたかも悪とは、つねにそれ自身に先立つもの、各人が始めることによって見出し継続するものであるにもかかわらず、自分の番になって始めるものであるかのように。だからこそ、エデンの園にはすでに蛇がいるのである。すなわち、蛇とは新たに始まるものの裏面なのである。

さらに遠くまで進んでみよう。私たちの貪りの投影の背後、すでにある悪の伝承の背後には、おそらく悪のさらに根底的な外部性、悪の宇宙的《コスミック》な構造があるだろう。それは、世界自体が法に適《かな》うものではなく、人間が作りだすと同時に服している倫理的要求に対して無関心だということである。物事の様子、歴史の流れ、自然や人間たちの残酷さ、そういったものから世界は不条理だという感情が生まれ、人間はみずからの使命に疑いを抱くようになる。人間存在に本質的な志向、真理と幸福への欲求と私たちの世界の構造を突き合わせるとき、私たちの世界にはガブリエル・マルセル〔Gabriel Marcel　一八八九－一九七三。フランスの哲学者・劇作家〕の言う「裏切りへの誘い」が内属しているように見える。私たちの世界には、混沌という姿で私たちに面してくる側面があり、地を這う動物はそれを象徴しているのである。実存する人間にとって、混沌というこの局面は宇宙的な構造である。アイスキュロスがエトナ山に、千の頭をもつテューポーンに、神々と人間たちにつきまとい人間の状況に本質的な悲劇性を養うあの恐怖に見てとったのは、まさにそのような局面であった。一方でプロメテウスとオイディプス、他方でヨブが見てとったのは、混沌としての獣のもつ数々の宇宙的次元であった。悲劇的なものと蛇の主題との近さについては、次の第四章で立ち戻ることにしよう。

このように、蛇は人間の何かと世界の何か、ミクロコスモスの側とマクロコスモスの側、私の内の混沌、私たちのあいだの混沌、外の混沌を象徴する。だがそれは、つねに私にとっての、善性と幸福へと定められた実存する人間にとっての混沌なのである。

こうして「蛇の素描」を三重に行なうことで、地を這う動物が神統記の非神話論化に抵抗した理由が理解できるようになる。すなわち、この動物によって形象化されるのは、人間が責任を負う自由のなかには捉え直せないような悪の側面なのである。ギリシア悲劇が劇の上演や歌、コロスの祈願によって浄めようとしたのは、おそらく悪のこの側面だったのだろう。ユダヤ人たちは、その一徹な一神教によって悪霊論から身を護ってはいたが、それでも、アリストテレス流に言えば真理に強いられて、いくらかの譲歩を余儀なくされたのだった。すなわち彼らは、その信仰の一神教的土台を壊しさえしなければ、捕囚後に発見することになる数々の偉大な二元論に可能なかぎり譲歩しなければならなかったのである。こうして蛇の主題は悪魔の主題への最初の道標となり、後者のおかげで、ペルシアの時代になると、イスラエルの信仰はほぼ完全な二元論を含むようになったのである。たしかに悪魔がもう一人の神になることはけっしてないだろう。ユダヤ人はいつも蛇が被造物の一部であることを思い出すだろう。だが少なくとも、悪魔という象徴のおかげで、悪を人間に集約する運動は、悪の起源を人間以前の悪霊的実在に移し変える第二の運動によって補完されることができたのである。

蛇の主題のもつ志向を最後まで突きつめれば、人間は絶対的な悪ではないと言わねばならなくなる。人間が邪悪なのは二次的にであり、誘惑によってである。人間は大文字の〈邪悪〉、〈悪人〉ではなく、付加語的に悪であり、邪悪なのである。人間は悪の源へと同意によって逆向きに参与し、それを逆向きに模倣することによって、みずからを悪しき者と化す。聖書物語の素朴な記者はこの過程を動物の狡知として描くのである。罪を犯すとは屈することなのである。

この地点を超えると、思弁は危険なものとなる。少なくとも宗教的な思弁はそうである。なぜならその場合、宗教的思弁に特有の悔い改めの精神による検証によっては接近できない領域へと、足を踏み入れることになるからである。信仰者がなお悔いうるものを超えてしまうと、思弁は支えを失ってしまう。大文字の〈悪しき者〉という主題は、罪告白とそれを照らすシンボリズムの見地に置き直せば、私が悪を開始し、世界に導き入れるときに継続する悪を指し示す極限的形象にほかならない。悪が〈つねにすでにある〉ものであることは、にもかかわらず私が責任を負う悪の別の側面である。〔悪の〕犠牲者という状況は、誘惑の図像学がヒエロニムス・ボス〔Hieronymus Bosch　一四五〇頃－一五一六。ルネサンス期ネーデルランドの画家〕のバロック画を通して執拗に展開するものであるが、この状況は、預言者に導かれてみずからを告発する罪人の立場の裏面なのである。悔い改めの意識が控え目なものであっても、〈悪魔〉についての思弁が悪の人間学から切り離されることはけっしてない。人間は悪をみずからが開始するものとしてしか知らない。だからこそ、「悪魔論」への第一歩は、つねに誘惑されるという経験の境界上で踏み出される必要がある。だが、悪魔論と人間学とのこの境界線を超えて、二歩目を踏み出すことはできない。誘惑の準－外部的な構造はなお人間の罪の構造であるが、その外側に出てしまえば、悪魔とはなんなのか、悪魔とは誰であるのか、そもそも〈誰か〉であるのかということさえ、私にはわからなくなるのである。というのも、悪魔が誰かであるとしたら、彼のためにとりなしてやらねばならないだろうが、それは意味のないことだからである。

以上の理由から、聖書の神話はエバと蛇とが登場するにもかかわらず、なお「アダム的」、すなわち人間学的な神話にとどまっているのである。

4　義認と終末論的象徴

ここまで私たちは、アダムの象徴から生じてくるさまざまな意味の森の奥深くに分け入ってきた。今やこの象徴に動きを取り戻させる時である。これは始まりの象徴であり、ヤーウィストと呼ばれる聖書記者がとり集めたものだが、その際彼らは、それが過去を振り返る象徴であると同時に、未来へと向かう歴史的意識の全体と結びついていることをはっきり意識していた。ここでの課題は、こうした経験に潜在する歴史神学の全体を再構成することではなく、次のような明確な問題を解くことである。すなわち、こうした歴史経験および歴史神学には、アダム神話によって展開される〈始まり〉のシンボリズムと同質であるような〈終わり〉の諸象徴があるのかどうか、という問題である。つまり、ここで私たちが提起するのは象徴間の符合という問題であり、そこで賭けられるのは、アダムの象徴を過去を振り返る際の究極の象徴とするような「類型」のもつ一貫性である。すなわち、聖書的な類型において、宇宙的ドラマの「類型」における「礼拝的－儀礼的」な反復〔およびそれに従属する〈王〉の形象〕に対応するものは何か、あるいは〔ギリシア悲劇の類型における〕悲劇的な光景、情動、知恵に対応するものは何か、あるいはまた、オルペウス神話における魂の遍歴に対応するものは何か、といったことが探求されるのである。諸象徴の探究という限界の範囲内で、こうした問いに答えてみることにしよう。

時間の全体から抜き出して扱っていたアダムの象徴をその全体のなかに置き戻すことで、私たちはこの象徴の意味を完成することになるだろうが、それと同時に、本書〔『悪のシンボリズム』〕第一部で素描し始めた「赦し」のシンボリズムが第二のレベルで見出されることになろう。第一部で「赦し」の概念によって展開された歴史は、穢れから罪と負い目へと至る歴史と並行するものであったことを思い出そう。こうした赦しの観念史を、私たちは浄め、憐れみ（ヘセド）、義認といった主題によって段階づけておいた。ところで、この赦しの観念史は、洗う、除く、ほどく、解放する、買い戻すといった一次的シンボリズムによって支えられていた。だが、「出エジプト」の象徴の豊かさは、イスラエルの歴史的過去の神学的な解釈だけから見てとることができたが、義認の象徴の方は、時の終わりに関するイメージの系を解明せずには完成できなかった。それゆえ私たちは、終末論的シンボリズムを義認のシンボリズムに結びつけてみたい。この第二のシンボリズムを通して、赦しの生きた経験が解明されてゆくだろう。〈赦しの〉体験は、形而上学的想像力を経由することによって、宗教経験の直接的な言語では言い表せなかった意味によって豊かになってゆくだろう。象徴の解釈学というこの長い道を通ってこそ、体験は言葉の光への通路を開くのである。

終末論の支配的な象徴は、「人の子」の象徴と「第二のアダム」の象徴である（両者の一体性に関する問いはまだ立てないことにする）。これらの象徴は、アダムの象徴と項目ごとに対応しているという点で、きわめて驚くべき象徴である。それによって、〈始まり〉において勃発した堕罪の象徴と、時の〈終わり〉に到来する救いの象徴との相互的な符合が一気にとらえられるのである。

とはいえ、このシンボリズムに一気に向かいあうのは難しいことである。それが言葉で表現されて実際に存在するのは、もっぱらのちの秘教的なユダヤ教（『ダニエル書』、『第四エズラ書』、エチオピア語の『エノク書』）、および福音書やパウロ書簡でのことであり、このシンボリズムはアダムの象徴と同じレベルにあるものではない、と正当に反論できるからである。したがって、今一度アダム神話と同じレベルに身を置き直し、同じ文化環境のなかで出てきたこの神話への応答から再出発したうえで、アダムの形象に最初から対応している数々の形象が徐々に豊かになっていく様子を追跡してみることが必要である。それによって、〈人の子〉や〈第二のアダム〉という象徴にあらためてたどり着くことを目指すのである。もちろん私たちは、そうした形象の文献的な歴史に関心があるわけではない。文献的な歴史を介して、それらのあいだの現象学的な系譜関係を取り出すことに関心があるのである。

このような未来へと向かう緊張を、(「第二のアダム」の全体を知らない)ヤーウィストの編者は、またもや原歴史(Urgeschichte)に属する出来事のうちに見てとる。この出来事は、ある意味では、原歴史を締めくくると同時に、聖史(Heilsgeschichte)を開くものである。[189] その出来事とはアブラハムの召命である。

主はアブラムに言われた。「あなたは生まれた地と親族、父の家を離れ、私が示す地に行きなさい。私はあなたを大いなる国民とし、祝福し、あなたの名を大いなるものとする。あなたは祝福の基となる。あなたを祝福する人を私は祝福し、あなたを呪う人を私は呪う。地上のすべての氏族は、あなたによって祝福される」。

(『創世記』12:1-3)

アブラハムの形象は、アダムの形象に対する最初の応答のようなものである。[190] その神学的意味において、この形象はきわめて洗練されたものである。「アブラムは主を信じた。主はそれを彼の義と認められた」(同15:6)。このように、イスラエル人は振り返られた過去のうちに希望の矢を見る。いかなる終末論も現れないうちから、イスラエル人はみずからの「父祖」の歴史を、「約束」によって導かれ、「成就」へと方向づけられた歴史として思い描いていた。なるほどこの希望は〈地〉と〈血〉につながれている。あなたは土地を、〈約束の地〉を手に入れ、あなたの子孫は地の埃のように数かぎりなくなるだろう、というわけである。少なくとも、約束から成就へのこうした動きによって、アブラハム、ヤコブ、ヨセフに関する散らばった物語を秩序づける導きの糸が得られるのである。

さて、ここで私たちの関心を引くのは、この歴史的図式には意味が十分に充塡されており、それが一連の転位の担い手となって、徐々に終末論的な形象へと導かれていったことである。

最初の転位は、この祖先たちの歴史のただなかで、すなわち過去を振り返るという形で遂行された。約束の成就は、最初はすぐに手が届きそうに見える――「見渡すかぎりの地を、私はあなたとあなたの子孫に末永く与えよう。……さあ、その地を自由に歩きまわってみなさい。私はその地をあなたに与えよう」（同 13:15, 17）。だが、約束の成就はたえず先延ばしにされる。そうした遅れのあいだに、シナイ山での啓示、〈律法〉の認知、礼拝の整備、荒野の経験がさしはさまれる。この〔成就までの〕間隔はこれほど豊かなものであり、その終極自体の意味も変わってしまうほどである。[191]

歴史上の挫折経験によって、〈約束〉は決定的に終末論化されざるをえなかった。アダムに対する約束――「あなたを祝福する人を私は祝福し、あなたを呪う人を私は呪う。地上のすべての氏族はあなたによって祝福される」（同 12:3）――は、ヨシュアの時代に現実化したカナン征服によってすべての意味を尽くされるのではない。政治的な成功が疑われるようになり、イスラエルが独立国家として存在しなくなるにつれて、新たな意味の諸次元、それまで土地所有や子孫繁栄といった肉体的欲望によって覆われていた次元が、次々と展開されていく。未来を先取りする眼差しは、もはや過去を解釈するだけの眼差しではない。希望の眼は、〈原歴史〉から目を転じて、救いの意味が将来から現在へと到来するのを見るのである。

以後、「約束」がもつ緊張は、終わりをめぐる諸々の神話イメージを通して表現されるようになる。これらのイメージ、およびそれらを結晶化させる形象は、始まりをめぐる諸々のイメージと形象への真の応答となるだろう。かつてJ・ヘーリング〔Jean Héring　一八九〇－一九六六。フランスの哲学者・新約聖書学者〕が終末論と呼ぶことを提案したのは、[192]「通常は『審判』（現実世界とそれを支配する諸力の破壊を意味する）に続くべきものとして提示され、それゆえ理想的なものとみなされる世界の到来に関する宗教的希望を表現する思想の総体」[193]であった。ユダヤ－キリスト教的世界の終末論的諸表象と〈原歴史〉に関する諸表象との親縁性が、これから私たちが行なう考察の主題となるだろう。

儀礼的‐礼拝的な生命観が創造のドラマと軌を一にし、〈恐怖〉と〈憐憫〉の光景が悲劇の邪悪な神に適合し、魂の遍歴が身体的実存の不幸に対応していたのと同じく、到来する〈人間〉の終末論的表象が最初の〈人間〉の堕罪と同質的であることを示すことができる。

〈王〉の形象が進展する様子ほど、「儀礼的‐礼拝的」類型と「終末論的」類型の断絶をもっともよく描き出すものはない。儀礼的‐礼拝的類型がもたらしたイメージの数々が終末論的類型に侵食されていくにつれて、「かの時」に建てられた王権は少しずつ「来たるべき王国」と化していく。この方向転換についてはすでに「儀礼的‐礼拝的」な類型の枠内で言及したし、〈王〉の形象の進展についても先行するイデオロギーの解体という視点から考察した。今や私たちは、そうした古いイメージを新たな地平へと引っぱっていく新たなダイナミズムをよりよく把握することができる。〈王〉、〈油塗られた者〉は、ダビデの系譜の永続性に関する神託（たとえば『サムエル記下』7:12-16）ではなお地上の政治的な希望を担っているが、『エレミヤ書』二三章一‐八節、『エゼキエル書』三四章二三節以下と三七章二〇節以下、とりわけ『イザヤ書』九章二‐七節では、それが「終末論化」し始めている（ただしソロモンの詩篇に見られるように、ギリシアの支配下では、歴史の地平にとどまりつつも徐々に「政治化」していくのであるが）。『イザヤ書』の見事なテクストは引用に値するものである。


闇のなかを歩んでいた民は大いなる光を見た。

死の陰の地に住んでいた者たちの上に光が輝いた。

……

一人のみどりごが私たちのために生まれた。

一人の男の子が私たちに与えられた。

主権がその肩にあり、その名は「驚くべき指導者、力ある神、永遠の父、平和の君」と呼ばれる。

その主権は増し、平和には終わりがない。
ダビデの王座とその王国は、公正と正義によって立てられ、支えられる。
今より、とこしえに。万軍の主の熱情がこれを成し遂げる。
〔『イザヤ書』9:1, 5-6〕

先に列挙したテクストと同じく、このテクストでも、〈王〉、〈羊飼い〉、〈ダビデの子〉は、のちの終末論で登場する〈人の子〉とは違い、「天より降る」神秘的な人物ではない。終末論的とは、超越的とか天上のとかいった意味ではなく、「最後の」という意味である。私たちにとって重要なのは、来たるべき〈王国〉というイメージに伴う和解された宇宙の表象が表現するのが、廃された黄金時代への哀惜ではけっしてなく、まったく新たな完全性への期待だということである。

メシア的形象が「終末論化」する一方で、他の諸形象が確固たるものとなり、歴史を前方に引っぱっていく。そのうちでもここで取り上げるに値するのが、「主の僕《しもべ》」と「人の子」という二つの形象である。そこでは終末論的な調子がとくに感じ取れるようになる。第二イザヤは、心を揺さぶる四つの「歌」のなかで〔同 42:1-9; 49:1-6; 50:1-11; 52:13; 53:12〕この苦難の僕を称揚している。[194] この主題は、多くの点で〈王〉のイデオロギーに対して独自性をもっている。苦難の僕とは罪の赦免のために自身を捧げる者であり、その歌を聞くためには新しい耳が必要になる。「彼が担ったのは私たちの病い、彼が負ったのは私たちの痛みであった。……彼は私たちの背きのために刺し貫かれ、私たちの過ちのために打ち砕かれた」〔同 53:4-5〕。以後、エベド・ヤーウェ〔主の僕〕は〈王〉のイデオロギーによって理解できないものとなる。すなわち、教えを受ける者や霊感に動かされた賢者というその役割も、悲惨な外見も、絶対的な忍耐も、邪悪な者たちへの無抵抗も、〈王〉のイデオロギーからは理解できないのである。たしかに、苦難の僕という形象の終末論的な調子はかすかなものである。だが、この「暴君たちの奴隷」こそが、「イスラエルの残りの者を連れ帰らせ」、「諸国民の光として、地の果てにまで神の救いをもたらす」〔同 49:6〕者であると言われているのである。注目すべきことは、この讃歌が、主の僕とは誰であるのか、ひとまとめにとらえられた民族なのか、「残りの者」なのか、それとも例外的な個人なのかさえわからない仕方で、「語っている」ことである。

とはいえ、この謎にもかかわらず——あるいはこの謎のおかげで——、エベド・ヤーウェの形象は、赦しの観念へと導くうえで本質的なものとなる。ここまでこの観念に関する検討を延期してきたのは、宗教心理学という近道を拒み、象徴的な形象という遠い道を選んだためである。赦しが告知されるのは、みずからの苦しみによって私たちの罪を肩代わりする謎めいた人物を通してである。そこで赦しは、心理的で道徳的な性質のまったく内面的な変化ではなく、この犠牲となった人格（個人的であれ集合的であれ）に対する相互人格的な関係として現れる。この相互人格的関係は、贈与（「…の代わりに」、「私たちの罪のために」）と受容（「しかし、私たちは思っていた。彼は病いに冒《おか》され、神に打たれて、苦しめられたのだと」〔同 53:4〕）の相互性に基づいている。この結合〔＝契約〕の前提にあるのは、身代わりの苦しみとは、もはや「贖罪の山羊」のような受動的対象への穢れの移転でもなければ、理解されず拒絶されるという預言者の避けがたい運命でさえもなく[195]、みずから自身が引き受け他者へと捧げる苦しみの自発的な「贈与」だということである。「彼が担ったのは私たちの病い、彼が負ったのは私たちの痛みであった」〔同 53:4〕。「彼が自分の命を償いのいけにえとするなら、その子孫を見、長寿を得る。主の望みは彼の手によって成し遂げられる。彼は自分の魂の苦しみの後、光を見、それを知って満足する。私の正しき僕は多くの人を義とし、彼らの過ちをみずから背負う」〔同 53:11〕。他者の自発的な苦しみによる贖罪、このエベド・ヤーウェがどれほど謎めいたものであれ、それが赦しの観念の不可欠なる鍵である。この贖罪は、他のさまざまな形象が続いて展開するすべての媒介によって、さらに引き継がれていくことになるだろう[196]。

『ダニエル書』七章一三節や外典の黙示文学（『エズラ記』やエチオピア語の『エノク書』）で示される黙示録的形象は、エベド・ヤーウェとはさらに別のもの、根本的に別のものである。「私は夜の幻を見ていた。見よ、人の子のような者が、天の雲に乗ってきて、日の老いたる者のところに着き、その前に導かれた。この方に支配権、栄誉、王権が与えられ、諸民族、諸国民、諸言語の者たちすべては、この方に仕える。その支配は永遠の支配で、過ぎ去ることがなく、その統治は滅びることがない」（『ダニエル書』7:13 以下）。幻視者が続けて述べる説明（同7:15 以下）によると、この「人の子」は「いと高き方の聖者たち」の代表である。天に由来するこの形象は、時の終わりの聖なる民をとり集め、彼らをみずからの統治に与《あずか》らせるために来る。地上の〈王〉の形象からもっとも遠ざかるこの形象は、[197] 本章の最後に至って、私たちを最初に扱った形象へと引き戻すことになる。すなわち〈人間〉へと、〈アントロポス〉へと引き戻すのである。〈人の子〉とは〈人間〉であるが、もはや〈最初の人間〉ではなく〈到来する人間〉である。すなわち、個人であれ、集団的存在の人格化であれ、イスラエルの残りの者たちであれ、さらには人類全体であれ、ともかく終末の〈人間〉のことである。この資格において、〈人の子〉は神の似姿として造られた最初の〈人間〉に対応する（O・クルマン〔Oscar Cullmann 一九〇二―一九九九。フランスの新約聖書学者〕は、〈神の似姿〉という主題のおかげで、ユダヤ教は最初の人間という他所から来た形象を容易に取り入れることができたのだと想定している）。〈人の子〉は最初の〈人間〉に対応するが、最初の〈人間〉に対して新たなものであり、アダムについてのある種のグノーシス的思弁の場合のように、完全で罪なき者とされる最初の〈人間〉が単に復帰するだけではないのである。[198]

　この〈人の子〉という形象が最終的な未来の方へと引き寄せられるのは、それが世界の〈裁き手〉でありかつ来たるべき〈王〉であるという二重の機能をもっているためである。〈王国〉は来たるべきものであり、〈黙示録〉によって最後の審判という大がかりな演出によって登場させられる。そこでは〈人〔の子〕〉は王と宣告され、力と栄光、すべての国民への統治権を受け取るのである。まさにこの終末論的な役割と結びついて義人たちの集まりが啓示されるのであり、そうして〈人の子〉という形象の「集合的要素」が現し出される。現在の人類の真の意味は、真の来たるべき〈人間〔人の子〕〉を起点として、いわば前方〔未来〕から後方〔過去〕へと向けて発見されるのである。テオ・プレースが強調しているように、「〔人の子の〕意味は、神話的〈原初の〈出来事〉の反復という意味〉で人間学的なものではなく終末論的であり、新しい世界を創始する救い主というものである。関心は未来へと、第二の創造へと向けられているのであり、この第二の創造によって、最初の創造は成就されつつ乗り越えられるのである」[199]。

新約聖書の次の二つの主張が何を意味しうるのかを理解することは、今や哲学者ではなく神学者の問題となる。第一には、イエスがこの〈人の子〉という称号を用いて三人称でみずから自身を指し(『マルコによる福音書』一三章二六－二七節は『ダニエル書』七章一三節に直接呼応している)[訳34]、それゆえ〈人の子〉という主題はイエス自身による最初のキリスト論の導きの糸になるということ、第二には、それまでは主の僕という主題に属していた死と苦しみという観念を、イエスが初めて〈人の子〉の形象に統合したということである。こうしてイエスは栄光の神学を十字架の神学によって媒介させ、(〈人の子〉と結びついていた)〈裁き手〉の機能を「僕」の苦しみと接触させることで深く変容し、裁き手兼弁護者と化したのである。イエスがみずからは形象とならずに一切の形象の収束点となること、これは私たちのイメージの現象学の手の届かない〈出来事〉である。これまで私たちが踏破してきたすべてのイメージは、個々のものは私たちの解釈学的方法の守備範囲にあるが、それらの時間的・人格的統一〔としての出来事〕はそうではない。〈福音〉が告知する出来事、この「成就」はまさにキリスト教の〈ケリュグマ〉である[200]。したがって、諸々の形象に関する私たちの解釈はキリスト教の〈ケリュグマ〉の手前にとどまるものである。「いかなるキリスト論的称号、いかなるキリスト教的概念も、イエスやキリスト教徒たちによって発明されたわけではない[201]」以上、これはありうることである。他方で、それらの基本イメージが共観福音書でイエスによって捉え直され、イエス自身の人格に収束されたことで豊かになったことについては、私たちはきちんと説明することができる。
まず注目したいのは、赦しと癒やしは、古い支配への新しい支配の突入を表す二つのしるしだということである。――「人の子が地上で罪を赦す権威をもっていることを知らせよう」（『マルコによる福音書』2:10）。このように、「赦し」とは「身体」から分かたれた「魂」の運動ではなく、地上の人間たちのただなかに新たな創造が進入し、新たな「世紀」が貫入してくることである。だが、何よりも印象的であるのは、「赦し」のこのような権能が、宇宙的な審判という終末論的源泉から発してくることである。[202]
こうして〈人の子〉の形象を経由することによって、「赦し」の観念が何を受け取ったかが理解できる。〈苦難の僕〉の形象がもたらしたのは、みずから進んで身代わりとなって苦しむという観念であった。〈人の子〉の形象は、最初はこうしたあり方の天上的で超越的な性格を強調していたため、ユダヤ教の伝統では受肉が容れられる余地はないように見えた。だが、この形象は同時に、人間をもっとも超越するものが人間のもっとも内側にあることを確証していた。すなわち、この天上的な形象はまさしく〈人間〉なのであり、加えてそれは、〈人間〉と人々との深い同一性なのである。テオ・プレースはこの方向にもっとも遠くまで進んだ。〈人の子〉と人々との同一性とは、牝牛や雄山羊たちに最後の審判が下されるという預言において露わにされる大いなる秘儀だ、というのである。判決は「小さき者たち」への人間たちの態度にかかっている。「小さき者たち」が〈人の子〉なのである。「このもっとも小さな者の一人にしたのは、すなわち、私にしたのである」（『マタイによる福音書』25:40）。人々が行動において関わりあいながら、より「大きな者たち」によって砕かれるかぎりにおいて、人々の〈裁き手〉は人々と同一的である。この「秘儀」は、私たちがすでに示唆したもう一つの秘儀によって倍加される。すなわち、義認の大いなる訴訟において、〈人の子〉は同時に〈裁き手〉かつ証人――被告側であれ原告側であれ――として現れるのに対して、〈悪魔〉は原告であり〈敵対者〉である。すなわち、〈悪魔〉は〈蛇〉の形象の驚くべき到達点であって、〈誘惑者〉であった蛇が、宇宙的な訴訟という司法的枠組みでは原告側弁護人となるのである。これに対して、〈裁き手〉は仲裁者となるのだが、それは〈裁き手〉が犠牲者の身代わりでもあるからである。こうした一連の等価関係は、〈終末〉の裁き手であり王である〈人の子〉が苦難の僕と同一視されるところに由来する。「人の子は、仕えられるためではなく仕えるために、また、多くの人の身代金として自分の命を献げるために来たのである」（『マルコによる福音書』10:45）。この聖句は、それがイエスの言葉であれ、パレスチナ教会の解釈であれ、ギリシア教会の註解であれ、永遠なる神の僕という形象と〈人の子〉の形象との融合を全面的に表現している。それと同時に、この融合によって新しい悲劇性が導入されることになる。(203)「人の子についてては、どのように書いてあるか。多くの苦しみを受け、蔑まれるとある」（同 9:12）。新しい悲劇性とは、〈王〉が〈犠牲者〉であり、〈犠牲者〉で「なければならない（δεῖ）」ということである。それこそが「イエスの秘儀」なのである。

おそらく、こうした一連の形象を同化することによってこそ、起源神話のアダムの形象と終末論的神話の一連の形象との最終的な対称性を保証する形象が理解できるのであろう。すなわち、聖パウロに馴染みの「第二のアダム」という形象である。〈人の子〉が〈人間〉を意味し、アダムもまた〈人間〉を意味するのであれば、根本的には同じことなのである（もっとも、聖パウロは〈人の子〉という表現を使ったことがなく、「第二のアダム」、「最後のアダム」、「来たるべきアダム」としか言わなかったのだが）。この新たな形象は、先行する諸形象を是認すると同時に、それらに決定的な特徴を加える。一方でこの形象は、〈人の子〉と苦難の僕という二つの形象の融合を前提し、(204)〈人間〉という単一の形象と人類全体、「唯一」と「多」のあいだの関係を前提している。だが他方で、聖パウロは二人のアダムの比較に対して新たな意味を与えており、この意味は先行する一連の終末論的形象の全体を遡行的に理解するうえで決定的なものとなる。ここで私たちにとって重要なのは、『ローマの信徒への手紙』の五章一二節から二一節では、第一のアダムと第二のアダムの比較は、単なる類似（「一人の過ちによってすべての人が罪に定められたように、一人の正しい行為によって、すべての人が義とされて命を得ることになったのです」（『ローマの信徒への手紙』5:8〕）を立てるだけでなく、類似を介して前進を現出させるということである。「しかし、恵みの賜物は過ちの場合とは異なります。一人の過ちによって多くの人が死ぬことになったとすれば、なおさら、神の恵みと一人の人イエス・キリストの恵みによる賜物とは、多くの人に満ちあふれたのです」[205]〔同 5:15〕。「…のように」をひっくり返すこの「なおさら」の緊張と時間的跳躍は、第一のアダムから第二のアダムへの運動へと伝えられる。それによって、「〔神の〕恵み」は「過ち」以前の秩序を立て直すだけのものではないことがわかる。恵みとは新たな創造の設立なのである。この断絶の経験において律法が果たす役割についてはすでに言及した。その点には立ち戻らないでおくが、この運動の不可逆性は強調しておきたい。すなわちこの運動は、律法の体制の断絶を超えて罪の増し加わりへと導き、罪の増し加わりから恵みの満ちあふれへと導くのである。「律法が入り込んで来たのは、過ちが増し加わるためでした。しかし、罪が増したところには、恵みはなおいっそう満ちあふれました。こうして、罪が死によって支配したように、恵みも義によって支配し、私たちの主イエス・キリストを通して永遠の命へと導くのです」〔同 5:20-21〕。したがって、「…のように」の意味は「なおさら」であり、「なおさら」の意味は「…のために」なのである。「神はすべての人を憐れむために、すべての人を不従順のうちに閉じ込められたのです」〔同 11:32〕。

「古い人間」から「新しい人間」への運動をアダム論的な用語で書き換えることによって[206]、聖パウロはあらゆる「前進的」な歴史神学へと道を開いた。それらの神学は、最初のキリスト教神学者パウロの意図していたことを大きく超えているが、明らかにパウロの「なおさら」、パウロの「…のために」の延長線上にある。キリスト教会自体、その典礼で次のように歌っている。「おお、キリストの死により除かれたる、たしかに必然なりしアダムの罪よ。おお、かくもかくも偉大なる贖い主を得るに値せし、幸いなる罪よ」。この讃歌はもっぱら〈贖い主〉〈キリスト〉の偉大さを称えているが、贖い主の〈偉大さ〉とは新しい創造の〈偉大さ〉でもある。それゆえ、ドイツ観念論によるアダム神話の解釈の方が、それをかつての楽園への回帰と解するすべての夢に比べれば、まだしも間違いが少ない。[207] カントは『人類の歴史の憶測的起源』のなかで、個人の悪から種としての人類の善が発してくるのを見てとっている。また『単なる理性の限界内の宗教』（第一篇、第四篇）では、自由でありかつ宿命でもある人間の堕落を、成人としての性格と水準にある倫理的生全体にとっての苦難の道として理解する。パウロに特有であり、ギリシアやラテンの教父たちが熱心に注釈したの[208]は、堕罪であったものが、神の奇跡的な発意によって増大と前進へと転じられるという点である。失楽園の呪いは試練となり、治癒となる。それゆえ、個としても種としても、人間がみずからの人間性への通路を開き、幼児期から成年期へと移行するのは、自身の数々の制限、葛藤、苦しみの意識化によってであるというこの歴史観は、聖パウロの言う「なおさら」と「…のために」からその真理性を得てくるのである。救いは一つの歴史を展開させる。象徴的に言えば、第二のアダムは第一のアダムよりも大きく、第一のアダムは第二のアダムを目指している。そこまで行かねば、聖書は罪を解放する救いを視野に入れてしか罪を語らないことがきちんと理解できない。人類に対するこの「教育術」は堕罪のペシミズムを増し加えるが、それは救いのオプティミズムを満ちあふれさせるためなのである。

このように「〈終末〉のさまざまなイメージ」を迂回することによって、私たちは「赦し」という観念にその豊かさのすべてを与えることができる。赦しとは人間による過ちの告白に対する神の応答だ、と言うのはまだ早すぎるが、赦しは心理的な出来事として直接的に理解できないものである。〔赦しの〕体験に到達するには、数々の形象の蓄積からなる象徴世界を経なければならない。この象徴世界には、ヤーウィスト編者のアダムから始まり、パウロ書簡の言う二人のアダムに至るまで、〈王-メシア〉、〈王-羊飼い〉、〈平和の王子〉、〈主の僕〉、〈人の子〉、もちろん使徒教会の言う〈主〉や〈ロゴス〉も含めて、数々の形象が積み重なっている。体験としての赦しは、個人が根本的〈人間〉という「類型」へと参与することから意味を引き出してくる。このように〈人間〉の象徴を参照しなければ、体験はもっとも内面的で個人的なものに閉じこめられる。そうなると、何か本質的なものが失われてしまう。それは、〈僕〉や〈人の子〉の形象がそうであったように、当人でありかつすべての人間である多元的形象としての〈人間〉によってしか担われないような何かである。パウロの言い方を用いれば、「古い人間」から「新しい人間」への移行とは、最初のアダムと最後のアダムという「類型」が意味する現実へと個人が組み入れられることを表す心理的出来事である。内的変化――「新しい人を着る」――とは、象徴的に意味されるしかない変容が体験の次元へと投じた影である。この変容は、第一のアダムと第二のアダムの「類型」への参与として象徴的に意味されるのであり、まったく主観的に体験されうるものでもなければ、外から観察されうるものでもないのである。聖パウロが次のように言うのはそのような意味である。パウロによれば、個人は「〔主と〕同じかたち（エイコーン（εἰκών））に変えられ（メタモルプースタイ（μεταμορφοῦσθαι））」（『コリントの信徒への手紙二』3:18）、〈御子〉の「かたち（エイコーン（εἰκών））に似た（シュンモルポス（σύμμορφος））もの」とされる（『ローマの信徒への手紙』8:29）のであり、「土からできた人のかたち」をとったあと、「天上の方のかたち」をとるのである[209]（『コリントの信徒への手紙一』15:49）。なるほど、聖パウロにおいてこれらの「類型」が存在論的重みをもつのは、歴史的な人間としてのイエス自身が「神のかたちで現に存在」し、神の類型、形、像を実現しているという信仰のためである。それゆえ、そうしたイメージの十全なる意味はこの信仰と不可分であり、イメージの現象学は、それだけではこの信仰に対してなお抽象的である。少なくとも、本書で追究しているような象徴理解からだけでも、赦しの現象が宗教経験の心理学によって説明できないものであることは十分理解できる。個人がある経験を体験し、それからその経験をイメージの空想世界に投影するのではない。反対に、それらの「イメージ」が意味するものへと組み込まれているからこそ、個人は赦しの体験へと接近できるのである。赦しの体験とは、現に到来するもののイメージによってしか語られず、〈第一のアダム〉から〈第二のアダム〉へという組み込まれ先の移行としてしか意味されえないものの心理的痕跡である。

ところで、このような変貌、変容、あるいはむしろこの同形化は、それ自体きわめて豊かな意味をもつため、「類型」の次元にも一連の象徴的等価物を作りだし、今度はそれによって体験が豊かにされる。私たちは二つの意義深いシンボリズムのあいだのつり合いを際立たせてみたい。この二つのシンボリズムは、〈〔原初の〕人間〉の姿〔εἰκών〕や形〔μορφή〕への個人の同化という同じ主題を二つの異なる方向へと展開させる（この二つによって主題のすべてが尽くされるわけではないが）。すなわち、放免というより「司法的」なシンボリズムと、生きた接木《つぎき》というより「神秘的」なシンボリズムである。「司法的」だからといって前者の方がより意味が乏しいと考えてはなるまい。「司法的」とは「法律主義的」という意味ではない。このシンボリズムが頂点に達するのは、〈律法〉と行為による義認への批判をもっとも強く推し進めた聖パウロと、〈律法〉の問題に関心をもたないヨハネにおいてである。「司法的」シンボリズムの伝える基本的意味がなかったならば、「神秘的」シンボリズム自体も力を失ってしまうだろう。この司法的シンボリズムははるか前へと、すなわち、報いという太古以来の主題や〈契約〉の取り決め的な面へとさかのぼらせることができる。おそらくはここから、後期ユダヤ教や七十人訳聖書で「負債〔オペイレーマ（ὀφείλημα）〕」の観念が登場し、また七十人訳聖書ではメシア的な「贖い」や「解放」をカバーする「償い〔アピエナイ（ἀφιέναι）〕」の観念が登場した理由が説明できる[210]。なるほど「負債」という概念は、新約聖書ではあまり出てこない（『マタイによる福音書』の「われらの父よ」という言明（『マタイによる福音書』6:12）に登場するだけである――「私たちの負債をお赦しください。私たちも自分に負債のある人を赦しましたように」[訳35]）。他方で、「償い〔アペシス（ἄφεσις）〕」、すなわち負債の帳消しという意味での罪の赦免は、原始教会の文書のなかで大きな役割を演じている。この「帳消し」の主題は、「ほどく」「除去する」「破壊する」「浄める」といった主題と結びつくものだが、宇宙的な審判という終末論的文脈に挿入されると大きく拡張される。負債の「償い」とは、根源的な〈人間〉が〈裁き手〉であり〈弁護人〉であるような大いなる裁判での放免なのである。

赦しの観念を意味で満たすのは、以上のような終末論的審判のシンボリズムである。というのも、赦しの観念とは、私たちが負い目の研究[211]で解釈した「義認」の一次的シンボリズムを神話的象徴の次元で引き継ぐものだからである。一方で、「義認」の一次的シンボリズムは、赦しの観念に最初の意味の土台を与える。すなわち、〔神の〉恵み深いイニシアティヴ、超越から内在への運動といったものである。だが、終末論的な審判という二次的なシンボリズムは、希望の時間的緊張と同時に宇宙的で共同的な次元をもたらす。このように〈終末〉のイメージに引き継がれなければ、義認はあらゆる時代の経験主義が唱えるような、主観的で個人的な小さな歴史に堕してしまうだろう。「神および神に選ばれた者たちと敵（悪魔）およびその眷属たちとのあいだの大いなる訴訟(212)」が舞台に上がることによって、「赦し」を個人主義的で主観的なものに還元することを許さない独自な何かが意味される。

　それは第一に、人間が〔負債を〕赦免された存在だということである。レンブラント〔Rembrandt Harmenszoon van Rijn 一六〇六－一六六九。オランダの画家〕は放蕩息子の譬《たと》えをそのように理解し、そこに〈父〉〔なる神〕の慈愛のすべてを見てとった(213)。こうして、預言者たちが説いた「立ち返り」やバプテスマのヨハネが告知した「回心」は、心理的な出来事であり人間側のイニシアティヴではあるが、神のイニシアティヴが意味される「赦免」の終末論的出来事に包み込まれるのである。

〈訴訟〔最後の審判〕〉というシンボリズムがさらに告げているのは、人間は各自が赦されるのではなく、その総体が赦されるのだということである。宗教的経験の個人主義は、救済史という集団的冒険に包み込まれる。〈人間〉という象徴を特徴づけているのは「ただ一人」の「万人」に対する関係であるが、この象徴は、最初のアダムの不服従への参与よりも「なおさら」本質的な結びつきによって人類を一体化するものである。こうした相互人間的な絆は、「出エジプト」、すなわち「脱出」のシンボリズムに暗に含まれていた。ヤーウィストの編集では、出エジプトはエデンからの追放に対応させられているのである。解放されたのは一つの民族全体であった。今の場合、宇宙的訴訟の「類型」に含まれているのは、列挙的にも構造的にも人類全体である。

〈訴訟〉のシンボリズムが最後に告げているのは、人間の成就は神秘的な仕方で人々の身体と全〈宇宙〉の贖いに結びついているということである。魂は身体なしには救われえず、内面性は外面性なしには救われえず、主体性は全体性なしには救われえないのである。

これでわかるとおり、赦免という「司法的」シンボリズムは干からびた不毛のものではない。生命の接木という「神秘的」シンボリズムは「司法的」シンボリズムを補完するが、それはそこから超越的次元、共同的次元、宇宙的次元を受け取るという条件においてでしかない。集団を代表するという〈人の子〉の形象が包括的な性格をもつからこそ、〈精神〉と諸精神のあいだの生きた交わりが可能になるのである。さて、〈人の子〉というのは、大いなる宇宙的審判で得られる義認の中心的な形象である。「接木」の象徴がそれにつけ加えるのは、赦免の無償の恵みに対して〔主体における〕生命の注入がもつ密なる関係である。こうして長い迂回の果てに私たちが見出すのは、シュヴァイツァー〔Albert Schweitzer　一八七五－一九六五。ドイツの神学者〕が好む聖パウロの神秘的解釈が照らし出し宗教的経験が確証しえた事柄、すなわち〈聖霊－精神〉による生の神秘的内在である。だがその場合でも、「キリストの内なる生」という経験、「ブドウの木と若枝」のあいだの生の連続の感情をひそかに動かしているのは、やはり自身が語るものを与える象徴の力である。ひとは想像するもののみを体験するのであり、形而上学的な想像力は象徴のうちに宿っている。〈生〉ですら、感得され体験されるより前に、象徴でありイメージである。そして、「義認」の終末論的な象徴の総体との交わりによってのみ、生の象徴が象徴として救い出されるのである。

宇宙的な審判における「義認」と「赦免」に関するこの豊かなシンボリズムから出発して、はたして「赦し」の哲学と心理学は可能になるのだろうか。また可能だとしたらいかにしてであろうか。この問いはなお開かれたままである。

第四章　追放された魂の神話と認識による救済

ここで私たちが考察する新たな神話「類型」は、あらゆる人間学的二元論が移し替え合理化しようと試みるものである。この類型が他のものと異なるのは、人間を「魂」と「身体」に分割するという点である。人間がみずから自身を自分の「魂」と同じもの、自分の「身体」と異なるものとして理解することは、この神話類型から始まるのである。

このような神話は、いつどこで完成した文学的形態に到達したのだろうか。この難しい問題はさしあたり保留にしておこう。拙速にも、ここで私たちが提示する類型は太古のオルペウス教によって完全に例示されていると言われてきた。追放された魂の神話とは端的にオルペウス教のことだとみなされる傾向すらある。だが、よく知られているとおり、オルペウス教は宗教史学やギリシア思想史に対して多大な問題を投げかけてきており、私たちもそれを隠すつもりはない。私たちは、プラトン哲学と新プラトン主義哲学の全体がオルペウス教を前提とし、その教えの内容を糧にしていることは知っているが、プラトンが知っていたのはどのようなオルペウス教であり、その神話が編纂される以前のオルペウス教のパライオス・ロゴス（παλαιός λογός）〔昔の言葉〕がどのようなものであったか正確に知っているわけではない。だからこそ私たちは、マックス・ウェーバーの理念型のような類型論的予感を携えて歴史へと向かい、類型論的様式化と粘り強い歴史探究とを行き来するようにして、「追放された魂の神話」の理念的輪郭を修正していかねばならない。それゆえ、まずは「類型」の概念に主導権を与えたうえで、その後にさまざまな資料へと立ち戻るつもりである。もっとも、太古のオルペウス教が提示する歴史的・批判的諸問題になじんでこそ、発見術的でありかつ教育的でもあるこのような大胆な態度が許されるのであるが。

追放された魂という神話的図式は、私たちがこれまで検討した他の三つの図式との比較を通して理解できる。そうして明らかになるのは、固有の意味で「魂」の神話であると同時に「身体」の神話でもあるのはこの神話的図式だけだということである。この神話が物語るのは、神的な起源をもつ「魂」がいかにして人間的なものになったのか、この魂とは異質であり、さまざまな仕方で悪しきものである「身体」がいかにして魂を捕えるのか、魂と身体の混淆という出来事がいかにして人間の人間性を開始させ、人間を忘却の場、魂と身体の根源的差異が廃される場と化すのか、ということである。魂においては神的、身体においては地上的な者として、人間とは差異の忘却である。神話はそれがいかにして起こったかを物語るのである。

さて、他の種々の神話はいずれも「魂」の神話ではない。人間存在の条件における裂け目を現し出すときでさえ、他の神話はけっして人間を二つの実在に分割することはない。創造のドラマは魂としての人間に関わるものではなく、人間を分割されない実在として示すものである。創造のドラマは、少なくとも儀礼的反復を介して、人間全体をドラマの場、ドラマの主人公とするものである。悲劇的世界観もまた魂の神話ではなく、創造のドラマと同様、人間を分割されない実在としてとらえている。不幸に襲われて罪を宣告されるのは、悲劇の主人公の全体、いわば余すところのないすべてである。たしかに、不幸を美として観想することは悲劇特有の「慰め」であり、この観想を魂の離脱とみなし、プラトンが『パイドロス』（244a）で数え上げる脱自や熱狂といった狂気の一つに近いものとして、魂の超自然的で神的な起源を露わにするものと考えることはできる。とはいえ、悲劇における熱狂自体は、どこか他の場所への出発ではなく、劇の光景そのものへの、有限性と不幸の省察のうちへの脱自である。だからこそ、悲劇的な光景への熱狂からは、悪をこの熱狂の反対物、この狂気の裏面と化し、この世にとどまること自体が本質的な悪だと告げるような起源神話は生まれなかったのである。

最後に、聖書の堕罪神話ほど、根底的に「魂的」ではない神話はない。たしかにそれは人間学的な神話であり、すぐれて人間学的な神話でさえあって、おそらく悪の起源（ないしは共‐起源）が人間であることを明示する唯一の神話であろう。だがそれは、分離された存在としての「魂」の冒険を語る神話ではけっしてない。それどころか、これは「肉」の神話、人間の分割されない実存に関する神話である。のちにキリスト教と新プラトン主義がどれほど混じりあうとしても（後者はオルペウス神話の本質的特徴をある仕方で保持している）、二元論的神話と堕罪神話とは根底的には異質なものであり、それぞれの神話を様式化することでこの相違を成就させることが類型論の課題である。

さて、種々の文献資料[214]に目を向けると、次のような状況が見出される。すなわち、プラトン哲学が前提しているパライオス・ロゴス〔昔の言葉〕とは、ホメロスやヘシオドスの神統記とは異なり、伝統的に「オルペウス的」と呼ばれるものだということである。プラトン哲学はこの言葉を移し替え、魂に関する反省へと取り込んで合理化する。そうしてこの言葉をみずからの起源に、哲学の非哲学的起源の一つにするのである。加えて――この点は本章の末尾で十分に強調されるだろう――、この神話と哲学とのあいだの協定には、他のいかなる神話にも相当するものがない。哲学は神統神話と縁を切り、悲劇神話とその口に出せない神学と縁を切るが、ソフィストたちがもたらした危機のあとに、オルペウス神話からエネルギーを再充塡し、そこから新たな内実と奥行きを汲み上げるのである。プラトン自身が悲劇神話を打ち砕き、オルペウス教の〈昔の言葉〉を移し置いたのだった。この意味で「哲学」はオルペウス教を前提としているのである。だが不幸にもこの〈昔の言葉〉はもはや見つからないものであるため、哲学は古い啓示という借り物の権威を得るためにこの〈昔の言葉〉を結晶させたのではないか、と問いたくなってしまう。

たしかに私たちはいわゆる「オルペウス的」な原因譚的神話をもっているのだが、この神話が完成された形で証示されるのは、ダマスキオス〔Δαμάσκιος 四六二－五三八。古代末期の新プラトン主義哲学者〕やプロクロス〔Πρόκλος 四一二－四八五。古代末期の新プラトン主義哲学者〕ら新プラトン主義者たちのもとでしかない。驚くべき状況だが、完全なオルペウス的神話は哲学の登場以後のものなのである。この神話はよく知られている。すなわち、少年神ディオニュソスは狡猾で残酷なティターンたちに殺害され、ティターンたちはその手足を煮て貪り食った。ゼウスは彼らを罰するために雷で打ち、その灰から現在の人類を作ったというのである。それゆえに、今日の人間はティターンの悪しき本性を帯びると同時に、彼らが恐ろしい饗宴を通して摂取したディオニュソスの神的本性をも帯びているのである。これは見事な神話であり、真の意味での原罪神話である。人間の現在のあり方を形づくっている混淆は、先行する犯罪、人間以前の人間を超えた犯罪に由来し、そうして悪が継承されるのである。悪がさかのぼらせるのは、それまで分離していた二つの本性を混ぜ合わせる出来事である。その出来事とは、神の死と神への参与を同時に意味する殺害なのである。たしかにこれはたいへん見事な神話である。不幸にも私たちには、この神話がすでにこのような完成された形でオルペウス教の「昔の言葉」に属していたことを証明する手立てはない。これは新プラトン主義による発明であり、神話を哲学化する解釈を行なう快と幸福のために作りだされたものではないか。そのように疑う理由すら存在するのである。

哲学以前の発見できない神話と、完全ではあるが哲学誕生以後の神話。この二つのあいだにはさまれて、現象学者はたしかに当惑してしまう。十分に洗練されているがその哲学的解釈と同時期のものかもしれない原因譚的神話から、人間の現在の状況を語る状況神話を区別することが可能でないとしたら、状況は絶望的であろう。状況神話は「魂」と「身体」が異なる偉大さと力能をもつことを明示するが、両者の混淆が生じる起源については何も語らないのである。根源的な区別を語る神話が見出せないわけではない。はるか昔の古典期の資料だけからそうした神話を再構成することは可能であり、それこそが哲学の前提する「昔の言葉」である。〔完成されたオルペウス的〕原因譚的神話に対して、また他のさまざまな悪の原因論的神話と比較するなら、これはまだ萌芽状態の神話である。だが、のちに洗練された神話が古くからの図式を正統的な仕方で解明しており、この図式と完全に適合していることを示すことは、おそらく可能であろう。その場合には、原因譚的神話の古さを仮定しなくとも、プラトンが参照するパライオス・ロゴスに実質を与えることはできるのである。

1　太古以来の神話――「魂」と「身体」

オルペウス教の昔の言葉とは、まさしく「魂」と「身体」の発明である。

プラトンは『クラテュロス』で「身体」について空想的な語源論を提示しているが、そこで注目すべき点は、ソーマ（σῶμα）〔身体〕をセーマ（σῆμα）〔墓〕とみなす解釈をオルペウス教徒たちに帰するのではなく、彼ら自身が「この名前をつけた」と述べていることである。実際、これはもっとも重要な点である。すでに指摘したように、[215] ホメロスの英雄は「手足」をもっていても「身体」はもってはいない。身体が単一の存在となるのは、もっぱら「魂」に面し、魂とは別の命運を身体に付与する神話的格子を通してのことである。神話を通して、身体は終末論的な力能となったのである。

> ぼくに一番本当らしく思えるのは、この名前をつけたのはオルペウスの徒であるということだね。つまり、〔オルペウス教徒の考えでは〕魂は犯した罪のために償いをしているのだ。そして保管〔拘束〕されるために、牢獄にかたどった囲いとして、身体をもっている、というわけなのだ。だからそれ〔身体〕は、名づけられている名前そのままに、魂が負目を償うまでの、魂のソーマ（保管所、拘束所）なのであり、この場合は全然一文字だって変える必要はないというわけだ。
>
> （『クラテュロス』400c）

ここに私たちは、起源神話の人間生成譚に先行し、状況神話の核となるものを見てとる。そこではまだ、身体は悪の起源にさえなっていない。むしろ以前の悪を携えているのは魂であり、その悪を身体において贖うようにみえる。とはいえ、この「牢獄にかたどった囲い」は、その罰としての性格から疎外というみずからの意味を受け取る。身体は贖いの道具となることによって、追放の場と化すのである。もはや身体は、ソーマ（σῶμα）〔身体〕をセーマ（σῆμα）〔しるし〕と同一視するもう一つの空想的語源論の言うように、表現するしるしなのではない。囚人にとっての牢獄は、船乗りにとっての船以上に、奇妙で異質な、敵対的な場所である。牢獄とは、囚人にもっとも近いところで、裁判官とその判決の敵対的超越性を形象化するものなのである。

この最初の意味核を起点として、〈昔の言葉〉の他の諸特徴を再構成することができる。それはつまり、罰の場とは誘惑と汚染の場でもある、ということである。実際〔右の引用では〕、魂が「負目を償う（δίκην διδόναι ἐκτείνειν）」とは浄めを受け取ることだとは言われていない。オルペウス教の贖いの観念をユダヤ教の和解や贖罪の観念と一緒くたにすべきではない。オルペウス教での罰はむしろ尊厳を奪う制裁であるように見えるのであり、そのようなものとして、悪の結果であると同時に新たな悪でもある。懲罰の制度は囚《とら》われた魂をかたくなにすることをやめず、それによって魂は再犯者と化すのである。この第二の特徴を理解するためには、反復という図式が監獄という図式とどのように干渉しあうかを理解する必要がある。『パイドン』（70c以下）では、生が唯一のものであることをやめるときの生の意味の変容と、死が唯一の生の限界であることをやめるときの死の意味の変容が喚起されている。そうなると、生と死は二つの状態として交替しあうようになる。睡眠と覚醒のように、生は死から、死は生から到来する。どちらがどちらの夢でもありえ、たがいがたがいにその意味を負うのである。以後、罰とは単に肉体をもつこと（incarnation）ではなく、再び肉体をもつこと＝輪廻（réincarnation）であることになる。こうして〔人間の〕実存は、反復の相のもとで、果てしない累犯という姿をとるのである。

まさしくここで、第三の主題を介入させねばならない。この主題はかならずしも第二の主題から導出されるものではなく、第二の主題とのあいだに一貫性があるわけでもない。それは地獄の罰という主題である。ニルソンはこれをきわめて重視し、地獄界――不浄なものたちが泥沼のなかで住むところ――での罰に関する説教がオルペウス教の布教活動の中心であり、罰を軸とした彼らの説教の出発点であったとさえ考えている（Nilsson, *A history of Greek Religion*, 632）。エレウシス教徒たちは清らかな者や祝福された者たちに対して至福を告げ、罰については沈黙していたように思われるが、オルペウス教徒たちは「大いなる罪人たち」への罰というホメロス的主題を真剣に受けとめ、各人にのしかかる差し迫った脅威と考える。プラトンが証言するところでは、少なくとも彼の時代には、秘儀参入の密売人たちがムーサやオルペウスの名前と文書を横領し、死後の罰へのこうした恐れを競り上げていたのである。「この供犠と楽しい遊戯のことを彼らは『秘儀』と名づけ、それはわれわれをあの世での苦しい罰から解放してくれるが、この儀式をなおざりにする者には、数々の恐ろしいことが待っているというのだ、とおどかすわけです」（『国家』365a）。おそらくこうした説教の意味は、生者たちの恐れをかき立てることだけには尽きないだろう。プラトンと同時代の頽廃より前には、この説教は、プラトン自身が『パイドン』で理解していたような儀礼的というよりむしろ道徳的な純粋さへの呼びかけと、この世の人生では通常そうであるように、無罪者には科されないが有罪者には科される罰への気づかいを同時に含んでいたはずである。

身体において身体によってなされる贖いという主題と、地獄における贖いという主題とのあいだには、一見いかなる結びつきもないように思われる。この二つの半 - 主題よりもさらに遠くまで行かなければ、両者の深い一体性を理解することはできない。理解しなければならないのは、地獄が生の複製であるように、生は地獄の反復だということである。そこから倫理的でない責苦に対して罰としての意味が与えられるのだが、そうした責苦の恐るべき光景を繰り広げるのが生と歴史なのである。おそらく生と死の循環というのが、ソーマ（身体）における罰とハデス（冥界）における罰という二つの罰の神話を支えるもっとも深い神話なのであろう。生まれるとは死から生へと上ってくることであり、死ぬとは生から死へと下っていくことである。ゆえに、「身体」は私たちが死と呼ぶ別の生のための贖いの場となり、ハデスは俗人には一度きりであるこの人生で犯した悪に対する贖いの場となりうる。こうしてオルペウス教は、転生と輪廻という古いインド－ヨーロッパ的主題を捉え直すと同時に、農耕神話の古い基底へと沈下することになった。農業神話では、春の生命力の再生と〔地下の〕別の国に蓄積されたエネルギーの再浮上とのあいだに、隠れた関係がつねに予感されていた。あたかも死は闇の王（Pluton）の富（ploûtos）を増し、生にはこの別の国から授けられた諸力を増すことしかできないかのように。[216] だが、オルペウス教のような宗教ないしは宗教運動だけが、魂においてこの世の生では隠されている実在性を認め、〔生と死の〕そうした循環性を、たがいに外的な二つの状態の継起にすぎないものではなく、この生自体のうちに凝縮されて二重写しになった交替運動として理解できたのだった。すなわち、ピンダロス〔Πίνδαρος 紀元前五二二／五一八－紀元前四四二／四三八。古代ギリシアの詩人〕の断片一三三がオルペウス教をよく照らし出すものだとすれば、[217] 眠っている者の魂は目覚めており、目覚めているものの魂は眠っているのである。その場合、魂と身体は逆向きの可能性をもち、それらの可能性はたがいに対して隠されている。魂は、この生での目覚めにおいては隠されているが、夢や脱我、愛や死によって開示されるような他の場所の証しとなる。生と死がこのように循環し、両者の反対価値がこのように符合することによって、墓としての身体は十全な意味を得るのである。生がその他者を隠すならば、ヘラクレイトスの断片六二とともに次のように言うべきである。「不死なる者が死すべき者であり、死すべき者が不死なる者である。かのものの死をこのものが生き、かのものの生をこのものが死している」[訳36]。また、プラトンが『ゴルギアス』で引いてくるエウリピデス〔Εὐριπίδης 紀元前四八〇頃－紀元前四〇六頃。古代ギリシアの詩人〕の詩句とともに、次のように言うべきである。

誰が知ろう、この世の生は死であって、死こそがまことの生であることを。

この世の生自体のうちで生と死の意味が入れ替わること——プラトンはそれを要約して、「われわれはおそらく、ほんとうは死んでいるのかもしれない」(『ゴルギアス』493a)と言っている——によって、今しがた牢獄としての身体という主題のうちで素描された身体の意味が仕上げられる。身体が他界について反復するのは、その神性ではなく、まさしくその罰するという機能である。ここでもまた、『ゴルギアス』(493a)がきわめて啓発的である。シーシュポスの岩やダナオスの娘たちの甕《かめ》のように、ギリシア人たちは反復の刑罰を好んで思い描く。それらが刑罰となるのは、無力で、無益で、永遠に続く仕事という性格のためであるが、これらの刑罰は、他界に投影されたあとでこの世界に反映されるのであり、身体自体が反復の体験であるかぎりにおいて、身体の暗号となるのである。実際『ゴルギアス』では、秘儀参入者でない者には浄めの水で満たせない甕が登場し、不可能な浄めの形象であるこの甕が欲望そのもののイメージとなる。こうして、欲望の罰とは欲望そのものであり、此岸での放埒な生活を彼岸で罰する反復の刑罰は、この世界での放埒そのものの暗号なのである。

このように地獄と身体がたがいに反映しあうというのが、身体に関する理解の中心にある事態である。身体における贖いが浄めとは正反対であるのはそのためである。囚われた魂は罰により損なわれて再び罪を犯す。こうして実存は永遠の累犯者という姿をとることになる。追放の図式は、反復の主題によってさらにかきたてられて、身体を実存の不幸の象徴とみなす方向に進む。実際、生とは罰を受けるための再生である、という考えほど恐ろしいものはあるだろうか。悪は一つの生から別の生へと、生から死、死から生へとそれ自身を産み続け、ついには自己有罪化と自己処罰が合致するに至る。断罪と反復のこうした混淆、それこそが絶望というものの姿である。

このように「身体」を罰の反復のための道具とみなす解釈は、その反作用として魂についての新たな解釈を引き起こす。それはドッズとともに「ピューリタン的」と呼べるような解釈である。すなわち、魂はこの世界ではなく他の場所に由来し、神的なものである。この身体のうちで、魂は隠れて実存しており、追放された存在として生き、みずからの解放を切望しているのである。

太古のギリシア文化では、身体と同じく、魂も統一されたものではなかった。イオニア人においても、また悲劇作家たちにおいても、魂というのは、思考や省察、感覚や受苦、意志といった働きの唯一の実存的根ではなかった。魂とは死ぬまぎわの人が空中へと返す息でしかなく、この息にしても、死んだ人の軽く影のような存在と命運をともにするものとはされていなかった。「魂」と「身体」は、人間の実存の二つの次元、二つの相反するベクトルとして合体していたのである。

神への熱狂、神から魂への憑依はすでに他の礼拝の教えるところであったが、オルペウス教の独自性は、こうした突然の変異や魂の奪取を、神の訪れや憑依ではなく、むしろ身体からの脱出、他界への旅として解釈したことであったと思われる。そうして脱我は、日常的な実存によって隠されていた魂の真の本性の現れとなる。魂の死後生ということも、すでに他の礼拝から教えられていたことである。ホメロス自身、大罪人たちへの地獄の罰の数々を好んで描いている。エレウシスの信者たちは、無上の楽しみ〔死〕に思いを凝らしている。とはいえ、神の憑依の場合と同様、魂の死後生にしても、それが真の状態への回帰、魂のオデュッセイアとして理解されないかぎりは、新たな「類型」を開示するものにはならない。すなわち、憑依された魂は別のものになり、罪人と信者とが別のものとなる、ということである。オルペウス教の魂はその本来の存在へと戻り、人間的ではなく神的なものと化すのである。(218)

他の幻視者、治癒者、浄化者たちはその信奉者たちの魂を一時的に外に連れ出しただけだったが、(219)オルペウス教徒だけが、今や人間は「死すべき」ものではなく「神的な」ものとして規定される、という革命的な直観に至ったのであった。知恵とは今や、「死すべき者として思考する」ことではなく、みずからが神的であると認めることである。存在上の断絶や差異は、不死性をみずからに保持する神々と、みずからに保持するのは空しい希望のみである人間たちとを分かつのではない。差異は人間を貫通し、その神的な不死性と身体的な腐敗性とを分離するのである。人間的実存の意味がこのように変容して初めて、ピュタゴラスの生涯やエンペドクレス〔Ἐμπεδοκλῆς 紀元前四九〇頃－紀元前四三〇頃。古代ギリシアの哲学者〕の死の伝説が記述できるようになった。〔エンペドクレスの〕『浄め』で次のように叫ぶのは、まさしくオルペウス的魂である。「私は不死なる神であり、もはや死すべきものではない」と。

おそらく、またもやさらに先まで進まねばならないだろう。「神的」な魂をめぐるこの省察を、身体の牢獄や身体と地獄のあいだの反映作用といった先行する指摘と比較するならば、魂の「神性」とは単に死後存続の能力にのみ存するのではないように見える。存続という観念自体が乗り越えられつつあるのであって、むしろ重要なのは、生と死の交替や反復から離れることである。「神的」な魂とは、相反する状態〔生と死〕がたがいを産み出しあう「生成の輪」から解放されうる魂なのである。

ここで私たちは新たな自己理解の入口にいる。生－死の組の対極と化した魂は、反復の時間を超えて永続するのである。たしかに、プラトン以前、この永続性を〈形相〉の無時間性に結びつけようとする『パイドン』の企て以前には、この不死性はまだ「永遠性」ではない。それは、〔『パイドン』での〕ソクラテスとシミアス〔Σιμμίας 紀元前五－紀元前四世紀。古代ギリシアの哲学者〕やケベス〔Κέβης　紀元前五－紀元前四世紀。古代ギリシアの哲学者〕との対話に見られるように、数々の身体や生命よりもさらに執拗に存在しようとする力でしかないようにみえる。哲学以前には、同一的であり、みずからと同じであり続ける存在を正確に思考するための範型はまだ存在しないのである。だが少なくとも神話は、生と死の循環を想像することによって、矛盾を超えた〈自己〉、不調和を超えた〈休息〉というある種の繰り越しを引き出している。神話からのインスピレーションがなければ、哲学が魂の自己自身との同一性を思考してみようとすることもなかっただろう。

以上のような自己理解がプラトンに先行していたことは疑いない。プラトンが『メノン』で指し示しているのがオルペウス教徒たち――あるいはオルペウス教徒たちだけ――ではないとしても、次のような言葉で示しているのは、たしかに追放された魂という範型なのである。「それを話してくれたのは、神職にある男や女たちのなかでも、自分のたずさわる事柄に説明を与えることができるように心がけている人々だ。さらにまた、ピンダロスをはじめ、多くの真に神的な詩人たちも、このことを語っている。彼らの言うのは次のようなことだ。さあ、それが真実を伝えていると君に思えるかどうか、よく考えてみてくれたまえ。すなわち、彼らの言うところによれば、人間の魂は不死なるものであって、ときには生涯を終えたり――これがふつう『死』と呼ばれて――ときにはふたたび生まれてきたりするけれども、しかし滅びてしまうことはけっしてない。このゆえにひとは、できるだけ神意にかなった生を送らねばならぬ」（『メノン』81a-b）。

たしかに、ここで不死性は、なお幾度もの再生という想像的な図式にとらえられている（「こうして魂は不死なるものであり、何度となく生まれかわってくるものである」（同81c））。しかし、ミュートス〔神話〕はすでにロゴスであり、ロゴス〔理《ことわり》〕を与える（λόγον...διδόναι）ものである。それゆえ、「神々の事柄について知恵をもった」男や女たちは、「真実な美しい話」を語っていたのである（同81a）。

2　最後の神話

まさに以上のような状況神話が起源神話へと展開していくのは、新プラトン主義者たちによって断片的に「引用」される人間生成譚においてである。そこで私たちが目にする神話は、真に元の姿で再現されたものなのだろうか。それとも、師プラトンの霊感源であったと思われる詩によってみずからの思弁を権威づけるために、ギリシアの最後の哲学者たちが事後的に再構成したものなのだろうか。

あるいは、私たちの前にあるのは、人類とその堕落の起源についてキリスト教に似た物語を提示したことで、キリスト教の対抗者となった異教徒の護教論なのだろうか。

確かな点がいくつかある。異論の余地がないのは、オルペウスの運動は、書かれた文書の存在によって、アルカイック期の類似の運動とは区別されるものであったことである。そうした文書は、他の数々のイニシエーションや典礼における口頭での秘密の教えとは一線を画していた。また、それらの書物に数々の神統譚が含まれていたことも確かである。とはいえ、これらの書物はたえず変化していったはずであって、いかなる「正典」にも固定されず、つねに新たな思弁を取り入れて膨張していった。新プラトン主義にも多様な様態があることがそのしるしである。加えて、アルカイックな神統譚が人間生成譚として開花したとは証明できない。せいぜい、『法律』で人間の「ティターン的本性」を語るプラトンの言葉のような古典期の作家たちの暗示的な表現から、それが推測できるだけである。そのように、本質的に人間とその現状へと眼を向けるオルペウスの教えをアルカイックな神統譚へと架橋するのは、理にかなったやり方でもある。そうした暗示や対応の論拠が色々あるからこそ、オルペウス教の研究者の大半は[220]――ヴィラモヴィッツ〔Ulrich von Wilamowitz-Moellendorff　一八四八－一九三一。ドイツの古典文献学者〕とフェステュジエール〔André-Jean Festugière　一八九八－一九八二。フランスの新プラトン主義研究者〕は別として[221]――、新プラトン主義者たちの「引用」は古来の詩の本質を保存しているとの考えに傾いているのである。私たちの類型論的方法は、人間生成譚的な神話はいつ作られたのかという純粋に歴史的な論争に裁定を下すことを求めるものではない。ブーランジェが引用するグロッツ〔Gustave Glotz　一八六二－一九三五。フランスのギリシア史家〕の定式によれば、ユダヤ人と同じくギリシア人においても、罪の理論は堕罪の理論に先行していた。それゆえ私たちは、ティターンの過ちの神話の志向的分析からとりかかるべきである。それによって、いかにしてこの神話が状況神話を明示化し完成させるのかを示したい。この志向的分析が想定しているのは、神話をまずは完成された状態、すなわち後世の表現においてとらえたうえで、この神話に頼らず古典期の作家たちの証言のみで再構成した人間の条件の解釈へと、遡及的にこの神話を関係づけるという手続きである。

この最後の神話のうちに私たちは何を見出すのか。それは、先に創造ドラマとして研究した類型に属する神統譚でありながら、人間の内なる不調和の経験に呼応する人間生成譚の方向へと屈折していくものである。

創造のドラマは、そこから人間生成譚的な新たなエピソードが浮かび上がる下地となるのだが、新たなエピソードと無関係な枠組みなのではない。新たな神話に対して、創造のドラマはその存在と全体的意味を二重の仕方で押しつけてくる。第一にそれは、魂を触発する不幸に対して宇宙的な次元、存在論的な深さを与える。この不幸は存在の苦しみにまで届くものであり、大いなる神々が世代にわたって暴力を伴って継起する様子は、そのような存在の苦しみを形象化するものである。神統譚は、事物の起源に〈犯罪〉や〈不調和〉や〈狡知〉を結びつけることによって、それらに前人間的な意味を与える。その点では、新たな神話の軸になっていくティターンの形象は、こうした存在の苦しみに関わるものである。ティターンとは、存在の苦しみを人間生成譚へと屈折させると同時に、人間的な悪の根を前人間的な悪のうちへと下ろさせる形象なのである。とはいえ、とりわけオルペウス教徒たちに対して説かれた創造のドラマは、ティターンの過ちに関する「オルペウス教」固有の神話の背景となる悪の解釈の可能性をすでに含んでいる。神統譚によるこうした悪の解釈はヘシオドスの詩のうちではなお曖昧であって、ヘシオドスはせいぜい起源に関するばらばらの形象を並べただけであった。それらの形象のいくつか――クロノス、ウーラノス、ゼウス――は、王位の継承、産出、あるいは殺害によってあとから関係づけられた神である。また、〈夜〉、〈死〉、〈戦争〉の神のように、私たちの経験に由来するとみなされる局面でありながら、クロノスらと同様に系譜で結びつけられたものもある。最後にまた、〈大地〉や〈空〉の神のように、自然の方域や元素であるものもある。オルペウス教徒たちに貸し出された神話は、これらと同様のイメージを通して、一から多へ、混沌から区別へと向かう意味を帯びた運動を描いている。これはまさしく前ソクラテス的な宇宙生成譚の運動である。このように、オルペウス教のなお神話的な宇宙生成譚がより哲学的な宇宙生成譚と類縁性をもっているというのは、さまざまな仕方で説明できることである。哲学的な宇宙生成譚がオルペウス神話の影響を受けたとするにせよ、あるいはこちらの方がありそうな話だが、神統譚的な神話が哲学と接触した結果、神話的想像力にとらわれたままで存在の生成へと向きを変えたとするにせよ、さまざまな説明がありうるのである。

オルペウス神話の「哲学的」調子は、パネース〔光明〕という支配的な形象においてはっきりと現れる。パネースは「不死の神々のなかでももっとも美しい」神であって、プロートゴノス（最初に生まれた者）、エリケパイオース（両性具有者）であり、メーティス（思慮）、ディオニュソス、エロースである。未分化なるものの形象である原初の卵から生まれ、諸存在の差異であると同時に世界の全体性の顕現であり、その閃光である。それは真の意味で、「すべての一体性でありかつ諸部分への分離」なのである。

だが、この同じ神話は素朴な想像力へと再び沈んでいく。このほとんど秘教的ではないパネースを、一般に信仰されているゼウス、秘教的教団が信ずる瀕死のゼウス・ザグレウス、引き裂かれ復活するディオニュソスと同一視するために、一連の術策に頼るのである。すなわち、ゼウスをパネースとその所産を呑み込みそのすべての力を取り込んだものとし、そのゼウスによる第二の世界創造を語るという術策である。こうして神話は、「すべてはあらためて創造された」と告げるのである。次いでこの神話は、ゼウスがディオニュソスに権力を譲る様子を描いている。「おお神々よ、耳を貸したまえ。私があなた方の王にしたのはこの者である」。こうした連鎖には太古の神統譚の風合いがみられる。プラトンは『ピレボス』のなかで、「六代目で歌の順位は終わりにせよ」（『ピレボス』66c）と皮肉っているが、そうした形の覇権継承へのあてこすりであろうか。

この神統譚の箇所で、オルペウス神話は悪のどのような解釈へと向かっているのだろうか。一見、ヘシオドスやバビロニア人たちの場合と同じく、悪はいまだ諸事物の起源のうちに包まれているように見える。だが、パネースの形象はいくらか異なった事柄を告げている。パネースとは一と多の顕現であって、もはや〈善〉と〈悪〉の根源的矛盾の形象ではない。むしろそれは、原初の〈卵〉の神話に見られるように、漸進的な分離、段階的な分化の形象である。この神話は、矛盾を排除して〈混沌〉から〈分化〉への運動に置き換えるため、もはや人間の不幸を説明するものとはならない。人間の不幸とは、それとは逆に、根源的な二重の本性による混合に由来するものだからである。それゆえ、混合である人間の悪を説明するには、〈分化〉の神話では十分ではない。パネースの形象に集約されつつある神の領域から悪の中心が移動すること、神統譚はもはや悪の秘密を握っておらず、悪を説明するために人間生成譚へに訴えるようになること、これらは今や驚くべきことではないのである。こうして、魂が敵対する身体に囚われ隠されているというオルペウス教徒たちの経験は、合理的な宇宙生成譚へと向かいつつあった神統譚のドラマを打ち砕くことになった。新たな原因譚的神話が必要になったのである。

アルカイック期にオルペウス教の人間生成譚がどのようなものであったか、その実際の姿を確実に再現することは不可能である。後代の作家たちによる、次第に明確になっていく引用を集めてまわることで満足するしかない。それらの引用からは、主題が徐々に構築されていく様子がほぼ跡づけているが、そこに映し出されているのが当時の創作なのか、それともアルカイックな主題の再発見なのか言いあてることはできない。それでも、明らかに後代に形成されたもののなかからも、いくつかの古い特徴を見分けることはできる。

まず重要であるのは、悪の起源がもっとも若い神であるディオニュソスの「受難」に結びつけられていることである。したがって、新たな神話はディオニュソスの形象の固有の意味で「神学的」な練り上げを経由するものとなる。ところで、原初の過ちの中心に位置する子どもの神としてのディオニュソスは、バッコスの女たちのマニア（μανία）〔狂熱〕、リズミカルな狂乱、生の歓びを吹き込むディオニュソスではない。それは生命の主であり、ゼウスのあとにくる若い神である。それゆえ、エウリピデスの『バッコスの女たち』がイメージさせるような熱狂は、それ自体は神話的であれ意味のあるイメージだが、反転して省察に変わらねばならなかった。すなわち、狂乱が思弁になる必要があったのである。このようにしてオルペウス教徒たちがディオニュソス的なものを反転させたというのは、きわめてありそうなことである。[222] また、〔舞台の〕悲劇的光景がディテュランポス〔ディオニュソス讃歌〕を介して儀礼行為によって産み出されたというのが本当ならば、ディオニュソス的運動は他にも同様に例外的な転位の数々を担ってきたことになる。だとすれば、オルペウス教徒たちがこの運動をある種の前哲学――なお神話的想像力に囚われたものであったが――へと向かわせたという考えは、ますます受け入れやすくなるのである。(223) 最初からオルペウス教がディオニュソス的なものを思弁へと向かわせ、ディオニュソスを最後の神として創造の中心に置くと同時に、ティターン族の犠牲者として人間生成譚の中心に置いたということも、まったく考えられないわけではない。だが、ディオニュソスが明確に〈東方〉の征服者となり、さらには世界の主と見なされ、神の死と再生を軸とする密儀宗教を支配する東方的性格の色が濃い大規模なシンクレティズムの端緒となるのは、おそらくもっとあとのことであろう。人間生成譚的な神話が前提としているのは、オルペウス教徒たちによるディオニュソス主義の改新の帰結がすべて解明されたことではなく、ディオニュソス主義の本質であったようなタイプの宗教的経験が決定的に覆されてしまったことである。

考察すべき第二の契機は、新たな神話のなかでティターン族がはたす役割である。ティターン族は、殺害の「実行者」としてディオニュソスの受難に関係している一方、彼らが罰を受けてその「灰」から生まれたという人類の発生と一体になっている。このように神話のなかで事が進展していく様子は、文学表現によって世紀ごとにたどっていくことができる。ティターン族によるディオニュソスの受難は、紀元前三世紀から紀元後一世紀のあいだの何人もの作家が証示していることだが、(224) プルタルコスより前には、このティターン族の犯罪と人類の誕生を関係づけたテクストは存在しない。ティターン族がディオニュソス殺害の罰として雷に打たれたことを物ったあと、プルタルコスは次のように説明する。「この神話は輪廻を暗示している。実際、理性にも秩序にも従わない私たちの部分、暴力的であり、神的ではなく悪霊的なこの部分を、古代の人々はティターンと呼んだのであり、処罰を受け、罰を負わされるのはこの部分なのだ」(Kern, *Orphica Fragmenta et Testimonia*, 231)。ところで、ディオニュソス－ザグレウス神話をオシリス神話に同化させたのもプルタルコスであった。それゆえ、フェスティユジエールとともに、人間のティターン起源を考え出したのもプルタルコスだったと想定したくなる。ユスティノス〔Ιουστῖνος 一〇〇頃－一六五。ギリシア教父〕、アレクサンドリアのクレメンス〔Titus Flavius Clemens 一五〇頃－二一五。ギリシア教父〕、アルノビウス〔Arnobius ?－三三〇。古代のキリスト教弁証家〕といったキリスト教の書き手たちは、古来の信仰がしつこく残っていることを気にしていたが、人間のティターン起源については何も語っていない（もっとも彼らはディオニュソスの復活についても何も語っていないのだが）。こうした書き手たちは、ときとして不吉な食事、とはいえ人間生成譚にとって本質的な例の食事についてさえ、まったく沈黙しているのである。そうして最後に到達するのは、人類はティターン族の灰から生まれたというプロクロス（五世紀）（Kern, 同 210）やオリュンピオドロス〔Ὀλυμπιόδωρος ὁ Νεώτερος 四九五－五七〇。新プラトン主義哲学者〕（六世紀）（Kern, 同 209, 211-212, 220 以下）の解釈ということになる。まさしくここで神話は完成した姿をとる。すなわち、人間はディオニュソスを殺害したティターン族の暴虐な本性を受け継ぐと同時に、ティターン族が恐ろしい饗宴を通して同化吸収したディオニュソスの本性をも受け継いでいる。かくしてこの神話は、新プラトン主義の哲学が完成する瞬間に十全なものとなるのである。

　これ以上引用を重ねてこの神話の進展をたどっても、部分的な事柄を積み重ね膨れ上がらせるだけであろう。今問題にすべきであるのは、紀元後初めに起こったオルペウス神話のこのような膨張は、先に人間生成譚に依拠せずに整えた状況神話を徐々に解明してくれるものかどうか、ということである。

　すでに見たように、状況神話には、魂を過大に評価し、身体を恥ずべきもののように扱う傾向がある。そこでは、魂は〈同〉として、身体は〈他〉として構成されるのである。状況神話とは、魂と身体の二元論の想像的表現、あるいはむしろ、この二元論を想像において構成したものである。かくして、この神話は、なぜ当初の二元性は忘れられてしまうのか、なぜこの二重の本性は不分明に混合した実存として感じ取られるのか、といった問いを引き起こす。まさしくここで、実存の根の二元性を練り上げる状況神話には、混合の始まりを物語る神話が必要になり、二元性の視点はそこからたえず取り戻されるべきものとなった。プラトンが「ティターン的本性」（『法律』710c）へと暗に言及している点は気にかかるが、こうした起源神話がアルカイック期にはっきりと定式化されていたことは証明できない。それでも、意味分析を通して、起源神話が状況神話の意味を完成するものであると示すことはできる。

古典からの引用に限定しても、「古い呪い」が何度も暗示されている。かくして、プラトンが『メノン』で引用しているピンダロスの断片では、この身体における贖い自体が先行する過ちを参照させることになる（「ふるき歎きへのつぐないを、ペルセポネに受け入れられし人びとの魂は……」（『メノン』81b））。ところで、別の生において犯された過ちという観念は、神々の執念深い正義をめぐる『法律』のテクストが語るように（『法律』872d-e）、応報の古い法を数世代に引き延ばすことで保持されるが、それに加えて、先行する不幸、私のものでありかつ私よりも古い選択の超越性、要するに私が犯すと同時に被る悪への指示を含んでいる。こうして前世という形象が表すのは、いかなる記憶よりも古い、悪の究明しえない起源の想起である。たしかに、このティターンの神話は、ピュタゴラス派のとある詩句で明示されてるものとは別の方向をとっている、との反論があるかもしれない。これはクリュシッポス〔Χρύσιππος ὁ Σολεύς　紀元前二八〇頃－紀元前二〇七頃。古代ギリシアの哲学者〕が引用する詩句で、アウルス・ゲッリウス〔Aulus Gellius　一二五頃－一八〇以降。古代ローマの著作家〕の〔『アッティカの夜』〕第七巻二－一二によれば、「人間は自由に選ばれた不幸を背負うのだということを君は認めるだろう[225]（γνώσει δ'ἀνθρώπους αὐθαίρετα πήματ' ἔχοντας）」というものである。

「自由に選ばれた不幸」をめぐるピュタゴラス派の聖なる言葉（ヒエロス・ロゴス）のこの断片とは反対に、ティターンの神話は、悪の起源を超人間的な出来事や存在へと移すことで、悪への人間の罪をすべて取り去ってしまわないだろうか。

聖書神話でも、悪の起源をアダムという人間的形象と蛇という非人間的形象に分割することで、意志した悪と被った悪とに分割していることが見てとられる。ティターンの神話は、選択と運命を人間と悪霊とに分割する代わりに、神的なものと人間的なものの屈曲点に位置する唯一の両義的な形象へと両者を集約させる。ティターンは真の意味で人間と異なるものではない。私たち人間はまさしくティターンの灰から生まれたのである。ティターンとは、悪しき選択が固定化して継承された部分であり、プラトンが私たちのティターン的本性と呼ぶものである。それが証示するのは、最低次の自由とは、縛りを解かれた諸元素の剝き出しで、怒りに満ちた、度外れの力に近いものだということである。プロメテウスに似あうのはコーカサスの荒れた背景にほかならず、変貌した老オイディプスを柔らかく包むコローノス〔オイディプスが放浪の末にたどりつくアテナイ近くの森〕の穏やかな風景ではない。私たち自身のこの野蛮な可能性は、私たちの自由が人間化される起点であるが、神話はこの可能性を起源へと引き戻し、いかなる人間的な過ちよりもさらに古い罪として具現させる。こうしてティターンが形象化するのは、現在の人間の悪に先立つ悪の先行性である。これをピュタゴラス派の「聖なる言葉」が呼び出すアウタイレタ（αὐθαίρετα）（「私たち自身によって選ばれた」「自由に選ばれた」）悪と対立させる必要はない。オルペウス神話は悪の時間的超越性を神話的時間に投影し、この経験に暗号的表現を与えるのである。悪が開始するのは、なんらかの仕方でつねにそこにあるからでしかない。すなわち、悪とは選択かつ相続なのである。『国家』第一〇巻のプラトンの神話が語るのは、悪しき選択に結びついたこの運命的な性格にほかなるまい。この神話は、現在のあらゆる選択に含まれているそうした背景を、かつて他の場所ですでに起こった選択へと投影するものともなるが、この点にはのちほど立ち戻ることにしよう。

たとえオルペウス的な人間生成譚が後代に形成されたものであったとしても、紀元後に案出された哲学的な寓意であったとしても、それは状況神話の深い志向を開示してくれるものである。この状況神話は、プラトンよりもさらに前に、オルペウス教のなかにもその外にも、疑いなく存在していたのである。この状況神話を用いて「魂」と「身体」を編み出したのがオルペウス教徒であるが、それが全面的に開花した姿を神統譚的なイメージで表現したのが人間生成譚的な神話だったのである。

3　救済と認識

今や将来と解放へと眼を向けて、このようなタイプの「悪」にはいかなるタイプの「救済」が適合するかを問うならば、答えは次のようになるはずである。すなわち、邪悪な神についての口に出せない神学が哲学を介入させずに劇として成就するのに対して、追放された魂の神話は、とりわけ「認識」の、「グノーシス」の原理であり約束である、と。プラトンの言うには、オルペウス教徒たちは身体に「名を与えた」のであり、身体に名を与えることで魂に名を与えたのだった。さて、人間がみずからを魂として統覚する営み、よりよい言い方をすれば、みずからを魂と同じものと化し、かつ身体――生死の交替――とは異なるものと化す営み、このすぐれた意味での浄化の営みこそが認識である。追放された魂のこのような意識化、このような自覚のうちに、プラトンや新プラトン主義のようなスタイルの「哲学」のすべてが含まれているのである。身体が欲望と情念であるのに対して、魂とは身体とそのパトスから退却して距離を置こうとするロゴスの営みの起源であり、原理である。何かについての一切の認識、何についてのものであれ一切の学知は、身体を欲望とみなし、自己自身をこの欲望に対峙する思考とみなす認識に根を下ろしているのである。

たしかに、オルペウス教の運動自体は、「神話」から「哲学」への乗り越えをはっきりと果たしえたようには見えない。先に見たとおり、オルペウス教は、ガスリーの語にしたがえば、「聖なる言葉（ヒエロス・ロゴス）」の次元において数々の「意味」の革新を成し遂げたが、まだなお宇宙生成譚的なイメージ群に囚われていた。だが、オルペウス教は単に「聖なる言葉」なのではなく、ビオス、すなわち「生の様式」でもある。神話が過去に関わるのと同じく、この「生の様式」は将来に関わる。神話が人間よりも古い悪の想起であるのと同じく、オルペウス教のビオスは人間の超人間的な解放の預言である。神話が神統譚的想像力と哲学的反省のあいだを揺れ動くように、オルペウス的なビオスは、古い儀礼的な浄めと精神と真理における新たな浄化とのあいだで揺れている。一方で、このビオスが眼を向けるテレタイ〔秘儀〕は、他の多くの浄めに携わる者や占者たち、物乞いの予言者たちによって説かれていたものであり、プラトンは『国家』の第二巻で彼らをきわめて厳しく評価している。

そして乞食坊主や予言者といった連中は、金持ちたちの家の門を叩いては、自分には犠牲や呪文によって神々から授かる力があるのだと信じ込ませようとします、――もしあなたに何か罪があるならば、それを犯したのがあなた自身であろうと、あなたの先祖であろうと、宴会を楽しんでいるあいだに自分はその罪を償ってあげることができる。……さらに彼らは、セレネやムゥサの子と称するところの、ムゥサイオスとオルペウスの書物なるものをどっさりもちだし、それに基づいて犠牲を捧げる儀式を執り行ないます。彼らはそのようにして、個人のみならず国家までも説得して、供犠と楽しい遊戯によって生前も死後も不正な罪を赦免され、浄められることができるのだと信じ込ませます。この供犠と楽しい遊戯のことを彼らは「秘儀」と名づけ、それはわれわれをあの世での苦しい罰からは解放してくれるが、それをなおざりにする者には、数々の恐ろしい刑罰が待っているのだ、とおどかすわけです。

（『国家』364b-365a）

しかしながら、心の清らかさをより気づかうビオスは、こうした疑わしい操作を介して、みずからを際立たせ、またみずからを探求するのである。(226)

O・ケルン〔Otto Ferdinand Georg Kern　一八六三－一九四二。ドイツの古典文献学者〕は、『ギリシア人の宗教』において、キリスト教に範をとり、聖堂や秘儀、讃歌、教義を伴う宗教としてオルペウス教を再構成しようとしたのであるが、このような壮大な試みはおそらく断念すべきであろう。オルペウス教とは、均質的な運動というよりも、アポローンとディオニュソスを旗印とし、融合への途上にあった他のいくつもの運動の変容態であった可能性が高い[227]。オルペウス自身は、まずは粗野なディオニュソス祭式のアポローン的な改革者であり、その後にイタリアの諸宗派の守護聖人となったのだと思われる。イタリアの諸宗派は、ためらうことなくオルペウスをその神秘的な組織の守護者としたのであった。だが、これらの宗派のいくつかは、プラトン以前に、ガスリーの言うオルペウス教の「偉大なポテンシャル」（Guthrie, *Orpheus and Greek Religion*, 187）を実現し始めていたようである。そうでなければ、『国家』の第二巻であれほど手厳しかったプラトンが『パイドン』では次のように書くことができたことが理解できなくなるだろう。

するとまた、おそらくは、かの宗教上の秘儀をわれわれのために定めてくれたあの者たちというのは、けっして等閑に付していいようなひとたちではなかったのだ。いやむしろ、その者たちは、古くから真実のところ、謎をかけていたのだ。すなわち、――浄めを得ず、秘儀を成就することなしに、ハデスに至るものは、泥濘のうちに横たわるであろう――といってね。なぜならば、じっさい秘儀に関与している者たちの語るごとく、「祭杖（ナルテコス）をたずさえる者は多くあれど、真にバッコス神のともがらは数少なし」というのだから。さてこの、真にバッコス神のともがらである者とは、わたし自身の思いでは、それはほかでもなく、真正な仕方で、知を求めるいとなみ・哲学に徹した者以外にはないのだ。

（『パイドン』69cd）

『メノン』の例の一節も思い出しておこう。そこでプラトンは、これらの「神のような」人々、みずからの責務に「理路を与えること（λόγον διδόναι）」に気を配る神職の男や女たちを、崇敬と讃嘆とともに呼び出している。そして、「オルペウス教徒の生活」やそれによる数々の禁欲を暗示的に語るプラトンの言葉（『法律』782c）から理解できるように、オルペウス教徒が開始したと伝えられる数々の奇妙な儀式さえも、太古以来のタブーの形式ときわめて秘教的なシンボリズムとのあいだを揺れ動いていたにちがいないのである[228]。

オルペウス教の「浄め」がすでに「哲学」への途上にあったことは、プラトンが引用している「祭杖（ナルテコス）をたずさえる者は多くあれど、真にバッコス神のともがらは数少なし」という言葉そのものから察せられる。

儀式としての「浄め」から「哲学」としての「浄化」への移りゆきを明確かつ決定的にしるしているのが、まさしくピュタゴラス派の文献である[229]。ピュタゴラス主義の「聖なる言葉」は、紀元前四－紀元前三世紀の証言によってしか再構成はおろか推測もできず、紀元前後の新ピュタゴラス派の外典や、ましてやさらにあとの『黄金詩篇』は頼りにできないのだが、それはとりわけ神話と哲学のあいだで逡巡する言説であった。この文献は学知と啓示の分岐点に位置しており――この点では「数学者たち」と「音楽家たち」の分裂がたいへん意味深いが――、悲観的な堕落神話に根を下ろす一方で、認識による浄化へと向かうものでもある。「人間は自由に選ばれた不幸を背負うのだということを君は認めるだろう」というピュタゴラス派の格言[230]をはっきりと引くクリュシッポスの断片からは、まさしくオルペウス教の響きが聞きとれる。ピュタゴラス派の人々が人間と神々の種族的な一性を主張するとき、ピンダロスが「人間の種族と神々の種族は一つ」と歌ったとき（『ネメア祝勝歌集』6,1）、彼らはオルペウス教をプラトン主義の方へと向かわせている。「神の後を追い」、「神の跡」を歩むというのは、すでに「哲学」による解放の図式なのである。プラトンもまた、『国家』で「〈善〉の跡」について語ることになるだろう。

「哲学〔フィロソフィア〕」という語自体がこのことを証示している。ピュタゴラス派の人々は、神のあとを追って省察する人間を知恵（σοφός）や知者（σοφιστής）と呼ぶのではなく、哲学者（φιλόσοφος）〔愛知者〕という少々秘教的な語を用いることを好んだ。この語が想起させるのは、人間を神およびみずから自身の起源と仲違いさせる

「不和」＝エリス（ἔρις）によって断たれたフィリア（φιλία）〔友愛〕である。魂の隠遁、魂と神との再結合、これこそがプラトン以前から哲学がもっていた志向なのである。幸福――エウダイモネイン（εὐδαιμονεῖν）――という観念自体、呪術的な見地から哲学的な見地への転換点に位置している。というのも、「幸福」とは「善き魂」[231]のことであり、「善き魂」が人間に到来するのは、人間が「認識する」とき、認識がより「強い」もの、欲望がより「弱い」ものであるときだからである。[232]

　オルペウス－ピュタゴラス的なミュートスとビオスの全体は、おそらくエンペドクレスの『浄め』から引用された次の叫びによって要約されるだろう。

「この地で死すべき者たちのあいだをさまようために、私はどれほどの栄誉と歓喜の極みを捨ててきたことか」。そしてさらに、「〈殺し〉と〈怒り〉、人を憔悴させる病い、腐敗、洪水といった他の数々の悲惨が続くこの見知らぬ国を見つめながら、私は涙を流し、呻《うめ》いてきたのだ」。最後は次の有名な言葉である。「あなた方に確認しておくが、私は不死の神であり、死すべき者ではない。今や私は、神の住み処を追われ、怒り狂う〈不和〉に信を委ねた放浪者として、まさにあれらの者の一員なのだ」（『浄め』断片一一五）。

　だが以上の断片が証示するのは、オルペウス－ピュタゴラス的伝統が哲学する神話の薄明のなかで完成したということだけではない。そこでは別のことも告知されている。『浄め』の作者が『自然について』の詩の作者であることを忘れることはできない。おそらくこのときに初めて、〈不和〉（ネイコス（νεῖκος））が、〈友愛〉と対をなす宇宙論的原理でありかつ人間的な諸悪の根元でもあるものとして呼び出されたのであろう。すなわち、死すべき者たちの魂とは、長く生きるあいだに「殺害でその手を穢《けが》すという過ちを犯し」、「みずからの誓いに背《そむ》いて」、「〈不和〉の跡に従った」神々なのである。〈友愛〉と〈不和〉とは、神話から発して諸々の〈原理〉の地位にまで高められるのであり、アリストテレスでさえも「原理としての〈善〉と〈悪〉」と言う。[233]エンペドクレスの〈不和〉とは人間的悪が顕《あら》わにする事物の原理であり、そこで私たちは、〈神話〉から〈思弁〉への迫《せ》り上げという新たな転変への閾《しきい》に立っている。だが今は、〈悪〉の象徴的認識に関するこの閾を踏み越えないでおこう。

第五章　諸神話のサイクル

1　神話の静態論から動態論へ

これまでさまざまな解釈学的実践を行なってきたが、最後に一つの疑問が、作者を当惑させてきたように読者をも戸惑わせずにはいない。私たちはこれらの神話世界を同時に生きられるのか、巨大な記憶をもつ私たちは、批判の申し子として神話のドン・ファンになってしまうのか、すべての神話に順々に挨拶をしてまわるというのか、そういった疑問である。

そして、すべての神話から一つを選び出すことになんらかの理由があるとしたら、廃棄され死んでしまったとも言える神話にこれほどの注意と理解を向ける必要がどこにあったのだろうか。

こうした二者択一を乗り越えようと試みる必要がある。一方で、一つひとつの神話に順に身を置くことで確かめられたのは、いずれの神話もなんらかの仕方で私たちに語りかけてくるということである。そのことへの信用、信頼が、企てそのものの前提である。それらの神話がかつて私たちを呼びとめ、今なお私たちへみずからを差し向けうるのでなかったら、私たちがそれらに問いかけることもなかっただろう。とはいえ、どこでもない場所から問い求める者はいない。聞きとり、そして理解するためには、まず位置を定める必要がある。重さも記憶も、展望もたない純粋な観察者となって、すべてを等しい共感において見ることができると信じることは、大いなる幻想である。そうした無関心――本来の意味では無差異――は、自己化の営みの廃墟である。

私の企ての前提となるのは、それらの神話の一つであるアダム神話の優越性が今日なお宣告されている場だということである。プラトンがオルペウス－ピュタゴラス的伝統の秘儀参入者たちについて語るように、また聖パウロが使徒時代のキリスト教徒たちに向けて語るように、私はこの前提に対して「理由〔ロゴス〕を与え」なければならない。どのようにしてか。それはこの宣告に結びついた信の様態を正確に意識化することによってである。この観念の次元においては、次の三点を明確にしなければならない。

1　第一に、悪とその本性、その起源と終末の解釈は、キリスト教信者の信仰が第一次的に関わるものではない。キリスト教徒は、私は罪を信じるとは言わず、私は罪の赦しを信じると言う。聖パウロにならって言えば、罪の十全な意味は、現在の瞬間の「義認」を起点としてもっぱら遡及的な仕方で得られるのである。この点については、穢《けが》れ－罪－負い目の三つ組に関する研究〔『悪のシンボリズム』第一部〕の末尾で十分に強調しておいた。したがって、神話による罪の記述とその起源の象徴化が信仰に属するのは、解放と希望の最良の裏面としてであり、二次的で派生的な仕方によってである。アウグスティヌス主義に由来する傾向として、「原罪の教義」にキリストの死と復活と同種の権威が認められることが多いので、それに対抗してこのことを繰り返し述べるのは意味のないことではない。最初の何百年かの教会にとってそうであったように、私たちから見れば、罪の解釈というのは、「信仰の供託物」というよりもむしろ「信仰への序説」の一角をなすものなのである。原罪の教義をアダム神話に結びつけ、アダム神話をイスラエルと使徒教会の悔い改めの経験へと結びつけようとする本書の努力は、すべてこの方向に進んでいる。教義は神話を志向し、神話は罪告白を志向するという関係を現し出すことによって、私たちは原罪の教義が救いの宣教に従属するものであることを確証した。アダム神話を信仰の「キリスト論的」

核心へと結びつける絆は、適合による絆である。すなわち、罪の教説における人間の象徴的な記述は、義認と再生の教説における救いの告知に適合するのである。この適合の絆を理解することは、すでにして、聖書による人間の悪の象徴化に認めた信任に理由を与えることにつながる。

2　罪に関するこの教説は、救済論的文脈から引き離して抽象的に考察したとしても、理解不可能な啓示ではない。キリスト論への適合の関係に加えて、この教説が啓示されるのは、それ自身が啓示するものとしてである。ここで私たちは、神話を第二次の象徴としてとらえるという解釈にあらためて出会うことになる。キリスト教の信者は、神話か啓示かという二者択一に閉じこめられずに、堕罪物語の啓示された意味を探求する際には、断固それを神話として解釈することから始めなければならない。神話とは、歴史によって脱神話論化される原因譚的寓話としての意味と、脱神話論化そのものによって解放されて露わになる象徴としての意味との二重の意味をもつものである。その場合、神話による啓示とは、まさしく神話がもつ呼びかけの力のことではなかろうか。聖パウロは「聖霊の内なる証言」について語っていたが、悪とその本性および起源を理解する場合には、証言とは「霊を見分けること」[訳37]にほかならないのではないか。そしてこの「見分けること」とは、ここでは最良の神話を選び出すこと、すなわち、もっとも多く意味を与え開示するという点で、信仰の序説たる救いの到来に最適な神話であると認知することにほかならないのではないか。聖書の堕罪物語に含まれるなんらかの啓示的な性格がそうした方向に探求すべきものならば、それは非合理的な性格のものではない。それが求めるのは、この神話によって啓示された起源を、当の神話の啓示する力能によって確証することである。聖霊とは恣意的で不合理な命令ではなく、見分ける営みである。聖霊が私の知解する力へと向かってくるものだからこそ、それによって私は批判へと、諸神話の識別へと促されるのである。すでにこれは、次章で言及することになる〈理解スルタメニ信ジヨ（crede ut intelligas）〉を実行する仕方である。こうした識別の作業が訴えるのは、神話の象徴的意味を引き出しうる解釈学である。ここまで行なってきた悪の諸神話の探究を締めくくる方法論的な章〔「象徴は思考を引き起こす」

と題された結論章〕で示すように、今度は解釈学が哲学者に対して、みずからの信頼を賭けることを要求する。すなわち哲学者は、象徴の啓示力を自己理解という試練にかけることで、勝つか負けるかの賭けを要求されるのである。自己自身をよりよく理解するならば、哲学者はみずからの信頼を賭けた結果をある程度は確証することになる。本書の残りの部分はすべて、そうした賭けを全体的な経験によって検証していく作業に充てられることになるだろう。それによって、神話の啓示する力能が顕在化されるだろう。この第二の意味でも、信じる者〔この場合は哲学者〕は、みずからが優越性を証する神話の啓示された性格に与えた信任について、その理由〔ロゴス〕を説明することになるのである。

3　アダム神話の優越性とは、他の諸神話を端的に廃棄することを意味するのではない。他の神話はこの特別な神話によって催起され、甦らされる。アダム神話を自己化することによって他の神話も次々と自己化されるのであり、この主導的な神話が私たちへと語りかける場を起点として、他の神話も私たちへと語り始めるのである。とはいえ、それらの神話がアダム神話と同じ意味で「真」だというのではない。すでに見たとおり、四つの神話が二つずつ対立するように、アダム神話は他のすべての神話に対立している。だがアダム神話は、その複雑さと数々の内的緊張によって、他の諸神話の本質的な点をさまざまな段階で再肯定する。そこから、アダム神話に理由〔ロゴス〕を与える特有の仕方が垣間みられる。それは、他の諸神話をアダム神話に結びつける対立と同一化の関係を展開していくという仕方である。このようにすべての神話を一つの主導的な神話との関係において展望することによって、それらの神話のあいだの循環性が現し出され、諸神話の静態論に動態論を取って代わらせることができる。この動態論は、諸神話を等しく眺め渡す不動の視点に代わって、神話どうしの闘いを顕在化させる。そうして神話どうしの闘いを自己化していくこと自体が、その自己化のための闘いとなるのである。

本章は神話の動態論に取り組むものである。アダム神話の優越性に理由を与える右の三つの仕方のうちで、これまでの過ちの神話の探究をもっとも自然に引き継ぐのは、まさしく第三番目の仕方だからである。第二の仕方は本書の最後の部〔第三冊〕の対象となる。それは本書の企て全体の力線に呼応し、神学とは区別される過ちの哲学を求めるものとなるだろう。その原則については、本書の結論の章で示すつもりである。これから提示する神話の動態論は、悪の諸象徴の哲学的解釈への予備教育の役割を果たすことになる。というのも、悪の諸象徴への反省に素材を提供するのは、アダム神話だけでなく諸神話の全サイクルであり、そこで主導的な神話をめぐって働く引力だからである。アダム神話に理由を与える第一の仕方は、哲学ではなく神学に属するものである。神学者はアダム神話がキリスト論に適合することを証示する。聖パウロがしたように、「アダムにおいて」を「キリストにおいて」と連関づけ、堕罪の象徴がケリュグマ全体に帰属していることを確定するのである。教会神学における堕罪の象徴の権威はこれによるものである。自身の哲学にキリスト論を組み入れることを求めない哲学者は、神話の開示的性格の検証に頼ることしかできない。哲学者の企ては、アダム神話の優越性に対する信頼を神学者の道程と共有している。両者のあいだで異なるのは、理由を与えて説明する仕方である。最後の章の分析に至って初めて、私たちは哲学と神学の分岐点に身を置くことになるだろう。今から素描する神話の動態論は、なお哲学者と神学者に共通する未分化な思考様式に属するのである。

諸々の神話のサイクルは、さまざまな質量の塊が異なる距離で引き合い、斥《しりぞ》け合っている重力空間になぞらえられる。実際、アダム神話を起点にして見れば、諸神話の空間は方向をもち、アダム神話のもっとも近くに悲劇神話を置き、もっとも遠くに追放された魂の神話を置く同心円状の構造をなしている。これまで静態論のうちで先取りして動態論にふれるたびに、私たちは悲劇神話と神統神話がアダム神話の近くにあり、人間を分割して魂を分離し此岸から彼岸へと向かわせる唯一の神話として、オルペウス神話が孤立していることを確かめてきた。以下、それらの散らばった言及を、〔神話間の〕対立が増大していく順序に従って組織的にまとめていかねばならない。そうした対立の増大を介して、さらにはそれを超えて、他の諸神話の本質的な点が徐々に力を弱めつつ再確認されることになるだろう。

2　悲劇的なものの再肯定

それゆえ、人間学と神学という二重の局面において、アダム神話を悲劇神話へと引き戻し、さらに悲劇神話から神統譚という、もっとも古くすでに乗り越えられたかに見える世界観へと引き戻す動きを素描してみよう。

アダム神話が反‐悲劇的であることは明らかである。人間の宿命的な彷徨、英雄の罪過と邪悪な神との不可分性といったことは、神の聖性と人間の罪を告白――アウグスティヌス的な意味で――したあとでは、もはや考えられないからである。それでもアダム神話は、悲劇的な人間のいくらかの部分を、そして悲劇的な神のいくらかの部分さえも、みずから再肯定しているのである。

アダム神話には「悲劇的」な側面がいくつもある。すでに私たちが予感させておいたように、すでにそこにあり、すでに悪しきものである蛇の形象は「悲劇的」な意味をもっている。だが、蛇へと立ち戻る前に、アダムの形象自体が悲劇的な調子を帯びていることを確認しておく必要がある。さて、アダムの形象が主題化するのは、現在の悪、この瞬間に始まる悪への明晰な意識には還元できないような不正の謎である。それが指し示すのは、『不安の概念』でのキルケゴールの言い方によれば、持続し量的に増大していく罪性という根底である。この根底は現在の悪の地平のようなものであり、現在の悪の告白の境界線上で、その地平としてのみ認められるものである。この罪性という根底を、のちの思弁は遺伝という偽の概念に固定しようとするだろう。そうして遺伝した罪として合理化された原罪は、何世紀にもわたって西洋思想にとって障害となるだろう。この思弁の結び目をほどき、最初の罪でありかつ伝承された遺伝である原罪という疑似思考のうちに沈殿したさまざまな動機を開いていかねばならない。私はみずからが悪を措定するその瞬間に、すでに悪がそこにあることを告白するのであるが、そこで告白されている限界概念としての悪へと立ち戻らねばならないのである。措定される悪の措定されざる裏面、それこそが根元悪の「根」であるが、私はそこに巻き込まれることでのみそれを知るのである。

アダムにおいて一切の人間が犯している罪のこの裏面は、他の諸神話によって、先行性（神統譚的神話）、受動性および外在性（オルペウス神話）、そして宿命性として語られることになるだろう。悲劇神話が関わるのは宿命性である。悲劇の口にできない神学を通して、〈不可避なもの〉の諸側面が現し出されるのであるが、それらは自由に対立するのではなく自由のうちに含まれているものである。またそれらは、生物学や心理学、社会学の知によって客観化できず、ただ神話的で象徴的な表現によって接近できるものである。悲劇神話に託されているのは、まさに自由の行使に含まれるこの〈不可避なもの〉である。みずからの自由の成熟、自律、社会参加の度合いを高めていくにつれて、私たちはそうした運命的諸相をたえず生み出し見出していくのであるが、そうしたものへと私たちを目覚めさせてくれるのが、ほかならぬ悲劇神話なのである。散らばったしるしを通して断続的に現れてくる運命の諸相を、悲劇神話は集め直してくれる。たとえば、充溢へと接近するためには、私は経験の無限に多様な豊かさのなかで、あるいは一貫している分貧弱な展望のうちでみずからを見失う危険を冒《おか》さないわけにはいかない。混沌と空虚のあいだ、破滅的な豊かさと破壊的な貧しさのあいだに、私は困難な道を、ある点から見れば不可能な道を切り開かねばならない。統一性を手に入れるために豊かさを失うこと、あるいは逆に豊かさを手に入れるために統一性を失うことは〈不可避〉である。自分自身であろうとするための数々の要求のこうした両立不可能性について、キルケゴールはよく知っていた。有限性なき無限への没入と無限性なき有限への没入、可能性なき現実性への没入と仕事、結婚、職業、政治のような実際性なき想像性への没入、『不安の概念』で引き合いに出されるのは、このように二重の仕方でみずからを喪失する人間の姿である。

以上が自由の宿命的性格の主な表徴であるが、他にも多くのものを加えることができる。自己を実現する際には、誰もがさまざまな可能性だけでなく現実性や実在性をも排除し、それゆえ破壊せざるをえないのではないか。

誰が友愛や愛の強さと普遍的な連帯を兼ね備えられようか。自己意識の歴史はストア派的な共感からではなく主と僕《しもべ》の争いから出発せざるをえないこと、いったんは自己と普遍性への同意に至ったとしてもふたたび自己自身との分裂に沈まざるをえないこと、これは実存の悲劇的な側面である。

さて、こうした運命的局面はすべて、自由に対立するのではなく自由のうちに含まれているものであり、そうである以上、かならず過ちとして感じ取られるはずである。みずからの実存を展開していくとき、まさしく当の私自身が、私の内にも外にも〈不可避なもの〉を増していくのである。もはやこれは、道徳法則への違反という倫理的な意味での過ちではなく、実存的な意味での過ちである。つまり、自己自身になるとは全体性を実現しそこなうことであり、それでも全体性は目標、夢、地平であり続け、幸福の〈理念〉によって示されるのである。運命とは私たちのあらゆる選択の選択されざる部分として自由に属しているものであり、それゆえ過ちとして感じ取られざるをえないのである。

こうして悲劇神話は、倫理的な罪告白の運命的な裏面を開示する付属の神話として再肯定されることになる。盲目にされ、彷徨を余儀なくされる英雄という形象のもとで、この神話は負い目の不可避的な面を語っている。この運命的な側面は、先行性や外在性という他の諸神話が語る側面と結びついて、まさに今現れ出る悪の中核にすでにあるものとしての悪の準－自然性を指し示している。こうした側面は、一つの「運命」として、自由の縮約された襞《ひだ》として、ドラマによって舞台でしか表現できないものである。だからこそ、悲劇はプラトン主義やキリスト教による破壊のあとにも生き残ったのである。思考されえないものは、なお悲劇の主人公の形象に即して示すことができるし、示さなければならない。いかなる悪の措定にも含まれるこの措定されざる側面は、あらゆる判断や断罪を超えて、ひたすら戦慄と共苦（compassion）を目覚めさせることができる。慈愛（miséricorde）に基づく人間観は告発に制限を与え、〈裁き手〉の怒りから救いにくるのである。

まさしくここで、悲劇からアダム神話へと光が投じられ、蛇の謎があらためて際立たせられることになる。すでに述べたように、悪の起源をもっぱら人間的なものとする告白においては、蛇の形象が照らし出すすべての意味を捉え直すことはできない。蛇とは数々の罪に対する罪自体の超越性以上のもの、措定された悪の措定されざる性格以上のもの、つまりは〈他者〉である。それは〈敵対者〉であり、逆向きの参与、逆向きの類似の極であって、それについて言えるのは、みずからを措定する悪しき行為は、〈邪悪なもの〉や〈悪魔的なもの〉として形象化される不正の核の反‐措定によって誘惑される、ということだけである。悲劇が悪魔的な力によって盲目にされた英雄を示すとき、悲劇的行為を介して現し出されるのは、人間的な悪の経験の悪魔的な面であり、思考できなくとも見えうるようにするのは、〈敵対者〉のあとに続く二次的な悪人でしかありえないような悪人の状況である。こうして悲劇の表象＝上演は、罪告白の裏面だけでなく人間的悪の他なる極をも表現し続ける。私が引き受ける悪が開示するのは、もはや私が引き受けられるものではないが、私を通して悪が初めてのように世界に入ってくるたびに私が参与する悪の起源である。悪を人間的なものとして告白することによって、第二次の告白、非人間的なものとしての悪の告白が引き起こされる、と言ってもよいだろう。ただ悲劇だけが、この告白の告白を集約し、演劇の光景として呈示することができる。なぜなら、この〈他者〉を取り込むことのできる一貫した言説は存在しないからである。

しかし、さらに述べるべきことがあるだろう。すなわち、アダム神話によって再肯定されているのは、悲劇的人間学のある部分だけではなく、悲劇的神学自体のある部分でもあることである。聖書神学のこの悲劇的契機を見出すには以下のような道筋をたどればよい。まずはイスラエルとヤーウェとの〈契約〉が次元を高めた結果出てきた倫理的意味から出発し直してみよう。〈律法〉を神と人間との絆と化すこの倫理的意味は神の理解自体に跳ね返り、神そのものが倫理的な神となる。このような人間と神との「倫理化」は道徳的世界観へと向かい、それによって〈歴史〉は法廷に、快苦は応報となる。神自体が裁き手となり、それによって人間の全経験が罰としての性格を帯びる。だが、こうした道徳的世界観を、ユダヤ人の思考は罪なき者の苦しみの省察を通して挫折させた。『ヨブ記』とは道徳的世界観の粉砕を記録する資料である。ヨブの形象が証言するのは、少なくとも人間的な経験の次元では、躓《つまず》きとしての悪は過ちとしての悪に還元できないことである。道徳的世界観の最初の素朴な表現である応報の理論は、世界の不幸のすべてを説明できるものではない。だとすれば、「苦しむ義人」というヘブライ的、より広くは近東的な主題は、預言者の告発を悲劇的な憐憫にまで引き戻すものではないか、と問うことができる。

今からこの思考の動きを順にたどってゆくが、この動きはまさに倫理的世界観を支えとしている。神が正義の起源、立法の源とみなされるところでは、正しい制裁がかつてなく重大な問題となるのである。苦しみは、それが正義の要求のうちに取り込めなくなるやいなや、ただちに謎として現れ出てくる。この謎はまさに倫理的神学の産物である。それゆえ、『ヨブ記』の激烈さに相応するものは他のいかなる文化にもない。ヨブの告げる不平は、倫理的神観の十分な成熟を前提にしているのである。立法者としての神が明瞭になればなるほど、創造者としての神は見えにくくなっていく。神聖性が倫理的に合理化されたことを埋め合わせるように、神の権能が非合理化するのである。まさしくそこで、告発する倫理的な神を告発し返すということが可能になる。そうして神を義とするという不条理な課題が見出される。神義論が誕生するのである。

懐疑がそうした地点に達し、自然発生的な倫理的見地が神義論の論証に訴え、確信をもたらす修辞に頼るようになるときにこそ、悲劇的見地の可能性があらためて浮上してくる。いかなる「証明」を用いても倫理的見地を救うことができないことから、悲劇的見地の可能性が生まれてくる。ヨブの友人たちならば、忘れてしまった罪、気づかない罪、先祖の罪、民族の罪をもちだして、苦しみと処罰との等式を立て直そうとするかもしれない。ヨブは苦しみと処罰とのあいだの裂け目をふさぐことを拒絶する。ヨブの無垢[234]と苦しみは、いかなる倫理的見地も届かないところに刻まれているのである。

すでにバビロニアの「知恵[235]」は、苦しみをめぐる省察に触れて、こうした形での倫理的見地の解体をきわめて遠いところまで推し進めていた。「主人とその僕との厭世的な対話」の作者にとって、苦しみとは不正というよりむしろ不条理なものであり、そこからの揺り戻しによってあらゆる企てが不条理と化す。不条理なものの前では何もかもが等しくなる。こうして倫理的見地は、行為の中核に至るまで損なわれてしまう。[236]「苦しむ義人の詩」がそうであるように、他のテクストでも不平が絶望の地点にまで推し進められ、ヨブの不平と抗議に近いものになっている。[237]だが、知恵はもっとも沈黙した諦念、知への意志のもっとも極端な犠牲を指示している。マルドゥクの神的示現は、信者を理解ではなく感謝で満たし、窮境の暗闇に一筋の希望の光を差し込むのである。[238]

懐疑論、測り知れないものへの委任、慎み深い快楽主義、奇跡の待望、そうした態度はすべて、バビロニアの「知恵」のうちにすでに保蔵され、保留されている。それゆえ不平を告げる者はみずからの不平を犠牲に捧げ、忍耐を学び、測り知れない神の手に慎み深くみずからを委ね、知ることを放棄することになるだろう。

だが、神それ自体の倫理的理解から悲劇的理解への回帰について、近東の古代の「知恵」のもっとも際立った資料となるのは、なんといっても『ヨブ記』である。そして、イスラエル以外では神的なものの「倫理化」がこれほどまでに推し進められたことはなかったように、倫理的世界がこれほど根底的な危機に見舞われることは、他のどの場所でもなかったことである。ヨブの抗議と比較できるのは、おそらく「縛られたプロメテウス」の抗議だけであろう。だが、プロメテウスが問いただすゼウスは、預言者たちの聖なる神ではない。神の超倫理的な次元を取り戻すためには、応報の法に訴える正義を神へと向けて、「倫理化」の全過程を導いてきた正当化〔義認〕の図式から見て、神が正当化できないものとして現れることが必要であった。三人の「友人」がもちだす古い神義論に対するこの書の抗弁的な調子はそこから出てくるのである。

あなたがたが知っていることは私も知っている。私はあなたがたに劣らない。
しかし、私は全能者に語りかけ、神に訴えたい。

神が私を殺すと言うなら、私は何も望まず、ただ、私の道を神の前に訴えよう。

（『ヨブ記』13:2-3, 15）

私は知りたい。どうしたら、私はその方に会えるのか。御座にまで行けるのか。
私は御前で訴えを並べ、口を極めて抗議したい。
私はその方の答えを知り、私に言われることを悟りたい。

（同 23:3-5）

三一章でのヨブの見事な弁明は、みずからが犯さなかった過ちを数え上げて、細心なる意識に関する興味深い資料となっているが、この弁明は次のような誇りに満ちた言葉で締めくくられている。

ああ、私の言葉を聞いてくれる者がいればよいのだが。
ここに私の署名がある。全能者よ、私に答えてほしい。
私を訴える者が書いた告訴状があればよいのだが。
それをしかと肩に担い、
私の冠として結びつけよう。

（同 31:35-36）

神への問いただしは、それがイスラエルにおける罪意識の土台にあった対話的状況を揺るがせるところまで達するとき、その辛辣さの極致に達する。人間は、みずからの攻撃者や敵を前にするようにして、神の前にいる。

神の眼差しは、イスラエルにとって、罪の絶対的尺度であると同時に主の見守りと慈愛を表していたのだが、今や激しい恐怖の源となるのである。


人とは何者なのか。あなたがこれを大いなる者として、これに心を向けるとは。

朝ごとに訪ね、絶え間なく吟味するとは。

いつまで、私から目を離さず、唾を呑み込むあいだも、私を放っておかれないのですか。

（同 7:17-19）


狩人が野獣を眼差すように、神の眼差しはヨブへと向けられる。神はヨブを「包囲し」、ヨブの「様子をうかがう」。神は「ヨブへと網を投ずる」。神はヨブの家を襲い、「ヨブの力を尽きさせる」。この審問する眼差しこそが人間を罪あるものとするのではないか。ヨブはそのように考えるまでになる。「たしかに、そのとおりだと私は知っている。人はどうして神に対し正しくありえようか」（同 9:2）。むしろ人間は、神がそれほど多くを求めるにはあまりにも弱いのではないか。「あなたは吹き散らされた木の葉を震えあがらせ、乾いたもみ殻を追いまわすのでしょうか」（同 13:25）。


女から生まれた人間は、その人生も短く、苦悩に満ちている。

咲いては枯れる花のように、逃げ去る影のように、とどまることがない。

あなたはこのような者にさえ目を見開き、あなたに対して裁きの場に私を引き出します。

（同 14:1-3）

それゆえ、ヨブはみずからの生まれた日を呪う。「私の生まれた日は消えうせよ。男の子を身ごもったと告げられた夜も。……なぜ、私は胎の中で死ななかったのか。腹から出て、息絶えなかったのか」（同 3:3, 11）。

私の望みは、陰府をわが家とし、闇に寝床を広げること。
私は墓穴に向かって「あなたはわが父」と呼び、蛆《うじ》に向かって「わが母、わが姉妹」と言う。(訳38)

（同 17:13-14）

わが身を苛《さいな》むような神の不在に面して（同 23:8; 30:20）、人間は安らぎを求めてみずから自身の不在を夢見るようになる。

私を見る者の目は私を認めることがありません。
あなたの目が私に向けられても、私はいません。

ヨブが再発見するのはまさに悲劇の神ではないか。激しく恐怖させる測り知れない神ではないか。結末もまた悲劇的である。ギリシア悲劇のコロスは、「苦しみによって理解する」と言っていた。ヨブの方は、あらゆる倫理的な見地を超えて、信仰の新たな次元へと至る。すなわち、検証不可能な信仰という次元である。

絶対に見失ってはならないのは、ヨブの不平は、神と人間との一切の対話的関係の土台を損なうように見えるときでも、つねに祈願の領域を動いていることである。ヨブが神に逆らって呼びかける相手は、やはり神なのである。

どうか、私を陰府にかくまい、あなたの怒りが鎮まるまで私を隠し私のために境界を定め、私を覚えていてください。

もし人が死ねば、また生きるでしょうか。そうであれば、解き放たれるときが来るまで、すべての苦役の日々を忍んで私は待ちましょう。


（同 14:13-14）


「今も天に私の証人がいる。私のために証言してくれる方が高いところにいる」（同 16:19）。「私は知っている。私を贖う方は生きておられ、後の日に塵の上に立たれる。私の皮膚がこのように剝ぎ取られたあと、私は肉を離れ、神を仰ぎ見る」（同 19:25-26）。

この信仰が真実であるのは、まさに応報の空虚な知に反論し、人間には近づけない知恵を断念するという挑戦をしたからである（同 19:28）。ひとりヨブだけが、「私は知らない」という地点から、神について「確かなことを語った」（同 42:7）のである。

これは、バビロニアのヨブがそうであったように、ヨブもすべてを砕く諦念の沈黙へと戻るということなのだろうか。あるところまではそうである。「嵐の中から」ヨブに答える神は、問う者と問われる者の関係を逆転させる。「私が地の基を据えたときあなたはどこにいたのか。それを知っているなら、告げよ」（同 38:4）。「あなたは勇者らしく腰に帯を締めよ。あなたに尋ねる、私に答えてみよ」（同 40:7）。するとヨブは、ヤーウェに次のように答えた。

私は知りました。あなたはどのようなこともおできになり、あなたの企てを妨げることはできません。

「知識もないまま主の計画を隠すこの者は誰か」

そのとおりです。私は悟っていないことを申し述べました。私の知らない驚くべきことを。

「聞け、私が語る。私が尋ねる、あなたは答えよ」

私は耳であなたのことを聞いていました。しかし今、私の目はあなたを見ました。

それゆえ、私は自分を退け、塵と灰の上で悔い改めます。


（同 42:2-6）

とはいえ、ヨブの沈黙は、問い自体が打ち壊された以上、無意味によって完全に封じ込められているわけではない。この沈黙は、言葉がまったく無に帰するような次元ではない。その沈黙と引き換えに、ある種の言葉がヨブへと向けられる。その言葉は彼の問題への答えではなく、けっして苦しみの問題を解決するものではない。それはけっして、倫理的世界観をより巧妙な仕方で再構築するものではないのである。嵐の奥からヨブへと呼びかける神は、ヨブにベヘモットとレビヤタン、河馬《かば》と鰐《わに》を見せる。これらは打ち倒された混沌の痕跡であり、創造行為によって支配され計測された暴威の形象と化したものである。それらの象徴を通して、神はヨブに、すべてはもっぱら秩序、尺度、美であること、汲み尽くせない秩序、度外れな尺度、恐ろしい美であることをわからせようとする。そうして、不可知論と刑罰的歴史観・人生観のあいだに一筋の道が開かれる。検証不可能な信仰という道である。この啓示のうちには、ヨブ個人に関わるものは何もない。だが、まさにヨブ個人が問題なのではないからこそ、ヨブは呼び出されたのである。東方の詩人〔ヨブ〕は、アナクシマンドロスや暗き人ヘラクレイトスのような仕方で、秩序を超えた秩序を、みずから自身の不平をそこに位置づけ直すべき意味に満ちた全体を告示する。苦しみは、倫理的にも他の仕方でも説明できるものではないが、全体を観想することから始まるのは、思い上がりを捨て、不平のもとになる要求を犠牲に供することで実践的に成就されるべき運動である。つまり、宇宙のなかに自分一人だけの意味の小島を作りたい、国のなかに国を作りたいという思い上がりを捨てるのである。突如として明らかになるのは、ヨブの不平もまた、友人たちの道学者めいた説教に劣らず、応報への要求に動かされていたことである。結局それが、無垢なるヨブ、知恵あるヨブが悔い改める理由であろう。彼の異議申し立てを不純にしていた報いへの要求以外に、ヨブが何を悔い改められるというのか。ヨブにみずからの実存に見合った説明、私的な説明、有限なる説明を求めさせたのは、やはり応報の法だったのではないか。〔ギリシア〕悲劇の場合と同様、最後の局面での神の示現はヨブに対して何も説明しなかったが、ヨブの眼差しを向け変えた。すなわち、みずからの自由を敵対する必然性と同一化し、自由と必然を運命へと転ずる準備が整ったのである。この向け変え＝回心こそが真の「反復」である。それはもはや、なおある種の報償であるがゆえに一種の応報であるような物質的な反復ではなく、まったく内的な反復である。もはやけっして以前の幸福の回復ではなく、現在の不幸の反復なのである。

私としては、こうしたことがすべて『ヨブ記』のなかにすでに含まれていたと言うつもりはない。だが、私たちがそれを自分のうちで完成できるのは、『ヨブ記』から受け取った衝迫力を起点としてのことなのである。この衝迫力は「序」を少し読むだけで受け取ることができる。そこでサタンは、ヨブは不幸にさらされても「理由なしに」（同 1:9）神を畏れることを欲するか否かを賭ける。そこで賭け金となるのは、応報の法をあくまで拒絶し、悪人たちが栄えるのを羨むことをやめるだけでなく、幸福を受け取るように不幸を神の贈物として受け取り、それに耐えるということである（同 2:10）。これが倫理的世界観に打ち勝つ「反復」の悲劇的な知恵なのである。

さて、「隠れたる神への信仰」とそれを暗い火で照らす不幸の「反復」からアダム神話へと戻っていくならば、アダム神話の理解が悲劇から何を受け取るのかが理解できる。アダム神話が悲劇から受け取るものは二つある。一つは、預言者が告発する人間に対して、それにもかかわらず神が向ける憐憫であり、もう一つは、預言者がその聖性を宣告する神を前にして、それにもかかわらず人間が神の深淵に向けるおそれとおののきである。神は〈立法者〉かつ〈裁き手〉として道徳的主体に向き合い、この主体自体はいかなる行為のあとも無疵であるような無拘束の全き《まった》自由を賦与されているとみなす倫理的一神教は、さまざまな点で平板である。おそらく、聖書神学をそうした平板さから守るためには、悲劇的な神の可能性が完全に廃棄されてしまわないことが必要なのだろう。悲劇的神学が言葉で表現できなくともつねに可能であるがゆえに、神は隠れたる神〔Deus Absconditus〕である。そして、悲劇的神学がつねに可能であるのは、苦しみがもはや罰としては理解できないものだからである。

悲劇的人間学が私たちの具体的自由の増大と連動して起こる不可避なものの散らばったしるしをとり集めるように、悲劇的神学はこの運命がもつ見かけ上の敵対性のしるしをとり集める。そうしたしるしは、たとえば私たちの物の見方が狭くなるときに現れてくる。全体を見失った私たちは、前提を無視して奇妙な結論にはまり込んでいくのである。悲劇的なものを免れるのは、ギリシア悲劇の「予言者」、シェイクスピア悲劇の「道化」だけである。予言者と道化は、総体を見渡す視野に近づくことで、悲劇的なものから喜劇的なものへと上昇したのである。さて、そのような総体への視野を成り立たせなくするものとして、苦しみ以上にふさわしいものはない。この矛盾が解決されていないというだけでなく、解決できないものであるように見えるとき、私たちは再び悲劇的神学の傍らに立つことになる。非弁証法的な矛盾、それこそが悲劇的なものである。こうしてアンティゴネーとクレオンは、両者の対立を調停し、それぞれのもっともな理由を包み込む第三の力が与えられないままに、たがいを滅ぼしあうのである。ある価値が実現されるには同じくらい積極的な別の価値が破壊されねばならないということ、これもまた悲劇的である。おそらくこの悲劇性が頂点に達するのは、ある価値を促進することがその担い手の破壊を要求するように見える場合であろう。[239] その場合、そうしたことはまさしく物事の本性によって起こっているように見える。すなわち、世界の秩序自体が絶望への誘いとなるのである。「悲劇的なものから遠いものは、つねに世界そのもの、統一として思考された世界であり、そうしたことが可能であるような世界である」とシェーラーは述べている。人間的な諸価値に対する物事の進行の無関心、必然性——善人も悪人も照らす太陽——の盲目的な性格が、ギリシアのモイラ〔運命の女神（μοῖρα）〕の役割となるものだが、価値の関係や人格の関係が原因の次元の関係と照合されるやいなや、運命の神モイラは悪しき霊（κακός δαίμων）と化す。ギリシア悲劇の主人公とは、シェーラーの言う「悲劇的なものの結び目」であり、秩序の盲目性が運命の敵対性へと変ずる地点である。すなわち、悲劇的なのはつねに個人であるが、悲劇が表現するのは宇宙的な悲しみのようなものである。この悲しみは超越的な敵意を映しており、悲劇の主人公はこの敵意の餌食になるのである。そして、主人公とはこの見かけ上の敵対性の代行者であり、歩みを「緩め」て悲劇の結末を「急がせる」存在であるため、盲目の必然性は、悲劇の主人公の意図と敵対する意図とが絡み合ったものとして現れるのである。

以上が、あらゆる論理的、道徳的、美的な和解の手前で、悲劇的な見方がつねに可能であり続ける理由である。

　私たちは、アダム神話と悲劇神話を実存の二つの解釈として向かい合わせるだけにとどめ、二つのあいだを終わりなく行き来するしかないのだろうか。けっしてそんなことはない。

まず、悲劇神話が聖書神話の助けになるのは、最初に聖書神話が悲劇神話をよみがえらせるかぎりでしかない。何度でも繰り返すが、みずからが悪の作者であることを告白する者のみが、この告白の裏面を発見するのである。悪の告白の裏面とは、悪の措定における措定されざるもの、悪のいつもすでにあるという面、誘惑する他者、そして最後に、試練を与え、私に敵として現れうるという神の理解不可能性そのものである。アダム神話と悲劇神話のあいだのこの循環関係においては、表がアダム神話、裏が悲劇神話なのである。

　だが、とくに二つの神話の対極性は、理解がある段階で停止することを表している。この段階では、私たちの見方はなお二分法的である。すなわち、犯した悪が正当な追放を引き起こす一方で（アダムの形象）、被る悪は不当な剥奪を引き起こす（ヨブの形象）。第一の形象は第二の形象を呼び求め、第二の形象は第一の形象を修正する。矛盾の乗り越えを予告するのは第三の形象のみであろう。それは「苦難の僕」の形象である。この形象を通して、苦しむことや被る悪は、犯した悪を贖うことのできる行為と化すだろう。この謎めいた形象は、第二イザヤの四つの「主の僕の歌」で称えられている（『イザヤ書』42:1-9; 49:1-6; 50:4-11; 52:13-53:12）。この形象が開く展望は、「知恵」の形象の場合とは根底的に異なっている。創造とその大いなる尺度を観想することによって慰めが得られるのではない。贈物と化した苦しみこそが民の罪を贖うのである。


彼が担ったのは私たちの病い、彼が負ったのは私たちの痛みであった。

しかし、私たちは思っていた。彼は病いに冒《おか》され、神に打たれて苦しめられたのだと。

彼は私たちの背《そむ》きのために刺し貫かれ、私たちの過ちのために打ち砕かれた。

彼が受けた懲《こ》らしめによって、私たちに平安が与えられ、彼が受けた打ち傷によって私たちは癒やされた。

……

そう、私の民の背きのために彼が打たれ、生ける者の地から絶たれたのだ！


（同 53:4-5, 8）

この「苦難の僕」の意味がどのようなものだとしても、すなわち個人的または集合的な歴史的人物でも、来たるべき〈救い主〉でも、それが開示するのはまったく新たな可能性、すなわち、意志的な同意によって、苦しみが躓《つまず》きの無‐意味のなかである意味を与えられるという可能性である。生の司法的で処罰的な見方に立てば、苦しみの理由は罪を犯したことでなければならないだろう。このような応報の図式は、無垢なる者たちの苦しみによって粉砕されてしまった。不合理という深淵によって、罪と苦しみは切り離されるのである。まさにそのとき、「苦難の僕」の苦しみによって、苦しみと罪とのあいだに応報とは別の次元での絆が結ばれる。しかし、「苦難の僕」の悲劇性はギリシア的な英雄の悲劇を超えたものである。

もちろん、「司法的神学」は尽きることがなく、そこでは身代わりの苦しみは応報の理法の最後の救命具と解された。この図式によれば、贈物としての苦しみとは、慈愛が正義を「満たす」ための手段となるだろう。神の属性としての正義と慈悲のあいだで釣り合いをとるこの力学では、与えられた苦しみという新たな質が、応報の量的理法へと再び取り込まれてしまう。まことに贈物としての苦しみこそが、躓きとしての苦しみを捉え直し、罪ゆえに苦しみを被るという関係を覆すのである。古来の理法によれば、罪責性は処罰としての苦しみを生みだすはずであったが、今や応報の外なる苦しみ、無意味な躓きとしての苦しみこそが人間の悪を迎え入れ、世界の数々の罪を背負うのである。〈苦しみ〉が現れ、応報の法律主義から身を引き離し、みずからの意志で再び古い法に服するということ、この法を成就させつつ消去するにはそれが必要だったのである。要するに、不条理な苦しみというヨブの段階は、処罰から寛大さへの運動を媒介するものとして必要だったということである。だがその場合、罪責性は別の地平へと移されることになる。すなわち、〈裁き〉の地平ではなく、〈慈愛〉の地平へである。

この苦しみの窮極的な意味づけに対して、悲劇的な見方は何を意味するのだろうか。贈られる苦しみというあり方にまで達していない私たち全員にとって、悲劇的な見方は依然としてつねに可能である。苦しみの聖性に至る手前で、次のような問いはなお存続している。神は邪悪なものではないか、信者が「私たちを試みに導かないでください」と祈るとき、そうした可能性に言及しているのではないか、信者のこの願いが求めるのは、「悲劇的神の姿で私に会いに来ないでください」ということではないか。神によって盲目にされるという悲劇的神学のごく近くに、誘惑の神学というものがある。

それゆえ、悲劇が死に絶えることはけっしてなかった。まずは哲学的〈ロゴス〉によって、次にはユダヤ－キリスト教的〈ケリュグマ〉によって、悲劇は二度殺されたが、この二重の死のあとも生き残っている。悲劇的意識の究極のモチーフたる神の怒りのテーマは、哲学者の論証によっても神学者の論証によっても打ち負かされることはない。神が無罪であることを合理的に正当化するものはないからである。ストア派流の説明もライプニッツ流の説明も、ヨブの友人たちの単純な弁護と同じく、無垢なる者たちの苦しみの前では砕け散ってしまう。被る悪の不透明さ、そしてシェーラーが「悲劇的なものの現象」という論考で言うように、「そのようなことが可能である」世界の不透明さは残り続ける。無意味が意図的に人間へと襲いかかるように見えると、神の怒りという図式がただちに出現し、悲劇的意識が立て直される。苦しみを丸ごと受け入れる意識がある場合にのみ〈神の怒り〉が〈神の愛〉に吸収されていくだろう。しかし、そうした意識にとっても、他者の苦しみ、子どもの苦しみ、小さい者の苦しみは、不正の謎を新たに示すものとして映るだろう。(240) ただ臆病なる希望だけが、沈黙のうちで、「邪悪な神」の幻影の終わりを先取りできるだろう。

3　混沌神話の取り入れ

悲劇神話の克服不可能性に関する以上の省察を通して、今度は混沌神話についても、少なくともある程度まではいかにして再肯定できるかが見えてくる。そこで問われるのは、神統譚的神話はなお私に語りかけてくるのか、それとも根底的に死んでしまっているのか、である。こうした問いに対して、現段階の省察では、まだ完全な答えは与えられないことを認めねばならない。たしかに、ある意味では、神統譚的神話は倫理的一神教によって粉砕されたのであり、私たちは今、この倫理的一神教が人間的な悪の告白と結びついていることを知っている。この絆がきわめて強いのは、それが相互的なものだからである。つまり、神は聖なるものゆえに罪は人間のみにあり、人間が罪あるものゆえに神は無垢〔無罪〕だ、というわけである。とはいえ、まだ最後の言葉は語られていない。悲劇的なものへの反省から、倫理的一神教自体が乗り越えられるべきだという考えが出てくる。倫理的なものとしての一神教は乗り越えられねばならず、一神教そのものも乗り越えられねばならないかもしれない。この究極的な躊躇が出てくるのはなぜなのか。それは事実上の理由によるが、この理由は、すぐさま自身を超えて権利上の理由へと転じていく。理由となる事実は以下のとおりである。バビロニアや太古のギリシアの素朴な神統譚が死に絶えても、悪を存在の根源的契機とするさらに洗練された存在‐神論の数々が出現してくる。ヘラクレイトスの宇宙論的断片、十四世紀のドイツ神秘思想は、神統譚の哲学的・学問的等価物を提供しているが、そこでは悪は存在の苦痛のうちに、存在の悲劇としての悲劇的なもののうちに根を下ろしている。神統譚がたえず新たな形をとって甦ってくること、この事実が私たちに反省を促すのである。

この神統譚による誘惑は、悲劇的なものの側から出発することで理解できる。一方では、今述べたように、犯す悪と被る悪に関する私たちの経験のあるレベルは、悲劇的なものとは克服できないものである。他方では、悲劇的神学は言葉にできず、思考できないものである。悲劇的なものは、人間のレベルでは克服できず、神のレベルでは思考することができない。知略に富んだ神統譚によってのみ、悲劇は克服できないが同時に理解できるものとなる。結局のところ、神統譚とは、悲劇的なものを事物の起源に移し置き、否定性を介することで、それを存在の論理と合致させるものである。

それゆえ、悲劇的世界観を不可避たらしめるすべての事柄によって、存在の悲劇‐論理は、「邪悪な神」を聖化しかつ清算するという点で誘惑的なものとなる。悲劇の「邪悪な神」は、存在の弁証法の論理的一契機と化すのである。

たしかに誘惑的ではあるが、存在の悲劇‐論理は真理なのだろうか。私たちはまだ、その呪縛をはねのけるだけの武器を準備できていない。それゆえ、この問いに対する完全な答えは、本書でも、また次の第三冊でも見出されることはない。その答えは自由と人間存在の「詩論（poétique）」の管轄となるが、この「詩論」は哲学的人間学の諸可能性を超えているのである。悪の象徴と神話に関する省察から理解されるのは、人間による悪の措定は、その悪の裏面として、この措定に混ざりあう措定されざる契機を見出すということである。この契機自体は人間とは別のものを参照させ、〈蛇〉によって形象化されることになるのだが、この措定されざる契機、この〈他者〉は、もっぱら悪の人間学の境界上にあるものである。この悪の非人間的な源泉が絶対的な弁証法によって実体化されると、この人間学の勢力圏を超え出てしまう。それゆえ、アダム神話を優位に置くのは、悪を存在のカテゴリーと考えさせないようにするためだと言わねばならない。だが、アダム神話には裏面があり、残滓があるがゆえに、他の諸神話が打倒されることはない。こうして悪の人間学は、悪が根源的に属するような仕方で存在を絶対的に発生させる権利について、それを措定することも除去することもできないのである。

悪と有限性に関する本研究のすべての前提を留保なく表明しておくために、私は以下のことを述べておこう。それは、存在の絶対的な発生を説かせ、悪を実体化して存在の一つのカテゴリーとさせる呪縛に対して、それを解消できるものがあるとすれば、「キリスト論」だけだろうということである。キリスト論という語で私が意味するのは、先に人間の苦しみの至高の可能性として喚起した苦難の僕《しもべ》の形象を、神の生自体、神の諸「人格《ペルソナ》」の弁証法に組み入れることのできる教説である。

「キリスト論」に従えば、この苦しみは神性の一つの契機である。神的な生命がみずからを低め無化するこの契機は、悲劇の成就と消去を実現する。悲劇が成就するというのは、不幸は神のうちにあるからである。「あなたがたは知らないのか、人の子が捧げられねばならなかったことを」というわけである。この「ねばならなかった」によって、運命は高められて神的生へと含み込まれる。だが、悲劇は反転されるがゆえに消し去られる。神統譚では、クロノスはみずからの父を切り裂き、マルドゥクはティアマトの怪物的な力を粉砕する。それに対して、福音書のキリストは、まさしく絶対的な〈犠牲者〉として栄光と化され、存在のうちで高められる。だとすれば、「ねばならなかった」は「贈与」の光において初めて理解される。「誰も私から命を取り去ることはできない。私は自分でそれを捨てる」〔『ヨハネによる福音書』10:18〕。ヨハネによればキリストはそう言っている。絶対的な〈運命〉が絶対的な〈贈与〉であること、それこそが成就しかつ消去された悲劇なのである。

だが、この「キリスト論」は、先に言及した「主の僕」に関する省察の延長上にありつつも、それとは異なる次元に位置している。主の僕という形象は、依然として人間的実存の象徴系に属しており、人間の苦しみの極北の可能性を露わにするものである。主の僕は、人間でも民族でも、過去の預言者でも来たるべき師でもありうる。要するに、この形象は人間の極限からその最内奥を照らすものである。だからこそ、人間的実存の象徴に関する哲学的反省は主の僕の象徴から教えられるのである。それに対して、躓きとしての苦しみを神のうちに実体化し、この苦しみを贈与として捉え直す教説は、もはや人間の最極端の可能性を露わにするものではなく、それゆえもはや人間的実存の象徴系には属さない。たしかに、キリストの犠牲において実現された「運命」と「贈与」の同一性を私たちの行為と受苦のための範型とみなし、それを人間的なものの境界をめぐる象徴系に組み込むことは可能である。だが、この象徴系はキリスト論の次元にはなく、キリスト論はこの象徴系と同じ次元にあるのではない。それゆえ、成就されかつ消去された悲劇としてのキリスト論は、哲学的人間学の力の届かないところにあるのである。

以上の理由から、太古以来の数々の神統譜の死のあとも、神統譜はなお未決の問いであり続けている。悪の非人間的な源泉を認める告白は、悪の人間的な起源に関する告白それ自体に含まれており、この告白が悲劇を蘇らせる。そして、悲劇は思考できないものであるがゆえに、悲劇を論理に転じて救う究極の手立てとして神統譜が提供されるのである。言葉にも思考にもできない「邪悪な神」の神学のために語られるすべては、思考でき言葉にできる存在‐神論を求める訴えでもある。この存在‐神論では悪が存在の媒介と化すのである。

悲劇的なものを存在の論理に統合するのか、それともキリスト論へと転化するのか。本書の以後の考察は、一貫してこの二者択一の手前にとどまるものである。この二つの可能性のあいだでの選択は、自由の「詩論」に属することであるが、私たちはまだこの「詩論」を手に入れていない。それゆえ、これから私たちが人間の悪の象徴と神話に導かれて形づくっていく哲学的人間学は、解決されざる二者択一という下地の上に浮かび上がるものである。非 - 人間的、おそらくは前 - 人間的な悪の謎に隣り合わせるたびに、私たちはこの二者択一に直面させられる。そして、みずからのうちに、また私たちのあいだに悪を生じさせるたびに、私たちはこの謎を新たにするのである。

4　アダム神話と追放神話の争闘

すでに述べたとおり、追放された魂の神話は、類型論的な隔たりの大きさによって、他の諸神話から切り離されている。ということは、この神話は想像と共感における反復によってしか接近できず、アダム神話には対立する神話としてしか連関づけられないのだろうか。

新プラトン主義的に表現されたキリスト教の歴史には、堕罪神話が追放された魂の神話に感染されている例が多くみられるが、この事実だけからもただちに考察すべきことは出てくる。そうした混合形態は単なる誤解として放逐されるかもしれない。この混同の結び目を力ずくで断ち切ることが、哲学者と神学者の重要な任務となることさえありうる。実際、キリスト教がニーチェの言う民衆のプラトン主義へと滑り落ちたのは、この感染に責任がある。そのせいでキリスト教は、歴史上でも最大の背後世界を編みだしたものとして現れたのだった。私たち自身は、魂と身体の二元論——悪は魂と身体の混淆とされる——を、アダム神話の人間学的一元論——悪を根源的状況からの隔たりとみなす考え方に対応する——に全力で対置させてきた。アダム神話を中心とする引力圏のもっとも周縁に置かれるのがオルペウス神話であるが、この位置は神話の静態論が示していた事柄を動態論の次元で表現するものである。

とはいえ、この感染自体を動機づけるものはなんであるのか、その点を理解するという課題が残っている。双方の神話のそれぞれにおいて、敵対する神話との親縁性を見分けることができて初めて、両者が混合しうることが説明できる。そうしたひそかな親縁性の働きによってこの感染を理解できれば、正反対の神話も含めてすべての神話を主導的な神話〔アダム神話〕から理解しようとする私たちの企ては、最大限に拡張されたことになるだろう。

まずはアダム神話から出発し、この神話がいかにして追放された魂の神話と出会うのかを見ることにしよう。出発点にすべきは、またもやすでにある悪の経験、すなわちアダム神話の裏面、エバと蛇の組が形象化している面である。だが、この受動性と誘惑についての解釈は、悲劇神話では神による盲目化の側に引き寄せられ、神統神話では原初の混沌の再現の側へと引き寄せられるのに対して、オルペウス神話では誘惑の外在性の側面を発展させ、あらゆる非意志的なものの唯一の根としての「身体」と一致させようとする。

ところで、蛇という主題から牢獄としての身体という主題への移りゆきは、理解しがたいものではない。神話的シンボリズムから悪の経験の一次的シンボリズムへとさかのぼれば、ヘブライ文献に属しながらもオルペウス的シンボリズムへの移行を予告しているいくつかの象徴が見出される。エジプトでの捕囚とエジプトからの脱出、すなわち出エジプトの象徴はそうしたものである。このシンボリズムは、バビロン捕囚という歴史的経験によって、また大いなる〈帰還〉への激しい希望によって強化されてきた。この希望は、捕囚期の大預言者たちを動かし、今日でもなお四散したユダヤ教を引っぱっているものである。ところで、ユダヤの歴史神学と直接結びついたこのシンボリズムは、追放という主題のうちに特有の神話的表現をもっているが、この主題は堕罪物語から切り離せないものである。堕罪によって追放、彷徨、滅亡の時が始まったのであり、それぞれアダムとエバの楽園追放、カインの彷徨、バベルの建設者たちの四散、〈洪水〉による脱－創造によって形象化されている。それゆえ、追放の主題が堕罪の主題と無関係だとは言えず、前者は後者に「呪い」として結びついている。聖書的な意味での捕囚の魂の追放に対する関係は、ユダヤ人たちの出エジプトがオルペウス教徒たちの魂のオデュッセイアに対してもつ関係と同じだと言える。

なるほどオルペウス教徒にとっては、追放と王国への帰還とは「魂」の追放と帰還であり、「身体」は追放の場である。だが、そのこと自体は、ヘブライのシンボリズムからもある程度までは理解できることである。すでに述べたように、捕囚と脱出という象徴は、人間の悪の外在性の局面を認めるものである。この外在性は、預言者たち、とくにエゼキエルとエレミヤにおいて、身体的なシンボリズムによって表現されていた。石の心、獣たちの発情にも似た猥雑な不貞、といった表現である。そして、この悪の外在性の経験のゆえに、穢れの象徴を罪のシンボリズムのうちで捉え直すことができたのであった。「過ちをことごとく洗い去り、私を罪から清めてください。……私は清くなるでしょう。私を洗ってください、私は雪よりも白くなるでしょう」〔『詩篇』51:4-9〕。詩篇作者はこう祈っているのである。更新されたこの穢れのシンボリズムから身体のシンボリズムまでの距離は、乗り越えられないものではない。身体自体、いわば文字通りの身体なのではなく、象徴的な身体でもあるからである。身体というのは、私のうちで私なしになされるすべてのものの在処《ありか》である。ところで、誘惑もまた私のうちで私なしになされるものである。それゆえ、身体的な非意志性の準－外在性が、聖書物語でエバと蛇の出会いとして表現されていたものと類比的な経験を伝えるために、外在性の図式として役立ちえたとしても驚くべきではない。そのためには、身体という概念自体がきわめて豊かな象徴的倍音を保持し、単なる生物学的メカニズムに還元されなければ十分である。人間身体に関する科学が誕生するまでは、そしてギリシア人たちの医学思想が関わる諸領域の外では、状況はそうしたものであった。

〔追放された魂の神話による〕感染の道程の新たな段階は、聖パウロ、聖アウグスティヌス、ルターが経験し、ある作家が適切にも二度生まれ(241)（twice-born）と名づけた型の宗教的経験によって表される。この型に属する熱烈な信仰者たちは、悪の抵抗不可能性の経験と恩寵の抵抗不可能性の経験を代わるがわるもつ。彼らの人間論は可能なかぎり反主意主義的である。すなわち、人間は最初は罪の奴隷であって、恩寵によって「キリストの奴隷」となるのである。聖パウロの例はとくに衝撃的である。聖パウロの言葉遣いは、ときとしてヘレニズムやグノーシスの知恵の言葉にとても近いので、聖書的伝統が新オルペウス主義やグノーシス主義からすでに実際に感染を受けていたことの表れとして解釈できるほどである。こうして聖パウロは、「私の中に住んでいる罪」〔『ローマの信徒への手紙』7:17〕や、「私の理性の法則に対して闘いを挑み、私の肢体の内なる罪の法則に私を縛りつける、私の肢体の内なる別の法則」〔同 7:23 に対応〕という言い方をする。身体そのものが「死に定められたこの体」〔同 7:24〕と呼ばれることもある。とはいえ、パウロ的な主題を再構成するためには、囚《とら》われの象徴、そしてエレミヤやエゼキエルの表現を経由する線を延長してみればよい。すでに述べたように、「肉」や「体」というパウロの概念が示しているのは、実体的な実在性ではなく実存的カテゴリーであって、情念の全領域をカバーするばかりか、律法においてみずからを栄光あるものにしたいという道徳的意志をも含んでいる。それは疎外された自我の全体であって、内なる人間を形づくる「霊の欲」と対立しているのである。私を私自身から分離し、自己自身から疎外された自我を外在性へと投げ入れること、それがパウロの肉概念の鍵なのである。聖パウロにおける罪の象徴系の発生にまで立ち戻る必要はない。ここで私たちにとって重要なのは、この象徴系が、本質的にはヘブライ的伝統から説明できるものでありながら、根源的に悪しきものである身体へと追放された魂というヘレニズム的伝統に対して重大な担保を与え、その後のキリスト教と新プラトン主義とのすべての出会い、およびそこから生じるすべての誤解を準備することである。すなわち、罪という聖書的主題は、分離と疎外の内的経験によって信認されて、準-二元論へと少しずつ傾いていくのである。

　聖パウロ自身は、少なくともその語彙においてはヘレニズム的二元論の方向に進んでいたが、[242] 次の三点によって、彼のグノーシスへの傾きが押しとどめられていたことを認めるべきである。すなわち、まずはキリストが私たちと同様の肉のうちにあるという受肉への鋭い感覚、次いで私たちの身体自体が贖われることへの期待、そして最後にアダム神話そのものである。この最後の点には注意を向ける価値がある。パウロがアダム神話に入り込み、アダムを歴史の始まりに位置する個人と見なして、アダムの象徴を文字通りの意味に固定するのを見て、不安に思う人もいたかもしれない。だが、今やこのアダム神話こそが、パウロが二元論へと滑り落ちるのを防いでいることを認めねばならない。パウロはアダムという個人をキリストと対称的なものとみなし、キリストを第二のアダムと呼ぶが（「ただ一人の人間によって……と同じように」）、この箇所を準‐二元論的な文書の数々と比べてみると、そこには新たな響きがもち込まれていることがわかる。すなわち、以前は自然の法則とみなされがちであったところに、再び偶然性が導入されているのである。この「ただ一人の人間〔アダム〕」が代表しているのは、善なる創造と人間の現状――聖パウロが別のところで「肉」「古い人間」「世界」と呼ぶ状態――との隔たりである。こうしてアダム神話こそが、グノーシスへと滑り落ちるのを押しとどめているのである。

このように、聖パウロにおいては、アダム神話から追放された魂の神話への隔たりがはっきり感じとれる。しかし、アダム神話に固有の特徴が弱まっていく一方で、キリスト教的経験の新たな特徴によって追放された魂の神話がより誘惑的になってくると、この隔たりはもっと狭まってくることになる。実際、一方では、アダムは徐々に人間の人間性の象徴ではなくなっていく。アダムの無垢は、本性によってであれ恵みの付加によってであれ、知や至福、不滅性を伴う空想的なものと化すのである。それによって、過ちによる「隔たり」は、本当の意味での「堕落」、すなわち超人間的な高次の地位からの実存の降下であり、陥落であることになるだろう。それ以来、アダムの堕落はプラトンの『パイドロス』における魂の墜落とほとんど変わらないものとなる。プラトンでは、すでに肉体を得た魂が地上の身体へと落下するのであった。アダムの堕罪は、その描像が異なるだけで、かつての祖国から遠く離れたところへの魂の追放と同じようなものとみなされていくだろう。

アダム神話が変質していくのと同時に、キリスト教的経験自体が変容し、その新たな特徴を説明するために二元論的神話をある意味で吸収していくことになる。実際、プラトン化していくキリスト教は、禁欲的かつ神秘的な形をとり、観想と情欲の対立を取り込んでいくが、今度はこの対立が、霊的な魂と死すべき狂乱する身体との対立を呼び求めることになる。穢れへの古い不安と身体と性への古い恐れが、新たな知恵によって再び担われるのである。こうして、高慢の罪というキリスト教的経験を情欲へと引き戻すものはすべて、数々の二元論的な神話へと連れ戻すものとなる。キリスト教は、魂の不滅性というギリシア的主題を採用したのと同じ理由で、悪と身体の同一視へと向かうのだと言えよう（その極限までには至らないが）。こうした変容をもたらした動機のうちでも、とくに死の経験、むしろ死んでいくことの経験に特別な場所を与えるべきであろう[243]。この経験は、殉教によってその有害性と真正性の頂点に達し、のちの霊性の全体に影響をもたらした。殉教が歓びとともに受け入れられ、ときには望まれるものとなると、死は真の〈生〉の始まり、キリストとともにある生の始まりとみなされるようになっていく。それとの対比で、この「涙の谷〔現世〕」での滞在はもはや試練のときでしかなくなり、さらには悪の形象となる。『ゴルギアス』でのソクラテスにとってそうであったように、純粋な欲望とはこの世界からの逃亡であることになる。こうしてキリスト教的経験のただなかに、追放された魂と身体－牢獄の神話の遠い相続者たる新プラトン主義の霊性と融合させる条件が集まってくるのである。キリスト教、新プラトン主義、グノーシスという三項からなるこの弁証法については、のちほどあらためて取り上げることにしたい。ここではまだその全要因が登場していないので、この弁証法を理解できる段階にはない。加えてこの弁証法は、「質料」や「原罪」、「アイオーンの堕落」といったはるかに思弁的な象徴の次元で演じられる。私たちの全分析はそうした次元の手前で動いている。神話的象徴の次元では、アダム神話の内部の緊張から出発して、それを追放された魂の神話へと向かわせて相互の感染を可能にするような動機づけの線を素描すれば、それで十分なのである。

だが、アダムの図式から追放された魂の主題へのこうした移りゆきは、後者の側に象徴的な転位への並外れた潜勢力がなければ可能にならなかっただろう。悪の象徴のうちでもっとも古い穢れの象徴がもつ象徴力の豊かさについては、これまで幾度も示唆してきたところである。穢れはつねに汚れ以上のものであり、それゆえもっとも洗練されたものである隷属意思の概念に至るまで、悪の経験の全段階を類比的に意味することができる。ところで、身体の象徴もまた、穢れの象徴に劣らず多元的に決定されている。というのも、二つの過程は切り離せないものだからである。それがなぜかは理解できる。措定的で外在的であること、破壊せずに変質させることが穢れの象徴の本質であるのに対して、自己自身の身体は象徴に対する象徴という役割を果たすことができる。身体もまた実存のうちに措定され、内と外の境界に位置し、本質的に触発し変質させるものである。それゆえ、身体によって悪を「説明」する際には、つねに身体の象徴的転位のある度合いが想定されている。そうでなければ、身体は罪責性を逃れるためのアリバイでしかなくなってしまう。それは、性格や遺伝をもちだして罪の責任を逃れようとするときに起こっていることである。身体による悪の「説明」とは、客観的な説明ではなく原因譚的な神話であり、結局は第二段階の象徴である。だが、この説明を現代人が望むように科学的なものにしようとすると、行為を倫理的に悪しきものとして特徴づけられなくなってしまう。人間が悪の責めをみずからに負いつつその悪を身体に結びつける場合、みずからの告白する悪の経験のある側面の象徴として身体を扱わざるをえなくなる。身体を象徴的に変容させることは、身体を悪の神話系に属させるための条件なのである。

それゆえ、牢獄としての身体というオルペウス的象徴が内在化される例が、歴史上いくつか提示されているのは驚くべきことではない。それらの例は、聖書的な堕罪の象徴の外在化に対応している。聖パウロが「堕罪」のイメージから「肉」のイメージへと向かっていくように、プラトンは悪しき身体から不正なる魂へとさかのぼる逆向きの動きを描くのである。

実際、プラトンのうちに身体への告発――「魂がそれとともに捏《こ》ねられる悪しきもの」と『パイドン』では言われている――だけを見て、牢獄としての身体というそれ以前のシンボリズムの捉え直しや修正、内在化の運動を無視するのは正確ではない。プラトンは不正な魂についてのソクラテスの分析を身体に投影すると同時に、身体そのものをこの魂自体の受動性の象徴へと変容させる。この二つの運動がどのように交差するのかをよく見なければならない。一方では、魂の「配慮」や「世話」といった純粋にソクラテス的なものと思われる観念は、こうした身体のシンボリズムを呼び求める。実際、魂の「世話」というのは、脅かされ病いになるため配慮し助けねばならない身体に魂が似ていることを前提としてのことである。こうして倫理や政治は魂の「医術」になぞらえられる（『プロタゴラス』311b-313a, 356c-357a）。「魂の世話」というこの医療的な象徴には、「不正という病い（τὸ νόσημα τῆς ἀδικίας）」（『ゴルギアス』480b）、および身体の体液の不調をモデルにイメージされる魂の不調和が対応する。贖いの観念も同じシンボリズムによって規定されている。下剤が身体から悪い体液を取り除くように、贖いは魂から邪悪さを取り除くのである。それゆえ、罰せられた魂、すなわち処罰によって悪から清められた魂は、贖われていない不正な魂よりも幸福である。処罰のこのような機能が前提するのは、不正は病気のようなものであり、正当な処罰は治療のようなものだということである。それゆえ、身体が「不正」の原因であるよりも前に、身体特有の悪＝病（maux）が不正の象徴なのである。病気と治療というこうした医術のメタファーが魂の悪や魂の世話に直接適用されることで、牢獄としての身体というオルペウス神話が逆に哲学へと転位され、不正なる魂の暗号へと変容されることが可能になった。ソクラテス的魂には、プラトンによるオルペウス神話の捉え直しを受け入れる準備ができていたのである。この捉え直しは、哲学が神話的基底へと再び沈み込んでいくと同時に、高次のシンボリズムへと進んでいく様子を示している。高次のシンボリズムにおいては、身体的象徴の文字通りの意味がたえず弱められていくのである。

　このように身体の象徴が徐々に変容していく過程は、『パイドン』のように知の全階梯を踏破していくと言われた対話篇でははっきりと見分けられる。そこでは、神話的な言葉に近い単なる促しの段階を超えるにつれて、魂は意味を変じていくが、それに応じて身体も意味を変えていく。最初の段階では、全体としての生それ自体が悪であり、哲学することと絶対的に対立している。そのとき身体は思考の対極にある。世界との接触が無垢なものである余地はまったく残されていないように思われる。というのも、身体とは「ともにあれば、魂をかきみだし、真実と、知の獲得を許さない」（『パイドン』66a）ものだからである。だとすれば、哲学とは、身体の死により「魂それ自身によって事柄それ自体を観」（同66d）ようとするものとなる。たしかに身体は、すぐれて悪の場所であるように見える。「われわれの魂は……悪にすっかり混じり合っている」（同66b）のであり、「肉体の愚かさ」（同67a）に委ねられている。だが、この低次の段階の知においてもすでに、身体の呪いは今日の私たちが物質性と呼ぶもののうちにあるのではなく、事物と接触できるその能力のうちにあるのでもない。そうした接触において告発されるのは、むしろこの接触に魔法をかける「魅力」である。それによって、魂は身体に釘づけされ、当の「接触」に囚《とら》われてしまうのである。「人間の魂というのは、なにか激しい快楽やあるいは苦痛をおぼえると、かならずやまた、そのような感覚をもたらした当のものごとこそまさに明々白々な、真実きわまりないものであると、――ほんとうはそうではないのに――信じ込まされる」（同83c）というわけである。それゆえ、知覚されたものは無垢であっても、それにつきまとう情感はもはや無垢ではない。そして今度は、この情感が魂を囚われの身とする。魂の内なる眩暈《めまい》によって、情感と知覚がパトスへと変容されてしまうからである。この眩暈は魂の内にあり、それによって魂は欲望する身体へと突き落とされるのである（同79c）。そのとき以来、みずから囚われの身となり、みずからを包囲するものへと身をゆだねる魂の活動は、ひそかに「受動」となる。「そしてこの牢獄のまさに巧妙に仕組まれている点というのは、その囚われの状態をつくり上げているのが、じつは欲望であること、つまり、縛られているその者自身がとりわけその束縛に協力しているとも言える点にあるのだが、それを〈哲学〉は見ぬく」（同82e）。だとすれば、魂は「みずから自身の死刑執行人」だということを認める必要がある。

　私たちは悪しき身体の神話からは遠ざかってきている。というよりも、神話の倫理的解釈によって、神話における「ソーマ〔身体〕」が多元的に決定されていることが見えてきている。この「神話的」ソーマはすでに身体以上のものであって、たしかに輪廻によって、もっぱら想像的な表象へと引き寄せられている。実存は、衣服のように着たり脱いだりする身体の覆いのなかに、文字通り囚われたものとして表象されるのである。だが、すでに浄めの実践によって、「身体」の神話は文字通りの意味よりもむしろ象徴的な意味の方へと引き寄せられてきている。

だからこそ、プラトンが知の段階を昇っていくとき、身体の意味は魂の意味とともに変わっていくのである。もはや魂とは、一つの身体を使い潰しては別の身体へと移っていくような移ろいゆくものではない。魂とは――少なくともまだ問答法に至っていない次元では――数々のイデアとの「類似」によって表される実存のことである（より高い次元では、魂は生のイデアによって構成されることになるだろう）。さて、魂が自己自身と同一であり続けるイデアに「もっともよく似たもの」であるのに対して、身体は滅びゆくものにもっともよく似たものである。魂が存在に従事しているのと同様に、身体とは事物ではなくむしろ実存の方向であり、逆向きの類似である。「その場合には、片時も同一性においてないもののほうへと、魂は、肉体に引きずられていくであろう。そして、そのような不定なるものに触れるがゆえに、魂自身までもが彷徨し、混乱して、はてはさながら酔える者のごとく眩暈をおぼえるのではないか」（同 79c）。こうして二つの実存的運動が描かれるのであり、それらは滅びゆくものと変わらないものという二つのものとの「類似」、ないしは「同族性」によって規定されるのである。先に私たちは、素朴にも〈イデア〉と〈身体〉を二つの「世界」のように対立させたが、魂とは二つのもののあいだにあるもので、それ自体が一方に向かってはまた他方に向かう運動である。すなわち、幾何学や問答法によって不変なものと化し、欲望の眩暈によって滅びゆくものと化す運動なのである。

それゆえ、身体というこの「悪しき何か」は、一つの事物ではなくむしろ眩暈の方向であり、魂のイデアとの類似の対極である。その場合、魂はイデアへと「逃れ出る」代わりに、滅びゆくものの次元にみずからを似せる

のである。(244)

このような逆向きの類似の原理はなんであろうか。

身体の神話がもつ哲学固有の意味を探るためには、「不正」についての省察に向かう必要がある。欲望の眩暈を理解するためにはそうしなければならないことは、すでに『クラチュロス』が教えていることである。そこで示唆されているのは能動的かつ受動的な眩暈であるが、これは文字通りに解された牢獄としての身体には収まらず、すでに悪を魂の積極的運動とみなす解釈の管轄である。『クラチュロス』は、言語の倒錯を考察する際に、逸脱した意味の起源として、酩酊した立法者という──なお神話的な──形象を引き合いに出している。生成を語る言語があるとすれば、流転主義──まさに哲学の倒錯であるが──がみずからを表現する語を見出し、みずからを語ることで自身を生成させるとすれば、それはこの仮象の設立者たち自身が、「いわば一種の渦巻きの中に落ち込んで、くらくらと目がくらんだばかりでなく、われわれまで巻き添えにして同じところに引きずり込む」（『クラチュロス』439c）からである。

プラトニズムの全体が言語の正当化であり、まずは意味の実在性、次に意味の問答法的構造における言語の基礎づけであることを考えると、これはきわめて重要なテクストである。人間が本質的に言葉であるとすれば、言葉に関わる情念が枢要な情念となるからである。すでにパルメニデスは、臆見や彷徨と命名の混乱との結びつきを指摘していた。さて、言葉に関わる情念とは、いわゆる受動的な情念ではない。政治的生が示すように、言葉の変造とは真なる言葉を能動的に偽造することである。それが作りだすのは、疑似的な世界──疑似論理──であり、〈疑似〉というカテゴリーに集約された世界である。言葉の変造とは、討議、真理による強制、同じロゴスにおける対話者間の合意といったものの「模造」なのである。こうして、この「偽物性」という主題が、悪を身体の側に追いやるように見えていた欲望という主題へとどのように跳ね返ってくるかが理解できる。欲望は、それがもはや厳密には身体的ではない場合にのみ、悪しきものである。そのためには、欲望は度外れなものへの狂熱のとりこになる必要があるが、欲望は「偽であること」によってのみ度外れとなる。僭主とは欲望をとりこにするこの狂気の生きた証しである。実際、哲学にとって、僭主が政治的な次元を超えてまさに形而上学的な重大さをもつのは、それが自分のすべての欲望を満たす力をもつ人間の象徴だからである。僭主とは無際限な欲望の神話である。無際限というのは、僭主に仕えるのは法に制限されない力そのものだからである。僭主が証示しているのは、この欲望する身体がそこに住む不正なる魂によってある種の変容を被るということ、不正が欲望を作りだすのであってその逆ではないということである。

それゆえ、欲望を魂の病いと化すのは「不正」であり、「身体」それ自体ではない。

こうして私たちは、不正な魂というソクラテス的観念から身体の呪いという穢れの神話を捉え直したあと、この最初の行程とは逆向きの行程を歩んできた。なお神話の言葉に近いものであった最初の哲学的接近においては、眩暈は身体から魂へと上ってくるように見えていたが、この眩暈は実は不正の悪、偽りの言説の悪であり、これが魂を麻痺させ、受苦の魔力へと引き渡すのである。そのとき、身体はもはや悪の起源ではなく、悪に囚われる「場」でしかないのに対して、欲望は「誘惑」となり、不正は悪の起源となる。悪によって、魂はみずからの身体に似たものとなる。魂と真なるものとの根源的な共通性をかき乱し、魂の身体への偽りの類似を産みだす眩暈は、不正をその創始者とするのである。

『パイドロス』の墜落の神話をこうした方向に解釈することは可能だろうか。それは可能と思われる。実際、聖書的な堕罪は意志的な逸脱であり、プラトニズム的な墜落は身体への墜落であるとしても、両者の対立を濫用すべきではない。その場合、まったく文字通りの意味での「身体」解釈――これが神話にもっとも近いところで神話を捉え直すプラトン主義に促された解釈だとしても――になお囚われているだけでなく、神話そのものの構造を考慮していないことになる。すでに過ちやすさの現象学において、私たちは神話のそうした解釈に着手する機会を得て、この神話が「墜落」の神話である以前に「複合」の神話であることを指摘しておいた。(訳39)まさにそれゆえに、悪は厳密な意味で外部に、すなわち他所から来て誘惑する身体のうちにあるのではなく、内部に、すなわち自己の自己に対する不調和のうちにある。この不調和の決定的な解釈は倫理的次元にあるのである。魂は墜落以前に複合し受肉している。それが真実であるからこそ、『パイドロス』における不死の証明は、魂はみずからが管理する身体を動かすことでみずからを動かしているという仮説に基づいているのである。それゆえ、「みずからを動かすもの」と「動かされるもの」との結合は悪に先立っている（『パイドロス』45c-246a）。神々、星辰、人間の魂といった天上の大行進の形象はすべて、この結合によって性格づけられている。「では、どういうわけで、生けるものが『死すべき』とか『不死なる』とか呼ばれるようになったのであろうか。これの説明を試みなければならない。……魂は全体として、魂なきものの全体を配慮している」（同246b）。そうして神とは、「何か不死なる生きものというかたちで、すなわち、魂をもち、肉体をもち、しかも両者は永遠に結合したままでいる」（同246b）ものである。世界魂については、「翼のそろった完全な魂は……あまねく宇宙の秩序を支配する」（同246a）とされる。『ティマイオス』で言われるのもこれと別のことではなく、魂が身体のうちにあるというよりも、むしろ身体的なものの全体が魂のうちにあるということになるだろう（『ティマイオス』34c-36d）。

魂は根源的に複合的で身体的であるのと同様に、根源的に動くものである。「魂は……ときによりところによって姿を変えながら、宇宙をくまなくめぐり歩く」（『パイドロス』246b）。こうして、身体と世界を支配するとは翔け上がる（μετεωπορεῖ）（同246b-c）ことである。より正確に言えば、重力と逆方向に上っていくこと、「重いものをはるかなる高みへと翔け上がらせ」（同246d）ようとする欲望である。まさしくここで、墜落以前の「複合」のうちに、理性的なものと情感的なものとの不調和が現れる。これは魂と身体との不調和ではなく、魂自身のうちでの不調和である。それゆえこの不調和は、先に魂自身のうちに刻まれた二重の類似性と呼んだものと、基本的には異なっていない。この二重の類似性が新たな特徴によって豊かにされただけであって、この新たな特徴によって、『パイドロス』の魂の「複合」は『国家』第四巻の魂の三分説に近づく。すなわち、魂の脆《もろ》さ、根源的な両義性は、「両義的」な中間の機能であるテューモスに固定されるのであり、テューモスには魂の二重の要請が集約されているのである。このように、魂とは根源的に劇的で論争的な多性である。そこでは情感性が果たすのは悪の原理の役割ではなく、脆さと誘惑の原理なのである。

『パイドロス』における「墜落」が、情感的なものや身体への墜落ではなく、「地上的なもの」への墜落であるのはこのためである。「地上的」とは「天上的」と逆方向ということ、すなわち、エロースが向かう叡智的真理と逆方向ということである。地上的なものとは哲学のエロースの反対物なのである。

とはいえ、〔神々・星辰・人間の〕この行進において、人間の魂のみが恩寵を奪われ苦しめられているように見える。神々が「たやすく上昇」し、その観照の運動は元来完全であるのに対して、墜落に先立つ〔魂の〕混合はすでに不調和な結合である。そこにおいて、魂はすでに〈二頭立て馬車〉の重力と〈翼〉の恩寵の両方に引っぱられているのである。

それゆえ墜落＝堕罪は、原初の不調和の続きという姿と、不正という悪の新たな出現という姿を代わるがわる見せることになる。キルケゴールの『不安の概念』の場合のように、「複合」から「堕罪」への「移行」――私ならば過ちやすさから過ちへの移行と言うだろうが――は、代わるがわるまたは同時に引き続く不幸であり、予見できない「飛躍」なのである。だが聖書の堕罪神話でも、誘惑から堕罪への連続的進展と行為自体の非連続的な出現とが同時に設定されていた。堕罪が根源的に恩寵を欠いた体制から不可避的に出てきた結果だとしたら、悪はもっぱら根源的な欠乏――『饗宴』によればエロースはこの欠乏から生まれる――に還元されてしまうだろう。すなわち、悪とは後期の対話篇が引き合いに出す〈言葉〔ロゴス〕〉の〈他者〉であることになろう。新プラトン主義はこのことをよく理解していたが、魂をそうした〈他者〉に引き渡す内的欠乏を必ずしも除去できてはいなかった。だが、カントがきちんと見てとっていたように、「改心」は、それが腐敗と同じ源から発するものでないとしたら、不可解なものになってしまうのではないか。

以上のすべてのことから次の結論が導かれる。すなわち、神話の哲学的先端部は、「地上的なもの」とは魂自身による囚われ、聖ヨハネの言う「世（界）」、聖パウロの言う「肉」（および「身体」）のことだと示唆している。要するに、「不正」は地上的なものの哲学的解釈を要求し、地上的な「身体」は不正を神話的に象徴するのである。

『国家』は曖昧さを断ち切り哲学的解釈へと向かっている。不正は魂に固有の悪だという考えが、ここでの一連の対話の通奏低音となるのである（『国家』第一巻352c-354a、第四巻434c-445b）。さて、不正の悪とは根源的な不調和から内的な戦いへの移行にほかならない。逆から言えば、正義とは「多の一となること」（同443e）である。それゆえ悪とは、私たちのうちの多なるものへと身を捧げることである。第一〇巻では、そこからもっともラディカルな帰結が引き出される。すなわち、この悪は、腐敗が身体を破壊するような意味で魂を破壊するのではなく、いわば魂の不幸を是認し永遠化するのである。悪はそれが腐敗させるものを滅ぼすという規則に対して、魂だけがその例外となる（同609a）。魂とはみずからの悪によって死ぬことのない存在である。それゆえ、この悪は魂と別のものではなく魂に固有のものであり、もはや身体ではなく不正なのである。

私たちは、プラトンによるオルペウス神話の転位について、少々詳しく考察を展開してきた(245)。イスラエルの預言者たちやキリスト教のケリュグマから教えられた読者にとって、それは「悪しき身体」のシンボリズムから「悪しき選択」の主題へと向かう屈折点を表している。同時にそれは、原初の「人間」を軸とする神話のサイクルと、「身体－牢獄」の神話論から出発する神話のサイクルとのあいだで起こる伝染を理解可能にしてくれる。聖パウロや聖ヨハネにおいて「肉」が物理的身体以上のものであり、「世界」が諸事物の世界以上のものであることを認めるならば、プラトンを読む場合にも、象徴に対する同様の感覚をもち、同様のイロニーをもつのが公平である。そうすれば、聖パウロの「肉」とプラトンの「身体」との差異は消えていくことになる。とはいえ、両者の違いがまったくなくなるのではない。というのも、聖パウロがアダム神話によって悪しき身体のグノーシスから守られていたように、プラトンはギリシア的な〈欲望〉観によって聖書的な悪の見方からはなお隔てられていたからである。『国家』の第四巻では、「理知的なもの（τό λογιστικόν）」と「欲望的なもの（τό επιθυμητικόν）」が根本的に実存の両極をなしている。そうして両者は対立する一組を形成し、思考を遅らせ思考に抵抗するものはすべて、第二の項の方に集約されていくのである。それゆえ、プラトンにおける「欲望的なもの」が聖パウロの言う「肉」と完全に一致することはありえない。聖パウロの「肉」の方には、ギリシア的な意味での情念に加えて、道徳性と「固有の正義」としての知恵も含まれている。ソクラテス派、とりわけキュニコス派とキレネ派は、ギリシア思想に快への懐疑を植えつけたのであるが、彼らの懐疑は預言者たちの道徳とは異質なものであって、預言者たちの道徳は情欲よりも高慢に対してより敏感なのである。

アリストテレスが快の問題に修正を加えたこと、そして快の倫理的反省を活動へと適用して、快は活動の開花であり付加でしかないとしたことは、以上のことからますます重要になるだろう。この点にはのちほど立ち戻るつもりである。だが、エピクロスはいたものの、ストア派によって倫理的反省はキュニコス派の古い道筋へと引き戻されてしまう。このように、ソクラテス派からプラトンを通ってストア派に至るギリシア思想の力線が存在するのであって、そこでは悪は能動的な悪しき意志というよりも、むしろ欲望の受動性である。それゆえこの型の思想は、アダム神話よりもオルペウス神話に本性的な親縁性をもっており、オルペウス神話を通して、聖書的な罪のシンボリズムよりも、穢れのシンボリズムと神秘的－儀礼的な浄めの伝統を引き継いでいる。プラトン的様式のギリシア哲学は、悪しき身体という牢獄へと追放された魂の神話と協定を結んでいるのであり、この古い協定のうちに、その後の「情念＝魂の受動（passions de l'âme）」論のすべてが含まれているのである。

＊　　＊　　＊

すべての神話を主導的な神話の見地から捉え直そうという以上の試みは、全面的に満足できるものだろうか。私たちはそのように主張するつもりはない。この試みがまったく満足できるものだとすれば、神話の解釈学が体系的な哲学に取って代わりうることになるだろうが、けっしてそんなことはない。諸神話の世界はどこまでも引き裂かれた世界である。一つの神話から出発して神話世界を統一することはできないがゆえに、個人的な自己化を伴わずに想像力と共感において理解することが、依然として思索者の唯一の手立てであることが多い。加えて、諸神話の静態論から動態論へと移行するだけでは解決できない数々の二者択一が、この動態論を動かすために作り上げた神話の各組の屈曲点にはなお存続している。

それゆえ私たちは、まさにこの企ての未完結性によって、象徴によって教えられるがまったく理性的であるような哲学の方法について、さらに根底的な問いを立てるように促されるのである。

以上のような解釈学の終極に至って、少なくとも得られたことがある。それは、混沌の神話、神による盲目化の神話、追放の神話の三つを通して、堕罪神話の倫理を超えた次元が露わにされ、倫理的世界観にとどまるようなすべての「意志の哲学」の限界が告げられたことである。堕罪神話がこれらの神話を必要とするのは、そこで前提される神がなお〈隠れたる神〉であり続けるようにし、そこで告発される罪ある人間が不正の謎の犠牲者としても現れるようにするためである。不正の謎によって、罪ある人間は神の〈怒り〉だけでなく、〈憐れみ〉にも値する者となるのである。

結論　象徴は思考を引き起こす

過ちやすさの抽象的記述〔『過ちやすき人間』〕と過ちの宗教的意識の「反復」〔『悪のシンボリズム』〕という本書の二重のアプローチは終着点にたどりついたが、ここで問われるのは、そこからどう続けていけばよいのか、という問いである。

「過ちやすさ」についての純粋反省と「罪」の告白とのあいだに断絶があることは明白である。純粋反省は、いかなる神話、いかなる象徴にも訴えることはない。その意味で、それは合理性の直接的な実行である。だが、この反省は悪の理解へと入っていくことはできない。反省は純粋であるが、人間の日常が「情念の隷属」である以上、そこでは日常の現実は度外視されている。それに対して、宗教的意識が告白するのはこの隷属した自由という謎である。だがそれは、反省の連続性に方法論的な断絶を引き入れるという代価を払ってのことである。罪の告白は、別の性質の経験に訴えるだけではなく別の言葉にも訴えるのであり、私たちが示してきたのは、それが徹頭徹尾象徴的な言葉だということであった。このような断絶のあとに、純粋反省との関係を結び直し、悪の象徴的知識から得られたすべてのものによってこの反省を豊かにすることは可能だろうか。

これは難しい問いである。二つの暗礁のあいだを抜けて進まなければならないからである。一方で、反省と告白を単に並列することはできない。実際、プラトンの流儀で哲学的言説を中断して寓話的な物語に移り、ここで言説は終わり神話〔ミュートス〕が始まる、と告げることはもはや不可能である。ラシュリエの言うことは正しいのであって、哲学はすべてを、宗教さえも包含し理解しなければならないのである。実際、哲学は途中でやめることはできない。哲学は初めに首尾一貫したものであることを誓ったのであり、最後まで約束を守らねばならない。とはいえ、悪の宗教的シンボリズムを直接に哲学へと転記することもまた不可能であって、そんなことをすれば神話や象徴の寓意的解釈へと逆戻りしてしまう。すでに十分述べてきたように、象徴とは隠された教えを含むようなものではまったくなく、仮面を剝いでイメージの覆いを無用にすれば済むものではないのである。以上の二つの袋小路のあいだに、私たちは第三の道を探っていくことにしよう。それは、象徴のもつ衝迫、意味の贈与に忠実であると同時に、理解するという哲学者の誓いにも忠実であるような、創造的な意味解釈の道である。私たちに忍耐と厳密さを求めてこの道を行くように指示するのが、本結論の表題に掲げたアフォリズム、すなわち「象徴は思考を引き起こす（Le symbole donne à penser）」である。

　私を魅惑するこの格言は二つのことを告げている。すなわち、象徴は与える（Le symbole donne）のだが、象徴は思考されるべく（à penser）与えるのであり、それについて思考すべきものを与えるのだ、ということである。

　象徴は与える。すなわち、反省のある契機において、神話の教えを受けた哲学が突発し、哲学的反省を超えて、現代文化のある状況に応答しようとするのである。

　太古のもの、夜に属するもの、夢に属するものへと訴えること、それは、バシュラールが『空間の詩学』で述べるとおり、言語の発生地点に迫ることでもあるが、哲学において根源的な始まりがもつ困難から逃れるための試みを表している。始まりとは最初に見出されるものではない。出発点へと接近し、それを獲得する必要がある。諸々の象徴を理解する営みは、出発点へと向かう運動に属するものでありうる。なぜなら、始まりへと接近するには、まずは思考が言語の充実のうちに住まわねばならないからである。第一の真理を求める思考、より根底的には出発点を探究する思考が、背走のあげくに消耗してしまうというのはよくあることである。出発点が第一の真理でないこともありうる。出発点を探すことが間違いなのではなく、前提なき出発点を探すことが幻想〔仮象〕なのである。前提なき哲学はない。象徴についての省察は、すでに生起した言語、すべてがすでになんらかの仕方で言われている言語から出発する。それは前提を伴った思考であることを欲する。この省察にとって、最初の任務は始めることではない。言葉という境域をもう一度思い起こすこと、思い起こすことによって始めようとすることである。

加えてこの任務は、ある段階に至った哲学的議論において、より広く言えば、私たちの「現代性」のある特徴との関連において、まさに今日的な意義を有している。象徴の哲学の歴史的契機、それは忘却と再建の契機である。ヒエロファニーの忘却、聖性のしるしの忘却、聖性に属するものとしての人間自身の消失。私たちが知っているとおり、こうした忘却は、地球規模の技術で自然を支配することにより、人々を養いさまざまな欲求を満たすという偉大な任務の裏面である。私たちの言語がますます正確で一義的に、要するに技術的なものとなり、まさに記号論理学と呼ばれる完全な形式化に適合するようになった時代、そうした時代であるからこそ、私たちはみずからの言語を再び充塡し、言語の充溢から再出発することを欲する。

そして、これは私たちの「現代性」からの贈物でもある。なぜなら、現代人たる私たちは、文献学、釈義、宗教現象学、言語の精神分析の継承者だからである。言語を根底から形式化して空無化する可能性と、聖性の人間への臨在に紐づけられ、充実し重みをもった意味の数々により言語を新たに充塡する可能性、同じ時代がこの両方の可能性を保蔵しているのである。

それゆえ、私たちを動かしているのは失われたアトランティスへの哀惜ではなく、言語の再創造への希望である。批判の砂漠の彼方で、私たちは再び〔言葉に〕呼びかけられることを欲しているのである。

だが、象徴が与えるのは思考すべきものである。贈与から始まる措定、この箴言が示唆するのは、すべてがすでに謎の形で言われているが、同時に思考の次元ではいつもすべてを開始し、再開しなければならないことである。象徴の王国で思考へと与えられる思考と措定し思考する思考、この両者をいかにして連結するかが私たちの企ての臨界点となる。

象徴とは寓意ではないとしたら、象徴から出発してどのように思考すればよいのか。象徴がシェリングの言うようにタウテゴリー的[訳40]〔自－意的〕（tautégorique）表現だとすれば、象徴からそれとは「別のもの」をいかにして引き出すことができるのか。私たちに必要なのは、象徴の原初的な謎を尊重し象徴に教えられながらも、そこから出発して、自律した思考の全《まった》き責任において意味を促進し形成するような解釈である。

いかにして思考は縛られていると同時に自由でありうるのか、いかにして象徴の無媒介性と思考の媒介性をともに保持することができるのか、そこにアポリアがある。

象徴が根底的に哲学的言説と異質なものであるとしたら、こうしたことは望みのない企てとなるだろう。だが、象徴はすでに言葉の境域のうちにある。これまで十分に述べてきたように、象徴は感情を、そして恐れさえも、沈黙と混乱から引き抜いてくれる。象徴は告白に言語を与える。象徴によって、人間はなお徹頭徹尾言語であり続けるのである。もっとも重要なのはこのことではない。象徴言語のあるところにはかならず解釈学があるということである。一人の人間が夢想し狂うところで、別の人間が現れて解釈する。首尾一貫していなくともすでに言説であったものが、解釈学によって首尾一貫した言説へと立ち返る。この点において、現代の人々の解釈学は、象徴がつねに伴ってきた自然発生的な解釈を引き継いでいる。他方で、この解釈学に固有であるのは、批判的思考の系譜に立ち続けることである。とはいえ、この批判機能によって、解釈学の自己化機能が失われるわけではない。むしろ私は、批判機能によってこそ、解釈学の自己化機能はより本来的に、より完全になるのだと言いたい。説明としての神話の解消は、象徴としての神話の再建のために必要な道なのである。このように、再建の時代は批判の時代と別のものではない。いずれにせよ批判の子どもである私たちは、批判を批判によって、還元的でなく再建的な批判によって乗り越えようとするのである。かつてはシェリング、シュライアマハー〔Friedrich Daniel Ernst Schleiermacher　一七六八－一八三四。ドイツの哲学者・キリスト教神学者〕やディルタイ〔Wilhelm Christian Ludwig Dilthey　一八三三－一九一一。ドイツの哲学者〕を動かし、今日ではレーナルト、ファン・デル・レーウ、エリアーデ、ユング、ブルトマンを動かしているのは、まさしくそのような構想である。今日私たちは、このような解釈学の途方もない企てについてより鋭く意識するようになっている。一方では、神話を神話として意識化するという点で、この解釈学は批判の最先端を代表している。それによって、解釈学は非神話論化の運動を加速させるのだが、これは歴史的なものを歴史学的方法によってつねにより厳密に切り分ける営みの代償である。そうした非神話論化は、真理性、知的誠実、客観性を獲得させるのであり、あと戻りできないものである。また他方で、現代の解釈学は、意識の根本的諸象徴との接触によって哲学を再活性化させようとするものである。

このことは、私たちは最初の素朴さに戻れるということなのであろうか。そうではない。ともかく何かが失われたのであり、取り返しのつかない仕方で失われたのである。その何かとは信念の直接性である。だが、私たち現代人は、もはや原初の信念によって聖なるものの大いなる象徴の数々を生きることはできないとしても、第二の素朴さへと向かうことはできる。要するに、まさに解釈することによって、私たちは新たに耳を傾けることができるのである。こうして解釈学において、象徴による意味の贈与と知性的な解読のイニシアティヴとが結び合わされることになる。

解釈学はいかにしてこの問題に出会うのであろうか。

私たちが結び目と呼んだもの――与える象徴と解釈する批判者との結び目――は、解釈学によって循環として現し出される。この循環を端的に表現すれば、「信じるためには理解しなければならないが、理解するためには信じなければならない」となる。これは悪しき循環ではなく、ましてや死に至る循環ではない。それは生きた循環であり、刺激をもたらす循環である。理解するためには信じなければならない。実際、解釈者が問い求められている意味のアウラのなかで生きていなければ、テクストが言っていることに近づくことはないだろう。ブルトマンが『信仰と理解』のなかの有名な論文「解釈学の問題」でみごとに語るように、「あらゆる理解は、あらゆる解釈がそうであるように、……つねに問いの立て方と問いの向かう先（Worauthin）によって方向づけられている。それゆえ理解とはけっして前提のないものではない。あらゆる理解は、テクストに問いかける際に主題とする事柄に関する先行理解によってつねに導かれている。一般的には、この先行理解から出発してこそ、理解は問いかけ解釈することができるのである」。さらにこう言われる。「あらゆる理解の前提となるのは、テクストが直接間接に語る事柄に対する解釈者の生きた関係である」。こうしてテクストの〈向かう先〉、テクストが語る事柄との合致を強調することで、ブルトマンは、こうした意味への参与を、解釈者と「生の特異な表現」（ディルタイ）との心理的な合致と混同させないようにしている。解釈学が要求するのは、生と生とのつながりではなく、生が向かうものとの思考のつながり、要するに、思考と問われる事柄そのものとのつながりである。理解するためには信じなければならないというのはそうした意味である。しかし、そもそも私たちが信じることができるのは、理解することによってのみである。

というのも、私たちが探求する第二の直接性、私たちが待望する第二の素朴さに近づくことのできる場は、今や解釈学を措いて他にないからである。私たちは解釈することによってのみ信じることができる。これが象徴への信の「現代的」な様態であり、現代の窮境の表現であると同時にそれを治癒するものである。

解釈学は解釈によって理解すべき当のものについての先行理解から始めるのだということ、これが循環である。だが、解釈学のこうした循環のおかげで、解釈を動かす先行理解を明示化することによって、私は今日なお聖性と交流することができる。こうして、「現代性」の獲得物としての解釈学は、聖性の忘却というこの「現代性」が乗り越えられる一つの様態となる。私は存在がなお私に語りかけることができると信じる。もはや直接的な信という批判以前の形ではなく、解釈学が目指す第二の直接性として、このことを信じる。この第二の素朴さは、批判以前のヒエロファニーの批判以後における等価物であろうとするのである。

それゆえ、信と批判をこのように接合することによって、私たちが省察する「象徴は思考を引き起こす」という格言の第二の解釈が得られることになる。この接合は信じることと理解することとの循環関係であり、そこから「非神話論化」を語る際にどれほど慎重でなければならないかがわかる。非神話論化を「非神秘化」からきちんと区別するならば、「非神話論化」という言い方をするのは正当である。あらゆる批判は、それが批判であるかぎりは「非神話論化する」ものであり、（批判的方法の諸規則によって）歴史的なものと疑似-歴史的なものとの区別を推し進めていくものである。批判が追い払い続けるのはミュートスのロゴス（たとえば、宇宙を一連の重なりあう場所として、天が上に、地が中間に、地獄が下にあるとみなすような表象）である。「現代性」の尖端としての批判は、「非神話-論化（démytho-logisation）」とならないわけにはいかない。ここにおいて、真理性と知的誠実、そしてそのようなものとしての客観性が、もはやあと戻りできない形で獲得される。だが、「非神話論化」の運動を加速させてこそ、現代の解釈学は、聖性の根源的な表徴として象徴の次元を明るみに出すのであり、そうして哲学を諸々の象徴と接触させることで再び活性化させる。現代の解釈学は、哲学の若返りのための道の一つなのである。「非神話論化」が象徴を思考に再充塡する営みでもあるという逆説は、解釈学における信じることと理解することの循環と私たちが呼んだ事柄から派生する帰結にほかならない。

解釈学の「循環」をめぐる以上の考察によって、私たちは哲学的解釈学へと歩み始めるのであるが、以上の考察が哲学的解釈学の代わりになるのではない。そうした「循環」を意識化することは、私たちが信じることなき単純な「反復」から自律した「思考」へと移行するために必要な段階でしかない。

実際、依然としていわば象徴的な様式でなされる象徴の理解というものがある。象徴を象徴によって理解することにとどまる純粋に比較論的な現象学は、どれもそのようなものである。象徴のうちでなされるこうした理解は、説明的で還元的な思考と縁を切るためには必要であり、記述的現象学にはそれで十分でもある。すべてを踏破し、保持し、結びつけることとして、それはすでに一つの理解の仕方だからである。こうした理解にとっては、諸々の象徴からなる「世界」が存在するのである。そこでは理解するというのは、一つひとつの象徴の多様で尽きることのない志向を展開し、数々の神話や儀礼のあいだに志向的な類比を見出し、象徴が結合するさまざまなレベルの経験や表象を踏破することである。

こうした理解様式はエリアーデの著作が見事に例示するものであるが、そこでは諸々の象徴は、象徴と同質だがより広大な全体、象徴と同じレベルで体系をなす全体のなかに再配置される傾向がある。こうした理解様式は、象徴を支えとする思考の生命であり、そのかぎりでは、人間の悪の象徴と神話に関する私たちの分析もそれに属している。

だが、象徴を象徴のなかでとらえようとする理解様式にとどまることは不可能であった。そこでは真理の問題がつねに回避されてしまうからである。現象学者は象徴世界に固有の一貫性や体系性を真理と呼ぶことがあるが、それは信を伴わない真理、距離を置き還元された真理である。この私はそれを信じるのか、それらの象徴的意味やヒエロファニーを私はどうするのかといった問いは、そこから排除されているのである。さて、比較主義のレベルにとどまり、自己自身がどこにも場所をもたずに象徴から象徴へと駆けまわっているかぎりは、そうした問いが立てられることはありえない。比較主義のレベルは一つの段階、広がりをもつ知性、すべてを興味深く眺め渡すが関与することのない知性の段階でしかありえない。各々の象徴の真理価値に対して、批判的であると同時に情熱的な関係へと入っていく必要があったのである。

こうして、私たちが神話的象徴の静態論から動態論へと移行したとき、哲学的解釈学への移行が開始されることになった。実際、象徴の世界は穏やかで融和した世界ではない。自身に閉じた象徴が偶像崇拝のなかで膨れ上がり固まってしまうように、いかなる象徴も他の象徴に対して偶像破壊的である。ゆえにこの闘い、この動態論に参与しなければならない。それを通して、シンボリズム自体が自然発生的な解釈学によって乗り越えられるのである。この動態論に参与することによって初めて、理解は解釈に固有の批判的次元へと通路を開き、解釈学になることができる。だがその場合、遠い無私の傍観者という立場を、もっと適切に言えばその亡命状態を離れ、そのつど特異なものであるシンボリズムを自己化していかねばならない。

まさにこのとき、私たちは信じることなき真理のレベルから離れ、解釈学の循環へと、理解するために信じることが信じるために理解することでもあるという循環へと近づいていった。私は神話の総体をある場所から読むのだということ、神話の空間は私にとって方向づけられた空間であり、ユダヤ的な罪告白とそのシンボリズムや神話系の優位性が私の視角となること、これらのことを宣言して以来、私はこの循環を受け入れたのであった。このように一つの神話を採用することから出発して、少なくともある地点までは、すべての神話を自己化することが可能になったのである。

だが今度は、この自己化がその循環的性格を開示し、乗り越えを要求されるようになる。解釈者は、解釈者であるあいだは、この循環のなかで際限なく生きることができる。それは、比較主義者が真理のエポケーを終わりなく実行し、中立化された信のなかで生きることができるのと同様である。だが、厳格な反省と一貫性に従事する者でもある哲学者は、この段階にとどまることはできない。解釈学的循環を意識化することによって、哲学者は中立化された信のもつ数々の便法から引き離されたのである。だがそれは、もはや象徴のなかで思考するのではなく、象徴から出発して思考するべく哲学者を促すためであった。

この「解釈学の循環」をいかにして乗り越えればよいのか。それは、この循環を賭けに変えることによってである。

私は、みずからが象徴的思考を告示するものとなれば、人間をよりよく理解し、人間の存在とすべての存在者の存在との結びつきをよりよく理解することになるだろう、ということに賭ける。するとこの賭けは、私にとって、みずからの賭けを検証し、いわば理解可能性で満たすという課題となる。すると今度は、この課題が私の賭けを変容させる。すなわち、象徴的世界の意味へと賭けることによって、私は同時に、みずからの賭けの見返りが首尾一貫した言説の境域で反省の力として得られることに賭けるのである。

このとき私の前に、哲学固有の解釈学の領域が開ける。これはもはや、神話の想像的な見かけのもとに偽装された哲学を見出そうとする寓意的解釈ではない。それは象徴から出発して、創造的解釈によって意味を促し形づくることを課題とする哲学である。暫定的ではあるが、私はこの課題をあえて象徴の「超越論的演繹」と呼ぶことにしよう。カントの意味での超越論的演繹とは、概念が対象性の領域の構成を可能にすることを示すことで、その概念を正当化する営みである。さて、私が逸脱や彷徨、囚《とら》われといった象徴を実在を探査するものとして使用し、混沌や混合、堕罪といった神話的象徴から人間を解読するならば、要するに、悪しき実存の神話論を導きとして隷属的自由の経験論を形成するならば、それと引き換えに、私は人間的悪のシンボリズムを「演繹」――この語の超越論的な意味で――したことになると言える。というのも、人間的現実を探査し解読するものとして使用された象徴は、人間的経験のそうした領域、すなわち告白の領域を呼び起こし、照らし出し、整序しうるならば、その力によって検証されたことになるからである。この領域を誤りや習慣、情動や受動性へと、すなわち有限性の一つの次元へと即座に還元するのは早計であろう。有限性の諸次元は、開かれ露わにされるために悪の象徴を必要としないのである。

しかし、象徴の超越論的演繹というのは完全に満足できる表現ではない。この表現は、象徴をその開示力によって正当化することが自己意識の単なる増大であり、反省の領域の単なる拡張であるように思わせてしまう。だが、象徴に教えられる哲学が課題とするのは反省的意識の質的な変容である。というのも、あらゆる象徴は結局のところヒエロファニー、すなわち人間の聖性への絆の顕現だからである。象徴を単に自己意識を開示するものとして扱うならば、象徴からその存在論的機能が切り落とされてしまう。私たちは「汝を知れ」が単に反省的なものだと信じているふりをしているが、それはまずもって呼びかけであり、各人が存在においてよりよい位置を占めるように、すなわちギリシア的に言えば「思慮が健全である」ように呼びかけるものである。プラトンが『カルミデス』で言うように、「アポローンはいつだれが参詣にきても、じつは『思慮が健全であれ』と呼びかけているのです。ところが、アポローンは予言を司る神ですので、かなり謎めかして呼びかけています。つまり、『汝みずからを知れ』と『思慮が健全であれ』とは、同じ意味の言葉なのです。原語の文字どおりの意味がそれを証言していますし、わたしもそう主張するのですが。しかし、おそらく、別の意味と解釈する人もいるでしょうね。それよりあとの時代の碑文、『度をすごすなかれ』や『抵当の近くに身の破滅』の奉納者にしても、意味がちがうという印象をもっていたように思います。というのも、この人たちは『汝みずからを知れ』を訓戒だと見て、参詣者に対するアポローンの挨拶とは見なかったからです。だから、彼らは自分たちもそれにおとらぬ有用な訓戒を掲げたいなどと高望みして、それらの銘文を刻んで奉納したのです」(『カルミデス』165a)。

したがって、象徴が私たちに語りかけてくるのは、結局のところ、人間が活動し、実存し、意志する者としてそこに身を置く存在のただなかでの状況の指標としてである。以後、象徴に導かれる哲学者の課題は、自己意識の魔術的な囲いを破り、反省の特権を打ち砕くことになるだろう。象徴が思考させるのは、コギトが存在の内部にあるのであって、その逆ではないということである。こうして、第二の素朴さは第二のコペルニクス的革命だということになるだろう。コギトのうちでみずから自身を措定する存在は、全体からみずからを引き抜くこの働き自体が、各々の象徴のうちでそれに呼びかける存在に参与し続けていることを、さらに発見しなければならない。逸脱、彷徨、囚われといった罪責性の象徴、および混沌、盲目化、混合、堕落といった神話はすべて、世界の存在における人間存在の状況を語っている。ここで課題となるのは、象徴から出発して実存論的な諸概念を作り上げることである。すなわち、単なる反省の構造ではなく、人間の存在としての実存の構造であるような諸概念を作り上げることである。まさしくそこで、人間の存在とその有限性の無の上に人間の悪の準－存在と準－無がどのように接合されるのか、という問いが立てられるだろう。

それゆえ、隷属意志の経験論を練り上げることを超越論的演繹と呼ぶとすれば、超越論的演繹自体は、象徴を実存論的概念の地位に高める有限性と悪の存在論の内部に書き込まれねばならない。

賭けとは以上のようなものである。このような思考様式に苛立つのは、哲学がみずから開始するためには前提なき哲学でなければならないとみなす者だけである。言語の充溢から出発する哲学とは前提を伴う哲学である。この哲学の誠実さは、その諸前提を明示し、それらを信として表明し、信を賭けへと練り上げ、賭けを理解として回収しようと試みることである。

このような賭けは、反省を知から信へと断絶なく導こうとする護教論とは正反対のものである。象徴から開始される哲学は、本質的にアンセルムス〔Anselmus Cantuariensis 一〇三三－一一〇九。中世ヨーロッパの神学者〕的な図式に従い、それとは逆方向に進む。この哲学は、人間をすでにあらかじめみずからの基底のうちに置かれたものとして見出すのである。この置き入れは偶然であり、狭隘であるように見えるかもしれない。なぜ象徴なのか。なぜこれこれの象徴なのか。だが哲学は、他の象徴ではなくこれこれの象徴に出会わせた文化の偶然性と狭さから出発して、反省と思弁によってみずからの基底の合理性を発見することに務めるのである。

初めに言語の充溢に培われた哲学だけが、みずからの問題設定への接近法やそれを遂行するための条件には頓着せず、みずからが信じ参与する事柄の普遍的で合理的な構造を主題化することに配慮し続けることができるのである。

原註

（1）本書〔『悪のシンボリズム』〕の結論章「象徴は思考を引き起こす」を参照のこと。

（2）神話の理論については、本書第二部の序論「神話の象徴的機能」を参照のこと。

（3）本書で考察を進めるのは神話までである。思弁的象徴の形成については第三冊〔未刊〕で扱うことになるだろう。実際のところ、グノーシスは哲学と直接に対論するように見える。それゆえ、グノーシスは過ちの哲学の枠において吟味すべきである。

（4）Mircea Eliade, *Traité d'Histoire des Religions*, Payot, Paris, 1949, p. 385.〔ミルチャ・エリアーデ『宗教学概論』全三巻、久米博訳、せりか書房、一九八六–一九九五年〕

（5）Eliade, op. cit., p. 27.

（6）Heinz Hartmann, Ego Psychology and the problem of adaption (1939), in David Rapaport, *Organization and Pathology of Thought*, Columbia University Press, 1951.〔ハインツ・ハルトマン『自我の適応——自我心理学と適応の問題』霜田静志・篠崎忠男訳、誠信書房、一九六七年〕

（7）G. Bachelard, *La poétique de l'Espace*, Paris, PUF, 1957, p. 7.〔ガストン・バシュラール『空間の詩学』岩村行雄訳、ちくま学芸文庫、二〇〇二年〕〔リクールは、バシュラールからの引用箇所を« où il met le langage en état d'émergence »としているが、バシュラールの原文では« où »は含まれていない。そのため、この« où »はリクール自身のつけ加えであり、一行前の« au moment où »の反復であると解して訳した〕

（8）« Préface » à Eliade, *Traité d'Histoire des Religions*, op. cit.

（9）Maurice Blondel, *L'Être et les Êtres*, Paris, F. Alcan, 1935, pp. 225-226, cité par André Lalande, *Vocabulaire philosophique*, art. « Analogie ».

（10）*Mythe et allégorie*, Paris, 1958.〔正確な書誌情報は次のとおり。Jean Pépin, *Mythe et allégorie: les origines grecques et les contestations judéo-chrétiennes*, Paris, Aubier, 1958〕

（11）Robert Blanché, *Introduction à la logique contemporaine*, Paris, Colin, 1957; Dominique Dubarle, *Initiation à la logique*, Paris,

Gauthier-Villars, 1957.

（12）意味作用の中核には、空虚な意味「指標」と何事かがそれについて語られる「対象への関係」との関係があるが、この関係については、フッサール『論理学研究』第二部第一研究「表現と意味作用」一二節－一四節を参照のこと。〔エトムント・フッサール『論理学研究』全四巻、立松弘孝・松井良和・赤松宏訳、みすず書房、一九六八－一九七六年〕

（13）Raffaelle Pettazzooni, *La confession des péchés*, Bologne, 3 vol., 1929-1936, trad.fr., I, 1931, Paris, E. Leroux, p. 184.

（14）Pettazzooni, op. cit., pp. 163-164, 169.

（15）Vladimir Jankélévitch, *Le Mal*, Paris, Arthaud, 1947.

（16）Kurt Latte, Schuld und Sünde in griechischer Religion, *Archiv für Religionswissenschaft* (20), 1920-1921, pp. 254-298; Louis Moulinier, *Le Pur et l'Impur dans la pensée des Grecs, d'Homère à Aristote*, Paris, Klincksieck, 1952; E-R. Dodds, *Les Grecs et l'irrationnel*, 1965, Paris, Flammarion, coll. « Champs ».〔E・R・ドッズ『ギリシア人と非理性』岩田靖夫・水野一訳、みすず書房、一九七二年（リクールは仏訳を参照）〕

（17）Walther Eichrodt, *Theologie des alten Testaments*, Leibzig, Verlag der J. C. Hinrichs'schen Buchhandlung, 1933-1939, III. §23; Sven Herner, *Sünde und Vergebung in Israel*, Lund, C. W. K Gleerup, 1942; Gerhard von Rad, *Theologie des alten Testaments, t.I*, Münich, Kaiser Verlag, 1957, pp. 157-165, 249-279.〔ゲルハルト・フォン・ラート『旧約聖書神学』荒井章三訳、日本基督教団出版局、一九八〇－一九八二年〕

（18）Jean Cazeneuve, *Les Rites et la condition humaine*, Paris, PUF, 1958, pp. 37-154.

（19）Louis Moulinier, *Le pur et l'impur des Grecs*, op. cit., p. 176 sq.

（20）Ibid., p. 149 sq.

（21）Ibid., p. 180.

（22）Dodds, op. cit., ch. II: « From shame-culture to guilt-culture ».

（23）Gustave Glotz, *La Solidalité de la famille dans le droit criminel en Grèce*, Paris, A. Fontemoing, 1904.

（24）Moulinier, op. cit., pp. 81-85.

（25）ジェイムズ・フレイザーと同じ意味で、ペッタッツォーニはこう書いている。「原始的な告白が罪を言い表すのは、有害な結果を呼び出しておいて取り除くためである」（Pettazzoni, op. cit., p. 183）。

（26）ムーリニエの前掲書の索引を参照のこと（Moulinier, op. cit., p. 431）。そこには浄と不浄をめぐるギリシア語の語彙に関するあらゆる有益な事柄が言及されている。

（27）Moulinier, op. cit., p. 35.

（28）Charles François Jean, *Le péché chez les Babyloniens et les Mésopotamiens*, Paris, Contrats de Larsa, 1925; Edouard Dhorme, *Les religions de Babylonie et d'Assyrie*, Paris, PUF, 1945, pp. 229-230, 239, 247, 250; *La littérature babylonienne et assyrienne*, Paris, PUF, 1937, chap. vi: « La littérature lyrique », pp. 73-84. アッカド語の悔悛文学の主なテクストは、Stephen Langdon, *Babylonian Penitential Psalms*, Oxford, Paris, 1927 に収められている。

（29）Edouard Dhorme, op. cit., pp. 81-82; James B. Pritchard, *Ancient Near Eastern Texts Relating to the Old Testament*, Princeton, Princeton University Press, 2e ed., 1955, pp. 391-392.

（30）Stephen Langdon, *Babylonian Wisdom*, London, Luzac edition, 1923, p. 19. この罪告白がどのような神話的コンテクストに組み入れられるかについては、さらにあとで見ることになるだろう。

（31）J. J. Stamm, *Das Leiden des Unschuldigen in Babylon und Israel*, Zürich, Zwingli-Verlag, 1948. この点については、本書のさらに先の第二部第五章第2節「悲劇的なものの再肯定」を参照のこと。

（32）罪の観念と契約の観念との関係全般については、アイヒロット〔Walther Eichrodt　一八九〇－一九七八。スイスの旧約聖書学者〕の見事な著作『旧約聖書の神学』を参照されたい（Walther Eichrodt, *Theologie des Alten Testaments*, op. cit., pp. 1933-1939）。とくに第三冊二三節の「罪と赦し」を参考にした。エドモン・ジャコブ〔Edmond Jacob　一九〇九－一九九八。フランスの旧約聖書学者〕の *Les thèmes essentiels d'une théologie de l'Ancien Testament*, Neuchâtel, Delachaux et Niestlé, 1955 も参照のこと（pp. 75-82, 91-94, 170-177, 226-240）。

（33）André Neher, *L'Essence du prophétisme*, Paris, PUF, 1955, pp. 85-116.

（34）アドルフ・ロッド〔Adolphe Lods　一八六七－一九四八。フランスの聖書学者〕が『ヘブライ・ユダヤ文学史』において導きとしている方向は歴史的・文献的にきわめて有意義である（Adolphe Lods, *Histoire de la littérature hébraïque et juive*, Paris, Payot, 1950)。フォン・ラート〔Gerhard von Rad　一九〇一－一九七一。ドイツの聖書学者〕の『旧約聖書神学』は、ウェルハウゼン〔Julius Welhausen　一八四四－一九一八。ドイツの聖書学者〕による「原資料」の解釈からロッドよりもさらに距離を置いて、ウェルハウゼン学派が編纂時期を預言時代後とした文書の起源をさらに過去にさかのぼらせる（Von Rad, op. cit.)。アイヒロットのように神学を主導的なテーマごとに研究するのではなく、むしろ資料の集まりごとに研究するフォン・ラートの手法は、この記念碑的な著作に多大な価値を与えている。

(35) 下記を参照。André Néher, op. cit., pp. 17-85.

(36) 聖書にはまだ無限の要求の影響を受けていない時期の法制の痕跡が保存されている。預言者たちの時代以前は、ヤーウェは戦の神、部族の神であって、まだ正義を要求する聖性の神ではない。バール神との戦いは一なる神の崇拝のための戦いではあるが、とくに道徳的な性格は強調されていなかった。そこで証示されていたのは、心の清らかさよりもむしろ排外的で嫉妬を含んだ崇拝であった。それゆえ、A・ロッドによれば（Adolphe Lods, op. cit., 3e section: Le Droit)、罪の尺度となるのはまだ預言者たちのラディカルな要求ではなかった。こうして、「第二の十戒」と呼ばれたこともある『出エジプト記』三四章一四－二六節では、祝祭の尊重、礼拝的責務、貴金属の像のまったく儀礼的な禁止がなお前面に出ているのである。「契約の書」（『出エジプト記』20:24; 23:19）はさらに興味深い。礼拝的、刑法的、公的、道徳的な数々の規定の例によって、この文書は古代中近東の他の数々の法規と類似しているのである。オリエントの法律の全体がこのように類似していることは（Lods, op. cit., pp. 210-211）、私たちの論にとって興味深いことである。このことから私たちは、聖書の「使信」の特有性をそうした法規の形成の側に探るべきではないことを知らされる。もっとも人間的な面（異邦人、寡婦、孤児に関する規定、担保の返還、公正性等）は、聖書に特有のものでさえない。ロッドの指摘によれば、オリエントの法制の発達過程において、「契約の書」は、たとえば十世紀以上も古いバビロニアの法規に比べて、数多くの点でより古い段階を代表するものである。つまり、聖書的な意味で罪の発見は、法規を罪の尺度とすることではないのである。以上のようなロッドの見解は、フォン・ラートのより進化主義的ではない解釈によって補完されるだろう（Von Rad, op. cit., p. 192 sq.)。

（37）罪という主題に対して聖書の預言者たちが果たしたこのような貢献については、Néher, op. cit., p. 213 sq.; Lods, op. cit., IIᵉ période を参照のこと。

（38）Adolphe Lods, op. cit., pp. 371-374. ロッドは『申命記』のうちに、書かれた言葉の権威に基づく厳密な意味でのユダヤ教の誕生を見ている。「加えて『申命記』は、ユダヤ的な意味でのトーラー（神のさまざまな意志の書かれた決定的な表現）の最初の土台となった。それと同時に（これによってさらに広い歴史的射程をもつのだが）、『申命記』は、神による生活規範としての聖書の第一の核となったのである」（Lods, op. cit., p. 374）。

（39）Adolphe Lods, op. cit., pp. 375 sq.

（40）フォン・ラートは、『申命記研究』（*Deuteronomiumstudien*, 1948）と『旧約聖書神学』（*Theologie des alten Testaments*, pp. 218-230）において、様式史学派と似た方法を用いて、『申命記』の構造の問題、および説教、掟、祝福、呪いのバランスの問題を提示し直し、そこに典礼の展開に基づく統一性を探っている。『申命記』の神学的統一性を定めるのはトーラーという語（やむをえず〈律法〉と訳す）であるが、その場合、この語はヤーウェのあらゆる介入に及ぶことになり、最初は典礼的な統一性として与えられるものを「教育的」なレベルにまで高めていく。この全体のうちに、一方では説教を（六－一一章）、他方では諸法を（一二章以下）位置づけなおすべきである。もっとも、法といっても司法的というよりも説得法的な色合いをもち、説教のスタイルをとるのであるが。そうして法律的で礼拝的な面は新たな意味を帯び、カナンの自然宗教に対して論争的・闘争的な意味をもつことになる。結局見落としてはならないのは、あらゆる命法を動機づけているのは、神がまずイスラエルを愛し、無償の慈悲深い仕方で選んだことの承認だということである。『申命記』がモーセによって宣布されたとみなされるようになるまでは、象徴的意味は十全ではなかった。エジプトとカナン、「脱出」と「到着」、約束と成就のあいだで、霊的な「契機」となるのはトーラーなのである。

（41）たしかに、捕囚以後の「ユダヤ教」が歴史的な偉大さをもつのは異論の余地はない。だが、ここで私たちがとらえようとしたような契機は、それ以後は乗り越えられてしまう。第二神殿時代のユダヤ教がもたらす寄与については、のちほど第三章第3節の〈細心〉に関する考察であらためて取り上げることにしたい。

（42）A. M. Dubarle, *Le péché originel dans l'Écriture,* Paris, Cerf, 1950, chap. 1: « La condition humaine dans l'Ancien Testament »:

« L'incompabilité de Dieu et de l'homme », pp. 22-25. 神の怒りについては、エドモン・ジャコブの前掲書を参照のこと（Edmond Jacob, op. cit., pp. 91-94）。

（43）地獄とは黙示文学の産物であるように思われる。『ダニエル書』や『エノク書』、福音書で〈人の子〉が「天の雲に乗って」くるのと同様に、裁きの「出来事」と永遠の劫罰の「場所」は、私たちの歴史と居住領域からは分離されるのである。「死者たちの居所」としてのシェオール〔陰府〕は、たしかにヘブライ思想の最古のイメージに属するが、破局の絶対的な場所ではない。それはけっして「地獄」ではないのである。

（44）二重の託誓については、ネエル〔André Néher　一九一四－一九八八。フランスのユダヤ思想家〕の『預言者運動の本質』〔アンドレ・ネエル、西村俊昭訳、創文社、一九七一年〕を参照のこと（André Néher, op. cit., pp. 213-243）。

（45）悔い改めの詩篇に関する研究としては、Sven Herner, *Sühne und Vergebung in Israel*, op. cit., pp. 92-109 が参考になる（とくに詩篇五一篇、一三〇篇、三二篇六節の研究を参照のこと）。私たちは第三章でこの問題に立ち戻るつもりである。

（46）*Theologisches Wörterbuch zum Neuen Testament (Kittel)*, art. « ἁμαρτάνω, ἁμάρτημα, ἁμαρτία », I, Stuttgart, W. Kohlhammer, 1932, p. 267 sq.; Ludwig Köhler, *Theologie des alten Testaments*, Tubingen, J. C. B. Mohr, 1936; Edmond Jacob, op. cit., p. 226; Eichrodt, op. cit., t. Ⅲ, §23.〔theologumenon とは、元はギリシア語（θεολογούμενον）で「神について語る」ことを意味し、教義の権威に基づかない個人的な神学上の意見を指す〕

（47）*Theologisches Wörterbuch zum N. T. (Kittel)*, art. « μάταιος » (Nichtig). Köhler, op. cit., art. sur Elil (dieux = rien), Hebel (exhalaison, vapeur, poussière = vanité = idoles de néant), Aven (vanité, rien, néant).

（48）ネエルはきわめて正当にも、『アモス書』五章一四－一五節の倫理的選択（「善を求めよ、悪を求めるな……、悪を憎み、善を愛せよ」）を、同書の五章五節で立てられた存在論的な二者択一に近づけている。「ベテルを求めるな、ギルガルに行くな、ベエル・シェバに赴くな（これらは聖所の名称であり、とりわけベテルは「神の家」を意味する）、ギルガルはかならず捕囚として連れ去られ、ベテルは無（Aven ＝空しさ、無、虚無）に帰するから」。ネエルは次のように記している（André Néher, *Amos*, op. cit., p. 112）。「善とは神であり、悪とは神でないもの、すなわち偶像であり、『アモス書』の語彙を使い続けるならば、空しさであり、無である。ここで Beth-El と Beth-Aven という地口が全き意味を帯びてくる。……El＝神に対立するのはAven＝虚無、無である」。『申命記』もまた、一方には倫理的選択、他方には存在論的二者択一という図式を繰り返している。すなわち、一方では「見よ、私は今日、あなたの前に命と幸い、死と災いを置く。……命と死、祝福と呪いをあなたの前に置く。あなたは命を選びなさい」（『申命記』30:15, 19）と言い、他方では「彼らは神ではないもので私の妬みを引き起こし、空しいもので私を怒らせた。そこで、私も民ではないもので彼らを妬ませ、愚かな国民で彼らを怒らせる」（同32:21, André Néher, *Amos*, op. cit., p. 113で引用）。

（49）本書第二部第三章「『アダム』神話と『終末論的』歴史観」を参照のこと。

（50）この点についてもっとも重要な研究は、E. K. Dietrich, *Die Umkehr im A. T. und in Judentum*, Stuttgart, W. Kohlhammer, 1936である。旧約聖書の書物ごとに「赦し」と「贖い」の観念を研究するためには、Sven Herner, *Sühne und Vergebung in Israel*, op. cit., Lund, 1942が参考になる。エドモン・ジャコブは『旧約聖書の神学の本質的テーマ』で見事な総合的見解を提示している（*Les thèmes essentiels d'une théologie de l'Ancien Testament*, op. cit., pp. 233 sq.）。H・W・ヴォルフ〔Hans Walter Wolff　一九一一－一九九三。ドイツのプロテスタント神学者〕は「旧約聖書の預言における『立ち返り』のテーマ」という論考において、この主題の神学的射程を検討している（H. W. Wolff, « Das Thema « Umkehr » in der alttestamentlichen Prophetie », in *Zeitschrift für Theologie und Kirche*, 1951）。J・J・スタム〔Johann Jakob Stamm　一九一〇－一九九三。スイスの新約聖書学者〕は『旧約聖書における救いと赦し』で聖書釈義の視点と神学の視点を結びつけている（J. J. Stamm, *Erlösen und Vergebung im A. T.*, Berne, Verlag A. Franke, 1940）。

（51）Erik Sjöberg, *Gott und die Sünder im palestinischen Judentum*, Stuttgart, W. Kohlhammer, 1939, pp. 125-184.

（52）André Néher, *Amos*, op. cit., p. 108.『申命記』の道徳的勧告のすべての土台となるのは、汝が律法を遵守するならば、その場合には祝福されるだろうという図式であり、さらに言えば、汝が幸せになるために律法を遵守せよ、という図式である。だが、同じ勧告は次のように言っている。汝が恵みによってエジプトから引き出されたことを思い出せ、主が汝を選んだのは、汝が偉大であるからではなく、汝を愛するからである、と。これは思弁的に形づくられた逆説ではない。この逆説はなお宗教的実践のレベルにあり、神の促しを介した緊張を保持しているのである。

（53）殺人者がわからない殺害は呪いを拡散するものであり、聖職者たちは、「血の復讐から護られる」ように（『申命記』

21:1-9)、この呪いを特殊な贖いの技術によって祓わねばならない。エリコの破壊のときになされた聖絶は、それが侵された場合、誰によってかがわからなくとも瀆聖を免れない。瀆聖は復讐を求める。聖なる呪いが「罪ある者」を名指すと、その者は家族や財産とともに、石で打たれ火に投じられる（『ヨシュア記』七章）。それゆえ、罪の出所となる「心」や罪ある「行為」と同じく、罪の「帰結」もまた罪の一部である。「しかし、もしそのように行なわないなら、あなたがたは主に対して罪を犯すのであり、罪があなたがたの身に及ぶことを知りなさい」（『民数記』31:23）や、「罪の罰を負う」（同 12:11）――「過ちを負う」（『創世記』4:13）とまったく異なるところがない――というような言いまわしは、すでに見たように、意味論的な見地からすれば両価的である。意図、行為、帰結、罰、これらのすべての過程が罪なのである（Von Rad, op. cit., pp. 262-267）。それゆえ、罪は赦されないあいだは「背負われる」何かであり、だからこそ、罪の「重荷を下ろす」ことは、贖いの日に「あらゆる過ちを背負う」（『レビ記』16:22）贖罪の山羊へと重荷を「移す」こととして象徴化できるのである。こうして罪の神学のただなかに〔穢れの〕除去の儀式が再び現れるのであるが、このことは、のちに明らかになるように、罪の「実在論」によって、浄めの儀式から罪の赦免の次元への象徴的な移行として完全に説明できるのである。

（54）A. M. Dubarle, *Le péché originel dans l'Écriture*, op. cit., pp. 25-38. 著者デュバルル〔André Marie Dubarle 一九一〇－二〇〇二。フランスのカトリック神学者〕が考察しているのは、家族や民族において数世代にわたって続く罪の連帯、民が王の罪のゆえに罰せられるというような同時代人どうしの連帯、そして最後に、バベルの塔を建てた者たちの驕り高ぶった主張、さらには民族全体による偶像崇拝のような集団的罪である。最後の二つの例が衝撃的であるのは、そこには個人の罪責性を見分けることができないからである。言語の分断、集団どうしの対立、礼拝の形態というのは、言語や制度のレベルにある無名の現象であり、一気に共同的なスケールの人間悪を露わにするのである。意思伝達の失敗と偶像による誘惑の力が表現しているのは、まったく文化的な疎外であり、腐敗である。この点については、本書〔『有限性と罪責性』〕の第三冊で立ち戻るつもりである。

（55）古代オリエントの悔悛者たちにおける意識の吟味がもつこのような問いかけの構造は、とりわけ驚くべきものである。この点については、Charles François Jean, *Le péché chez les Babyloniens et les Mésopotamiens*, op. cit., pp. 99-104 を参照のこと。

（56） François Jean, op. cit., passim.

（57） 本書の第二部では、心理学的な堕罪神話が蛇の形象のもとでどの程度まで悪霊論的な神話の残滓を含んでいるかを見ることになるだろう。

（58） ここでホセアは姦淫のイメージを語り続け、あらゆる種類の悪がこのイメージで覆われる。

（59） エゼキエルは同じ暴力的なイメージを繰り返す。「彼女〔エルサレム〕は、ろばのような肉をもち、馬のような精をもった者の側女であることに欲情を燃やした。……これらのことが臨むのは、お前が諸国民と姦淫を行ない、彼らの偶像によって身を汚したためである」（『エゼキエル書』23:20, 30）。

（60） 『創世記』八章二一節でも次のように言われている。「人に対して大地を呪うことは二度とすまい。人が心に思うこと（desseins du coeur）は、幼いときから悪いのだ」。私たちがdesseinという語で訳した――想像と傾向という二重の意味を込めて――ieserという語については、ファリサイ人と細心を論じる際にあらためて注釈するつもりである。ラビ文献は、このテーマを起点として、アダム神話とは異なる方向へと進む悪論に着手した。祭司文書の作者は、悪の心理的な面に関心をもたず、悪の内に「地」を満たしている「腐敗」と「暴力」を見る（『創世記』6:11, 13参照）。それによって、悪は宇宙的な次元を得、「すべての肉なる者」を襲い「地とともに滅ぼす」大洪水と、ノアによって結ばれる宇宙的な契約（『創世記』九章）によって測られるようなスケールをもつことになる。

（61） Durabale, op. cit., pp. 14-48.

（62） André Feuillet, Verset 7 du Miserere et le péché originel, in *Recherches de science religieuse*, 1944, pp. 5-26. この聖句は性的行為自体が罪であることを意味しない。ここで聖書記者は、妊娠と出産に結びついた儀式的な穢れをめぐる通常の考え方を用いて、もっと深い観念を表現しようとしている。それは、いかなる個人的な行為よりも前に、人間はすでに神から切り離されているという考えである。誕生を介して作られる世代間の結びつきは、そのような悪の先行性を表す暗号となる。さらに注目すべきは、この聖句は、私たちがその「うちで」現に存在しているこの状態について、それが悪への性向をなすものだとも、それが先祖の違反に由来するものだとも言っていないことである（Dubarle, op. cit., p. 21）。

（63）Edmond Jacob, *Les thèmes essentiels d'une théologie de l'Ancien Testament*, op. cit., pp. 235-236.

（64）Gerhardt von Rad, op. cit., pp. 177-181. フォン・ラートは様式史的観点に立って、この歴史的信仰告白のうちに置かれて積み重ねられた諸々の意味の一覧表を、戦いにおける奇跡という単純な物語（『出エジプト記』一四章）から考究する。この奇跡にはすでに「解放」や「買い戻し」という意味がある（『申命記』26:5 の信仰告白を参照）。「水〔海〕の脅威」という主題（『詩篇』106:9; 114:3 参照）が歴史的出来事に宇宙的な響きを与えるのに対して、『申命記』七章六－八節で強力に表現されている選びの神学によって、それは一切の「買い戻し」や「贖罪」の表徴や約束と化す。こうして究極的には、エクソダス〔脱出〕の象徴は「立ち返り」の象徴と見分けがつかないものとなるのである（『イザヤ書』51:9-10 参照）。

（65）René Dussaud, *Les origines cananéennes du sacrifice israélite*, Paris, PUF, 1921.

（66）*Supplément au Dictionnaire de la Bible*, t. Ⅲ, art. « Expiation », col. 55-68, Ed. Jacob, op. cit., pp. 236-238; Von Rad, op. cit., pp. 249-274; Sven Herner, *Sühne und Vergebung in Israel*, op. cit., pp. 77-92.

（67）さまざまな供犠のプロセスは、「人間とその内面性を越えた領域において……展開しており、古い供犠をできるかぎり包括的に解釈しようとどこまで深く踏み込んだとしても、絶対的な限界にぶつからざるをえない。その向こう側はもはや説明できないものである。そして解釈者は、供犠の本質はどこまでもその向こう側にあるのだ、と言わざるをえないのである」（Von Rad, op. cit., pp. 252, 259）。

（68）Von Rad, op. cit., pp. 267-268.

（69）*Supplément au Dictionnaire de la Bible*, t. Ⅲ, art. « Expiation », col. 48-55.

（70）Edmond Jacob, op. cit., p. 235.

（71）エドモン・ジャコブは供犠の儀式を「買い戻し」や「代価」に結びつけて、「身代わり」の観念に共通の核を見ている。そうして罪ある者の死の象徴化を、神的生の罪人への伝達に従属させている。「それゆえ、供犠の本質は犠牲の死ではなく、その生を捧げることである」。これと近い意味でフォン・ラートはエーラー〔Gustav Friedrich Oehler　一八一二－一八七二。ドイツの旧約聖書学者〕の『旧約聖書の神学』〔Gustav Oehler, *Prolegomena zur Theologie des Alten Testamentes*, Stuttgard, Samuel Gottlieb

Liesching, 1845〕から「供犠において遂行されるのはけっして懲罰的な正義ではなく、祭壇を法廷になぞらえることはけっしてできない」という一節を引用したうえで、次のようにつけ加えている。「それゆえ贖いとは、罰の行為ではなく救いの行程だったのである」（Von Rad, op. cit., p. 270）。

（72）こうした状況で偉大な祭司が口にした表現がミシュナーに記されている。「ああ、ヤーウェよ、あなたの民、イスラエルの家は、あなたの前で数々の不正、違反、罪を犯しました。ああ、ヤーウェよ、あなたの民、イスラエルの家があなたの前で犯した数々の不正、違反、罪を赦したまえ。あなたの僕《しもべ》モーセのトーラーに書かれているように」（Yorha 6, 2. *Supplément au Dictionnaire de la Bible*, t. III, art. « Expiation », col. 78 から引用）。

（73）Sven Herner, op. cit., p. 92 sq.

（74）Louis Gernet, *Recherches sur le développement de la pensée juridique et morale en Grèce*, Paris, Ernest Leroux, 1917; Louis Moulinier, *Le pur et l'impur dans la pensée des Grecs d'Homère à Aristote*, op. cit.; Kurt Latte, Schuld und Sünde in der grieschen Religion, *Archive für Religion*, n. 20, 1920-1921.

（75）アセベイン（ἀσεβεῖν）――不敬をなす――という表現は、アディケイン（ἀδικεῖν）〔不正を犯す〕という表現と結びつきをもち、不正がつねにポリスの聖性に対する不敬であることを証示している。ポリスに不正をなす（ἀδικεῖν τὴν πόλιν）ことは、神域や神聖なもの（ἱερὰ καὶ ὅσια）を攻撃することなのである〔Gernet, op. cit. 第一部一章のアディケインに関する箇所を参照〕。

（76）「裁きの実行が社会的な思想を客観的な違反概念へと高め、私的な違反が裁きの理念を求め、さまざまな形の裁きを作りだす」〔Gernet, op. cit., p. 94〕。

（77）プラトン『プロタゴラス』（324ab）、『ゴルギアス』（418a, 505b, 480cd）、『法律』（VII, 762c, 777c; X, 854d, 867c; XII, 944d, 964bc）。

（78）『コローノスのオイディプス』で、故意でない（不随意）を意味するアエコーン（ἀέκων）という語が繰り返されているのは偶然ではない。最初にアンティゴネーが、老父オイディプスが「心ならずもしたこと」に言及する（『コローノスのオイディプス』239-240）。オイディプスは、それは自分の「仕業」というよりむしろ「被害」だったのだ、と重々しく語る（同 266-267）。「わたしはひどい目に遭った。それも、心ならずも（アエコーン（ἀέκων））なのだ、神もご照覧あれ、そのうちの一つとして、みずからすすんでした（アウタイレトン（αὐθαίρετον））ことはない」（同 522-523）と言うのである。彼は老テセウスに反論する。「お前の口からわたしに、殺人だの、結婚だの、禍《わざわ》いだのと浴びせかけてきたが、そうしたことは、この不運なわたしが、何も好き好んでやったわけではない（アコーン（ἄκων））」（同 964）。父の殺害は故意ではなく（アコーン）（同 977）、母との結婚も故意ではない（同 987）のである。〔『コローノスのオイディプス』からの引用は、原則として『ギリシア悲劇全集3　ソポクレースI』（岩波書店、一九九〇年）所収の岡道男訳に拠る〕

（79）ムーリニエもハマルティアーという観念に注目を促している。「この観念が理解しがたく見えるのは、まさに偶然と負い目、無罪と責任を混ぜこぜにしているように思われるからである」（Moulinier, op. cit., p. 188）。

（80）『アンティポンの第二テトラロギア』では、遊戯での事故がまさしくハマルティアーとして扱われている。ムーリニエがこの議論を要約して示すところによると（Moulinier, op. cit., pp. 188-189）、訴える側と弁護側は、不注意や軽率によることがハマルティアーの決定要因だという点では一致している。だが、弁護側がハマルティアーは故意でない殺人も含めて殺人ではなく不幸でしかないので、過ちではなく穢れもたないと言うのに対して、訴える側は、罪ある性急さと不注意（指導者が槍を集めるように命じていたのに被告が自分の槍を投げた場合）は過ちとなり、殺害となって穢れを生じさせるので、浄めが必要になると言うのである。

（81）Salo Wittmayer Baron, *A Social and Religious History of the Jews*, 2nd edition, New York, Columbia University Press, 1952. この記念碑的著作の全八巻のうち、最初の二巻は種々の起源からタルムードの時期までを扱っている。

（82）Baron, op. cit., I, p. 12.〔原文では割註であったが巻末註に移した〕

（83）Ibid., p. 80.〔前註と同様〕

（84）預言者たちとファリサイ人とのつなぐ重要な鎖となったのは、おそらくハシディム派の集団であろう。レビ人と預言者に近いこの「信心深い者たち」、見張り人たちは、儀式的にも精神的にも悔い改めを教え、夜の祈りの規律を実践した。のちのファリサイ人たちのように、彼らはすでに「分離された」者たちだったのである（ファリサイとは「分離された」という意味）。アンドレ・ネエル『預言者運動の本質』を参照のこと（Neher, *L'essence du prohétisme*, op. cit., pp. 264-276, 294-295）。

(85) R. Travers Herford, *The Pharisees*, New York, G. Allen & Unwin, 1924, p. 18.

(86)「霊感を吹き込まれた糾弾に法による告発が取って代わった」(Baron, op. cit., I, p. 226)。

(87) バロン〔Salo Wittmayer Baron 一八九五－一九八九。アメリカのユダヤ人歴史家〕はその著作全体を通して、この根本的選択を曖昧な仕方で解釈し、「自然」に反して「人為」を選択したとみなしている。たとえば S. W. Baron, op. cit., I, p. 164 を参照。

(88) George Foot Moore, *Judaism in the First Centuries of the Christian Era, the Age of the Tannaim*, 3 vol., Cambridge (USA), Harvard University Press, 1927. トーラーとしての啓示については、vol. I, pp. 235-280 を参照。以下の著作も参照されたい。Joseph Bonsirven, *Le judaïsme palestinien au temps de Jésus-Christ*, 2 vol., Paris, Beauchene et Fils, 1934, t. I, pp. 247-307; Marie-Joseph Lagrange, *Le judaïsme avant Jésus-Christ*, Paris, J. Gabalda et Fils, 1931.

(89) Louis Finkelstein, *The Pharisees, the Sociological Background of Their Faith*, 2 vol., Philadelphie, Jewish Publication Society of America, 1940.「宗教的情熱と知的客観性とのこの逆説的な結びつきによって、ファリサイ的寛容は、サドカイ人の幾人かが装う寛容とは異なっていた」(vol. I, p. 10)。著者はこの「都会性」に社会学的な説明を与えている。彼によれば、ファリサイ人が表しているのは、当時はサドカイ人を代表としていた上流階級に対する平民の、より正確には都会の平民(the urban plebeian)の反撃である(「サドカイ人の影響は神殿から、ファリサイ人の影響は市場から放射されていた」(op. cit., p. 81))。それは彼らが預言者たちの系譜を継いでいたからでもあろう。預言者たちも同じ社会階層の出身だからである(「この分析から出てくる主要なテーゼは、預言者の伝統、ファリサイ的伝統、ラビの伝統というのは、パレスチナで千五百年にわたって続いてきた、貧しく土地をもたない者たちと彼らを抑圧する大地主との闘いの産物だということである」(op. cit., p. 2)。ファリサイ人たちの協同の精神、我慢強さ、刑法への耽溺、そしてとくに学習への情熱も、同様の仕方で説明すべきものだということになる(「こうした知的追究への打ち込みは都会的である……ファリサイ人の主たる特徴は学習であり、サドカイ人の主たる特徴は学識への軽蔑であった」(op. cit., p. 97)。著者は、摂理と自由選択、天使論と死者の復活についてファリサイ人が支持しているテーゼをも説明しようとするが、こちらはあまり成功していないように見える。それよりも興味深いのは、ファリサイ人が二つの前線で闘っていることを理解させようとする主張である。すなわち、彼らは一方では、著者が「トーラーの平民的解釈」(op. cit., p. 74)を見てとる口頭の伝承に与《くみ》するために、聖職者や上流階級の保守主義と闘い、他方では、レビ的清浄の規則を全民族に守らせせようとして「地の民」と対立する。彼らにとって、「地の民」は単なる粗野な「悪者」ではなく、「不信心者」なのである。すべての社会学的説明がそうであるように、著者は教えの社会的なインパクトはうまく説明するが、意味作用としての教えの起源については説明できていない。

（90）ボンシルヴァン〔Joseph Bonsirven　一八八〇－一九五八。フランスの聖書学者〕はハラハーを、「律法としての力をもち、まったく聖書を参照せずにそれ自体として考慮されている決定や規則……、司法的部分における律法」と規定している（Joseph Bonsirven, *Le judaïsme palestinien au temps de Jésus-Christ*, 2 vol., Paris, G. beauchesne et Fils, 1934, p. 293）。その際に著者は書記とラビの釈義的・解釈学的規則を見事に説明している（op. cit., pp. 295-303）。ハーフォード〔Robert Travers Herford　一八六〇－一九五〇。イギリスの牧師・ラビ文献の研究者〕は、「所与の事例に適用された神の意志の特定の宣言」（Herford, op. cit., p. 73）としてのハラハーの命法的な性格と、トーラーにおいて命令の次元に属さないすべてのものを指すハガダーの自由で強制力をもたない性格を対立させている。

（91）Moore, *Judaism*, op. cit., I, pp. 443-552. この研究は、意図的な侵犯、無知や不注意による違反、およびそれらに対応する贖いのタイプについて、必要なすべての分析を提示している。

（92）二つの「傾き」ないしは「想像」の理論については、すでに引用した論者（ムーア（op. cit., pp. 479-493）、ハーフォード、ボンシルヴァン、ラグランジュ〔Marie-Joseph Lagrange　一八五五－一九三八。フランスの聖書学者〕など）に加えて、N・P・ウィリアムス（Norman Powell William, *Ideas of the Fall and of Original Sin*, New York, Toronto, Longmans, Green and Co., 1927）を参照のこと。「アダム物語と悪の想像」と題されたその第二章は、この象徴の歴史を『創世記』六章五節および八章二一節から、『伝道者の書』一五章一一－一七節を経て、ラビ文献にまで至るまでたどり直している。その最初から、この概念は意志的なものと非意志的なもの、責任をとれるものととれないもの、過ちと弱さ、人間の関与分と神の関与分とのあいだを揺れている。この「傾き」は各人の心のうちに刻印されているが、遺伝的と言えるようなものではない。それが悪しきものであるのは悪へと向かわせるからであるが、善い用い方も許容されている。そこにウィリアムスは、アダムの堕罪という主題とは異なるもう一つの選択肢を見る。彼の評価では、人間の悪い心に語りかけるイエスの言葉は悪い傾き（エーツアー・ハラ）と両立可能であり、アダム〔の堕罪という〕理論への道を開いたのはパウロなのである。

（93）Moore, *Judaism*, op. cit., I, p. 507 sq. 悔い改めるとは、「立ち返らせる」と同時に「嘆き悲しむ」ことである。それは修復すること、堅き言葉をもって新たに服従すること、そして時には罪を贖うために苦しむことでもある。ここで指摘しておくが、『レビ記』で提示されるような儀式的な贖いによって、悔い改めが無用になることは決してなかった。だからこそ、神殿が破壊されて供犠の儀式が途絶えたあとも、ユダヤ教は生き残ることができたのである。

（94）「ハガダーが不可欠な付属物であったとしても、主導権を握っているのはハラハーである……。両者を結びつけて展開した点がファリサイ主義の神髄ではあるが、そこでもハラハーに優位が与えられている」（Herford, op. cit., p. 185）。

（95）ムーア〔George Foot Moore　一八五一－一九三一。アメリカの宗教史家〕は明晰かつ十全な仕方で、ユダヤ教におけるこの相互包摂、すなわち、道徳的掟と宗教的「規則」（割礼、安息日、祝祭の挙行、公の断食、十分の一税の納入、食物の禁止規定、さまざまな浄め）との重なりあいを示している（Moore, op. cit., p. 79 sq.）。

（96）フィンケルシュタイン〔Louis Finkelstein　一八九五－一九九一。アメリカのタルムード研究者〕はこれらの二つの特徴を結びつけている。「おそらくファリサイ人は、平民と上流階級を同等のものと認めた最初の組織であり、またはっきりと宣伝活動を行なった最初の組織であった」（Finkelstein, op. cit., p. 75）。

（97）フィンケルシュタインはみずからの社会学的方法に従い、『レビ記』的な清浄の法を遵守できるのはエルサレムとその周辺だけであることを説明している。「したがって、エルサレムかその近くに住む人々以外の全国民は、『レビ記』的には不浄だということになる」（Finkelstein, op. cit., p. 26）。加えて、彼らは十分の一税の法を破っている疑いがあり、文字を用いることができない。「のちになり、社会が組織されてから三世紀半にわたってミシュナーが集積されたころでも、ファリサイという語は地の民の反対語として用いられていた」（op. cit., p. 76）。これはイエスとファリサイ人との争いの鍵となる事柄であろうか。著者はそうほのめかしている。R・T・ハーフォードも次のように言う。「ファリサイ人のサークル外にいた以上、イエス自身も地の民であった」（Herford, op. cit., p. 206）。

（98）ヒレル派とシャンマイ派のあいだでもこれに似た告発が交わされている（Finkelstein, op. cit., I, p. 98）。

（99）R. Bultmann, *Theologie des N. T.*, Tübingen, J. C. B. Mohr, 1948, IIe partie: la théologie de Saint Paul〔ルドルフ・ブルトマン『新約聖書神学Ⅱ』川端純四郎訳、一九六六年〕; Karl Barth, *Der Römerbrief*, Berne, C. Kaiser, 1919〔カール・バルト『ローマ書講解』上下、小川啓治・岩波哲男訳、平凡社ライブラリー、二〇〇一年〕; Saint Paul Lagrange, *Épitre aux Romains*, Paris, 3e édit., 1922; Prat, *La Théologie de Saint Paul*, Paris, Librairie Lecoffre J. Gabalda, 1943.

（100）もしかしたら、物理的な死自体が罪の「果実」だと言うべきかもしれない。もちろんそれは、生物学的な死のことではなく、死ぬということの人間的な性質としての死、すべての実存に共通する出来事、孤独への不安としての死のことであるが。この点については、アダム神話について語る際に立ち戻ることにしたい。

（101）本書第二部第五章第4節「アダム神話と追放神話の争闘」を参照のこと。

（102）律法とその呪いによって産み出されたこの負い目の地獄は、その最高の象徴を悪魔の形象そのもののうちに見出す。〈悪魔〉が〈誘惑者〉としてのみならず、宇宙大の訴訟における人間への〈告発者〉として解されてきたことは知っての通りである（キリストは人間の弁護者（パラクレートス）となる）。こうして、悪魔は違反の背後にいるだけでなく、律法が死の律法であるかぎり、律法の背後にいるのである。

（103）この点についてはアダムの象徴を扱う際に立ち戻ることにしよう。第一のアダムから第二のアダムへの前進は、アントロポス〔原初の人間〕の豊かなシンボリズムのレベルで、この「満ちあふれ」を表現することになるだろう。

（104）これは本書の第三冊において示すつもりだが、理解可能な言語へと翻訳できる寓意へと神話を還元することを拒むのは、一切の神話「解釈」を排除するということではない。私たちは「翻訳」でないようなタイプの「解釈」を呈示するつもりである。簡単にこう言っておこう。神話によって開かれる経験領野の発見過程は、それ自体として、悟性のカテゴリーの超越論的演繹と比較できるような実存的検証となりうるものである、と。この点については、本書第二冊の結論章「象徴は思考を引き起こす」を参照されたい。

（105）エリアーデは述べている。「神話の観念を聖なる行為や意味をもった振る舞いの観念に近づけるためには、神話の観念と言葉や寓話の観念を分離することに慣れる必要がある。神話的であるのは、〈かの時に（in illo tempore）〉生じたある出来事、〈かの時に〉生きたある人物たちについて語られるすべてのことだけではなく、そうした原初の出来事や人物たちと直接間接に関係するすべてのことである」(*Traité d'Histoire des Religions*, op. cit., p. 355)。

(106) ジョルジュ・ギュスドルフ〔Georges Gusdorf 一九一二－二〇〇〇。フランスの哲学者〕が『神話と形而上学』で行なっているように (George Gusdorf, *Mythe et Métaphysique*, Paris, Flammarion, 1953)〔ジョルジュ・ギュスドルフ『神話と形而上学』久米博訳、せりか書房、一九七一年〕、神話が生命の防御という役割をもつことと (op. cit., pp. 12, 21)、「世界内存在の自然発生的形態」であることを同時に主張することはできない。神話的意識に関する過大評価はすべて、生きられている融和と目指されている和解との隔たりが、このようにして忘却されていることに由来する。「原始的な人間がなお融和と和解の人間であり、充実性の人間であって」、「原始の人類が神話のうちに苦もなく見出した実在と価値の合致」の痕跡をなお保持しているというのが真実だとすれば、なぜ神話的意識が物語に、イメージに、より一般的には意味をもつ言葉に身をまかすのかが、もはや理解できなくなってしまう。

(107) ギュスドルフによる引用 (Gusdorf, op. cit., p. 45)。

(108) P. Dhorme, *Choix de textes religieux assyro-babiloniens*, Paris, V. Lecoffre, 1907, pp. 3-81; René Labat, *Le Poème babylonien de la création*, Paris, Adrien-Maisonneuve, 1935; Heidel, *The Babylonian Genesis and Old Testament Parallels*, Chicago, University of Chicago Press, 1942, 2e éd., 1951 (この章での引用テクストの参照元は、James B. Pritchard, *Ancient Near Eastern Texts Relating to the Old Testament*, Princetons, op. cit., pp. 60-72 である〔Anthology of Texts and Pictures, Princeton, Princeton University Press, 1958, pp. 31-39 に一部再録、Issac Mendelsohn, *Religions of the Ancient Near East, Sumero-akkadian Religions Texts and Ugaritic Epics*, New York, *Library of Religion*, 1955, pp. 17-47 に全部再録〕)。テオドール・H・ガスター〔Theodor H. Gaster 一九〇六－一九九二。アメリカの聖書学者〕は、この「物語」を翻訳し、「新たに語り直す」ことを試みている (*The Oldest Stories in the world*, Boston, Beacon Press, 1952, pp. 52-70)。

(109) 私たちがここで考究するアッカドの創造神話のシュメール的な背景は、さまざまな著者の手で復元されたものである (Kramer, *Sumerian Mythology*, Philadelphia, American Philosophical Society, 1944; Thorkild Jacobsen, Frankfort, Wilson, Irwin (ed.), *The Intellectual Adventure of Ancient Man*, Chicago, University of Chicago Press, 1947)。こうした探究から明らかになったのは、秩序の起源が問われたのは比較的遅く、まずは秩序自体が称揚されたということである。この秩序は宇宙的

〈国家〉、ないしは〈国家〉としての宇宙として描かれ、その内部では宇宙の根本諸力が一定の地位を占めていた。すなわち、頂点には権威、王の威厳、支配（天の神アヌ）があり、次いで破壊と救援を繰り返す両義的な力（嵐の主エンリル）がある（のちに見るように、アッカドの創造詩では、ティアマトの怪物的な力に打ち勝つのがこのエンリルである）。その次に地母神の受動的な豊饒性、そしてエンキ（地の主、泉の高く深い水）の能動的で巧みな創造性が続く。おそらくこうした秩序観は、マルドゥク神が主人公になり秩序が問題になるのちの神話を読む際には心に留めておくべきであろう。だが、神と宇宙の生成譚となる将来の神話は、最古の神話のうちに萌芽的に含まれているのである。まず、宇宙の階梯という見方には、各々の位置が流動的な多様な諸力の遭遇によるものでしかないとはいえ、最初からドラマが含まれている。そして、そこではつねに、少なくとも副次的な神々に対しては、起源神話の占める場所があった。それゆえ、宇宙のヒエラルキーは、出産、戦い、神の命令によって流動化されるのだが、とりわけ、至高の神に託されていた王の威厳は、神々の集会からの委任によって、ある神から他の神へと移されることになる。こうしてシステムのうちになんらかの運動が導入される。メソポタミアの都市の隆盛の移り変わりが、こうした神的ヒエラルキーの柔軟な枠組みのなかで次々と戴冠される神々と結びつけられるのはそのためである。マルドゥク王の戴冠は、ここで第一の類型の例とする神話の中心であったが、それもまたメソポタミアのパンテオン内で展開するこうした王権の転変のなかに位置づけられるのである。それゆえ、秩序を原初的とする見方と、秩序は戦いによって勝ちとられるという見方——これについてはこれから問題にしていく——のあいだには、矛盾ではなく連続性がある。ドルム〔Édouard Paul Dhorme 一八八一－一九六六。フランスのアッシリア学者〕も、『バビロニアとアッシリアの諸宗教』（Ed. Dhorme, *Les Religions de Babylonie et d'Assyrie*, op. cit.）において、可視の空間と不可視の空間を天、地、水、地獄に四分割する範型に従って「世界の神々」を記述することを提案し（op. cit., pp. 20-52）、宇宙生成神話と英雄神話の研究は著作の最後に移している（op. cit., pp. 299-330）。これとは逆に、『バビロニアとアッシリアの文献』（Ed. Dhorme, *La littérature babylonienne et assyrienne*, Paris, 1937）では、「宇宙生成譚の文献」（およびエヌマ・エリシュ）（op. cit., pp. 27-34）が冒頭に置かれ、そのあとに「神話論」「叙事詩」「抒情詩」「道徳」等の文献がきている。さらに、G・コントゥノー〔Georges Contenau 一八七七－一九六四。フランスの考古学者・宗教史家〕の『アッシュールとバビロニアの文明』（G. Contenau, *La civilisation d'Assur et de Babylone*, Paris,

Payot, 1937）には、より考古学的で社会学的な見地が見出される（エヌマ・エリシュについてはp. 77以下を参照）。

（110）A・ハイデル〔Alexander Heidel　一九〇七－一九五五。アメリカのアッシリア学者〕の前掲書（Heidel, *The Babylonian Genesis and Old Testament Parallels*, op. cit., p. 127）では、マルドゥクの物語とその戴冠に対する創造物語のこの従属性が強調されている。逆から言えば、ティアマトの無定形な暴力とは異なり、マルドゥクは住むことのできる世界の起源、プラトンの『ティマイオス』におけるように、星々と暦によって尺度を与えられた宇宙の起源であり、最後に人間的な制度の創設者である。同じ方向の考察が、ドルムの『バビロニアとアッシリアの諸宗教』に見られる（Dhorme, op. cit., p. 308）。

（111）Heidel, op. cit., pp. 102-114.

（112）本書の第二部第五章第3節を参照のこと。また、マルドゥクがティアマトを罵倒する、『エヌマ・エリシュ』の次の箇所も読むこと。「神々の王アンシャルに、あなたは邪悪を混ぜっかえし（英訳では「あなたは悪をなそうとした」）、私の父祖である神々に、あなたの邪悪をはたらいた（英訳では「あなたは自身の邪悪さを確固たるものにした」）」（『エヌマ・エリシュ』第四書板 83-84）。ガスターによるこの節のリズムと韻を伴った訳も参照されたい（Gaster, op. cit., pp. 62-63）。

（113）「私は血を凝縮させ、骨を生み出そう、私はルルー〔原初の人間〕を立たせよう、その名を人間として〔英訳では「まことに、原初の人を私は創造しよう」〕。私は創り出そう、人間ルルーを。彼らが神々の労役を負い、神々が休息できるように」（『エヌマ・エリシュ』第六書板 5-9）。

（114）ガスターはこの物語をオルペウス教徒たちの物語に近づけている（Gaster, op. cit., p. 69）。そこでは、人間は雷に打たれたティターンの灰から生まれるとされる。この点についてはのちに立ち戻ることにしたい。

（115）ヤコブセンが引用するクレイマー〔Samuel Noah Kramer　一八九七－一九九〇。アメリカのアッシリア学者〕訳に拠る（Jacobsen, op. cit., pp. 141-142）。

（116）Stephan Langdon, *Le poème sumérien du Paradis, du Déluge et de la Chute*, 1915, Trad. par Charles Virolleaud, Paris, E. Leroux, 1919. ドルムが『聖書学雑誌』（*Revue Biblique*）上で一九二一年に行なった批判（Dhorme, op. cit., pp. 309-312）を参照せよ。さらにクレイマー『シュメール神話学』（*Sumerian Mythology*, op. cit., pp. 54-59）、コントゥノー『バビロニアの大洪

水』（*Le Déluge babylonien*, nouvelle édition, Paris, Payot, pp. 50-54）も参照。クレイマーの新たな訳は、この難解なシュメールのテクストについて、プリチャード〔James Bennett Pritchard　一九〇九－一九九七。アメリカの考古学者〕（Pritchard, op. cit., pp. 37-41）やメンデルゾーン〔Isaac Mendelsohn　一八九八－一九六五。アメリカのアッシリア学者〕（Mendelsohn, op. cit., pp. 3-11）とはまったく異なる解釈を含んでいる。

（117）クレイマーによれば、これは植物の起源を説明するものだとされる。コントゥノーは、地上の生命を保証する古い豊饒儀式である「聖なる結婚」が中心主題だと見ている。

（118）ドルム『アッシリア－バビロニア宗教文書選集』（Dhorme, op. cit., pp. 100-120）。R. Campbell Thompson, *The Epic of Gilgamesh*, Oxford, Clarendon Press, 1938; Contenau, *Le Déluge babylonien, Ishtar aux enfers, la tour de Babel*, Paris, 1941（物語の種々相の区別に著者の考古学的関心が表れている）。神話のテクストは九〇－一二一頁に収録。プリチャードの批判校訂版（Pritchard, op. cit.）も参照。シュメール神話はクレイマー訳の四二－五二頁、『ギルガメシュ叙事詩』に挿入されたアッカド神話はスパイザー〔Ephraim Avigdor Speiser　一九〇二－一九六五。アメリカのアッシリア学者〕訳の七二－九九頁（*Anthology of Texts and Pictures*, op. cit., pp. 65-75; *Mendelsohn*, op. cit., pp. 100-109 に再録）を参照。ハイデルの『ギルガメシュ叙事詩と旧約聖書の並行性』（*The Babylonian Genesis and Old Testament Parallels*, op. cit.）の八〇－九三頁で『ギルガメシュ叙事詩』の第一一書板が、一〇六－一一六頁で『アトラハシース叙事詩』が読める。

（119）Contenau, op. cit., pp. 110-112.

（120）私たちが所持する最古のシュメールの物語（Pritchard, op. cit.; Contenau, op. cit., pp. 100-101）はあまりにも寸断されているため、確信をもって解釈することは不可能である。とくに、神々が人類を破壊しようと決意する瞬間については欠落がある。誕生の神ニンルの嘆きが聞かれ、知恵の神にして人間の友であるエンキは、彼が保護するジンストラ――シュメールのノア――を救出すべく取り計らう。ジンストラは神を恐れる敬虔な王として示されてはいるが、洪水を起こしたのと同じ神の気まぐれ以外の理由で彼が救われたことを示すものは何もない。洪水のあと、ジンストラは「神のような生命」と「永遠の息吹」を受け取り、「太陽の昇る場所」であるディルムンに移される。その後の結末は失われている。

(121) Contenau, op. cit., p. 71.

(122) ハイデルは、バビロニア神話の洪水と聖書の洪水との動機の相違を、志向における対立を表すさまざまな相違のなかに置き直している（Heidel, op. cit.）。それによって、バビロニアの神々の「気まぐれ」と聖書の神の「聖性」、前者の「後悔」と後者の「悔い改め」を鋭く対立させる。コントゥノーは、ハイデルほど類型上の相違に敏感ではないものの、以下のように記している。「洪水の記憶を保持してきたすべての文明は、洪水のうちに、人間たちの犯した過ちに対する神の側からの罰を見ている。バビロニア神話の洪水についてもそうであったことは確かであるが、私たちはまだこの過ちに関する記述を手にしていない。神々が人類に不満をもっていることはわかるが、その理由はわからないのである。だが、二十年ほど前には、それは説明されていると信じられていたのだった」（Contenau, op. cit., p. 50）。

(123) ドルム『アッシリア－バビロニア宗教文書選集』（Dhorme, op. cit., pp. 188-325）、コントゥノー『ギルガメシュ叙事詩、バビロニア詩』（Contenau, *Epopée de Gilgamesch, poème babylonien*, Paris, L'Artisan du Livre, 1939）、ハイデル『バビロニア創世記と旧約聖書の並行性』（Heidel, op. cit.）。ここではプリチャードが校訂・翻訳したテクストを参照する（Pritchard, op. cit. シュメール断片は四二－五二頁、アッカド文書は七二－九二頁）。アッカド文書の方は、同じくプリチャード編集のアンソロジーの四〇－七五頁（第一二書板を除く）、ガスターの『世界最古の物語』（Gaster, op. cit.）二一－五一頁、メンデルゾーン版の四七－一一五頁に再録されている）。ドルムは『バビロニア－アッシリア文献』（Dhorme, op. cit.）の五一－七三頁でこれに注釈を加えている。〔本文中の『ギルガメシュ叙事詩』からの引用文に付された出典情報は、基本的にプリチャード編集の版によるものである〕

(124) サソリ人間によるギルガメシュの描写は、人間を神とティターンの二重の由来をもつとするオルペウスの神話に接近させられるものとは思えない。バビロニアのノアの隠居への通路を見張るサソリ人間は、ギルガメシュを次のように描いている。「私たちへと近づいてくるあの男、彼の身体は神の肉でできている」。これに応えて、サソリ人間の妻は「あの男の体の三分の二は神、三分の一は人間です」と言う（『ギルガメシュ叙事詩』IX, ii, 14, 16）。この箇所は、その皮肉めいた調子に加えて、ギルガメシュの企ての英雄的な性格を説明するものだが、この企ての成功を保証するわけではない。J・ボッテロ〔Jean Bottero　一九一四－二〇〇七。フランスのアッシリア学者〕は『バビロニア宗教』において（J. Bottero,

La religion babylonienne, Paris, PUF, 1952, p. 85）、神の血から創造された人間に関するオルペウス神話とバビロニアの神話とのこうした相違をきちんと見てとっていた。

（125）この箇所ほどバビロニアの叙事詩が悲劇に近づく場所はない。エンリルは友を死に至らしめることを決断し、女神シャマシュは叫ぶ。「彼らが天の雄牛とフンババを殺したのは私の命令ではなかったでしょうか。罪のないエンギドゥが死ぬべきなのでしょうか」（『エヌマ・エリシュ』第七書板 12 sq.）。とはいえ悲劇の主題は全面的ではない。そこには神による人間の盲目化が欠けている。無垢と過ちとの関わりは、ここではなお神統記上の争いに拘束されているのである。

（126）Heidel, op. cit., pp. 10-13. バビロニアのノアの不死性は到達しえないものである以上、残る道は、宿屋の女主人の勧めるエピクロス的な生き方、あるいは主人公が立ち戻る困難な生のいずれかである。

（127）それでもドルムは次のように言っている（Dhorme, op. cit., p. 69）。「エデンの園の場合と同じく、人間から不死の生という贈物を奪うのは蛇である。……蛇だけが英雄の試練を利用したのである」。

（128）René Labat, *Le caractère religieux de la royauté assyro-babylonienne*, Paris, Adrien-Maisonneuve, 1939; Henri Frankfort, *La Royauté et les Dieux*, trad. fr., Paris, Payot, 1951; Ivan Engnell, *Studies in Divine Kingship in the Ancient Near-East*, Uppsala, 1943; Jacobsen, *Mesopotamia*, in *The intellectual adventure of ancient man*, op. cit., 1946.

（129）礼拝については、ドルム『バビロニアとアッシリアの諸宗教』（op. cit.）の二二〇－二五七頁を参照。

（130）『エヌマ・エリシュ』第六書板 49-70 参照。

（131）Frankfort, op. cit., pp. 401-425; Labat, op. cit., pp. 167-176; Engnel, op. cit., p. 33.

（132）エングネル〔Ivan Engnell 一九〇六－一九六四。スウェーデンの聖書学者〕がきちんと指摘しているように（Engnel, op. cit., pp. 18-23）、至高神と豊饒の神はたがいの機能を容易に移動させるのであり、王を介して農耕のテーマが至高権のテーマに移行すると想定する必要はない。反対に、神に関するこの二つの形容語のそうした相互浸透を利用するのは、王の形象の方なのである。フランクフォート〔Henry Frankfort 一八九七－一九五四。オランダのオリエント学者〕も同じ方向に次のような指摘を行なっている。「時の始まりにおける神々の混沌への勝利を〔王が〕思い起こし唱える営みによって、自然の生命の不確実な大いなる再生が現在において促進されるのである」（Frankfort, op. cit., p. 402）。

(133) ラバ〔René Labat 一九〇四－一九七四。フランスのアッシリア学者〕の前掲書を参照。王は「神々と人間たちとのあいだで特権的な地位を占めていた。王はいわば絆であり、死すべき人間たちの世界を神々の至高の領域に結びつけていた」（Labat, op. cit., p. 223）。「王は神々によって選ばれるが、それは王自身が神になるためではなく、すぐれた意味での〈人間〉になるためである」（op. cit., p. 362）。ここで私たちはフレイザー『金枝篇』六章での有名な分析へと引き戻される。エングネルはこの主題を力強く捉え直し、王を神と同一視するところまで行く。すなわち、植生の神と王との同一化を、天と地を結びつける樹木や命の植物という象徴を刻印されたものとして見るのである。木と同じく、王も命を与えるものである。

(134)『古代人の知的冒険』所収のヤコブセンの論考「メソポタミア」を参照。著者が示すところによれば（フランクフォートと同様、メソポタミアとエジプトの対立を際立たせ、それを自然への関係の相違に結びつける）、宇宙的な秩序は巨大な恐ろしい諸力の統合体として、すなわち〈宇宙－国家〉として表象される。アヌはその恐ろしい偉大さにおいて権威の本質を、あらゆる威信の源泉と中心を表象する。著者によれば、エンリルの破壊的暴力がアヌと並列されるのは、破局が至高権と、あるいはウェーバー〔Max Weber 一八六四－一九二〇。ドイツの社会学者〕に従えば暴力が国家の本質と並列されるのと同じである。豊饒と創造は〈地母神〉と〈水〉の姿で啓示されるが、これらの啓示自体は数々の意志の複合のなかに内包され、〈宇宙－国家〉の諸力の尊厳へと高められている。

(135) シュメール人からバビロニア人とアッシリア人への王権概念の進展については、ラバの前掲書の序論を参照のこと。

(136) Frankfort, op. cit., passim; Jacobsen, op. cit., pp. 185-200.

(137) Frankfort, op. cit., p. 310.

(138) Ibid., p. 228.

(139) Labat, op. cit., p. 310.

(140) Ibid., p. 279.

(141) エングネルとともに、詩篇文学（悔い改めと嘆きの讃歌と詩篇）は王を中軸とするものであり、詩篇とはまずもって「王の詩篇」であるとまで言うべきだろうか（Engnel, op. cit., pp. 45-51）。

(142) Labat, op. cit., p. 14.

(143) Ibid., p. 22.

(144) Ibid., p. 51.

(145) 大英博物館の有名なレリーフでは、射手である王の構えは、その上にくる射手としての神の構えを正確に写したものになっている。このように、王の歴史的暴力は神の原初的暴力の模倣なのである。

(146) ラバはその著作の「聖戦」と題する章で、とくにアッシリア期から例を引きだしている。

(147) ドルムは『エヌマ・エリシュ』第四書板のマルドゥクの武器を数え上げる箇所を思い出させている（Dhorme, op. cit., p. 145）。ヤコブセンは、嵐と忠告の神エンリルがマルドゥクに先行することを強調したうえで、「エンリルの機能」のうちに歴史的暴力の源泉を見ている。ドルムはこの〈国家－都市〉と同時代の多くのテクストを引用し、そこではエンリルの叙任が刑法的正義の職務のために求められていることを示している。この時代には、至高権がある都市から別の都市に移ることは、暴力による審判を表していた。そのとき〈都市〉の神は、ニンガルが彼の町ウルを破壊した「嵐の日」を嘆いたように、みずからの町を嘆き涙するのである。

(148) モヴィンケル〔Sigmund Olaf Plytt Mowinckel 一八八四－一九六五。ノルウェーの聖書学者〕、エングネル、ヴィーデングレン〔Geo Widengren 一九〇七－一九九六。スウェーデンの宗教史家〕、ペダーセン（Pedersen）〔Johannes Peder Ejler Pedersen 一八八三－一九七七。デンマークの聖書学者〕といった人々である。

(149) Aage Bentzen, *Messias, Moses redivivus*, Menschensohn, Zürich, 1948.

(150) 本書のアダム神話に関する章（第二部第三章）を参照のこと。ハイデルはこの非連続性をよく見てとっていた（Heidel, op. cit., p. 126）。バビロニアの主題において本質的であったのは、先立つ野蛮な神々に対するマルドゥクの勝利であり、宇宙生成譚は神統論の一部だということである。聖書では、本質的なものは世界の創造となり、宇宙生成譚は神統論から解放された。『創世記』の最初の聖句はこうした類型の交代を表現している。ハイデルはそれについての解釈を示している（op. cit., pp. 128-140）。人間の創造自体も神統論に属するものではなくなる。自律と責任への志向が神々への奉仕に取って代わるのである（op. cit., pp. 118-122)。最後にハイデルがきちんと見ていた点は、神々の罪責に人間の堕罪が取って代わることである（op. cit., pp. 122-126)。

(151) 加えて言えば、王のイデオロギーの破綻を加速させたのは君主制への不信であった。君主制自体が、失われ有罪宣告された歴史的偉大さとみなされたのである。同時に、東方の王は偽の偉大さの形象として、神の似像ではなくカリカチュアとして現れる。たとえばツロの王へのエゼキエルの次のような預言を読むこと。「あなたの心は驕り高ぶり、『私は神だ。海のただなかにある神々の住まいに住んでいる』と言った。しかし、あなたは人であって、神ではない。自分の心を神々の心のように思っているだけだ」（『エゼキエル書』28:2)。それゆえ、〈預言者〉の形象、第二の出エジプトに結びついた新たなモーセの形象、主の僕《しもべ》の形象、そして最後に〈人の子〉の形象が増大していくためには、王の形象が減衰していかねばならなかったのである。

(152) Karl Kérényi, *La mythologie des Grecs*, Paris, Payot, 1952, p. 19.〔カール・ケレーニイ『ギリシアの神話――神々の時代』中央公論社、一九七四年〕

(153)「だってもう、長いこと、互いに背中を向けあい、愛情も床もお顧みにならないのです。一度立腹（テューモス）なさってからは」（『イーリアス』第一四歌、二〇七行)。

(154) 本書がすでに印刷にかかっていたとき、私はクレマンス・ラムヌー〔Clémance Ramnoux　一九〇五－一九九七。フランスの哲学史家〕の見事な論考があるのを知った。Clémance Ramnoux, *La nuit et les enfants de la Nuit dans la tradition grecque*, Paris, Flammarion, 1959. とくに pp. 62-109 を参照。

(155) Max Scheler, *Le phénomène du tragique*, trad. fr. M.Dupuy, Paris, Aubier-Montaigne, 1952.〔正確な仏訳題名は *Mort et survie suivi de Le phénomène du tragique*. 原著は *Zum Phänomen des Tragischen* (1914)〕

(156) Scheler, op. cit., p. 110.

(157) 本章はゲルハルト・ネーベル〔Gerhard Nebel　一九〇三－一九七四。ドイツの古典文献学者・哲学者〕による解釈に多くを負っている。Gerhard Nebel, *Weltangst und Götterzorn. Eine Deutung der grieschichen Tragödie*, Stuttgart, E. Klett, 1951.

(158) Kurt Latte, Schuld und Sünde in der grieschen Religion, op. cit., pp. 254-298; W. Ch. Greene, *Moira, Fate, Good and Evil in*

Greek Thought, Harvard University Press, 1944; Dodds, *Les Grecs et l'irrationnel*, op. cit.; Hermann Frankel, *Dichtung und Philosophie der früen Grieschentums*, American Philology Association, XIII, 1951.

（159）ドッズ前掲書第一章「アガメムノーンの弁明」（op. cit., II, pp. 19, 86 sq.）を参照。ホメロスにおける迷誤の心理学と神学に関する重要な研究としては、Martin P. Nilson, *Götter und Psychologie bei Homer*, ARW, XXX, 1934; *A History of Greek Religion*, Oxford, Clarendon Press, 1920 を参照。

（160）ブルーノ・スネル『精神の発見』（Bruno Snell, *Die Entdeckung des Geistes*, Hamburg, Claassen & Goverts, 1955）〔ブルーノ・スネル『精神の発見』新井靖一訳、創文社、一九七四年〕は、ホメロスの語彙を通して人間の表象を研究し（op. cit., pp. 17-42）、のちにソーマ〔肉体〕という語で総合されるようになる身体的統一を表す語がないことを示している。それと同時に、心理を表す語彙もまとまりを欠いていることが示されている。すなわち、プシュケー〔魂〕は死の際に人間から離れるが、生きているあいだの役割は確認されていない。テューモス〔欲望〕は情動の運動を引き起こし、ヌース〔知性〕は思考を産み出す。ホメロスでは、魂の統一、身体の統一、魂と身体の対立のいずれもまだ知られていない。以上の注記は本書の類型論にとって重要である。これについては本書第二部第四章を参照のこと。

（161）ホメロスはモイラたちを糸紡ぎ女の属性によって表現している。彼女らは不可避なるものの分配者、強力で耐えがたいほどに苛酷な、破滅に至らせる女神でもある〔Greene, op. cit., pp. 10-28〕。

（162）神々の最古の一族から不吉な諸力を派生させるときになると、ヘシオドスは「悲劇的でない」類型へと傾く。すなわち、モイラ〔運命〕とタナトス〔死〕はニュクス〔夜〕の子だが（『神統記』二一一行）、モモス（嘲笑）、オイズス（困窮）、ヘスペリデス（オーケアノスとネメシスの彼方で黄金のリンゴを守る）、そして〈幻惑〉、〈愛欲〉、〈老年〉、〈争い〉もまたニュクスの子である（Kerényi, *La mythologie des Grecs*, op. cit., pp. 35-36）。ケレーニィがオリュンポス以前の神々として取り集めるこの神話的全体は、原初的暴力の世界を拡張していく恐ろしい形象たちの幻想的な集合体であり、ゼウスの正義の体制はそこから身を引き離すことで確立されていく。興味深いのは、これらの形象が創造ドラマの類型と邪悪な神の類型とのあいだで揺れ動いていることであり、神統記は前者の類型へと向かわせ、叙事詩は後者の類型へと向かわせる。クレマンス・ラムヌーは、『ギリシア的伝統における夜（ニュクス）と夜の子どもたち』で、これらの恐るべき形象たちがさらに二つのレベルのあいだで揺れ動いていることを示している。すなわち、太古のイメージのレベル（人喰いの父と去勢された父といった幼児的イメージ）と、自然に関する概念の初発形態というレベルである。クロノスによる〔父ウーラノスの〕去勢の物語はいまだ素朴な神話的−詩的な創造物の側に属しており、宇宙生成譚の諸断片（『神統記』一一五−一三八行、二一一−二三二行）はすでに存在をめぐる思弁に近いものである（Ramenoux, op. cit., pp. 62-108）。

（163）ドッズ〔Eric Robertson Dodds 一八九三−一九七九。イギリスの古典文献学者〕は前掲書で、妬み（φθόνος）が悲劇的意味をもつようになる端緒として、シモニデス〔Σιμωνίδης 紀元前五五六頃−紀元前四六八。古代ギリシアの抒情詩人〕、テオグニス、ソロンを引き合いに出している。妬みの道徳化は傲慢の道徳化と同時に追求される。善の過剰は自己満足を生み出し、自己満足は尊大を生み、尊大は神々の妬みを解き放つ。この尊大と妬みの組み合わせから悲劇作家たちが何を作りだすことになるかは、のちほど見ていくことにしよう。

（164）Nebel, op. cit.; Eschyle, *Tragedies: Les Suppliantes - Les Perses - Les Sept Contre Thèbes - Promethée Enchainé*, tr. par Paul Mazon, Paris, Belles Lettres, 1920, pp. 11-48.

（165）Werner Jäger, *Paideia*, I, Berlin/Leipzig, de Gruyter, pp. 307-343: « le drame d'Eschyle »〔イェーガー『パイディア（上）』曽田長人訳、知泉書館、二〇一八年〕ここでイェーガー〔Werner Wilhelm Jaeger 一八八一−一九六一。ドイツ出身の古典文献学者〕はソロンからアイスキュロスへの系譜を際立たせている。

（166）Ulrich von Wilamowitz-Moellendorf, *Aischylos Interpretationen*, Berlin, Weidmannsche Buchhandlung, Berlin, Weidmannos, 1914, pp. 114-162: Prométhée を参照。Maurice Croiset, Eschyle, *Études sur l'invention dramatique dans son théatre*, Paris, Les Belles Lettres, 1928 もまた、悲劇的なものと光景〔スペクタクル〕との結びつきをとらえるうえで有益である。

（167）Louis Séchan, *Le mythe de Prométhée*, Paris, PUF, 1951. プロメテウス神話を火の礼拝と火による刷新という伝統のうちに位置づけ、プロメテウスの過ちを神々の戦いというコンテクストに置き直し、最後に恩人であり罪人であるプロメテウスと怒りの神でありつつ正義と知恵の宗教への途上にあるゼウスという二重の両義性を描き出すという点で、この本は貴重なものである。

(168) Nebel, op. cit., pp. 49-88.

(169)『レオクラトス駁論』(*Oratio in Leocratem*) 九二行 (Dodds, op. cit., p. 39 に引用)。これはすでに、「神ハ失墜サセヨウトスル者ヲ前モッテ狂ワセル (quem deus vult perdere, prius dementat)」ということである。

(170) このような悲劇的神学による抒情的な表現は数多くある。『ペルシアの人々』の三五四、四七二、八〇八、八二一行、『アガメムノーン』の一六〇行以下、一四八六、一五六三行などである。悲劇的神学をもっとも大っぴらに表現したのが『アンティゴネー』のコロスである。「苦海の水を嘗《な》めずして、生涯を全うする人こそ幸なれ。家の礎を神揺るがしたまえば、ありとある災厄の、幾代を経てもなお襲い来ぬものとてなし。……明日の日も将来も、また往にし日にも、変わらぬ掟は確固たり。すなわち人の生きてあるかぎり、過ぎたるは禍《わざわ》いを免れぬのが必定ぞ。人の希望は一所不住なれども、これによって利を得る者少なからず、されどまた、多くは、無思慮の欲に欺かるるのみ。知らぬまに忍び寄り、突如、足元に火がついてそれと知る。いにしえの賢き人のいみじくも言える句に曰く、「神に心を誑《たぶら》かされし者の目には迷妄とりついて、瞬時も去ることなければ、悪も善とこそ見ゆるなれ」(『アンティゴネー』五八二-六二五行)。

(171) ドッズが前掲書で記すところによれば (Dodds, op. cit., p. 57)、プラトンはニオベーの断片一六二「ヒュブリス」の最後を省いてしまっている。それは人間がみずからの運命になんらかの寄与をしていることを想定する部分 (「この〈傲慢〉は私たちに由来する (μὴ θρασυατομεῖν)」) である。

(172) Nebel, op. cit., pp. 169-231 (「アンティゴネーと死者たちの野蛮な世界」、「オイディプス王と神の怒り」)。Jäger, *Païdeia*, I, pp. 343-361.

(173) Nebel, op. cit., pp. 233-253 (「『コローノスのオイディプス』における祝福された死」)。

(174) Karl Jaspers, *Von der Wahrheit*, Münich, Piper, 1947, pp. 915-960.〔カール・ヤスパース『真理について』全五巻、林田新二・小林靖昌・浜田恂子・上妻精・盛永審一郎訳、理想社、一九七六-一九九七年〕。本書の第二部第五章を参照のこと。

(175) 贖いにおけるアポローンのこうした役割については、ニルソン〔Martin Persson Nilsson 一八七四-一九六七。スウェーデンの古典文献学者〕の『ギリシア宗教史』〔小山宙丸・丸野稔・兼利琢也訳、創文社、一九九二年〕の第六章を参照されたい。血を流させた罪責の場合は、国家がすでにそれに対する刑罰の責務を担ったときでさえ、アポローンが聖なる贖いの主であり続ける。ニルソンは、アポローン礼拝が道徳的純粋さと意図の正しさのために役割を果たすことを強調しながらも、外的な儀礼主義を乗り越え正義の要求に達するうえではアポローン教は無力であることを確認している。「アポローン教は神々との平和を再建し維持する権威であった。その務めは、預言者たちのように数々の意識－良心をかき立てることではなく、むしろ意識－良心を鎮めることであった」(Nilson, op. cit., pp. 199-200)。アポローン教の改良主義はそこに由来し、ディオニュソス教に対する慎重な行動もそうである。だが、アポローン教は新たな価値を何も創り出さなかった。

(176) Nilson, op. cit., pp. 205-206. この点には本書の第二部第四章で立ち戻ることにしたい。ギリシア宗教について言われるすべてのことは、つねに次のような考察によって抑制されるべきである。すなわち、唯一のギリシア神学などはなく、厳密な意味での礼拝のみならず、改革者や詩人や布教者たちの試みたさまざまな宗教的総合の混合だけがあるのである。いずれの総合も他のものたちをまとめて体系にすることはできなかった。すなわち、デルフォイの権威があり、次いでディオニュソスの「秘儀的な狂気」があるのである。後者は前者の領域に侵入するが、アポローンはディオニュソスの礼拝に法規を及ぼし、その法悦を抑えることにより、ディオニュソスを抑止し包み込むのである。

(177) デュバルルの『聖書における原罪』(Dubarle, op. cit., pp. 45-60) は、歴史か神話かという二者択一を回避し、アダム神話の物語のうちに「伝統的なイメージのうちでその射程を変容しつつ表現される特別なタイプの歴史」(op. cit., p. 49) を見出そうとするが、このような曖昧な態度よりも明確な態度をとった方がよい。たしかに、イスラエルの宗教は出エジプトという歴史的な出来事に基づいているので、悪を説明するために非時間的な「元型」のようなものを援用するわけにいかず、現在の源泉になるような出来事を援用しなければならない。とはいえ、イスラエルは信仰によって過去の出来事を再発見したのだと言ってしまえば、アダムは実在の人物であり、堕罪は実際に起きた出来事だという考えに戻らざるをえなくなる。出来事という観念を二つの存在論的体制の断絶を表す象徴として保持し、過去の事実という観念は捨てるべきである。とりわけ、人類の祖先という形象の神話的性格を認めなければならない。その場合、この形象の人類全体に対する関係は、モアブやエドムなどに名前を与えた祖先のこれらの都市に対する関係に等しいものとなる。最初でありかつ継承されたものとしての罪の観念、およびこの罪が引き起こす偽りの合理化の数々は、まさしくこのような図式化によって構成されるのである。

イヴ・ローランの論考「十九世紀末のフランス聖書解釈学における『創世記』二–三章の歴史的性格」(Yves Laurent, Le caractère historique de Genèse 2-3 dans l'exégèse française au tournant du XIXe siècle, in *Analecta Lovaniensia Biblica et Orientalia*, 1947, pp. 37-69) には、二十世紀初めのカトリックの聖書解釈学を揺るがせた数々の議論の残響が見てとれる。そこではフランソワ・ルノルマン〔François Lenormant 一八三七–一八八三。フランスのアッシリア学者〕の一八八〇年から一八八三年の仕事の正しさが認められている。また、M＝J・ラグランジュ神父が一八九七年に『聖書学雑誌』(*Revue biblique*) 上で発表した名高い論文「無垢と罪」の多岐にわたる企ても重要である。今日この見事な論文を読み直してみると、細部における大胆さと全体における臆病さに驚かされる。ラグランジュは彼が寓意的と呼ぶ解釈と字義通りの解釈をともに退け、堕罪物語を「民衆的ないしは象徴的な仕方で提示された真の歴史」(Lagrange, op. cit., p. 358) とみなす。「教会ではつねに、このまったく真なる歴史は他の歴史とは違い、隠喩や象徴、民衆向けの言語といった数々の形象をまとった歴史として理解されてきた」(op. cit., p. 361)。そこから出てくるのが、「実質的な要素」と「象徴的な形態」(op. cit., p. 361) を分離するという企てである。オリゲネス〔Origenes Adamantius 一八五年頃–二五四年頃。初期キリスト教神学者〕やカエタヌス〔Jacobus Cajetanus 一四六九–一五三四。イタリアの神学者〕と同じく、彼は象徴の領分を大きく押し広げる。しかし、すべての状況が個別には象徴的に解釈される (op. cit., pp. 343-358) ときに、いかにして物語の全体が現実の歴史に関わりうるものになるのかがよくわからない。ラグランジュは象徴を寓意と区別していないように見えるが、おそらくそれは彼の象徴観念が狭すぎるからであろう。だから、寓意か歴史かという二者択一を前にして、物語の形態とその基底を分離してしまうという危険を冒してでも、歴史の方を選びとるのである。とはいえラグランジュは、数々の創造物語の基底がバビロニアにあることが知られるはるか以前に、歴史上の対応物によって確証されるものではなく、そうした対応物をもたないものこそが意味をもつことを見てとっていた。そうして彼は、歴史上の対応物に基づいて、アダムと最初の書記資料をつなぐ口承の存在を証明しようとするような護教的解釈から決定的に縁を切ったのである。さらに彼は、聖書記者の天分が、民衆の想像力においては字義通りに信じられていたものを象徴へと高めることにたびたび発揮されたことを見ていた。ラグランジュのこうした直観は広範囲に及んだが、最終的な帰結にまで至ることはなかった。それでも彼は次のように記している。「象徴的な言語は通常の言語と同じ法則をもたず、それと同じ方法で解釈されてはならない」(op. cit., p. 354)。

(178)『ベン・シラの知恵』の著者ベン・シラ〔Yéshoua Ben Sira　紀元前二世紀－紀元前一八〇頃。ユダヤのラビ〕と『知恵の書』は『創世記』の物語に暗に言及しているが(『ベン・シラの知恵』25:24、『知恵の書』2:23-24)、人間の堕落や人間の条件に関するすべての悪を最初の罪に関係づけてはいない。

(179)だからといって、聖書のうちに生に関する「悲劇的」な見方の痕跡の数々や、悲劇的な神の「妬み」へと退行する諸形態を見分けることができないわけではない。バベルの建造、カインの断罪、そしてアダムとエバのエデンの園からの追放さえも、巧知をもった人間の英雄的な偉業に対する神のルサンチマンという契機を含んでいるかもしれない。しかし私たちは、アダム神話と他の諸神話とのさらにひそかな親縁性をより重要視したい。この親縁性は、偉業に対するルサンチマンではなく、〈蛇〉の役割と堕罪ドラマの構造そのもののうちに探求されるだろう。

(180)私はドッズが『今日の聖書』(Dodds, *La Bible aujourd'hui*, trad. fr., Paris, 1957)で示した次の見方に全面的に賛同する。「それゆえ、聖書の冒頭の物語は原初の神話の適用とみなせるものであり、著者たちは歴史から学んだ真理の象徴として原初の神話を用いたのである。この物語は、名目上は歴史以前に関わるものであるが、事実上は、特定の民族の歴史のうちで啓示された神の行ないの諸原理をすべての時と場所における人類に適用するものである。この物語は、裁きであると同時に刷新でもある〈神の言葉〉の観念を普遍化するのである」(op. cit., p. 119)。

(181)私はグンケル〔Hermann Gunkel　一八六二－一九三二。ドイツの聖書学者〕の『翻訳され説明された創世記』(Hermann Gunkel, *Genesis übersetzt u. erklärt*, Göttingen, Vandenhoeck & Ruprecht, 1900)とブッデ〔Karl Ferdinand Reinhard Budde　一八五〇－一九三五。ドイツの旧約聖書学者〕の『聖書的な原歴史』(Karl Budde, *Die biblische Urgeschichte*, Giessen, J. Ricker'sche Buchhandlung, 1883)および『聖書の楽園物語』(*Die biblische Paradiesgeschichte*, Giessen, 1932)以来のテクスト批判を既得のものと想定している。それによると、現在の堕罪物語の基底には二つの源泉が区別され、堕罪以前のアダムの状態、堕罪の場所、二本の木の役割、呪いの性質、さまざまな登場人物の役割に関して異文や不整合があることはそこから説明できる。この問題についての議論は、アンベール〔Paul Humbert　一八八五－一九七二。スイスの神学者〕(*Études sur le récit du Paradis et de la chute dans la Genèse*, Neuchâtel, secretariat de l'université, 1940)やツィンメルリ〔Walther Theodor Zimmerli　一九〇七－一九八三。スイスの神学者〕(*Mose, I-11. Die Urgeschichte*, Zürich, Zwingli Verlag, 1943)、コパン〔Joseph Coppen 一八九六－一九八一。ベルギーの神学者〕(« La connaissance du bien et du mal et le péché du paradis », in *Analecta Lovaniensia Biblica et Orientalia*, 1948, App. I, pp. 47-72) に見出される。二つの伝承、二つの源泉、さらには二つの異なる資料があるということは、最終的な編集の形で私たちに伝わった物語をよりよく理解するうえで助けとなるはずである。源泉を問うことは意味を問うことの準備となるにちがいない。だから私は、アンベールが二つの起源の競合に由来するとみなす緊張を物語自体の意味に組み込むことを試みたい。ここでツィンメルリが方法面でのよい案内役になる(Zimmerli, op. cit., p. 145)。堕罪物語の神学的意義については、アイヒロット『旧約聖書神学』第三巻二三節「罪と赦し」、ジャコブ『旧約聖書神学の本質的テーマ』(op. cit., pp. 226-239)、フォン・ラート『旧約聖書神学』第一巻(Von Rad, op. cit., p. 261 sq.)を参照のこと。

(182) デュバルル『聖書における原罪』――「衣服に要約されているのは、性的興奮を避けるための配慮だけではなく、社会生活を可能にするすべての隠蔽である」(Dubarle, op. cit., p. 64)。「物語のきわめて控え目な表記法は、人間の関係的な生の全体に侵食する曖昧さと気兼ねを示している」(op. cit., p. 65)。

(183) 本書の第一部第三章第4節「負い目の袋小路」を参照。

(184) コパンは「善悪の知」という問題を刷新しようとした。彼は全知や神の知という観念も、まったく人間的な識別知という観念もともに退ける。彼にとって重要なのは、突如として認識のうちに悪が入ってくることである。より正確に言えば、善に悪が加わり「結合し、混合し、付加され、累積される知」(Coppen, op. cit., p. 16) となったことである。これは区別する知でも排除する知でもなく、「善と悪を重ねあわせる」(op. cit., p. 17) 知である。この第一のテーゼに彼は第二のテーゼをつけ加える。それは、この罪深い知は性と関係しているというものである。アダムの過ちは、対象から見て微罪や子どもっぽい罪ではなく、禁止する者〔神〕に対して死に値する罪というだけでもない。この罪には固有の内容がある。すなわち、エバは女性としての生、母としての生において罰せられており、男性〔アダム〕は欲望の生において罰せられているのではないか。だが、特に性に関わる過ちであることをほのめかすのは、エバ、蛇、木からなる三角形である。蛇は植生の神々の象徴である。性そのものの表徴はないにしても、蛇とは性を聖化する神々の誘惑を形象化するものである。コパンのさらなる説明によれば、アダムの過ちが抵触するのは、『創世記』で告げられる堕罪以前の唯一の戒め、すなわち生殖の戒めだということになる。その場合、蛇が形象化するのは、性生活を異教のみだらな神々のもとに置き、放埒に身をゆだねることへの誘惑であることになるだろう（op. cit., pp. 12-28, 73-91; *Lovaniensia Biblica et Orientia*, II, 8. pp. 396-408）。コパンは蛇がもつ植生の神々に結びついた意味に関する広範で堅固な調査に基づいてみずからの解釈を提示していると言うべきである（op. cit., pp. 91-117, 409-442）。だが、私の意見では、コパンは次の問題をあまりに早く脇においてしまっている。それは、聖書記者は本当に性的な違反があったことを教えているのか、という問題である。論争の主題となるべきこの問題に直面するとき、彼は否と答える。「私たちが語ってきた性的な違反が本当にあったと聖書記者は教えているだろうか。私はそうは思わない。このテーマは暗黙裡に展開している。記者が知っていた原資料では、このテーマはもっとはっきりしていたのだろうと思う。『創世記』記者はそれを脱落させたが、いくらかその痕跡は残ったのであり、羊皮紙から読み取るようにして、そこからもとの意味を取り出さねばならない。あるいは、『創世記』記者はみずからのためにこのテーマを全面的に捨てはしなかったものの、それを教えることは慎んだのだとも想定できる。ヴェールを剝がさない方を好んだのであれ、意図してヴェールを施したのであれ、ほのめかすだけにしておいたのであろう」（op. cit., p. 26）。以上の指摘から、私はアダムの罪を性的に解釈するのは後退的な解釈だと考える。それがもっとも古い層に属するものだとしたら、聖書の編者がそれを抑圧したのは、その意味を隠すためではなく、はるかに重要な何かを述べるためだったのだ。私の見るところでは、テクストの意図は、過ちの内容を微罪にまで切り縮めることで、人間が父なる神と結んでいた系譜的な従属を断ち切ったことを際立たせることであったと思われる。それゆえ結局のところ、ツィンメルリがきちんと見ていたように（Zimmerli, op. cit., pp. 235-238）、木は重要な問題ではないのである。決定的な論拠となるのは、『創世記』一－一一章の冒頭というこの物語の位置であると思われる。アダムの罪が最初の罪だというのは、他のすべての罪の根源にあるという意味である。アダムが神との関係を絶ったように、カインは弟と縁を切り、バベルの人々は散りぢりになったのである。本書の第三冊において罪責性の精神分析的解釈に再び出会うとき、私たちはあらためてこの問題を取り上げるだろう。そのときには、性的な解釈の積極的価値を見出し、コパンの説明を本来の位置に置き直すことができるだろう。彼の説明は意図的な教えに関わるものではないのである。

（185）アンベールは「善悪を知ることの木（l'arbre du connaître bien et mal）」と訳している。識別する知の全体、すなわち「理論的であると同時に実践的で経験的な知、経験と能力、思慮を与えられ、すべての領域にわたる全般的な知」（Humbert, op. cit., p. 91）が問われていると考えてのことである。

（186）『創世記』三章二二節の次の章句は何を意味するのか。「人は我々の一人のように善悪を知る者となった。さあ、彼が手を伸ばし、また命の木から取って食べ、永遠に生きることがないようにしよう」。神は自分が敗北したと考えているのか。皮肉でそう言っているのか。多くの著者がこの二つの仮説から出てくる帰結にたじろぎ、この章句を別の資料に結びつけたり（ツィンメルリ）、「以後人間は、いわば自分から生まれる者として、善悪を被らねばならなくなるだろう」というような別の訳を提案したり（コパン）する方を好んだ。〔善悪の〕分別に達することで、まどろみのうちにあるようにして無垢のうちにあった人間が神との類似を実現したのだというように、この断言を真面目に受け取ってなぜいけないのか。今や人間はそれを自覚したのだが、ただし疎外の相のもと、異議申し立てと闘争の相のもとにおいてである。のちに私たちは聖パウロとともに、恵みの「ますます多く」というあり方――罪が「増し加わる」ところに恵みは「ますます満ちあふれた」――について語ることになるが、そこから罪は自己意識のある種の前進を表しているのだと言いたくなる。そうしてあと戻りできない冒険、人間になることにまつわる危機が始まるのであり、それは義認の最終過程において初めて結末を見るのである。

（187）地の神々や植生の神々の象徴としての蛇については、Coppen, op. cit., pp. 92-117; W. F. Albright, « The Goddess of life and wisdom », in *American Journal of Semitic Languages and Literature*, 1920-1921, pp. 258-294; Strack-Billerbeck, *Kommentarzum N. T. aus Talmud und Midrasch*, Berlin, Orientalistische Literaturzeitung, 1922, t. I, p. 138 を参照のこと。

（188）創世記の神話の精神分析的解釈についてどのように考えられるかはあとで述べるつもりである。だが現時点ですでに明らかなのは、貪りの弁証法はあらゆる面でリビドーの冒険には収まらないものだということである。不正や傲慢に対する預言者たちの闘い、「義人」の思い上がりに対する聖パウロの闘いから私たちが気づかされるのは、蛇の象徴系が「貪り」という広大な領域を開き示すものであり、性とはその一分野にすぎないということである。だが私たちはまだ、不正と義認に対する性の位置づけを明確に定められるところまで来ていない。蛇の精神分析的解釈については、

Ludvic Levy, « Sexual Symbolik in der Paradiesgeschichte », in *Imago*, 1917-1919, pp. 16-30; R. F. Fortune, « The Symbolism of the Serpent », in *International Journal of Psychoanalysis*, 1926, pp. 237-243; Abraham Cronbach, *The Psychoanalytic Study of Judaism*, Ohio, The Hebrew Union College Press, 1931 を参照。

(189) Von Rad, *Theologie des alten Testaments*, op. cit., I, p. 164.

(190) すでにノアの形象には、こうした成就した人間の先取りという意味がある。すなわち、「ノア的な」契約によって、アブラハムの約束のうちに見られるさらに普遍的なものが先取りされているのである。それはすべての生物との契約ですらあり、のちのさまざまな終末論に先立って、預言者たちの讃える大いなる和解を予告するものである。洪水それ自体は、ただ神の怒りを意味するだけでなく、新しい創造の到来を意味している。それは洗礼が埋葬と復活のシンボリズムと連関させて展開するシンボリズムである。注目すべきは、「祭司資料」の編者が出産を介して地上の全種族をノアに結びつけていることである。それによって、諸民族と諸言語の分散（『創世記』10:32）は、「ヤーウィスト」の編者のように堕罪のしるしとしてではなく、ノアへの約束（同 9:1 以下）のしるしとして位置づけられるのである。アブラハムの召命は、〈原歴史〉がもつこの究極の両義性を直接の背景として出てくるものである。Von Rad, op. cit., pp. 165-168.

(191) Von Rad, op. cit., pp. 169-177.

(192) Jean Héring, *Le Royaume de Dieu et sa venue*, Paris, F. Alcan, 1937.

(193) Jean Héring, op. cit., p. 51. 王の形象との関係については、Bentzen, op. cit., pp. 32-42; Oscar Cullmann, *Christologie du Nouveau Testament*, Paris, Delachaux et Niestlé, 1958, p. 97 を参照。

(194) 神の苦しむ僕《しもべ》（エベド・ヤーウェ）については、H. H. Rowley, *The Servant of the Lord and the Other Essays in the Old Testament*, 2e ed., 1954; Joachim Jeremias, *Theologische Wörterbuch zum N. T.*, art. « παις », p. 636 sq.; Jean Héring, op. cit., pp. 83-85; Bentzen, op. cit., p. 42 sq.; Théo Preiss, *Le fils de l'Homme*, fragments d'un cours sur la christologie du Nouveaeau Testaments, Montpellier, Faculté de Théologie de Montpellier, 1951, p. 51 sq.; Cullmann, op. cit., pp. 48-73 を参照。

(195) Cullmann, op. cit., pp. 52, 64.

(196) 他の二つの終末論的形象も強調しておくべきだろう。（1）最後の時の預言者、すなわちユダヤ教でいう甦ったモーセ〔Mose Redivivus〕、甦ったエリア〔Elie Redivivus〕、クムラン教団の言う「義の教師」。説教によって世の終わりが告げられ、最後の悔い改めの機会が開かれる。ヘーリング『神の国とその到来』(op. cit., p. 68)、ベンツェン『メシア、蘇ったモーセ、人の子』(op. cit., p. 42)。王のイデオロギーに抗して、預言者とメシアの二つの形象を統一するのは人の子の形象であり、王－メシアの形象ではないとする)、クルマン『新約聖書のキリスト論』(op. cit., pp. 18-47)(ユダヤ－キリスト教におけるイエスのキリスト論的称号の重要性を強調)。(2)『創世記』一四章一三－二四節と『詩篇』一一〇篇四節の「偉大なる祭司」という形象(「あなたはメルキゼデクに連なるとこしえの祭司」)。この形象は、時の終わりに待ち望まれる理想の大祭司として、預言者、王－祭司、人〔の形象〕に似たものである。Héring, op. cit., p. 72; Bentzen, op. cit., p. 72; Cullmann, op. cit., pp. 76-94.

(197) この形象が由来するのは、ライツェンシュタイン〔Richard August Reitzenstein 一八六一－一九三一。ドイツの宗教史家〕、ブセット〔Wilhelm Bousset 一八六五－一九二〇。ドイツの神学者〕、ブルトマンがそれぞれ確証しようとしたように、ゾロアスターの伝統か、マンダ教の伝統か、それともグノーシスの伝統であるのか。ここではこの問題は脇に置いておく。いずれにしても、この形象がキリスト教に影響を与えたのは、もっぱらユダヤ教の秘境的環境を経由してであった。また、〈人の子〉の起源を知ったからといって、「この形象がユダヤ教において獲得した意味に重要なものがつけ加わるわけではないだろう」(Héring, op. cit., p. 81)。Bentzen, op. cit., pp. 37-42; Erik Sjöberg, *Der Menschensohn in ethiopischen Henochbuch*, Berlin, Evangelische Verlagsanstalt, 1946; Cullmann, op. cit., pp. 118-166 を参照。また特にプレース〔Théo Preiss 一九一一－一九五〇。フランスの新約聖書学者〕の『人の子』(Preiss, *Le Fils de l'Homme*, op. cit.)を参照のこと。

(198) クルマンが強調するところによれば(Cullmann, op. cit., pp. 124-128)、その時間観から見て、アダムの回帰というグノーシス的テーゼと人の子の概念とは両立しない。〈人の子〉がユダヤ教や新約聖書でアダムと呼ばれないのはそのためである。また、聖パウロが、最初の時の人間を神の似像としての(『創世記』1:27)天上のアダムと塵から造られた(『創世記』2:7)地上のアダムに二重化するフィロン〔פילון האלכסנדרוני 紀元前二〇／三〇?－四〇／四五? アレクサンドリアのユダヤ人哲学者〕とは違い、「第二のアダム」とは言うが、最初の時の〈人間〉の完全なる回帰とは言わないのも同じ理由による。のちに見るように、聖パウロの言う「第二のアダム」とは〈新しい人〉の形象なのである。

(199) Preiss, op. cit., p. 70.

(200) Preiss, op. cit., p. 21.「キリスト論的な称号の数々」とイエスの人格および本性との関係については、クルマン『新約聖書のキリスト論』を参照（Cullmann, op. cit., pp. 9-11, 276-287）。

(201) Preiss, op. cit., p. 7. プレースは次のように続けている。「表面的にはすべてが借り物であるが、現実には〔借用された〕概念やイメージは向きを変えられ、ナザレのイエスに集中して適用されることで変容された」(op. cit., p. 7)。この研究の結論では次のように言われている。「〈人の子〉の観念はもともとまだかなり素朴なものだったが、まずはユダヤの思想、次いでイエスの思想において、多くの新しい要素によって豊かにされた。それらの要素は多くあるため、そこから来る脅威をすべて同時に見渡すことが難しくなるほどである」(op. cit., p. 70)。

(202)「〈人の子〉の観念は司法的な枠組みを求める。それが指示する中心的な形象とは、ある者たちが義とされ、他の者たちが断罪される場としての訴訟である。大いなる訴訟というこの司法的な枠組みは……〈アントロポス〔人〕〉の神話には無縁である。この司法的性格こそが、ユダヤ－キリスト教的な〈人の子〉の観念の弁別特徴の一つである」(Preiss, op. cit., p. 40)。

(203) アダム的で終末論的な類型における悲劇的なものの捉え直しについては、本書の第二部第五章を参照せよ。

(204) Karl Barth, «Christus und Adam nach Röm. 5. Ein Beitrag zur Frage nach dem Menschen und der Menschheit», in *Theologische Studien* (35), 1952, trad. fr., Paris, 1958.

(205) クルマンは次の二点を強調している（Cullmann, op. cit., p. 147）。一方で、第二のアダムは〈人の子〉として天上的であり、また主の僕《しもべ》として人間たちの代わりに苦しむ。「いかにしてパウロは、〈人の子〉の観念とエベド・ヤーウェの観念を合体させることによって、ユダヤ人たちの解決できなかった『人の子－アダム』という問題を解決することができ、またそうしなければならなかったのか、この点を私たちは理解する」(op. cit., p. 149)。他方で、『ローマの信徒への手紙』の五章一二、一七、一八節では、双方の「人」の並行関係は、いずれも「ただ一つのもの」(「ただ一つの罪の行為」「ただ一つの義なる行為」)が「万人」の運命に影響するという事実に基づいて立てられている。〈僕〉と〈人の子〉とは、いずれも人類全体を代表し、一つの共同体を包括する形象なのである。

(206) 聖パウロは「霊的なもの」（ないしは「魂的なもの」）と「肉的なもの」というグノーシス的二元論に近いギリシア的な主題をアダム論のなかに導入したのではないかという問題については、ここでは触れないでおく。この問題が提起されるのは、聖パウロのアダム論のもう一つの場となる『コリント人への手紙一』一五章三五－五五節においてである。「聖書に『最初の人アダムは生きる者となった』と書いてありますが、最後のアダムは命を与える霊となりました。……最初の人は地に属し、土からできた者ですが、第二の人は天に属する方です」（『コリント人への手紙一』15:45, 47）。この仮説に基づいて、私たちはもっとあとで、アダムの類型が追放された魂の類型へと延びていく様子を説明してみるつもりである（本書第二部第五章第4節参照）。聖パウロにおける「霊－肉」二元論について先に述べたこと（本書第一部第三章第4節）はそのための準備となる。さしあたりは、聖パウロは〈人の子〉のヘブライ的伝統――それもまた「天上の」（『ダニエル書』7:3）ものである――とは縁を切っていないとだけ言っておこう。さらに、ヘーリングが示唆し（Héring, op. cit., p. 153）、クルマンも追随したように（Cullmann, op. cit., pp. 141-145）、おそらくパウロのこのテクストの鍵となるのは、二つの「最初の人」を区別したフィロンの解釈に対する論争であろう。フィロンによれば、一方の最初の人は天上的で完全な存在であり（『創世記』1:26）、他方は地上的で堕落した存在である（同 2:7）。パウロにとっては、最初の人は地上的であってそれ以外には存在せず、天上的なのは第二の人であり、最後の人である。だからこそ、地上のアダムから天上のアダムへの運動ないしは前進はいっそう印象的なものとなる。「天上の」アダムはもはや私たちの後ろにいるのではない。完全なものが全き意味をもつのは〈来たるべき人〉によってなのである。

(207) デュバルル『聖書における罪』を参照（Dubarle, op. cit., p. 4, n. 1, 2）。

(208) ヨハネス・クリュソストムス〔Ἰωάννης ὁ Χρυσόστομος 三四七頃－四〇七。ギリシア教会博士〕とエイレナイオス〔Εἰρηναῖος 一三〇頃－二〇二。初期キリスト教教父〕のテクストのこと。それらはスタニスラス・リヨネの『罪と贖いについて』で引用されている（Stanislas Lyonnet, *De Peccato et Redemptione*, I, Rome, E. Pontificio Instituto Biblico, 1957, pp. 36-37）。

(209) パウロが〈人の子〉を取り上げる第三の場（『フィリピの信徒への手紙』2:5-11）については、クルマン『新約聖書のキリスト論』を参照（Cullmann, op. cit., pp. 130-133）。ヘーリングによれば、この箇所もまた、〈人の子〉の形象（「神のかたちをとった」）と〈僕《しもべ》〉の形象（「おのれを空しくした」）を結びつけている。

（210）この点については、スタニスラス・リヨネの前掲書、五二－五四頁を参照。

（211）本書の第一部第三章第４節を参照。

（212）テオ・プレース「ヨハネ思想における義認」（Theo Press, « La justification dans la pensée johannique », *Hommage et reconnaissance à Karl Barth*, Neuchâtel et Paris, 1946. *La vie en Christ*, p. 50 に再録）。ヨハネ思想のこうした「司法的」側面を再発見することで、プレースはヨハネ思想とパウロ思想の隔たりを縮め、ヨハネ思想をユダヤ的終末論の延長上に置き直している。この「司法的」側面は、律法の問題に集中するのではなく、主に「証言」や「証人」、「真理」や「嘘」、「弁護人」や「被告側証人」といった観念をめぐるものであるがゆえにいっそう興味深い。ここでもまた、終末の裁き手は弁護人であると同時に犠牲者でもある。

（213）Lyonnet, op. cit., p. 61.

（214）O. Kern, *Orphica Fragmenta et Testimonia*, Berlin, Weidannos; Guthrie, *Orpheus and Greek Religion*, London, Princeton University Press, 1935, tr. fr., 1956; Nilson, *Geschichte der grieschen Religion*, I, München, C. H. Beck, 1941, IVe partie, chap. IV; Jeanmaire, *Dionysos, histoire du culte de Bacchus*, Paris, Payot, 1951; A Boulanger, *Orphée, rapports de l'orphisme et du christianisme*, Paris, F. Rieder et Cie, 1925; Delatte, *Etudes sur la littérature pythagoricienne*, Paris, Honoré Champion, 1915; Moulinier, *Orphée et l'orphisme à l'époque Classique*, Paris, Les Belles Lettres, 1955; Festugière, « Les mystères de Dionysos », *dans Rev. biblique*, XLIV (1935); Guthrie, *The Greeks and their Gods*, London, Methuen, 1950 (Dyonysos, op. cit., pp. 145-183, Orphics, op. cit., pp. 307-333).

（215）本書第二部第二章、三五八頁注６〔本訳書五六二頁註16〕を参照。

（216）ジャンメール『ディオニュソス』〔アンリ・ジャンメール『ディオニューソス――バッコス崇拝の歴史』小林真紀子・松村一男・福田素子・前田寿彦訳、言叢社、一九九一年〕を参照（Jeanmaire, op. cit., p. 54）。

（217）「ふるき歎きへのつぐないを　ペルセポネに　うけいれられし人びとの魂は　九つたびめの年に　ふたたび　上なる陽のかがやく世へと送られ、その魂からは　ほまれたかき王たちと　力つよき人びとと　知恵ならびなき人びとが生まれ　のちの世に　人たたえて聖なる英雄とよぶ」（プラトンの『メノン』で引用（81bc））。ニルソンはこの詩句をヘラクレイトスの断片一三三、断片六二、および『ゴルギアス』の四九二Cに接近させ、これらの文章から次のように結論している。「身体を魂の墓とする考えは魂の輪廻ときわめて密接に結びついており、明らかにオルペウス教徒たちはこの信仰をともにしていたにちがいない」（Nilson, op. cit., p. 694）。

(218)「新たな宗教的型式〔pattern〕が運命的な〔fateful〕寄与を果たすのはここにおいてである。この型式は、人間に神的起源をもつ隠れた自我を与え、魂と身体を相剋させることによって、人間の実存についてのピューリタン的とも呼べる新たな解釈をヨーロッパ文化のなかに導入したのであった」（Dodds, op. cit., p. 139）。この類型がギリシア本来のものではなく、オルペウス教以前はシャーマニズム的なものであったことは、私たちにとっては大した問題ではない。私たちに重要であるのは、この「神的人間」の類型が、西洋文化の源流たるギリシアに出現したことである。

(219) アバリス〔ギリシア神話の神官〕、アリステアス〔Ἀριστέας 紀元前七世紀。半伝説的なギリシアの詩人〕、クラゾメナイのヘルモティモス〔Ἑρμότιμος 紀元前八－紀元前七世紀。半伝説的なギリシアの哲学者〕、北方と接点のあったイアトロマンテイス〔ἰατρομάντεις〕〔巫医〕、およびクレタのエピメニデス〔Ἐπιμενίδης 生没年未詳。ギリシアの伝説的な哲学者〕である（Dodds, op. cit., p. 141）。

(220) ガスリー〔William Keith Chambers Guthrie 一九〇六－一九八一。イギリスの古典学者〕によれば、古代のオルペウス教は、すでに形成されていた数々の神話を介して道を開き、「形式にはいくらかのものを、意味には多くのものをつけ加えた。それは新たな中心を軸に結晶化したものであり、その中心とは、ディオニュソスの八つ裂き、ティターンに対するゼウスの報復、そのティターンからの人類の誕生であった」（Guthrie, op. cit., p. 173）。「これは独自の帰結であり、純粋にオルペウス的なものであった（私たちの手にしているすべての資料がこれを証明している）。というのも、そこには人間における地上的本性と神的本性の混合という、まったくオルペウス的な観念が含まれているからである」（op. cit., p. 173）。ニルソンの『ギリシア宗教史』第一巻（Nilson, op. cit., pp. 642-662）もおおむねガスリーに追随している。彼は、人間生成譚を「ギリシアの宗教にとって根本的」で「大筋において太古の時代にまでさかのぼる」（op. cit., pp. 647-648）ものとみなすだけでなく、ティターンがもたらしたディオニュソスの苦しみの逸話もやはり古いものだろうと想定している。そうでなければ、〔人間の〕ティターン的本性に関するプラトンの暗示が理解できなくなるからである。「それゆえこのオルペウス教の核心部は古い過去にまでさかのぼる」（op. cit., p. 649）のである。さらに彼は次のように言う。「ここで私たちはオルペウス教が宗教において創り出したもっとも独創的な部分に触れる。それは、善と悪を複合させた人間本性を説明できるような人間譚を神統譚につけ加えたことである」（op. cit., p. 650）。ブーランジェ〔André Boulanger　一八八六－一九五八。フランスの古典学者・考古学者〕の『オルペウス、オルペウス教とキリスト教の関係』（Boulanger, *Orphée, rapports de l'orphisme et du christianisme*, op. cit.）でも、同じ適合関係が論拠に出されている。すなわち、新プラトン主義者たちが語る人間生成譚は、「地上における悪の起源の二重の本性を説明し、贖いと浄めによる救いというオルペウスの教説を提示する機会を作者に与えてくれた」（op. cit., p. 33）と言うのである。彼はオノマクリトス（ペイシストラトスの時代の巫覡《ふげき》であり、パウサニウスによって「ホメロスからティターンの名を借り、ティターンをディオニュソスの受難の実行者に仕立てた」と言われている）をオルペウス教の聖パウロとみなし、原罪と贖罪の真の教説をオノマクリトスに帰するところまではいかない。この教説は「私たちがずっと後代の文書によって初めて知る」（op. cit., p. 33）ものだとしている。それでも彼は、オルペウス教は紀元前六世紀にはすでに形づくられており、オノマクリトスはそれまで独立していた二つの神話、すなわち、ゼウスに焼かれた巨人たちの灰からの人間の誕生とザグレウス〔ディオニュソス〕の受難とを結びつけただけだということを認めている。とはいえブーランジェにとって、「地上における悪の存在の新たな原因」（op. cit., p. 34）の発見をオノマクリトスに帰するにはこれで十分なのである。これを論拠として、最後の新プラトン主義者たちにおいて初めて完全に展開される人間生成譚の全体を、ブーランジェはオルペウスの教説として提示する。そのすぐれた要約が先の書の二七－二八頁に見られるだろう。だが、その後、ブーランジェの基本的な論拠に異論が投げかけられることになる。ブーランジェによれば、ティターンによるディオニュソス殺害の神話は原因譚的なものである。すなわち、「この神話が描き出されたのは、明らかにもはや執行者たちにも意味が理解されていない儀礼を説明するためである。それはオモファギア〔食肉祭〕という儀礼であり、植物神の霊が宿る動物の供犠のことである。これに立ち会う者たちは、神の力の一部を同化できると信じてこの生肉を飲みこむ」（op. cit., p. 28）。だが、オモファギアは「植物」儀礼なのだろうか。そして何よりも、ディオニュソスの八つ裂きの神話は、肉を解体して食するこの儀礼と関係しているのだろうか。ジャンメール〔Henri Jeanmaire　一八八四－一九六〇。フランスの古典文献学者〕は『ディオニュソス』のなかで、この二つの点に異議を申し立てている（Jeanmaire, op. cit., pp. 384-390）。私たちにとってここでより重要なのは第二点の方である。加えて彼は、ディオニュソスの受難と解体の神話の古さを認めている（op. cit., pp. 390-417）。すなわち、「オルペウスの書がもたらす啓示が体系的な思想に由来することが疑えない以上、この神話は、人間本性と悪の起源、個人の救済の諸条件についてこの書が示す見方と不可分であるように見える」（op. cit., p. 404）のである。だが彼は、この神話がディオニュソスの憑依と祭式に結びついたのは偶然だと考える。むしろそれは、ディオニュソス伝説が「太古からの神話というカテゴリーになお捕えられ、いわば閉じこめられた前哲学」（op. cit., p. 402）という方向に変容したことを表しているのである。

（221） Wilamowitz-Moellendorf, *Der Glaube der Hellenen*, II, Berlin, Weidmannsche Buchhandlung, 1932, pp. 199-202; Festugière, Les mystères de Dionysos, *Revue biblique*, XLIV (1935). 最後の神話がアルカイック期、古典期、ヘレニズム期の各段階にとる姿を注意深く検討したうえで、フェステュジエールは以下のように結論している。

「私たちの探査の成果を要約しておこう。歴史家が前にするのは以下の三種類の資料である。

（1）第一に、デュオニソスの秘儀に関する相当数の碑文がある。この資料をイタリアで刻まれた記念碑と合わせれば、ティアソス〔秘儀集団〕の組織とイニシエーションの儀式のあらましを知ることができる。キュモン〔Franz Cumont 一八六八―一九四七。ベルギーの考古学者・古典文献学者〕やヴィラモヴィッツ、ニルソンといった最良の専門家たちは、オルペウス教にまったく触れずにその研究を進めることができた。そのようにして、トラキア-プリュギアの祭式に由来するティアソスの宗教が徐々に公の統制下に置かれていく様子が見てとれるようになる。すなわち、儀式が固定化され、人間化されていくのである。同様の進展は至るところで繰り返される。秘儀に関わる者は、最初は日常生活の行程から何時間か逃れようとしただけであったが、キリスト教の時代になると、それに加えて死後の幸福の保証を確保するようになる。オルペウスの名は一度も挙げられず、ザグレウスについても同じである。一度だけ、ペリンテスの碑文のなかでザグレウスの伝説がほのめかされているが、これは後代のもので、シビュラの神託について語るものである。

（2）第二に、オルペウスに関する文学的伝統がある。紀元前六世紀から三世紀までのあいだ、オルペウスは霊感を受けた詩人、アルゴー船の乗組員、岩や野獣から冥界のプルートンまで説き伏せる力をもつテレタイ〔秘儀〕の始祖として登場する。紀元前五世紀には、オルペウスの弟子たちは断食の務めを実行し、オルペウスに帰せられる詩を読むようになる。紀元前四世紀には、巡回するペテン師たちが偽オルペウスの処方を売っている。オルペウスはその仲間と秘儀をもっていたとされているが、その痕跡はまったく残っていない。オルペウス教の波が再び現れるのは、ようやく紀元後の三、四世紀になってからのことである。オルペウスに関する文献はすべてこの時期に現れてくるものであるが、それが本物かどうかを確かめることはできない。

（3）紀元前三世紀以来、ティターンに引き裂かれたディオニュソス－ザグレウスの神話を語る「オルペウス的」な詩が出まわるようになる。その際、クレタのものとトラキア－プリュギアのものが同一であることは、少なくとも他の伝承を排除しない特定の伝承では既成事実とされている。ザグレウスに関するこの伝説はオシリスの伝説の模倣であるが、いつどこで作られたかは知られていない。エジプトの祭式では、この伝説から特殊な儀式が生み出されている。ティターンが子ども神に供した物を、秘儀者が籠の内側に置くというものである。神の「受難」が演じられたのか、あるいは生肉食が行なわれたのか、そうしたことはわかっていない。プルタルコス〔Πλούταρχος　四六年頃－一二〇年頃。帝政ローマ期のギリシア人思想家〕はこの伝説を、ピュタゴラス派とプラトンに親しい心理的二元論に結びつけている。新プラトン主義とともに精神的な意味が支配的になり、おそらくそれによってさまざまな儀式が生じたであろうが、それらは私たちには伝えられていない。新たな文書が発見されないかぎり、オルペウス教は紀元後の最初の二世紀に作られたバッコスの秘儀を変形したものとはけっして言えないのである。

以上のことから、ディオニュソスの秘儀がキリスト教に影響を与えたのではないかというのは、無意味な問いであることになる。碑文研究から知られる秘儀を考えれば、誰もそのような比較をしようとは思わないだろう。そして残りのものについては……」

（222）ニルソンの『ギリシア宗教史』は、マイナスたちに引き裂かれたオルペウスの死の伝説のうちに、ディオニュソスの信徒たちによる改革者への復讐の証拠を見ている。ニルソンには、〔オルペウス教の〕肉食の禁止は、肉を解体して食する野蛮な儀式に対する闘いのもう一つのしるしに見えるのである。

（223）Jeanmaire, *Dionysos*, op. cit., p. 220 sq. ジャンメールはオルペウス教の人間生成譚を太古からのものとする立場であるが、それでも次のことを認めている。「オルペウス教の体系にディオニュソスがもち込まれたのがオルペウスのもっとも古い文書にさかのぼることであるのは疑う余地がないが、その帰結はずっとあとになってようやく現れてくるものである」(op. cit., p. 401)。さらに著者は、ディオニュソスの八つ裂きの伝説の古さを支持して、ブーランジェの論拠の一つを切り崩す。仮りにこの八つ裂きが、秘儀者が生で貪った（オモファギア）動物の引き裂きの儀礼に対する神話的説明であるとすれば、それは太古の儀礼に根ざしていることになるだろう。だが、神話においては、子ども‐神は生で貪られるのではなく「煮られる」のであり、そして「肉がティターンによって（焼かれたあとに）食べられたとする主張を証言する者はわずかであり、またこの主張は本質的なものにも見えない」(op. cit., p. 384)。ゆえに、ディオニュソスの受苦に関する神話はディオニュソスに特有のものではないのである。一連のディオニュソス伝説にとって、この神話は付随的なものであり、それと一体をなしているというよりも、むしろ結びつけられただけのものである。若き神の受苦にイニシエーションの儀式の記憶を見るジャンメールが考えているように、この受苦の神話がディオニュソスの祭式とは別に、自身の太古からの根をもっているとしても、若き神の「受難」の神話がアルカイック期のディオニュソス伝説群にすでに組み込まれていたことを示す必要があるだろう。

(224) 紀元前三世紀には、ティターンに殺害されるディオニュソスという神話は知られていたようである。「彼ら（ティターン）は過度の暴力の末にディオニュソスを煮たのである」（エウフォリオン）。キケローと同時代のエピクロス派であるフィロデモスの発見された断片は、ディオニュソスの三度の誕生を語ったあとで（「そして三度目は、ティターンに八つ裂きにされたあと、レアがその手足を集めると、彼は再び蘇った」）、エウフォリオン〔Εὐφορίων 紀元前二五七‐? 古代ギリシアの悲劇詩人・文法家〕の言葉を確証している。「エウフォリオンはモプソピアにおいてこの伝説を確証しており、またオルペウスは、神〔ディオニュソス〕はそのあいだハデスにとどまっていたのだと告げている」（ケルン『オルペウス断片集』断片三六）。だが、紀元前の最後の数世紀に盛んに現れた神の物語風伝説の作者たちは、このエピソードを語っていない。唯一シチリアのディオドロス（紀元前一世紀）〔Διόδωρος Σικελιώτης ?‐紀元前二一頃。古代ギリシアの歴史家〕だけが、広範に神話を吟味し直すなかで、大地の息子たち〔ティターン〕に引き裂かれ、煮られたあとにデメテールによって蘇らされた神のエピソードを語ったうえで、次のように注記している。「オルペウスが数々のテレタイ〔秘儀〕において、ティターンによって引き裂かれたと語っているのは、この神（ディオニュソス）のことである」（同断片三〇一、三〇三）。だがそこでは、ストア派の寓意的方法によって、ワイン醸造法を転記するような仕方で解釈がなされている。紀元後一世紀のパウサニアス〔Παυσανίας 一一五頃－一八〇頃。古代ギリシアの旅行家・地理学者〕は、このエピソードを偽オノマクリトスに帰している。「ホメロスからティターンの名を借りて、オノマクリトスは数々の秘儀（orgia）を収集し、それらをディオニュソスに結びつけている。彼によると、ディオニュソスの受苦（παθήματα）を引き起こしたのはティターンであったと思われる」（ケルン『証言』証言一九四）。以上のすべてのことについては、フェステュジエール「ディオニュソスの宗教」（Festugière, op. cit., pp. 361-381）、およびジャンメールの『ディオニュソス』（op. cit., pp. 372-416）を参照。

（225）ドラット『ピュタゴラス派文献研究』からの引用（Delatte, op. cit., p. 25）。〔アウルス・ゲッリウス『アッティカの夜1』（大西英文訳、京都大学学術出版会、二〇一六年）では、「人間は、みずから選んで、苦悩を背負い込む、と知れよう」と訳されているが、リクールの論旨との連関を尊重して、仏訳に従い訳出した〕

（226）〔プラトンの〕この辛辣な文章を、ガスリーが引用するパウサニアスの証言と比較すること。「さて、私の意見では、オルペウスは詩作に関しては先立つすべての者を凌駕しており、神々と交流し、罪を浄め、病いを癒やす手立て、そして神の怒りを逸《そ》らすためにすべきことを発見したという信念のゆえに、多大な影響力を得たのであった」（Guthrie, op. cit., pp. 59-60）。ケルン『証言』より、証言一四二、九三、一一六、一二三、一二〇も参照。ガスリー自身は次のように記している。「オルペウス教徒たちは、神話的・儀礼的な枠組みをもつ意味を変容することに真の天分をもち（ギリシア人ならかならずもっている能力である）、ときにはきわめて不吉で原始的な起源をもつ象徴を介してみずからの教説を説くこともあった」（op. cit., p. 128）。

（227）Guthrie, op. cit., pp. 41-48.

（228）エウリピデス『ヒッポリュトス』（V, 92）、アリストファネス『蛙』（1032）、ヘロドトス（II, 81）も参照。これらはすべてニルソンが言及するテクストである（Nilson, op. cit., pp. 687-688）。

オルペウス教が全体としてもつ意義については、ニルソンのきわめて理にかなった結論を見よ。「彼ら〔オルペウス教徒たち〕がその宗教的思想の中心に置いたのは、善と悪との複合した本性をもち、身体性の縛りから解放されることを欲求する人間であった。このようにオルペウス教とは、別の場所では粗野な神話やあくどい宗教者たちによって鈍らされていた宗教的天才の創造なのである」(op. cit., p. 699)。

(229) ドラット『ピュタゴラス派文献研究』を参照。「彼〔ピュタゴラス〕は、オルペウス教徒と哲学者のあいだで揺れ動きながら、自分の道を探し求めていた。そして、彼の精神はどちらとも親和性をもっていたため、両者の仕事を総合することができると信じたのである」(Delatte, op. cit., p. 26)。

(230) アウルス・ゲッリウス『アッティカの夜』(VII, 2, 2, S. V. F (Stoicorum Veterum Fragmanta)、ドラット〔Armand Delatte 一八八六－一九六四。ベルギーの古典文献学者〕による引用)。ドラットはこの断片の忠実な注釈を、イアンブリコス〔Ἰάμβλιχος 二四五－三二五。シリア人の新プラトン主義学者〕の『ピュタゴラス的生き方』のうちに見出している。「彼は、神々が悪しきことどもには責任がなく、みずからの病いや肉体の苦しみが放縦の種子であることを示した」。

(231)「人間が幸福であるのは、すぐれた魂をもつときである」(ディオゲネス・ラエルティオス『ギリシア哲学者列伝』VIII, 32)。〔訳文はディオゲネス・ラエルティオス『ギリシア哲学者列伝(下)』加来彰俊訳、岩波文庫、一九九四年に拠る〕

(232)「さらに力のあるものは何か」と伝道師は音楽家にたずねる。答えは「認識」。「さらにすぐれたものは何か」。答えは「幸福」。「さらに真であるのは何か」。「人間が悪しき者だということ」。イアンブリコス『ピュタゴラスの生き方』第一八章。ドラットによる引用(Delatte, op. cit., p. 282)。

(233) アリストテレス『形而上学』第一巻第四章九八五a。

(234) そのような義人が実在したのかどうか、またそのような義人が可能であるのかさえ問う必要はない。ヨブとは、倫理的世界観の試金石となり、倫理的世界観を砕く想像的人物なのである。仮説により、あるいは構成により、ヨブは罪なき者である。完全に正しい人間がこれほど全面的に苦しむことは、いかにして可能になるのか。この問題をもっとも鋭い姿で立てるために、ヨブは義人でなければならないのである。加えて、こうした想像が可能になったのは、まさしく負い目の度合いという観念が獲得されたことによる(『悪のシンボリズム』第一部第二、第三章)。正義の極致と不正の極致に関する想像は、度合いのある負い目という表象に含まれている。ヨブとは苦しみの極致と不正の零度との結合である。この二つが出会うところから、それ自体極限的な躓きが生じてくるのである。

（235）ラングドン『バビロニアの知恵』、シュタム『バビロニアとイスラエルにおける罪なき者の苦しみ』を参照。テクストはプリチャードのアンソロジーを参照した（Pritchard, op. cit., pp. 430-434）。そこに収録されているのは「主人とその僕との厭世的な対話」のみである（op. cit., pp. 250-252）。メンデルゾーンのアンソロジーは、これに加えて「私は知恵の主を讃える」（バビロニアのヨブ記）と「人間の悲惨についての対話」を収めている（Mendelsohn, op. cit., pp. 187-204)）。

（236）「主人とその僕《しもべ》の厭世的な対話」の第一詩節より。「僕よ、私に従うがよい」「はい、ご主人様」「すぐに馬車を連れてこい。馬をつなげ。宮殿に行くのだ」「ご主人様、お乗りください。彼はあなたを任命されるでしょう。そしてそれらはあなたのものになるでしょう。……彼はあなたに対して恵み深くされるでしょう」「いや、僕よ。私は宮殿にはいくまい」「お乗りくださいますな、ご主人様、お乗りくださいますな。（ある場所へと）彼はあなたを送り、あなたのご存じない（国で）、あなたを捕えさせるでしょう」。詩はさらに続く。「飲み食いをするか。然りまた否。語るか黙るか。どちらも同じこと。女を愛するか。それは男の破滅。国を助けるか。過去の人間たちの残骸と頭蓋骨は教えている、善行も悪行も区別がないことを」。詩は次のように終わる（第一一詩節）。「僕よ、私に従うがよい」「はい、ご主人様」「では、善とはなんだ。私の首もお前の首もへし折り、（二つとも）川に投げ込むことか」「（それが）善です」「天に届くほど高い者は誰だ、地を抱くほど大きい者は誰だ」「いや、僕よ。私はお前を殺し、お前を先に送ってやる」「（では）ご主人様は私より余計に三日間でも生きる（ことを望んで）おられるのですか」。この詩については、Langton, op. cit., pp. 67-81; Stamm, op. cit., pp. 14-16 を参照。

（237）「私は自分を見まわしてみる。悪また悪！　私の苦しみは増し、正義は見つからない。神に訴えたが、顔色一つ変えてくださらなかった。女神に祈ったが、顔も上げてくださらなかった」（「主人とその僕の厭世的な対話」第二詩節二―四行）。「……いたるところに悪しきことども、これらはどこから来たのか」（同第二詩節一〇行）。「……ああ、私が知るのはただ、これらが神を喜ばせるということ！　人の目に善と見えるものは、神には悪しきこと。人の心に悪と思えるのは、神には善きこと。天の中心におわします神々のお考えを、誰が理解できようか。神の計画は深き水。誰がそれをつかめようか」（同第二詩節三一―三六行）。

(238) ラングドンは『バビロニアの知恵』で、〈苦しむ義人〉の慰めと復権を介して、反抗は悔い改めの詩篇の古典的な道へと回収されることを示しているが、それで問題が解決するわけではない。神の測りがたさについてのバビロニアの告白は、あらゆる正統的な祈りと共通しており——人間は愚かで無知だ、名をもつ人間は数多くあるが、彼らが何を知っていようか——、またギリシアの知恵にも共通している。だが、忘れられた罪、覚えのない罪、共同体や祖先の罪の告白は、バビロニアの知恵文学にあってもすでに、古い応報理論を支えるものではない。それゆえ問題は開かれたままなのだ。シュタム〔Johann Jakob Stamm　一九一〇－一九九三。スイスの新約聖書学者〕はこの詩が『ヨブ記』の先取りとしての意味をもつことを強調している（Stamm, op. cit., p. 19）。すなわち、マルドゥクの顕現が証示するのは、不可解なる神はもはや人間が期待していないときに人間を救う力をもつということである。それゆえ、人間は主を讃えるが、謎は存続するのである。

(239) マックス・シェーラー『悲劇的なものの現象』を参照。

(240) 愛の神学が体系的神学になりえないことは明白であるように見える。体系的神学が観念レベルで正義を組み込めないのは、世界における悪の問題を説明できないことに比べれば何ほどのことでもない。「許容」という概念（神は悪を「許容」するが「創造」しない）は、この挫折を証示するものである。この点については、悪の思弁的象徴という枠組みであらためて立ち戻るつもりである。

(241) N. P. Williams, *Ideals of the Fall and of Original Sin*, New York, Toronto, 1927.

(242) 曖昧さが際立つパウロのテクストのいくつかが考察の対象となるだろう（『ローマの信徒への手紙』8:1-12、『エフェソの信徒への手紙』2:1-6; 4:22、『コリントの信徒への手紙二』4:16）。これらのテクストはすべて、先に提示した外在性の図式によって解釈できる。だが、肉の概念へと導いた動機が忘れられてしまうと、その表現自体はヘレニズム的な考え方の表現の数々とほとんど見分けがつかなくなる。おそらく聖パウロ自身は、ギリシア化された環境の言語に大幅に譲歩することによって、ヘレニズム的な考え方そのものには何も負っていない状況を記述しようとしたのだろうが、それによってなおさら曖昧さが避けられなくなっている。聖パウロはこの言語に欺かれてしまったのだろうか。だが、もっとも疑惑を抱かせるテクストのなかでも、彼を打ち負かして二元論に追いやっているものは一つもない。こうして、

『コリントの信徒への手紙一』一五章は、「心的」で「地上的」、「朽ちるべき」で「死すべき」ものである「最初の人間」の身体を、「霊的」で「天上的」、「朽ちることなく」「不死」である「第二の人間」の身体と対立させてはいるが、土から出てきた地上的な最初の人間において、善く造られた面と偶然によって悪くなった面は区別できないのである。しかしおそらく、聖パウロにはこの時点でそうした区別をする必要はなかったのだと言うべきであろう。というのも、ここでパウロが問題としていたのは罪ではなく死であり、心的、地上的、朽ちるべき、死すべきといった一連の術語が指しているのは、かならずしも悪しきものではない被造物の状態だからである。もっとも、一六章五六節では、このテクストがひそかに内的争いの主題に結びつけられている。『ガラテヤの信徒への手紙』五章一七節は、見かけ上はきわめて二元論的である。「肉の望むことは霊に反し、霊の望むことは肉に反するからです。この二つはたがいに対立し、そのため、あなたがたは自分のしたいと思うことができないのです」。だが、これに続く節が、この二元論を律法の支配下における内的争いの経験へと結び直している。「霊に導かれているなら、あなたがたは律法のもとにはいません」。

(243) ガルガン『愛と死』(Georges Gargan, *L'amour et la mort*, Paris, Seuil, 1959, p. 281 sq.) を参照。

(244) 『パイドン』の第二部と第三部を分かつ終末論的神話自体が、反省のこうした進展をしるしづけている。地獄に至った不正なる魂がその不正の痕跡を保持しているのは、魂が自身に与えた打撃としてである。裸の魂に残されたこの痕跡のうちに、裁き手は魂のその身体への結びつき(τοῦ σωματοειδοῦς)を認めるのである(『パイドン』81c)。神話ではこの結びつきは死者の彷徨によって形象化される。死者はみずからの気づかいに適合した新しい身体を得たいという欲望に憑りつかれてさまようのである。古い身体の痕跡とは、魂のハビトゥス〔習慣〕のようなものであり、みずからの身体に「縛られ貼りつけられ」(同82c)、「釘づけられ」(同82c)ることが習い性となったあり方なのである。

(245) 私たちはこの転位を、正しいドクサを超えて弁証法の次元にまで導くことはしなかった。目下の探究を限定している解釈学の枠組みを超え出てしまわないようにするためである。プラトン的「形而上学」とそれが提示する思弁的暗号の数々――「必然性」、「錯動原因」、「劣位の神々」、「他なる魂」、「無限」、「異」、「メタ経験的選択」等々――については、第三冊であらためて扱うつもりである。その際には、オルペウス神話の捉え直しを通して表現された欲望と不正の現象学の上に、この形而上学がさらに上位の象徴を立てる様子が見てとられるであろう。

訳註

（訳１）悪の一次的象徴の第三段階としての「負い目」の原語は culpabilité であり、「意志の哲学」第二巻の総題である Finitude et culpabilité の culpabilité と同一の語である。総題の一部としてのこの語は、悪の一次的象徴の三段階と二次的象徴としての悪の神話の諸類型をはじめとして、悪の問題の全体をカバーする術語であり、これを悪の一次的象徴の一類型と同一の語で訳すると、読者に混乱をきたすおそれがある。そこで本訳書では、総題の一部としての culpabilité は「罪責性」、一次的象徴の一類型としてのそれは「負い目」と訳し分け、両者の意味の水準の違いが明確になるようにした。

（訳２）ここで引き合いに出されるグノーシス主義の特徴については、ハンス・ヨナス（Hans Jonas 一九〇三―一九九三。ドイツ出身のアメリカのユダヤ人哲学者）の著作『グノーシスの宗教』（Hans Jonas, *The Gnotic Religion*, Boston, Beacon Press, 1958（ハンス・ヨナス『グノーシスの宗教』秋山さと子・入江良平訳、人文書院、二〇二〇年）が参考になる。

（訳３）リクールによる以上のような原罪概念の位置づけと批判に関しては、『諸解釈の葛藤　解釈学試論Ｉ』に収められた以下の論考を参照のこと。Paul Ricœur, « Le « péché originel ». Etude de signification » (1960), *Le conflit des interprétations. Essais d'herméneutique* I, Paris, Seuil, 1969, pp. 265-282.

（訳４）「非神話論化（Entmythologisierung）」については、それを最初に唱えたブルトマン（Rudolf Bultmann 一八八四―一九七六。ドイツのプロテスタント神学者）の一九四一年の講演「新約聖書と神話論」を参照のこと（Rudolf Bultmann, « Neues Testament und Mythologie. Das Problem der Entmythologisierung der neutestamentlichen Verkündigung »（『新約聖書と神話論』山岡喜久男訳、新教出版社、一九八〇年）。リクールのブルトマン論としては、ブルトマンの『イエス』の仏訳への序文が有名である（Paul Ricœur, « Préface à Bultmann » (1968), in *Le conflit des interprétations*, op. cit., pp. 373-392）。

（訳５）この「問いかけとしての思考（la pensée interrogative）」という表現は、リクールがのちにナンテール（パリ第十）大学で同僚となるジャンヌ・ドゥロム（Jeanne Delhomme 一九一一―一九八三。フランスの哲学者）の著作を念頭に置いたものだと思われる（Jeanne Delhomme, *La pensée interrogative*, Paris, PUF, 1954）。ドゥロムの思索については、レヴィナス〔Emmanuel Lévinas 一九〇六－一九九五。フランスのユダヤ人哲学者〕の次の論考がその特徴を鮮やかに伝えている。Emmanuel Lévinas, « Jeanne Delhomme, Pénélope ou la pensée modale » (1967), *Noms propres*, Montpellier, Fata Morgana, 1976.（エマニュエル・レヴィナス『固有名』合田正人訳、みすず書房、一九九四年）。

（訳6）これはセネカ（Lucius Annaeus Seneca 紀元前一頃－六五。ローマ帝国の政治家・哲学者）に由来する格言。スピノザならば「nec metum sine spe（希望ナシニハ恐レナシ）」（『エチカ』第三部）。

（訳7）「ディールス」とは、ヘルマン・ディールス（Hermann Alexander Diels 一八四八－一九二二。ドイツの古典文献学者）とヴァルター・クランツ（Walther Kranz 一八八四－一九六〇。ドイツの古典文献学者）が編纂した初期ギリシア哲学者の著作断片集（*Die Fragmante der Vorsokratiker*, 3.bd., Berlin, Weidmann, 1951-1952）を指す。引用箇所の日本語訳は、『ソクラテス以前哲学者断片集　第Ⅰ冊』（内山勝利他編、岩波書店、一九九六年）に拠っている。

（訳8）ニップルは古代メソポタミアの都市。シュメール時代に最高神エンリルを都市の神として以来、この地域の宗教的な中心地となってきた。前十八世紀頃までにはいったん途絶えたが、前九世紀以降にアッシリア帝国により再建された。

（訳9）パルメニデス「断片一」の書き出し。リクールが用いる仏訳の出典は不明だが、ここではリクールの論述との連関を尊重して、フランス語に従って訳した。『ソクラテス以前哲学者断片集　第Ⅱ冊』（内山勝利他編、岩波書店、一九九七年）に収録された訳文では次のとおり。「この身を運ぶ駿馬らは、わが心の想いのとどくきわみのはてまで私を送った――ダイモーンの名も高き道へと私を導き行かしめてのち。この道は、なべての町々を過ぎて、物識る人を連れ行く道」（七五頁）。

（訳10）パルメニデス「断片六」。『ソクラテス以前哲学者断片集　第Ⅱ冊』の訳文は次のとおり。「探求の道として、私が汝を遠ざけ〈禁ずる〉のは、まずこの道〔無の道〕、しかし次には死すべき人間どもが何一つ知ることなしに頭を二つ持ちながら、さまよい歩く道を汝に禁ずる。すなわち彼ら死すべき者どもの胸の中では、困惑がその迷い心をみちびき、彼らは聾にしてまた盲、ただ茫然と、もの識り分かちえぬ群集となって引きまわされる。彼らはあるとあらぬが同じであり、かつ同じでないと見なす。彼らには、あらゆるものについて逆向きの道がある」（八一頁）。

（訳11）エルサレム聖書（*La Bible de Jérusalem*）とは、エルサレム・フランス聖書・考古学学院（École Biblique et Archéologique Française de Jérusalem）によって作られたフランス語訳聖書。ピウス十二世（Pius XII　一四〇五－一四六四。ルネサンス期のローマ教皇）の回勅に基づき、ラテン語のウルガータではなく、ヘブライ語やギリシア語から学問的な考証を重ねて訳出され、一九六一年に刊行。学問的水準の高いすぐれた翻訳として、他の諸言語にも訳出されている。

（訳12）この「なおさら（combien plus）」は、パウロの『ローマの信徒への手紙』五章の以下の箇所を踏まえたものである。「一人の罪によって多くの人が死ぬことになったとすれば、なおさら、神の恵みと一人の人イエス・キリストの恵みの賜物とは、多くの人に豊かに注がれるのです。……律法が入り込んできたのは、罪が増し加わるためでありました。しかし、罪が増したところには、恵みはなおいっそう満ちあふれました」（『ローマの信徒への手紙』5:17-20）。リクールが別の箇所で参照しているフランス語訳では以下のとおりである。« Si, en effet, par la faute d'un seul, la mort a régné du fait de ce seul homme, combien plus ceux qui reçoivent avec profusion la grâce et le don de la justice régneront-ils dans la vie par le seul Jésus-Christ. (…) La loi, elle, est intervenue pour que se multipliât la faute; et où le péché s'est multiplié, la grâce a surabondé » (Paul Ricœur, « La liberté selon l'espérance » (1968), *Le conflit des interprétations. Essais d'herméneutique*, op. cit., 1969, p. 401). この聖句から、リクールは罪と恵み（救い）の逆説的関係を表すものとして、罪「にもかかわらず（en dépit de）」／罪のゆえに「なおさら（combien plus）」恵みは満ちあふれる、という二重の定式を取り出してくる。この解釈は、以後も一貫して、キリスト教信仰の核心に「満ちあふれの論理（ロゴス）（logique de la surabondance）」を見るリクールの立場を支えるものとなるだろう。

（訳13）聖書協会共同訳では、「主よ、私を癒やしてください。そうすれば私は癒やされます」となっている。

（訳14）アイスキュロスの悲劇『エウメニデス』を踏まえる。この作品では、オレステースに憑りついていた復讐の女神エリーニュスが、アテナイの説得によって、最後に慈愛の女神エウメニデスへと変化する。

（訳15）冒頭の「義人はいない」は、本訳書が参照する聖書協会共同訳では「正しい人はいない」となっているが、ここでは続く行論との関係で、「義人はいない」という新共同訳の訳文を保持する。

(訳16) ヘラクレイトスの断片一〇二の訳文は、『ソクラテス以前哲学者断片集　第I分冊』（内山勝利他編、岩波書店、一九九六年）に拠っている。

(訳17) 訳文は『ギリシア悲劇全集1　アイスキュロスI』（岩波書店、一九九〇年）所収の久保正彰訳に拠る。

(訳18) 訳文は『ギリシア悲劇全集3　ソポクレースI』（岩波書店、一九九〇年）所収の柳沼重剛訳に拠る。

(訳19) ムーリニエのこの説明は、アリストテレス『弁論術』の次の一節に基づくものである。「およそ不運とは、予期しないかたちで、また邪悪さに起因するのでない行為をいうのに対し、過失とは、予期しないわけではないが、邪悪さに起因するのではない行ない、不正とは、予期されないわけではなく、しかも邪悪さに由来するものを指す」（第一巻一三章、1347b）。訳文は『アリストテレス全集18』（岩波書店、二〇一七年）所収の堀尾耕一訳に拠る。

(訳20) ギリシア神話でダナオス王の五十人の娘たちを指す。父王の指示でいとこや夫たちを殺害した罪により、底なしの樽を延々と満たす冥界に送られた。

(訳21) 『ヨハネによる福音書』一章二九節。リクールは「私は世の罪を取り除く神の小羊だ（Je suis l'Agneau de Dieu qui ôte les péchés du monde）」としているが、これはバプテスマのヨハネがイエスを見て発した言葉であり、「見よ、世の罪を取り除く神の小羊だ」が正しい。

(訳22) ここでリクールが念頭に置いているのは、ベルクソンが『道徳と宗教の二源泉』で「静的宗教」の性格の一つとみなす「仮構機能（fonction fabulatrice）」である。そこでベルクソンは、人間知性がもたらす不安定性に対する生の防衛反応として神話を位置づけた。この語にはさまざまな訳例があるが、ここではリクールが「物語る」こととの連関を際立たせていることを踏まえて、「創話作用」と訳した。

(訳23) この段落での『ピレボス』への言及は、一六dから一七aのソクラテスの発言を下敷きにしている。引用箇所の訳文は、『プラトン全集4　パルメニデス・ピレボス』（岩波書店、一九七五年）所収の田中美知太郎訳を参照しつつも、リクールの用いる仏訳に合わせて変更している。

(訳24) 以下、『エヌマ・エリシュ』からの訳は、原則として月本昭男訳『バビロニア創世叙事詩　エヌマ・エリシュ』（ぷねうま舎、二〇二二年）に拠る。

（訳25）この引用句中の「アプスーのゆえに」は、月本訳では別訳として注記されているもので、訳文中では「アプスーにもまして」とされている。しかし、仏訳では「アプスーに復讐するために（pour venger Apsu）」となっているので、それとの近さを勘案し、ここでは別訳の方を採用した。

（訳26）ここで言う「イデオロギー（idéologie）」とは、王をどのように意味づけるかという諸「観念（idée）」のある一貫性をもったまとまり、という程度の意味である。「観念学」と訳すと余計にわかりにくくなるので、このように訳しておいた。

（訳27）ホメロス『イーリアス』からの引用箇所の訳文は、呉茂一訳（『イーリアス（上）（下）』平凡社ライブラリー、二〇〇三年）に拠っている。

（訳28）ヘシオドス『神統記』からの引用箇所の訳文は、原則として廣川洋一訳（『神統記』岩波文庫、一九八四年）に拠る。ただし、本書の本文の流れとの調整上、表現上の微修正を施す場合もある。

（訳29）『ペルシアの人々』からの引用箇所は、基本的に西村太良訳（「ペルサイ―ペルシアの人々」、『ギリシア悲劇全集2　アイスキュロスⅡ』岩波書店、一九九一年所収）に拠る。ギリシア語原語はリクールが仏語訳文に付加しているものを記している。

（訳30）マゾン氏（Paul Mazon　一八七四―一九五五。フランスのギリシア語学者）とはリクールが用いている仏訳の『ペルシアの人々』の訳者のことである。Eschyle, *Tragedies: Les Suppliantes - Les Perses - Les Sept Contre Thèbes - Promethée Enchainé*, tr. par Paul Mazon, Paris, Belles Lettres, 1920.

（訳31）この箇所の訳文は、リクールの用いている仏訳とは多少ずれはあるが、久保正彰訳「アガメムノーン」（『ギリシア悲劇全集Ⅰ』岩波書店、一九九〇年所収）に拠っている。

（訳32）この箇所は、中務哲郎訳の「仕事と日」（『ヘシオドス全作品』京都大学学術出版会、二〇一三年所収）では「愚か者は痛い目にあってようやく悟る」と訳されているが、ここはリクールの論脈を尊重して、仏訳に従い訳した。

（訳33）ここで引用されている『ローマの信徒への手紙』七章七節から一四節の段落分けは、リクール自身によるものを反映させている。

（訳34）『ダニエル書』七章一三節では「私は夜の幻を見ていた。見よ、人の子のような者が、天の雲に乗ってきて、日の老いたる者のところに着き、その前に導かれた」となっており、『マルコによる福音書』一三章二六―二七節では、「そのとき、人の子が大いなる力と栄光を帯びて雲に乗ってくるのを、人々は見る。そのとき、人の子は天使たちを遣わし、地の果てから天の果てまで、選ばれた者を四方から呼び集める」となっている。

（訳35）聖書協会共同訳では「負い目」という訳になっているところを、ここではリクールの論に合わせて「負債」と改めた。

（訳36）ヘラクレイトスの断片六二の訳文は、『ソクラテス以前哲学者断片集　第Ⅰ分冊』（内山勝利他編、岩波書店、一九九六年）に拠っている。

（訳37）「ある人には奇跡を行なう力、ある人には預言する力、ある人には霊を見分ける力、ある人には種々の異言を語る力、ある人には異言を解き明かす力が与えられています」（『コリントの信徒への手紙一』12:10）というパウロの言葉に淵源する考え。のちのカトリック教会に受け継がれ、人間の意志に働きかけてくる力の起源を見分けることを意味するようになる。イエズス会を創始したイグナチオ・デ・ロヨラ（Ignacio López de Loyola　一四九一―一五五六。イエズス会創立者）が、『霊操』においてこの「霊動弁別（discretio spiritum）」を方法化して用いている。

（訳38）この箇所は、リクールが引用する仏訳に合わせて、聖書協会共同訳を一部改変した。聖書協会共同訳では、「もし、私が陰府をわが家として望み、闇に寝床を広げ、墓穴に向かって、『あなたはわが父』と呼び、蛆《うじ》に向かって、『わが母、わが姉妹』と言うならば」となっている。

（訳39）本書第一冊『過ちやすき人間』第一章第2節「『悲惨』のパトス的表現」を参照。

（訳40）タウテゴリー（Tautegorie）とは後期シェリングの神話論の術語。アレゴリー（Allegorie）との対比で用いられ、神話は他のものを意味するのではなくそれ自身を意味し、神話自身から理解されるしかないことを意味する。アレゴリー＝寓意との対比で「自意」と訳されることもある。

解　説

杉村靖彦

一　はじめに

本巻に収録された『有限性と罪責性——『過ちやすき人間』／『悪のシンボリズム』』は、Paul Ricœur, *Philosophie de la volonté II: Finitude et culpabilité*. Tome 1: *L'homme faillible*; Tome 2: *La symbolique du mal*, Paris, Aubier, 1960 の全訳である。これは、二十世紀のフランスを代表する哲学者の一人であるポール・リクール（Paul Ricœur 一九一三－二〇〇五）によって一九六〇年に発表された著作である。この著作は、リクールの初期の哲学プロジェクトである「意志の哲学」の第二巻として、当初は二分冊で出版された（一九八八年以来合本された形で刊行）。その第一冊が『過ちやすき人間』、第二冊が『悪のシンボリズム』である。それぞれの性格を簡単に要約するならば、前者は人間の「過ちやすさ（faillibilité）」ないしは「悪の可能性」という視点からの哲学的人間学の試み、後者は現実の悪の経験を表現する宗教的象徴の諸相とその解釈の力動的類型論の提示と形容できるだろう。

『悪のシンボリズム』の方は、その内容からして、宗教学や宗教研究と密接な関係をもち、これまで宗教学の研究者にも広く読まれてきた。この著作は二部に分かれ、第一部では「穢れ・罪・負い目」という悪の原初的象徴の三段階が辿られ、第二部ではそうした悪の象徴系を物語化する「始まりと終わりの『神話』」の類型論が展開される。そこで鍵となる象徴や神話の概念は、エリアーデやファン・デル・レーウらの宗教現象学を強く意識しながら練り上げられているし、種々の象徴や神話の研究と解釈では、リクールの思索を特徴づける驚異的な博捜能力を生かして、当時の聖書学や神話学などの最先端の成果がふんだんに盛り込まれている。その意味で、「宗教学再考」を掲げる当シリーズに『悪のシンボリズム』を入れることは、リクール自身を宗教学者とはみなせないとしても、それほど不自然ではあるまい。

だが、当シリーズの編集委員の一人として、訳者はあえて、『悪のシンボリズム』だけではなく、第一冊の『過ちやすき人間』も含めた『有限性と罪責性』の全訳を当シリーズから刊行させていただくようにお願いした。プラトン、デカルト、カント、フッサールらの哲学的言説を精妙に交差させながら論を進め、宗教学はもとより宗教に関する言及もわずかしかないテクストが、〈シリーズ 宗教学再考〉に収められた書物の一角をなすというのは、読者には場違いな印象を与えるかもしれない。だが、右記のように、『過ちやすき人間』と『悪のシンボリズム』とはそもそも一つの著作を構成する双子のテクストであり、『有限性と罪責性』という著作のこうした構成自体、当時のリクールの哲学構想を駆動する長大な射程を背景とするものであった。この背景から切り離して『悪のシンボリズム』だけを取り上げるのは片手落ちであろう。

加えて、『有限性と罪責性』はリクールの歩みにおいて一大転機となった著作であり、その後のリクールは、「解釈学」を新たな旗印としてみずからの哲学的立場を彫琢していくなかで、みずからの「哲学的」言説とおもに聖書解釈に関わる「宗教的」言説をより厳格に区別するようになった。それに対して、初期の「意志の哲学」では、そうした境界区分への方法的意識はすでに随所にみられるものの、「哲学」と「宗教」はもっと近いところで触れあい呼応しあっていた。この両者の緊張的連関のダイナミズムがもっとも顕著に表れているのが、『有限性と罪責性』という著作である。そこでは、『過ちやすき人間』の哲学的反省と『悪のシンボリズム』の宗教的象徴論との独特の呼応関係自体が、のちのリクールが十分に展開できなかった「宗教哲学」の可能性を告示しているように思われる。これまでばらばらに扱われることも多かったこの二冊[1]をあらためて一体のものとして見返すとき、「悪」という古来宗教と哲学の双方にとってアポリアになってきた事象に面したところで、リクールが哲学と宗教の狭間に立ち、そこから新たな思索を立ち上げてくる様子が浮かび上がってくる。そこに見てとれるのは、宗教学の乗り越えられた前史としての宗教哲学ではなく、悪のアポリアへの応答として生動する宗教哲学の姿である。それは今日の宗教学にどのような問いを投げかけるだろうか。こうした問題意識と展望のもとで、以下、本訳書の解説として必要な事柄を記していきたい。

二　ポール・リクール、二十世紀の哲学的証人

最初に述べたように、リクールは二十世紀のフランス哲学を代表する一人であり、その経歴と思想は日本でもすでに詳細に紹介されている。ここでは、本訳書を読むうえで踏まえておくべき最小限の紹介をしておきたい。

リクールは一九一三年にフランス南東部のヴァランスで生まれた。フランスでは少数派の改革派プロテスタントの家庭の出身である。「生まれによってキリスト教徒である」と当人が言うキリスト教信仰への関わりは、その思索をつねに深いところで動かしていたが、「キリスト教哲学」という立場は決然と退け、開かれた仕方で哲学を遂行することに執心し続けた。レンヌ大学に提出した修士論文「ラシュリエとラニョーにおける神の問題」[2]（一九三五年）から死の前年に刊行された『承認の行程』[3]（二〇〇四年）まで、七十年近くに及ぶ長期の思索活動を通して、リクールはつねに各時期の活発な哲学潮流に関与し、そのつど新たな主題を開拓してきた。初期の「意志の哲学」の出発点となったのは、実存哲学と現象学という当時の先端的な思潮を自在に交差させて、フランス哲学に馴染み深い意志の自由という主題を組織的に論じ直す試みであった。この歩みは、本訳書『有限性と罪責

性』を転機として、「解釈学（herméneutque）」という新たな立場へと移っていく。一般にリクールは、ドイツのガダマー（Hans-Georg Gadamer 一九〇〇－二〇〇二年）とともに、二十世紀後半における解釈学的哲学の潮流の代表者として知られるが、『悪のシンボリズム』は、同年に発表されたガダマーの『真理と方法』(4)と並んで、この流れの起点に位置する著作とされている。だが、『真理と方法』がガダマー解釈学の集大成であるのに対して、『悪のシンボリズム』はリクール解釈学の出発点にすぎない。一九六〇年代のリクールは、レヴィ＝ストロースらの構造主義の批判的摂取を通して自らの象徴の解釈学を重層化させ（『諸解釈の葛藤』(5)一九六九年）、一九七〇年代から八〇年代にかけては、テクスト解釈学の名のもとで、隠喩（『生きた隠喩』(6)一九七五年）や物語（『時間と物語』(7)一九八三－一九八五年）という同時代の新たな論点を取り込みながら、自らの立場をダイナミックに拡張していった。そして一九九〇年代からは、それまでの多方面的な展開を「自己の解釈学」として総合したうえで（『他者としての自己自身』(8)一九九〇年）、この時期に顕在化した負の記憶や歴史認識論の問題なども踏まえて、さらにそれを「歴史的条件の解釈学」（『記憶・歴史・忘却』(9)二〇〇〇年）へと接続したのであった。

　以上のような歩みを通して、リクール哲学には、彼が踏破してきた時代の重要な思想課題のすべてが組み込まれている。「偉大なる読み手」と呼ばれるこの哲学者は、時代や分野、立場の異なる主張をていねいに取り出し、それらを思いがけない仕方で対話させ、組織立てていく作業を通してのみ、みずからの思索を展開していく。その結果、リクールの思索の全行程には、現代思想の主要な流れの全てが、その錯綜や対立を減じることなく織り込まれることになる。そしてひとりの人間としても、リクールは九十二年の長い生涯を通して、「未曽有の」出来事には事欠かなかった二十世紀の歴史の生き証人であり続けてきた。生後間もなく第一次大戦で父を亡くし、第二次大戦で戦争捕虜となった五年の間に、「意志の哲学」を構想し、フッサールの『イデーン1』の精密な翻訳と註釈を仕上げた。戦後にも、時代を画する重要な事件が起こるごとに、周到な考察と強烈な使命感をもってそれに関与するリクールの姿が見られた（政治哲学関係の論考も数多い）。こうした人生行路と並行して、リクールの紡いできた思索自体が、二十世紀の哲学全体への歴史的証言であり、その生きた貯蔵庫となっているのである。

この「二十世紀の哲学的証人[10]」にとって、本訳書全体の主題となる「悪」の問題は、単に彼の哲学が扱う個別な主題の一つではない。膨大な読書記録と見まごうようなリクールの仕事の背後には、つねにさまざまな様相の悪の経験や出来事があり、それにまつわる歴史的、社会的、ひいては存在論的な葛藤や矛盾があった。そうした地点から否応なく湧き上がってくる問いこそが、リクールの哲学的思索を絶え間なく刷新させる隠れた動因であった。その意味で、リクールの全思索は、直弟子であるジェローム・ポレー（Jérôme Porée　一九五四－）の主著の題名を借りて、「悪の試練に立つ哲学」と定式化しうるものだと言えよう[11]。この性格がもっとも鮮明に前景化する著作が、本訳書『有限性と罪責性』にほかならない。そのことを踏まえたうえで、このテクストの成り立ちに関する説明へと進んでいくことにしよう。

三　『有限性と罪責性』というテクスト――「意志の哲学」における位置づけとその複雑な構成

最初に述べたように、本書は初期リクールの「意志の哲学」の第二巻として発表されたものである。第一巻は博士論文をもとに一九五〇年に発表された『意志的なものと非意志的なもの[12]』であるが、その冒頭には「意志の哲学」の構想全体に向けた「全般的序論」が収められている。そして、十年後の『有限性と罪責性』では、著作全体に対する「序言」が最初に置かれ、この書がかつての構想のどの段階に対応するものかが確認される。だが、十年のあいだの思索の進展を反映して、リクールは当初の構想に手直しを加えることを余儀なくされ、それがこの著作の構成をきわめて複雑なものにしている。さらに、当初の「全般的序論」は「意志の哲学」の将来の展開と到達点をも含む雄大な構想を提示しており、その第二巻の「序言[13]」にも、『悪のシンボリズム』のあとに来たるべき「第三冊」の予告が含まれている。しかし、この二つの約束はどちらも守られなかった。『有限性と罪責性』を転機としてリクールが「解釈学」へと進んでいくのとともに、「意志の哲学」という構想自体がフェードアウトしていったからである。

こうした経緯は、本訳書にとっては外的な事情に見えるかもしれないが、かならずしもそうではない。ここでのリクールの叙述は、この構想とその今後の展開の予定にたびたび触れ、それとの関連で目下の考察の位置づけと狙いを確かめる作業を繰り返しながら進んでいくからである。そうした事情を踏まえて、この点について、本訳書の理解のために不可欠な事項に絞って一通りの説明をしておきたい。

一九五〇年の「全般的序論」では、意志の哲学は、「意志の形相論（éidétique）」「意志の経験論（empirique）」「意志の詩論（poétique）」という三部構成で構想されていた。「形相論」は、人間の意志には明晰な記述に抗う暗い面もあることを認めたうえで、「意志的なものと非意志的なものの相互性」の名のもとで、意志の基本構造の本質記述（形相的記述）を行なう。ここで重要なのは、現象学の術語を転用して悪と超越の「括弧入れ」（ないしは「抽象」）と呼ばれる操作と引きかえに、この形相論が成り立っていることである。現実の意志がどれほど悪しき情念に捕えられて顚倒し、変質を被っているとしても、その顚倒や変質をそれとして理解するためには、「無垢な人間も罪ある人間も区別なく同様に奏でることができる鍵盤」（本訳書一一頁）としての意志の本質的可能性を確定しておく必要がある。この段階を経て初めて、次いでまずは「悪」に施した括弧を外し、意志がみずからの意志でありながらみずからの思い通りにならないような、悪に捕えられた現実の姿を問題にすることができる。これが意志の「経験論」と呼ばれる第二段階である。そこでは、「根源的（originaire）」には自由であるはずの意志が、にもかかわらず「根元的（radical）」な悪の囚われのなかに置かれ、自縄自縛に陥っているというアポリア的状況が突きつけられる。この問題を正面から受けとめるとき、意志の哲学は、それを遂行する主体自体の根底的な転換へと導かれるであろう。それは宗教的な回心にも比しうるような、意志を囚われから解放する「超越」の発動であり、そこでは意志をその根本的可能性から「再生」させる新たな「言葉」が決め手になるであろう。そのような意味で、若きリクールは、「意志の哲学」の第三段階となるその救済論的地平を「意志の詩論＝ポエティクス」と名づけたのである。

以上の構想との関連で言えば、『有限性と罪責性』は、さしあたり意志の「形相論」から「経験論」への移行地点に位置づけられる。だが、この移行に着手すべく、「悪」に施していた括弧を外そうとしたとき、この移行作業自体が方法的に容易ならざる問題をはらみ、それに見合う新たな分節化と行程が必要になることが見えてきた。そこから生まれたのがこの著作の複雑な構成であり、「序言」で語られているように、その各々の部分は一筋縄ではいかない独自の位置づけをもっている。

第一冊の『過ちやすき人間』は、人間の存在体制に刻まれた「過ちやすさ」としての「悪の可能性」を主題とし、悪の問題に一歩足を踏み入れている点では、意志の「形相論」とは一線を画している。だが、この主題への取り組みは、明らかに「意志的なものと非意志的なものの相互性」に関する現象学的記述の延長線上にある。この「相互性」に内包される初発的な二元性が、ここでは独特な「純粋反省」の遂行を通して「自己の自己自身に対する不均衡（disproportion）」としてとらえ直される。私たちの「自己」そのものを構成するこの「不均衡」こそが、私たちの「過ちやすさ（faillibilité）」の座としての内なる「断層（faille）」となるのである。ただし、このような哲学的自己論を形成していく「純粋反省」は、実を言えば見かけほど「純粋」ではない。その開始自体が「悲惨のパトス的表現」を導きとしていることからもわかるように、内に「脆《もろ》さ」を抱える自己の成り立ちを照らすこの「反省」自体が、現実の悪の経験に触発されて私たちの内に起こる自己への振り返りを動力としている[13]。その意味で、『過ちやすき人間』は、すでに現実の悪を視野に入れたうえで、意志の形相論をそれへの移行にスタンバイさせるべく全面的に語り直す企てであると言えよう。

だが、この準備作業を終えれば直ちに意志の「経験論」へと進めるわけではない。悪の「可能性」がなければそれが「現実」になることもないが、可能だからといってかならず現実になるわけではない。「過ちやすさ」から「過ち」への「移行」にはある種の「飛躍」が含まれている。人間存在の体制に刻まれた「過ちやすさ」までは哲学的反省の対象となりうるが、現実の過ちへの「飛躍」は哲学にとってはどこまでもアポリアであり、無理に概念化しても矛盾と逆説をはらんで自壊せざるをえない。この状況に突き当たり、リクールの思索は大きな方向転換を迫られる。そこから出てきたのが、悪の「象徴系（symbolique）」からの出発という『悪のシンボリズム』のアプローチにほかならない。悪の可能性から現実性への飛躍は、哲学的にはアポリアであったとしても、いかなる言葉をも欠いているわけではない。通常のロゴスを躓《つまず》かせるこの不条理な出来事には、その直接的な表現不可能性をかいくぐって、そのあり方に見合った間接的で謎めいた言葉の数々が対応している。それらを総称するのが「象徴」という術語である。ここでは、いったん概念形成を断念し、思考にとっては躓きである悪の経験に通路を与えてきたそれらの象徴表現に向きあい、そこから与えられるものを正しく聴き取るところから始め直さねばならない。そして、これが哲学の転機となるべき営みであるとすれば、悪の象徴を恣意的に渉猟するだけでも、網羅的に総覧するだけでも十分ではない。それは、哲学的思索との関係を測りつつ種々の文化的伝統におけるその蓄積を探査し、来たるべき哲学へと呼びかけてくる象徴群の地勢図を作っていく行程とならねばならない。そのため『悪のシンボリズム』という著作はきわめて複雑な構成をとらざるをえなくなる。悪の一次的・原初的象徴を扱う第一部では三層の象徴群の弁証法、二次的・神話的象徴を扱う第二部では四種の神話群の類型論と動的関係論が展開される。そうした行程を経て、結論部で「象徴は思考を引き起こす（Le symbole donne à penser）」という定式とともに、新たな哲学の出発が宣言されるのである。

いずれにせよ、『有限性と罪責性』が切り開いた以上のような道程を通して、「意志の哲学」の構想は大きな変容を被ることになった。実は、当初の構想でも、意志の「形相論」から「経験論」への移行を導く考察が「神話系（mythique）」の名で予告され、この道程のある面は先取りされていたのであるが、実際に悪の「象徴系」として踏まれた道程は、この「神話系」の枠をも突き破るものとなった。この書の「序言」では、『過ちやすき人間』

と『悪のシンボリズム』に続く「第三冊」が予定され、「隷属意志〔意思〕の経験論」に充てられることが予告されていた（本訳書一四頁）。だが、それは実現せず、「解釈学」へと立場を移したあとのリクールの膨大な仕事にも、内容的にこれに直接対応するものはない。結局、『有限性と罪責性』が担ったはずの意志の「形相論」から「経験論」への移行は果たされなかったのであり、そのことがこの著作によって導入された変動の大きさを物語っているのである。

この出来事の独自な意義は、当解説のはじめに記したように、おそらく「宗教哲学」という観点から見たときにもっともよく浮かび上がるであろう。悪の「象徴系」においては、哲学の概念形成の営みはいったん停止されている。そして、悪の暗い経験に通路を与える象徴的表現の数々は、その多くが聖書世界とその周辺から収集されている「宗教的」な由来のものである。だがリクールは、みずからの象徴論を宗教的立場に直接結びつけるような行き方を徹底して避けている。宗教由来の表現が現代の「非神話論化（démythologisation / Entmythologisierung）」をくぐり抜けて「文字通りの」意味を突破するときに初めて、象徴が象徴として理解される可能性が開かれ、悪の暗い経験に封じ込められた情動を掬いとり照らしだすその意味開示力が解放される。これがリクールの見出した基本的立場であった。だとすれば、悪の「象徴系」とは、悪のアポリアに面して直接的な自明性を失った哲学と宗教が、両者を刺し抜く「問い」を介して接しあうことで新たな思索の道筋を開いていく場所であり、その意味で独自な「宗教哲学的」思索の生誕現場である、と言えないだろうか。そうした展望を抱きつつ、読者への道案内も兼ねて、本訳書全体の内容をもう少し立ち入って紹介していきたい。

四　『過ちやすき人間』と『悪のシンボリズム』――その概略と連関

1　『過ちやすき人間』――有限と無限の不均衡な媒介

『過ちやすき人間』の主題が人間存在の成り立ちの中核に「悪の可能性」を見てとる反省的考察であること、その軸となる概念が「自己の自己に対する不均衡」であることはすでに述べた。もう一つ重要なことは、この「不均衡」が「有限」の極と「無限」の極の不均衡として規定されていることである。悪の可能性を人間存在の「有限性」によって説明する立場は、思想史上も繰り返し登場してきたし、一般的にも理解しやすいように見える。だが、悪を特徴づける「罪責性（culpabilité）」が「有限性（finitude）」に還元されるとき、悪に関してもっとも肝心な点が取り逃がされてしまう。それは、人間が悪の可能性にさらされるのは、単に人間が有限だからでなく、有限の極から無限の極へと踏み越え、両極の「媒介」たらんとする終わりなき努力において「自己」を形づくっているからだ、という点である。

そのような人間の自己の成り立ちは、魂を「二頭立ての馬車」にたとえるプラトンのミュートスや、それを「不均衡」と表現してそこに人間の「悲惨」を見るパスカルのレトリックにおいて、ロゴスよりもパトスに訴える仕方で、いわば前‐哲学的に表現されている。そうした「パトス的表現（pathétique）」に導かれながらも、この書はカント哲学とフッサール由来の現象学に想を得た超越論的反省を駆使しながら、認識・実践・感情と人間存在の全局面をこの不均衡が貫いていることを示していく。

認識する主体の不均衡構造は、認識される対象にいわば投射され埋め込まれているが、この対象の現出様式を手引きとして反省されることができる。たとえば「向こうに机が見えている」と言うとき、私に見えているのは机の一面だけであるが、それはあくまで机の一面として理解されている。そこから反省されるのは、認識する私は、みずからが身体的に定位する「ここ」からの有限な「パースペクティヴ」に結びつけられる一方で、それを踏み越えて机そのものを語りうる「言葉」の無限の力に連なるという、二極媒介的なあり方をしているということである。

この構造は、対象認識から実践における自己意識へと注意を移すと、「自己」のあり方の問題としてさらに立体的に浮かび上がってくる。私たちの意志や行為は無から忽然と現れるのではなく「非意志的な」種々の動機に養われて発動するものだというのは、『意志的なものと非意志的なもの』以来のリクールの立場であるが、この「動機づけの領野」は、有限な「性格」の極を始点としつつ、「全体性」の要求を担う「幸福」の極へと方向づけられている。すなわち、この領野は私の「実践的パースペクティヴ」と言うべきものであり、私の実践がそこから出発するしかない特異点としての「性格」を始点とするが、閉じた私に甘んじることはできず、パースペクティヴの限定を踏み越えて、無限なる全体を求めずにはいられない。この踏み越えの方向性を表すのが「人格」である。こうして、認識の次元では「対象」の構成のうちに埋め込まれていた自己の不均衡構造が、実践の次元ではあるべき自己たる「人格」として対自化されるのである。

だが、この意味での人格はいまだ自己一般であり、有限と無限にまたがる自己の二極性に由来する「脆さ（fragilité）」は、その一般性の後ろに隠れたままである。この脆さを浮かび上がらせるのが「感情（sentiment）」ないしは「情感性（affectivité）」の次元である。認識対象の超越論的反省を手引きとして進んできた考察は、ここに至って自己の不均衡構造をその「内奥性（intimité）」に即して照らしだす。感じられるものとしての不均衡は、アリストテレス倫理学を参照しつつ有限な「快」と無限な「幸福」にまたがるものとして描かれるが、両極を総合する堅固な第三項はもはやなく、人間固有の情感性は両極のあいだで宙づりにされて無際限化せざるをえない。認識と実践の次元を扱うこの書の第二章と第三章が「超越論的総合」および「実践的総合」と題されているのに対して、感情の次元を扱う第四章が「情感的脆さ」と題されているのはそうした事情によるのである。

人間存在の全領域を貫く不均衡性を浮きぼりにし、その中核に刻まれた「悪の可能性」に迫る『過ちやすき人間』の考察の全容は以上の通りである。考察が最後の情感性の次元に至ったとき、リクールがその意志の哲学の「全般的序論」以来、現実の悪を「情念（passion）」として描いていたことの意味が明らかになる。本書の第四章でも言及されているように、リクールの情念概念はカントの『人間学』（とくに所有欲・権力欲・名誉欲の三つ組）に淵源するが、一般的に言っても、情念（情熱）とは単なる感性的な有限性の事柄ではなく、「度外れ（démesure）」な熱量をもつ何かである。悪しき情念の燃料となるのは、むしろ無限の極へと連なっているという人間のあり方、その意味での人間の無限性である。この無限性への関わりが顚倒を来たすと、有限と無限の媒介ないしは総合が破綻し、人間の無限性はその有限性のうちでいわば囚われの身となる。そうなると、みずからの意志で始めたはずのことがみずから自身を引きずりまわし、人間は逆説的にもみずから自身の行為の犠牲者となる。情念として現実の悪がそのように考えられていたとすれば、それを手引きに遂行された「悪の可能性」の反省が、有限と無限の不均衡な媒介という人間の存在体制に刻まれた「脆さ」に行き着いたのはもっともなことであろう。しかし同時に、この到達点は、そうして確認される現実の悪の理解不可能な謎としての性格をあらためて際立たせる。不均衡な媒介としての脆さからこの媒介の破綻への「移行」には、理解の努力を挫《くじ》く「断絶」が含まれている。ここにおいて、哲学的反省はいったん停止することを余儀なくされ、哲学的ロゴスとは別の言葉、別のアプローチが要求されることになる。それを担うのが『悪のシンボリズム』という著作である。

2　『悪のシンボリズム』――告白の現象学から神話の動態論へ

『悪のシンボリズム』の考察を起動させる「別の言葉」が、悪の「象徴系（symbolique）」と総称されるものであることはすでに述べた通りである。悪の経験の消息を象徴的言語で伝えるそれらの表現の数々は、たとえば宗教的教説としての「原罪」や哲学的概念としての「根元悪」に施された文飾なのではなく、これらの手前でそれを養う生きた糧となるものである。「原罪」や「根元悪」は、それだけでは悪のアポリアに拮抗することができず、自壊か硬直化かのいずれかを免れえない。それらを地下で養うのは、まずは悪の「始まり」と「終わり」を語りの形式で叙述する神話の数々であり、さらにその底層には、筋道をもつ語りに収まる以前の、より直接的な悪の経験の象徴的表現がある。リクールはこれを一次的象徴、悪の神話を二次的象徴として位置づける。加えて言えば、一次的象徴自体もより原初的な段階からより洗練された段階まで積み重なっている。悪の象徴系の全体は、まずはこのように幾重にも折り重なった地層図のようにして描かれるのである。

ただし、この地層図という比喩を文字通り受けとるのは誤解のもとである。原初的象徴と言う場合の「原初」とは、単に時間的にもっとも遠い始原のことではなく、象徴系の「底層」とは、単に現在私たちが身を置く表層からもっとも隔たる層のことではない。たしかにこの書の「悪の象徴系」の材料は、「太古（archaïque）」に始まり広大な時空に及ぶ種々の象徴群から集められている。だが、そこから「一次的象徴」の水準を切り出してくるときにリクールがとる構えは、悪の「告白の現象学（phénoménologie de l'aveu）」、すなわち、悪のアポリア的経験においてわれ知らず謎めいた言葉を発する暗き「意識」の展開に、「想像と共感」（本訳書二〇六頁）をもって付き従っていくという姿勢である。それゆえ、そこで登場する象徴的表現の出所がどれほど遠い過去に属するとしても、悪の象徴系の呼びかけを聴きとりそれを整序しながら思考を立ち上げていく哲学者リクールの歩みは、悪に苛まれる意識を通して現動化される諸象徴の動きを追い、それらが織りなすある種の弁証法的展開を跡づけていく体のものとなる。

そうして描き出されるのが、本書第一部の題名「一次的象徴――穢れ・罪・負い目」が示すように、「穢れ（souillure）」「罪（péché）」「負い目（culpabilité）」という三層の象徴群を重畳させる構図である。右記のような再構成を通してあらためてもっとも「原初的」な地位に置かれるのは、悪を準‐物質的な「汚れ」のようなものとして表現する「穢れ」の象徴群である。そこでは、悪はもっぱら外から私たちに伝染し、私たちを汚染する非人格的な力のように受けとめられている。そして、この力に囚われ縛られる状況に身を置いてしまったとき、私たちは禁忌を侵犯したことに気づかされ、たいていは言葉以前の儀式的な仕方でこの穢れを「浄め」ようとするのである。だが、穢れは文字通りの意味での汚れではなく、浄めは汚れの洗浄以上の営みである。そこに内包された象徴的潜勢力、象徴的意味の剰余は、それにあずかる意識をいわば自然発生的な解釈の行程へと導き、新たな意味次元を開示させる。そうして登場するのが「罪」の象徴群である。

一方では、罪の象徴群は穢れの象徴群との「断絶（rupture）」によって成立する。そこでは非人格的な伝染力に代わって、聖書の神を典型とするような人格的な超越者が前景化する。そして、禁忌の侵犯において私たちを汚染し拘束する穢れの「実在性」は、人間が神の呼びかけに背きその命令に反するという形で現実化する「関係の断絶」に取って代わられる。それとともに、穢れに呼応する浄めの象徴群も、罪に呼応する「贖い」や「立ち返り」という象徴群に取って代わられるようになる。とはいえ、前段階の象徴群が用済みになるのではない。重要なのは、罪の象徴群が導入した「断絶」を媒介として、穢れの象徴力が次元を変えて新たに展開される「捉え直し（reprise）」の局面である。神と人間の関係の断絶は単なる「欠如」ではなく、人間が発動するはずの意志が「囚われ」に陥り、抗いえない力によって運命的に引き回されるような「実在的」な状況でもある。罪の経験のこうした局面は、その前段階である穢れの用語を捉え直して用立てることを要求するのである。

このような断絶と捉え直しの二重運動は、次なる「負い目」の象徴群への移行をも同様に規定している。負い目の特徴は悪の経験の「内面化」と「意識化」である。「過ちの責めを負う」という状況は、禁忌の侵犯の代価として受けとめられる穢れにおいてもすでに作動しており、それが次の段階で罪として浮かび上がってくるのだが、そこでは罪はいまだ人間の存在論的状況の名称であり、超越者との関係の断絶というのは、すべての人間が等しく身を置く状態としてとらえられていた。だが、この断絶を常態として悪の経験が尖鋭化されていくと、それは万人が共有する一般的状況ではなく、不可視の超越者が個々の人間にそのつど突きつけてくる要求の果たしえなさとして個別化されていく。すなわち、個人としての「私」の生の各瞬間に対してなすべきことの「尺度（mesure）」が設定され、道徳的意識は洗練の度を高めていくが、このプロセスは無限の要求を背景にもつがゆえに、課題はつねに完全には果たされえず、「負い目」はやむことなく積み上がっていく。この逆説的なプロセスの渦中にある者には、それが「負い目の袋小路（impasse）」へと導くものであることは見えていない。そのことは、負い目の「過剰による顛倒」（本訳書三五六頁）として到来する「救い」の象徴群から見返すことで初めて見えてくる。この決定的な転換点を見定める際に、リクールがユダヤ教の律法主義的な徹底化に批判的に対峙するパウロの信仰義認論を踏まえていることは明らかである。だがそれは、穢れから負い目に至る悪の一次的象徴の弁証法的展開がキリスト教信仰によって「止揚」されることを意味するのではない。リクールが強調するのは、そうして際立たせられた悪の内面化の「袋小路」が、罪の「囚われ」はもとより、穢れの外部的な力による「繋縛」といった象徴表現の呼び戻しを求めることである。こうして、悪の一次的象徴を三層に再構成するリクールの歩みは、「断絶」と「捉え直し」の二重運動からなる止揚なき円環を描き出すのである。

　以上が『悪のシンボリズム』の前半部の要諦である。すでに複雑精妙なこの層状図の上に、この書の後半部では、悪の二次的象徴をめぐるさらに複雑な類型論が積み重ねられる。悪の二次的象徴とは、第二部の題名が示すように、悪の「始まりと終わりの神話」のことである。神話の「物語」構造は、悪の経験をある種の具体的全体性において表現することを可能にする。第一部で悪の一次的象徴として取り出された諸表現も、この全体性のうちに置き戻されて初めてその象徴力を全《まっと》うする。悪がいかにして始まったかを神話的過去として物語り、悪がいかにして終わるかを神話的将来として物語ることによって、人間はみずからを苛《さいな》む現在の悪の経験を時間的・歴史的展望のなかに位置づけることができる。加えて、神話的な登場人物を通して、この経験は人間全体の命運に連なる「具体的普遍性」において描出されることになる。神話をその「原因譚的（étiologique）」な性格において、物事の起源を文字通り説明するものとして受けとめているかぎりは、神話に内包されるこの象徴的開示力は取り逃がされてしまう。神話を神話として理解することを余儀なくされる今日の「脱神話論化」においてこそ、この神話固有の象徴力を解き放つことが可能になる。「始まりと終わりの神話」を悪の二次的象徴として位置づけるリクールの基本的立場は以上のようなものである。

ただし、悪の「告白の現象学」に歴史的方向性と具体的普遍性を与える「悪の神話」は、ただ一種類だけではなく、それ自体が複数的である。リクールはそれを四つの類型に分けて記述していく。第一には、悪を事物の起源たる「混沌」と同一視し、神の創造をこの原初の悪との闘争とそこからの救済とみなす「創造のドラマ」である。歴史的にはアッシリア－バビロニア神話を典型とするこの類型では、悪の始まりと終わりはどこまでも宇宙論的出来事であり、礼拝はこの出来事の儀礼的反復として意味をもつ。第二には、『創世記』に始まる聖書世界の神話を典型とする「アダム神話」（ないしは「堕罪神話」）である。そこでは善の起源と悪の起源が「二重化」され、善なるものとして造られた存在に根元的な悪を重ね書きするものとして、原初の人間（アダム）の犯す悪が位置づけられる。これによって、悪の始まりと終わりはもはや単なる宇宙論的出来事ではなく、人間の歴史の全展開をはさんだ時間的ドラマとなる。第三には、ギリシア悲劇における「邪悪な神」と悲劇的英雄の関係に現れるような「悲劇的」類型である。神が人間を盲目にし道を逸《そ》らせる「邪悪な」ものであるとき、人間はもはやみずからの過ちの責めを負いうる者ではなく、過ちは悲劇の主人公の実存そのものと一体化される。そこでは罪の赦しはありえず、美的な仕方で運命を受容する形での救いしかありえない。第四には、オルペウス教を源流とし、ギリシア哲学の形成にも側面的に関わってきた「追放された魂の神話」の類型である。そこでは、右の三つの類型とは違って「人間学的二元論」が前面に打ち出され、悪の始まりは神的な起源をもつ「魂」がそれとは異質な「身体」へと落下し囚われたことに見てとられる。そこからの解放は、魂のそうした起源を「認識（グノーシス）」することによってのみ得られるのである。

以上の四類型は、それぞれに一章があてられ、膨大な資料や研究文献を動員して周到に練り上げられていく。

その重厚な叙述を通して、悪の始まりと終わりをめぐる神話的象徴の諸相について、驚くべき広大な展望が得られることになる。だが、リクールの歩みはそこで終わるのではない。最後の章で、リクールはこの全体図をみずからがどこから見ようとしているのかを打ち明け、決定的な一歩を踏み出す。すなわち、以上の神話類型の全体をアダム神話の類型から捉え返すことによって、この全体からもっとも豊かな意味を引き出せることに「賭ける」と言うのである。この意味での「優越性」をアダム神話に認めるというのは、単に他の三類型をそれに従属させることではない。アダム神話が悪の諸神話の全体への特権的な通路となるのは、それが悪の起源を原初の人間の意志と行為に結びつけることで、私たちにみずからの悪の経験を表現しうる物語として「自己化（appropriation）」されることを求めるからである。それゆえ、アダム神話という視点から捉え返されることで、他の型の悪の諸神話も、単に世界の成り立ちや運命に関する物語ではなく、私たちの悪しきあり方のある側面を象徴表現し、私たちに「自己化」を呼びかけてくるものとして受けとり直されるのである。

この最後の一歩によって、それなしには静態的な俯瞰図にとどまっていた悪の諸神話の全体図が、動態的な相互連関のもとで書き換えられる。そこでより重層的に浮かび上がるのは、みずからが「措定」したものとして告白される悪の裏面には、「すでにあった」としか言いようのない「措定されざるもの」が貼りついており、原初の混沌も、誘惑する他者も、悲劇をもたらす邪悪な神も、肉体による囚われも、悪の経験のこの逆説的二面性の表現となることで、その開示力を最大化するということである。この意味での悪の神話の「動態論（dynamique）」にたどり着いて初めて、リクールが再構成してきた悪の「象徴系」の全体が、来たるべき哲学に向けて呼びかけうるものとなる。こうして、「象徴は思考を引き起こす」という定式を導きとして、中断していた哲学的反省を新たな仕方で再開する準備が整ったのである。

五　宗教／哲学の多層的地図制作の試み――『悪のシンボリズム』とその後

以上、本訳書の内容の概略を、その極度に入り組んだ構成ができるだけ見えやすくなるように配慮してたどり直してみた。そこには多種多様な事柄が組み込まれており、その一つひとつの扱いは驚くほど精密で丁寧ではあるものの、最終的にはそれらはリクールが作成していく独自の構図の構成要素に仕立て上げられていく。この力業に対して、それによってなんらかの変形を被る個々の要素の側に立って批判的な検討を試みることも可能であり、また必要でもあろうが、「解説」という文章の性質上、ここではそうした作業にまで踏み込むことはできない。最後に、リクールがつくり上げた「悪の象徴系」の構図自体について、そのステイタスをリクール自身がどのように位置づけていたかを示しておきたい。『悪のシンボリズム』を通してリクールがなそうとしたことの意味を見定めるうえで、もっとも肝心な点に関わると考えるからである。

手がかりとなるのは、この書の序論第3節「告白の哲学的『反復』」で登場する「根底的な偶然性」（本訳書二二三頁）という語である。そこであらかじめ告げられるのは、本論でリクールによって掘り起こされ整理されていく「悪の象徴系」が以上たどってきたようなものになること自体が、数々の文化的記憶とその出会いの歴史に由来する「偶然的」な事柄だということである。悪の象徴系のこの根底的な偶然性は、その呼びかけを受けて再起動する哲学によっても必然化されることはない。そもそもこの偶然性は、「哲学自身の歴史に内在している」（本訳書二二八頁）偶然性と連動しているからである。

こうしてリクールは、みずからの探究が「哲学的問い自体の歴史的、地理的、文化的始源によって方向づけられている」（本訳書二二三－二二四頁）ことを打ち明ける。哲学はどこでもない場所から語るのではなく、その普遍性探究の志向自体がギリシア的記憶によって方向づけられている。哲学を養うこの記憶は、数々の文化的記憶との接触と交差を経ていくが、その関係には遠近と深浅がある。ギリシア的・哲学的伝統にとってもっとも近い「他者」となるのは、ヘブライ的・聖書的伝統である。両者の出会いはそれ自体が歴史的偶然であるが、その後無数の緊張的連関を繰り返して深められていった。他方で「極東の諸文明」のように、（リクールによれば）いまだ哲学とのあいだで歴史の形成力となるような決定的な出会いが果たされず、学者など少数の人間のなかでの出会いにとどまる「遠い」関係もある。そしてこの両極のあいだには、中間的な位置を占める種々の文化的記憶があるが、それらも含めた全体の布置は、哲学の位置確認との相関においてたえず描き直されてきたし、今後も描き直されてゆくだろう。たとえば、「古代中東文化」に関する諸学の新発見は聖書的伝統の「横」の関係における位置づけ直しをもたらし、「民族学」が報告する原始文化の諸相は、私たち自身の記憶以前の過去の「深み」へと分け入る手引きとなってきた。このように、種々の文化的記憶が織りなす布置は、遡及的な捉え直しのなかでたえず更新され、「新‐過去（neo-passé）」を書き入れつつその全体を変容させてゆく。「悪の象徴系」を描いていくにあたってリクールがみずからに確かめたのは、根底的な偶然性から出来し展開してきたこの歴史的動態の全体であり、彼の携わる哲学という営為自体がその一角をなし、それを背景として生い育ってきたという事実であった。もちろん、歴史の動きはつねに予見不可能であり、新たな出会いに開かれている以上、この「全体」は閉じたものではない。しかしそれは、どこまでも特定の起源と方向に貫かれており、どこでもない場所からではなく、ある「視点」から全体を眺望するものである。この「序論」の末尾でのリクールの言葉を引けば、新たな状況が到来したとしても、そこに私たちは「みずからの記憶を携えて入ってゆく」（本訳書二一八頁）しかないのである。

『悪のシンボリズム』における「悪の象徴系」の地図制作は、以上のような展望のもとでなされたものであった。悪のアポリアに面して哲学的反省がいったん停止させられ、悪を告白する象徴表現の世界からの呼びかけに耳を傾けることを求められたとき、この傾聴は、哲学の成り立ち自体の歴史的偶然性を自覚させ、それと引きかえに、哲学の記憶と直接間接に関わってきた宗教的象徴の探査へと導くことになった。この意味で、『悪のシンボリズム』という著作は、「悪の試練に立つ哲学」が、みずからの再出発のためにいかなる言葉が糧になりうるかを確かめるべく、それを養ってきた記憶と伝統の全体に対して行なった在庫調査の記録と言ってもよいだろう。このように見るとき、この書に先立つ『過ちやすき人間』も含めて、『有限性と罪責性』という著作が体現する哲学と宗教との関わりあいの独自性が際立つはずである。

「前提なき哲学はない」という本書で繰り返されるフレーズは、その後のリクールの解釈学にとっても導きの言葉となった。だが、ここでの宗教的象徴と再生すべき哲学との関係は、通常の解釈学的哲学で言われる「先行理解」と「理解」の関係に回収されるものではない。悪を反省する哲学の言葉と悪を告白する宗教の言葉が、悪のアポリアをはさんでぎりぎりのところで交差し、前者の無力を介して進む思索が後者に蓄積された象徴的富を掘り起こし、それがまた前者を賦活する。このダイナミズムの中で、哲学も宗教もその自明の意味をいったんリセットされ、その手前で生動する緊張的連関へと引き戻されたうえで、そこから現在の私たちの来し方行く末を展望するような歴史的思索が構想される。このようなかたちの「宗教哲学」の企ては、冒頭でも述べたように、みずからの「哲学的」著述と「宗教的」著述、「哲学的」解釈学と「聖書的」解釈学の厳格な区別を強調するようになっていったその後のリクールにおいては全うされることはなかった。だが、いわゆる「実証的」な宗教学の流れが「宗教」概念自体のメタ批判に深く関わらざるをえなくなった今日において、哲学そのもののステイタスの根底的問い直しを含んだ「宗教哲学」のこうした方向性には、掘り起こすべき数々のポテンシャルが内蔵しているのではなかろうか。

ただし、それはここでのリクールの立場をそのまま引き継げばよいということではない。みずからの位置する「視点」の局所性と偶然性を自覚したうえで、そこからある「全体」を眺望するという場合、以上見たようにこの「全体」が徹底して歴史的動性に貫かれたものであるかぎりは、リクールを真に継承しようとする者は、この

「全体」をリクールとは別のかたちで提示することを余儀なくされるはずである。そしてそこには、今日なおこうした仕方で「全体」を語ろうとすることが意味をもつのか、といった問いすらも含まれうるだろう。

こうした角度から考えるとき、『悪のシンボリズム』の刊行から半世紀以上を経た現在、リクールが遺したこの悪の象徴表現の地勢図をめぐる後継者たちの動向にはきわめて興味深いものがある。この時期のリクールの問題意識をもっとも直接的に受け継いだ高弟のジェローム・ポレーは、その遺産の驚くべき豊かさを称揚しつつも、もはやそうした象徴の富を悪の問いの糧にできなくなった今日の世界の「貧しさ」を際立たせる。(14) 現在のリクール研究の国際的拠点となっている学術誌『リクール研究』（*Études Ricœuriennes / Ricœurian Studies*）の編集長を務めるエルンスト・ヴォルフ（Ernst Wolff　一九七三－。南アフリカ共和国出身）の近著は、ポストコロニアル的な視点から、一九六〇年時のこの地勢図を同時期のアフリカ大陸での哲学的・政治的な諸言説と意図的に交差させて、この地勢図自体の大胆な書き換えを図る。(15) パリのリクール文庫の代表を務めるダニエル・フレイ（Daniel Frey　一九七四－）の近著は、むしろリクールの象徴論が聖書的世界に由来する象徴を中立化してしまっていることを問題視し、この地勢図の奥行きを別の仕方で描き直そうとする。(16) 三者三様のアプローチは、彼らがリクールの遺産をただ継承するのではなく、各々が身を置く「現場」からそれを鋭く問い直し、その各所を揺さぶり、掘り返し、切開しながら、リクールと渡りあうような仕方でその「地図制作」の営みを今日に引き継ごうとしていることを示している。いずれにせよ、今や古典となったリクールのこの著作は、歴史的な隔たりをはさんで、今日あらためて呼び戻され、新たな仕方で読み直されることを待っている。本訳書が、日本の読者に向けて、そのための良き架け橋となれば幸いである。

註

（1）二〇二〇年に刊行された『悪のシンボリズム』をめぐる英語論集 *A Companion to Ricœur's The Symbolism of Evil* (Edited by Scott Davidson, Lanham/Boulder/New York/London, Lexington Books, 2020) の序論では、英語圏でも『過ちやすき人間』と『悪のシンボリズム』が別々に訳されたため、両書の連関が十分に見てとられないままばらばらに解釈されるという状況が続いてきたことが記されている。ちなみに日本語訳では、『人間　この過ちやすきもの』（久重忠夫訳、以文社、一九七八年）（『過ちやすき人間』の全訳）、『悪のシンボリズム』（植島啓司・佐々木陽太郎訳、渓声社、一九七七年）（『悪のシンボリズム』第一部の訳）、『悪の神話』（一戸とおる・佐々木陽太郎・竹沢尚一郎）（同第二部の訳、渓声社、一九八〇年）と三冊に分けて、別々に刊行された。本訳書では、これら先人の苦心の訳業に敬意を表しつつも、『有限性と罪責性』全体の連関がきちんと見えるように工夫して、全面的に訳し変えている。

（2）Paul Ricœur, *Méthode réflexive appliquée au problème de Dieu chez Lachelier et Lagneau*, Paris, Cerf, 2017.

（3）Paul Ricœur, *Parcours de la reconnaissance,Trois études*, Paris, Stock, 2004.（ポール・リクール『承認の行程』川崎惣一訳、法政大学出版局、二〇〇六年）

（4）Hans-Georg Gadamer, *Wahrheit und Methode. Grundzüge einer philosophischen Hermeneutik*, Tübingen, J. C. B.Moor, 1960.（ハンス＝ゲオルク・ガダマー『真理と方法Ⅰ－Ⅲ』轡田收・三浦國泰・巻田悦郎訳、法政大学出版局、一九八六－二〇一二年）

（5）Paul Ricœur, *Le conflit des interprétations. Essais d'herméneutique I*, Paris, Seuil, 1969.

（6）Paul Ricœur, *La métaphore vive*, Seuil, 1975.（ポール・リクール『生きた隠喩』久米博訳、岩波書店、一九八四年）

（7）Paul Ricœur, *Temps et récit, tome I-III*, Paris, Seuil, 1983-1985.（ポール・リクール『時間と物語Ⅰ－Ⅲ』久米博訳、新曜社、一九八七－一九九〇年）

（8）Paul Ricœur, *Soi-même comme un autre*, Paris, Seuil, 1990.（ポール・リクール『他者のような自己自身』久米博訳、法政大学出版局、一九九六年）

（9）Paul Ricœur, *La mémoire, l'histoire, l'oubli*, Paris, Seuil, 2000.（ポール・リクール『記憶・歴史・忘却』久米博訳、新曜社、二〇〇四－二〇〇五年）

（10）杉村靖彦「現代思想の交差点としてのリクール　二十世紀の哲学的証人」、鹿島徹・川口茂雄・越門勝彦編『リクール読本』法政大学出版局、二〇一六年、七七－八四頁。

（11）Jérôme Porée, *La philosophie à l'épreuve du mal*, Paris, J. Vrin, 1993.

（12）Paul Ricœur, *Philosophie de la volonté I : Le volontaire et l'involontaire*, Paris, Aubier, 1950.（ポール・リクール『意志的なものと非意志的なものⅠ－Ⅲ』滝浦静雄・竹内修身・中村文郎訳、紀伊國屋書店、一九九三－一九九七年）

（13）『有限性と罪責性』の「序言」で明記されているように（本訳書一七－二〇頁）、『過ちやすき人間』における「純粋反省」のこうした特性は、リクールがみずからの師の一人とみなすジャン・ナベールの「反省哲学」から引き継いだものである。

（14）Jérôme Porée, *L'existence vive: douze études sur la philosophie de Paul Ricœur*, Strasbourg, Presses Universitaires de Strasbourg, 2017.

（15）Ernst Wolff, *Lire Ricœur depuis la périphérie: décolonisation, modernité, herméneutique*, Bruxelles, Éditions de l'Université de Bruxelles, 2021.

（16）Daniel Frey, *La religion dans la philosophie de Paul Ricœur*, Paris, Hermann, 2021.

後　記

本巻の企画は、杉村が〈シリーズ 宗教学再考〉の編集委員に加わった際に、久保田浩氏をはじめとする他の委員の方々との相談を経て、提案したものである。ここに訳出した著作は、二十世紀後半のフランスを代表する哲学者であるポール・リクールの代表作であるが、「解説」にも記したように、二分冊構成の第一冊『過ちやすき人間』が純然たる哲学著作であるのに対して、第二冊『悪のシンボリズム』は、悪をめぐる多種多様な象徴的・神話的表現を渉猟し、またそれらについての宗教学・聖書学・神話学等の研究成果を最大限に活用して書かれたものである。それゆえ、とくに第二冊については、関連諸分野の専門家の方々を糾合し、協力体制を作って訳出作業を行なうことも考えた。しかし熟慮の末、全篇を通して杉村による単独訳で事を進めることにした。たしかに関連諸分野の成果を縦横に用いるリクールの叙述はきわめて精密であり、質量ともに驚くほど豊かであるが、それらは当然ながらリクールの問題意識に即して取り集められたものであり、最終的にはリクール自身の思索の構成要素に仕立てあげられ、その思索世界のうちでしかるべき場所を与えられることになる。その複雑精妙な論脈がこの著作の生命線であり、それを訳文において過たずに再現するためには、リクール哲学の研究に長らく携わってきた杉村が著作全体を一人で訳出した方がよいだろうと判断した次第である。最善を尽くしたつもりではあるが、専門知識の不十分さのために思わぬ間違いを犯している箇所がないことを願うばかりである。

再校の段階では、編集委員の方々、とりわけ鶴岡賀雄氏による詳細なチェックと助言をいただいた。心より感謝申し上げたい。また、国書刊行会の鈴木冬根氏には、編集・校正作業の全過程にわたって丁寧なサポートをしていただいた。複雑な構成をもつこの大部の著作の翻訳がいくらかでも読みやすいものになっているとすれば、氏の周到綿密なお仕事のおかげである。記して感謝申し上げたい。

なお本書は、南山宗教文化研究所と一般社団法人日本宗教信仰復興会議の助成を得て刊行した。

杉村靖彦

人名索引

あ行

アイスキュロス　Αἰσχύλος　412, 413, 414, 416, 420, 421, 423, 424, 426, 428, 429, 431-33, 461
アウグスティヌス，アウレリウス　Augustinus, Aurelius　72, 207, 334, 337, 345, 443, 508, 512, 534
アクィナス，トマス　Aquinas, Thomas　14, 60, 61, 63, 128, 146-50, 167
アナクシマンドロス　Ἀναξίμανδρος　235, 316, 522
アラン　Alain（本名 Chartier, Émile-Auguste）92, 94, 105
アリストテレス　Ἀριστοτέλης　59, 60-63, 97-100, 130-33, 136, 139, 150, 157, 167, 182, 184, 186, 315, 319, 321, 322, 436, 462, 505, 547
アルトー，アントナン　Artaud, Antonin　425
アルノビウス　Arnobius　498
カンタベリーのアンセルムス　Cantuariensis, Anselmus　560
アンベール，ポール　Humbert, Paul　449
イエス　Ἰησοῦς　210, 265, 328, 344, 442, 472, 474, 475, 477
ヴァインシュトック，ハインリヒ　Weinstock, Heinrich　433
ヴィラモヴィッツ＝メレンドルフ，ウルリヒ・フォン　Wilamowitz-Moellendorff, Ulrich von　493
ヴェイユ，エリック　Weil, Éric　157
ウェーバー，マックス　Weber, Max　481
エウリピデス　Εὐριπίδης　488, 496
エリアーデ，ミルチャ　Eliade, Mircea　214, 371, 553, 556
エンペドクレス　Ἐμπεδοκλῆς　491, 505
オリュンピオドロス　Ὀλυμπιόδωρος ὁ Νεώτερος　498

か行

ガスリー，ウィリアム　Guthrie, William Keith Chambers　501, 503
ガッサンディ，ピエール　Gassendi, Pierre　62
カフカ，フランツ　Kafka, Franz　351
カリクレス　Καλλικλῆς　134, 135
カルヴァン，ジャン　Calvin, Jean　258
カント，イマヌエル　Kant, Immannuel　17, 26, 29, 35, 43, 44, 46, 65, 67-71, 73, 74, 78, 90, 98-101, 103, 106-13, 135, 140, 141, 145, 149, 150, 159, 160, 162, 163, 166, 172, 176-79, 182, 183, 185, 212, 323, 362, 453, 455, 476, 545, 558
キルケゴール，セーレン　Kierkegaard, Søren　31, 36, 288, 353, 512, 513, 545
クセルクセース一世　Xerxes I　422, 423, 426
クリュシッポス　Χρύσιππος ὁ Σολεύς　499, 504
クルマン，オスカー　Cullmann, Oscar　471
アレクサンドリアのクレメンス　Clemens, Titus Flavius　498
グロッツ，ギュスターヴ　Glotz, Gustave　493
ゲーテ，ヨハン・ヴォルフガンク　Goethe, Johann Wolfgang Von　184
ゲッリウス，アウルス　Gellius, Aulus　499
ケベス　Κέβης　491
ケルン，オットー　Kern, Otto Ferdinand Georg　502
ケレーニィ，カール　Kerenyi, Karl　409
コントゥノー，ジョルジュ　Contenau, Georges　388

さ行

サルトル，ジャン＝ポール　Sartre, Jean-Paul 180, 351
シェーラー，マックス　Scheler, Max　416, 525, 528
シェリング，フリードリヒ　Schelling, Friedrich Wilhelm Joseph von　369, 552, 553
ジェルネ，ルイ　Gernet, Louis　317, 320, 323
シミアス　Σιμμίας　491
シュヴァイツァー，アルベルト　Schweitzer, Albert　480
シュライアマハー，フリードリヒ　Schleiermacher, Friedrich Daniel Ernst　553
スパイザー，エフライム　Speiser, Ephraim Avigdor　388
スピノザ，バルーフ・デ　Spinoza, Baruch De 14, 52, 145, 180, 183, 229, 249
ソクラテス　Σωκράτης　60, 134, 139, 227, 251, 261, 331, 369, 491, 494, 537, 539, 543, 547
ソフォクレス　Σοφοκλῆς　322, 431-33
ソロン　Σόλων　324, 425, 426

た行

ダマスキオス　Δαμάσκιος　484
ディルタイ，ヴェルヘルム　Dilthey, Wilhelm Christian Ludwig　553, 554
テヴェナ，ピエール　Thévenaz, Pierre　102
テオグニス　Θέογνις　421
デカルト，ルネ　Descartes, René　14, 24-27, 35, 49, 52, 53, 59, 61-65, 69, 84, 88, 98, 112, 125, 126, 128, 145, 147-50, 167, 176, 180, 185, 186, 190
デモステネス　Δημοσθένης　241, 317, 318, 323
デュメジル，ジョルジュ　Dumézil, Georges　218
トゥキディデス　Θουκυδίδης　242
ドッズ，エリック　Dodds, Eric Robertson　489

な行

ナベール，ジャン　Nabert, Jean　17-19
ニーチェ，フリードリヒ　Nietzsche, Friedrich Wilhelm　123, 346, 351, 452, 458, 532
ニルソン，マルティン　Nilsson, Martin Persson 487
ネーベル，ゲルハルト　Nebel, Gerhard　423

は行

ハーフォード，ロバート　Herford, Robert Travers 335
ハイデガー，マルティン　Heidegger, Martin　67, 68, 72, 104
パウロ　Παῦλος　209, 210, 284, 301, 305, 313, 325, 329, 334, 337, 338, 345-49, 351-56, 360, 367, 424, 442, 447, 451, 453, 459, 465, 474-80, 508, 509, 511, 534-36, 538, 546, 547
バシュラール，ガストン　Bachelard, Gaston　217, 550
パスカル，ブレーズ　Pascal, Blaise　31, 37, 40, 41
パルメニデス　Παρμενίδης　39, 58, 186, 277, 279, 281, 542
ハンムラビ　Hammurabi　400
ピュタゴラス　Πυθαγόρας　36, 277, 331, 491, 499, 500, 504, 505, 508
ヒレル　הִלֵּל　345
ピンダロス　Πίνδαρος　488, 492, 499, 504
ファン・デル・レーウ，ゲラルダス　van der Leeuw, Gerardus　371, 553
フィンケルシュタイン，ルイス　Finkelstein, Louis　343
ブーランジェ，アンドレ　Boulanger, André　493
フェステュジエール，アンドレ＝ジャン　Festugière, André-Jean　493, 497
フォン・ラート，ゲルハルト　von Rad, Gerhard 300
フッサール，エトムント　Husserl, Edmund　26,

55, 57, 58, 63, 64, 150, 189
プラトン　Πλάτων　31-39, 59, 66, 69, 78, 112, 116, 128, 134, 139, 140, 145, 146, 159, 161, 170, 177, 180, 186, 187, 248, 252, 315, 318, 319, 352, 354, 360, 370, 376, 413, 417, 422, 430, 438, 444, 450, 481-85, 487-89, 491-93, 495, 498-505, 508, 514, 532, 536-39, 541, 543, 546, 547, 550, 559
フランクフォート，ヘンリー　Frankfort, Henry　398
ブランシュヴィック，レオン　Brunschvicg, Leon　37
プリチャード，ジェイムズ　Pritchard, James Bennett　388
プルタルコス　Πλούταρχος　497
ブルトマン，ルドルフ　Bultmann, Rudolf　553, 554
フレイザー，ジェイムズ　Frazer, Sir James George　245
プレース，テオ　Preiss, Théo　472, 473
フロイト，ジーグムント　Freud, Sigmund　123, 170, 216, 351
プロクロス　Πρόκλος　484, 498
プロティノス　Πλωτῖνος　438
ブロンデル，モーリス　Blondel, Maurice　219
ヘーゲル，ゲオルク　Hegel, Georg Wilhelm Friedrich　15, 16, 26, 55, 57, 58, 64, 90, 157, 159, 171, 180, 255, 351, 354
ヘーリング，ジャン　Héring, Jean　467
ヘシオドス　Ἡσίοδος　220, 323, 380, 409-12, 428, 436, 483, 494, 495
ペッタッツォーニ，ラッファエーレ　Pettazzoni, Raffaele　229, 245
ペパン，ジャン　Pépin, Jean　219
ペラギウス　Pelagius　337
ヘラクレイトス　Ἡράκλειτος　317, 488, 522, 529
ベルクソン，アンリ　Bergson, Henri　91, 145, 188, 260
ボス，ヒエロニムス　Bosch, Hieronymus　463
ホッブス，トマス　Hobbes, Thomas　157
ホメロス　Ὅμηρος　220, 243, 294, 323, 380, 409, 418, 419, 483, 485, 487, 490

ま行

マゾン，ポール　Mazon, Paul　422
マルクス，カール　Marx, Karl　15, 351
マルセル，ガブリエル　Marcel, Gabriel　461
マルブランシュ，ニコラ・ド　Malebranche, Nicolas de　61, 145
ムーリニエ，ルイ　Moulinier, Louis　243, 320
メラン，ドニ　Mesland, Denis　63

や行

ヤコブセン，トーキル　Jacobsen, Thorkild Peter Rudolph　398
ヤスパース，カール　Jaspers, Karl　423, 434
ユスティノス　Ιουστίνος　497, 498
ユング，カール　Jung, Carl Gustav　216, 553
ヨハネ　Ἰωάννης　478, 530, 546

ら行

ライプニッツ，ゴットフリート　Leibniz, Gottfried Wilhelm　175, 221, 528
ラヴェッソン，フェリックス　Ravaisson, Felix　88, 89
ラシーヌ，ジャン　Racine, Jean Baptiste　424
ラシュリエ，ジュール　Lachelier, Jules　550
ラングドン，スティーヴン　Langdon, Stephen Herbert　254
リュクールゴス　Λυκοῦργος　430
リュシアス　Λυσίας　320
ルソー，ジャン＝ジャック　Rousseau, Jean-Jacques　15, 111, 157, 159, 189, 455
ルター，マルティン　Luther, Martin　337, 345, 452, 534
レヴィ＝ストロース，クロード　Lévi-Strauss, Claude　373, 377
レーナルト，モーリス　Leenhardt, Maurice　371,

事項索引

あ行

贖い　expiation　242, 288, 297-304, 308, 317, 397, 475, 478, 479, 486-89, 499, 539
アダム神話　mythe adamique　289, 290, 408, 437-45, 447, 464, 465, 475, 508, 510-12, 514, 515, 523, 525, 530, 532, 533, 536, 537, 546
過ちやすさ　faillibilité　13, 14, 24, 25, 27-30, 34, 36, 41, 43, 79, 103, 109, 111, 115, 116, 146, 173, 175-77, 185-90, 206, 223, 357, 439, 543, 545, 549
意志の経験論　empirique de la volonté　12, 15
逸脱　deviation　16, 130, 150, 160, 171, 188, 221, 278, 295, 366, 370, 438, 439, 441, 447, 542, 543, 558, 559
違反　transgression　250, 263, 266, 300, 323, 334, 389, 457, 514
宇宙生成譚　cosmogonie　379, 411, 494, 496
エピチュミア　επιθυμια　116, 128, 129, 146, 166, 170
エロース　ερος　34, 35, 112, 116, 128, 129, 139-41, 146, 160, 161, 166, 172, 179, 495, 545
応報　rétribution　235, 237, 247, 289, 291, 311, 312, 499, 515-17, 521, 523, 526, 527
恐れ　peur　33, 126, 131, 148, 210, 229, 231, 234-37, 246, 260, 267, 487, 537
怖れ　crainte　147, 168, 171, 183, 234, 237-39, 245-50, 252, 253, 265, 267, 290, 301, 306, 307, 310, 317, 347, 400, 420

か行

開在性　ouvertute　46, 50, 51, 68, 69, 73, 82, 83, 85, 86, 89, 90, 92, 93, 95, 96, 140, 179
解釈学　herméneutique　13, 14, 123, 173, 212, 213, 220, 221, 417, 441, 465, 509, 510, 548, 552-58
買い戻し　rachat　296-99, 301
賭け　pari　19, 510, 557, 558, 560
感染　infection　211, 232, 234, 239, 358, 362, 363, 366, 532-35, 537
記号→表徴
義認　justification　266, 348, 350, 351, 353-55, 464, 465, 473, 478-80, 508, 509
救済　salut　234, 368, 377, 378, 395, 481, 501
恐怖　terreur　15, 86, 229, 234-37, 248, 252, 260, 267, 268, 271, 312, 385, 390, 410
浄め　purification　150, 229, 230, 233, 235, 238-45, 251, 276, 296, 299, 316, 418, 421, 431, 435, 464, 486, 489, 501-04, 541, 547
悔い改め　repentence/pénitence　275, 285, 288, 302, 303, 309, 326, 335, 337, 351, 440, 442-47, 463, 508
寓意　allégorie　32, 33, 219-21, 262, 368, 369, 500, 552
偶然性　contingence　96, 182, 184, 186, 223, 224, 227, 228, 374, 405, 418, 455, 536, 560
偶像　idôle　171, 173, 187, 264, 265, 271, 280, 282, 292, 444, 457, 556
具体的普遍（性）　l'universel concret　164, 227, 289, 367, 369, 375, 445, 448
グノーシス　gnose　207-13, 360, 369, 370, 371, 438, 439, 501, 535-37, 546, 547
苦しみ　souffrance　45, 171-73, 183, 210, 235-37, 246-48, 254, 262, 285, 291, 292, 399, 404, 423-26, 429, 432-34, 436, 450, 470, 472, 474, 476, 494, 515-17, 520, 522, 524, 526-28, 530, 531
契約　alliance　249, 255-58, 261, 263, 264, 266, 267-78, 283, 285, 287-90, 296, 309, 312, 316, 350, 351, 445, 478, 515

言語　langage　12, 13, 54-58, 92, 117, 119-22, 124, 125, 181, 183, 210-14, 217, 220, 221, 223, 235, 238, 241, 242, 256, 295, 335, 358, 366, 369, 450, 465, 542, 550-52, 560
原罪　péché originel　13, 15, 34, 207-09, 211, 233, 290, 295, 441, 443, 484, 508, 512, 537
言述　discours　12, 54, 59, 60, 64-67, 69, 73, 75, 183, 210, 214
原初の人間　homme primordial　368, 379, 404, 412, 437, 439
権力　pouvoir　15, 145, 150-52, 155-64, 166, 168, 173, 188, 306, 386, 398, 400, 457, 495
光景　spectacle　58, 94, 96, 102, 211, 218, 233, 288, 378, 416, 417, 427, 430, 435, 436, 464, 468, 482, 487, 496, 515
構想力→想像力
傲慢（ヒュブリス）ὕβρις　247, 264, 270, 278, 279, 315, 320, 321, 323, 324, 420, 421, 426, 429
根元悪　mal radical　17, 109, 113, 207, 208, 263, 294, 323, 337, 362, 363, 455, 513
根源的肯定　affirmation originaire　18, 19, 178-80, 182-85
混合　mixte　26, 34, 37, 68-70, 96, 169, 170, 172, 177, 184, 242, 289, 293, 496, 498, 545, 558, 559
混合物　mélange　29, 31, 33, 34, 37, 42, 43, 75, 76, 177, 425, 443
混沌　chaos　12, 13, 15, 19, 41, 118, 127, 140, 272, 377-81, 383, 385, 389, 390, 395-97, 399-401, 403, 404, 406, 407, 410, 414, 417, 420, 429, 443, 461, 462, 494, 495, 513, 522, 523, 533, 548, 558, 559

さ行

細心　scrupule　265, 324, 328, 333-35, 338, 339, 341, 342, 344, 345, 350-52
罪責性　culpabilité　14, 34, 322, 424, 426, 427, 429, 445, 451, 454, 458, 527, 538, 559
作品→所産
志向性　intentionnalité　56, 58, 83, 85, 118, 119, 121, 123, 125, 133, 134, 141, 159, 173, 218, 219, 221, 280
志向的分析　analyse intentionnelle　47, 118, 122, 123, 126, 214, 218, 493
自己化　appropriation　19, 124, 153, 226, 246, 508, 510, 548, 552, 557
実存的否定　négation existentielle　178, 180, 181, 184
視点　point de vue　27, 28, 47, 49-51, 53-55, 58, 59, 64, 66-69, 80, 82, 85, 86, 90, 93-95, 97, 227, 230
思弁　spéculation　19, 20, 144, 206, 208-11, 213, 233, 258, 273, 287, 289, 336, 357, 416, 437-41, 443, 446, 458, 463, 471, 492, 493, 496, 497, 505, 512, 560
宗教現象学　phénoménologie de la religion　216, 371, 372, 551
受動性　passivité　82, 170, 172, 295, 459, 513, 533, 539, 547, 558
主の僕　serviteur de Jahvé　272, 407, 469, 470, 472, 476, 526, 531
受容（性）　réceptivité　44, 46, 47, 49, 51, 69, 70, 72, 77, 81, 82, 105, 107, 144, 470
循環　circle　41, 109, 213, 346, 347, 487, 488, 491, 510, 525, 553-55, 557
浄化→浄め
象徴系　la symbolique　13-16, 19, 20, 187, 190, 223, 240, 260, 276, 283, 296, 299, 302, 303, 357, 397, 531, 535
情念　passion　12, 82, 92, 110, 113, 118, 128, 129, 131, 136, 146-52, 155, 157, 159-61, 165, 166, 170-73, 188, 297, 451, 460, 501, 535, 542, 547, 549
贖罪　rédemption　247, 249, 254, 276, 277, 283, 287, 296, 299, 418, 432, 470, 486
所産　œuvre　35, 45, 81, 87, 91, 92, 101, 132, 163, 164, 184, 185, 214, 216, 226, 300, 415, 418, 425, 431, 495
所有　possession　32, 88, 121, 139, 145, 149-57, 160-64, 166-69, 172, 173, 188, 457, 467
心情　cœur　33, 37, 112-14, 116, 117, 129, 142, 144, 146, 167, 169, 170, 171, 174, 179, 185, 188, 427

神統譚　théogonie　379, 493-96, 500, 501, 512, 513, 528-31
人類→人間性
神話系　la mythique　12-14, 19, 378, 538, 557
図式　schème　26, 37, 38, 71-73, 88, 137, 141, 142, 150, 168, 178, 236, 238, 251, 253, 277, 280, 282, 283, 285, 286, 312, 321, 341, 359, 361-63, 378, 380, 381, 387, 401, 402, 405, 432, 435, 447, 466, 482, 485, 486, 489, 492, 504, 517, 526-28, 534, 537, 560
図式化　schématisation　71, 141-43, 160, 161, 172, 173, 277, 278
スペクタクル→光景
静態論　la statique　379, 507, 510, 511, 532, 548, 556
総合　synthèse　26, 29, 32, 35, 43, 44, 66-70, 72-74, 76, 79, 80, 92, 103-07, 109, 114, 116, 145, 174, 176, 184-86, 234, 235, 303, 418
　実践的——　synthèse pratique　103, 108, 109
　超越論的——　synthèse transcendantale　29, 35, 42-44, 66-68, 70, 72, 74-80, 82, 98, 100, 103, 104, 107, 109, 113-17, 127, 140, 145, 146, 173, 174, 177-79, 184, 186, 212, 370, 558, 560
想像力　imaginiation　26, 29, 30, 35, 37-39, 42-44, 65, 66, 68-70, 73, 74, 77, 79, 80, 98, 103, 107, 109, 114, 116, 145, 146, 150, 159, 160, 173, 174, 182, 184, 217, 229, 319, 339, 366, 377, 465, 480, 495, 497, 501, 548
疎外　aliénation　15, 87, 96, 152, 160, 171, 211, 212, 222, 279, 292, 295, 296, 345, 351, 368, 456, 486, 535
措定　position　15, 20, 36, 60, 61, 81, 95, 105, 106, 120, 176, 180, 182, 187, 190, 219, 276, 283, 287, 288, 292, 361, 362, 446, 447, 452-54, 512-15, 525, 529, 530, 538, 551, 552, 559
尊敬　respect　76, 79, 80, 103, 107-14, 116, 188, 248, 290

た行

堕罪　chute　12, 13, 15, 19, 20, 190, 209, 210, 211, 283, 363, 377-79, 387, 388, 394, 395, 408, 409, 413, 421, 423, 437-41, 444, 447-50, 453, 455, 456, 458, 465, 468, 476, 483, 493, 509, 511, 532-34, 536, 538, 543, 545, 548, 558
立ち返り　retour　277, 283-87, 296, 298, 303, 337, 479
断絶　rupture　65, 180, 190, 274-76, 278, 279, 291, 296, 306, 310, 355, 366, 422, 468, 475, 490, 549, 560
中間者（中間的なもの）　l'intermédiaire　14, 26, 29, 33, 44, 67, 70, 78, 79, 103, 107, 147, 167, 177
超越論的反省　réflexion transcendantale　29, 30, 42, 67, 76-79, 113, 115
追放　exil　12, 13, 15, 214, 222, 242, 244, 246, 318, 360, 479, 486, 489, 525, 532-34, 536, 548
追放された魂　âme exilée　19, 242, 379, 481, 482, 501, 511, 532, 533, 535-37, 547
躓き　scandale　212, 236, 527, 531
哲学的人間学　anthropologie philosophique　13, 28, 29, 42, 52, 75, 116, 150, 178, 529, 531, 532
テューモス　θυμός　33, 116, 128, 145-47, 149, 161, 165-67, 169, 170, 172-74, 545
動態論　la dynamique　379, 507, 510, 511, 532, 548, 556, 557
度外れ　démesure　171, 420, 421, 424, 426, 435, 500, 522, 542, 543
捉え直し　reprise　16-18, 210, 213, 264, 283, 306, 361, 369, 379, 441, 538, 539
囚われ　captivité　172, 173, 269, 296, 298-300, 306, 310, 311, 324-28, 330, 358-61, 363, 396, 397, 445, 446, 449, 460, 462, 489, 533, 534, 559

な行

肉　chair　287, 302, 347-49, 449, 452, 458, 459, 483, 521, 535, 536, 538, 546, 547
人間性　humanité　16, 92, 93, 96, 101, 104, 105, 107, 108, 116, 127, 129, 145, 146, 150, 152, 163, 164, 169, 178, 179, 181, 182, 185, 186, 209, 216,

256, 289, 290, 312, 329, 339, 363, 367, 373, 399, 412, 420, 427, 437, 439-42, 445, 446, 453, 460, 461, 471, 472, 474, 476, 479, 482, 484, 492, 497, 498, 536
人間生成譚　anthropogonie　411-14, 437, 486, 492-94, 496-98, 500

は行

パースペクティヴ　perspective　16, 17, 30, 42, 44, 47, 49-51, 53-55, 57-59, 64-66, 68, 69, 79-83, 85, 86, 89, 90, 92, 94-98, 100, 101, 104, 105, 107, 113, 114, 128, 129, 131, 136, 140, 142, 180, 181
媒介（性）　mediation　14, 26, 28, 30, 43, 45-48, 51, 70, 74, 75, 79, 83-85, 87, 90, 103, 162, 164, 168, 169, 174, 178, 184-86, 210, 358, 366, 456, 458, 470, 472, 531
発話　parole　54, 61, 64, 66, 68, 74, 97, 116, 188, 257, 258, 282
パトス的表現　la pathétique　24, 29-31, 37, 42-44, 75, 77, 177
反復　répétition　206, 207, 210, 213, 222, 223, 229, 230, 234, 255, 258, 286, 340, 366, 370, 372, 374, 376, 377, 383, 395-97, 402, 404-06, 415, 425, 427, 431, 443, 464, 472, 482, 486, 487, 489, 491, 523, 532, 549, 555
悲惨　misère　24, 28-31, 34, 36, 39-43, 75, 76, 115, 117, 177, 262, 305, 399, 469, 505
非神話論化　démythologisation　208, 210, 459, 462, 553, 555
人の子　fils de l'homme　272, 280, 283, 405, 407, 465, 469, 471-74, 476, 480, 530
飛躍　saut　36, 185, 187, 190, 368, 447, 545
評価　estime　77, 81, 94, 100, 108, 109, 145, 150-52, 160-68, 172, 188, 310
表徴　signe　45, 55, 56, 92, 101, 102, 124, 127, 130, 143, 218-21, 232, 240, 360, 373-75, 399, 513, 551, 555
開け→開在性
不均衡　disproportion　14, 25-30, 37, 38, 41, 43, 44, 52, 65, 75, 76, 79, 80, 97, 101, 107, 111, 113, 116, 117, 122, 127-29, 137, 138, 145, 166, 174, 176, 177, 187
不幸　malheur　39, 40, 88, 92, 130, 135, 231, 236, 237, 255, 271, 273, 275, 287, 310, 319, 321-23, 359, 373, 404, 418, 423, 425, 426, 428, 431, 433, 468, 482-84, 489, 494, 496, 499, 504, 516, 523, 530, 545, 546
不浄　impureté/l'impur　219, 229-33, 236-46, 250, 252, 253, 255, 260, 293, 296, 299, 307, 308, 315, 316, 341, 343, 359, 362, 487
不正　injustice　32, 34, 235, 236, 248, 261, 264, 275, 295, 311, 312, 314-17, 321-24, 327, 403, 422, 426, 502, 512, 515, 517, 528, 538, 539, 542, 543, 545, 546, 548
閉鎖性　fermeture　51, 81, 82, 85, 86, 92, 133, 140, 179
弁証法　dialectique　14, 25-27, 35, 36, 53, 55, 57, 58, 62, 63, 73, 79, 89, 92, 96, 102, 124, 132, 134, 136, 137, 139, 142, 147, 177, 178, 180, 183, 185, 206, 260, 263, 266, 273, 274, 283, 305, 306, 347, 348, 409, 410, 424, 445, 447, 452, 524, 529, 530, 537
彷徨　errance　39, 98, 214, 278, 279, 281, 286, 512, 514, 533, 541, 542, 558, 559
捕囚→囚われ

ま行

ミュートス　mythos　31-37, 42, 115, 117, 177, 222, 360, 367, 492, 505, 555
無垢　innocence　11, 12, 36, 111, 113, 130, 146, 150-52, 154, 155, 159, 173, 189, 190, 252, 254, 283, 338, 341, 363, 368, 370, 427-30, 439, 444, 448-56, 459, 516, 523, 526, 528, 536, 540
無限（性）　l'infini/infinitude　14, 25, 27, 31, 37-39, 41, 42, 44, 52, 53, 57, 59, 62-64, 67-69, 72, 75, 78, 79, 90, 98, 101, 102, 114, 141, 167, 172, 177, 179, 186, 206, 346, 350, 351, 376, 377, 456-58,

460, 513
盲目化　aveuglement　12, 13, 15, 16, 19, 132, 166, 319, 323, 418-21, 533, 548, 559
脆さ　fragilité　13, 14, 36, 79, 103, 109, 115-17, 128, 145, 161, 166, 169, 170, 173, 174, 185, 189, 190, 458, 544, 545

や行

有限－無限　fini-infini　25, 27, 28
赦し　pardon　274, 283-87, 292, 296, 298, 299, 301-04, 312, 338, 378, 435, 464, 465, 470, 473, 476-80, 508

ら行

倫理的世界観　vision éthique du monde　15-17, 19, 20, 109-11, 336, 516, 522, 523, 548
隷属意思　serf-arbitre　15, 20, 306, 357, 358, 360-63, 538
ロゴス　λόγος　42, 55, 59, 110, 116, 146, 174, 181, 218, 222, 243, 256, 258, 367, 476, 481, 483, 485, 492, 499, 501, 527, 542, 555

文献索引

あ行

か行

さ行

た行

な行

は行

ま行

ら行

ポール・リクール

Paul Ricœur 1913-2005

1913年フランス・ドローム県のヴァランス生まれ。レンヌ大学、パリ・ソルボンヌ大学で哲学を学ぶ。第二次大戦に出征し、ドイツ軍の捕虜となり捕虜収容所に拘留。戦後に取り組んだ「意志の哲学」の第一巻『意志的なものと非意志的なもの』により国家博士号を取得（本書『有限性と罪責性』は第二巻にあたる）。1949年ストラスブール大学助教授、1956年パリ・ソルボンヌ大学教授、1964年に新設のパリ・ナンテール大学に移る。1970年代にはシカゴ大学神学部でも教え、エリアーデなどと交友をもつ。20世紀後半のフランスを代表する哲学者の一人であり、実存哲学、現象学、解釈学、構造主義等々、時代を代表する諸思潮との粘り強い対話を通して独自の哲学的立場を確立した。また、フランスでは少数派の改革派プロテスタントの出自であり、哲学著作と並行して、キリスト教思想や聖書解釈に関する論考も数多く発表してきた。主著に、『生きた隠喩』（岩波書店）、『時間と物語』『記憶・歴史・忘却』（新曜社）、『他者のような自己自身』（法政大学出版局）など。

杉村靖彦

すぎむら・やすひこ

1965年大阪府生まれ。1994年京都大学大学院文学研究科博士課程研究指導認定退学。博士（文学）。京都大学大学院文学研究科教授。著書に『ポール・リクールの思想　意味の探索』（創文社）、*Témoignage et éveil de soi – Pour une autre philosophie de la religion* (Presses Universitaires de France)、共編著に『個と普遍——レヴィナス哲学の新たな広がり』（法政大学出版局）、主な訳書にジャン・ナベール『悪についての試論』（法政大学出版局）、ジャン・グロンダン『ポール・リクール』（白水社）など。

シリーズ　宗教学再考　第7巻

有限性《ゆうげんせい》と罪責性《ざいせきせい》
『過ちやすき人間』／『悪のシンボリズム』

2025年3月5日　初版第1刷発行

著者　ポール・リクール
訳者　杉村靖彦
発行者　佐藤丈夫
発行所　株式会社国書刊行会
〒174-0056 東京都板橋区志村 1-13-15
Tel.03-5970-7421　Fax.03-5970-7427
https://www.kokusho.co.jp
印刷所　三松堂株式会社
製本所　株式会社ブックアート
装幀　山田英春
ISBN978-4-336-07117-0

シリーズ

宗教学再考

【全9巻】

宗教学という枠組を21世紀の今再考する画期的な一大叢書。
英、仏、独、蘭の各言語圏の重要文献を本邦初訳・新訳。

第1巻
R・R・マレット、J・G・フレイザー他
マナ・タブー・供犠
英国初期人類学宗教論集
◉監修：江川純一、山﨑亮 ◉訳：佐々木雄大、比留間亮平、藤井修平、金瞬、徳田安津樹
ISBN978-4-336-07111-8 定価六八二〇円

第2巻
アンドルー・ラング
宗教学と神話学
◉編訳・監修：山中弘、江川純一 ◉訳：藤田祐、清水俊毅、江川純一
ISBN978-4-336-07112-5 近刊

第3巻
E・デュルケーム、H・ユベール、M・モース
社会学年報学派宗教論集1
◉編訳・監修：山﨑亮、江川純一
ISBN978-4-336-07113-2 近刊

第4巻
H・ユベール、M・モース、R・エルツ
社会学年報学派宗教論集2
◉編訳・監修：山﨑亮、江川純一
ISBN978-4-336-07114-9 近刊

第5巻
R・オットー、G・ファン・デル・レーウ他
宗教現象学の誕生
◉編訳・監修：木村敏明、久保田浩 ◉訳：シュルーター智子、藁科智恵
ISBN978-4-336-07115-6 近刊

第6巻
ヴィルヘルム・シュミット
神観念の起源
◉訳：久松英二
ISBN978-4-336-07116-3 近刊

第7巻
ポール・リクール
有限性と罪責性
『過ちやすき人間』／『悪のシンボリズム』
◉訳：杉村靖彦
ISBN978-4-336-07117-0 定価七四八〇円

第8巻
ウィルフレッド・キャントウェル・スミス
宗教の意味と終極
◉訳：保呂篤彦、山田庄太郎
ISBN978-4-336-07118-7 定価六八二〇円

第9巻
エリック・J・シャープ
比較宗教学
ひとつの歴史／物語
◉監修：久保田浩、江川純一、シュルーター智子 ◉訳：シュルーター智子、藁科智恵、渡邉頼陽、小藤朋保
ISBN978-4-336-07119-4 定価七四八〇円

宗教学名著選

【全６巻】

19 世紀後半〜 20 世紀半ばの「近代的宗教概念」を成立させた最重要文献。
〈シリーズ 宗教学再考〉に先行する意欲的叢書。

第1巻
ミルチャ・エリアーデ
アルカイック宗教論集
ルーマニア・オーストラリア・南アメリカ
◉監修：奥山倫明　◉訳：飯嶋秀治、奥山史亮、藤井修平、小藤朋保
ISBN978-4-336-05688-7　定価六一六〇円

第2巻
フリードリヒ・マックス・ミュラー
比較宗教学の誕生
宗教・神話・仏教
◉監修：松村一男、下田正弘　◉訳：山田仁史、久保田浩、日野慧運
ISBN978-4-336-05689-4　定価七四八〇円

第3巻
ラッファエーレ・ペッタッツォーニ
神の全知
宗教史学論集
◉監訳：江川純一　◉解説：鶴岡賀雄
ISBN978-4-336-05690-0　近刊

第4巻
フリードリヒ・ハイラー
祈り
◉監修：深澤英隆　◉訳：丸山空大、宮嶋俊一
ISBN978-4-336-05691-7　定価七一五〇円

第5巻
エドワード・バーネット・タイラー
原始文化　上
◉監修：松村一男　◉訳：奥山倫明、奥山史亮、長谷千代子、堀雅彦
ISBN978-4-336-05692-4　定価七二六〇円

第6巻
エドワード・バーネット・タイラー
原始文化　下
◉監修：松村一男　◉訳：奥山倫明、奥山史亮、長谷千代子、堀雅彦
ISBN978-4-336-05742-6　定価七二六〇円

＊10％税込価。価格は改定することがあります。